Königsberger
Vannucchi
[et al.]
arquitetura

Königsberger Vannucchi [et al.] arquitetura

organização
Pedro Vannucchi
Silvana Romano Santos

Romano Guerra Editora
São Paulo, 2024

textos
Agnaldo Farias
André Marques
Cecília Rodrigues dos Santos
Luciana Tombi Brasil
Luís Antônio Jorge
Luiz Alberto Backheuser
Maria Alice Junqueira Bastos
Renato Anelli
Ruth Verde Zein

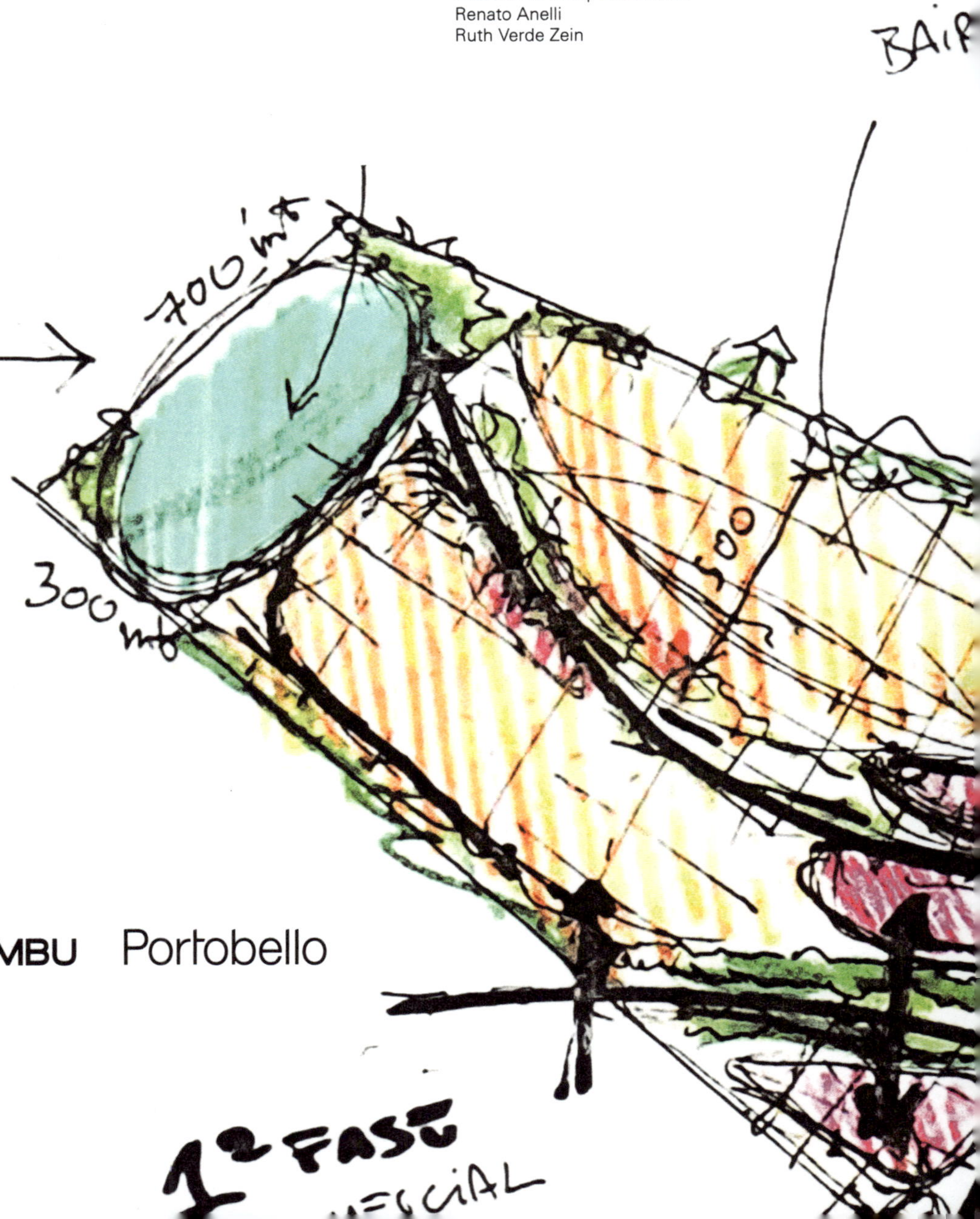

apoio institucional
Guardian Glass
Hunter Douglas
Saint-Gobain
Sincol Portas
Sto Brasil Revestimentos e Fachadas
Sulmetais Revestimentos Arquitetônicos
Venfaq fachadas ventiladas

patrocínio

Deca FIBRA EXPERTS NEOBAMBU Portobello

apoio

portoferraz TARRAF

königsberger vannucchi [et al.]

arquitetura

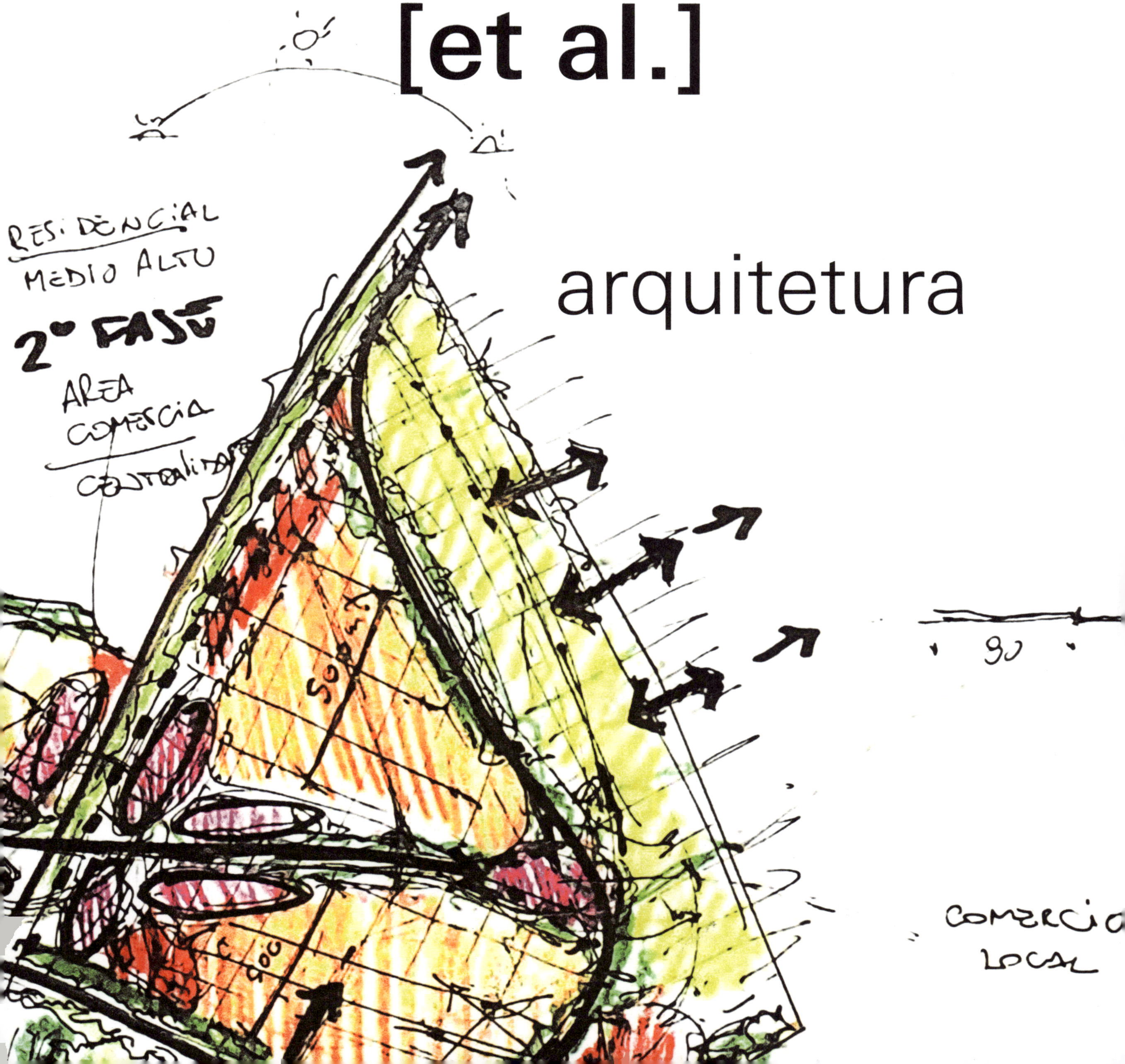

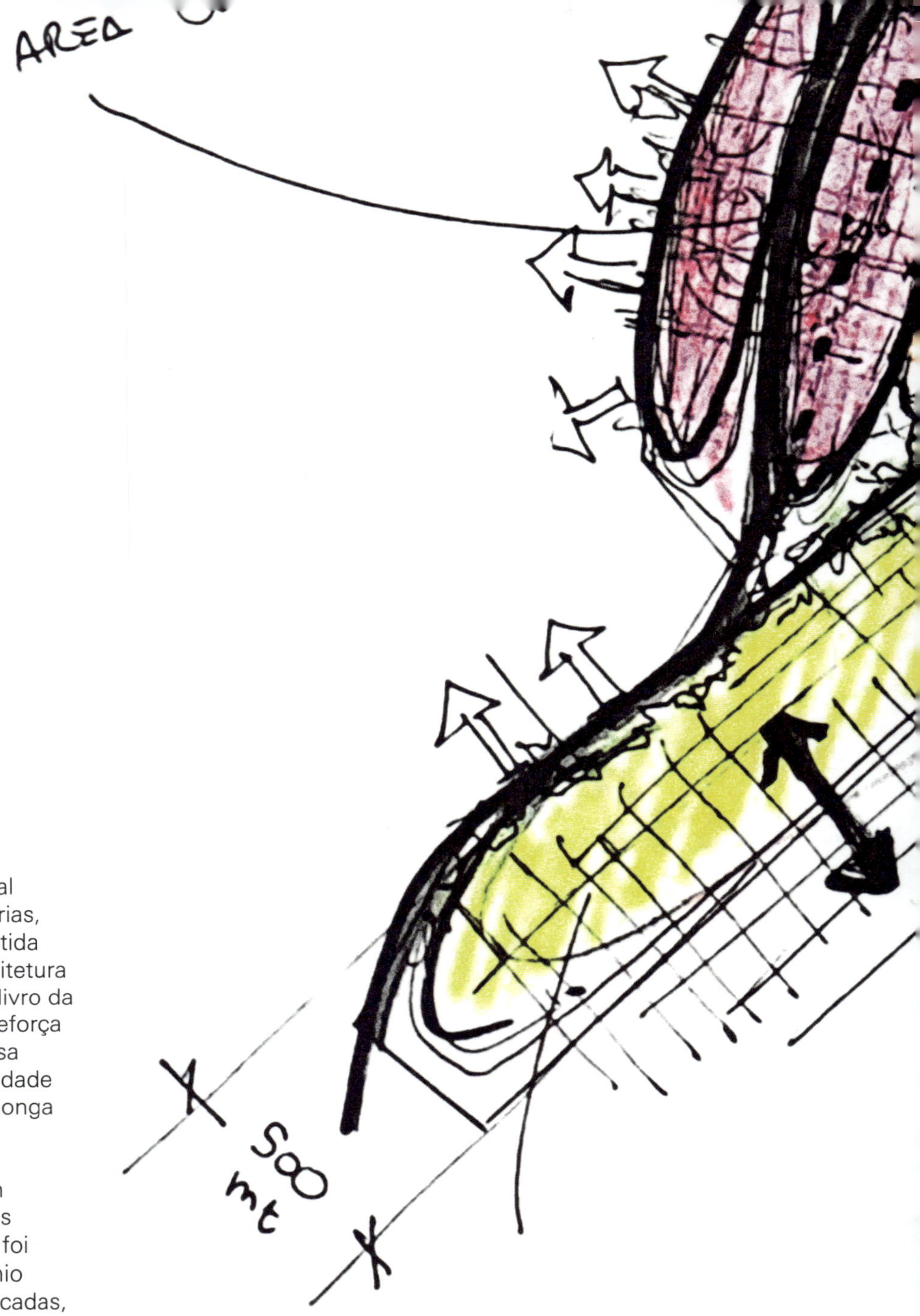

A Deca, referência nacional em metais e louças sanitárias, sempre esteve comprometida com a valorização da arquitetura no Brasil. O patrocínio ao livro da Königsberger Vannucchi reforça o compromisso da empresa com a arquitetura de qualidade e celebra uma relação de longa data.

Gianfranco Vannucchi, um dos nomes mais relevantes no cenário de arquitetura, foi presidente do júri do Prêmio Deca por mais de duas décadas, desempenhando um papel fundamental na valorização de novos talentos.

Juntas, Deca e Königsberger Vannucchi, alinhadas na busca pela sinergia entre estética e funcionalidade, compartilham a missão de transformar a paisagem arquitetônica brasileira e promover o design para ver e viver.

Marina Crocomo
Diretora de Marketing e Design da Dexco

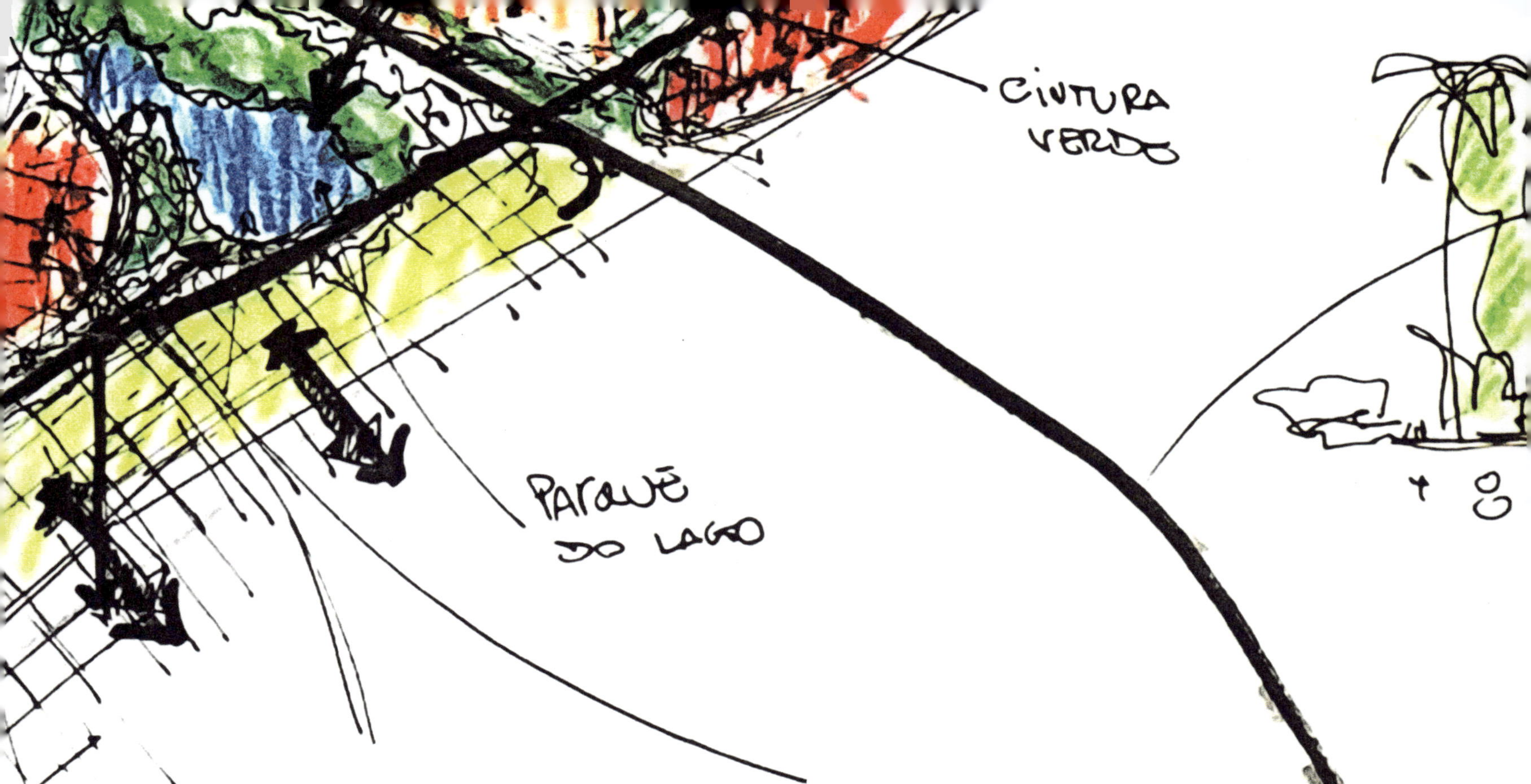

A Fibra Experts busca desenvolver empreendimentos inovadores que contribuam para uma cidade mais humana e sustentável. Acreditamos no potencial do desenvolvimento imobiliário e da arquitetura de qualidade para propor soluções capazes de impactar positivamente a vida urbana, de forma cada vez mais integral.

Em parceria com a Königsberger Vannucchi realizamos projetos como Las Villas Ipiranga, Meet SP e Joaquim, com a visão de criar espaços únicos e pensados para a vida contemporânea. Cada detalhe reflete nossa dedicação em transformar edifícios em ambientes que equilibram estética, funcionalidade e impacto humano nas cidades.

Estamos felizes em fazer parte dessa trajetória e de contribuir para a publicação deste livro, que inclui projetos marcantes da nossa parceria.

Fernando Kenworthy
CEO da Fibra Experts

A Portobello acredita que a arquitetura pode transformar ambientes e emocionar pessoas. Encontramos na Königsberger Vannucchi uma referência não só para o Brasil, mas para todos os mais de 70 países para os quais exportamos e que entendem os projetos do escritório como referência para o futuro da arquitetura.

Trabalhar próximo da Königsberger Vannucchi, com soluções que potencializam obras icônicas e transformam contextos, nos faz evoluir como empresa. Ter colaborado em projetos únicos nos desafiou e nos fez inovar em fachadas ventiladas, com benefícios estéticos e sustentáveis.

Marcos Reis
Diretor Comercial da Portobello

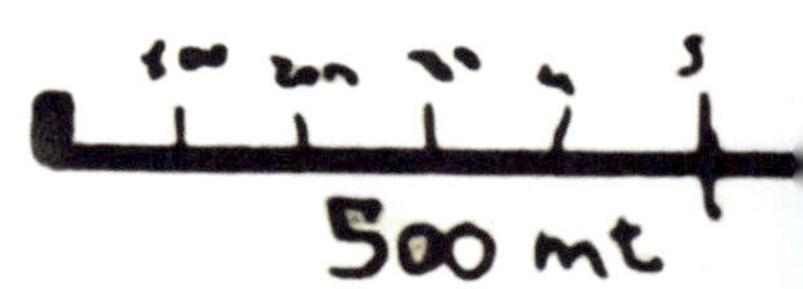

Índice

Parte 2

Apresentação

Königsberger Vannucchi [et al.] arquitetura registra uma trajetória arquitetônica de mais de cinco décadas. Não é uma retrospectiva convencional nem uma celebração cronológica.

É um convite a um passeio pelo universo criativo de Jorge Königsberger e Gianfranco Vannucchi, em uma produção complexa e multifacetada sugerindo uma reflexão crítica sobre sua prática arquitetônica ao longo de tempos e espaços diversos.

O texto de Maria Alice Junqueira Bastos, que abre o livro desvenda o percurso dos arquitetos, desde suas primeiras intervenções em pequenos projetos residenciais até sua maturidade profissional em obras de maior complexidade programática e de escala. A narrativa visual e textual é permeada e tem como pano de fundo as muitas transformações sociais, políticas, tecnológicas e culturais vividas pelo país desde os anos 1970 até o presente.

A segunda parte do livro apresenta ensaios críticos de arquitetas e arquitetos de destaque no campo da reflexão arquitetônica brasileira: Ruth Verde Zein, Luciana Tombi Brasil, André Marques, Cecília Rodrigues dos Santos, Agnaldo Farias, Luís Antônio Jorge, Renato Anelli e Luiz Alberto Backheuser. Cada autor ou autora aprofunda questões específicas sobre a obra do escritório. São textos que buscam interpretar e iluminar os princípios e valores subjacentes à prática e à arquitetura da KV, enfatizando temas como o racionalismo, a liberdade criativa e o diálogo entre o moderno e o pós-moderno, a relação entre projeto e contexto, entre forma e função, entre o tempo presente e o passado da arquitetura.

A práxis da KV, lastreada na racionalidade moderna, dialoga ao longo das décadas com a história e os costumes e se mantém voltada à contemporaneidade e ao futuro. Suas arquiteturas abrangem com rigor desde a micro escala do detalhe até as escalas da cidade e do território, mantendo-se, disciplinadas mas livres, técnicas e poéticas.

Este volume sugere também uma reflexão sobre o exercício ininterrupto de uma prática profissional e suas muitas fases ao longo dos últimos 50 anos de transformações no país e no mundo.

No início da década de 2010, Jorge e Gianfranco passaram a orientar o escritório para um futuro de continuidade, envolvendo coparticipação autoral e societária. Daniel Toledo juntou-se à equipe e à sociedade, implementando sua atual estrutura operacional e tecnológica e consolidando a prática da criação colaborativa que a caracteriza.

O conjunto e a diversidade dos trabalhos apresentados explicita a produção de um coletivo que se reinventou sem perder suas raízes e se organizou como espaço de criação, de produção e de serviços de arquitetura em movimento permanente.

Cada obra aqui exposta representa uma peça de um mosaico amplo que revela aos poucos, página por página, um processo curioso e inquieto de amor constante ao projeto, que transcende o tempo e os limites desta edição.

Pedro Vannucchi
Silvana Romano Santos

Percursos

Maria Alice
Junqueira Bastos

1 Racionalismo e liberdade no caminho até Terra Brasilis

1. REIS FILHO, Nestor Goulart. *Quadro da arquitetura no Brasil*, p. 97; 101.

A pesada década de 1970: maneiras de sobreviver

Jorge Königsberger, formado na Faculdade de Arquitetura e Urbanismo da Universidade Presbiteriana Mackenzie (FAU Mackenzie, 1971) e Gianfranco Vannucchi, formado na Faculdade de Arquitetura e Urbanismo da Universidade de São Paulo (FAU USP, 1975), tiveram uma educação moderna, em um momento crítico do movimento moderno no Brasil. Começaram a atuar na década de 1970, em meio a uma infeliz dicotomia entre a arquitetura erudita e a arquitetura corrente que conforma o tecido urbano. Em uma espécie de impasse, o pensamento arquitetônico do período se aferrava à ideia de que a arquitetura moderna só atingiria sua plena potencialidade inserida na cidade planejada moderna, com a livre disposição dos edifícios ditada pela topografia e orientação solar e não pela divisão fundiária do solo. O exemplo de Brasília, ainda muito recente, pairava como algo que não devia ser discutido, mas sim emulado. Como nas palavras de Nestor Goulart Reis Filho:

> A construção de Brasília constitui uma das mais importantes experiências arquitetônicas e urbanísticas deste século. O plano vencedor propõe uma ampla renovação nos esquemas de implantação da arquitetura urbana. [...] Com essa nova forma de organização espacial, conseguiu-se superar a velha noção de lote urbano, como algo separado da construção.[1]

Jorge Königsberger com seus colegas do Mackenzie durante aula de desenho no estúdio de Laszlo Zinner, 1968

Gianfranco Vannucchi, Fany Laterman, Eduardo Ferreira, Yara Cunha, Rafic Farah, Silvio Zancheti, estudantes de arquitetura e urbanismo da FAU USP, São Paulo SP, c.1974

Edifício Louveira, projeto de João Batista Vilanova Artigas e Carlos Cascaldi, São Paulo SP, 1946

2. Por exemplo, na virada dos anos 1960 para os anos 1970, a construtora Formaespaço solicitou a alguns arquitetos da linha paulista que desenvolvessem propostas de edifícios para construção em série. Ver: IMBRONITO, Maria Isabel. *Três edifícios de habitação para a Formaespaço: Modulares, Gemini e Protótipo*.

Esses também foram anos de fechamento em relação ao exterior, a arquitetura nacional estava voltada para dentro, mas, talvez, não para a nossa conflituosa realidade e urbanização desenfreada, antes para um Brasil mais simples que já não existia mais, e assim, com os olhos em um tempo idealizado, o redesenho da paisagem nacional em traços modernos parecia possível. Idealmente, a obra arquitetônica moderna, ainda que inserida no anacrônico lote urbano, devia postular, na sua solução formal, a tese da cidade moderna, pesquisando espacialidades em substituição à cidade tradicional. Ruas e praças foram simbolicamente trazidas para o espaço interno dos edifícios, de forma que grandes blocos horizontais passaram a pontuar a paisagem abrigando programas diversos: escolas, hospitais, rodoviárias. Nesses grandes blocos de grandes vãos livres, a paleta de materiais era restrita: concreto aparente, esquadrias metálicas e vidro. Essa arquitetura erudita, embora presente em importantes obras públicas, reconhecida e premiada pelo meio arquitetônico, deixou de ter ressonância, de ditar a norma da arquitetura. Com raras exceções,[2] houve um divórcio entre os empreendedores imobiliários e a vanguarda arquitetônica nacional. As cidades brasileiras continuavam a crescer desordenadamente, sofrendo a brutal urbanização da década de 1970, e o tecido residencial ia sendo povoado de mediterrâneos e neoclássicos. Os jovens arquitetos da década de 1970 miravam perplexos um período pregresso em que os edifícios foram assinados por Rino Levi, Oscar Niemeyer, irmãos Roberto, Vilanova Artigas, Lúcio Costa, Franz Heep, Jacques Pilon.

Edifício Prudência, projeto de Rino Levi, São Paulo SP, 1944

Edifício Anchieta, projeto de MMM Roberto, São Paulo SP, 1941

3. MOTTA, Flávio. Arquitetura brasileira para a Expo'70, p. 26.

4. KÖNIGSBERGER, Jorge; VANNUCCHI, Gianfranco. Espelho e metáfora. In SABBAG, Haifa Yazigi; RIBEIRO, Alessandro Castroviejo. Terra Brasilis: sons de uma memória, p. 27.

No princípio dos anos 1970 vivemos o milagre econômico – período de forte crescimento econômico no governo militar, entre 1967 e 1974 –, construímos muito, mas, eventualmente, construímos mal. Nesses anos, os arquitetos brasileiros tiveram muitas encomendas públicas: rodoviárias, campus universitários, centrais de abastecimento e, especialmente, grandes conjuntos administrativos afastados dos centros urbanos, que demandavam espaços para a crescente burocracia do Estado e estacionamentos para os veículos particulares. Por exemplo, o Centro Político Administrativo da Bahia (João Filgueiras Lima, 1973); e o Centro Político Administrativo do Mato Grosso (Satyro Pohl Moreira de Castilho e equipe, 1971).

Depois, nos anos seguintes da década de 1970, talvez o principal problema do jovem arquiteto ou estudante de arquitetura no Brasil fosse uma sensação difusa de que a grande arquitetura moderna brasileira estava estacionada lá no começo da década de 1960, em um período anterior ao Golpe Militar de 1964 ou ao choque do petróleo de 1973. A avaliação crítica de Brasília ficou suspensa, como avaliar Brasília se a cidade havia sido concebida para um país democrático e vivíamos um regime de exceção? Ao mesmo tempo, algumas características físicas da arquitetura produzida na década de 1960 foram associadas, por meio de uma retórica arrebatadora, a valores democráticos, libertários e igualitários: a continuidade espacial interna, a valorização dos espaços de convivência em detrimento daqueles de uso privativo, a continuidade entre espaço externo e interno, especialmente em térreos semiabertos, sem portas, concebidos como praças. Por exemplo, nas palavras de Flávio Motta sobre o Pavilhão Brasileiro para a Exposição Mundial de Osaka, projetado por Paulo Mendes da Rocha e equipe, Júlio Katinsky, Ruy Ohtake e Jorge Caron: "o piso será do mesmo asfalto que se prolongará dos caminhos da Expo'70, como um único revestimento: um caminho ininterrupto e sem barreiras, que ainda está na esperança de muitos".[3]

O momento foi descrito em um pequeno texto com o depoimento de Königsberger e Vannucchi publicado na revista *AU – Arquitetura e Urbanismo* no início da década de 1990, portanto, já com o olhar retrospectivo:

> A afirmação de nossa geração de arquitetos não tem sido fácil. Os anos de faculdade foram anos de dogmas. Brasília tinha sete anos e a arquitetura moderna ditava. [...] Projetar para nós, naquele tempo, chegava a ser penoso. Havia a procura de uma "ordem" que a realidade contradizia. Faltavam-nos critérios e experiências; ainda não nos era claro que a dificuldade de projetar também era fruto da compressão ideológica que sofríamos, entre o patrulhamento racionalista e a arquitetura oficial, megalômana e hermética.[4]

Pavilhão do Brasil na Expo'70. Projeto de Paulo Mendes da Rocha, Osaka, Japão, 1970. Foto publicada na revista Acrópole n. 372, 1970

Centro Político Administrativo do Mato Grosso, projeto de Satyro Pohl Moreira de Castilho e equipe, Cuiabá MT, 1971

Centro Político Administrativo da Bahia, projeto de João Filgueiras Lima, Lelé, Salvador BA, 1973

5. SEGAWA, Hugo. A pesada herança. Dilema da arquitetura brasileira, p. 86.

Também, Hugo Segawa, no início da década de 1990 apontou a rigidez que havia dominado a produção nacional nos anos do milagre econômico:

> Filtrada por uma ideologização que neutralizava as diferenças, escamoteava as contradições, negava a interrogação (coerente com o espírito autoritário do momento), propugnava-se um ideal de cultura arquitetônica com pressupostos oriundos do momento áureo da arquitetura brasileira – mas agora formulado como único, autorizado e hegemônico. Simultaneamente, canonizava-se e burocratizava-se uma postura arquitetônica. Não importava o programa de uso [...] era a ditadura do concreto aparente, das grandes empenas de concreto, dos pilares esculturais, das estruturas protendidas, do exibicionismo estrutural, da competição por vãos livres maiores, dos panos de vidro – evidências técnicas e formais que simbolizavam uma visão de modernidade, certa compostura legitimadora de uma arquitetura sem crítica ou críticos, num tempo de generalizada desconfiança e perseguição policialesca – na qual o criticar era uma atitude reprimida ou interpretada como delação política.[5]

Nesse momento dogmático da arquitetura no Brasil, em que uma retórica amalgamava determinadas soluções plásticas ao pensamento de esquerda e, portanto, de resistência à ditadura militar, havia uma armadilha difícil de escapar. Sob a visada contemporânea, de onde se vê a depressão econômica dos anos 1980 logo mais à espreita, a década de 1970 parece ainda mais desafiadora. Foi nesse momento, de brutal transformação da paisagem nacional e da própria construção cultural do país, que Jorge Königsberger decidiu abrir seu escritório de arquitetura e, um pouco adiante, contratou Gianfranco Vannucchi como estagiário. Curiosamente, para Königsberger e Vannucchi, o antídoto para a castração criativa imposta pelo meio veio da própria dificuldade em manter um escritório e viver da arquitetura.

Königsberger e Vannucchi abriram o leque, passaram a desenvolver cenografia para publicidade, capa de livro, desenho de produtos. Atividades em que a criatividade e o experimentalismo puderam correr sem as travas impostas, naquele momento, pela intelligentsia arquitetônica no Brasil. Encomendas que demandavam resposta rápida e pragmática, por vezes lúdica, bem-humorada. A concepção de espaços cenográficos exigiu o foco no problema imediato a ser solucionado, nos materiais possíveis, na maneira de executar, no detalhamento, certo pragmatismo para cumprir prazos e orçamentos etc., além disso, uma salutar liberdade de concepção, de traço e de uso de materiais inimagináveis no universo da arquitetura.

Fachada do segundo escritório da KV, São Paulo SP, década de 1980

Gianfranco Vannucchi e Jorge Königsberger

Em meados dos anos 1970, Jorge Königsberger se empregou na empresa italiana Olivetti, mas sem desistir do escritório, insistindo no investimento de horas de trabalho, eventualmente, até financeiro. Na Olivetti, ficou encarregado de toda a imagem corporativa da empresa, desde o crachá dos funcionários a publicações, além de incursões no desenho de produtos, como o protótipo de uma caixa de computador pessoal (1976). Isso em uma empresa cuja marca se associava ao bom desenho, cuidado que se estendia da arquitetura do parque industrial às lojas e showrooms. No Brasil, na década de 1950, o arquiteto Giancarlo Palanti desenhou diversas lojas para a Olivetti, realizadas principalmente com o artista gráfico italiano Bramante Buffoni.

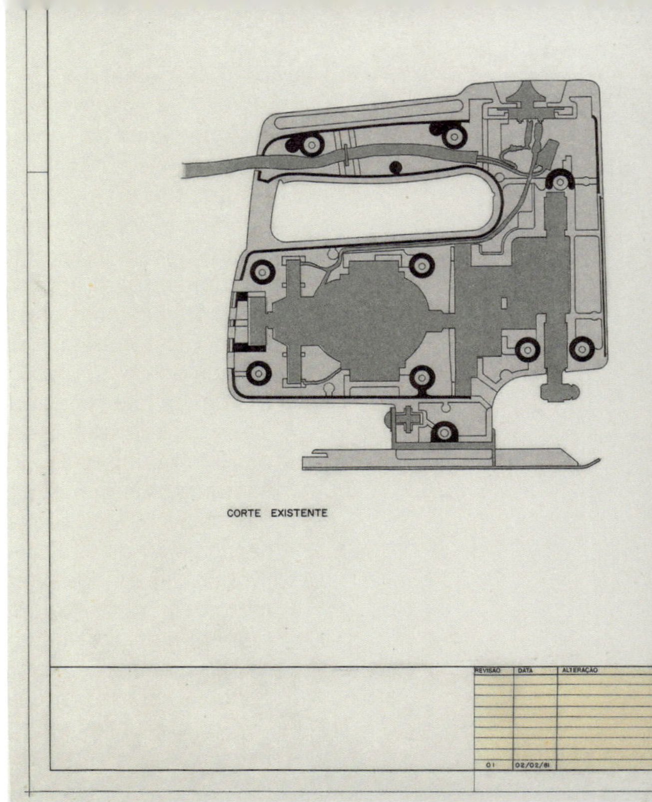

Essa experiência profissional pelas margens, diversificada nas demandas, permitiu não só a sobrevivência inicial do escritório, como uma abertura criativa profissional. Solicitações de arquitetura também foram atendidas, naturalmente. Os projetos de casas de praia desenvolvidos nas décadas de 1970 e 1980 exploraram plasticamente o uso de elementos da arquitetura tradicional, mantendo a continuidade espacial interna e a franca integração com o espaço externo. Nesses primeiros anos, o escritório também teve a oportunidade de enfrentar o desafio do espaço público. Por encomenda da Empresa Municipal de Urbanização – Emurb, Königsberger e Vannucchi desenharam uma praça no reservatório da Casa Verde, que não chegou a ser implantada.

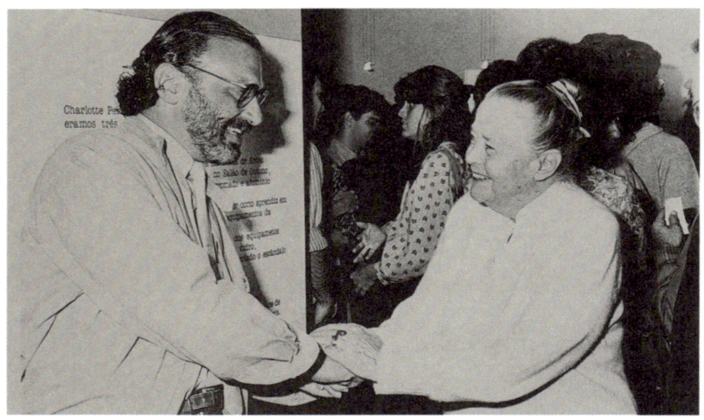

Jorge Könisberger, Olivetti, São Paulo, c. 1976

Gianfranco Vannucchi recebe de Charlotte Periand o prêmio pelo 1° lugar no concurso de cartaz comemorativo de 100 anos de Le Corbusier, IAB-SP, 1987

Conjunto de cestos de alumínio, desenvolvidos para a linha de acessórios Floor, da Forma, São Paulo SP, c. 1976

Caixa de computador pessoal, desenho de produto criado para a Olivetti, São Paulo SP, c.1976

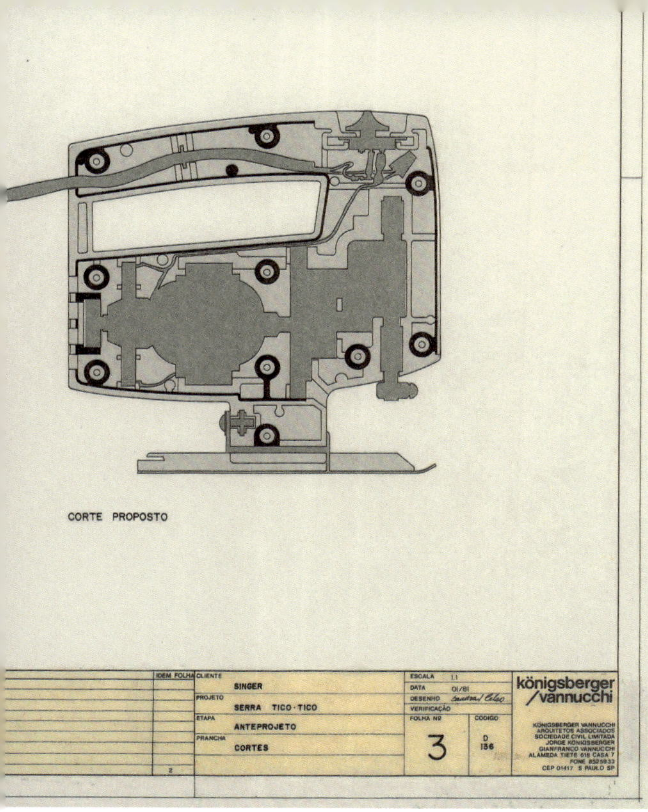

Serra tico-tico, cortes do desenho industrial criado para a Singer, São Paulo SP, 1981

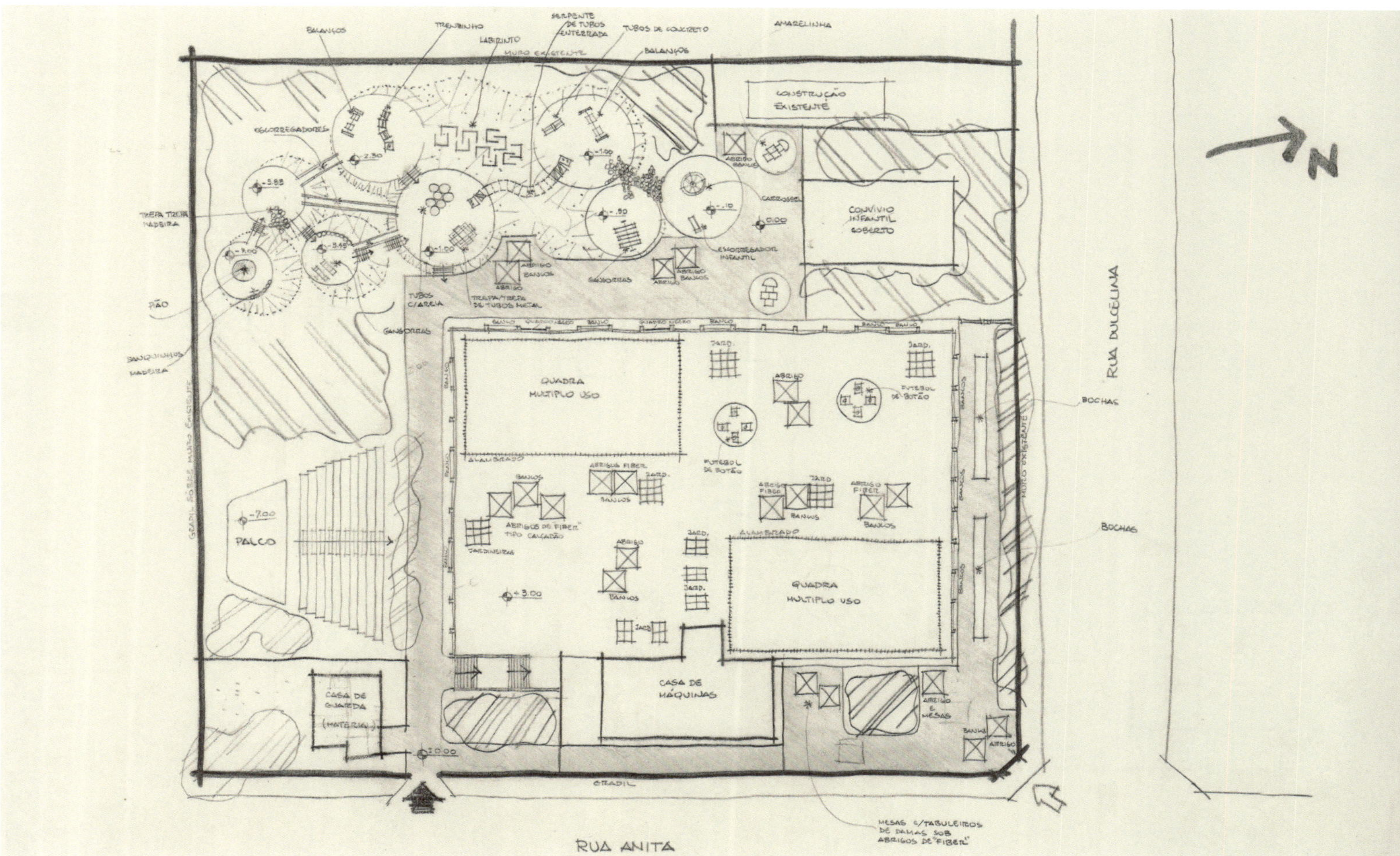

Área de lazer no reservatório urbano da Emurb e Sabesp, implantação de equipamentos, Casa Verde, São Paulo SP, 1977

Residência Leonida e Giuliana Vannucchi

Cotia SP, 1973

Primeiro projeto residencial construído, plantas, cortes e elevações

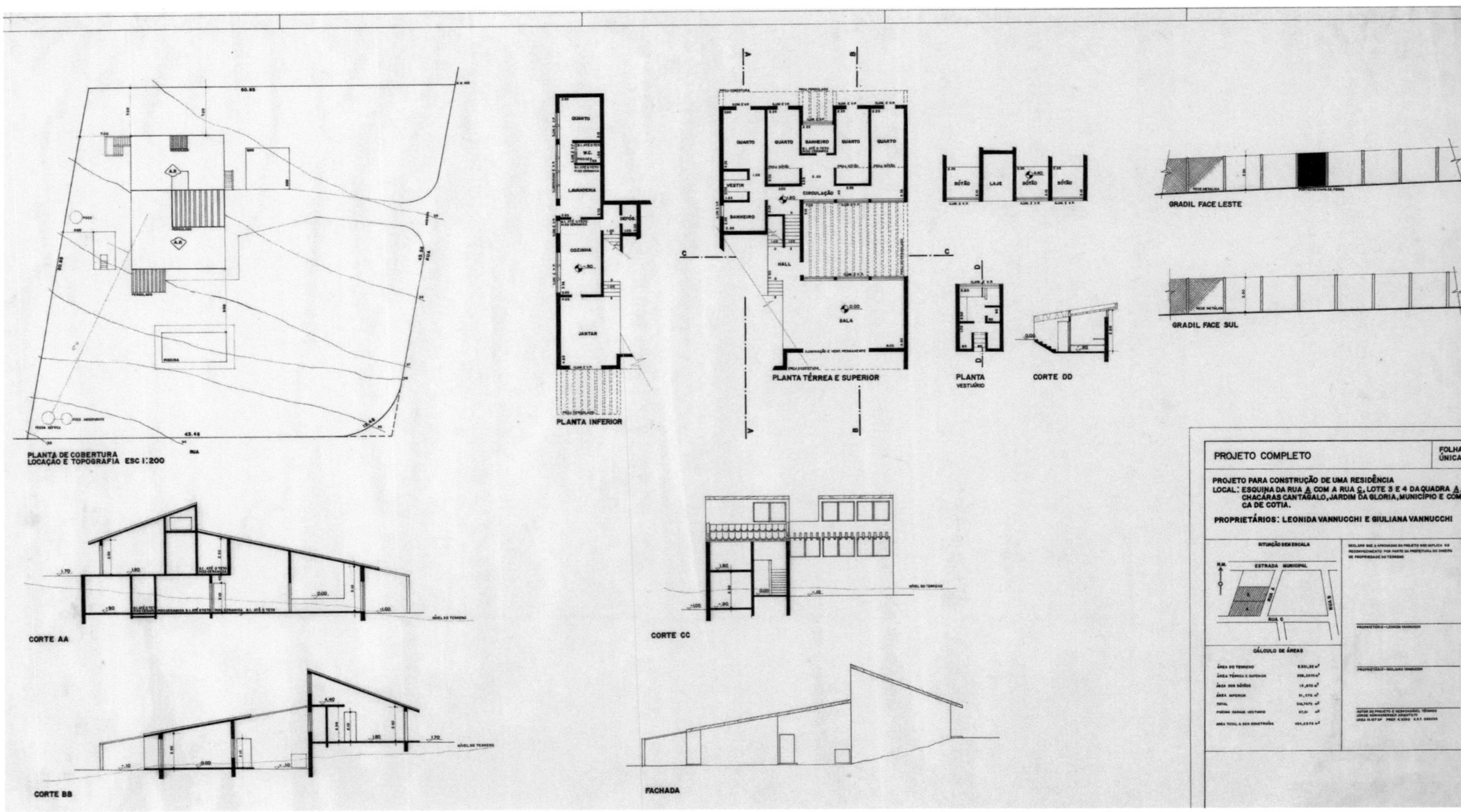

Residência Wellington Amaral Júnior

Alphaville, Barueri SP, 1980

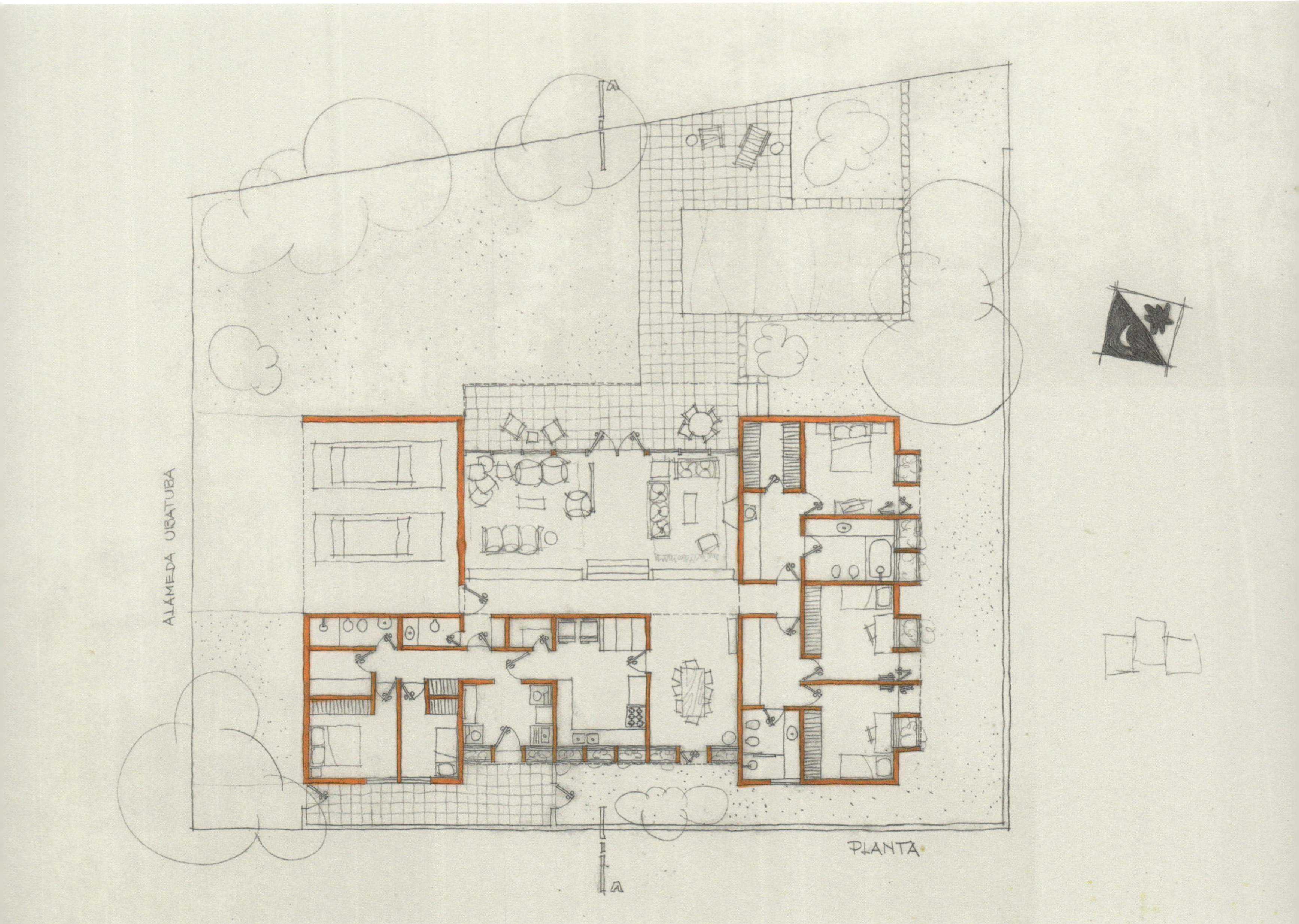

Planta térreo, corte, elevações e detalhes executivos

RTE AA
ELEVAÇÃO SUL
EVAÇÃO NORTE
ELEVAÇÃO OESTE

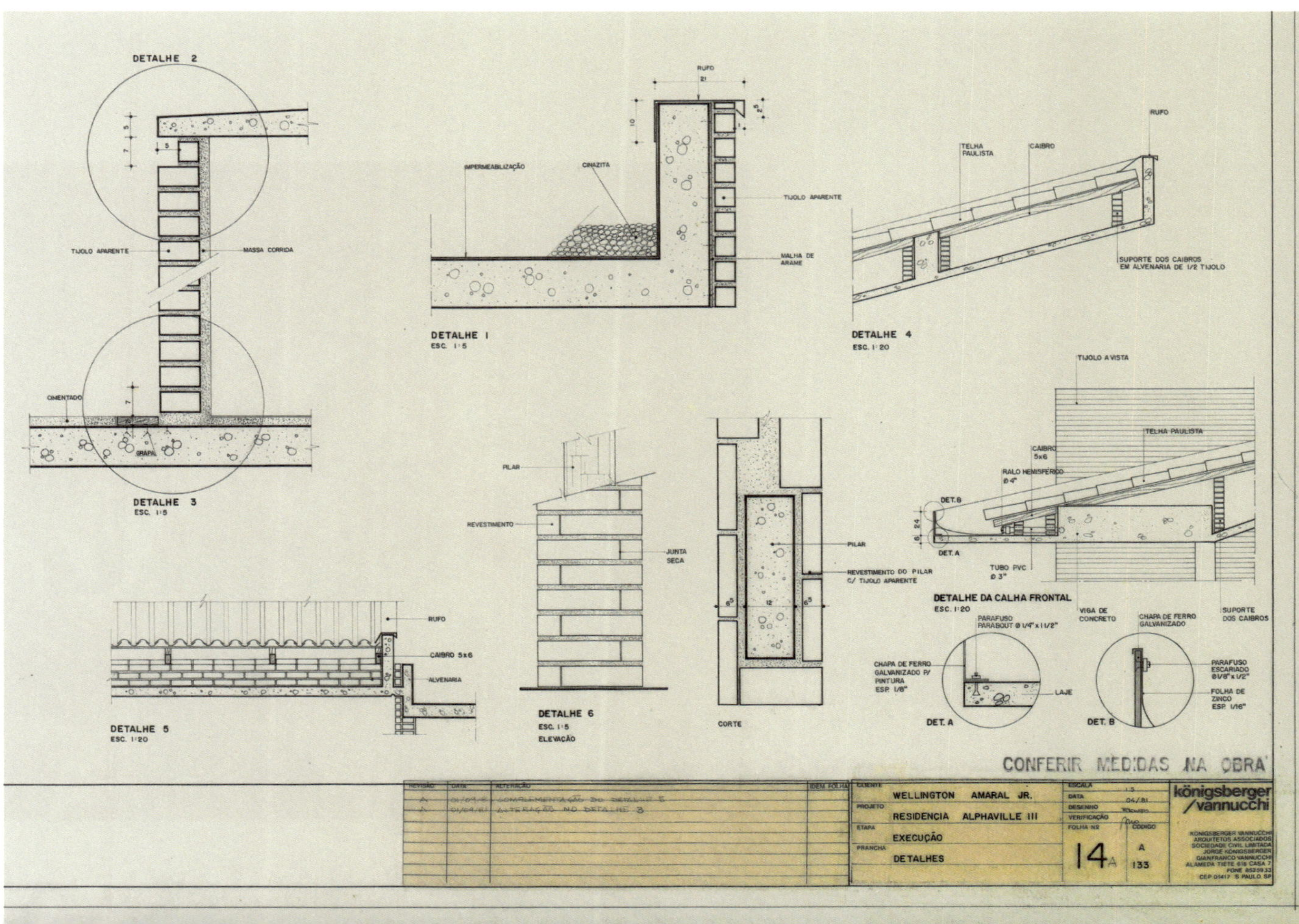

DETALHE 2
TIJOLO APARENTE
MASSA CORRIDA
CIMENTADO
DETALHE 3
ESC. 1:5
RUFO
IMPERMEABILIZAÇÃO
CINAZITA
TIJOLO APARENTE
MALHA DE ARAME
DETALHE 1
ESC. 1:5
RUFO
TELHA PAULISTA
CAIBRO
SUPORTE DOS CAIBROS EM ALVENARIA DE 1/2 TIJOLO
DETALHE 4
ESC. 1:20
TIJOLO A VISTA
TELHA PAULISTA
CAIBRO 5x6
RALO HEMISFERICO Ø 4"
DET. B
DET. A
TUBO PVC Ø 3"
DETALHE DA CALHA FRONTAL
ESC. 1:20
VIGA DE CONCRETO
CHAPA DE FERRO GALVANIZADO
SUPORTE DOS CAIBROS
PILAR
REVESTIMENTO
JUNTA SECA
PILAR
REVESTIMENTO DO PILAR C/ TIJOLO APARENTE
RUFO
CAIBRO 5x6
ALVENARIA
DETALHE 5
ESC. 1:20
DETALHE 6
ESC. 1:5
ELEVAÇÃO
CORTE
PARAFUSO PARABOUT Ø 1/4" x 1 1/2"
CHAPA DE FERRO GALVANIZADO P/ PINTURA ESP. 1/8"
LAJE
DET. A
PARAFUSO ESCARIADO Ø 1/8" x 1/2"
FOLHA DE ZINCO ESP. 1/16"
DET. B
CONFERIR MEDIDAS NA OBRA
WELLINGTON AMARAL JR.
RESIDENCIA ALPHAVILLE III
EXECUÇÃO
DETALHES
14A
A
133
königsberger /vannucchi

Cenografias de publicidade
São Paulo SP, 1980-1985

Cenografia para Oficina de Cinema, publicidade da Adag Tattoo, perspectiva, São Paulo SP, 1981

Cenografia para Oficina de Cinema, publicidade da Adag Tattoo, São Paulo SP, 1981. Foto da ambientação durante gravação do comercial, Jorge Königsberger em primeiro plano, com papagaio no ombro

Cenografia para McCann Erickson e Oficina de Cinema, publicidade da Coca-Cola®, perspectiva, São Paulo SP, 1982

Cenografia para Enzo Barone Filmes, publicidade da Gillette®, perspectiva, São Paulo SP, 1982

Cenografia para McCann Erickson e TVC, publicidade da Goodyear®, perspectiva, São Paulo SP, 1983

Cenografia para Artplan e Sonima, publicidade da Olivetti, perspectiva, São Paulo SP, 1982

Cenografia para SGB e
Diana, publicidade da
Estrela®, perspectiva, São
Paulo SP, 1982

Cenografia para Norton e
Fathom Filmes, publicidade
da Nestlé®, perspectiva, São
Paulo SP, 1983

Casas de praia: anos 1970 e 1980

6. Casa de praia, p. 40.

O uso de materiais e técnicas tradicionais nas casas de praia desenvolvidas por Jorge Königsberger e Gianfranco Vannucchi responde a um momento cultural específico. Sua motivação, por suposto, é distinta da pesquisa plástica desenvolvida por arquitetos como Lúcio Costa ou Francisco de Paula Lemos Bolonha, que buscavam a aclimatação dos princípios modernos à realidade cultural brasileira por meio de um olhar sensível à arquitetura tradicional. Mas também se aparta de um projeto de Carlos Barjas Millan para uma casa de praia na Lagoinha, em Ubatuba (1964). O projeto de Millan lançou mão da alvenaria caiada, pilares e madeiramento do telhado em paus roliços, telhas de barro capa e canal, piso de tijolos de barro, fogão à lenha. Segundo a apresentação da obra na revista *Acrópole*, "Millan propõe a solução do problema de uma casa de fim de semana em local carente de mão de obra e recursos construtivos".[6]

Casa Praia da Lagoinha, projeto de Carlos Barjas Millan, Ubatuba SP, 1964

Assim, o uso de materiais tradicionais foi devidamente justificado, em um momento em que o pensamento dominante na arquitetura nacional defendia o engajamento da arquitetura no esforço de desenvolvimento tecnológico. No entanto, essa casa acabou materializando uma proximidade entre a estética moderna de então (com seu programa rigorosamente zoneado) e uma essencialidade popular, que também fazia parte da narrativa brutalista. Na casa da Lagoinha, Millan propôs três corpos distintos, cada qual abrigando uma função, sob a mesma cobertura contínua. Uma solução em que a ordem de estruturação do espaço é dominante frente aos outros elementos.

Embora seja possível ver nas casas de praia de Königsberger e Vannucchi, nas décadas de 1970 e 1980, inúmeras referências à casa da Lagoinha – desde o madeiramento em paus roliços, piso em tijolos e paredes curvas nos banheiros da Casa Praia Vermelha para Antonio Carlos Fernandes Lima (1978), à solução das janelas da Casa Praia da Feiticeira para Vera Helena Schmuziger (1988) – essas casas são fruto de outro momento. O despojamento que propõem, e que seria impensável nos dias de hoje, parece emprestar uma forma física a uma ideia de vida mais simples.

Desejo de fuga da cidade, de fuga do convencional. Em 1972, Elis Regina gravou a música "Casa no campo" (Zé Rodrigues e Tavito), dando voz a esse sentimento. Em que pese eventuais dificuldades de recursos construtivos que ainda houvesse no litoral Norte de São Paulo nesses anos, o uso de materiais e técnicas tradicionais aparece como protagonista do desenho, é opcional e contamina o traço moderno.

Casa Praia da Feiticeira, Ilhabela SP, 1988

Casa Praia Vermelha

Antonio Carlos Fernandes Lima, Ubatuba SP, 1978

Elevações e cortes

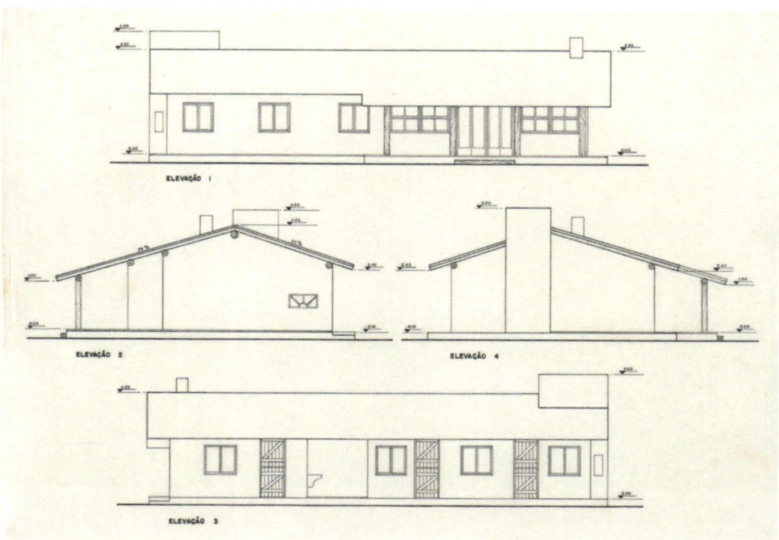

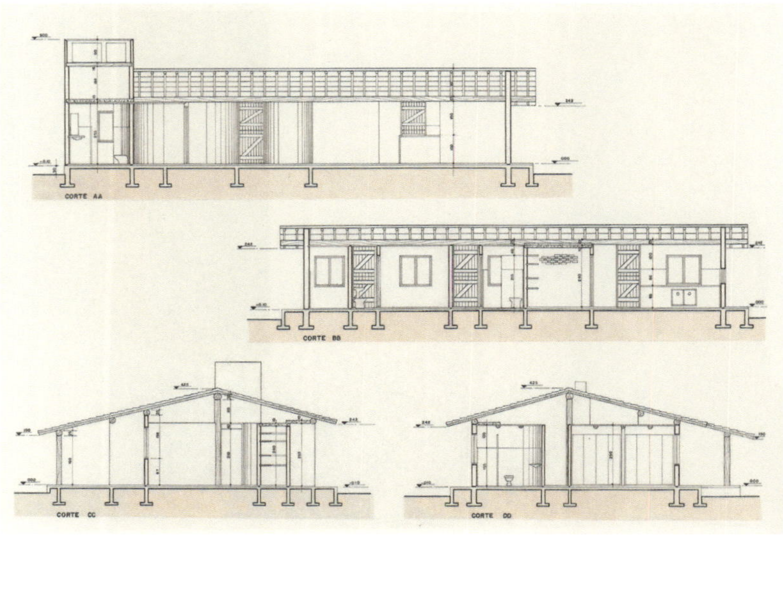
CORTE AA
CORTE BB
CORTE CC
CORTE DD

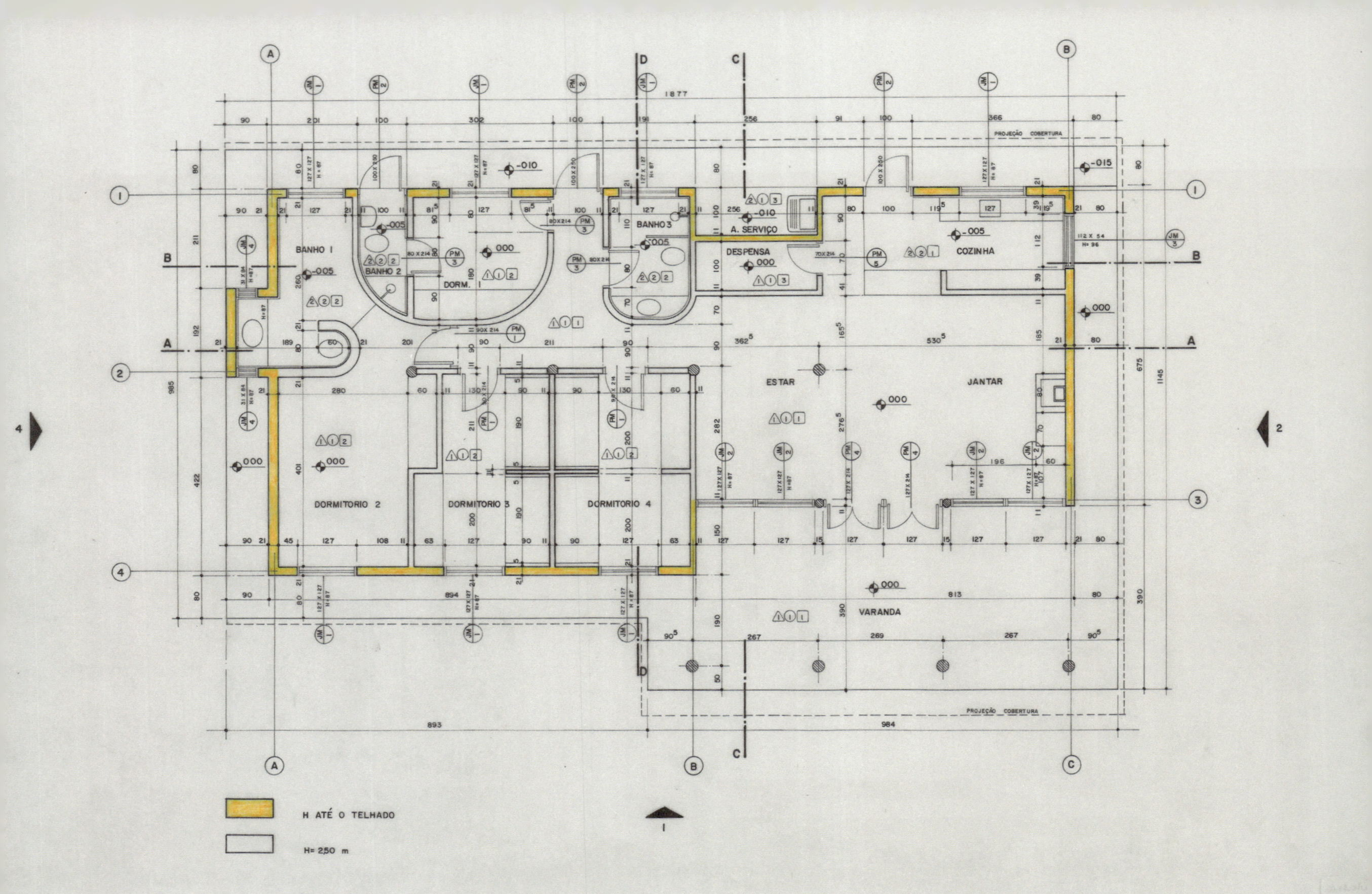

Planta, projeto executivo

Casa Itanhaém

José Carlos Piedade, Itanhaém SP, 1980

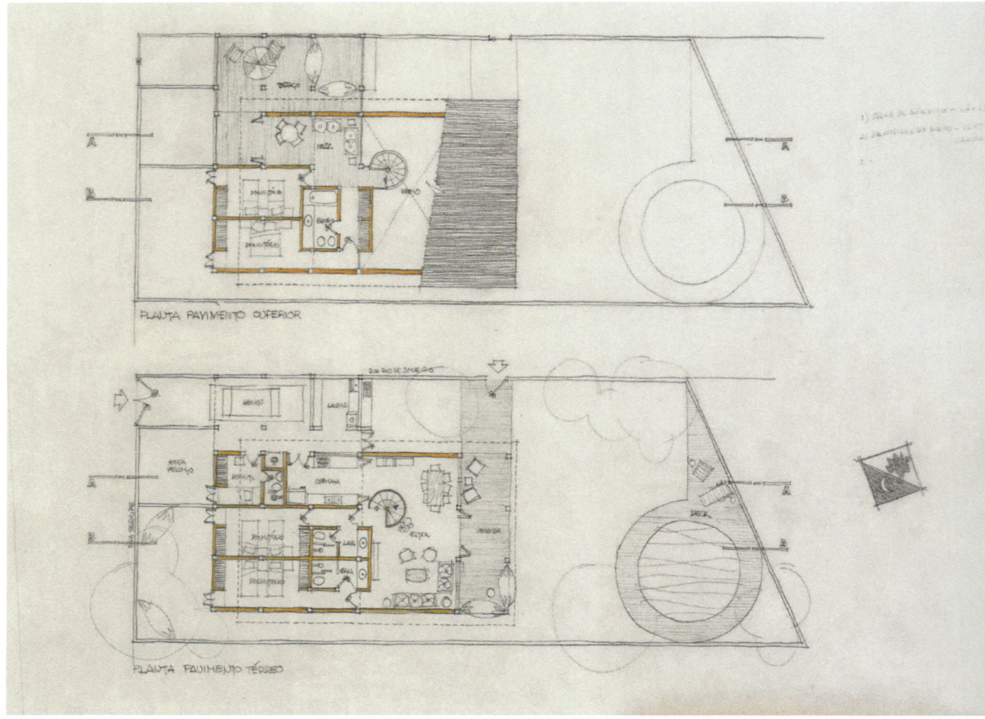

Planta pavimentos
térreo e superior

Perspectivas

Elevação e cortes

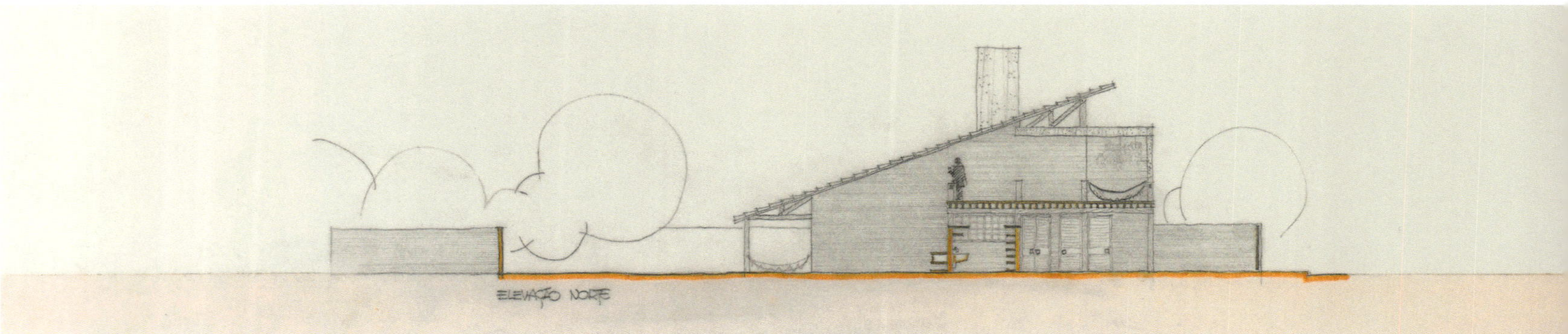

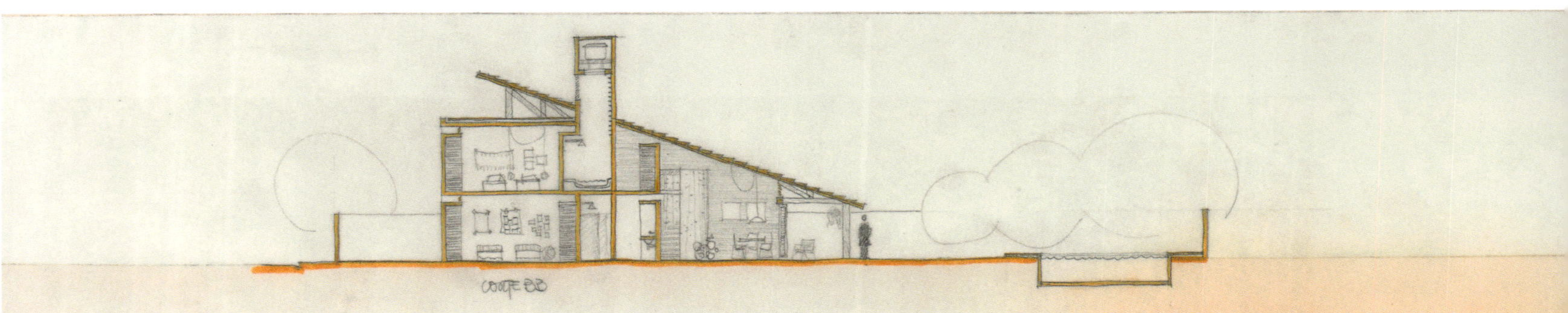

Casa Ilha do Araújo

JK, Paraty RJ, 1981

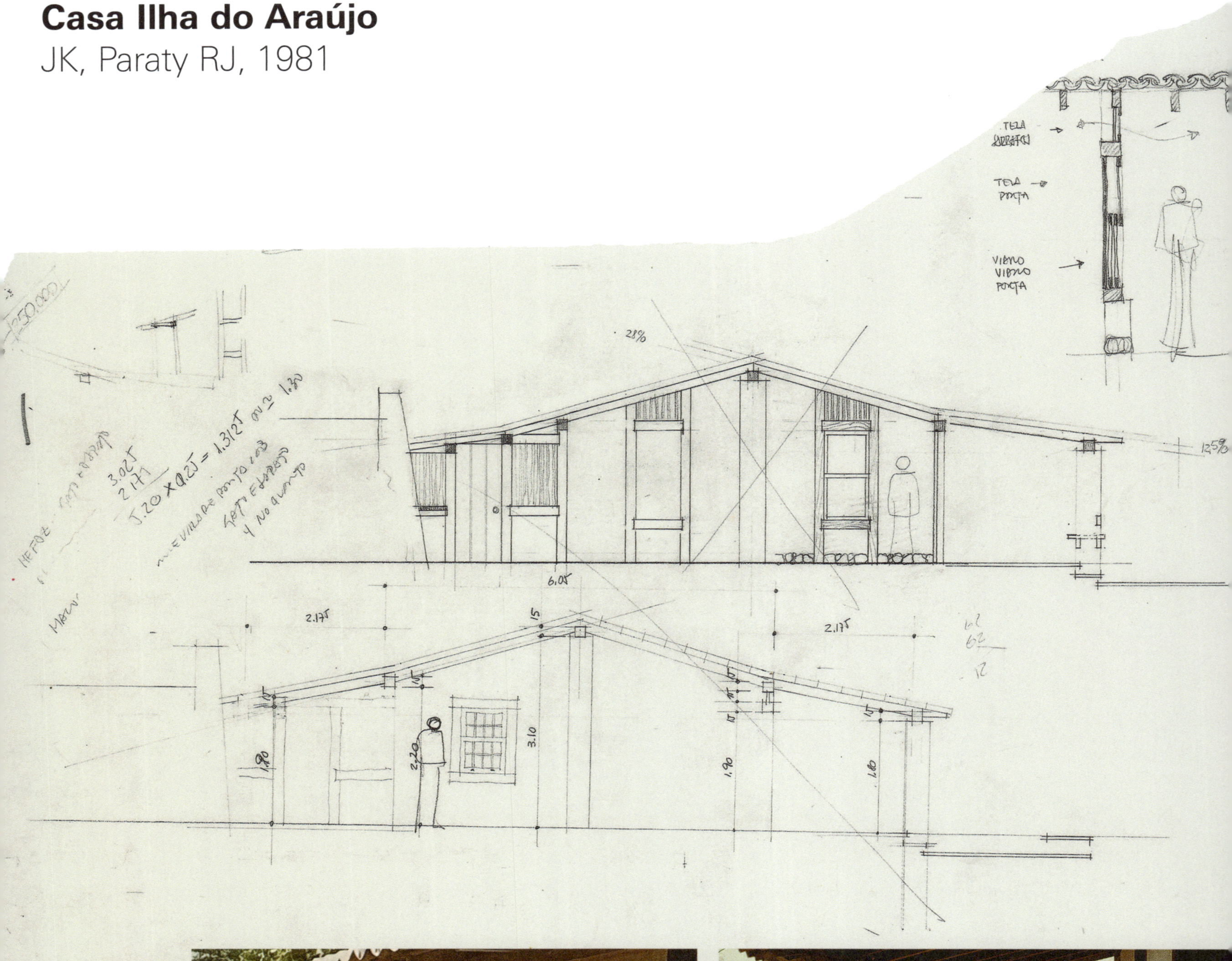

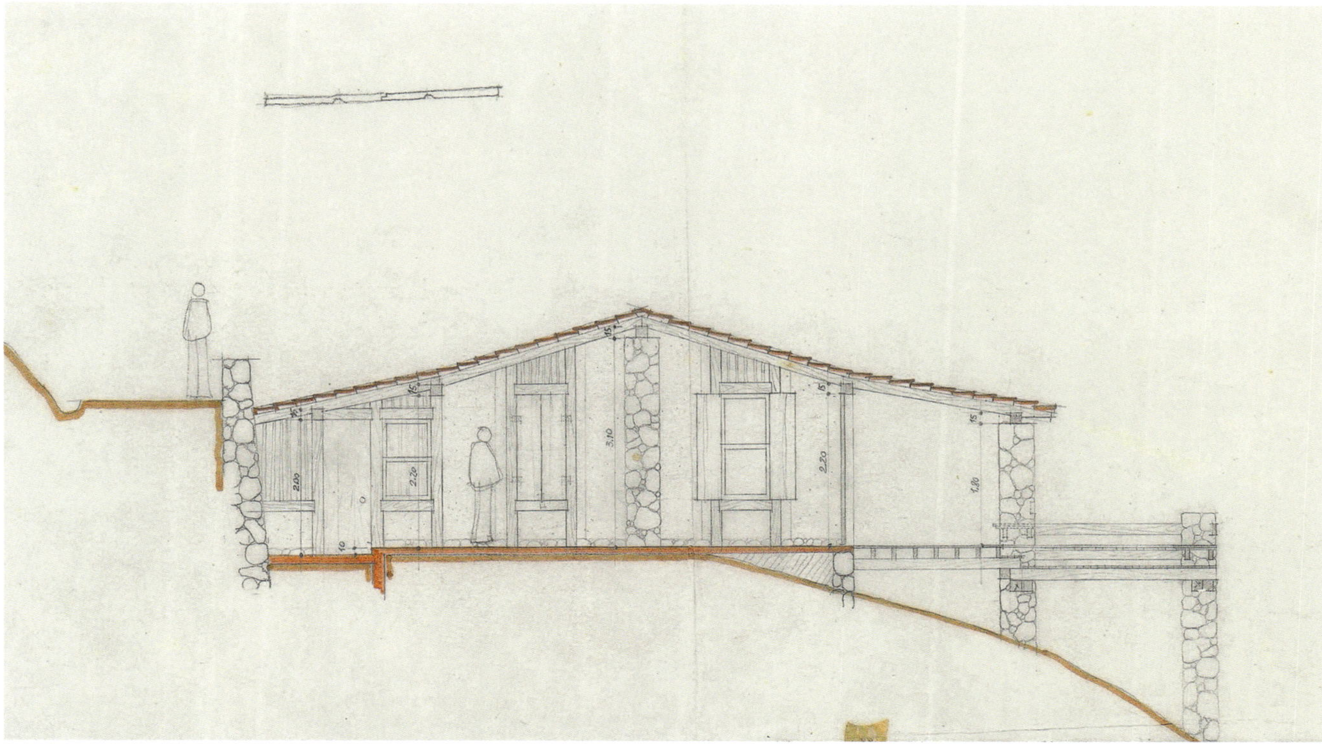

Estudos, corte e planta, desenhos por Jorge Königsberger

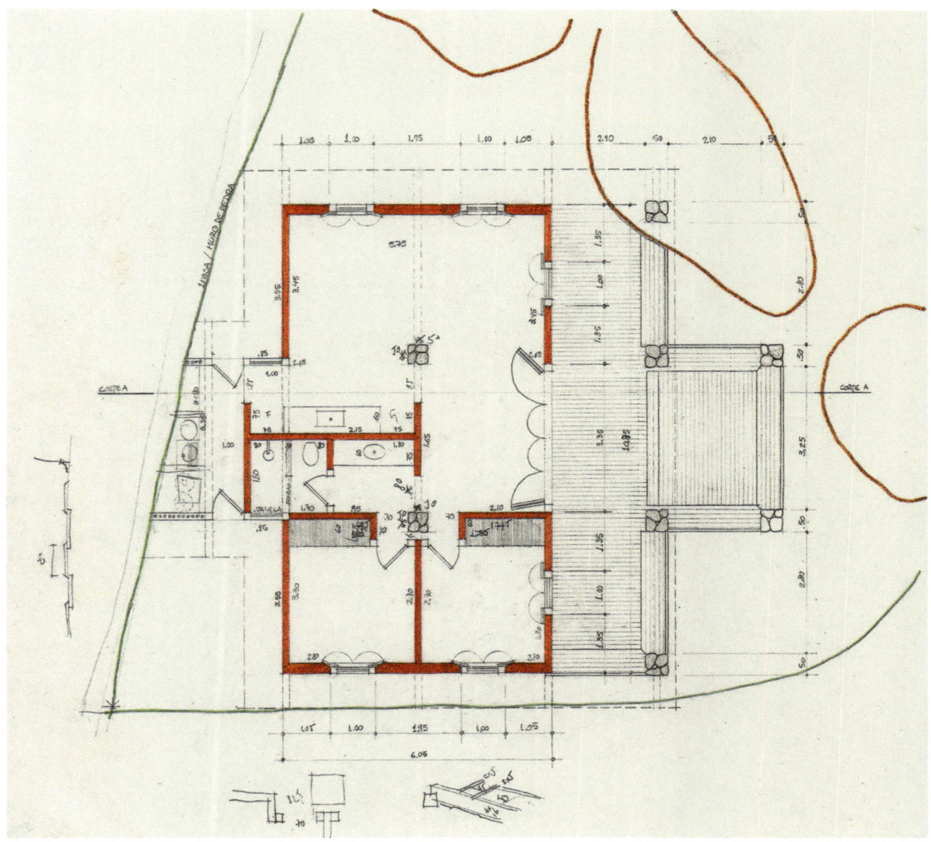

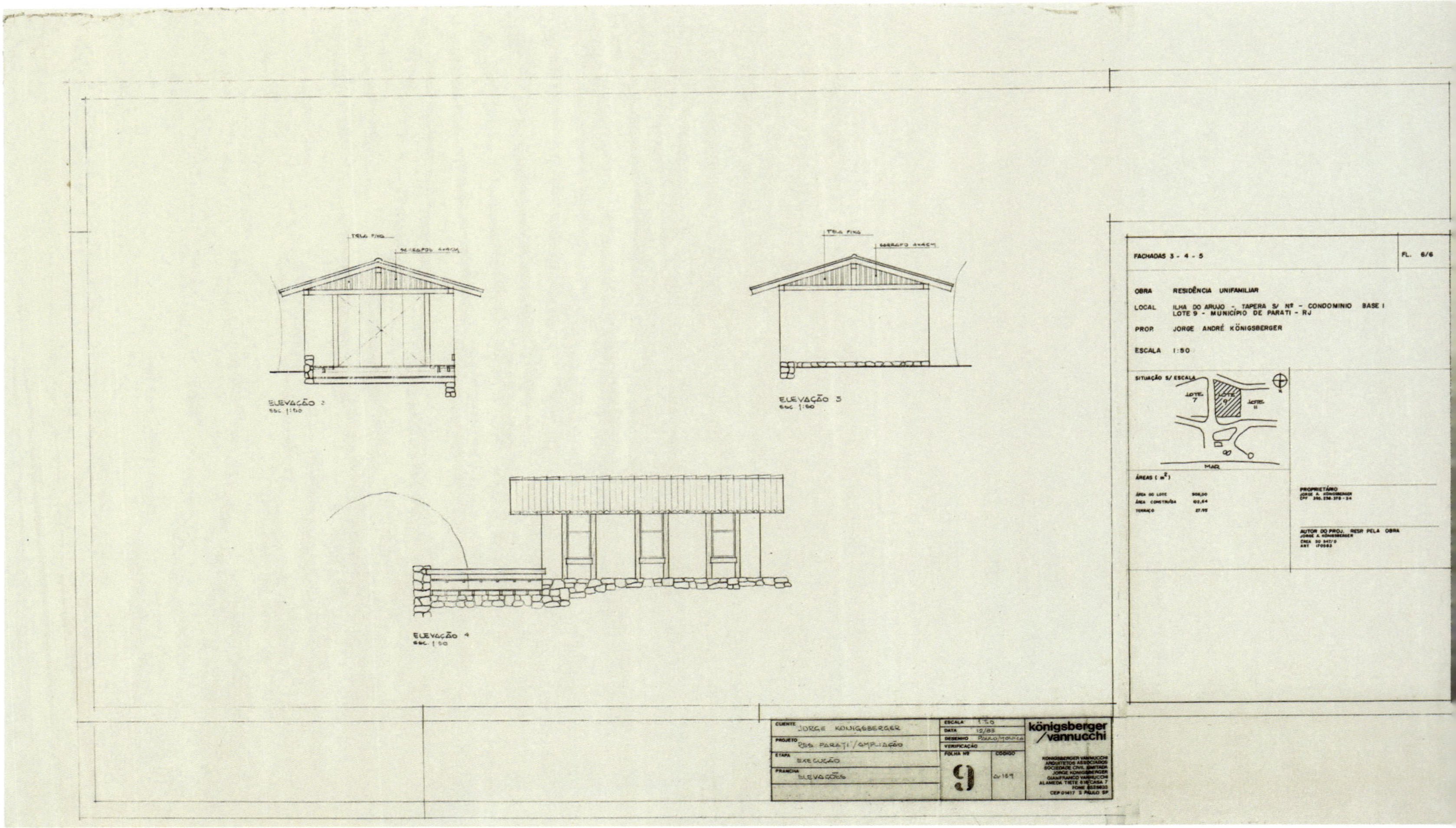

Elevações

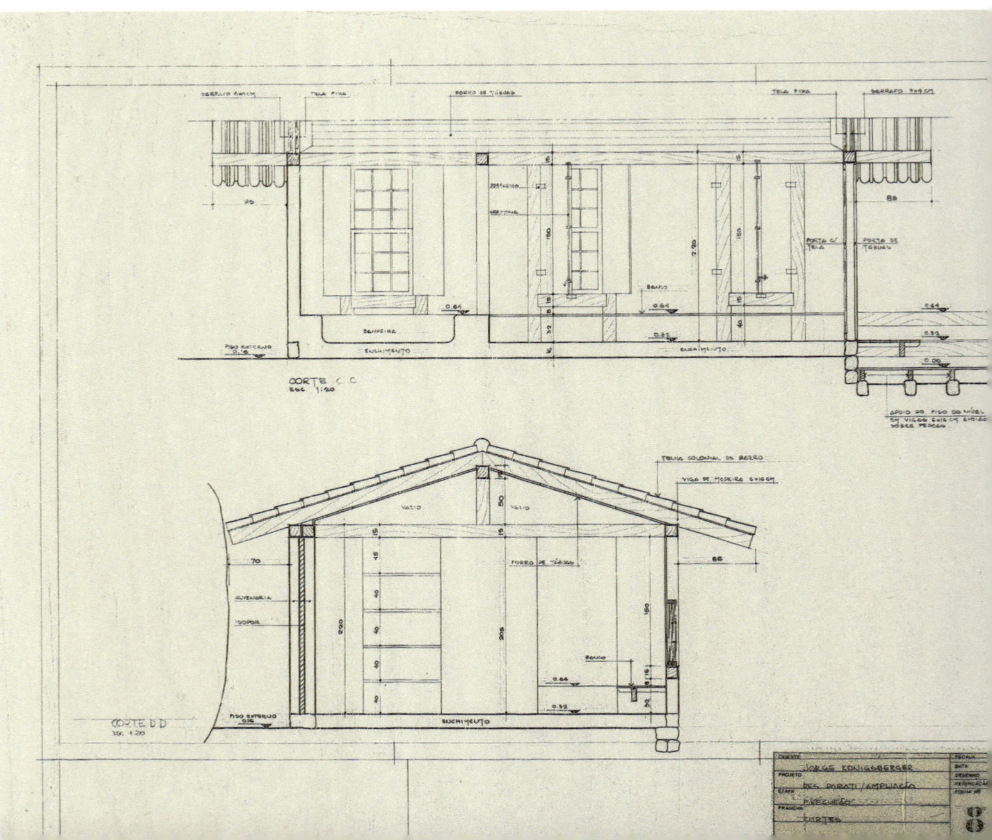

Cortes longitudinal
e transversal

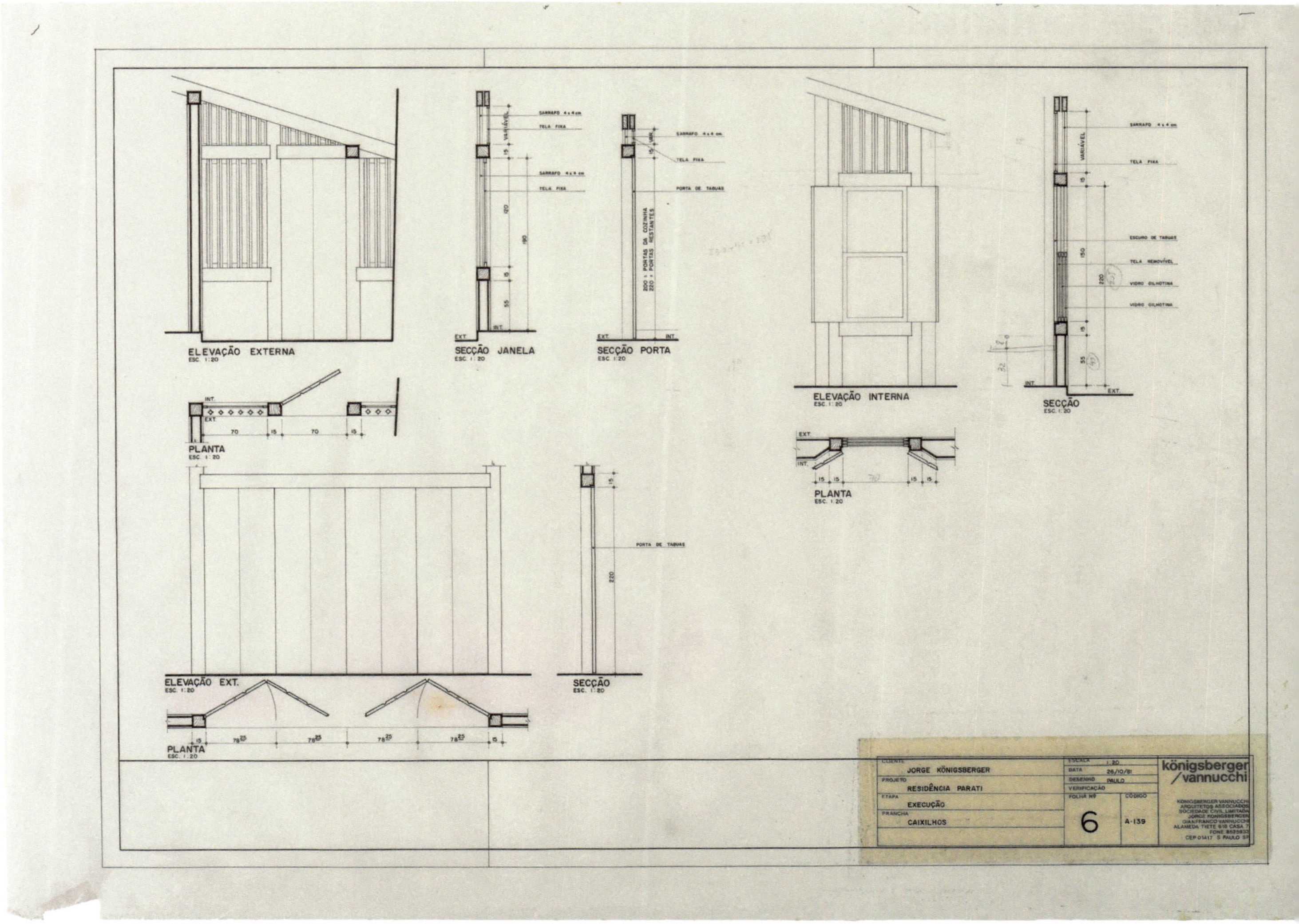

Detalhamento de caixilhos

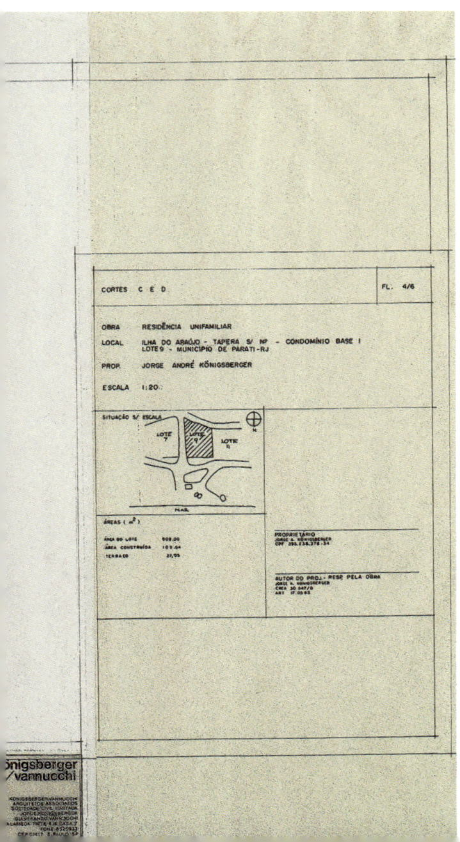

Village Taguaíba

condomínio residencial, Guarujá SP, 1983

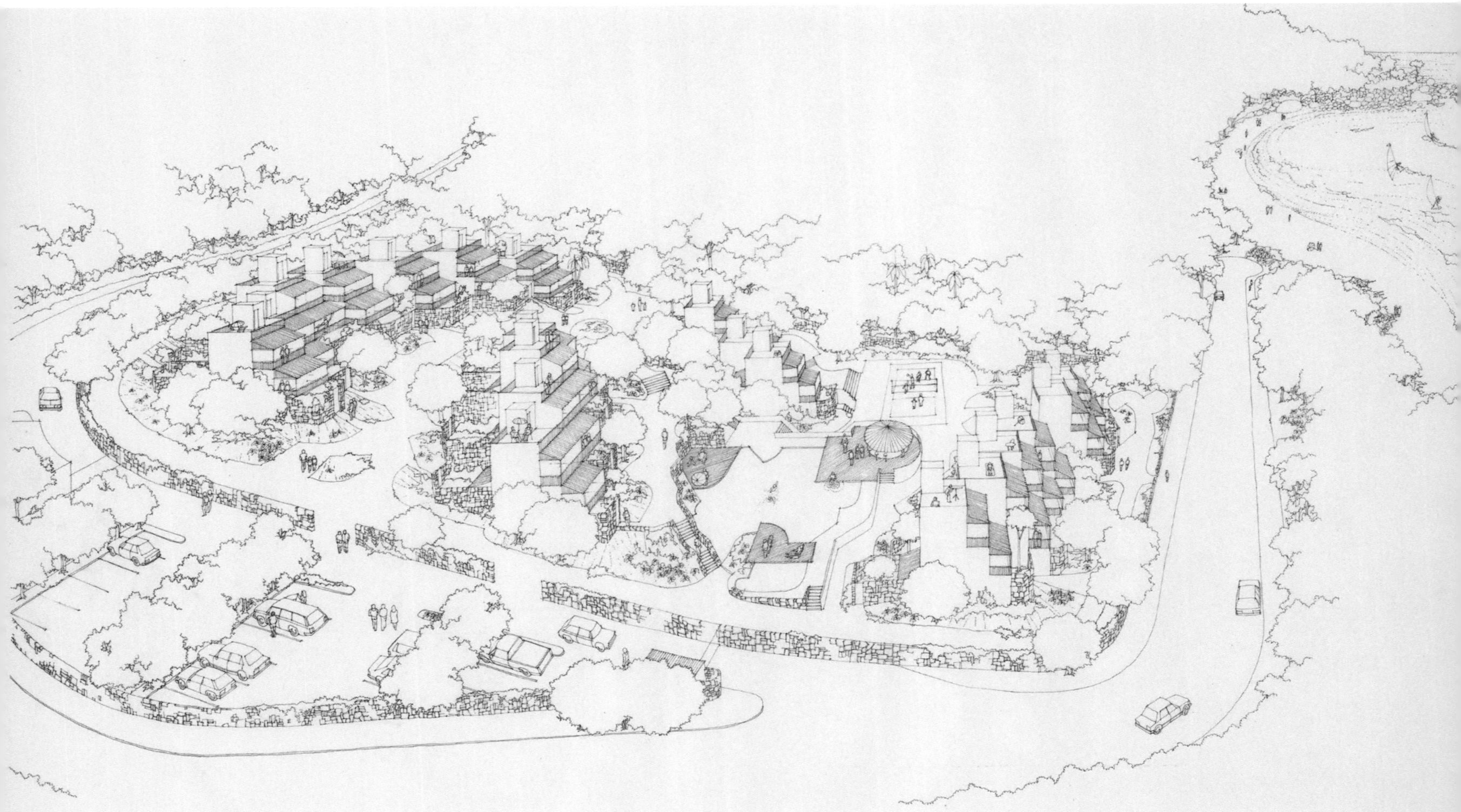

Perspectivas da implantação do condomínio e das unidades

Casa Iporanga

Celso Eduardo de Medeiros, Guarujá SP, 1987

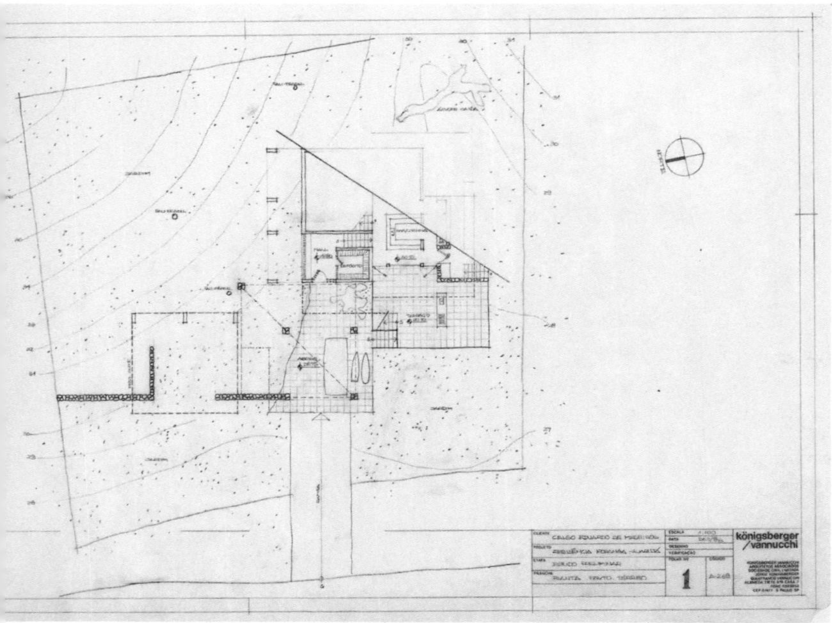

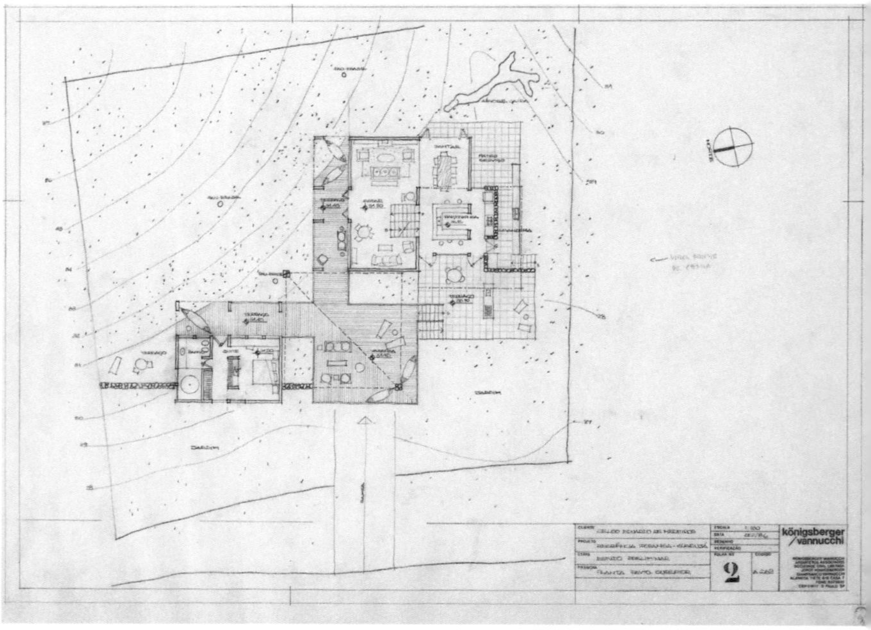

Plantas térreo, pavimento superior, mezanino e detalhes executivos

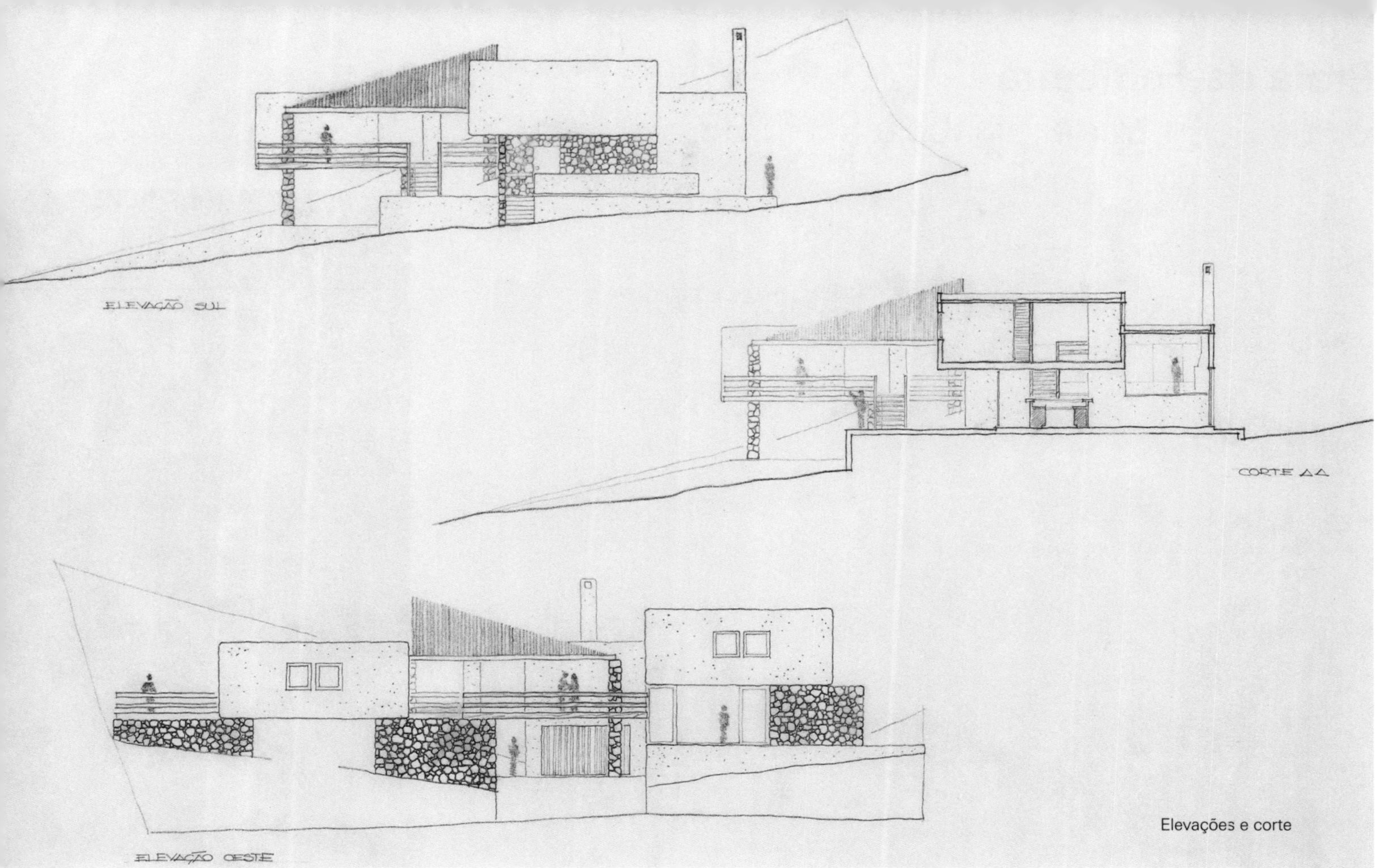

Elevações e corte

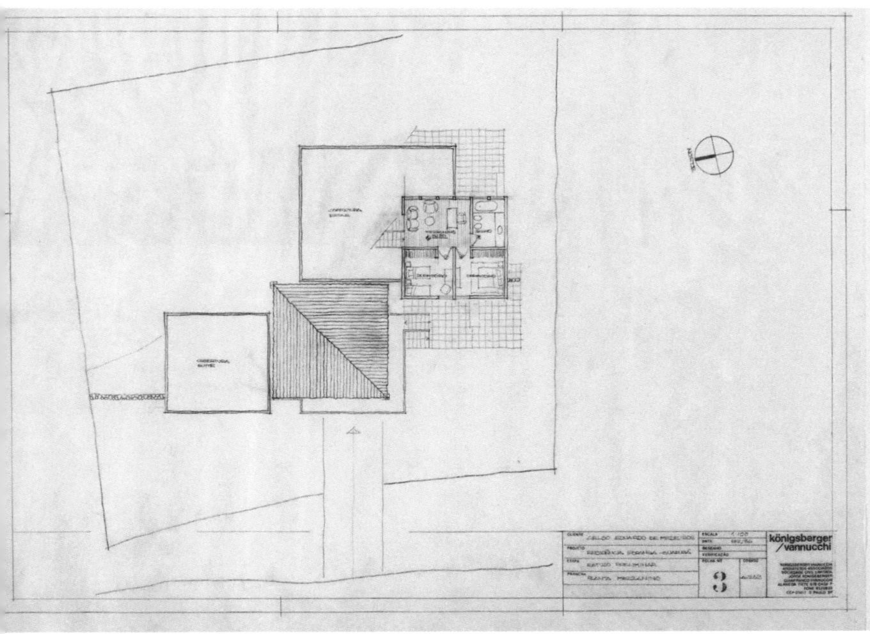

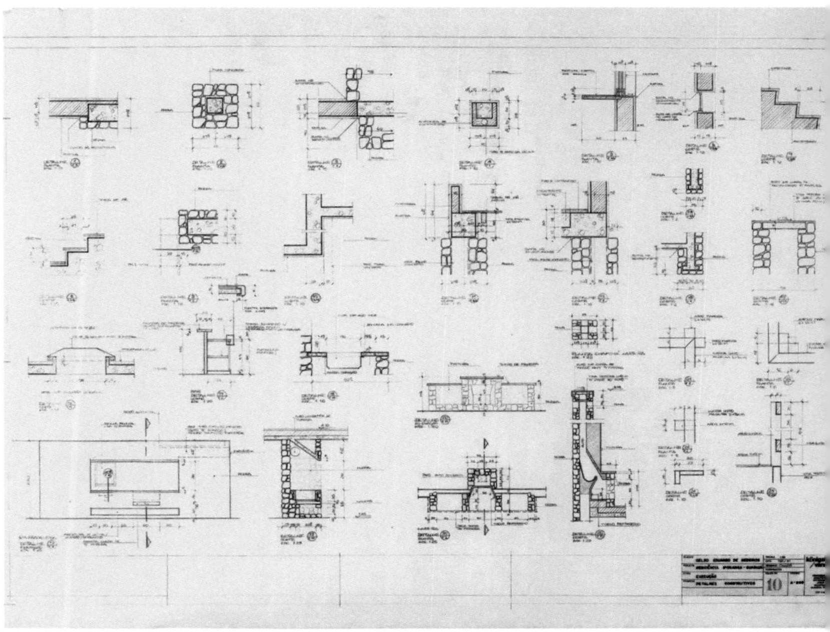

Casa Praia da Feiticeira

Vera Helena Schmuziger, Ilhabela SP, 1988

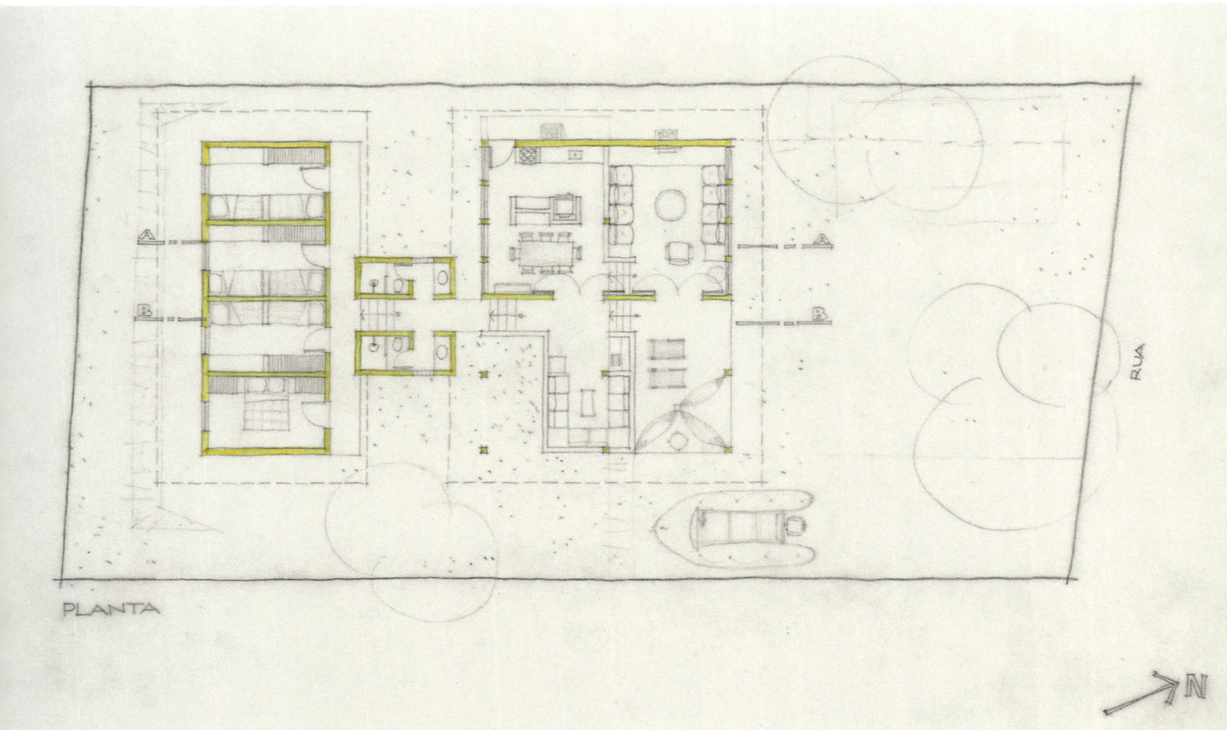

Planta, anteprojeto

Elevações e cortes

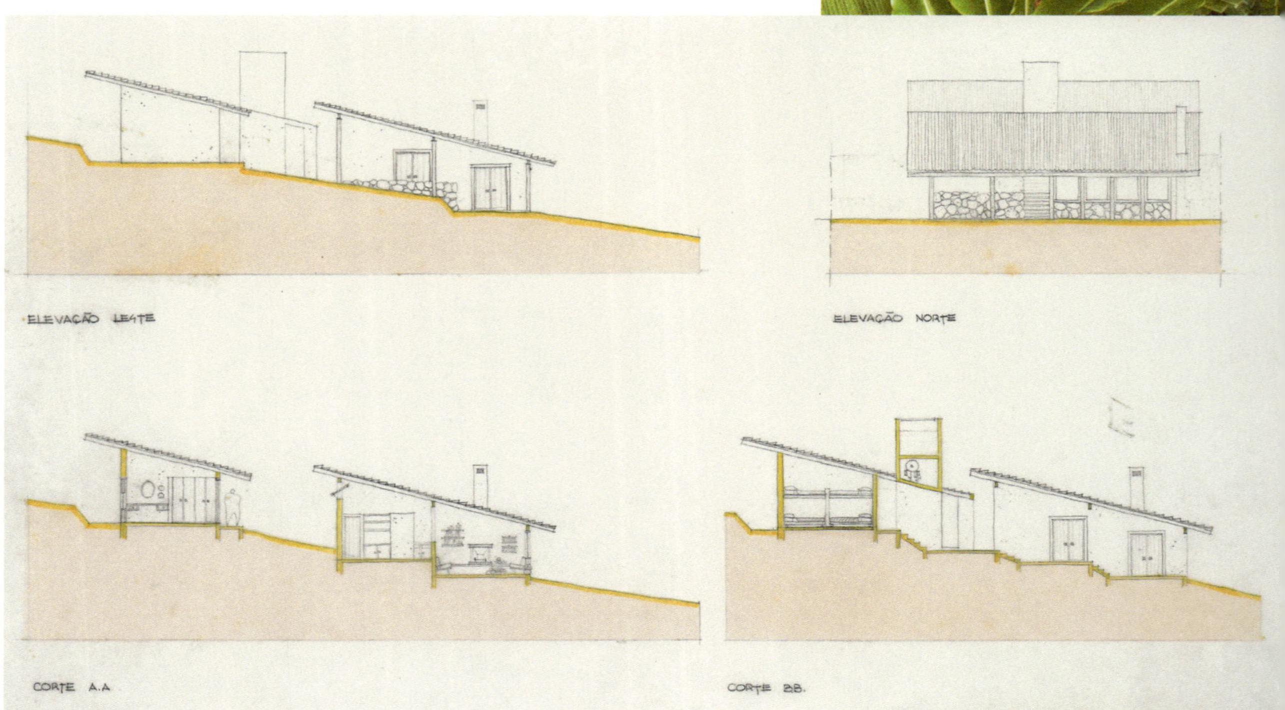

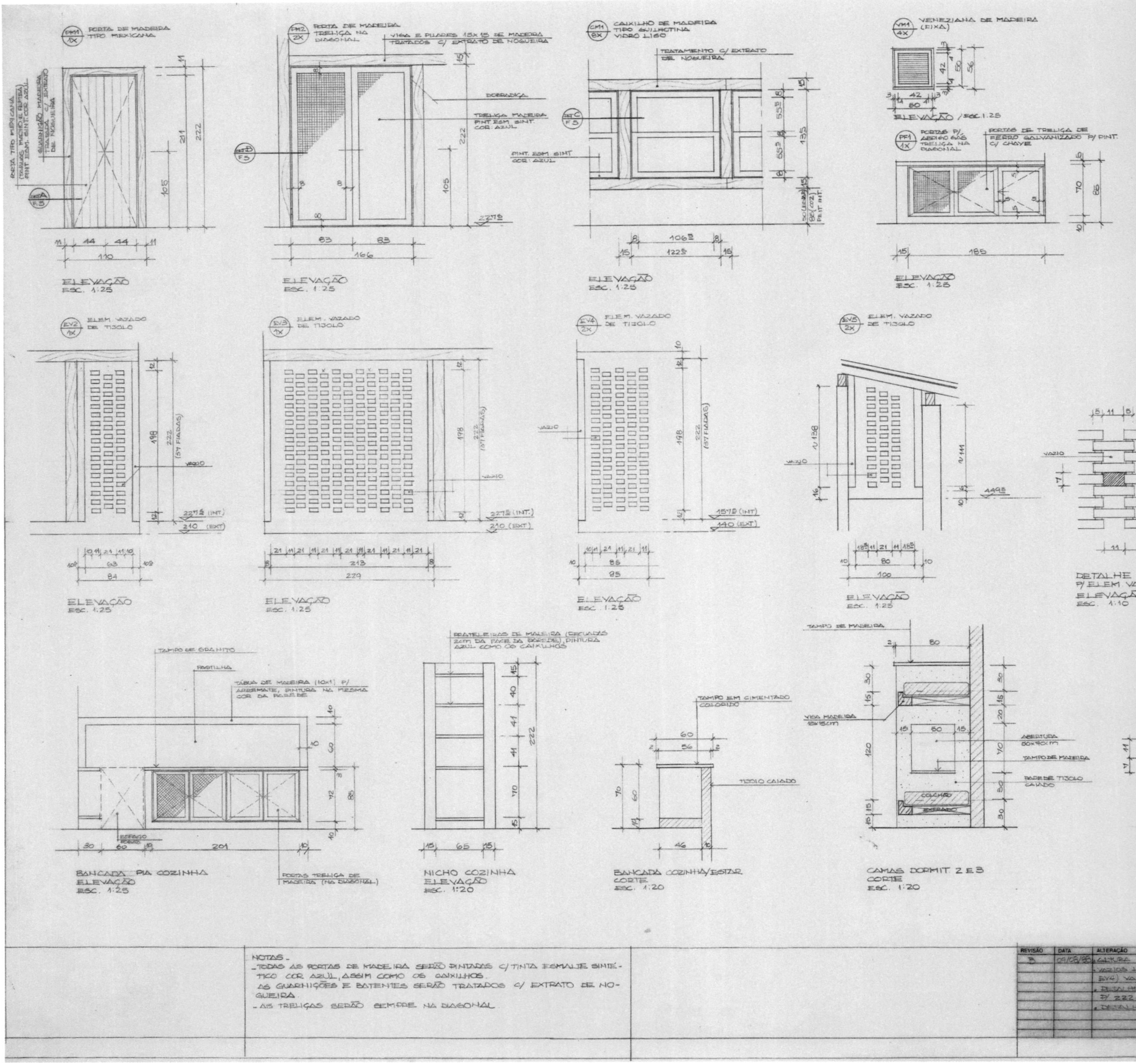
PORTA DE MADEIRA TIPO MEXICANA
ELEVAÇÃO ESC. 1:25
PORTA DE MADEIRA TRELIÇA NA DIAGONAL
ELEVAÇÃO ESC. 1:25
CAIXILHO DE MADEIRA TIPO GUILHOTINA VIDRO LISO
ELEVAÇÃO ESC. 1:25
VENEZIANA DE MADEIRA (FIXA)
ELEVAÇÃO / ESC. 1:25
ELEVAÇÃO ESC. 1:25
ELEM. VAZADO DE TIJOLO
ELEVAÇÃO ESC. 1:25
ELEVAÇÃO ESC. 1:25
ELEVAÇÃO ESC. 1:25
ELEVAÇÃO ESC. 1:25
DETALHE
ELEVAÇÃO ESC. 1:10
BANCADA PIA COZINHA ELEVAÇÃO ESC. 1:25
NICHO COZINHA ELEVAÇÃO ESC. 1:20
BANCADA COZINHA/ESTAR CORTE ESC. 1:20
CAMAS DORMIT. 2 E 3 CORTE ESC. 1:20
NOTAS -
_TODAS AS PORTAS DE MADEIRA SERÃO PINTADAS C/ TINTA ESMALTE SINTÉTICO COR AZUL, ASSIM COMO OS CAIXILHOS.
AS GUARNIÇÕES E BATENTES SERÃO TRATADOS C/ EXTRATO DE NOGUEIRA.
_AS TRELIÇAS SERÃO SEMPRE NA DIAGONAL
REVISÃO
DATA
ALTERAÇÃO

Caixilharia e detalhes executivos

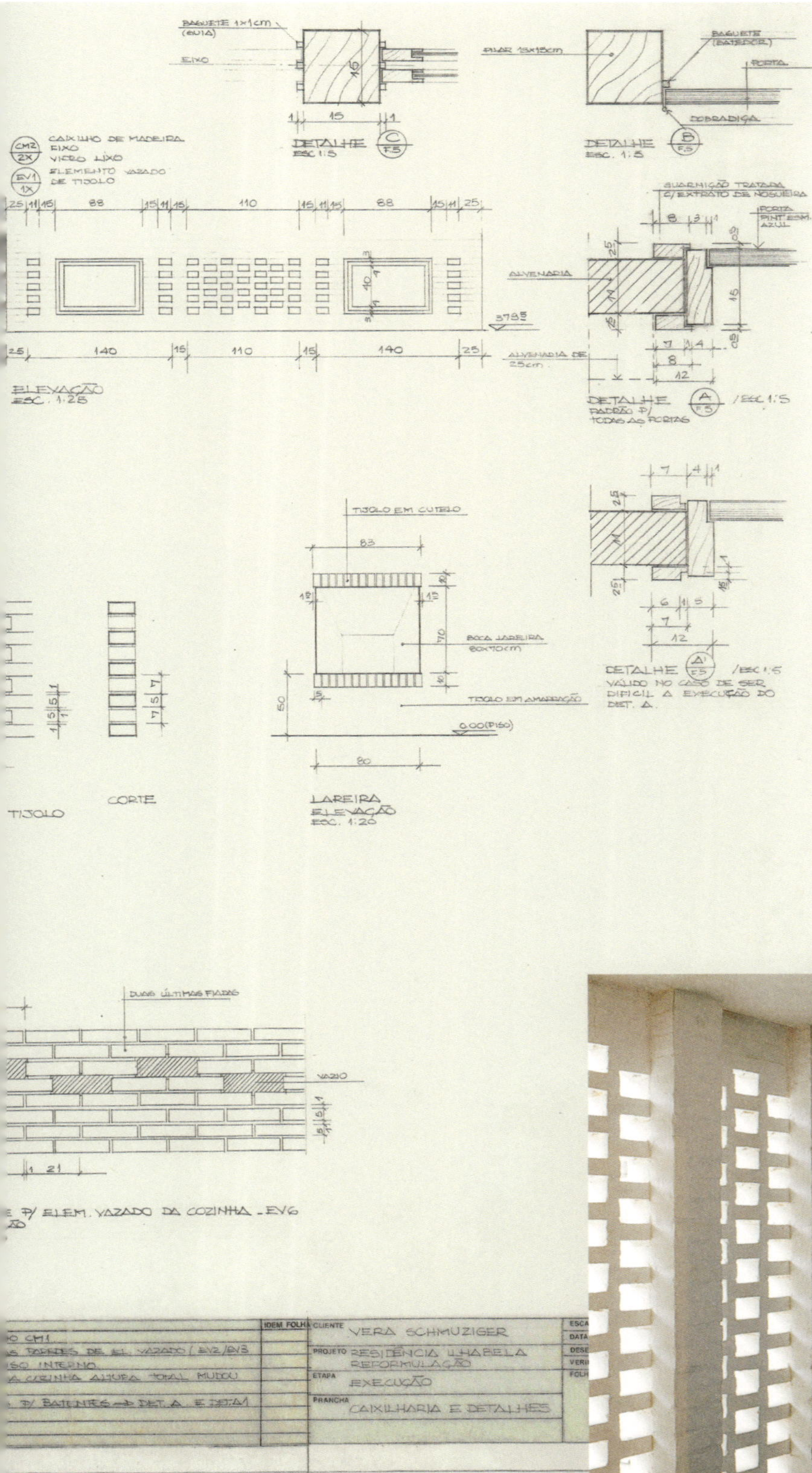

Casa Ilhabela

Ricardo Antonio Soubhia, Ilhabela SP, 1989

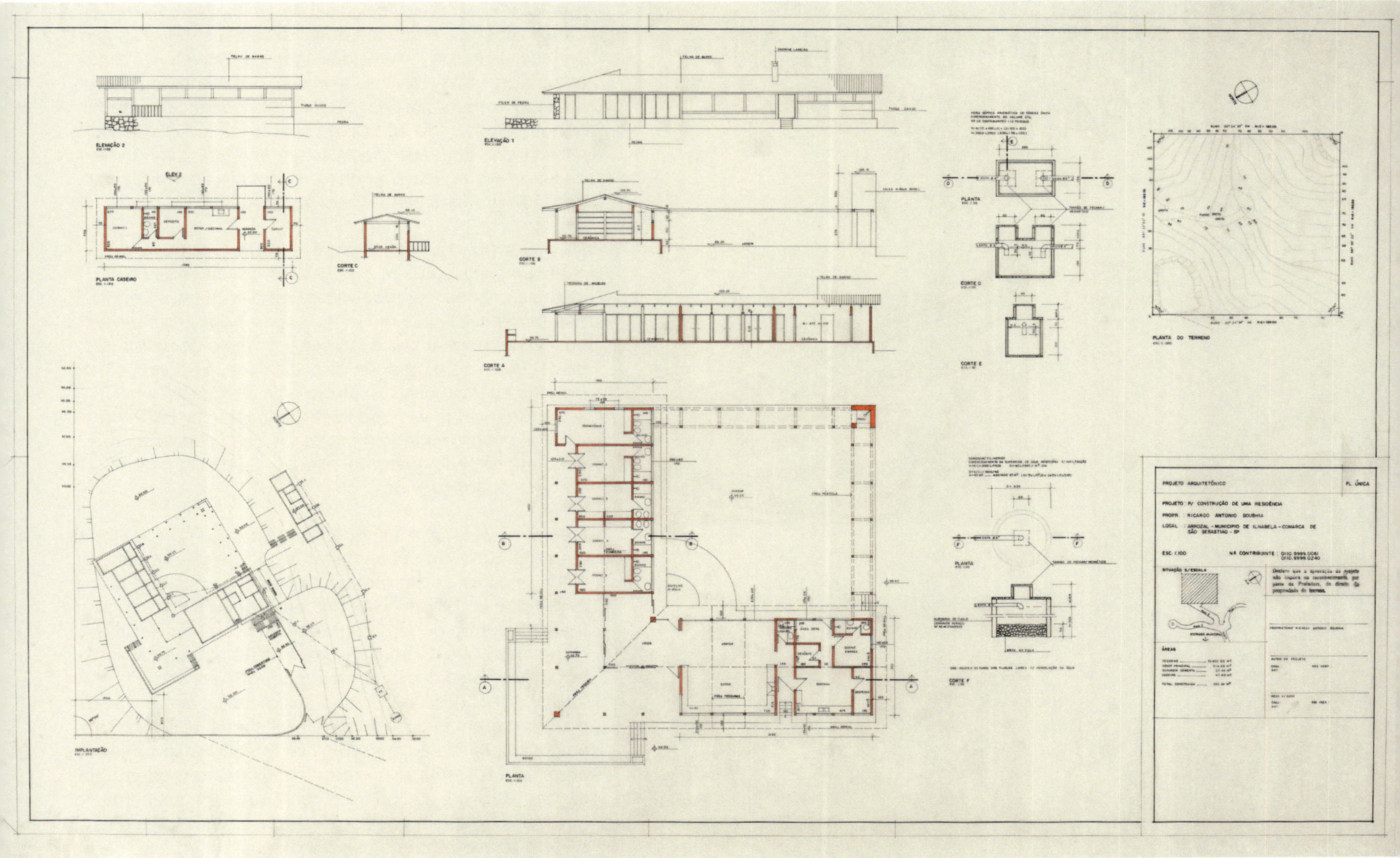

Plantas, cortes
e elevações

Agências bancárias: laboratórios de pesquisa 1979-1984

A inclusão do Banco do Comércio e Indústria de São Paulo – Comind[7] na carteira de clientes do jovem escritório de arquitetura e, principalmente, a manutenção desse cliente por certo tempo com grande demanda de serviços, foi um momento crucial, não só para a viabilidade econômica do escritório, como para o amadurecimento profissional de Jorge Königsberger e Gianfranco Vannucchi e o desenvolvimento de um traço próprio.

O setor bancário passou por um período de grande expansão de público na década de 1970, com consequente ampliação no número de agências de atendimento. Em um artigo de jornal de 1979, o arquiteto Carlos Alberto Cerqueira Lemos expôs sua preocupação com os excessos formais das agências bancárias, Lemos temia que essas agências tivessem um efeito disruptivo no tecido urbano, especialmente nas cidades de interior: "Agora, ao mito do edifício de apartamentos, inclusive nas cidades pequenas, vem se juntar a agência bancária de luxo e levantada em concreto armado aparente guarnecendo grandes panos de cristal fumê".[8]

Avião utilizado em visita de campo para projeto de agência do Banco Comind em Alcântara MA, década de 1980

Na busca por destaque formal das agências bancárias, havia uma situação em que se aliavam, da parte da instituição bancária, o desejo de uma arquitetura notável que fortalecesse sua marca e, da parte dos arquitetos, o desejo de mostrar sua expertise, por meio de estruturas de concreto com grandes vãos e balanços generosos. Em que pese a busca do arrojo e da distinção formal, a grande maioria das agências da década de 1970 era definida, como sugeriu o professor Carlos Lemos, em concreto armado aparente, esquadrias de alumínio e grandes panos de vidro.

Visita de campo para construção de agência do Banco Comind em Imperatriz MA, década de 1980

Mas Königsberger e Vannucchi não produziram conforme a receita dominante. Estimulados por um cliente que, além de pagar de acordo com a tabela do Instituto de Arquitetos do Brasil – IAB, demandava bom volume de trabalho dentro de um programa relativamente simples e com soluções internas razoavelmente padronizadas, os arquitetos se dedicaram a uma profícua pesquisa formal, buscando tirar partido das distintas circunstâncias que foram encontrando nas cidades brasileiras. Uma ampla sequência de agências horizontais mostra o pleno domínio e o emprego correto do receituário moderno da época: estrutura de concreto aparente, espaços contínuos, uso de quebra-sóis. É evidente a busca pelo caráter correto para o programa e para o contexto urbano, respeitando a escala local. Em geral, a presença do concreto aparente é discreta, alternada por superfícies de fechamento em tijolos ou revestimento cerâmico.

Visita de campo para projeto de agência do Banco Comind em Costa Marques RO, década de 1980

7. SABBAG, Haifa Yazigi. Arquitetura Bancária, p. 40-63.

8. Ou seja, a preocupação de Lemos era com a quebra da coerência do conjunto edificado nas cidades do interior. Ver: LEMOS, Carlos Alberto Cerqueira. Arquitetura bancária e outras artes, p. 27-28.

A Agência Londrina do Banco Comind (1979) tem uma solução de fachada mais transparente, aproveitando sua localização junto à arborizada praça principal da cidade. Em algumas agências, a solução formal é bastante marcada pelo uso extensivo de quebra-sóis horizontais, usados para amenizar circunstâncias climáticas, mas cujo grafismo é plasticamente explorado, por vezes dando destaque a volumes regulares.

Com a boa resposta dada ao Comind, Königsberger e Vannucchi acabaram desenvolvendo agências Brasil afora também para o Banco Noroeste. Na Agência Capela do Socorro do Banco Noroeste (1984), é interessante notar as vigas metálicas em treliça que suportam a cobertura.

Em que pese a maioria das agências bancárias desenvolvidas por Königsberger e Vannucchi terem uma solução que pode ser inscrita dentro de um cânone formal moderno do período, também é possível perceber, concomitantemente, certa inquietação que vai gerando aqui e ali pequenas subversões. Lembrando que esse cânone seguia um tanto restrito na entrada da década de 1980, algumas soluções começam, claramente, a divergir do padrão.

Agência Londrina, Banco Comind, vistas interna e externa, Londrina PR, 1979

9. CASTOR, Ricardo Silveira. *Arquitetura moderna em Mato Grosso: diálogos, contrastes e conflitos*, p. 361. O autor também citou o edifício em artigo online, ver: CASTOR, Ricardo Silveira. Modernidade e primitivismo na arquitetura de Mato Grosso. Confrontos da segunda metade do século 20.

Tal é o caso da solução formal dada à Agência Cuiabá do Banco Comind (1979) que aproveita o terreno de esquina para criar uma pequena praça triangular de acesso. Para tal, um dos blocos foi implantado com inclinação de 45º em relação às ruas confluentes. O edifício faz uso extensivo do tijolo, inclusive no revestimento dos elementos estruturais, e um zigue-zague na elevação Oeste gera sombreamentos e uma orientação mais adequada para as aberturas. Na sua tese de doutorado sobre a arquitetura moderna do Mato Grosso, Ricardo Castor destacou o diálogo que o edifício estabelece com seu entorno:

> Em que pese sua plasticidade arrojada, o conjunto adquire uma aparência familiar graças ao uso intensivo do tradicional tijolo maciço, no que se diferencia da linguagem impessoal das outras agências bancárias concentradas na avenida Barão de Melgaço e arredores.[9]

A fachada da Agência Piracicaba do Banco Comind (1980) é definida por dois volumes cerrados, um deles, elevado, avança em direção à rua, servindo como elemento de proteção e destaque da entrada. Nessa agência, como na de Cuiabá, não há destaque dos elementos estruturais, o edifício foi integralmente revestido e pintado.

Agência Capela do Socorro, Banco Noroeste, perspectiva, São Paulo SP, 1984

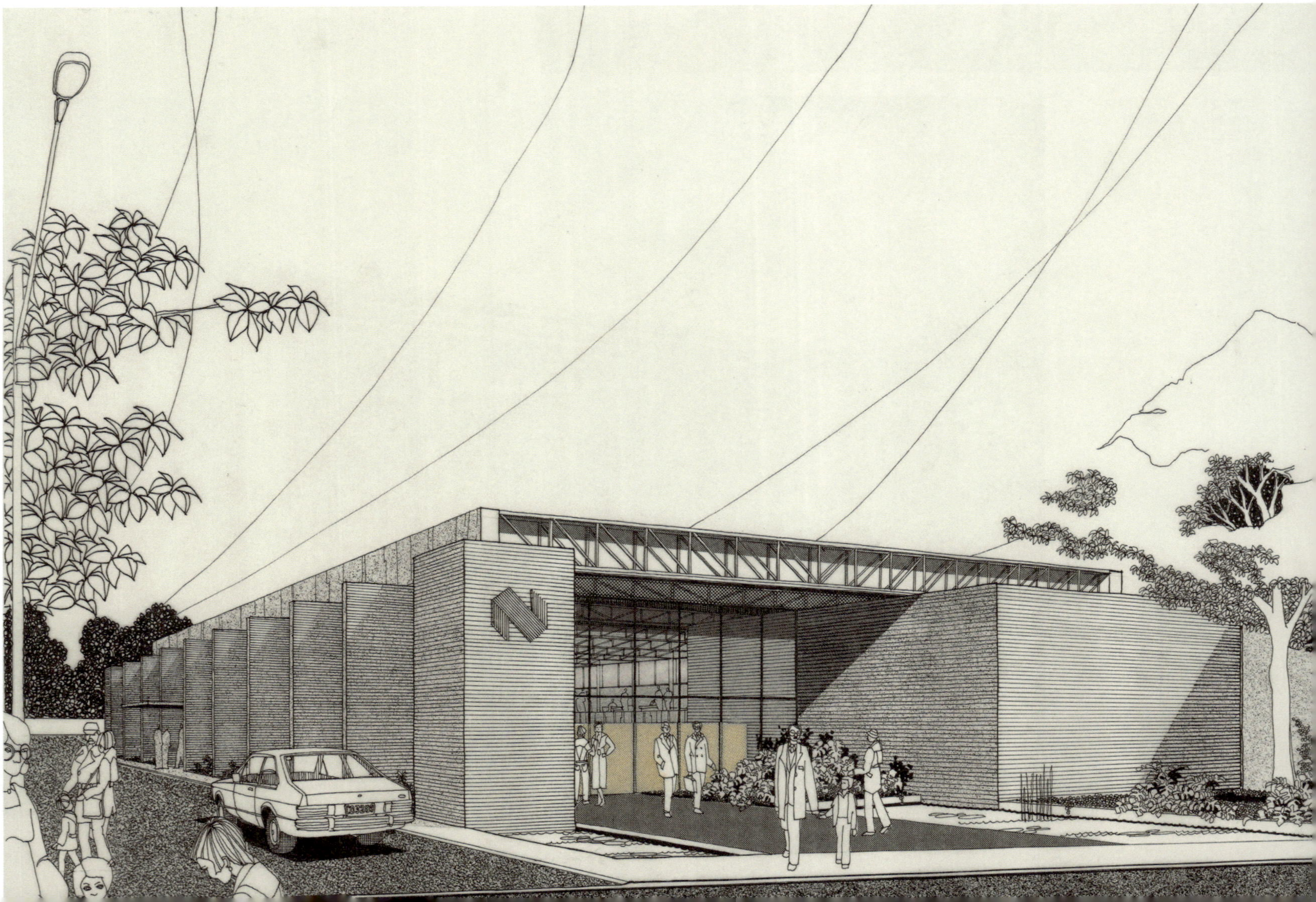

10. ZEIN, Ruth Verde. Da verdade estrutural à expressão formal, p. 63.

Mas a demanda nem sempre era por agências construídas do zero. Na Agência Fortaleza do Banco Comind (1979) e na Agência Poços de Caldas do Banco Comind (1981), o banco já estava instalado em edifícios antigos, o trabalho de projeto foi, então, de recuperar e adaptar esses imóveis para as novas exigências de uso. No caso da Agência Cáceres do Banco Comind (1982), o edifício adaptado era uma antiga residência, que teve suas paredes internas demolidas para constituição do espaço da agência. No entanto, nesse espaço contínuo, foram mantidos os antigos pisos hidráulicos da residência, como uma memória do uso pregresso. Nessa espécie de colcha de retalhos, as faixas, antes ocupadas pelas paredes, foram preenchidas com piso de madeira. Essa exploração plástica de diferentes padrões de piso justapostos em um mesmo espaço destoava do cânone moderno de então que privilegiava o emprego de um mesmo piso para todos os ambientes como um reforço da valorizada continuidade espacial.

Também na lista das pequenas subversões pode ser incluída, heresia das heresias, a retomada no uso de pastilhas de revestimento em dois pequenos edifícios de escritórios na capital paulista. Em bairros diferentes, a Agência Itaim Bibi (1982) e a Agência Higienópolis (1982) do Banco Comind respondem ao mesmo programa: espaço de atendimento ao público no térreo e torre de escritórios. A volumetria também é semelhante: uma base que se expande até os limites do lote e, sobre ela, recuado das divisas, um prisma de base retangular com seis pavimentos; por fim, interligando esses dois volumes, com considerável destaque formal, a torre de circulação vertical e equipamentos. Até aí, nada de mais. Porém, esses dois pequenos edifícios, revestidos com mosaico vidroso, passaram a fazer parte da paisagem paulistana em 1984 e 1985, respectivamente, colaborando para a relativização da clara exposição dos elementos estruturais como índice de qualidade formal. Pouco depois, o edifício do Citibank na avenida Paulista – projeto de Croce, Aflalo e Gasperini, de 1986 – também integralmente revestido, recebeu o seguinte comentário de Ruth Verde Zein:

> Evidentemente, está-se ainda dentro da tradição paulista da expressão pela estrutura; ao invés do tradicional esquema laje/pilar/viga, as grelhas verticais, a treliça de transição [...]. Ao mesmo tempo, há um nítido rompimento com o "purismo" intransigente dessa linguagem paulista. [...] Embora nascendo e crescendo da estrutura, a expressão arquitetônica não necessita fazê-la sua atração exclusiva.[10]

Edifício do Citibank, projeto de Croce, Aflalo e Gasperini, São Paulo SP, 1986

11. Hoje, o edifício está ocupado pelo Banco Itaú e, além da marca do banco revestindo a lateral da laje que cobre o térreo, recebeu revestimento lateral em vidro azul espelhado, vedando a grelha que o caracterizava.

Naturalmente, uma maior preocupação com a manutenção por parte do mercado de arquitetura também compõe esse rompimento com o purismo da linguagem paulista. O concreto aparente tem manutenção custosa e baixa inércia térmica, contribuindo para elevar o custo de manutenção da obra.

O tratamento e revestimento de pastilhas da Agência Itaim Bibi e Agência Higienópolis do Banco Comind destacam e omitem elementos da estrutura. No Itaim Bibi, as laterais do bloco vertical (com orientação predominante Leste e Oeste) tiveram a modulação dos pilares subdividida, gerando aberturas aproximadamente quadradas, com a caixilharia alinhada pelo lado interno. A profundidade dos elementos verticais e uma placa horizontal no meio do vão amenizam a insolação.[11] Os arquitetos criaram, assim, uma grelha de proteção solar, solução que tornou os pilares formalmente indistintos dos elementos verticais intermediários.

Laboratório de Pesquisa Médica Richards, projeto de Louis Kahn, Filadélfia, Estados Unidos, 1957-1961

Agência Maringá, Banco Comind, perspectiva, Maringá PR, 1980

No Comind Higienópolis, mais uma vez, o revestimento sem distinção de elementos estruturais e de vedação gerou estranheza no meio, mas o aspecto mais inusitado da obra são os longos pilares circulares revestidos em pastilha violeta nas laterais do bloco de escritórios.[12] Na década de 1980, o quarteirão em que foi implantada a agência do Banco Comind era ocupado por casarões ecléticos, vizinhança que contribuía para a visibilidade e destaque do edifício, e parecia reforçar o vínculo da obra com outra arquitetura característica do bairro de Higienópolis: os edifícios modernos dos anos 1940-1950 – o bloco laminar com as extremidades em pano cego, os pilares roliços contínuos na lateral, o revestimento em pastilhas. No entanto, no caso dessa obra, as aproximações parecem servir para tornar mais evidentes as subversões: nos edifícios modernos de Higienópolis, a marcação das lajes tem grande protagonismo formal e os pilares, recuados, só estão visíveis no pavimento térreo, em geral vazado. Ao contrário, no Comind Higienópolis o térreo se alarga, ocupa as laterais do lote em um volume fechado e horizontal que lembra outras arquiteturas modernas, posteriores. Da mesma forma, o destaque assumido pela torre de circulação remete a soluções do arquiteto Louis Kahn, como o edifício do Laboratório de Pesquisa Médica Richards (1957-1961).[13]

O antigo edifício da Agência Higienópolis do Banco Comind não tem mais a vizinhança de casarões ecléticos – está ladeado de um lado pelo edifício em estrutura metálica da Escola Panamericana de Artes – projeto de Siegbert Zanettini – e de outro pelo edifício, devidamente revestido em pastilhas, de uma agência do Banco Itaú – o que diminuiu consideravelmente a visualização de suas laterais. Nos anos 1980, o edifício chocava por sua rebeldia frente à ortodoxia que imperava no meio arquitetônico, mas não pela qualidade de sua inserção naquele local urbano, com volumetria equilibrada e adequada presença na cidade.

12. O edifício está recém-reformado, os longos pilares laterais seguem visíveis, mas foram retiradas as grelhas metálicas que ocultavam as janelas. Além disso, foi aberto um grande vão no volume térreo, conformando o atual acesso com fechamento de vidro.

13. No âmbito local, o arquiteto Carlos Bratke também vinha explorando plasticamente a solução das torres de serviço em volumes destacados.

Comind agências horizontais
1979-1981

Agência Cuiabá, Banco
Comind, Cuiabá MT, 1979

Agência Santa Rosa do Viterbo, Banco Comind, Santa Rosa do Viterbo SP, 1979

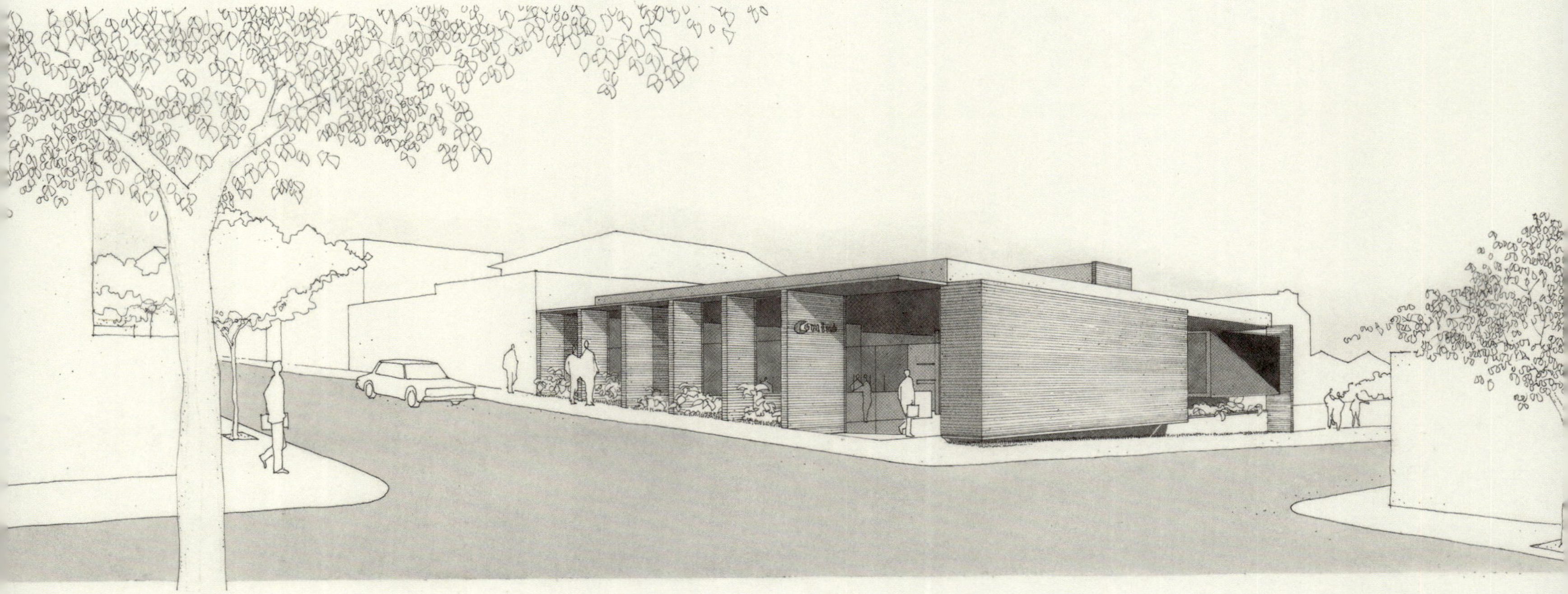

Agência Mococa, Banco Comind, Mococa SP, 1979

Agência Bonsucesso, Banco Comind, Rio de Janeiro RJ, 1981

Agência Imperatriz, Banco Comind, Imperatriz MA, 1981

Agência Araguaína,
Banco Comind, Araguaína
TO, 1981

Comind agências verticais
São Paulo SP, 1982-1983

Agência Itaim Bibi, Banco Comind, São Paulo SP, 1982

Perspectiva vista da rua Doutor Renato Paes de Barros

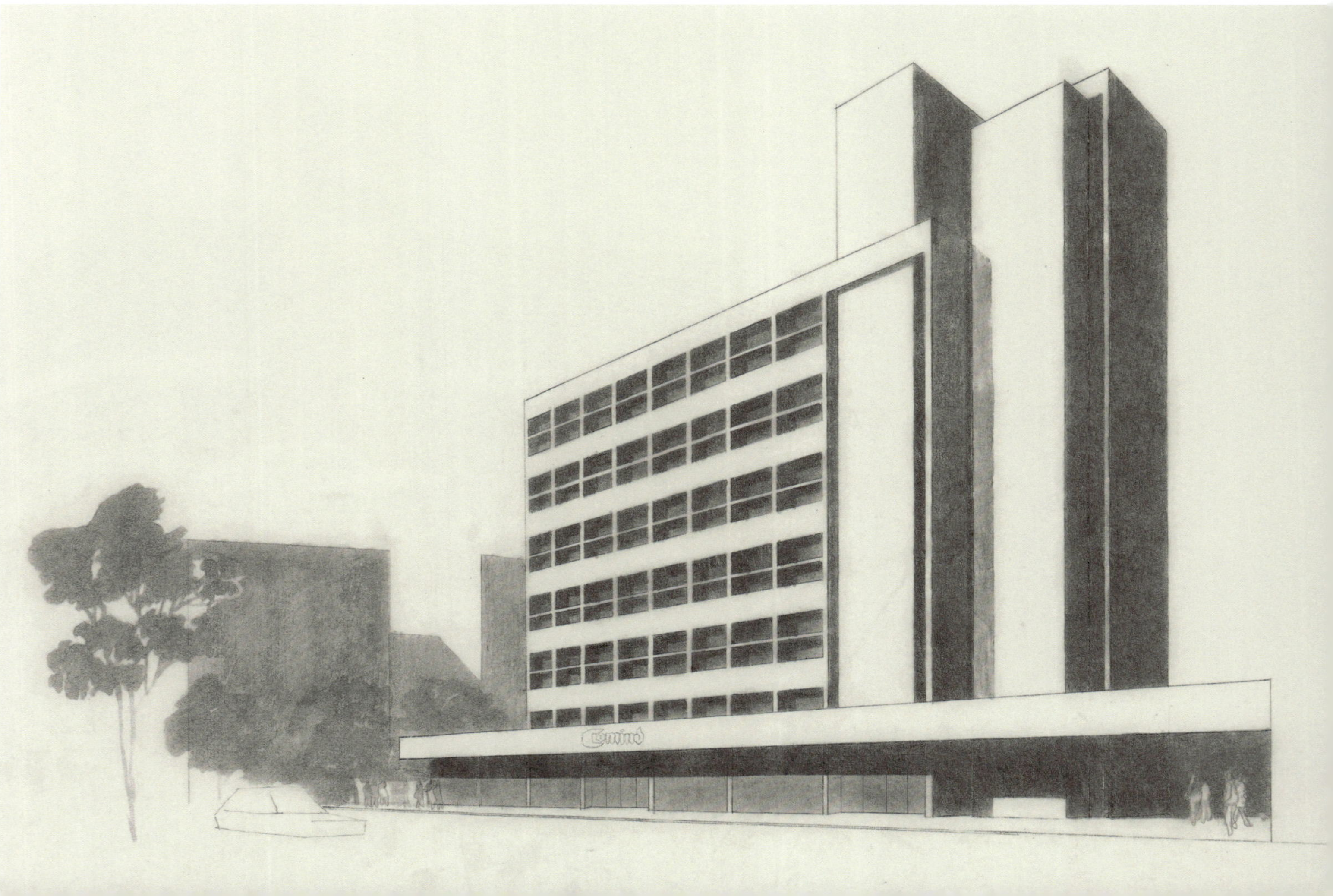

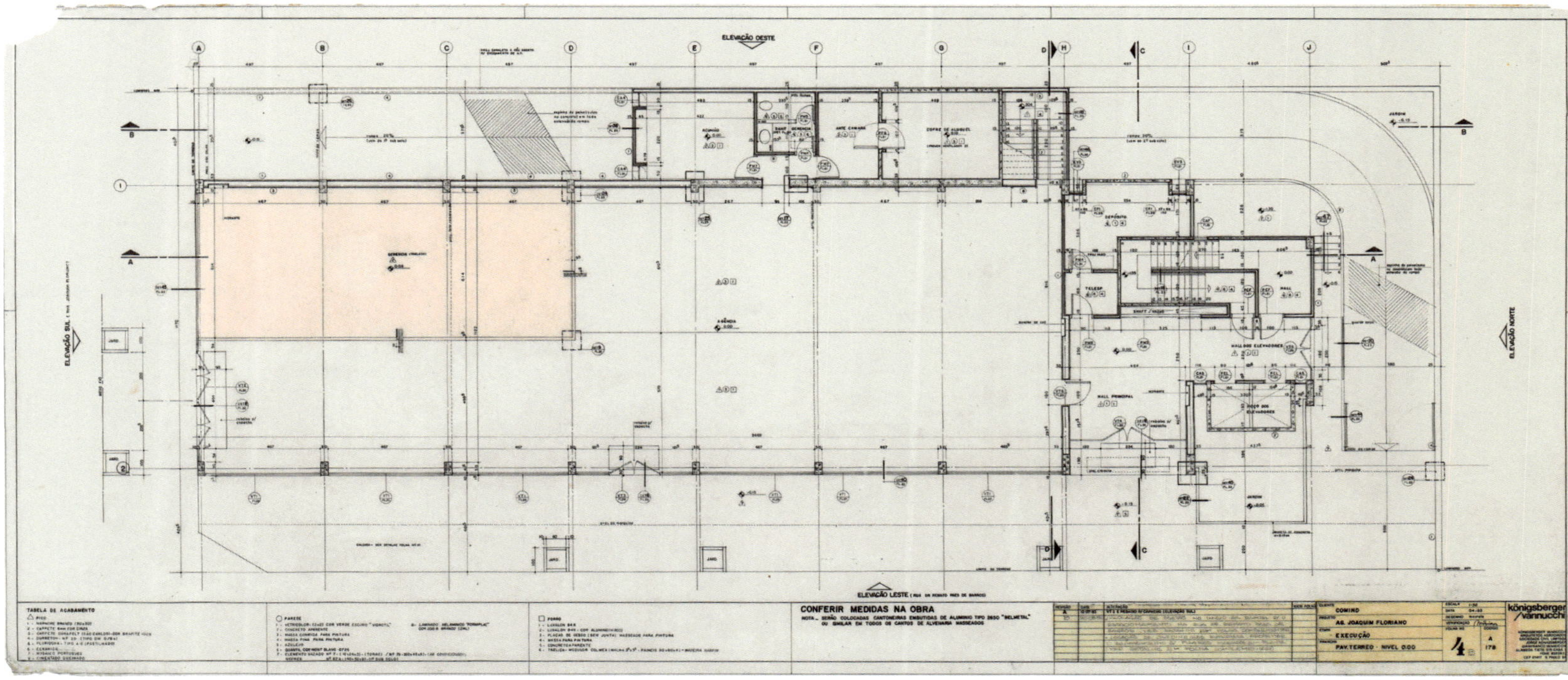

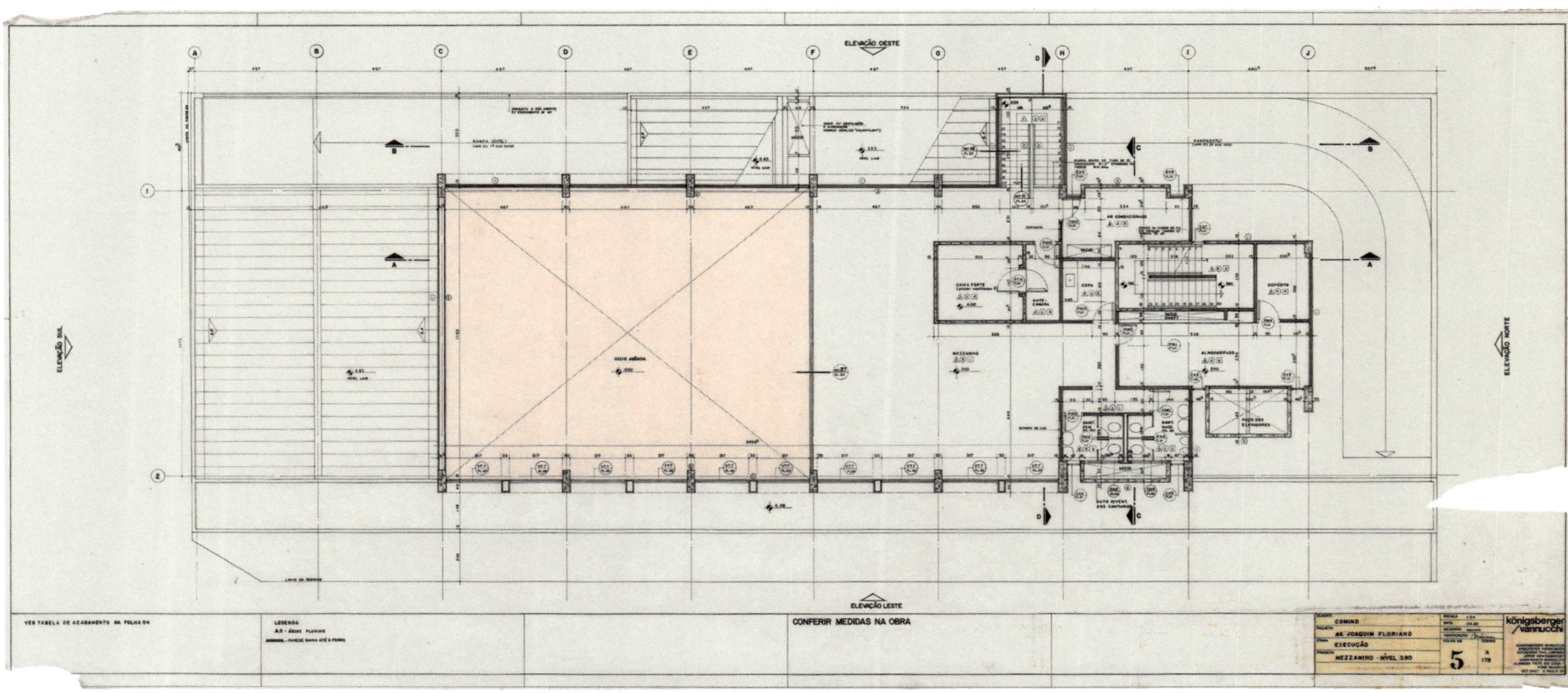

Planta térreo

Planta mezanino

Agência Higienópolis, Banco Comind, avenida Angélica, São Paulo SP, 1983

Elevações sudoeste e sudeste

Plantas térreo e pavimento tipo

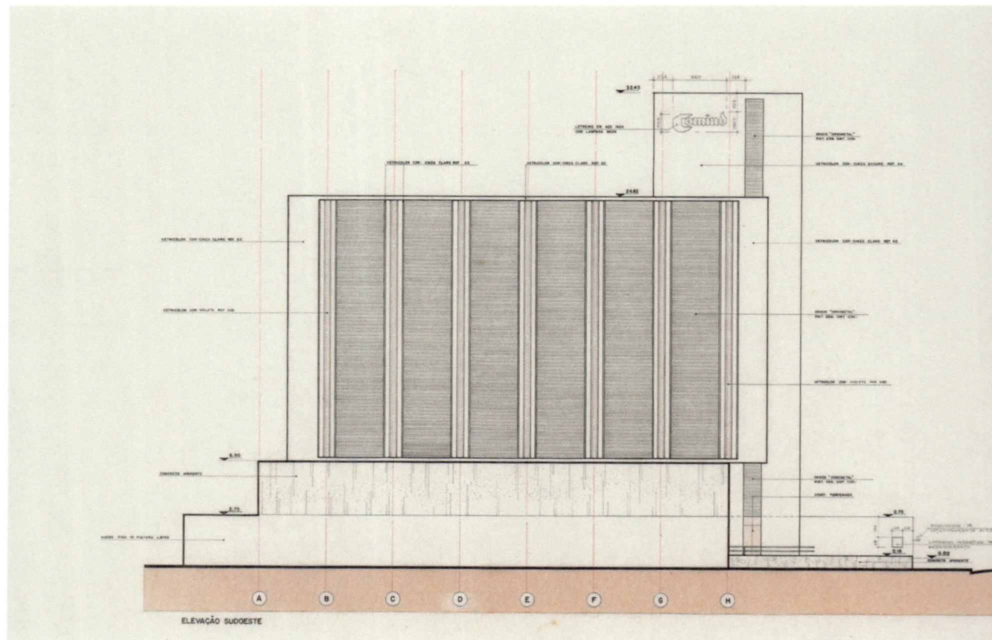

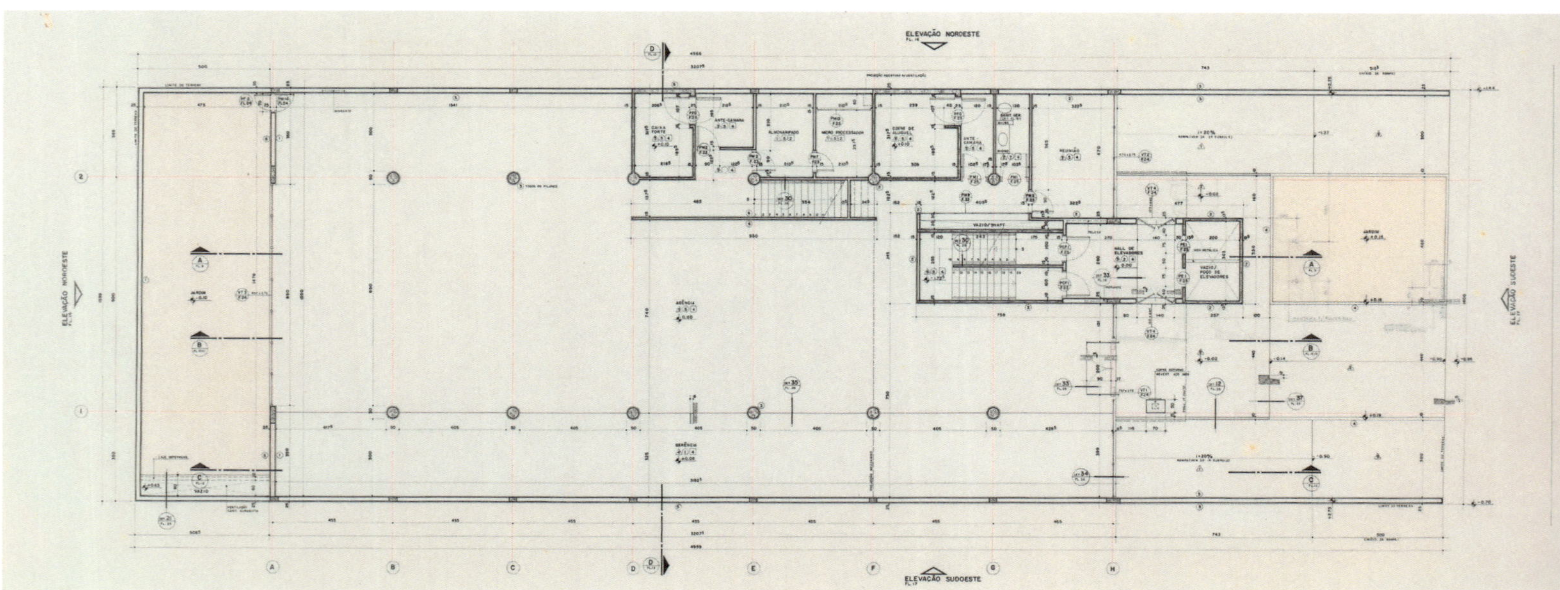

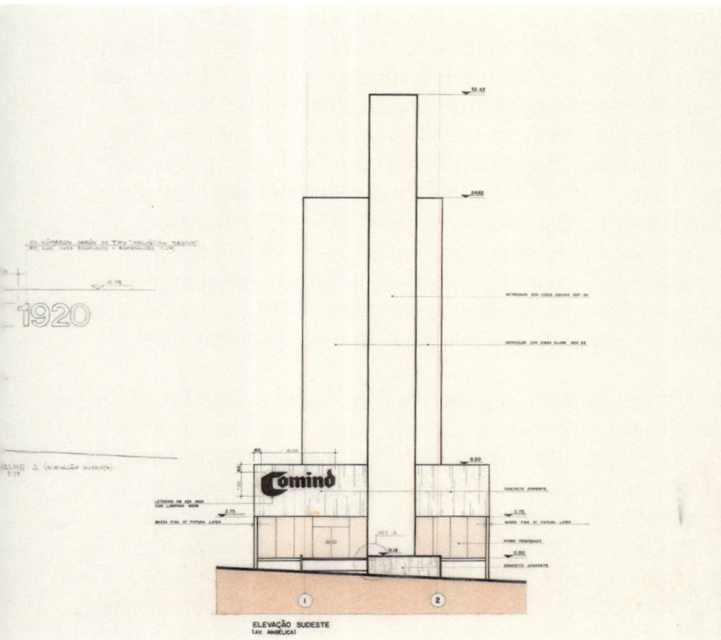

Detalhe da fachada

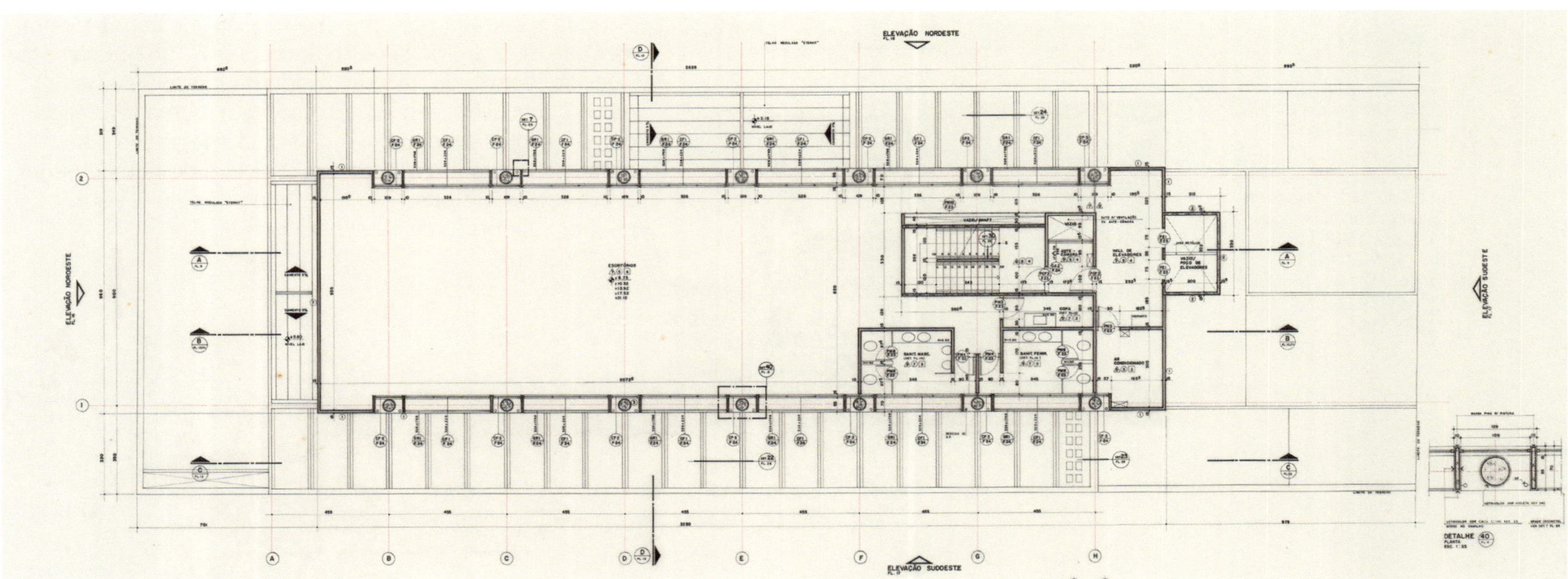

Década de 1980: diversidade concomitante

Ao longo de toda a década de 1980, a arquitetura desenvolvida por Jorge Königsberger e Gianfranco Vannucchi parece gerada por um embate com a ortodoxia que dominava o meio nacional, esse embate se expressa por uma atitude frente aos princípios formais do movimento moderno – razão (modulação, clara exposição da estrutura) e abstração – que oscila desde uma quase plena adesão até o questionamento e desafio desses princípios com a busca da liberdade – ausência de ordem regradora, referências formais figurativas.

No início da década, Königsberger e Vannucchi foram encarregados do projeto de uma casa de campo em Itapecerica da Serra, município com considerável cobertura de Mata Atlântica, na região Sudoeste da Grande São Paulo: a Residência Ella Durst (1983).[14] Em um momento de crise geral, tanto econômica do país quanto uma crise de representatividade da arquitetura moderna brasileira, quando as produções valorizadas pela intelligentsia arquitetônica estavam tendo pouca repercussão na grande massa de construções residenciais, Königsberger e Vannucchi fizeram um retorno, sem intermediação, aos mestres modernos: Mies van der Rohe e Le Corbusier. Utilizaram a estrutura dom-ino de Le Corbusier – a casa está suspensa por oito pilares, com lajes de 11 metros por 22 metros em balanço – e uma organização de planta que remete à Casa Farnsworth (1945-1951) de Mies, com o espaço dividido por armários e exíguas áreas molhadas. A casa tem também um anexo semienterrado de serviços, que se vale da declividade do terreno, e cujo contorno externo segue em parte a curva de nível.

Os donos da casa, um diretor de cinema e uma fotógrafa, desejavam uma casa integrada à natureza, com preservação do bosque e, ao mesmo tempo, que permitisse a vista do amplo horizonte. Colocada no topo da colina e cercada de árvores, segundo os arquitetos, a casa respondeu à solicitação com seus três níveis visíveis: os pilares no térreo emulam os troncos das árvores, o vidro de fechamento do primeiro piso reflete a copa das árvores e um solário na cobertura possibilita o descortinar da vista. No térreo, além do piloti, a escada de acesso permite a entrada por uma abertura na laje de piso, como na Casa de Vidro de Lina Bo Bardi (1947-1951). Essa casa clássica, dentro da tradição moderna, permitiu – pelo pendor dos clientes e localização rural – uma retomada dos princípios modernos, inclusive a integração com a natureza. Naquele momento da carreira de Königsberger e Vannucchi, pareceu um retorno ao princípio, para melhor subversão de seus parâmetros.

14. ZEIN, Ruth Verde. Residência em quatro níveis, p. 58-59.

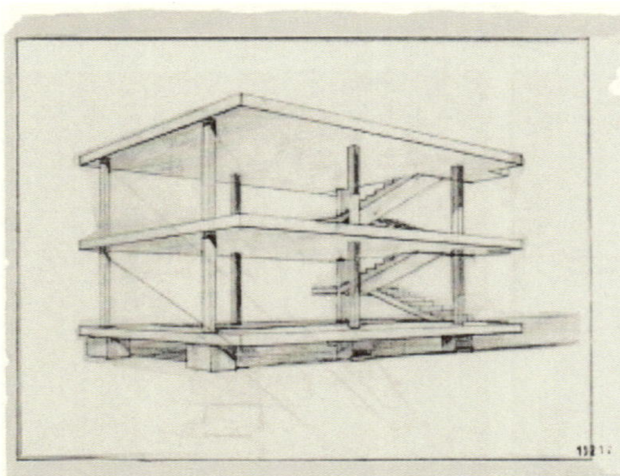

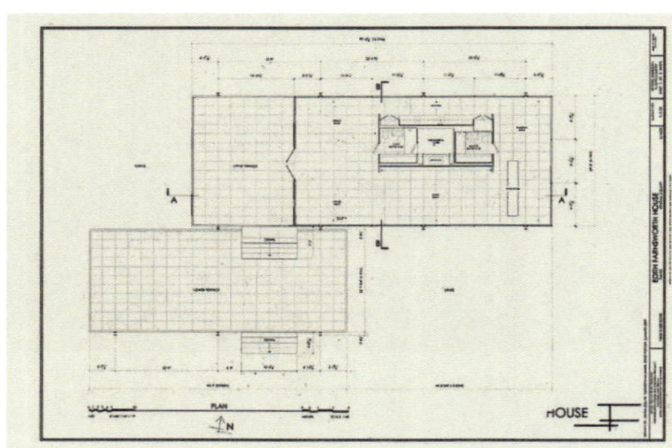

Estrutura dom-ino, projeto de Le Corbusier, 1914

Casa Farnsworth, planta, projeto de Mies van der Rohe, Illinois, Estados Unidos, 1946-1951

Casa de Vidro, projeto de Lina Bo Bardi, São Paulo, 1947-1951

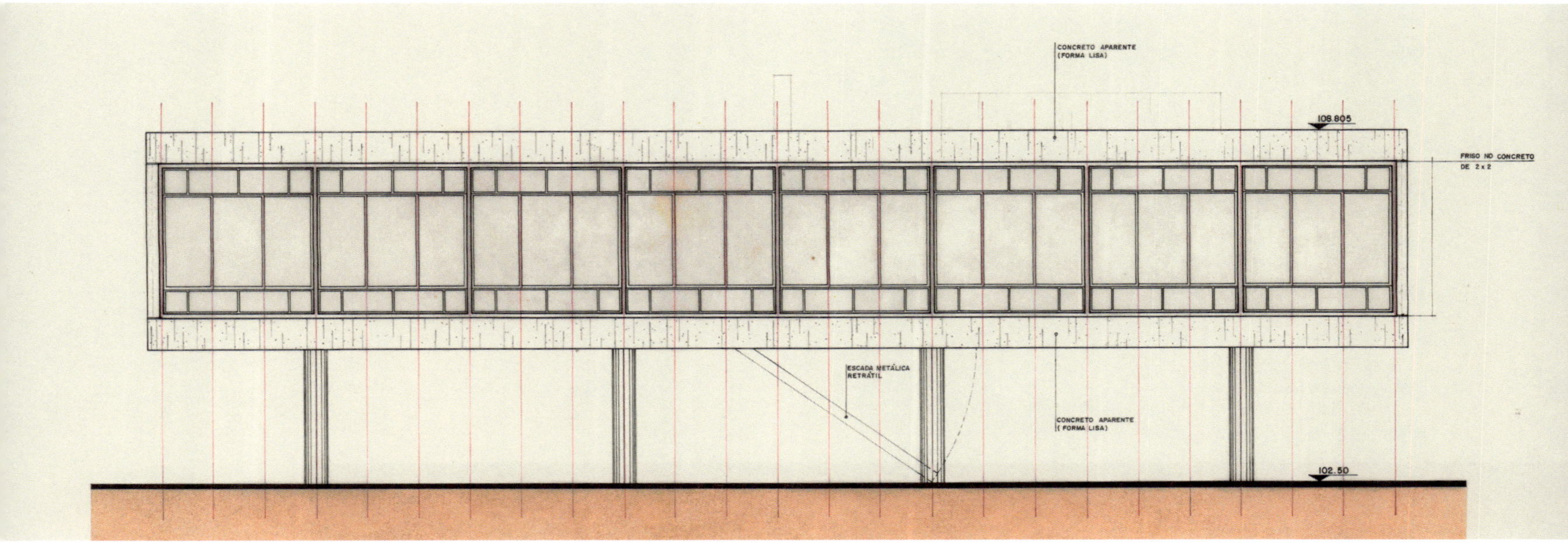

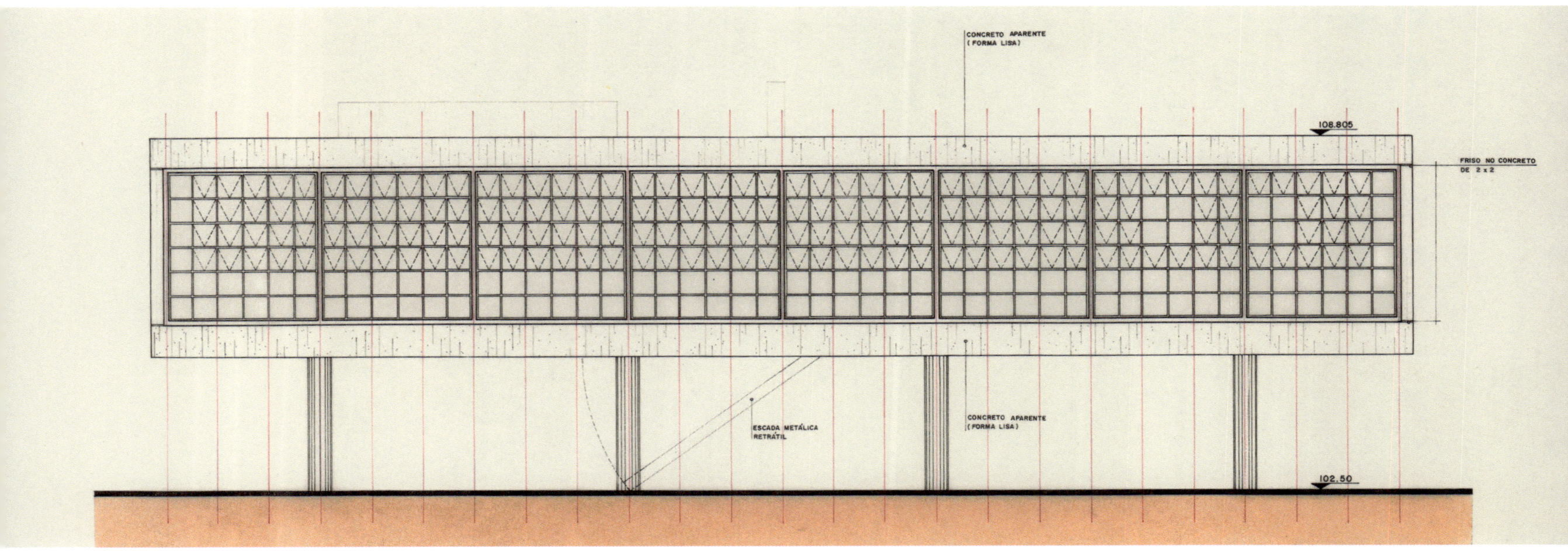

Residência Ella Durst, elevações, Itapecerica da Serra SP, 1983

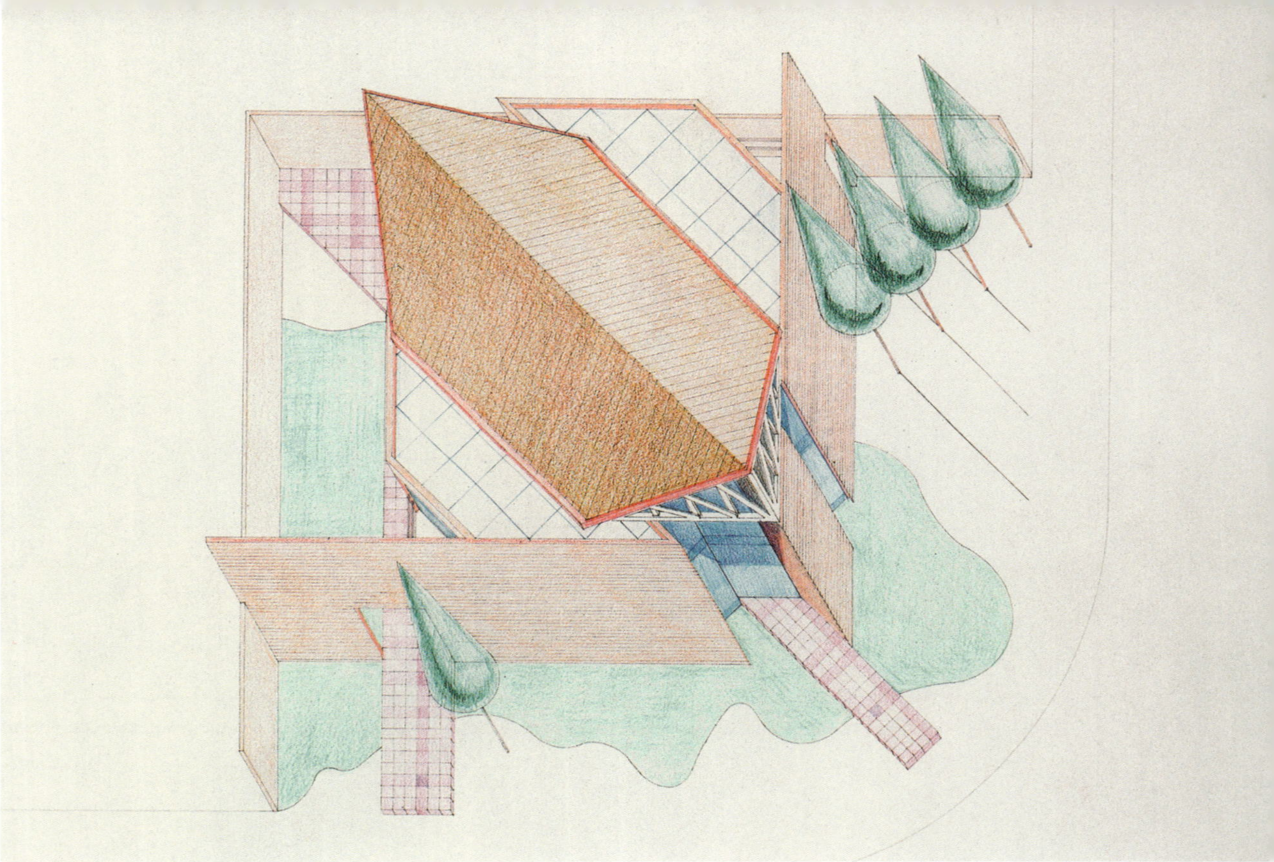

Estúdio Ella Durst, perspectiva e foto da fachada, Butantã, São Paulo SP, 1984

Edifício Villa D'Este, plantas subsolo, térreo e pavimento tipo, Moema, São Paulo SP, 1984

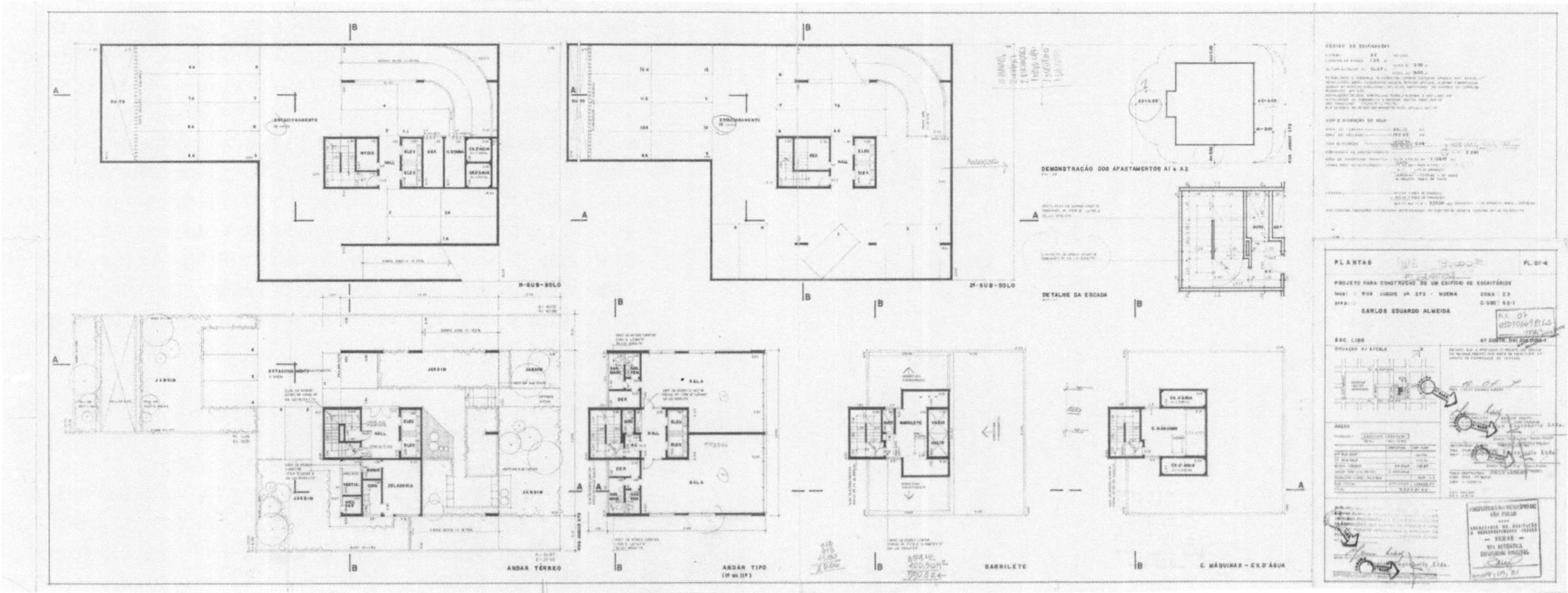

15. Prancheta: estúdio fotográfico, p. 65.

Nesse sentido, é interessante analisar, em contraposição à casa transparente no meio das árvores, a proposta para o Estúdio Ella Durst (1984),[15] concebido no mesmo momento e para a mesma cliente. Situado em uma esquina do bairro City Butantã, em um local de bastante tráfego na rua Alvarenga, o espaço do estúdio resulta da colocação de uma caixa dentro de outra. A caixa externa tem as paredes paralelas às vias confrontantes e predomínio dos vedos sobre as aberturas, que acontecem em dobras e reentrâncias. A caixa interna tem pé-direito duplo e inclinação de 45° em relação às vias confrontantes, definindo o espaço principal do estúdio. A circulação ocorre perifericamente à caixa interna, dando acesso a salas de trabalho e espaços de apoio. Toda a materialidade da construção sugere uma pesquisa diversa daquela da Residência Ella Durst: paredes de alvenaria, cobertura com estrutura de madeira e telhas de barro, caixilharias de ferro com pequenos vidros quadrados. A cobertura de duas águas segue a inclinação do volume interno, mas na esquina se estende até o volume externo levando a um chanfro no telhado, visível externamente pelo apoio de duas treliças de madeira que marcam o acesso pela esquina.

Um espaço central, com grande pé-direito, cercado por espaços de pé-direito simples, é um tema tradicional na arquitetura. O estranhamento, aqui, decorre da pesquisa formal, que buscou uma maior complexidade na percepção espacial da obra ao posicionar obliquamente o espaço central e obter espaços circundantes com perímetro trapezoidal ou triangular.

Na década de 1980, Königsberger e Vannucchi foram contratados por um empreendedor imobiliário, a RD Engenharia e Construções, e fizeram seu primeiro projeto de edifício comercial de escritórios: o Edifício Vila D'Este (1984), um bloco de onze pavimentos em Moema. Nesse edifício, os cuidados de desenho tiram partido da definição estrutural: os quatro cantos têm a estrutura aparente, com pilar em "L" reentrante destacado por esquadrias recuadas de viga a viga, protegidas por uma fina laje de concreto. O coroamento do bloco é marcado por uma cinta de concreto. Mais uma vez, os arquitetos demonstram o pleno domínio do receituário moderno, usado a favor da qualidade de desenho.

O afastamento em relação ao cânone moderno atingiu um novo patamar no projeto não construído de um edifício em Alphaville para a 5.6 Produtora de Cinema,[16] em 1985. Nesse projeto, estúdios e área administrativa foram abrigados em duas alas laterais, pensadas como galpões de aspecto fabril, com o típico telhado em serra para iluminação zenital. Há, porém, algumas particularidades: os galpões estão implantados obliquamente em relação à testada principal do lote e confluem em direção ao fundo; além disso, têm perímetro irregular, como se seccionados em faixas transversais de larguras diferentes e, para completar, os galpões têm um revestimento que alterna dois tons em listas horizontais, em uma clara referência ao arquiteto suíço Mario Botta. Um tom dramático é dado pelo bloco sinuoso e transparente, à moda de uma marquise de Oscar Niemeyer, que interliga as alas laterais. Esse bloco, concebido como o coração do conjunto – com vigas e pilares revestidos em roxo, destacando o desenho de grelha –, devia abrigar o centro de criação.

16. ZEIN, Ruth Verde. Produtora de cinema, a indústria da criatividade e talento, p. 68-70; WOLF, José. Produtora 5.6: linguagem em continuidade, p. 48-53.

Também chama a atenção, nesse projeto, o desenho do espaço livre trapezoidal delimitado pelos blocos, com seu grande espelho d'água, enquanto o acesso de pedestres percorre um traçado sinuoso sugerindo um fluxo natural entre passeio público e a entrada do edifício. Isso em um momento ainda excessivamente rodoviarista, em que a preocupação com a conformação do espaço público e a atenção para a escala do pedestre eram questões negligenciadas pela maioria das obras.

Casa em Ligornetto, projeto de Mario Botta, Suíça, 1975

Casa das Canoas, projeto de Oscar Niemeyer, São Conrado, Rio de Janeiro RJ, 1954

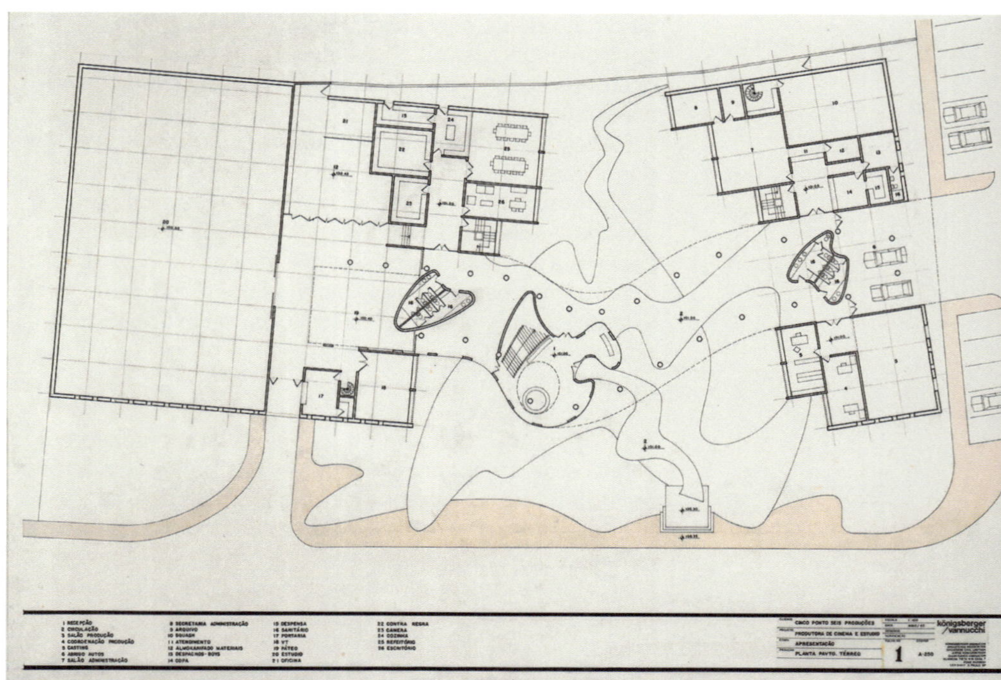

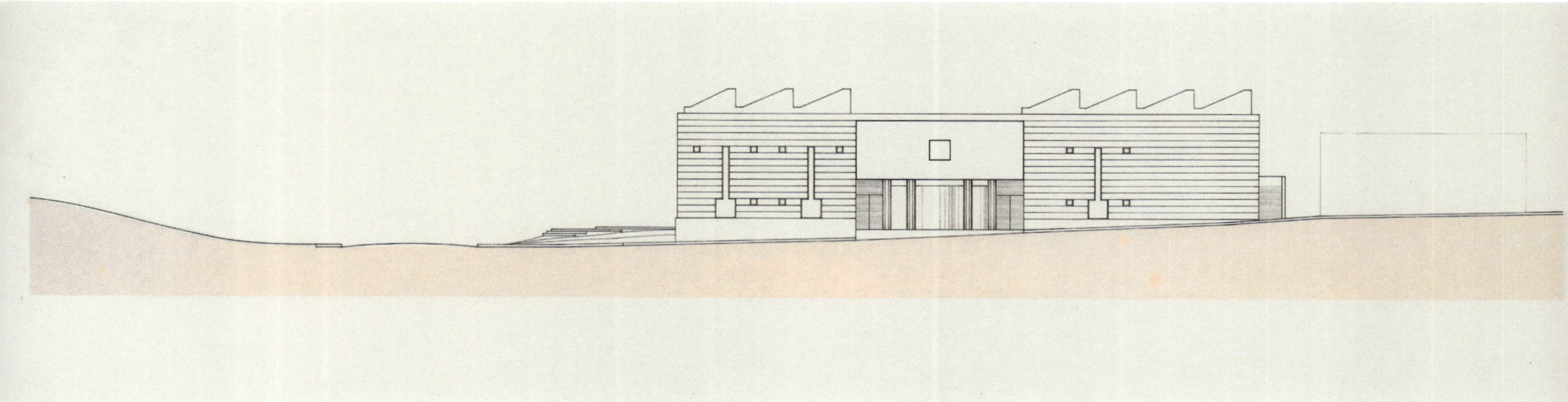

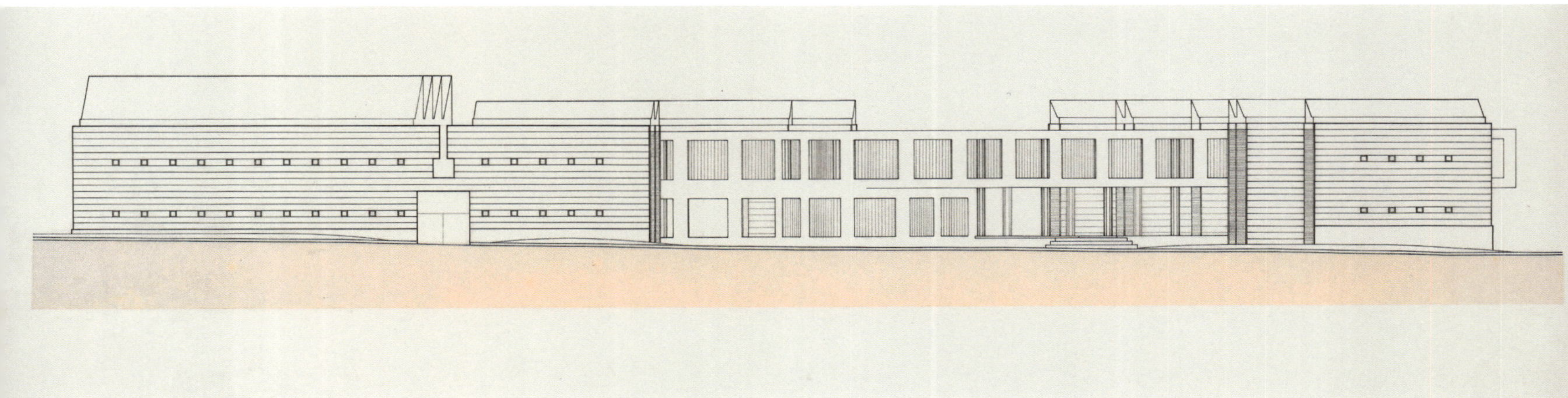

5.6 Produtora de Cinema, elevações

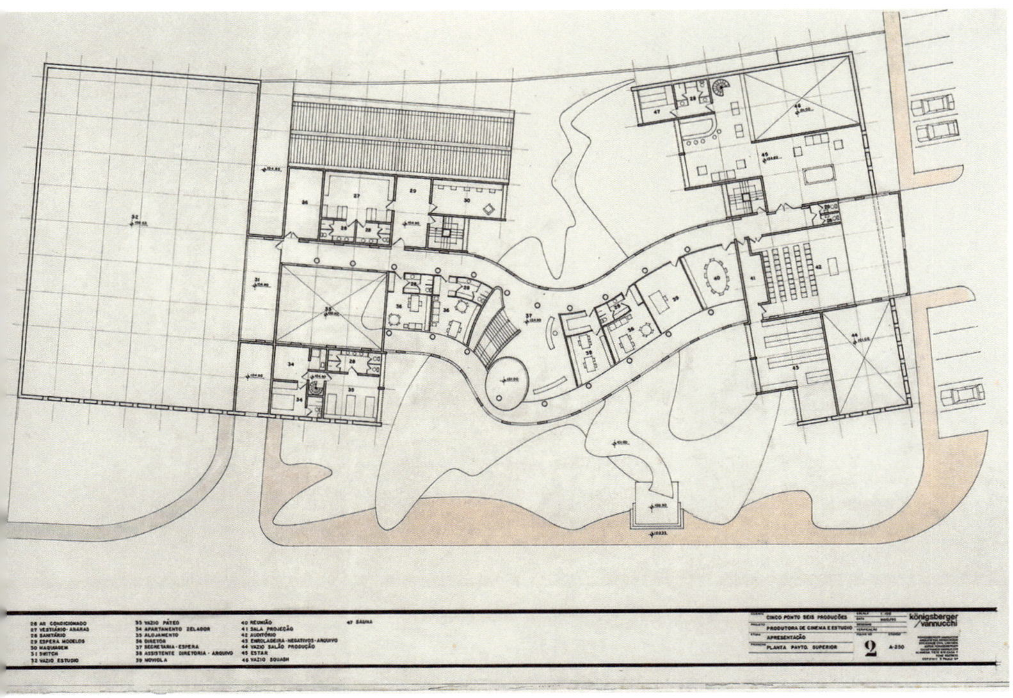

5.6 Produtora de Cinema, plantas térreo e pavimento superior, Alphaville, Barueri SP, 1985

5.6 Produtora de Cinema, perspectiva, desenho de Neco Stickel

CLIENTE	CINCO PONTO SEIS PRODUÇÕES	ESCALA	——	
		DATA	MAIO/85	
PROJETO	PRODUTORA DE CINEMA E ESTUDIO	DESENHO		
		VERIFICAÇÃO		
ETAPA	APRESENTAÇÃO	FOLHA Nº	CÓDIGO	
PRANCHA	PERSPECTIVA	/4	A· 250	

königsberger
/vannucchi

KONIGSBERGER VANNUCCHI
ARQUITETOS ASSOCIADOS
SOCIEDADE CIVIL LIMITADA
JORGE KONIGSBERGER
GIANFRANCO VANNUCCHI
ALAMEDA TIETE 618 CASA 7
FONE 8525933
CEP 01417 S PAULO SP

Edifício Terra Brasilis, premiado na Bienal de Arquitetura da Argentina

Prédio em SP ganha prêmio internacional

Edifício tem fachada roxa e forma irregular

TELMA FIGUEIREDO
Free-lance para a **Folha**

Os arquitetos brasileiros Jorge Konigsberger, 42, e Gianfranco Vannucchi, 41, ganharam o maior prêmio de arquitetura da América Latina na Bienal Internacional de Buenos Aires, realizada este mês na Argentina. O edifício vencedor é o Terra Brasilis, um projeto "ousado" com fachada roxa e formato irregular. A mistura de estilos destaca o edifício na paisagem da região da avenida Engenheiro Luiz Carlos Berrini.

O Terra Brasilis —edifício de escritórios no Brooklin (zona sul de São Paulo) feito pela RD Engenharia e Construções— concorreu com 400 outros projetos na Bienal. É a primeira vez que Konigsberger e Vannucchi participam do evento.

O trabalho foi um dos 50 projetos brasileiros expostos na mostra e o único premiado. O Terra Brasilis ficou com o prêmio Icasa (International Center of Advanced Studies in Art) oferecido pela Universidade de Nova York. A Bienal de Buenos Aires dá outras seis premiações, uma delas exclusiva para trabalhos argentinos.

O prêmio foi entregue na segunda-feira passada, na abertura do Congresso Brasileiro de Arquitetos, encerrado ontem no Palácio da Convenções do Anhembi (zona norte).

Mesmo antes da premiação na Bienal, o edifício com "aparência vanguardista" já vinha causando repercussão. Konigsberger diz ter recebido cartas de vários arquitetos e visitas de estudantes. "O Terra Brasilis virou até tema de uma tese de sociologia urbana", afirma.

Para Konigsberger, o prédio não se encaixa em nenhuma escola de arquitetura. "Tem um pouco de tudo. Vivemos uma época de estilos atropelados", diz.

O arquiteto afirma que embora tenha desenvolvido um projeto ousado não descuidou dos aspectos funcionais. "O desafio da arquitetura é justamente fazer trabalhos criativos e viáveis."

A RD Engenharia e Construções pediu algo diferente do que tradicionalmente é desenvolvido para conjuntos comerciais, quando encomendou o projeto em 86. A empresa queria um prédio que aliasse modernidade e sucesso imobiliário.

Uma das peculiaridades do Terra Brasilis é ter sido construído com lajes de áreas variadas. Para Konigsberger, essa característica atende às necessidades de empresas de vários portes. "Um escritório de porte médio pode ter um andar exclusivo, já que o prédio tem alguns pavimentos com área relativamente pequena, de 200 m² por exemplo."

Autores trabalham juntos há 20 anos

Free-lance para a **Folha**

Jorge Konigsberger, 42, paulistano, é arquiteto formado pela Universidade Mackenzie em 71. Gianfranco Vannucchi, 41, italiano de Florença, é arquiteto formado pela FAU-USP em 75. Desde 71, são sócios de um escritório de projetos e gerenciamento em São Paulo. Desde então, desenvolveram cerca de 350 projetos, entre residências, clubes, praças, lojas, agências bancárias, indústrias, edifícios residenciais e comerciais

Algumas características do Terra Brasilis estão presentes em seus trabalhos anteriores. A agência do BCN (Banco de Crédito Nacional) na avenida Angélica, por exemplo, tem revestimento externo semelhante ao do edifício.

FICHA TÉCNICA

Centro Empresarial Terra Brasilis

rua Andrea Ampère, 153, Brooklin

incorporação e construção - RD Engenharia e Construções Ltda.

projeto de arquitetura - Jorge Konigsberger e Gianfranco Vannucchi; Sandra Dellarole (arquiteta coordenadora); Liliane Caparelli e Silvia Arruda (arquitetas colaboradoras)

prazos

entrega do projeto - 1986

início de construção - 1987

entrega da obra - 1990

área

terreno - 1.250 m²

total construído - 9.026 m²

configuração

17 pisos para escritórios, com 97 conjuntos com 93 m² de área total cada

177 vagas de estacionamento

auditório e central de serviços no térreo

mezanino com restaurante

Notícia publicada na *Folha de São Paulo*, 3 nov. 1991. Prêmio contou com júri formado por Zaha Hadid, Alain Sarfati, R. Randall Vosbeck, Jorge Glusberg, Rafael de la Hoz, Wilheim Kuecker, Kiyonori Kikutake e César Pelli

A parceria com a RD Engenharia e Construções teve continuidade e acabou tendo grande repercussão na história do escritório. Na sua encomenda seguinte, a construtora solicitou aos arquitetos um edifício diferente, que se destacasse do entorno na região da avenida Engenheiro Luís Carlos Berrini: era o nascimento do edifício Terra Brasilis (1987).[17] É muito difícil hoje avaliar o impacto que causou o Terra Brasilis no nosso meio. Para se ter uma ideia, em dezembro de 1990, o edifício (então recém-inaugurado) foi tema de matéria na revista Veja: "Surpresa em roxo e lilás: híbrido como um Frankenstein, mas imaginativo e imponente, surge em São Paulo o Edifício Terra Brasilis".[18] A matéria se atinha à inusitada presença na paisagem paulistana de uma "construção que se destaca de todas as outras" e citava explicitamente o pós-moderno, descrito como um estilo "que recupera e aglutina ideias e estilos do passado".

O edifício foi publicado também nos periódicos de arquitetura *AU* e *Projeto*. A matéria na *AU* rejeita brevemente o epíteto pós-moderno e aponta que "o Terra Brasilis representa a síntese de muitos anos de trabalho e, sobretudo, a tentativa de libertação de um passado dogmático, racionalista, 'quando cada traço tinha que ser justificado'".[19] A revista *Projeto* publicou o edifício com uma crítica de Ruth Verde Zein que não menciona o termo pós-moderno e até destaca a herança moderna dos arquitetos – a "adequação racional das suas necessidades funcionais" e a ênfase na modulação –, mas não deixa dúvida sobre o inusitado da "catarse bem-humorada e explícita":

> O Terra Brasilis incomoda. Não é uma arquitetura anódina a passar despercebida, como a maioria dos edifícios desta cidade, cuja ausência de destaque não resulta de uma qualidade média, mas de uma triste mediocridade. [...] Cada obra de arquitetura que seja instigante sempre contribui para o aprimoramento do fazer arquitetônico.[20]

E aí? O Terra Brasilis é pós-moderno? Essa discussão, se é ou não é, era premente na parte final da década de 1980. O já citado edifício sede do Citibank na avenida Paulista, projeto de Croce, Aflalo e Gasperini, de 1983-1986, bem mais comportado, mas com a estrutura revestida por placas de granito rosa, também canalizou discussão semelhante. Uma tradição de pensamento moderno de mais de meio século estava sendo desafiada pela produção recente, e as pessoas queriam respostas e classificações para ordenar o incerto.

17. Espaço urbano recriado em detalhes de arquitetura, p. 108-110; ZEIN, Ruth Verde. Complexidade e contradição à paulistana, p. 62-65; SABBAG, Haifa Yazigi; RIBEIRO, Alessandro Castroviejo. Terra Brasilis: sons de uma memória, p. 20-27; LIMA, Helder. A sabedoria da prática, p. 14-16; Curvas rebuscadas e linhas retas em harmonia, p. 28-31; ZEIN, Ruth Verde. Edifício Terra Brasilis, p. 11-15; Ação e reação: o baixo estoque e o equilíbrio entre oferta e procura traduzem o momento do mercado de imóveis comerciais em São Paulo, p. 4-9; Sem ausências, procura supera expectativa, p. 112; Arquitetura anos 90: Terra Brasilis. A procura de uma linguagem local frente à globalização, p. 84-91.

18. Surpresa em roxo e lilás, p. 99.

19. SABBAG, Haifa Yazigi; RIBEIRO, Alessandro Castroviejo. Op. cit., p. 20.

20. ZEIN, Ruth Verde. Complexidade e contradição à paulistana (op. cit.), p. 64.

21. Idem, ibidem, p. 63.

O Terra Brasilis afrontou acintosamente alguns dogmas caros ao período final da grande arquitetura moderna brasileira, em que essa se caracterizava pelo exagero e expressividade das estruturas aparentes de concreto armado e pelo apego ao urbanismo moderno, com blocos simples e soltos na paisagem. Jorge Königsberger e Gianfranco Vannucchi criaram uma forma complexa de difícil síntese, totalmente revestida, sem nenhuma clareza estrutural para o observador. Mas uma forma que, embora inusitada, se mostrava familiar. Voltando à leitura de Ruth Verde Zein:

> Um dos aspectos mais marcantes do Terra Brasilis é seu sentido de urbanidade, é claro que à maneira paulistana. Parece um edifício de esquina, com os andares superiores se afastando em curvas para atender a algum antigo gabarito angular. Mas não é de esquina. No lado oposto parece um edifício colado aos limites do lote, entre medianeras, com sua empena cega à espera do edifício vizinho. Mas não é, por força dos recuos obrigatórios do zoneamento do tipo "torre solta". [...] Como se o edifício estivesse no centro de São Paulo, com seus prédios discretamente decô, com pórticos sugerindo galerias de pedestres.[21]

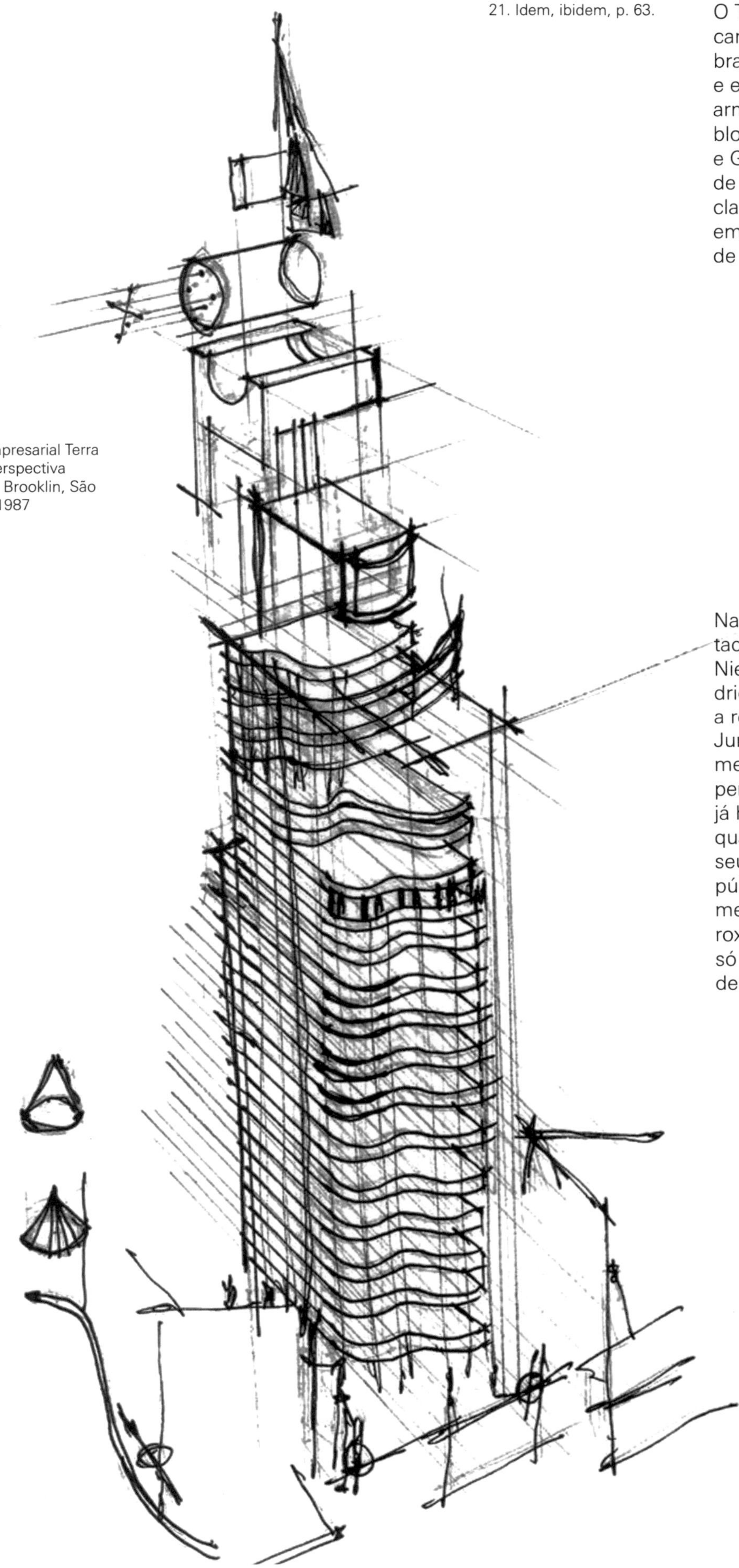

Centro Empresarial Terra Brasilis, perspectiva explodida, Brooklin, São Paulo SP, 1987

Nas matérias das revistas *AU* e *Projeto*, foram apontadas as referências às linhas curvas das marquises de Niemeyer, às pastilhas de revestimento, aos pilares cilíndricos – e não foi apontado, mas é possível estabelecer a relação, com os edifícios coloridos de João Artacho Jurado. O Terra Brasilis tem uma implantação francamente voltada para a rua, com um esmero no desenho do percurso de entrada do pedestre desde a calçada, como já havia no projeto da 5.6 Produtora de Cinema. Passados quase trinta anos, o edifício continua bem conservado, seu acesso mantém uma relação direta com o passeio público e, absolutamente, não é um edifício gritante no meio urbano. Pelo contrário, sua presença é suave e o roxo das pastilhas oferece uma variação agradável, não só pelo tom, como pela qualidade de desenho, que se destaca no entorno.

Residência Ella Durst
Itapecerica da Serra SP, 1983

Perspectiva de apresentação do projeto

Foto da obra

Cortes do terreno, residência e anexo

Cortes da residência

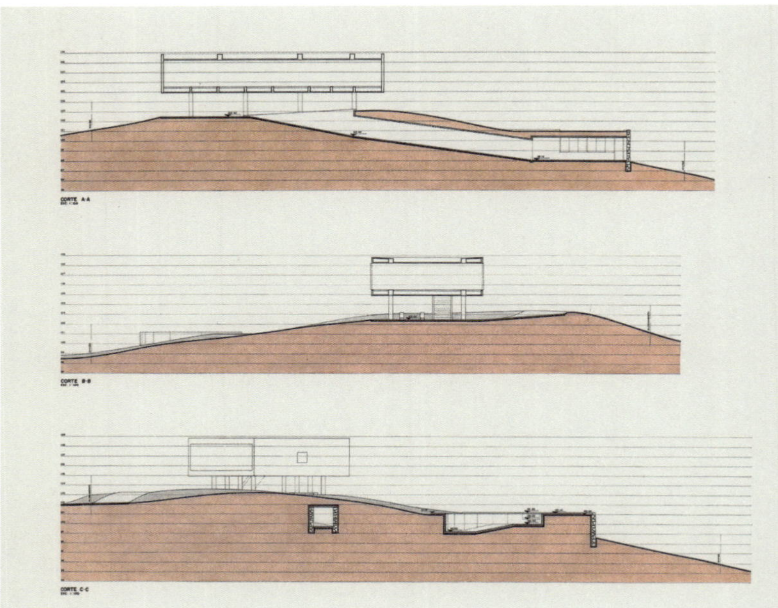

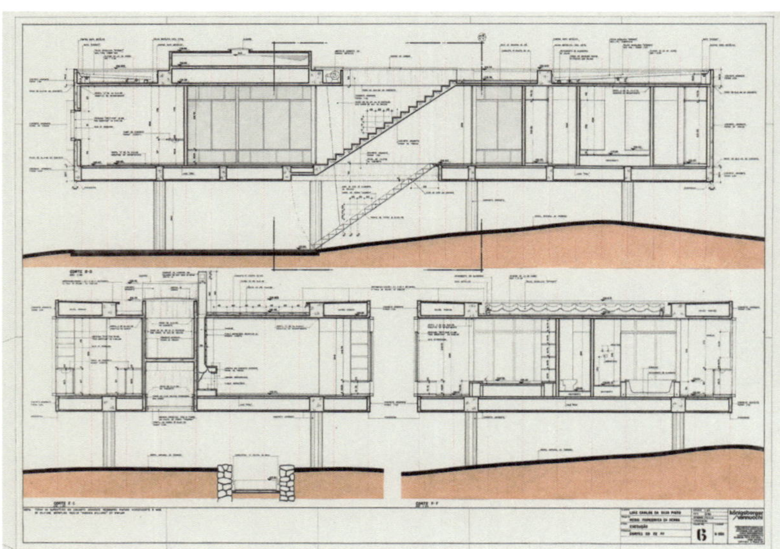

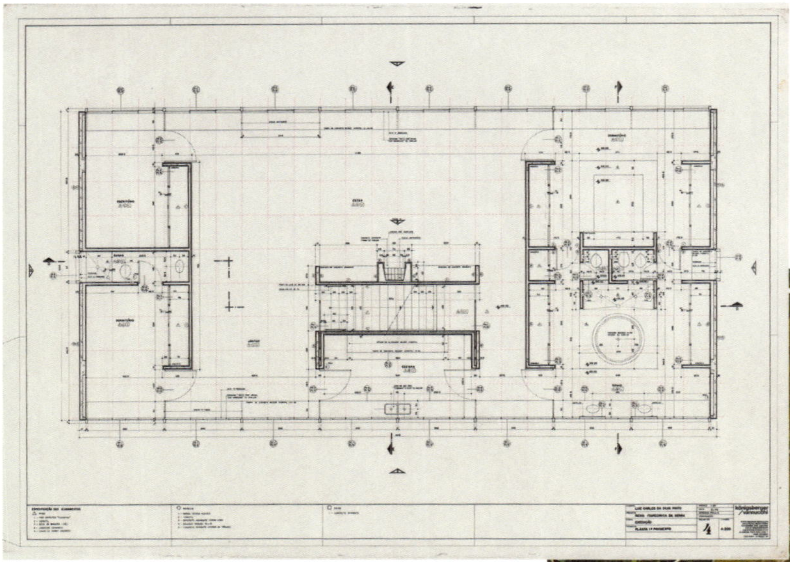

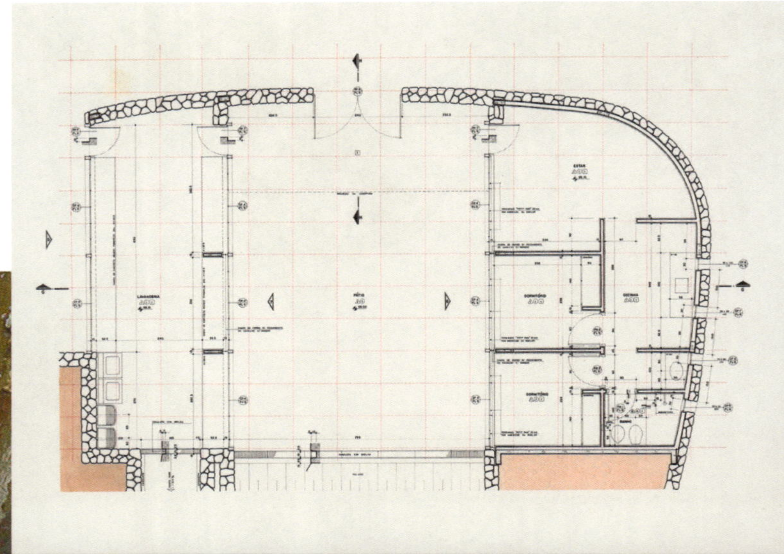

Planta 1° pavimento

Planta do anexo
de serviços

Vistas da escada de acesso
à residência e da rampa de
acesso ao anexo de serviços

Residência RS
Chácara Flora, São Paulo SP, 1984

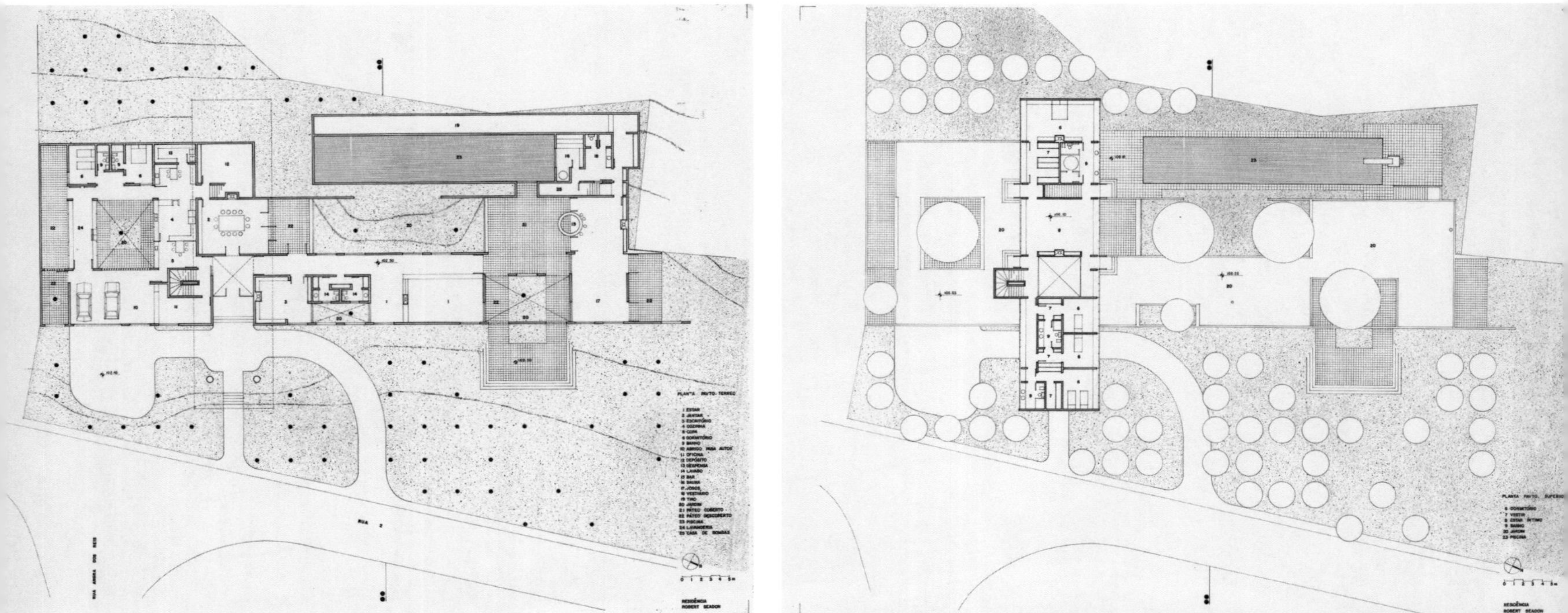

Plantas térreo e pavimento superior

Detalhes executivos

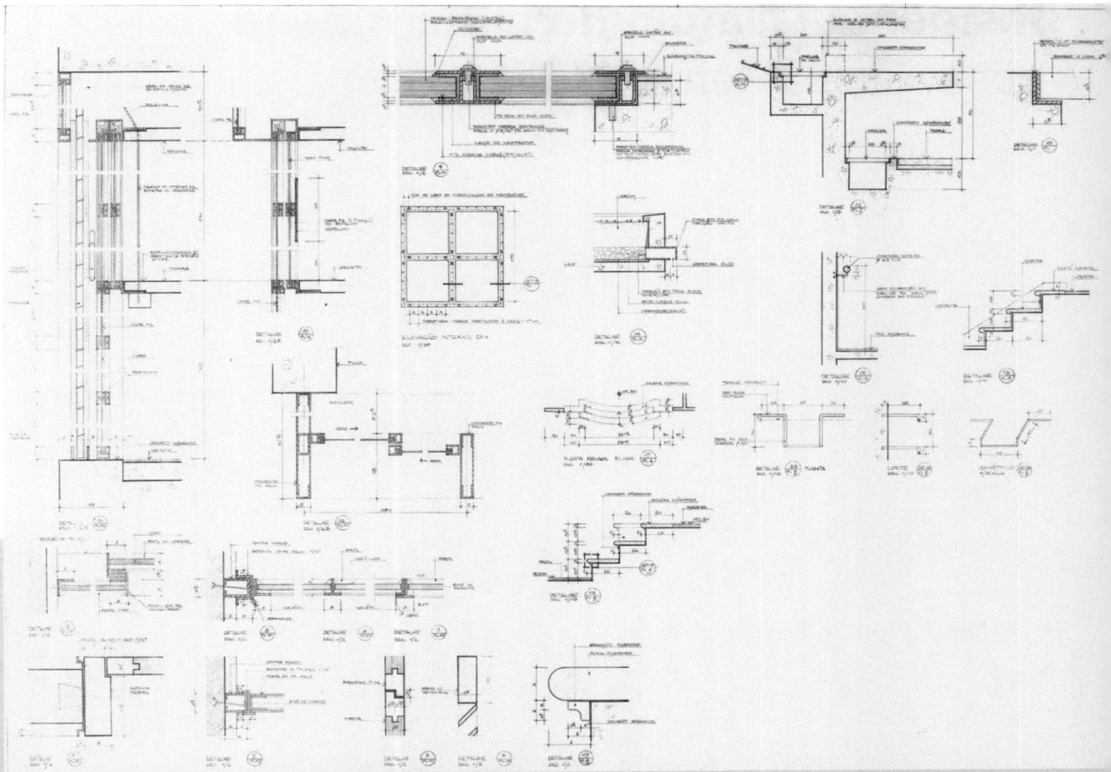

Residência Dárcio de Lima Ribeiro

Alphaville, Barueri SP, 1986

Perspectivas da entrada
e da parte posterior

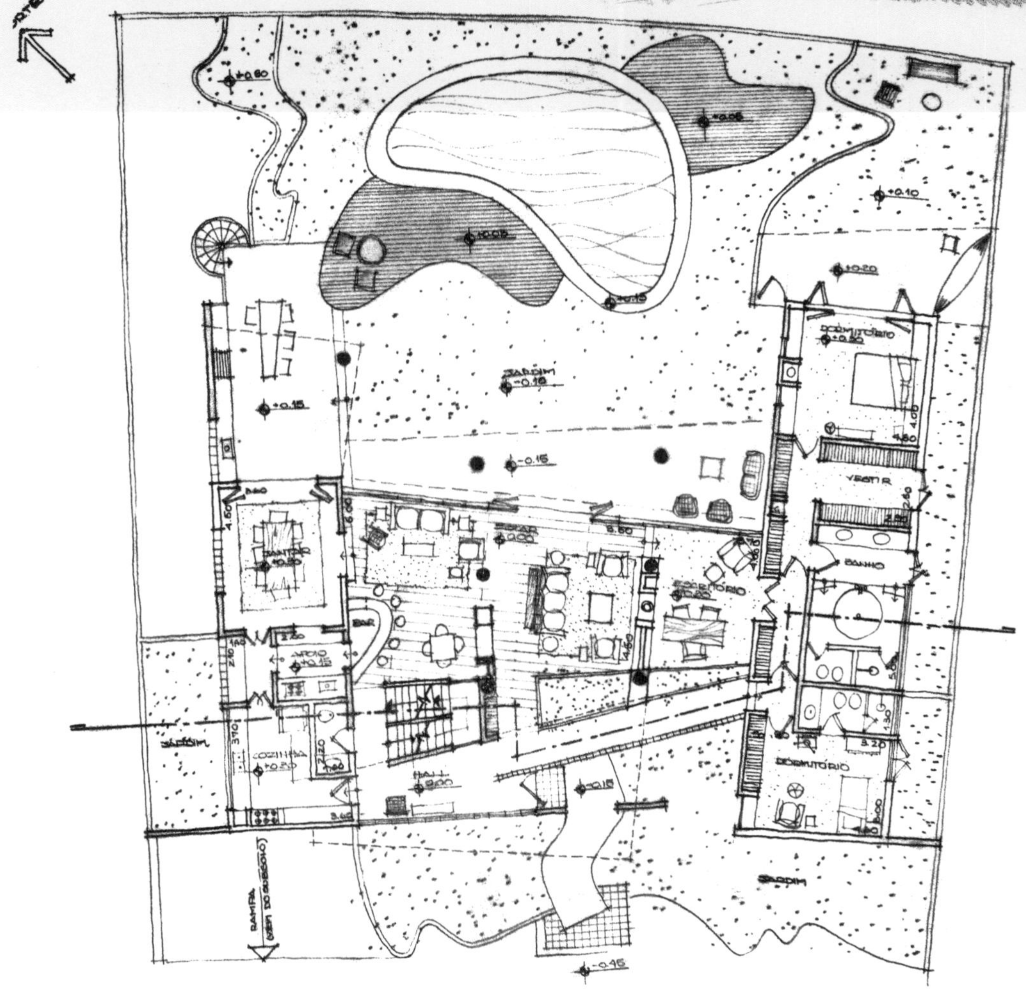

Planta térreo

Centro Empresarial Terra Brasilis

edifício de escritórios, Brooklin, São Paulo SP, 1987

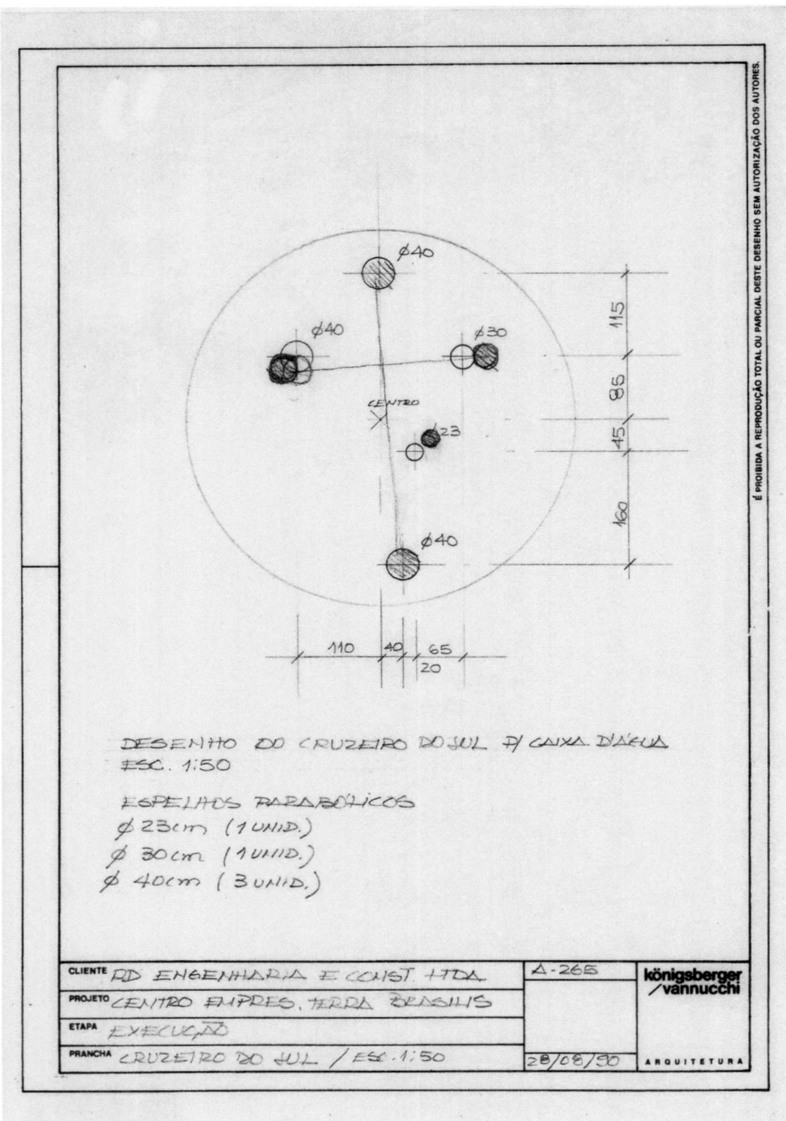

Desenho do Cruzeiro do Sul para caixa d'água

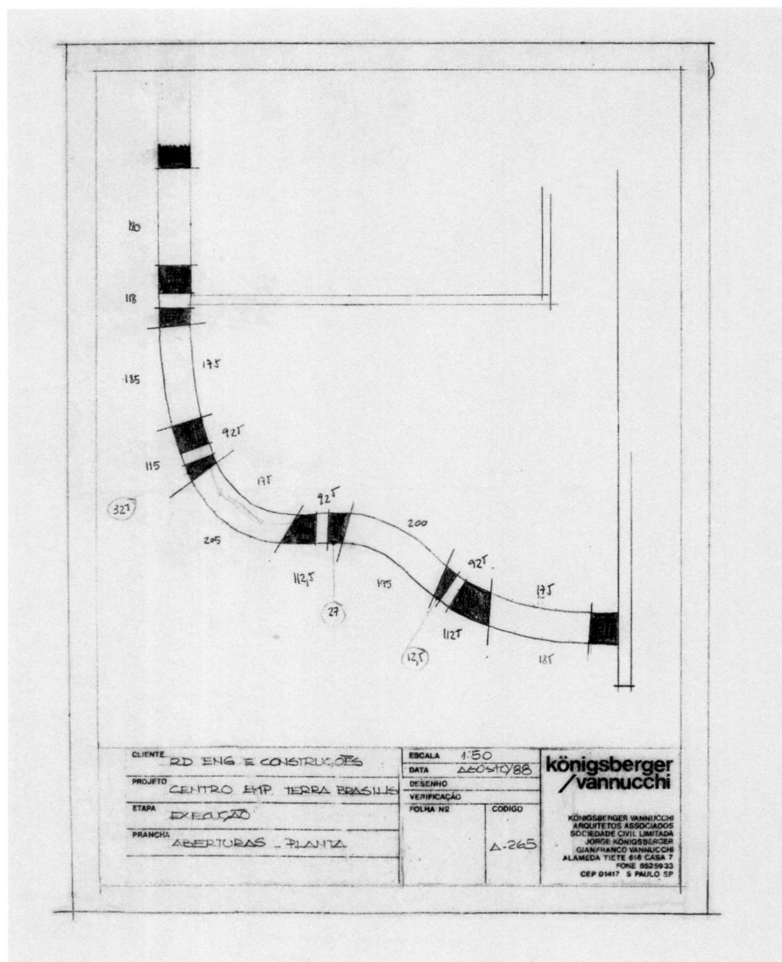

Detalhe das aberturas

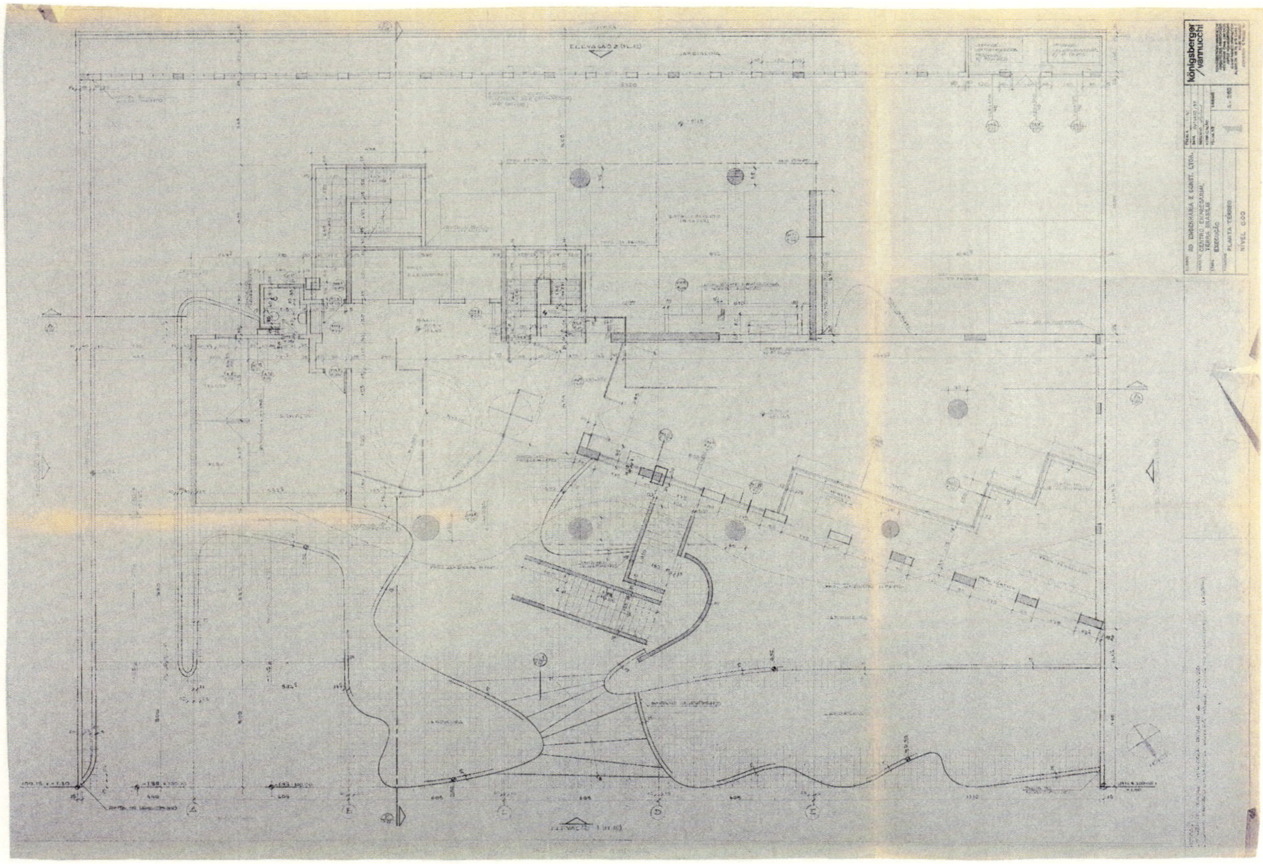

Planta térreo

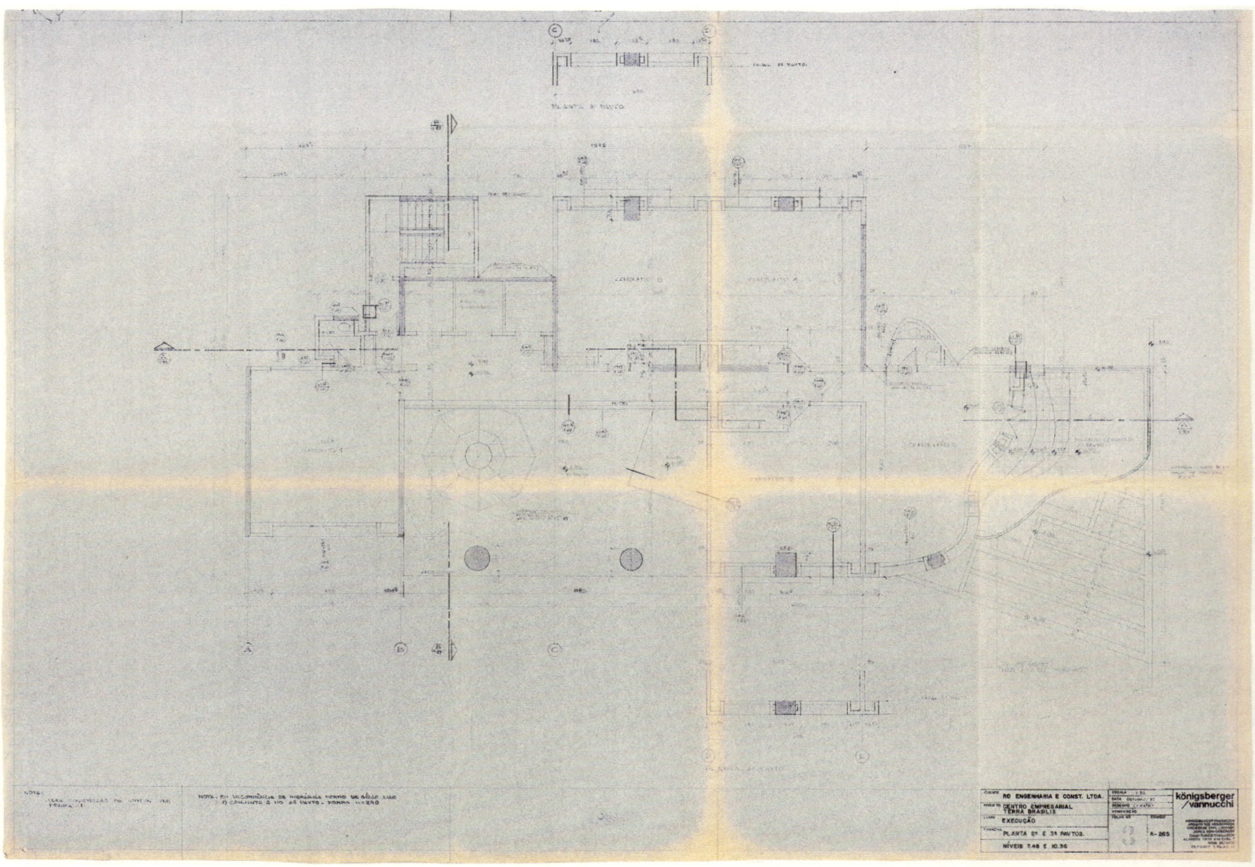

Planta 2º e 3º pavimentos

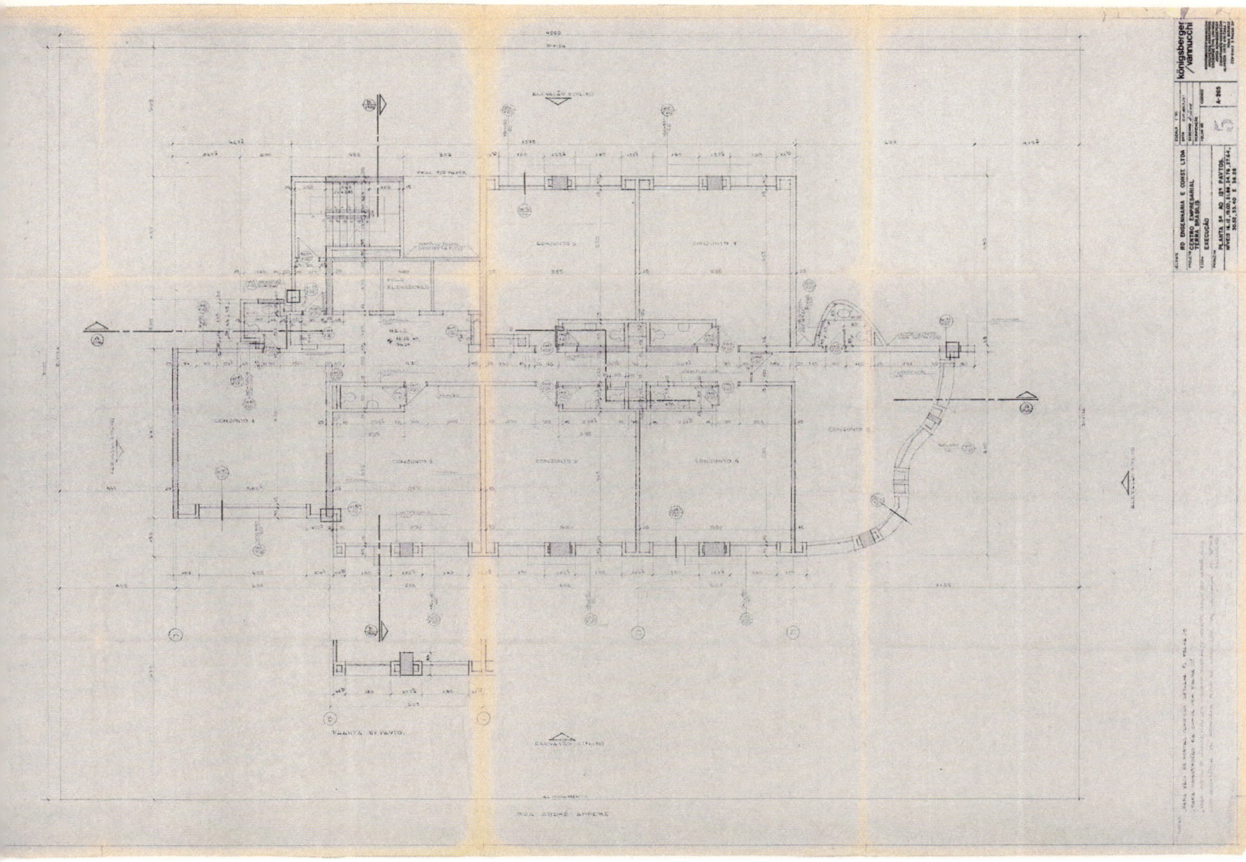

Planta 5º ao 12º pavimentos

Planta 14º e 15º pavimentos

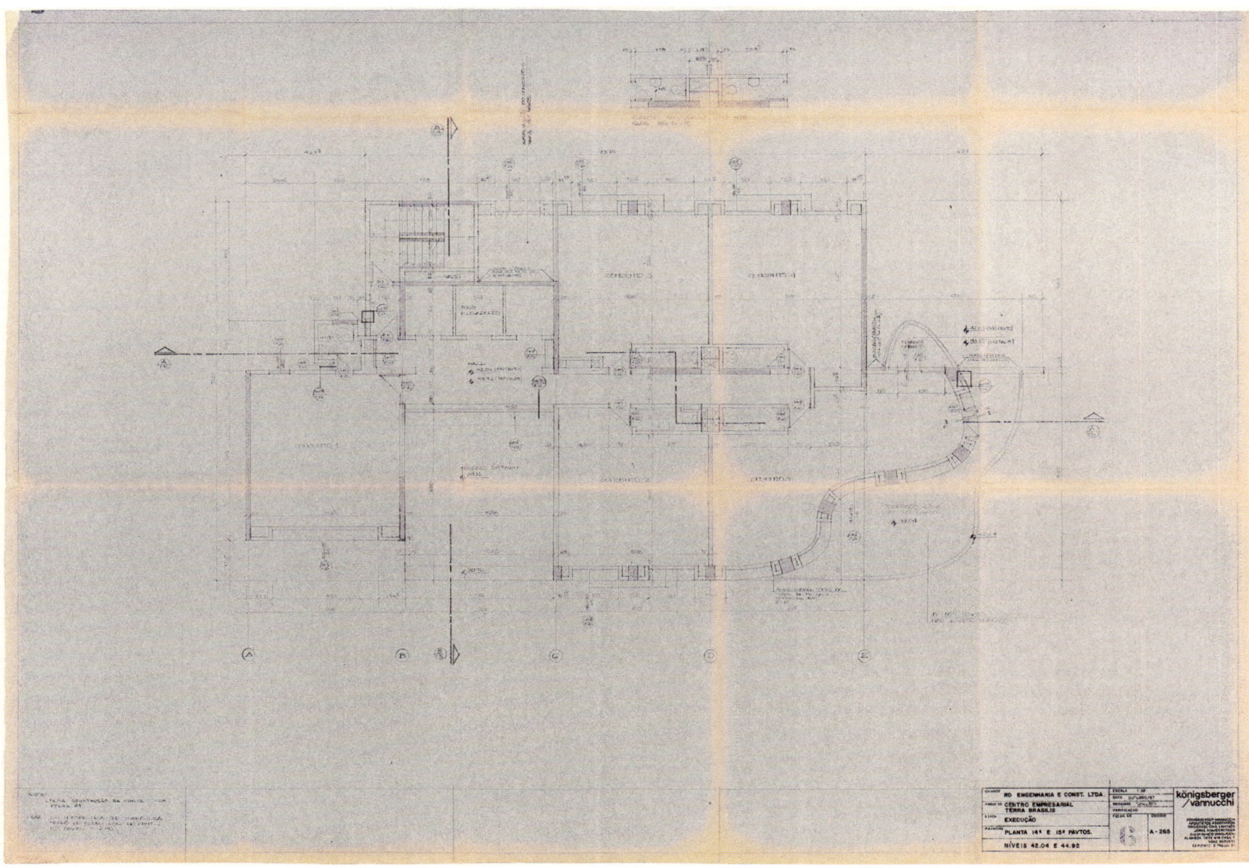

Companhia dos Tapetes Ocidentais

Vavi Königsberger, Jorge Königsberger e Gianfranco Vannucchi, São Paulo SP, 1986

Logotipo desenhado pela Oz design

A Companhia dos Tapetes Ocidentais foi fundada em 1986, em sociedade com Vavi Königsberger. Ao longo dos anos de atividade da empresa, Jorge Königsberger e Gianfranco Vannucchi desenharam vários tapetes. Os tapetes eram de lã ou em nylon, com os nós da técnica milenar dos tapetes orientais.
A Companhia dos Tapetes Ocidentais também ganhou o Selo de Excelência pelo Conjunto da Obra, na Bienal Brasileira de Design em 1991. Diversos designers e artistas plásticos foram convidados a desenhar tapetes para a Companhia.

Tapete "Tempo", desenhado por Gianfranco Vannucchi, ganhou menção na 4ª edição do Prêmio Museu da Casa Brasileira, 1989

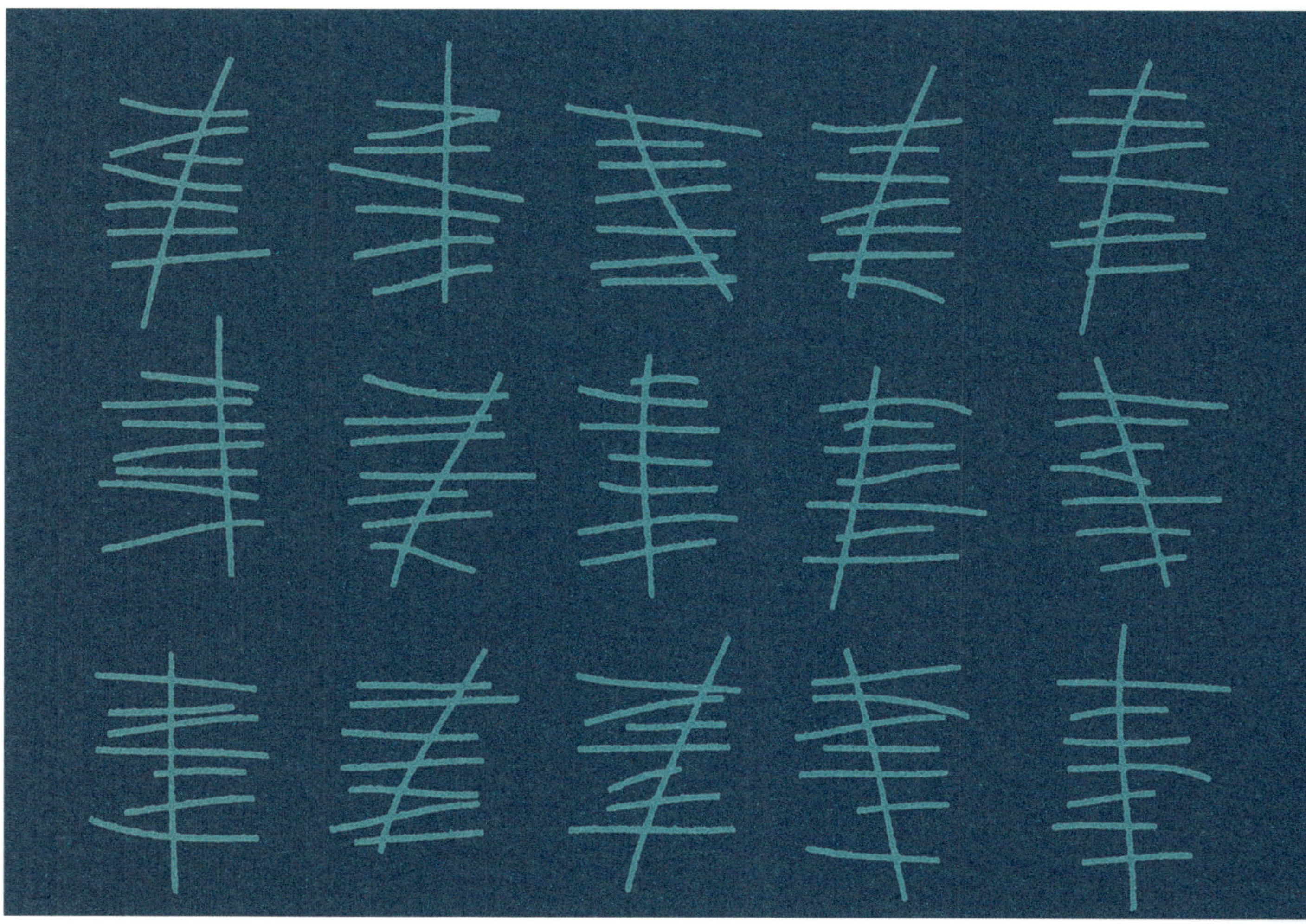

Ao fundo: Wesley Duke Lee, Esther Grinspum, Fernando Stickel, Jorge Königsberger. Na frente: Gianfranco Vannucchi, Guto Lacaz, Antonio Lizárraga, Gilberto Salvador, 1987

Desenho
Bela Gebara

Desenhos
Antonio Lizárraga
Fernando Stickel

Desenhos
Antonio Peticov
Esther Grinspum

Panfleto da Companhia dos Tapetes Ocidentais para a exposição de 13 artistas convidados, agosto 1987

Notícia publicada na *Casa e Companhia*, 1987

Treze artistas plásticos vão expor seus tapetes

Especial para o **Casa e Companhia**

Treze artistas plásticos estarão expondo tapetes por eles criados, a partir do próximo dia 27, na galeria Paulo Figueiredo (Jardins, zona sul de São Paulo), a convite de Jorge Konigsberger, 38, e Gianfranco Vanucchi, proprietários da loja Companhia dos Tapetes Ocidentais. A mostra "Treze Tapetes Ocidentais", que tem patrocínio do Diner's Club, reunirá Antônio Peticov, Carlos Fajardo, Cláudio Tozzi, Dudi Maia Rosa, Esther Grinspum, Fernando Stickel, Gilberto Salvador, Guto Lacaz, Ivald Granato, Lizárraga, Takashi Fukushima, Tomie Ohtake e Wesley Duke Lee.

Ao convidar os artistas, a Companhia dos Tapetes pediu a eles que pensassem como designers, tendo em mente o uso que se fará do tapete, o espaço ao qual ele se destina e as cores a serem utilizadas. Com três metros quadrados de superfície, os tapetes podem adquirir formas e proporções diferentes e estarão à venda na Companhia dos Tapetes por Cz$ 66 mil (parcelados em até quatro vezes). A "tiragem" será de trinta exemplares por modelo.

Eles são confeccionados a mão, têm o chamado nó turco (que possui duas pontas, cortadas rentes à tela) e apresentam 25 mil nós, em média, por metro quadrado. "O tapete tem sido um item quase esquecido na história das artes decorativas e do design. Portanto, ele deve ser repensado enquanto objeto, assim como uma luminária, uma mesa ou uma cadeira", diz Jorge.

Desenho especial

Os artistas elaboraram um desenho especial para a confecção dos tapetes, com exceção de Tomie Ohtake, 70, e Wesley Duke Lee. Tomie optou por um traço simples sobre um fundo uniforme, que remete diretamente à sua pintura. Wesley, que já havia criado dois tapetes para o Salão Paulista de Artes em 1956, usados em sua casa "até os cachorros comerem tudo", diz que "é preciso tomar cuidado para não confundir um tapete com uma obra de arte".

Já Fernando Stickel, 38, acredita que por terem uma tiragem limitada, serem assinados e numerados, esses tapetes assumem as características de uma obra de arte. "O artista plástico deveria se dedicar mais ao desenho de objetos utilitários como tapetes, cortinas, móveis e talheres", diz Stickel, que escolheu formas geométricas para sua criação.

Cláudio Tozzi, 42, afirma que seu tapete, em tons de cinza, tem uma relação independente com sua obra pictórica, mas possui uma coerência com a linguagem construtivista que a caracteriza. Tozzi espera que os tapetes sejam usados no chão e não como tapeçarias na parede.

Gilberto Salvador, 40, concebeu o tapete como uma "peça artística" e o definiu como "escultura plana para ser usada no chão". Ao usar cores vibrantes, ele quis fugir das normas utilizadas dentro da produção de tapetes —criou um modelo de formato oval.

Objetos utilitários

Ivald Granato, 38, admite sua atração pela criação de objetos utilitários e gostaria de criar, por exemplo, faqueiros. Antes de ser convidado pela Companhia dos Tapetes Ocidentais, Granato já era cliente assíduo da loja.

Ester Grinspum, 31, que já criou várias coleções de estampas para a Arte Nativa Aplicada, deu o nome de "tapete frio" à sua criação em tons de cinza, preto e azul.

O artista plástico e gráfico Guto Lacaz, 38, que já se dedicou à produção de camisetas e luminárias, diz que sentiu um grande estímulo ao trabalhar mediante solicitação. Inspirando-se na palavra "tapete", Guto deu um tratamento cromático para cada letra, compondo uma figura geométrica em tons vivos, com destaque para o amarelo.

Carlos Fajardo, 45, criou um tapete em tons de ocre que apresenta um quadrado vazado no meio, para que se coloque uma condição de dúvida ou um elemento de estranhamento, característica constante de seu trabalho.

Habituado a criar em fibra de vidro, Dudi Maia Rosa, 40, sentiu-se seduzido pela consistência do tapete em lã e pela técnica do nó turco. Ele desenvolveu um desenho especialmente elaborado para uma superfície macia e felpuda, e utilizou tons suaves de amarelo, branco e preto.

Artistas exclusivos

Os artistas têm contrato de exclusividade para a criação de tapetes a serem confeccionados pela Companhia dos Tapetes Ocidentais. Cada artista recebeu Cz$ 14 mil pela arte-final e receberá Cz$ 1,4 mil por metro quadrado vendido, convertidos em OTN a partir de setembro (a galeria receberá 10% das vendas). A empresa ofereceu uma cartela de 180 cores, com três opções cromáticas para cada obra. O cliente poderá escolher as dimensões e as combinações de cor que melhor se adaptam a seu ambiente. **(TD)**

ONDE ENCONTRAR

Companhia dos Tapetes Ocidentais: al. Tietê, 618, casa 7, tel. 852-5956, Cerqueira César, zona central de São Paulo

Galeria Paulo Figueiredo: r. Dr. Melo Alves, 717, casa 1, tel. 883-7211, Jardins, zona sul

Sobre o tal de pós-moderno

Em 1980, um número dedicado ao Brasil da prestigiosa revista *Process Architecture*[22] ostentou na capa o grande bloco do que seria o Hospital Escola Santa Casa de Misericórdia, hoje Fórum Criminal de São Paulo, projeto do arquiteto Fábio Penteado.

A escolha desta obra, ainda incompleta à época, para capa da revista, mostra, por parte dos consultores nacionais que colaboraram com a edição, a valorização de uma certa tradição moderna nacional. Uma tradição que, naquela altura, defendia: a expressão formal dada pela definição estrutural em concreto armado; a arquitetura como culto ao edifício isolado, em detrimento da configuração do espaço urbano, que adquiria então um caráter absolutamente residual;[23] a resolução do programa – quer fosse escola, hospital, rodoviária, quartel – sempre que possível em um bloco único horizontal, que eventualmente assumia grandes dimensões, gerando um espaço urbano na escala do automóvel. Ao longo da década de 1980, a percepção dessa tradição como a arquitetura moderna brasileira foi diminuindo, tanto pela atuação crítico-propositiva de arquitetos, quanto de uma nova crítica brasileira que passou a valorizar a diversidade de soluções ao longo do território nacional.

Uma edição especial da revista *Projeto*, em 1982, reuniu sete arquitetos para um debate: Roberto Loeb, Tito Lívio Frascino, Eduardo Longo, Pitanga do Amparo, Carlos Bratke, Vasco de Mello e Arthur Navarrette. Ou seja, arquitetos cuja obra não se enquadrava perfeitamente na tradição da arquitetura moderna brasileira. Essa discussão, travada em um momento de crise econômica, critica certa intransigência formal que teria ficado associada à imagem pública do arquiteto, com consequente perda de mercado. Nesse início de década, já estava no ar, ainda que de forma sutil e pouco explícita, o pós-moderno:

> Dão-se muitos nomes, pós-isso, pós-aquilo, parece mais provável estarmos em movimento pré, pré alguma coisa talvez mais importante a acontecer. As coisas estão se desencadeando a nível mundial. Charles Moore, nos Estados Unidos, com seu trabalho em *work shops* [sic]; Ricardo Bofill, na Catalunha, derrubando os dogmas do *International Style*; o próprio Philip Johnson, rompendo com o credo miesiano; Paolo Portoghesi, Aldo Rossi, Deféo e outros, na Itália.[24]

22. *Process Architecture*, n. 17.

23. Ver: SPECK, Jeff. *Cidade caminhável*. O autor contrapõe o edifício como objeto figurativo do urbanismo moderno, ao espaço figurativo do urbanismo tradicional, e sua consequente valorização do domínio público.

24. É preciso sacudir a poeira, criticar, discutir, se encontrar, p. 80.

Além disso, quase sem solução de continuidade, passou-se de uma adesão acrítica ao urbanismo moderno à defesa do reconhecimento da cidade existente como o local, por excelência, da atuação do arquiteto:

> As cidades, continua Tito Lívio, terão de ser aceitas em sua diversidade, na dimensão das intervenções particularizadas, localizadas, quadra a quadra, edifício a edifício, renunciando-se ao ideal de uma cidade projetada de traçado grandioso e simplista, cujo regramento espacial e comportamental minimiza a real complexidade das relações humanas, econômicas e sociais.[25]

O pós-moderno tem sido facilmente descartado no meio nacional como um modismo, um descaminho passageiro. No entanto, foi por meio do pós-moderno que se deu o rompimento entre a arquitetura moderna e o urbanismo, conforme preconizava o Congresso Internacional de Arquitetura Moderna – Ciam, cujo casamento, até então, parecia indissolúvel. A produção crítica à arquitetura moderna, prática e teórica, passou a condenar muitas características que podem ser imputadas ao urbanismo moderno: dificuldade na constituição do espaço público, tábula rasa da cidade existente, monotonia na escala do pedestre.

No Brasil, a corrente de pensamento mais consistente de crítica à arquitetura moderna[26] reuniu uma série de arquiteturas Brasil afora sob a ideia da diversidade regional, enquadrando na onda regional mesmo os pós-modernos mineiros – Éolo Maia, Jô Vasconcellos, Sylvio de Podestá, entre outros – cujo excesso decorativo foi entendido como um tributo ao gosto popular "híbrido, exuberante, ingênuo, eclético"[27] de boa parte da população brasileira.

Esse pensamento crítico nacional estava então valorizando uma arquitetura atenta à realidade e ao cotidiano no qual se insere, ao contexto físico e cultural. Pensamento que deslocou a ideia do edifício como objeto que pudesse ser implantado em qualquer lote ou cidade, para um edifício que respondesse ao seu lugar e, também, à constituição da paisagem pública. Nessas ideias, está imbricada a revalorização da cidade tradicional, historicamente constituída, com sua inerente diversidade de arquiteturas de diferentes períodos históricos, uma mudança cultural que acabou gerando um movimento de retorno aos centros urbanos e aos bairros centrais e, também, a revalorização da rua como espaço de estar na cidade.

25. Idem, ibidem.

26. Ver: BASTOS, Maria Alice Junqueira. *Pós-Brasília: rumos da arquitetura brasileira*, p. 255-264.

27. Ver: COMAS, Carlos Eduardo. Arquitetura brasileira, anos 80. Um fio de esperança, p. 96.

2 Além do embate moderno e pós-moderno

Virada da década: perplexidades na arquitetura nacional

A análise regional das arquiteturas feitas no Brasil na década de 1980 visava antes explicar o uso de determinadas soluções materiais, ou soluções formais, em função de especificidades climáticas, hábitos culturais ou questões materiais. Não havia então a intenção de criar determinada arquitetura por um ato de resistência cultural, conceito teorizado como regionalismo crítico por pensadores como Kenneth Frampton ou Alexander Tzonis e Liane Lefaivre. Pelo contrário, o ambiente no meio arquitetônico nacional buscava renovação e, eventualmente, uma arquitetura menos hermética, mais conectada com as pessoas e o meio. De acordo com Alan Colquhoun, em palestra proferida em outubro de 1992, na reitoria da Universidade Federal do Rio de Janeiro – UFRJ e depois reproduzida na revista *Projeto*:

> É verdade que muitos projetos contemporâneos e interessantes utilizam materiais, tipologias e morfologias locais: ao fazê-lo, porém, não tentam expressar a essência de determinadas regiões, mas utilizam características locais como motifs num processo compositivo, para produzir ideias arquitetônicas originais, únicas e relevantes em relação ao contexto.[1]

Exceção a esse quadro geral foi o projeto vencedor do concurso para o pavilhão brasileiro na Expo'92 de Sevilha, desenvolvido por, então, jovens arquitetos paulistas – Ângelo Bucci, Álvaro Puntoni, José Osvaldo A. Vilela – e que acabou não sendo construído.[2] Curiosamente, esses jovens arquitetos propunham, exatamente, um ato de resistência cultural. Defendiam como norte inconteste da produção nacional a versão paulista/brasileira do brutalismo internacional,[3] talvez supondo, na época, uma maior exclusividade nacional naquelas soluções:[4] "As formas plásticas, as soluções técnicas, as alternativas construtivas devem expressar aquilo que há de original na arquitetura nacional".[5]

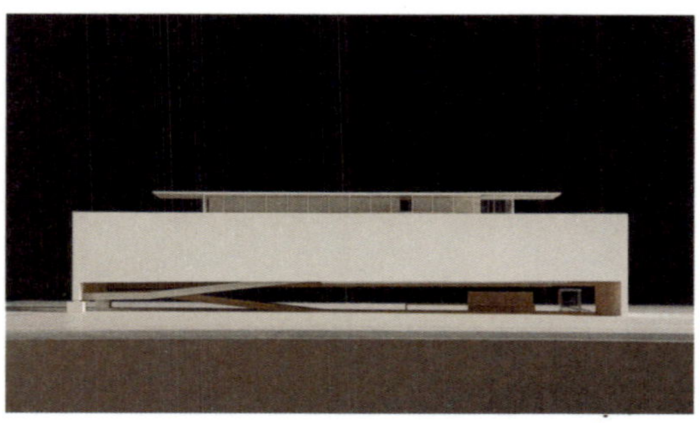

Maquete do pavilhão do Brasil para a Expo'92 de Sevilha, Espanha, projeto de Ângelo Bucci, Álvaro Puntoni e José Osvaldo A. Vilela, 1992

1. COLQUHOUN, Alan. O conceito de regionalismo, p. 77. O texto reproduz palestra proferida no Colegio Oficial de Arquitetos de Madri – Coam, em Lima, no Peru, em janeiro de 1992.

2. O Itamaraty optou por não construir o pavilhão, eventualmente, por questões intrínsecas à própria solução formal: a organização da Expo'92 sugeria que os pavilhões ou fossem desmontáveis e retirados após a feira, ou facilmente adaptáveis para integrar um centro internacional de pesquisas tecnológicas, o projeto vencedor não era nem um, nem outro. Ver: SEGAWA, Hugo. Pavilhão do Brasil em Sevilha: deu em vão, p. 34-38.

3. Ver: ZEIN, Ruth Verde. *Brutalist Connections: A Refreshed Approach to Debates & Buildings*.

4. Ver, por exemplo: URBANICA GROUP. Socialist Modernist.

5. BUCCI, Ângelo; PUNTONI, Álvaro; VILELA, José Oswaldo. Pavilhão do Brasil na Expo 92 Sevilha, p. 40. Memorial do projeto vencedor.

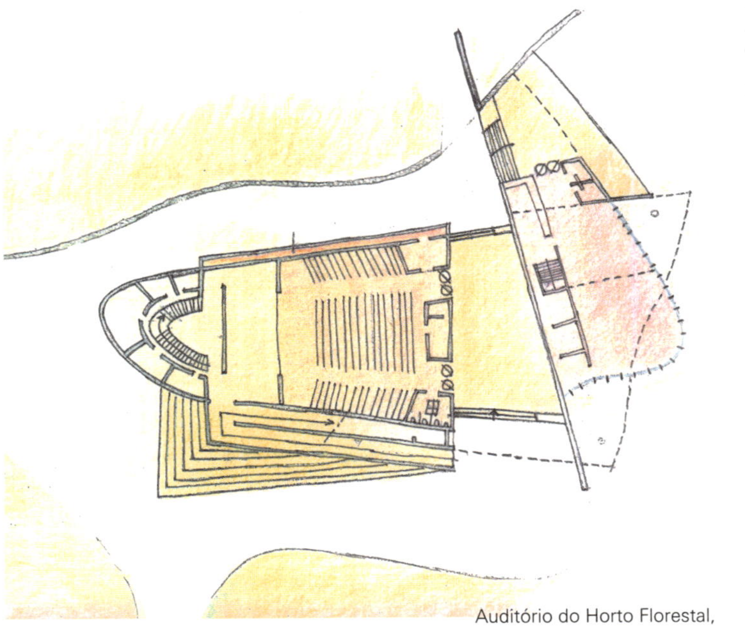

Auditório do Horto Florestal, perspectiva, planta e corte, São Paulo SP, 1992

6. MONEO, Rafael. *Inquietação teórica e estratégia projetual*.

7. Idem, ibidem, p. 9.

O regionalismo crítico é, em geral, entendido como uma atitude própria de regiões periféricas, enquanto a ordem dominante, universalizante, parte do centro, das regiões mais ricas. Em um mundo cada vez mais interconectado, essa leitura dual parece ter perdido a capacidade de explicar a realidade. Passou a prevalecer a noção de que muitos dos desafios da arquitetura são universais: questões urbanas e ambientais, gradativamente, passaram a dominar o universo da arquitetura. Como recuperar antigas áreas industriais e portuárias obsoletas? Como integrar áreas de ocupação informal à cidade? Como a cidade deve crescer de forma mais sustentável em termos de meio ambiente e gasto de energia?

No entanto, a década de 1990 se deparava com um excesso de liberdade. Não havia mais uma ordem nacional dominante à qual se contrapor, mas tampouco havia uma ordem internacional que pudesse ser digerida e recriada.

O arquiteto Rafael Moneo ministrou, no início da década de 1990, um curso sobre arquitetura contemporânea para os estudantes da Harvard Graduate School of Design – essas aulas foram posteriormente compiladas em um livro.[6] Moneo abordou a obra de oito escritórios de arquitetura contemporâneos muito díspares, mas que, para ele, eram os mais influentes da época: James Stirling, Robert Venturi e Denise Scott Brown, Aldo Rossi, Peter Eisenman, Álvaro Siza, Frank O. Gehry, Rem Koolhaas e Herzog e De Meuron. Justificando o título do livro, Moneo afirmou: "o modo de abordar o estudo da arquitetura nos últimos tempos resulta mais em ensaios críticos ditados pela inquietação do que na elaboração de uma teoria sistemática".[7]

Reformas e transformações: um pouco de Brasil

Muito próximo no tempo, Jorge Königsberger e Gianfranco Vannucchi se envolveram na concepção de residências para uso próprio. Embora sejam situações bastante díspares, ambos atuaram sobre construções preexistentes e, nos dois casos, atuaram, por um lado, buscando a integração espacial moderna, especialmente nas áreas de uso comum, por outro, tirando partido de elementos da arquitetura popular ou tradicional. No final da década de 1980, o uso de massa de revestimento caiada, a exploração de texturas, tirar partido de uma implantação sem terraplenagem ou o simples fato de reformar uma construção existente, evitando assim a tábula rasa, estavam a serviço de uma renovação da linguagem.

Jorge Königsberger reformou uma casa térrea na rua Conde D'Eu, situada em um enclave residencial unifamiliar no bairro de Santo Amaro em São Paulo, e transformou-a em um sobrado para moradia de sua família, a Residência JK e RCB (1989).[8] O projeto se valeu da grande profundidade do lote para criar nos fundos um jardim, para o qual abriu a sala com ampla porta de vidro, demolindo as paredes dos antigos cômodos posteriores. Partes dos cômodos anteriores foram aproveitadas para conformar o escritório do arquiteto, a copa e a cozinha. Os dormitórios foram para cima. Uma edícula lateral foi aproveitada para serviços, separada do jardim por uma parede oblíqua em relação às divisas. Em que pese algumas soluções específicas, concebidas sob medida, em termos de uso e circulação, a excepcionalidade da casa reside em um detalhamento quase obsessivo.

Com alvenaria e estrutura rebocadas e caiadas, o espaço da casa é povoado por volumes funcionais, que conformam escada, nichos, lareiras. Entradas de luz e ranhuras entre piso e parede, parede e teto, individualizam os volumes. A escada em "L" é estruturada por chapas metálicas, de tal forma que os lances da escada correm em uma caixa, opaca ou vazada, a depender do ângulo de visão. Ao lado da escada, a parede da lateral da sala foi engrossada em um prisma, de onde salta o volume da lareira, cujo regaço se define pela configuração de um vazio em forma de paralelepípedo, em um jogo coerente e redundante de volumes cheios e vazados.

8. Residência Königsberger, São Paulo, São Paulo, p. 76-79; WENZEL, Maria Conceição; BARRERO, Vera. Meu cliente mais difícil: esta é a conclusão do arquiteto Jorge Königsberger, após construir a própria casa, p. 12-21.

9. TEIXEIRA, Cristiane; CARVALHO, Deborah Monteiro de. Reforma preserva o jeito caiçara, p. 38-45.

10. MEDEIROS, Jotabê. MPB terá templo de US$ 4 milhões, p. d13; MEDEIROS, Jotabê. Ouvido clínico de João testa a nova Tom Brasil, p. d5.

Essa residência é contemporânea, a herança moderna se revela na continuidade de seu espaço interno, na contenção do perímetro, excessivamente recortado na casa original, na integração entre espaço interno e jardim; é moderna sua escada vazada e os jogos de luz dos pergolados, assim como as ranhuras que separam os planos horizontais e verticais. No entanto, a herança moderna foi usada como repertório estabelecido, e adaptável. Por exemplo, Jorge Königsberger optou por uma solução de telhado com três águas longitudinais, de forma a criar uma cobertura de pouca altura embutida na alvenaria, usando o telhado como uma proteção eficaz e econômica em termos de isolamento térmico e contenção das águas de chuva. A rusticidade do revestimento da alvenaria – um chapiscado de massa com pedrisco fino e posterior desempenamento – e o uso da cal de pintura, logrando texturas e variações cromáticas, reforçou o destaque dos volumes, remetendo a soluções ancestrais de espessas paredes portantes.

Na bonita paisagem natural do litoral Norte de São Paulo, na praia Brava, em Ubatuba, Gianfranco Vannucchi adquiriu uma casa de caiçara, equilibrada na encosta do morro, para criar ali uma residência de veraneio para sua família, a Casa Praia Brava em Ubatuba (1994).[9] A casinha original tinha uma planta retangular em alvenaria, com entrada pela cozinha e acrescida, em uma das laterais, de uma varanda cujos piso e telhado se apoiavam em quatro pilares. A reforma mudou pouco, mas transformou tudo.

A varanda foi fechada com um peitoril de alvenaria e janelas de correr de pilar a pilar, encimadas por um ripado de bambu, transformando-se em sala de jantar. A ela foram integrados os dois cômodos que faceavam a antiga varanda – cozinha e sala – ampliando consideravelmente a área social. Na casa de caiçara, a parede que dividia

SEXTA-FEIRA, 28 DE JULHO DE 1995 — CADERNO 2

SHOW BUSINESS

João Gilberto: inauguração

Caetano Veloso: três semanas

Milton: no time das atrações

A Tom Brasil: galeria para exposições, restaurante e piano Steinway, para apresentações intimistas

MPB terá templo de US$ 4 milhões

Nova casa Tom Brasil, no Itaim-Bibi, será aberta em 17 de agosto com show de João Gilberto

JOTABÊ MEDEIROS

João Gilberto garante que virá e tocará durante uma semana, a partir de 17 de agosto. Depois dele, Caetano Veloso toca o repertório espanhol do seu disco *Fina Estampa* — incluindo a *Tonada de La Luna Llena*, que Almodóvar escolheu para a trilha de seu novo filme — durante três semanas. E depois é a vez de Milton Nascimento, uma semana no palco.

É um time cinco estrelas escalado para abrir a mais nova casa de shows na cidade de São Paulo, a Tom Brasil, na Rua Olimpíadas, 66 (☎ 820-2326), no Itaim-Bibi. São 1,2 mil lugares na platéia e mais 400 na ante-sala e no restaurante, que conta com um piano Steinway para apresentações mais intimistas.

"É a melhor casa de shows que um músico brasileiro já viu", exulta Fernando Faro, o diretor artístico da Tom Brasil. Não é para menos: custou US$ 4 milhões, bancados por "um grupo de empresários" capitaneados por Paulo Amorim, executivo da área de medicina de grupo.

Apesar do direcionamento para a música popular brasileira, Faro garante que a casa não será "um templo ortodoxo da MPB". Segundo ele, a programação poderá incluir de shows de samba de carnaval a apresentações do avô do funk, James Brown. "Alguém influenciou mais que ele a nossa música?", brinca Faro. Para o diretor da casa, tudo o que é mainstream terá lugar na programação.

LOCAL TERÁ CAPACIDADE PARA 1,6 MIL PESSOAS

Fernando Faro, que também é diretor do Museu da Imagem e do Som, é um dos mais experientes diretores de shows do País. Ele não deu palpites na arquitetura da Tom Brasil, mas sua opinião foi seguida à risca no que diz respeito à iluminação, palco e som. A disposição interna de camarotes e mesas da Tom Brasil lembra um pouco o sistema do Palace.

A Tom Brasil concorre diretamente com o Palace e o Olympia, mas leva uma vantagem, no entender de Faro. "Ao contrário do Palace, ninguém precisa sair correndo quando o show termina", explica. "Com a ante-sala e o restaurante, pode-se comer por ali mesmo e esticar o papo sobre a apresentação", considera. Haverá também uma galeria para exposições esporádicas de pinturas. O diretor artístico crê que ela poderá abrigar de Carybé a Aldemir Martins, além de exposições de fotos e desenhos.

Faro diz que ainda não discutiu com João Gilberto o roteiro do show que abre a Tom Brasil, em 17 de agosto. "Definiremos no começo da semana e vamos imprimir um programa", afirma. Ele considera que um dos problemas dos shows de MPB é que não há um roteiro definido do espetáculo. "João Gilberto canta muitas coisas que vai buscar na vizinhança da infância, como Assis Valente e Orestes Barbosa, e é preciso dizer quem são para os espectadores mais jovens", pondera.

Reportagem sobre o Tom Brasil Vila Olímpia publicada no jornal *O Estado de S. Paulo*, São Paulo SP, 1995

cozinha e sala correspondia ao meio da casa e à linha da cumeeira. Gianfranco Vannucchi seguiu com a cumeeira até encontrar o muro de arrimo no fundo da casa, criando uma área de ampliação, mas manteve a conexão da área externa por meio de uma passagem aberta que cruza transversalmente a casa. Além da alteração do espaço interno, a criação, por meio de arrimos, de pátios planos junto aos acessos da casa oferece um conforto, um remanso na topografia tão acidentada, um lugar para se retardar e usufruir a paisagem, sem estar sempre escalando o caminho até a porta de entrada. Uma nova varanda, construída na ponta da sala de jantar, abre-se para a ribanceira, o mar e as montanhas além, como um belvedere, inseparável da paisagem que enquadra.

A opção de assumir elementos da arquitetura tradicional ou popular com o objetivo de criar espaços mais acolhedores ou organizações espaciais mais instigantes comparece também na solução de reforma e adaptação de dois galpões industriais geminados para criação da casa de shows Tom Brasil (1994). Esse primeiro Tom Brasil funcionou no local onde hoje se ergue o edifício Capital Center, na rua Olimpíadas 66, no coração da Vila Olímpia.[10]

Na solução criada por Königsberger e Vannucchi, os galpões de alvenaria com reforço estrutural de concreto, bastante simples, com cobertura de duas águas e pé-direito alto, foram povoados com mezaninos com serviços de apoio, circulações independentes de público e serviços, instalações de cozinha e espaços de show.

A entrada, por um dos galpões, conduzia a um pórtico que organizava a circulação, separando bilheteria e loja de um lado e um piano-bar de outro. O pórtico conduzia também à sala de shows para mil pessoas, que ocupava integralmente o segundo galpão. A plateia era resolvida em dois níveis, como um grande salão baixo contornado em três de seus lados por um mezanino em cota intermediária; o quarto lado era ocupado pelo palco, proscênio com acesso exclusivo de artistas, e os camarins.

No seu início, o Tom Brasil era uma casa de shows dedicada à música popular brasileira, que teve sua inauguração com um show do João Gilberto. Essa vocação do espaço, ligada à cultura brasileira, uma cultura miscigenada, inspirou os arquitetos a aludir, no projeto de interiores, aos casarios coloridos das cidadezinhas do Brasil e fazer uso de acabamentos rústicos, solução conveniente também para resolver as irregularidades da construção industrial. Na adaptação dos galpões industriais, criaram um espaço moderno povoado por cores e texturas, um Brasil caloroso, mas também preciso nas questões técnicas, como acústica e visibilidade.

Residência JK e RCB

Alto da Boa Vista, São Paulo SP, 1989

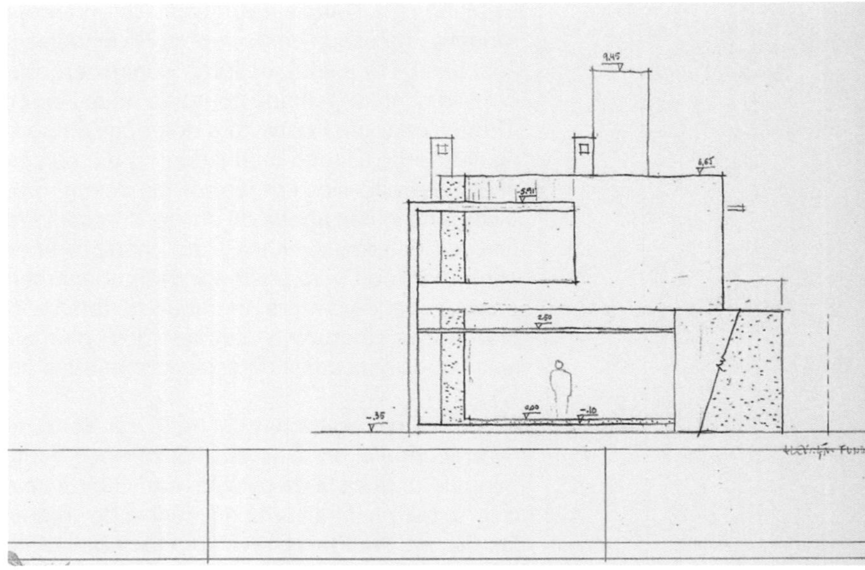

Plantas, cortes e elevações

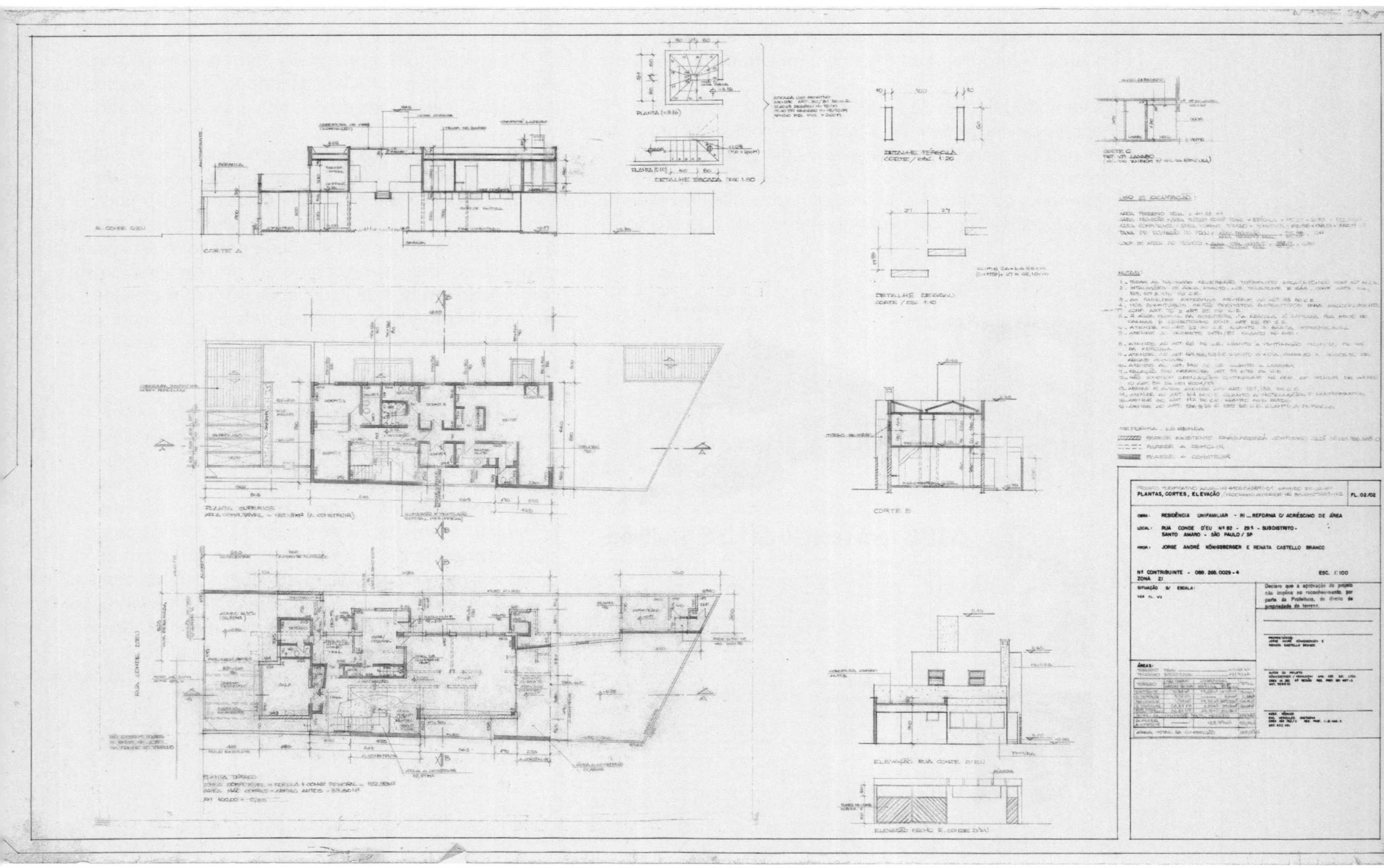

Elevações frente e fundos

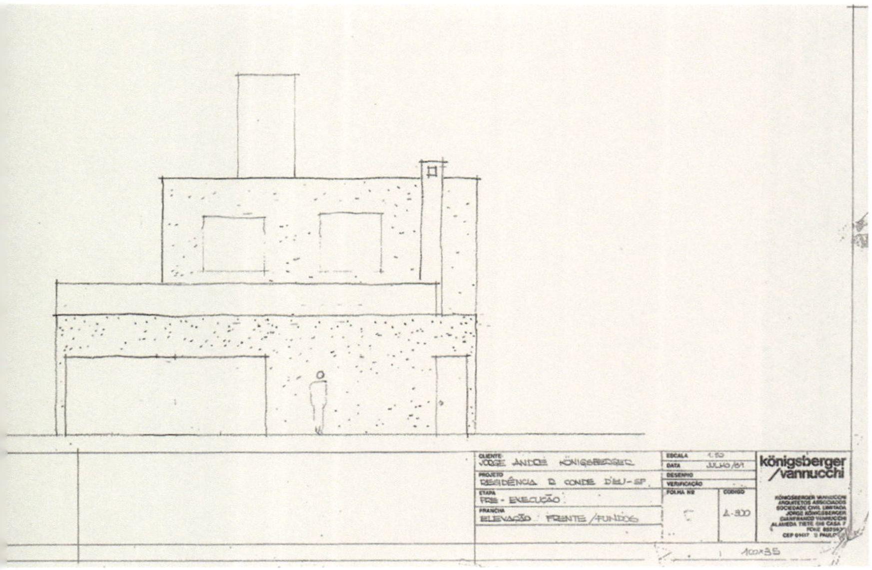

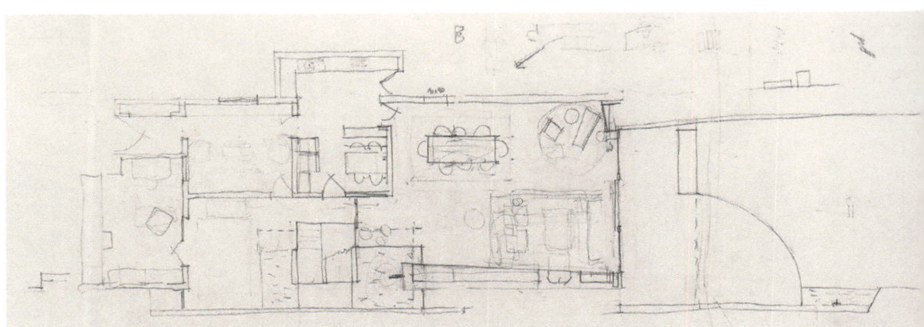

Croqui da planta

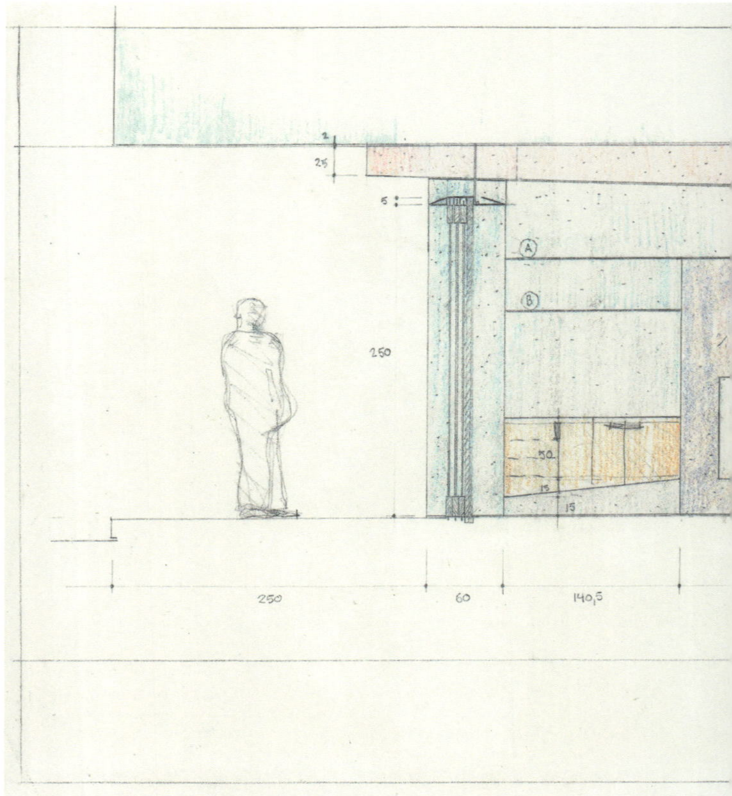
250
250
60
140,5

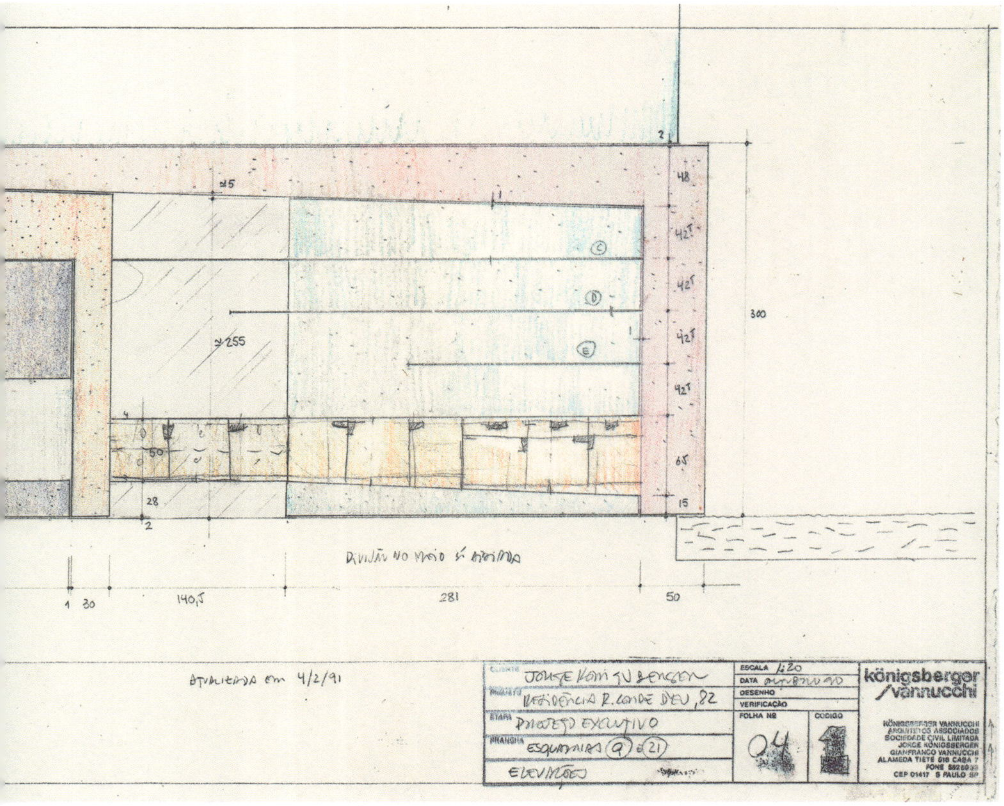

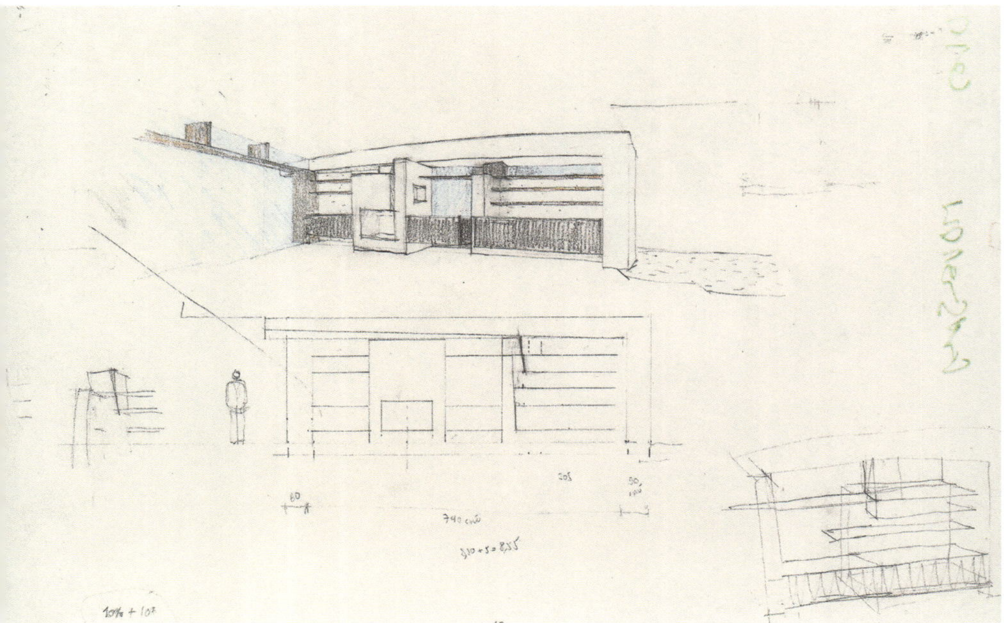

Elevação, projeto executivo
de interiores

Croqui de ambiente interno

Casa Praia Brava

família Stucchi Vannucchi, Ubatuba SP, 1994

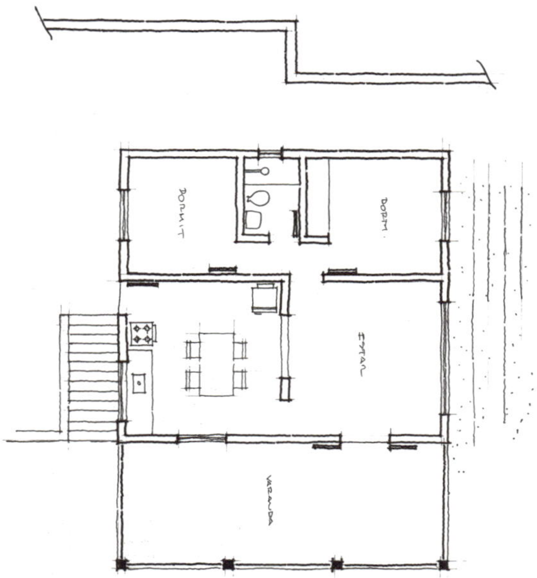

Planta da casa antes da reforma

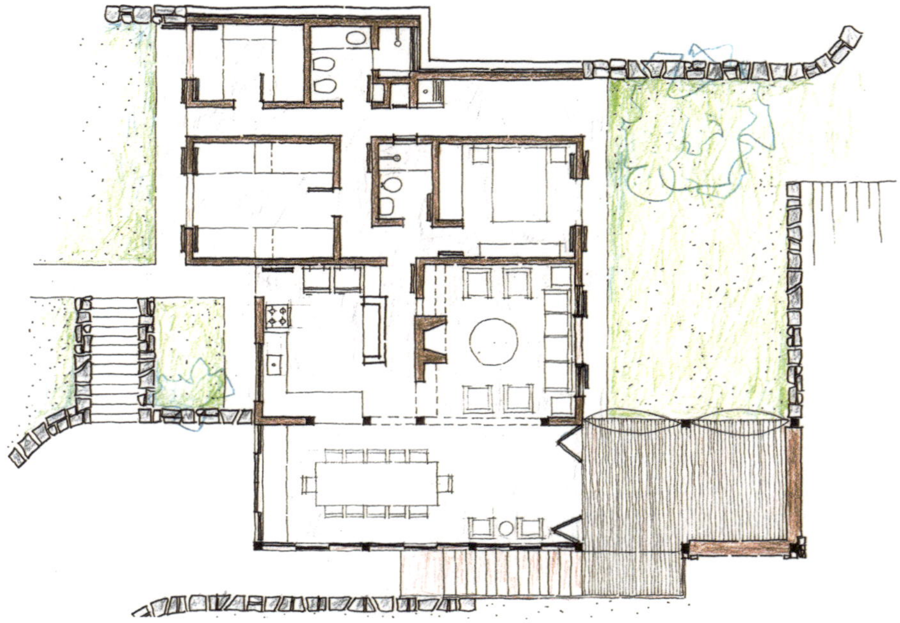

Planta da casa após a reforma

Tom Brasil Vila Olímpia

casa de espetáculos, São Paulo SP, 1994

Perspectivas da sala de espetáculos e da fachada, desenhos de Vallandro Keating

Balcão revestido por
mosaicos que ilustram
a fauna brasileira

Piano bar

Planta executiva do térreo, palco e plateia

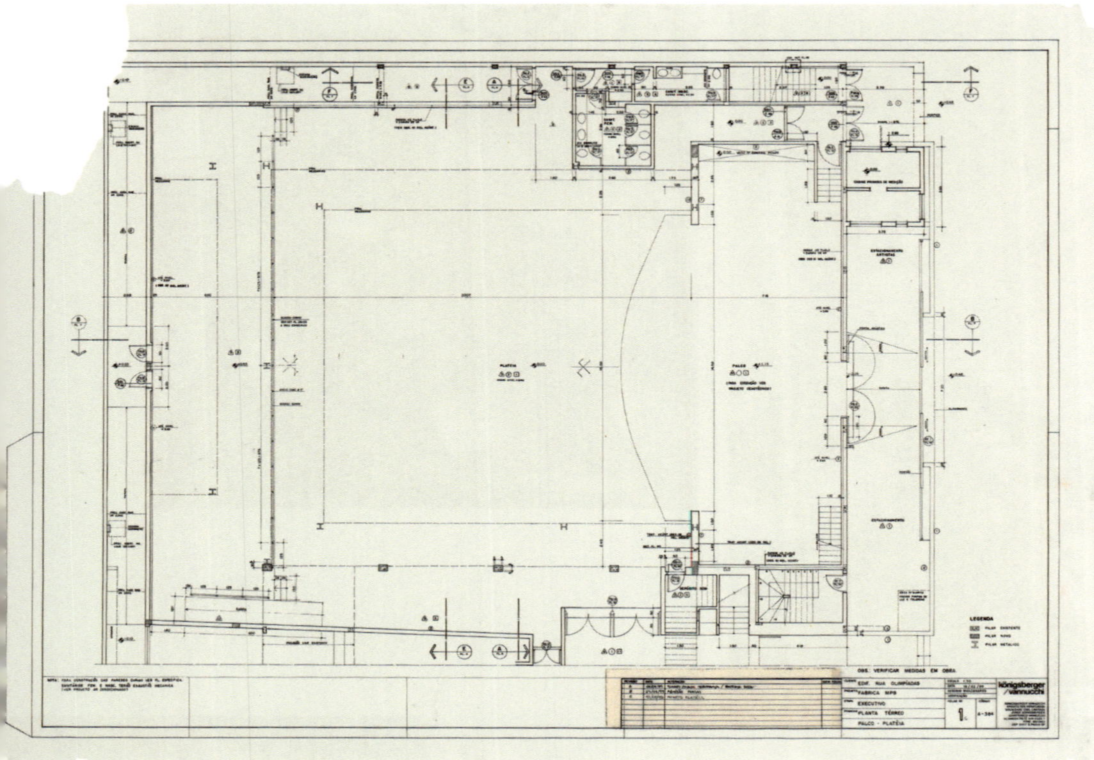

Planta executiva do térreo, piano e bar

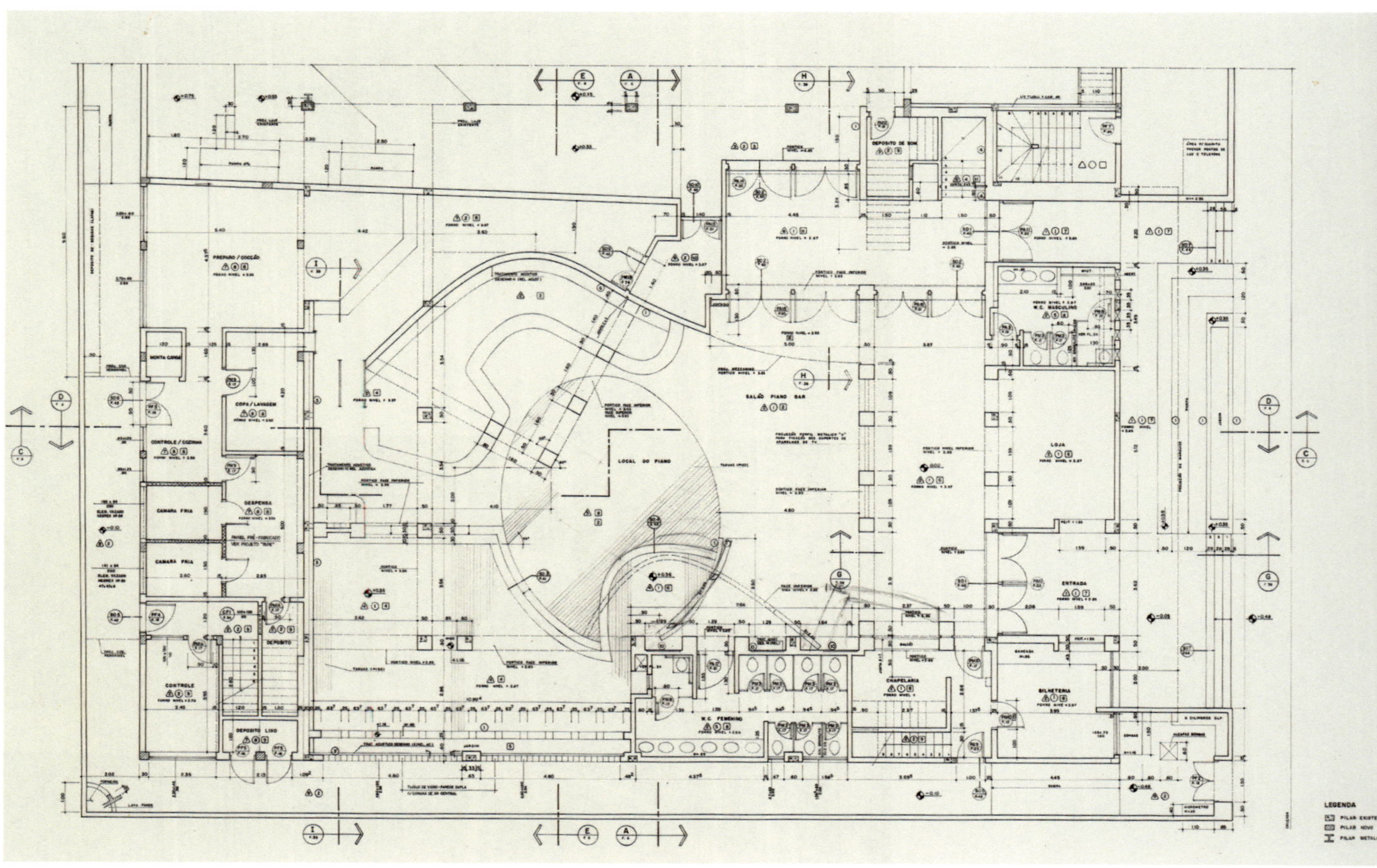

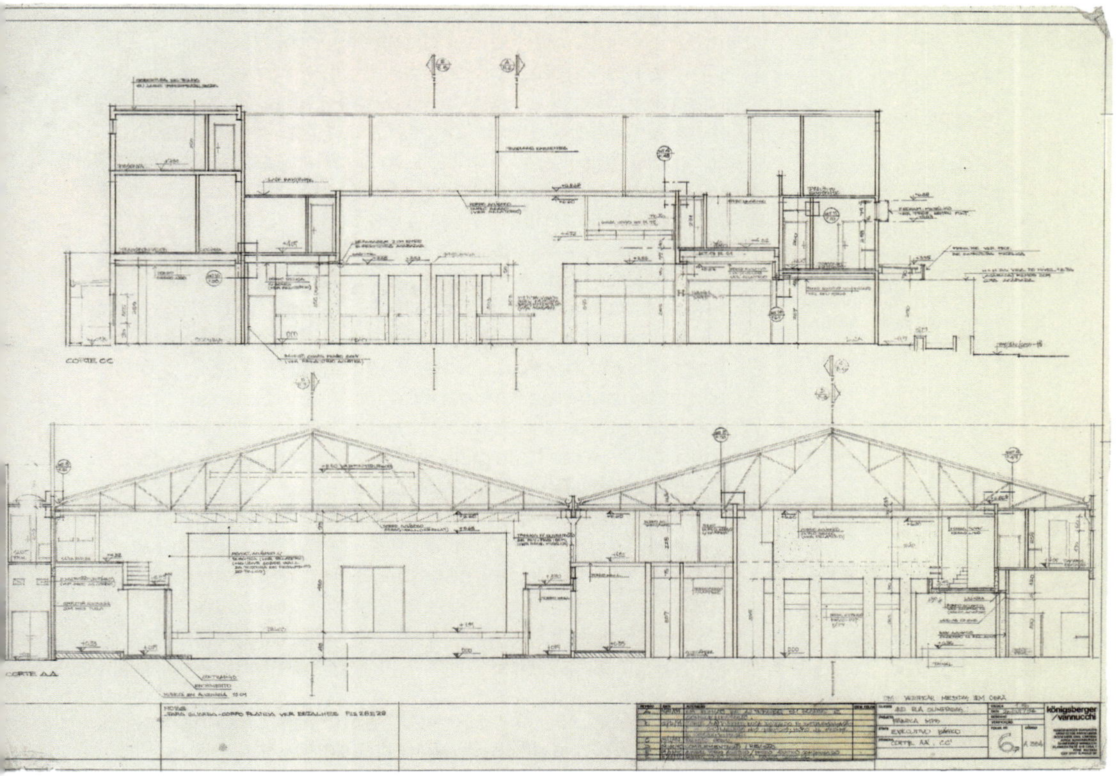

Cortes

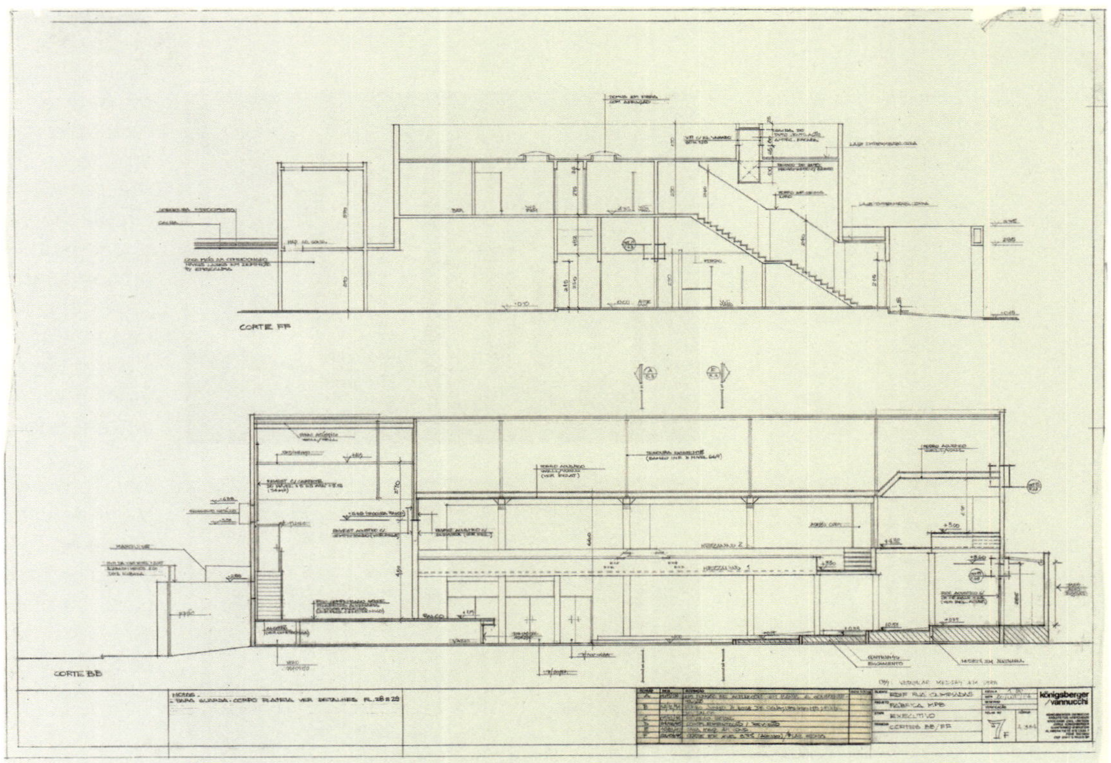

11. Parcerias: convergência fundamental, p. 60-69.

12. Idem, ibidem, p. 65.

13. Idem, ibidem, p. 62

14. Casos de sucesso: Torres do Ibirapuera, p. 9; FOLGATO, Marisa. Arquitetura da cor transforma metrópole, p. c1; SANTOS, Cecília Rodrigues dos. Torres do Ibirapuera: de volta a um discurso tonal, p. 28-36.

Em maio de 1994, a revista *Projeto* publicou uma matéria[11] enfrentando um problema importante e sempre menosprezado: a relação conflituosa que impera no Brasil entre a intelligentsia arquitetônica e os empreendedores imobiliários. O assunto foi abordado por meio da relação frutífera de duas construtoras com escritórios autorais e, de certa maneira, foi contra o senso comum ao sugerir uma equação possível entre oferta de qualidade arquitetônica e obtenção de proveitos para o empreendedor. A Ponta Engenharia em Minas Gerais vinha trabalhando com os pós-modernos Éolo Maio, Jô Vasconcelos, João Diniz, Veveco e Mariza Machado Coelho. Em São Paulo, a RD Engenharia e Construções com os arquitetos Königsberger e Vannucchi, em uma colaboração profícua que já contava então com os edifícios de escritórios Vila D'Este, Terra Brasilis, Torres do Ibirapuera e o Metrópolis Empresarial.

Mercado imobiliário: maneiras de responder

Ricardo Soubhia, um dos donos da RD, mencionou na matéria o "conflito permanente entre fazer o melhor e fazer o mais rentável", mas contrapôs que "o melhor produto não é o mais rentável, mas é o que vende melhor".[12] E, para ele, "a boa arquitetura tem mercado".[13]

Em sequência ao Terra Brasilis, a RD fez uma encomenda maior, as Torres do Ibirapuera (1988),[14] conjunto que perfaz uma área construída de 14.327 metros quadrados, sendo que a área do Terra Brasilis é de 9.026,38 metros quadrados. Localizadas em uma quadra limitada pela avenida Ibirapuera, mas situadas em uma avenida transversal, as torres ocupam um lote estreito e profundo, resultado da fusão de dois terrenos. Nesse espaço, os arquitetos colocaram duas torres iguais, perfiladas no mesmo alinhamento, mas espelhadas, ambas com a circulação vertical mais próxima ao pátio interno. Essa opção pelo espelhamento não se dissocia da opção de união das torres por uma passarela na cobertura. Essa passarela, bastante destacada formalmente, faz as vezes de um coroamento em forma de frontão. O espelhamento e o frontão contribuem para a percepção de uma torre única e simétrica, criando uma interessante ambiguidade entre fundo e figura.

Centro Empresarial Raja Gabaglia, projeto de Éolo Maia e Jô Vasconcelos, Belo Horizonte MG, 1989

Edifício AT&T, projeto de Philip Johnson e John Burgee, Nova York, Estados Unidos, 1978-1984

Nas Torres do Ibirapuera, a composição do volume a partir de volumes menores, que já vinha sendo ensaiada desde as agências verticais para o Comind, se mantém como recurso formal. Esses volumes são gerados a partir da planta, destacando as circulações. Na opção de revestimento, os arquitetos seguiram com o uso de pastilhas e com a variação de tons para atingir os efeitos compositivos desejados, no caso, a simetria do conjunto e o destaque formal do frontão metálico. Nos anos de 1980, ficou pronto em Nova York o edifício AT&T (1978-1984) de Philip Johnson e John Burgee, cujo coroamento em frontão garantiu à obra o apelido de Chippendale (por lembrar os frontões dos móveis criados por Thomas Chippendale no século 18) e que teve grande repercussão por sinalizar o afastamento do miesiano Phillip Johnson das hostes modernas. O frontão metálico das Torres do Ibirapuera, desenhado em uma curva mais para barroca, coroa um enquadramento aleatório da cidade.

A pouca frente do lote das Torres do Ibirapuera não permitiu a mesma qualidade de integração com o espaço público criada no Terra Brasilis, não obstante, o pátio de entrada e a calçada fronteira receberam o mesmo tratamento, com piso de mosaico português. Quase sem vegetação, o pátio foi decorado por uma escultura em ferro da artista Esther Grinspum e a efetiva continuidade com a calçada criou, para todos os efeitos, um largo junto ao passeio público. Infelizmente, essa solução não existe mais. Atualmente, o pátio está delimitado por uma sequência de floreiras de concreto, que efetivamente o separam do espaço público. Quanto à obra de arte, infelizmente, não está mais no pátio frontal para usufruto público. Nas cidades brasileiras, a gentileza urbana é coisa rara e frágil.

Edifício Aurélia Office Tower, perspectiva e foto, Vila Olímpia, São Paulo SP, 1991

O edifício Metrópolis Empresarial (1989) fica em Moema, na mesma avenida Iraí onde estão as Torres do Ibirapuera e a aproximadamente três quadras da avenida Ibirapuera. Esse edifício tem a particularidade de ter sido concebido com o duplo propósito de ser um edifício de escritórios e abrigar, nos três últimos pavimentos, a sede da construtora RD. Os dois pavimentos superiores têm uma ligação vertical privada e o 15° pavimento (cobertura) tem área interna menor e um terraço.

Outra particularidade desse edifício é a solução de planta dos pavimentos tipo: uma quarta parte da planta é rebatida longitudinal e transversalmente compondo três-quartos do pavimento, o quadrante restante é ocupado pela circulação vertical, com grande destaque formal na fachada do edifício. Nesse edifício, os arquitetos fizeram uso de um revestimento pouco usual nas torres de escritório e corporativas: o tijolo de barro, explorado plasticamente, especialmente, no fechamento da caixa cega de circulação vertical.

Eventualmente, por ser também a sede da construtora, os arquitetos conseguiram colocar no Metrópolis Empresarial alguns requintes construtivos, como o apuro e a qualidade formal da escadaria externa. Uma mudança legal no dimensionamento das áreas de escada, durante o processo de aprovação do edifício, tornou possível, para projetos que já tivessem dado entrada, fazer o acréscimo de uma escada externa no recuo. Os arquitetos aproveitaram esse eventual contratempo para criar uma escadaria de concreto aparente, com dupla marcação dos degraus – superior e inferior – e estruturada por um pilar retangular que corre entre os dois lances de escada. Essa escada, protegida por um gradil de ferro, foi acoplada na caixa de circulação vertical, suas linhas diagonais ascendentes criam um forte contraste com o estático maciço de tijolos da caixa cega. Outro requinte construtivo, esse bem mais sutil, é dado por pequenas pedras quadradas que pontuam a alvenaria de tijolo, fazendo a marcação das lajes dos pavimentos.

Coerentemente, Ricardo Soubhia, além de contratar o escritório Königsberger Vannucchi para seus empreendimentos imobiliários, encomendou a eles o projeto de sua nova residência. É interessante observar como a pesquisa formal mostra ressonâncias entre a pequena e a grande escala; embora o projeto da residência lance mão do uso de formas mais figurativas

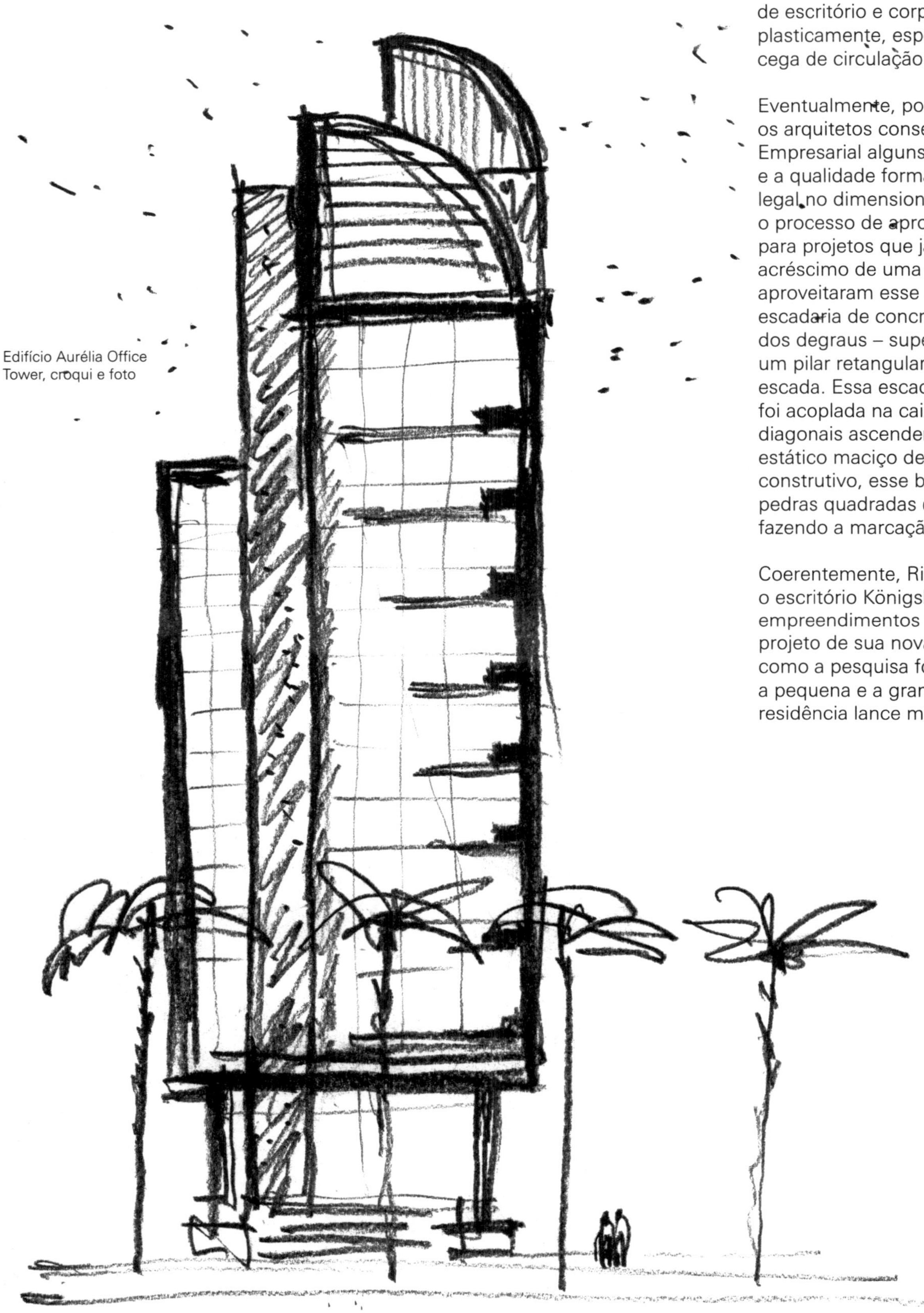

Edifício Aurélia Office Tower, croqui e foto

15. RIBEIRO, Alessandro Castroviejo; CALDEIRA, Vasco. Casas do Brasil: Residência Ricardo Soubhia, p. 25-29.

e ligadas à arquitetura tradicional. Ricardo Soubhia não queria uma casa monumental, nem tampouco grandes ambientes contínuos, pelo contrário, desejava a escala doméstica e ambientes aconchegantes. No entanto, havia uma razoável contradição entre o desejo do cliente e a encomenda de uma casa de 600 metros quadrados.

No terreno em declive e aproximadamente retangular, situado no Jardim Guedala, loteamento da Companhia City em São Paulo, a solução dos arquitetos para a Residência Ricardo Soubhia (1991)[15] foi dividir o programa entre dois blocos que simulam duas casas vizinhas. Os dois blocos são divergentes, um deles é paralelo ao terreno e o outro assume uma implantação oblíqua. Essa solução criou um espaço vazio entre os blocos, o qual tem formato irregular e se expande para o fundo do terreno. Esse espaço foi coberto e ocupado com uma solução leve de passarelas e terraços ligando os dois níveis elevados. A simulação de duas casas vizinhas é reforçada pelo contraste entre a opção de tratamento dos blocos em tijolo e cobertura em duas águas e a leveza das passarelas e terraços que os unem, em estrutura metálica pintada de branco.

Além de optar pela cobertura de duas águas, com considerável destaque plástico das empenas triangulares e chaminés, elementos inequivocamente tradicionais, o projeto tem um detalhamento minucioso que vai do assentamento de tijolos que acentua as linhas horizontais à solução de revestimento dos pilares cilíndricos com arenito do Paraná, passando pelas abas horizontais em balanço que protegem as aberturas envidraçadas. Em tudo, a obra parece se contrapor à ideia de uma arquitetura sintetizada pela solução estrutural. Contrapõe-se também a uma implantação em conformidade à cidade moderna preconizada pela Carta de Atenas, a espacialidade evocada na Residência Ricardo Soubhia é a da cidade tradicional com o largo claramente definido em meio às duas casas.

O escritório Königsberger Vannucchi teve que enfrentar outra qualidade de desafio com a encomenda do Condominium Club Ibirapuera (1993), um grande conjunto residencial em Moema. Pelo fato de estar em uma antiga quadra industrial, onde funcionava a Companhia Brasileira de Metalurgia,[16] o terreno do Condominium Club Ibirapuera apesar da grande dimensão (72 metros de frente por 116 metros de fundo) funciona como um terreno comum em meio de quarteirão, com vizinhos em três de seus quatro lados. Essa característica faz com que o conceito de condomínio clube, ou seja, um condomínio com torres em um grande terreno e com serviços comuns, se diferencie de outros empreendimentos similares, carentes de urbanidade, pelas grandes extensões de muro contínuo junto ao passeio público.

Além disso, a opção de implantar as torres alinhadas, duas nos fundos e duas na frente, voltadas para a alameda dos Jurupis, também reforçou o caráter urbano do conjunto. No entanto, essa implantação tinha o inconveniente de deixar as aberturas das torres vizinhas muito próximas, com perda de privacidade para os moradores. A solução dos arquitetos foi dada no desenho da planta: a partir do núcleo central de circulação vertical, as unidades foram desenhadas em uma orientação de 45° em relação ao eixo de implantação das torres, dessa forma, as aberturas laterais abrem para visadas diagonais.

Esse grande conjunto residencial foi construído com o Sistema Método de Construção, um conjunto de tecnologias destinado a obter uma maior racionalidade construtiva, menor desperdício de material e de mão de obra e maior apuro técnico. A utilização desse método construtivo exigiu um esforço de detalhamento por parte do escritório, por exemplo, faz parte do sistema o fechamento em placas de concreto pré-fabricadas (painéis Stamp) que já garantem o acabamento. Todos os painéis foram especificados pelos arquitetos em diferentes formas e tonalidades, obtidas pela variação na composição de agregados.

Muitas das soluções do sistema construtivo da Método tiveram que contar com projetos especiais por parte dos fornecedores. E também um grande comprometimento por parte dos arquitetos, tanto na aceitação de eventuais limitações impostas pelo sistema, quanto na disponibilidade para se assenhorar do processo de forma a garantir o bom detalhamento, inclusive com contribuições criativas: o projeto executivo levou um ano de trabalho; houve mais de cinquenta reuniões técnicas com o pessoal envolvido no projeto, a compatibilização de todos os projetos técnicos foi concluída em 45 dias e, coroando o processo, a execução correu sem problemas.

A solução formal do Condominium Club decorre de opções de implantação, da solução da planta (de dentro para fora) e da utilização do Sistema Método de Construção. Os jogos formais, que destacaram as primeiras torres do escritório Königsberger Vannucchi, deixam de estar presentes, em nome de uma arquitetura residencial, de caráter necessariamente mais neutro e doméstico.

Cada comissão com seus desafios. As distintas respostas dadas aos encargos parecem ter em comum a busca pela urbanidade da solução e a ausência de preconceitos no uso de materiais ou soluções técnicas, de forma a garantir boa solução funcional, detalhamento cuidadoso, facilidade de manutenção, equilíbrio custo/benefício. No entanto, a resposta a alguns dos encargos na década de 1990 mostram uma sensível mudança formal. Há, por exemplo, o emprego de janelas, na sua acepção mais direta de aberturas circunscritas na parede externa, sem o artifício de grelhas que se contrapõem a panos de vidro. Os volumes das torres tornam-se mais íntegros. As soluções parecem buscar uma arquitetura que faz cidade, que compõe o espaço urbano. Nesse momento, a equação também pesava para a economia de energia, favorecendo o predomínio dos cheios sobre os vazios.

16. Indústria ligada à própria urbanização do bairro, depois adquirida pela Saint Gobain e transformada na Metalúrgica Barbará. Ver: Indústrias que funcionaram no bairro. *Moema de tantas histórias*.

Condominium Club Ibirapuera, perspectiva, São Paulo SP, 1993

Edifício Torres do Ibirapuera

edifício de escritórios, Moema, São Paulo SP, 1988

Croqui do frontão

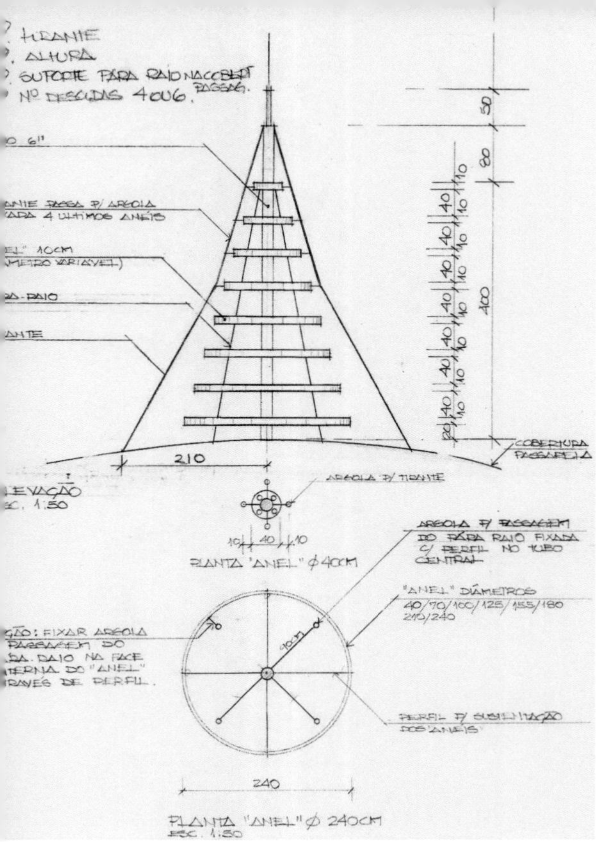

Estudo de torre com para-raios

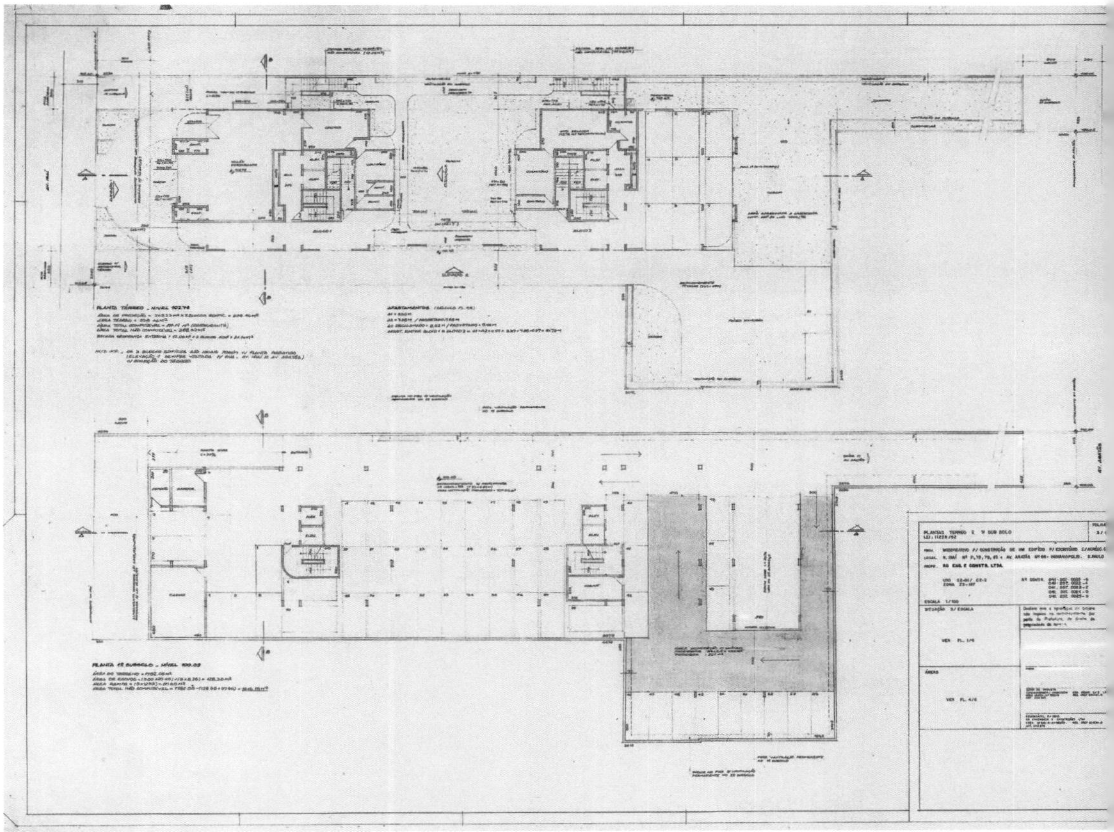

Plantas térreo e 1º subsolo

Edifício Metrópolis Empresarial Moema

edifício de escritórios, Moema, São Paulo SP, 1989

Plantas térreo, pavimento tipo, 14º e 15º pavimentos e cobertura

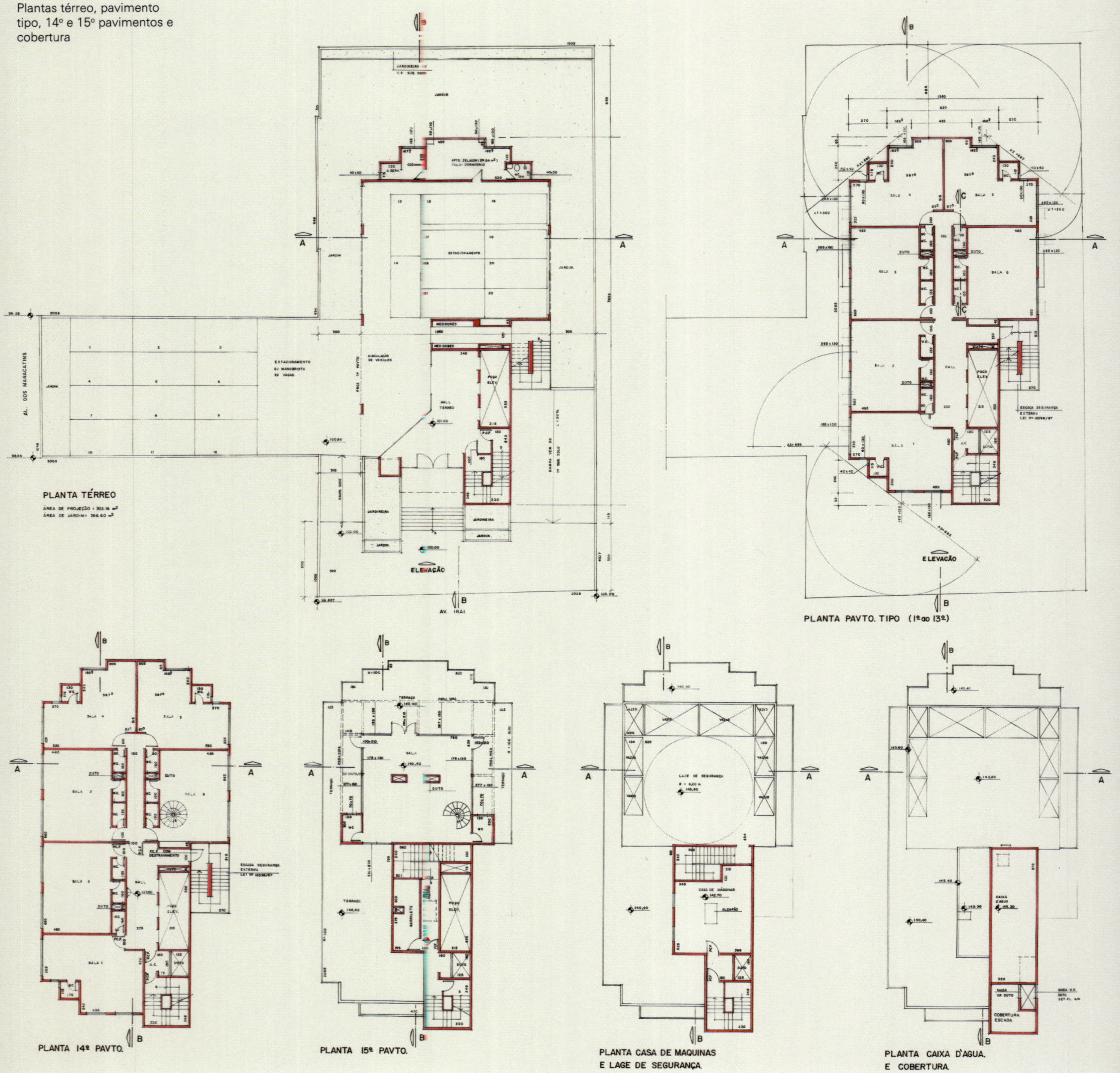

PLANTAS PAVIMENTOS.
ALTERADA NOS TERMOS DO ITEM 3.J.2.3
PROJETO : P/ CONSTRUCÃO DE EDIFICIO
PROPR. : RD ENGENHARIA E
LOCAL : AV. IRAI 393 E ALAMEDA
USO S2 - 01
ZONA - Z3
ESCALA 1/100
SITUAÇÃO S ESCALA
VER FOLHA 1/4
AREAS
VER FOLHA 2/4.

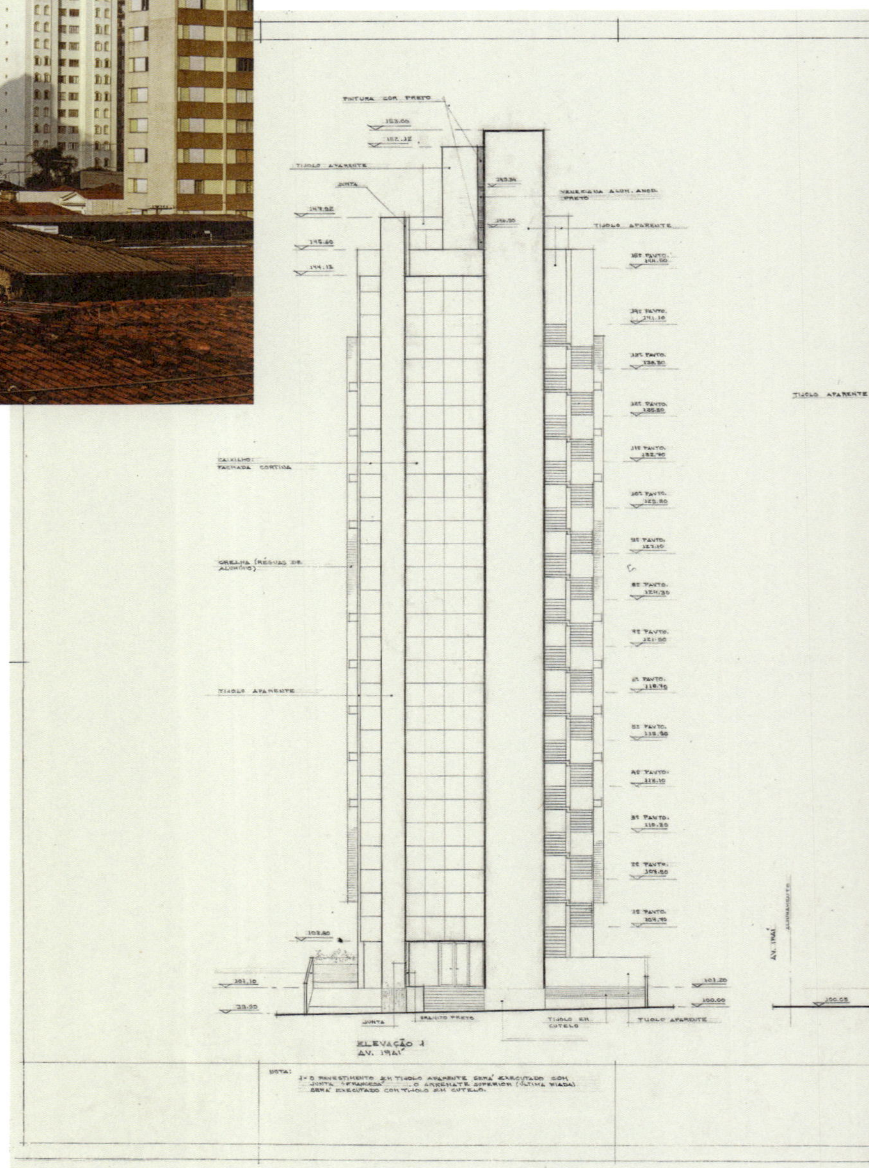

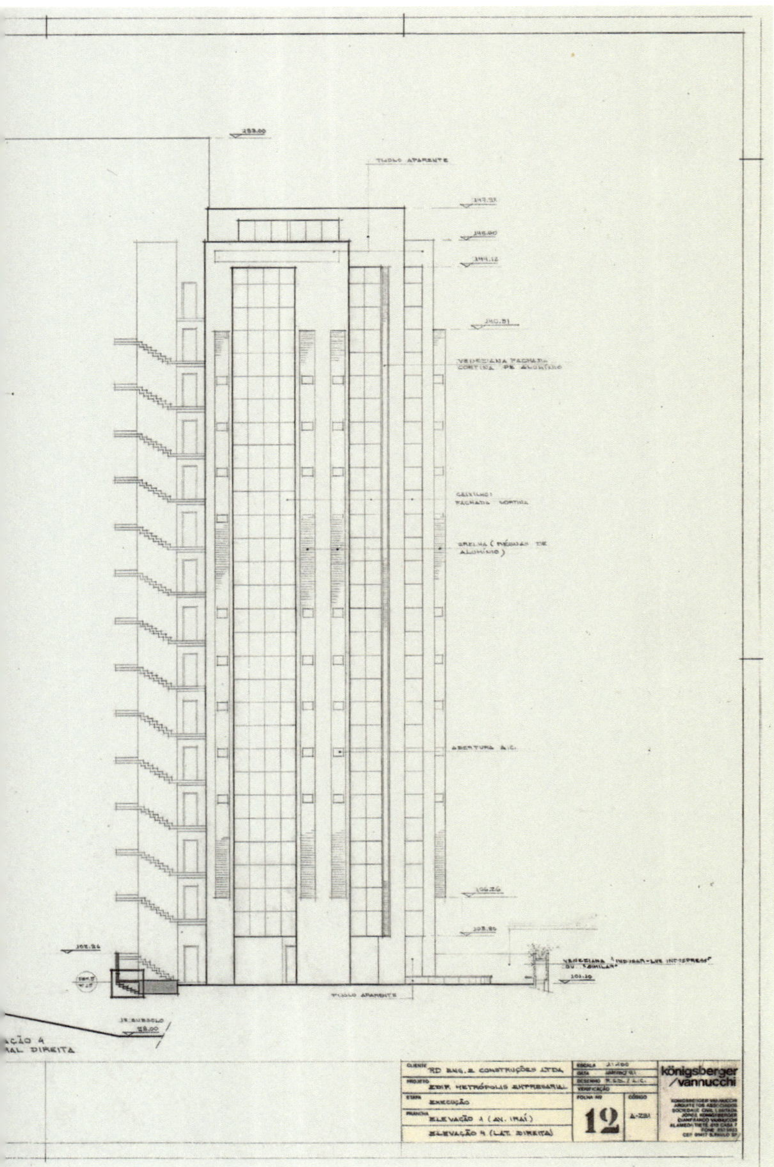

Elevações avenida Iraí e lateral direita

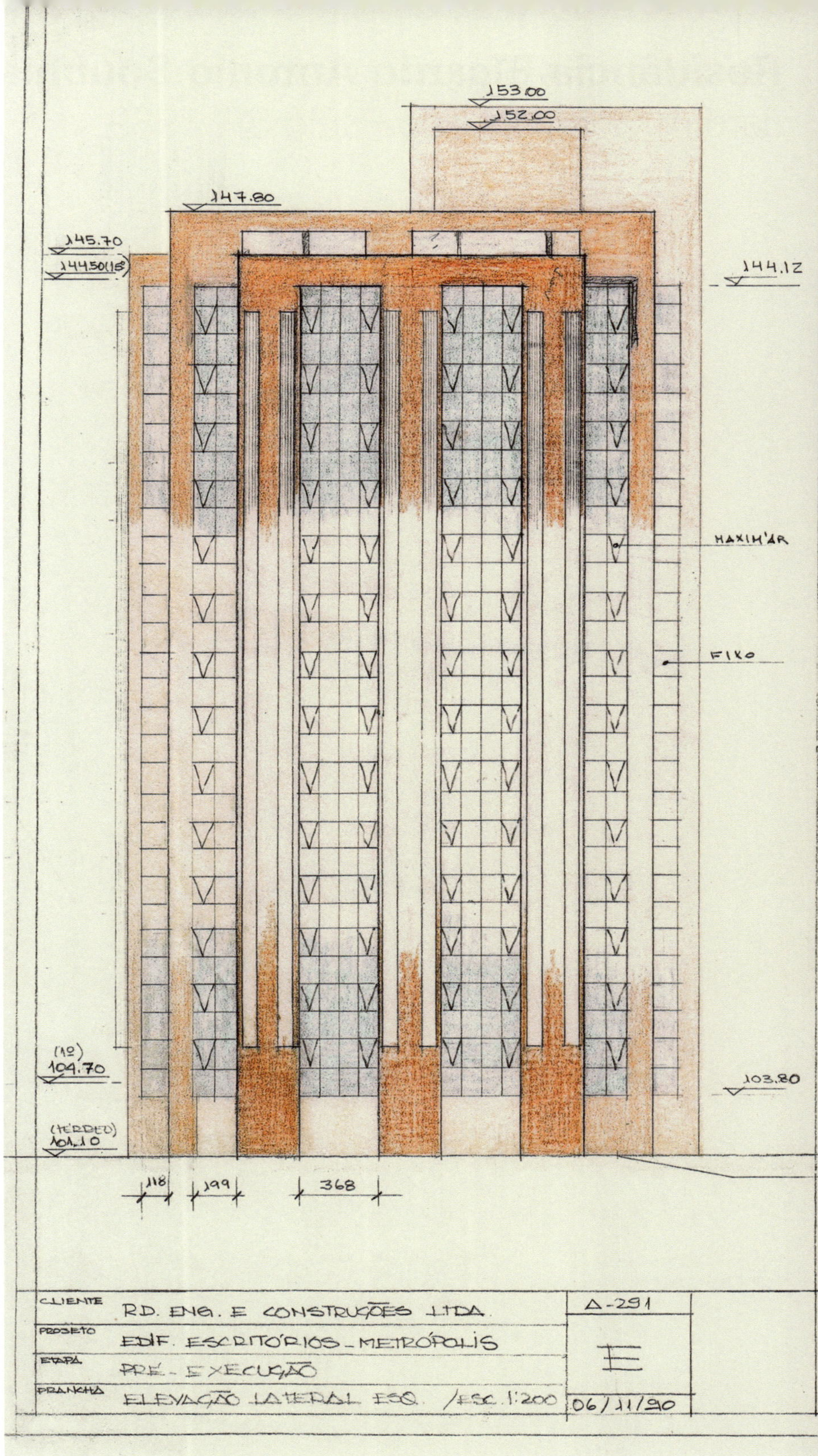

Elevação lateral esquerda

Residência Ricardo Antonio Soubhia

Jardim Guedala, São Paulo SP, 1989

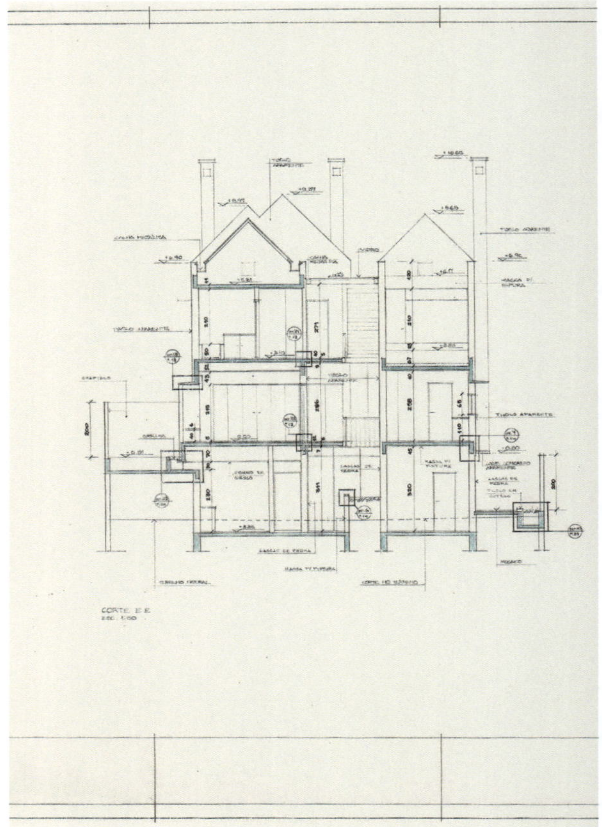

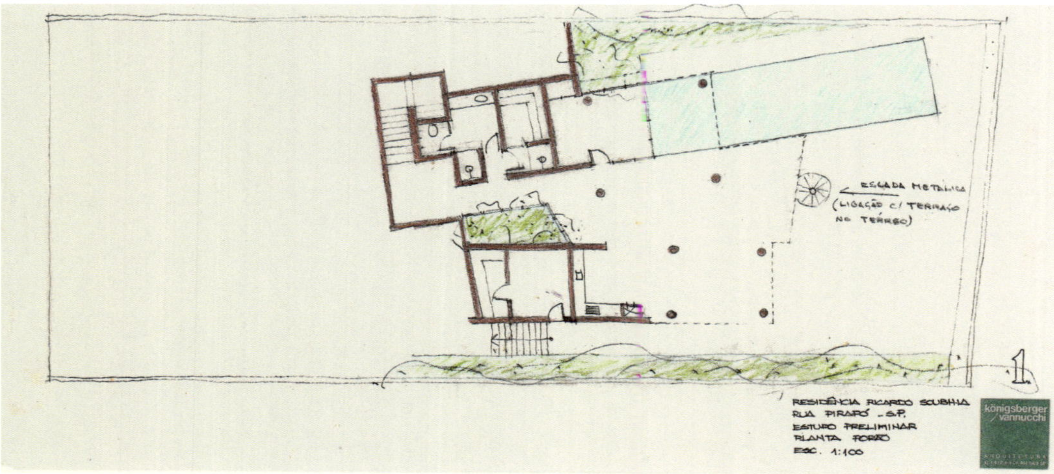

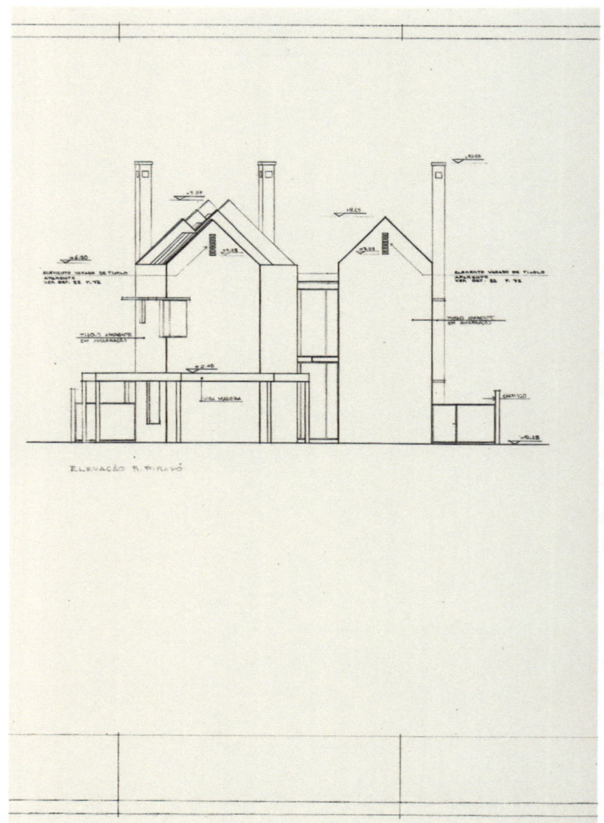

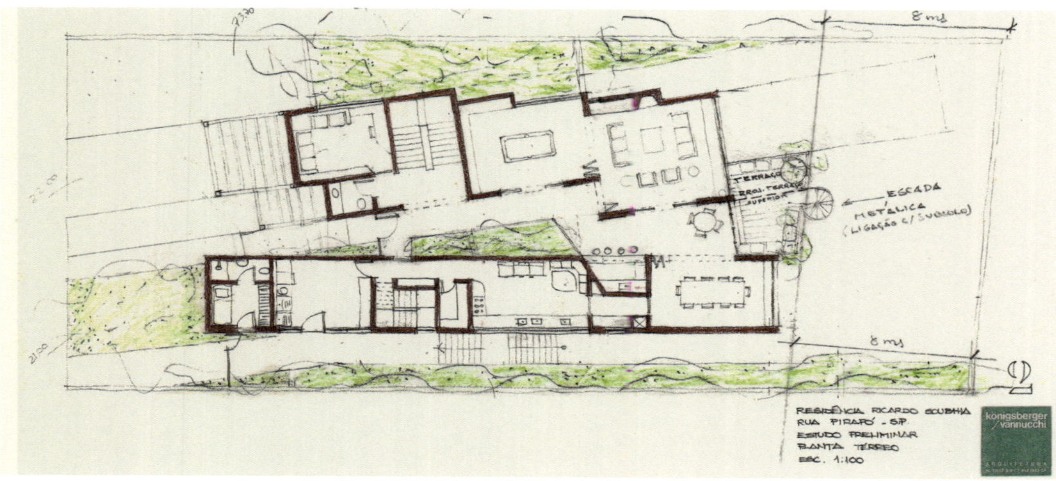

Plantas do porão, térreo e pavimento superior

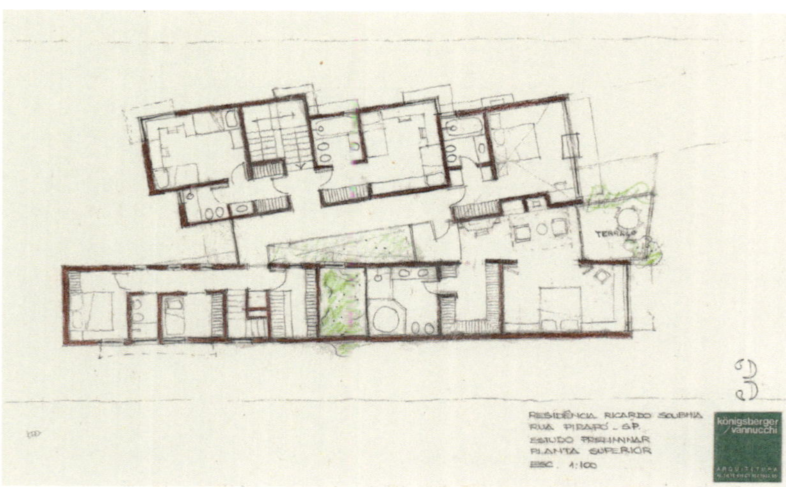

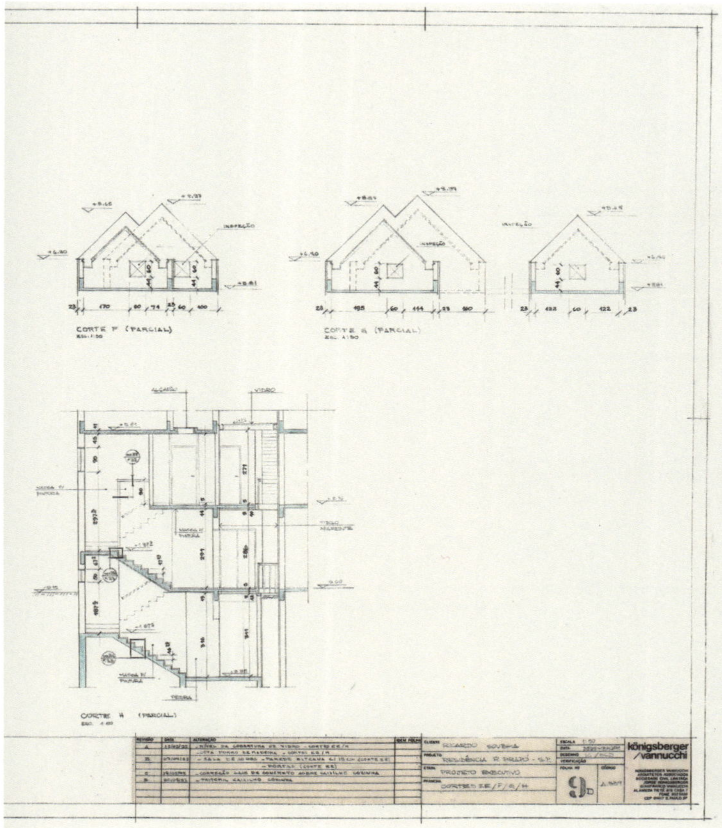

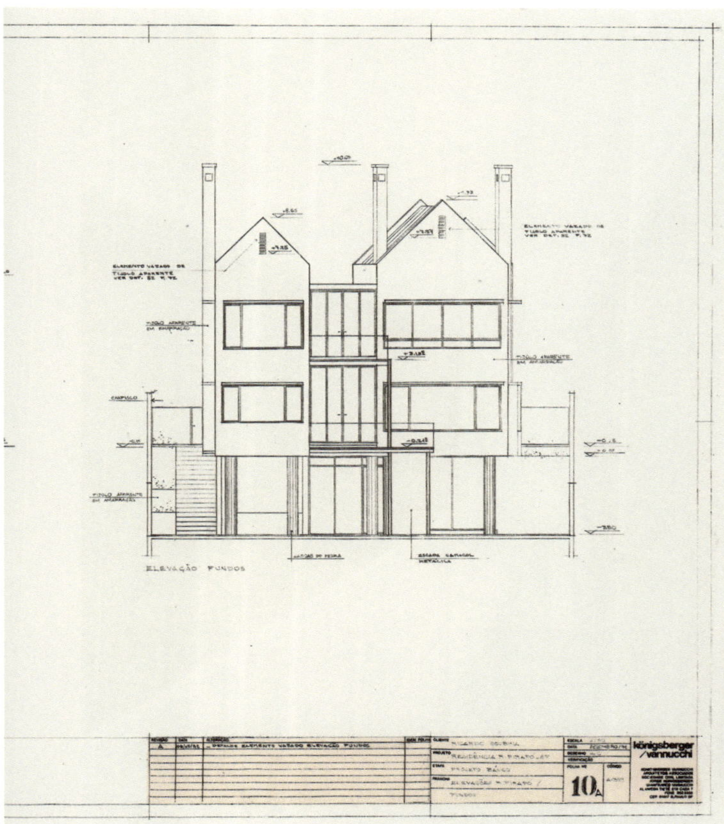

Cortes transversais
e elevações

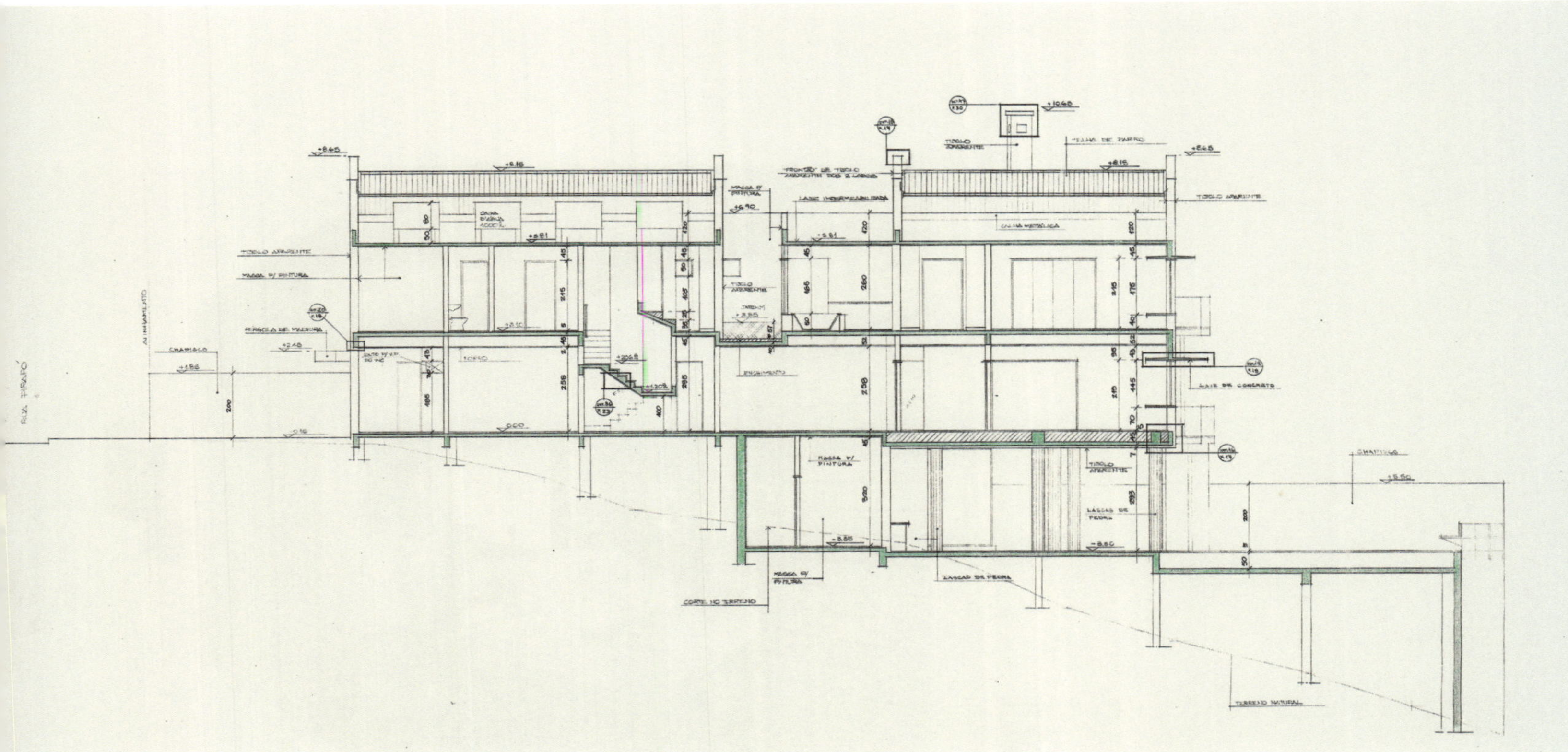

Corte longitudinal

190

Condominium Club Ibirapuera

Moema, São Paulo SP, 1993

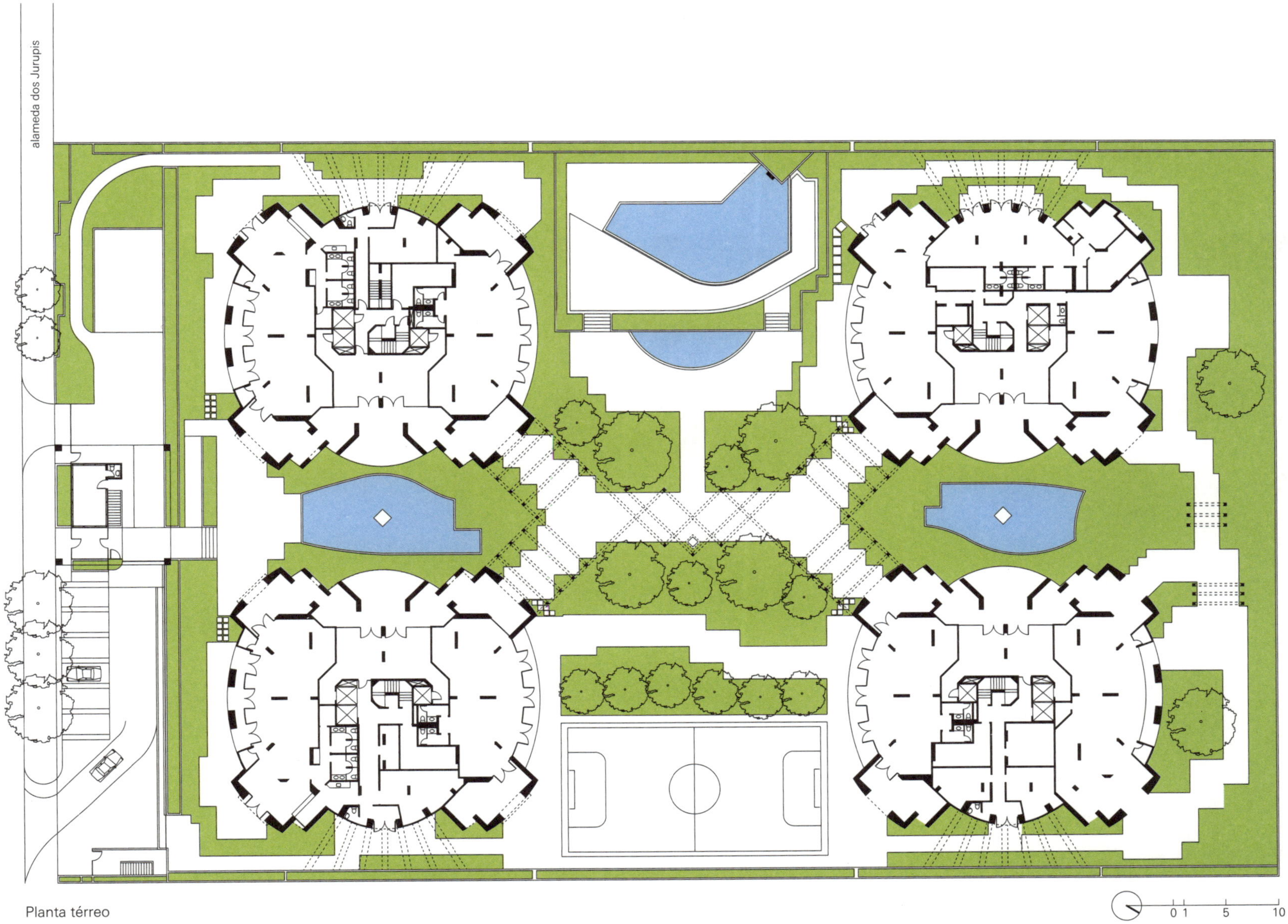

Planta térreo

Flat Caesar Towers

Jardim Paulista, São Paulo SP, 1996

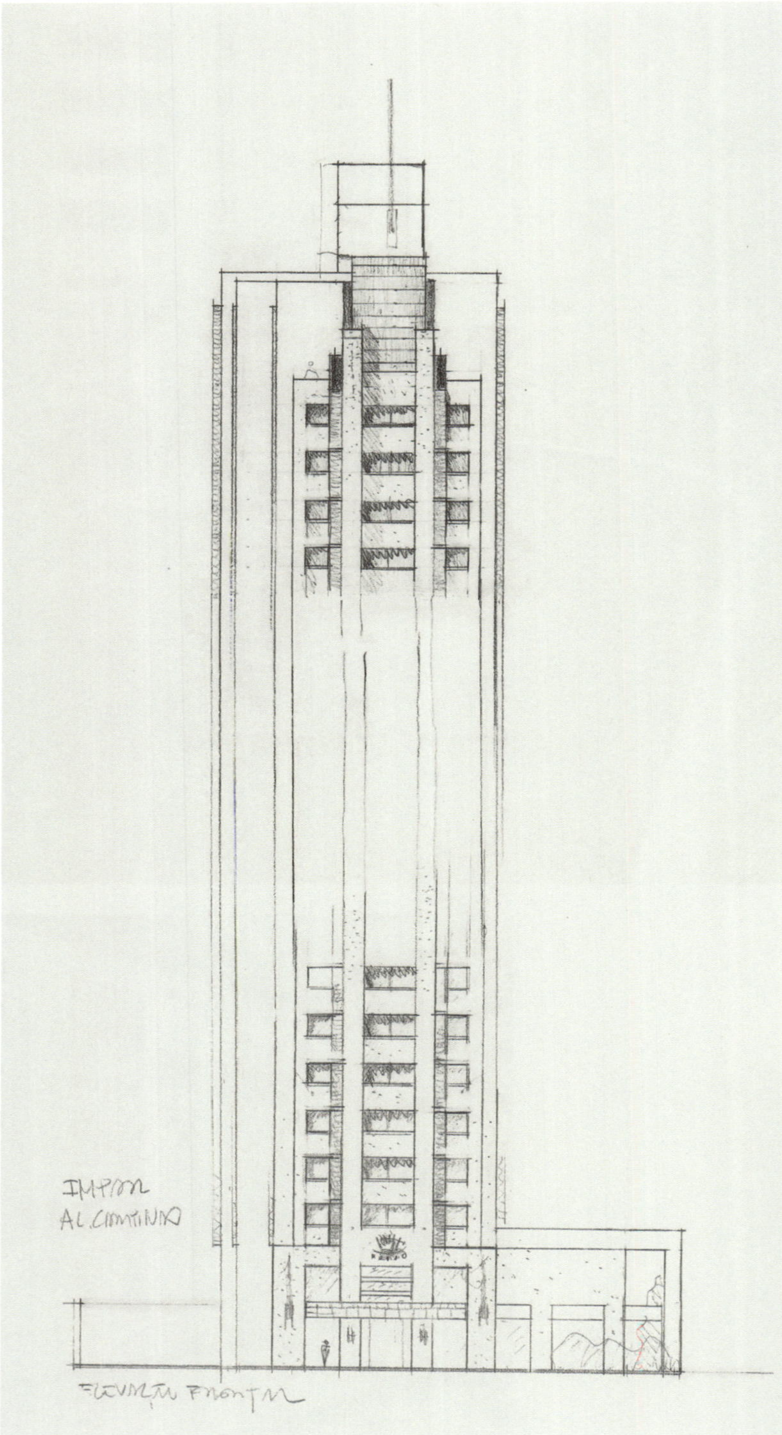

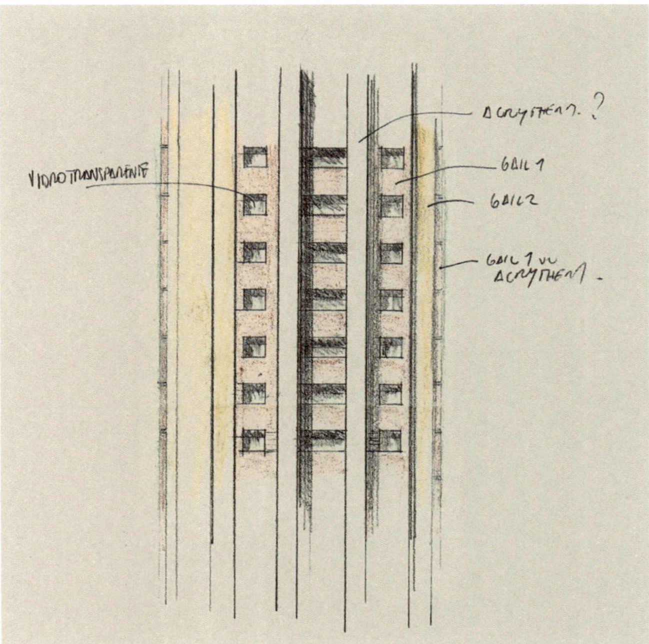

Croquis e perspectivas com especificação dos materiais

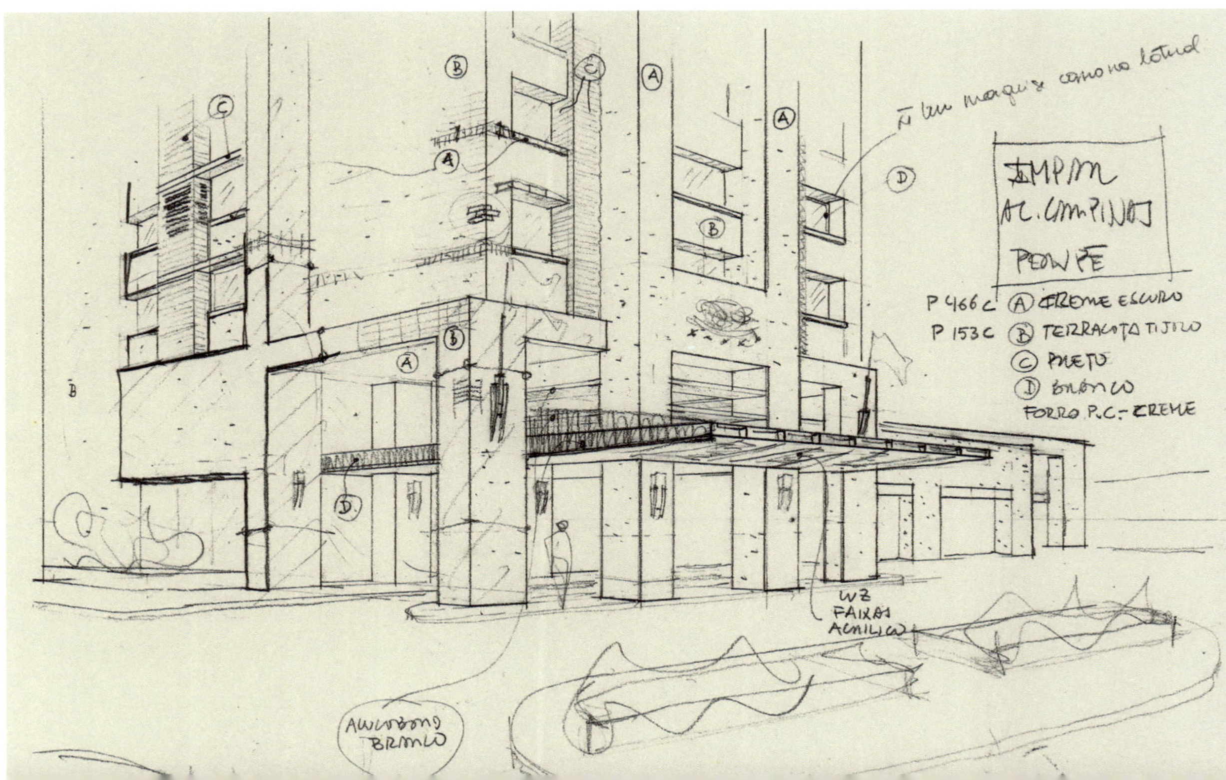

Residência Fernando de Albuquerque e Renata Amaral
Alphaville, Barueri SP, 1998

Elevação norte

Elevação oeste

Conjuntos multiuso e a criação do espaço de uso público

17. Idealizado e executado pela Construtora Albuquerque-Takaoka, começou com a venda de lotes para empresas não poluentes em 1973 e, na sequência, em 1975, o primeiro condomínio residencial.

Em meados da década de 1990, o escritório Königsberger Vannucchi projetou o Metrópolis Multiuso Alphaville (1996), um edifício de uso misto no bairro planejado de Alphaville, em Barueri, na região metropolitana de São Paulo. Alphaville foi criado na década de 1970,[17] ligado às teses do urbanismo moderno, de conciliação entre carro, natureza e vida urbana e, também, de separação de usos em zonas distintas. O centro empresarial de Alphaville é hoje um enclave de uso misto.

Para conciliar os usos distintos no Metrópolis Multiuso Alphaville, a solução dada foi um edifício em "L", com cada uma das pernas abrigando um uso, acesso e circulação totalmente independentes. Os blocos têm uma ligação destacada externamente, no 11° piso, onde estão equipamentos de lazer e esporte de uso comum. Esquadrias brancas na torre residencial e grafite na torre de escritórios dão a sutil diferenciação entre os dois programas.

Também em Alphaville, o escritório Königsberger Vannucchi projetou o edifício Stadium Alphaville (1999), um complexo multiuso com área construída de 62.550 metros quadrados, que congrega hotel, flat e escritórios e cujo projeto foi vencedor de um concurso fechado da incorporadora Fal 2. O Stadium fica na avenida principal de Alphaville, diante da quadra comercial. O eixo central de sua praça de acesso praticamente coincide com a calçada das Margaridas, passeio que adentra o centro de compras.

Ao invés de distribuir o programa em blocos isolados, eventualmente fragmentando o espaço livre e tendo que lidar com os amplos recuos entre edifícios da legislação local, os arquitetos optaram por um volume único de considerável complexidade. No terreno retangular com maior extensão na testada do que na lateral (100m x 70m), posicionaram o bloco no meio do lote, garantindo recuos mínimos laterais e de fundo, de modo a viabilizar o estacionamento de automóvel no térreo.

As laterais e o fundo do bloco são paralelos às divisas do lote, enquanto, na frente, o paralelismo com o passeio público é interrompido em um semicírculo, que cria uma generosa concavidade na fachada frontal. Concavidade essa que é a contraparte da praça semipública, uma solução engenhosa que qualificou o térreo do conjunto e garantiu maior extensão de fachada, permitindo acomodar junto à praça as lojas e os halls de acesso às

18. FIGUEROLA, Valentina. O barroco no pós--modernismo, p. 32.

19. O júri de arquitetura, urbanismo, comunicação visual, interiores e paisagismo foi composto por Renato Dal Pian, Sérgio Pileggi, Roberto Loeb, Ubyrajara Gilioli e João Carlos Cauduro. O projeto também recebeu o Prêmio Asbea 2002 e Master Imobiliário 2003.

20. Ver: Premiação IAB/SP 2002, p. 28-42.

torres. A continuidade do grande complexo foi quebrada em três torres, contemplando os diferentes usos. Mas, nessa divisão, nada é tão óbvio, a começar pelo fato de que as torres se unem nos andares superiores. Os arquitetos enfatizaram também a divisão entre o bloco curvo frontal e o restante do complexo. Essa divisão é marcada por uma lâmina curva e muito esguia, que corresponde ao corredor de distribuição interno, e que se eleva além dos outros volumes, destacada pelo revestimento de telhas calandradas.

"A ideia, [...] segundo os arquitetos, foi inspirada na arquitetura barroca, em que praças são *abraçadas* por edifícios."[18] A qualidade, buscada por Königsberger e Vannucchi, de uma arquitetura protagonista do espaço público talvez esteja, além da configuração da praça frontal, na própria presença dessa torre no centro de Alphaville, com sua justaposição de volumes emulando um *skyline* urbano e criando uma referência formal na paisagem indiferenciada do subúrbio.

Metrópolis Multiuso
Alphaville, Barueri SP, 1996

O Stadium Alphaville recebeu menção honrosa na premiação do IAB-SP 2002.[19] Nessa premiação, na modalidade em que o Stadium concorreu, Categoria Edificação para Escritórios e Fins Diversos – Executado, o vencedor foi a torre de escritórios Faria Lima Premium, um prisma de base retangular, com 96 metros de altura, definido em cortina de vidro reflexivo com as laterais menores revestidas em placas de alumínio, projeto do arquiteto Miguel Juliano no bairro de Pinheiros. Na mesma modalidade, o companheiro de menção honrosa do Stadium foi o edifício sede da Gul, um pequeno edifício de quatro pisos na Mooca, com fechamento em telhas metálicas e caixilharia de alumínio, projeto de arquitetos então bastante jovens: Alexandre Cafcalas e Guilherme Margara. No conjunto das obras destacadas pelo IAB, há uma razoável variedade na expressão plástica,[20] talvez no estertor do pluralismo presente nas duas últimas décadas do século 20. Entre a solução elegante e convencional do Faria Lima Premium e a abstração formal da sede da Gul, o Stadium foi destacado no parecer do júri pelo desenho em semicírculo que cria a praça semipública e pelas características que marcam o edifício na paisagem: o escalonamento, a variedade de materiais de acabamento e os vazios no volume.

21. GUERRA, Abilio; SILVA, Aline Alcântara. Conversa com Jorge Königsberger: Brascan Century Plaza.

O complexo Brascan Century Plaza (1997) foi construído no Itaim Bibi, em São Paulo, um bairro de uso misto e ocupação vertical, cercado por bairros residenciais (Jardim Europa, Ibirapuera, Vila Nova Conceição). Nesse projeto, o escritório Königsberger Vannucchi logrou associar o programa multiuso (flats, hotel, escritórios, espaços corporativos, áreas comerciais e de lazer) à permeabilidade da quadra, criando uma exceção no reticulado do bairro e provendo um espaço qualificado de uso público, com vegetação, mobiliário urbano e obras de arte. A feliz concepção de quadra aberta – três torres junto a uma praça com comércio e serviços – foi mérito dos arquitetos Jorge Königsberger e Gianfranco Vannucchi, e o sucesso do empreendimento leva à perplexidade: por que a solução é tão rara em São Paulo? O amplo terreno de três frentes onde está o conjunto era ocupado pela primeira fábrica da Kopenhagen, inaugurada em 1943 e que funcionou no local até a década de 1990. Nesse terreno, o cliente encomendou um centro comercial tradicional em caixa fechada com torres sobrepostas.

Metrópolis Multiuso
Alphaville, elevação frontal

A proposta da quadra aberta, que acabou frutificando, foi motivada por um misto de diagnóstico – os arquitetos perceberam a ausência de centralidade, de referências marcantes e, ao mesmo tempo, a vitalidade do bairro – e um desejo recorrente, mas nem sempre realizável, de criar maior fluidez entre espaços externos públicos e privados. De acordo com Jorge Königsberger:

> A congênita incapacidade cultural do Estado brasileiro em planejar e gerenciar o espaço urbano vem, há décadas, gerando reduções progressivas nas áreas verdes e nos espaços pietonais em função do avanço brutal dos sistemas viários e da apropriação desordenada de calçadas e passeios (já muito deteriorados) pelas concessionárias de serviços públicos. [...] Para tal, cabe a nós, arquitetos, propor soluções arquitetônico-urbanísticas que contemplem concomitantemente a equação econômica privada e a demanda por espaços públicos adicionais, o que a tipologia desenvolvida para o Brascan Century Plaza propicia e estimula.[21]

Nesse espaço privado de uso público, um passeio começa na esquina de maior movimento, confluência das ruas Bandeira Paulista e Joaquim Floriano, e atravessa o conjunto desembocando na rua de trás, a Tamandaré Toledo. A concepção e implantação das três torres e do edifício horizontal dos cinemas é indissociável da criação do espaço livre da praça. As duas torres em "L" ocupam vértices opostos da parte mais larga do terreno, criando duas áreas livres retangulares e levemente deslocadas. Depois, uma terceira área livre retangular ocupa a frente do bloco horizontal, delimitada pelos espaços comerciais. Em um dos vértices dessa área, está o acesso para a rua Tamandaré Toledo. Esses espaços livres geram um percurso que se dá à margem de um espelho d'água, que cruza o espaço livre como se fosse um riacho. A arborização é feita com cem árvores de três espécies nativas: pau-ferro, sibipiruna e pau-brasil. O jardim é decorado com esculturas de Elisa Bracher, compostas com grandes troncos de árvores. Ideias que emulam a natureza brasileira e que partiram do escritório Königsberger Vannucchi para a qualificação desse espaço urbano de uso público.

A identidade atual do Itaim Bibi decorre de eventos relativamente recentes: a canalização subterrânea do córrego do Sapateiro e sobre ele a construção da avenida Juscelino Kubitscheck, em 1976; a ampliação da avenida Faria Lima na década de 1990, que corta o bairro entre a Cidade Jardim e a Juscelino; a criação do parque do Povo (2008). Mas é possível dizer que, entre os eventos que determinam a identidade atual do bairro, está uma obra particular: a quadra aberta do Brascan Century Plaza.

Metrópolis Multiuso
Alphaville, elevação lateral

Edifício Stadium

edifício de uso misto, Alphaville, Barueri SP, 1999

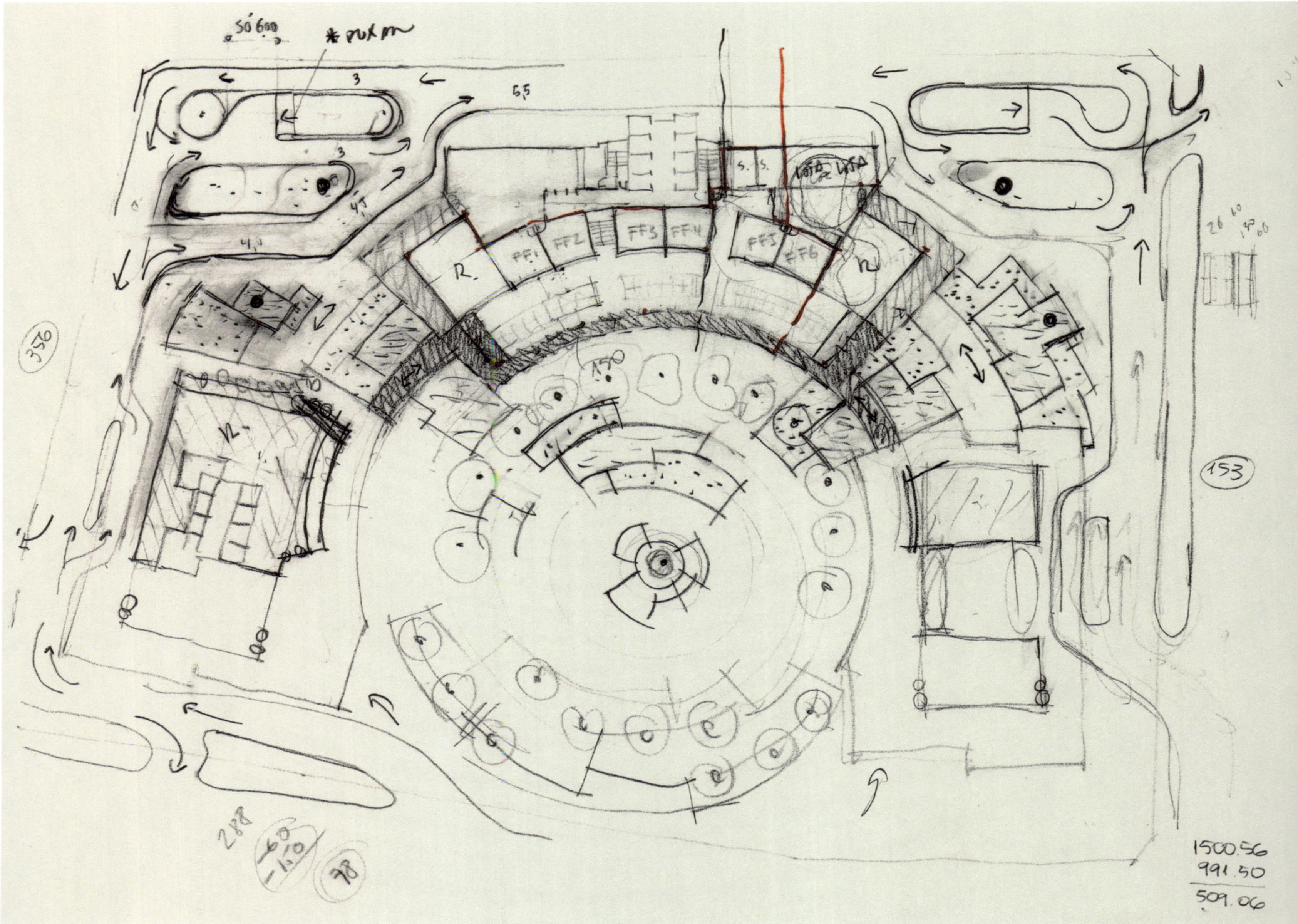
FF3
FF4
FF5
FF6
1500.56
991.50
509.06

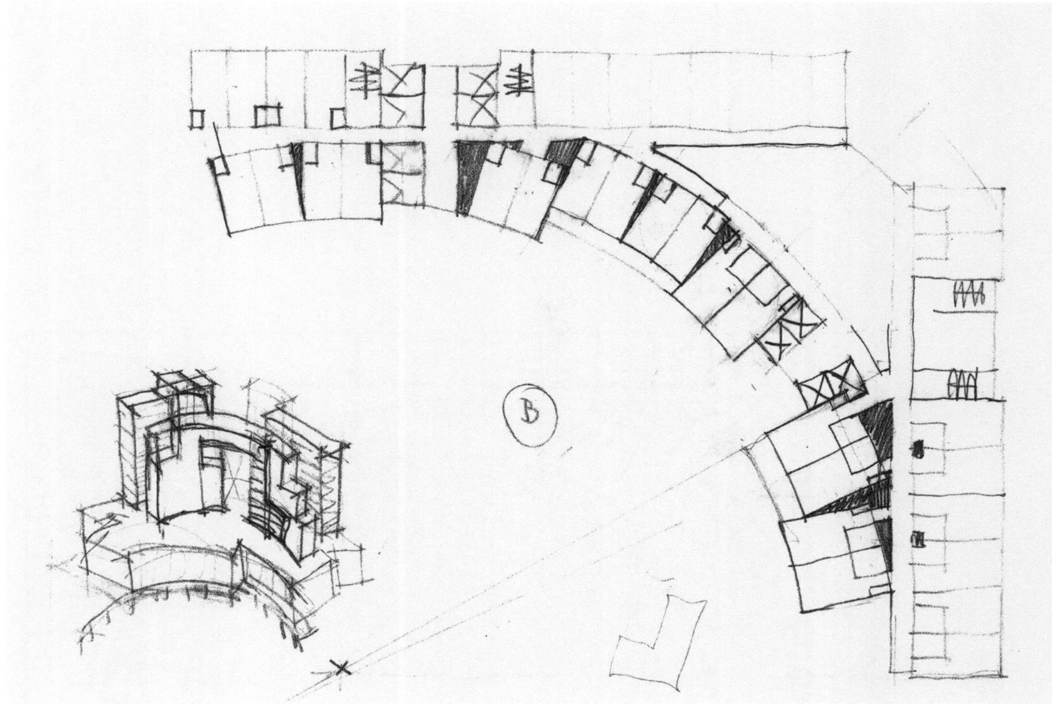

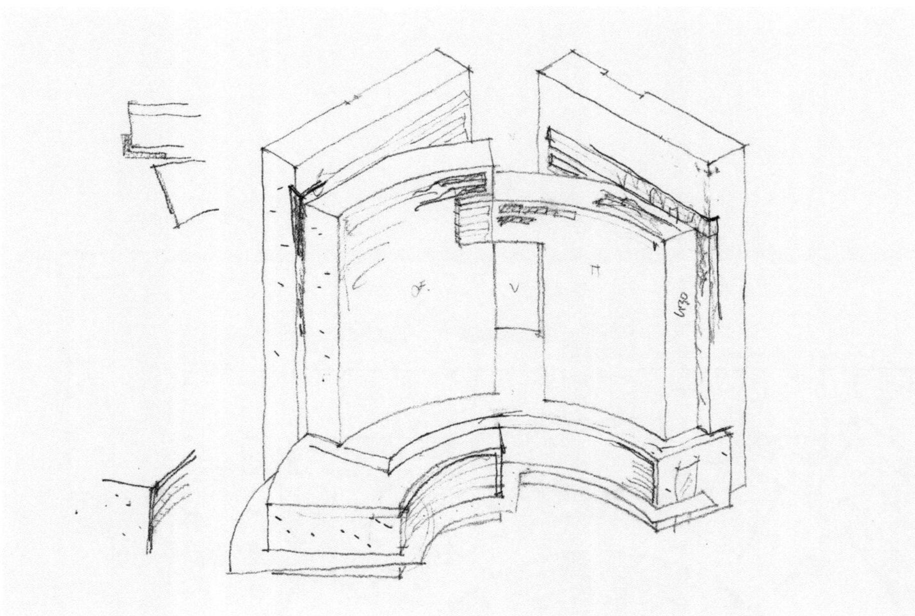

Croquis de estudo com implantação e volumetria

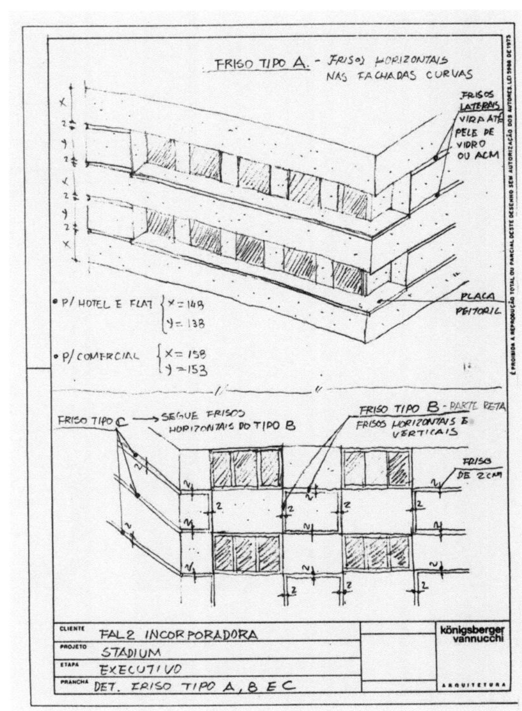

Detalhamento de friso

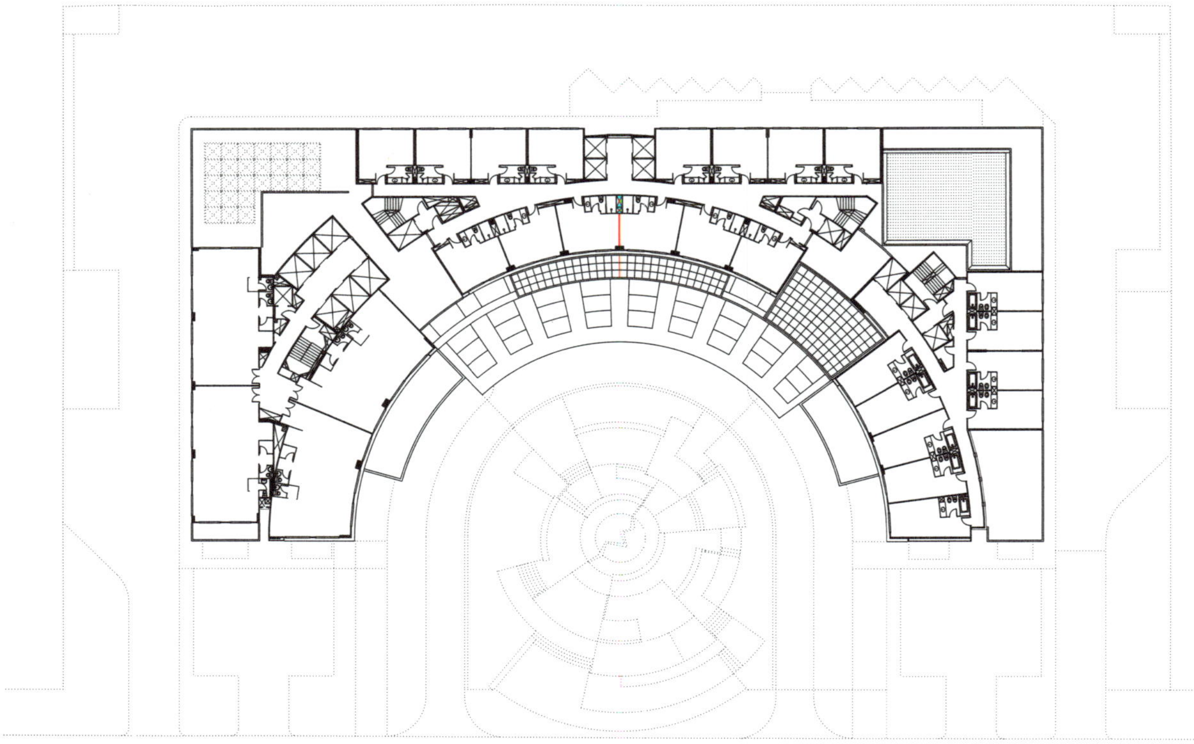

Planta pavimento tipo

Planta térreo

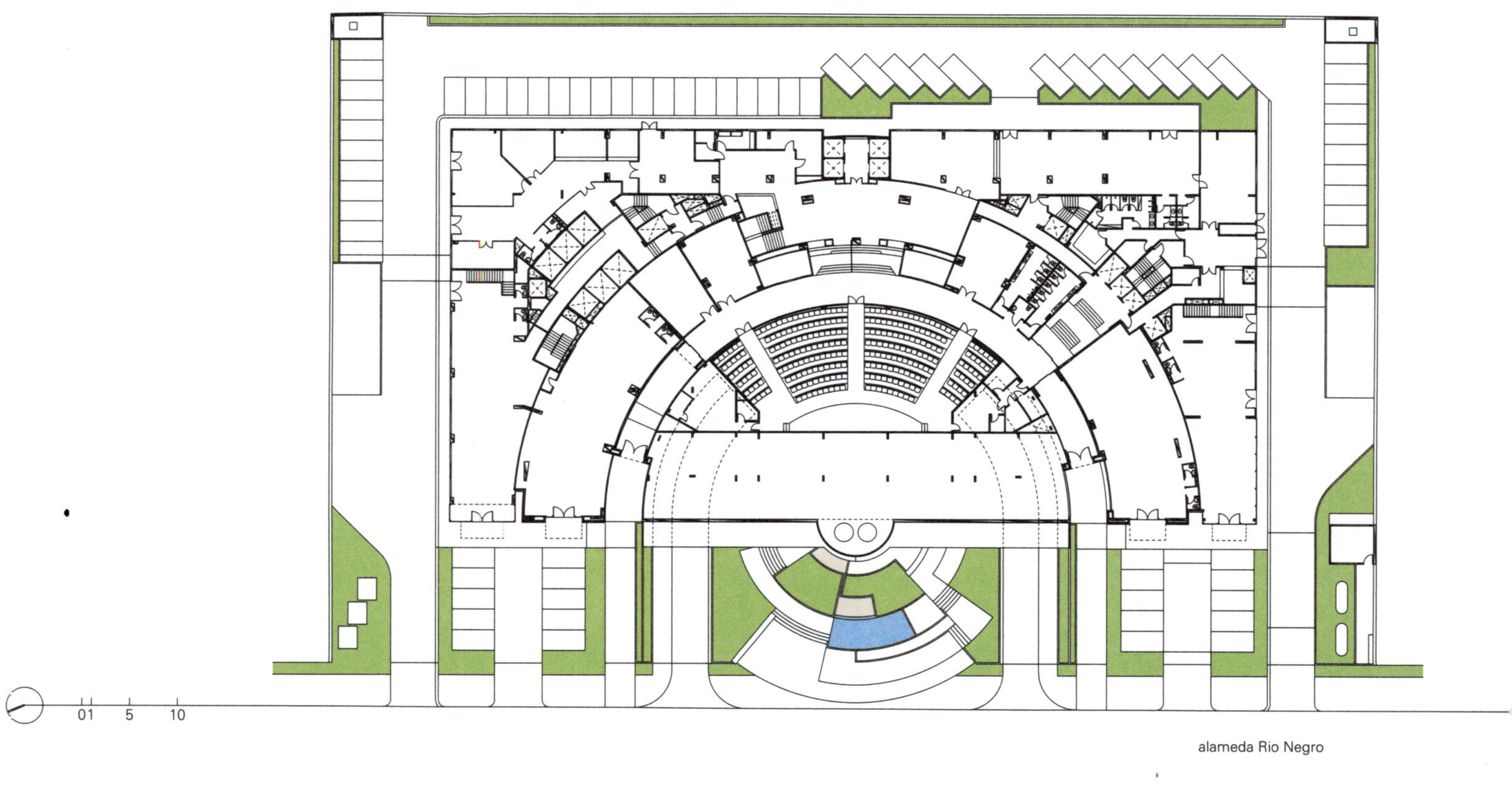

Elevação frontal

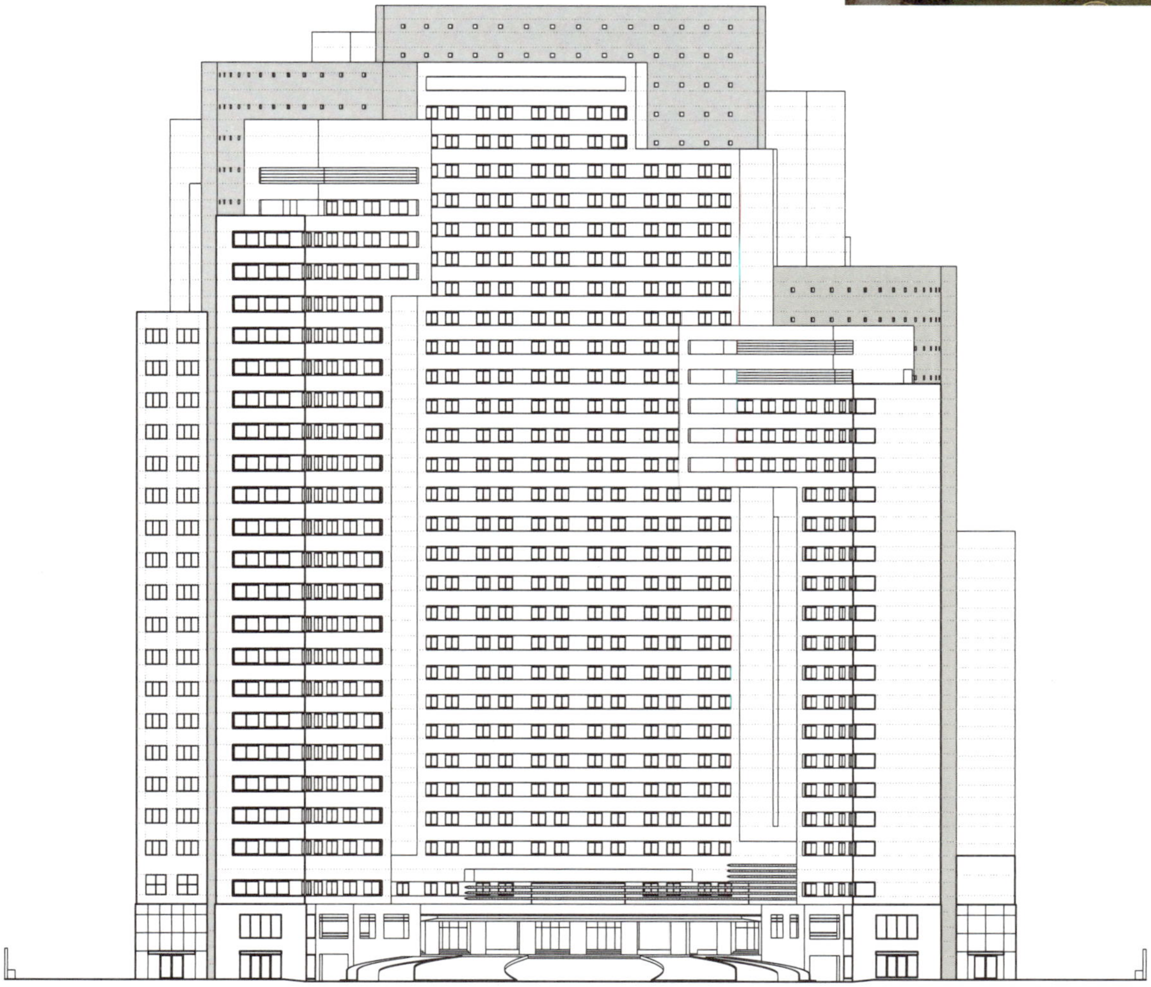

Times Square

complexo de uso misto, Moema, São Paulo SP, 1997

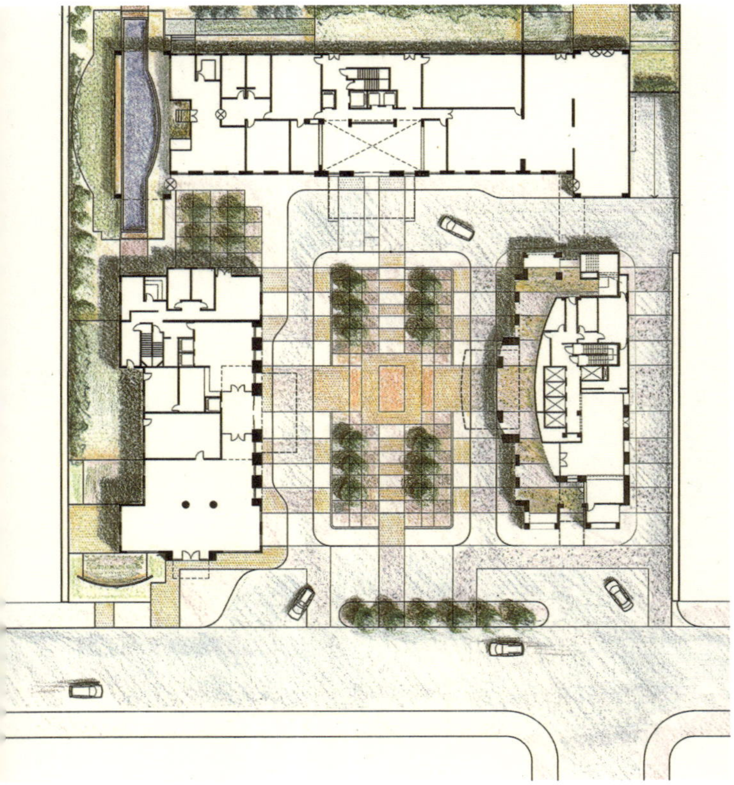

Planta térreo, acesso pela
avenida Jamaris

Brascan Century Plaza

complexo de uso misto, Itaim Bibi, São Paulo SP, 1997

Croqui, desenho por Jorge Königsberger

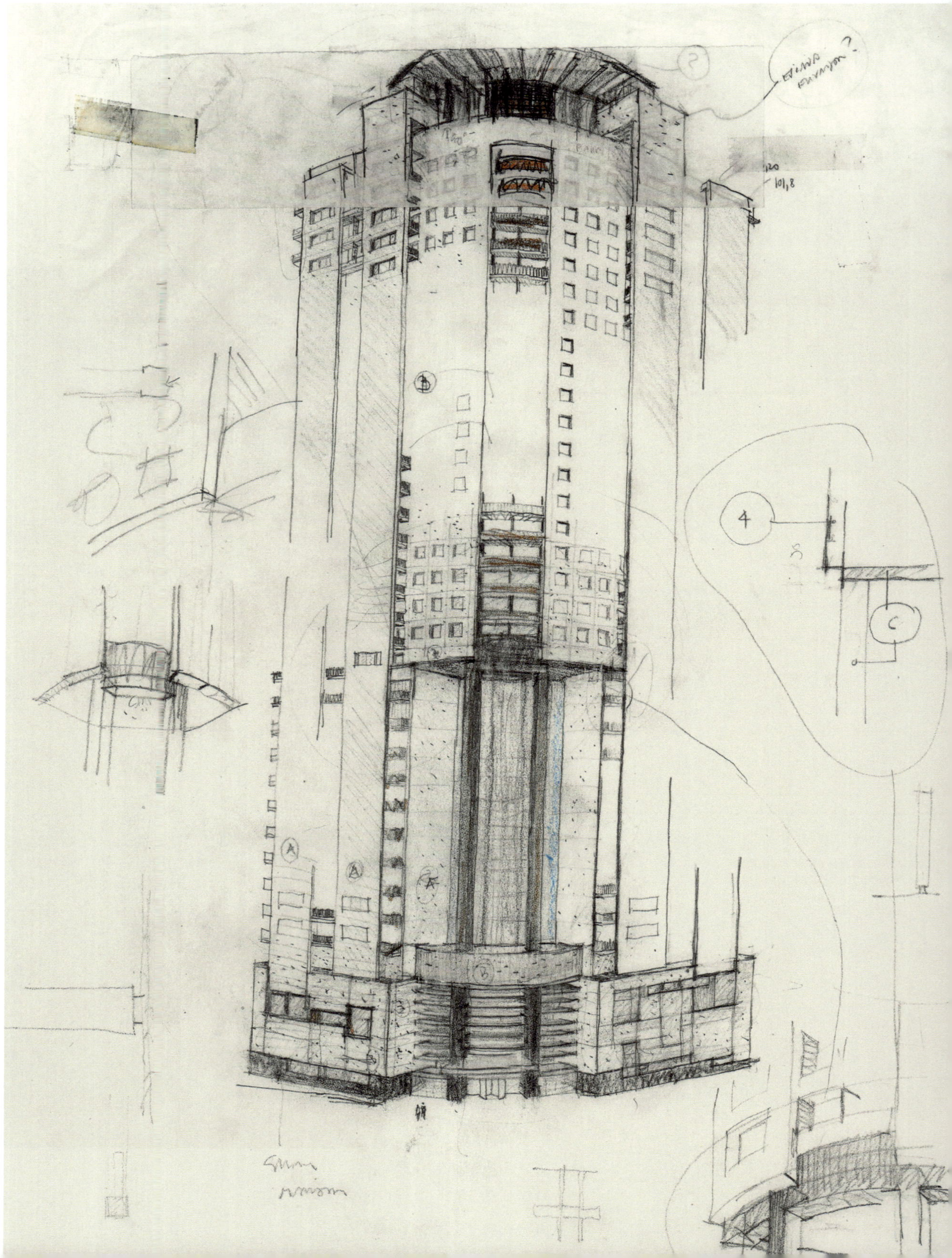

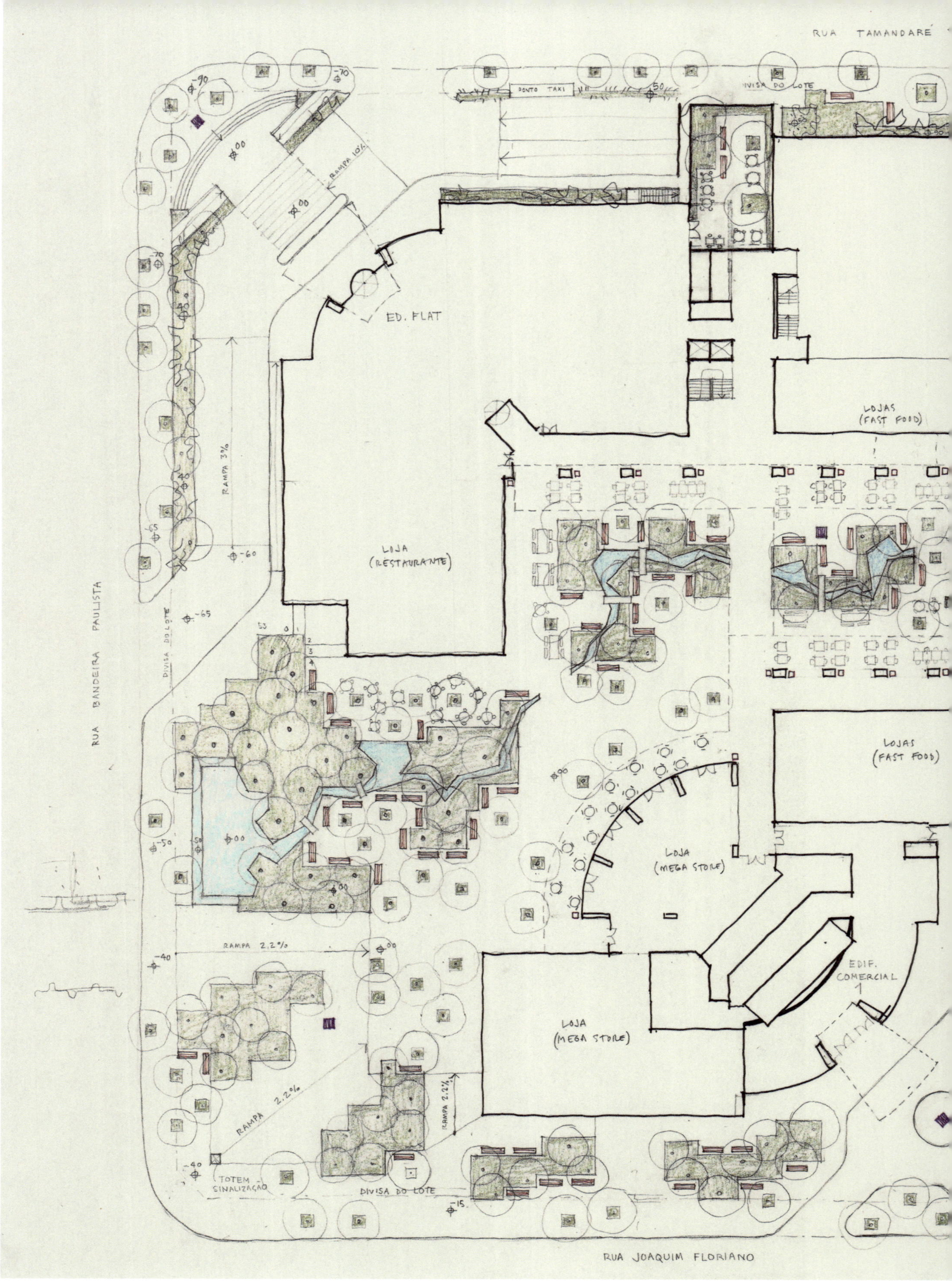
RUA TAMANDARÉ
PONTO TAXI
DIVISA DO LOTE
RAMPA 10%
ED. FLAT
RAMPA 3%
LOJA (RESTAURANTE)
LOJAS (FAST FOOD)
RUA BANDEIRA PAULISTA
DIVISA DO LOTE
LOJAS (FAST FOOD)
LOJA (MEGA STORE)
RAMPA 2,2%
EDIF. COMERCIAL 1
LOJA (MEGA STORE)
RAMPA 2,2%
RAMPA 2,2%
TOTEM SINALIZAÇÃO
DIVISA DO LOTE
RUA JOAQUIM FLORIANO

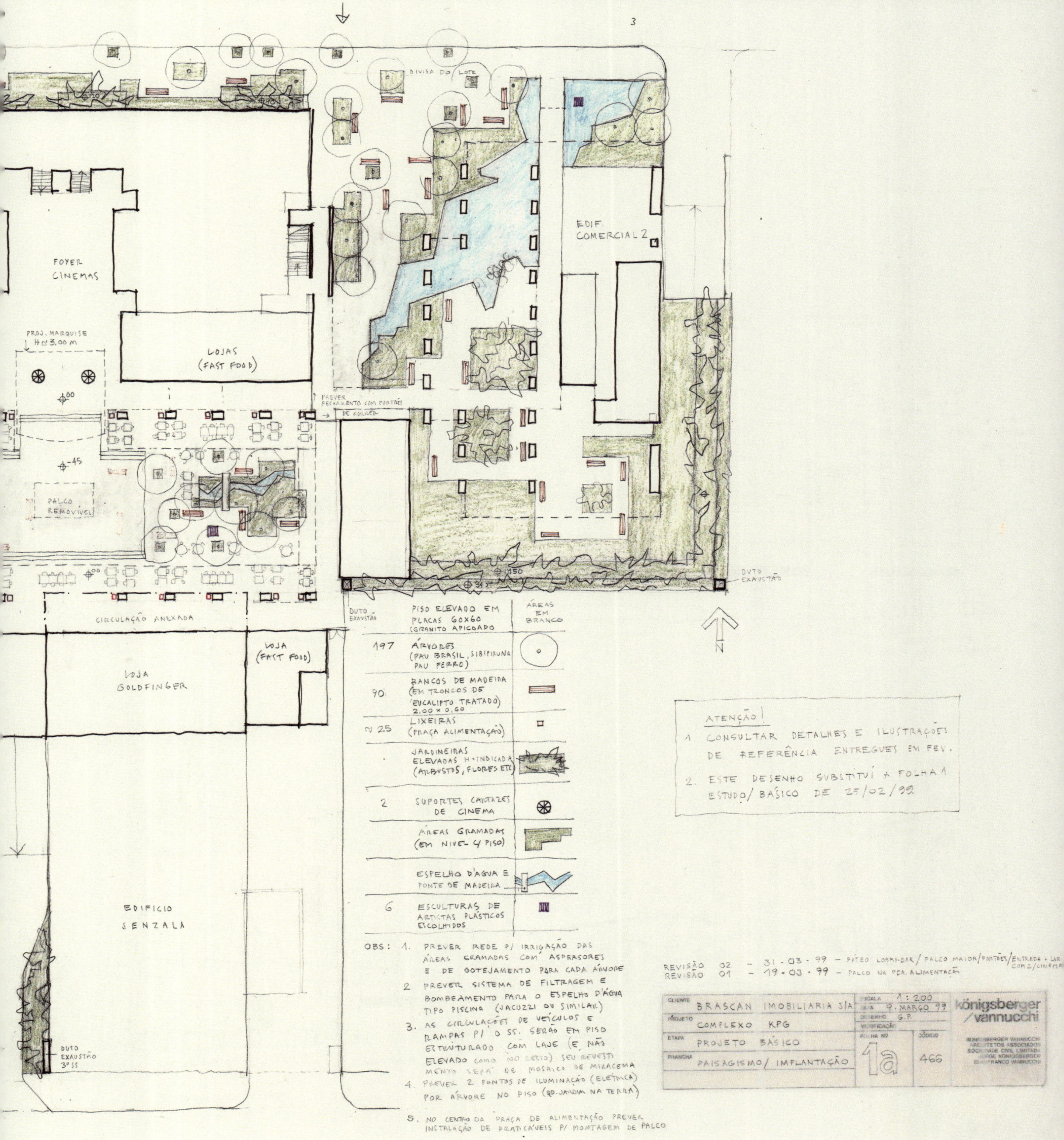
DIVISA DO LOTE
EDIF. COMERCIAL 2
FOYER CINEMAS
PROJ. MARQUISE H≅3,00 m
LOJAS (FAST FOOD)
PREVER FECHAMENTO COM PORTÕES DE ENROLAR
PALCO REMOVÍVEL
CIRCULAÇÃO ANEXADA
DUTO EXAUSTÃO
LOJA (FAST FOOD)
LOJA GOLDFINGER
EDIFÍCIO SENZALA
PISO ELEVADO EM PLACAS 60X60 GRANITO APICOADO
ÁREAS EM BRANCO
197 ÁRVORES (PAU BRASIL, SIBIPIRUNA, PAU FERRO)
90 BANCOS DE MADEIRA (EM TRONCOS DE EUCALIPTO TRATADO) 2,00 × 0,60
~25 LIXEIRAS (PRAÇA ALIMENTAÇÃO)
JARDINEIRAS ELEVADAS H=INDICADA (ARBUSTOS, FLORES ETC)
2 SUPORTES CARTAZES DE CINEMA
ÁREAS GRAMADAS (EM NÍVEL C/ PISO)
ESPELHO D'ÁGUA E PONTE DE MADEIRA
6 ESCULTURAS DE ARTISTAS PLÁSTICOS ESCOLHIDOS
OBS: 1. PREVER REDE P/ IRRIGAÇÃO DAS ÁREAS GRAMADAS COM ASPERSORES E DE GOTEJAMENTO PARA CADA ÁRVORE
2. PREVER SISTEMA DE FILTRAGEM E BOMBEAMENTO PARA O ESPELHO D'ÁGUA TIPO PISCINA (JACUZZI OU SIMILAR)
3. AS CIRCULAÇÕES DE VEÍCULOS E RAMPAS P/ O SS. SERÃO EM PISO ESTRUTURADO COM LAJE (E NÃO ELEVADO COMO NO RESTO) SEU REVESTIMENTO SERÁ DE MOSAICO DE MIRACEMA
4. PREVER 2 PONTOS DE ILUMINAÇÃO (ELÉTRICA) POR ÁRVORE NO PISO (RD. JARDIM NA TERRA)
5. NO CENTRO DA PRAÇA DE ALIMENTAÇÃO PREVER INSTALAÇÃO DE PRATICÁVEIS P/ MONTAGEM DE PALCO
ATENÇÃO!
1. CONSULTAR DETALHES E ILUSTRAÇÕES DE REFERÊNCIA ENTREGUES EM FEV.
2. ESTE DESENHO SUBSTITUI A FOLHA 1 ESTUDO/BÁSICO DE 25/02/99.
REVISÃO 02 – 31-03-99 – PÁTEO LOJAS-BAR / PALCO MAIOR / PORTÕES / ENTRADA + LAR COM 2 / CINEMAS
REVISÃO 01 – 19-03-99 – PALCO NA PÇA. ALIMENTAÇÃO
CLIENTE BRASCAN IMOBILIÁRIA S/A
PROJETO COMPLEXO KPG
ETAPA PROJETO BÁSICO
PRANCHA PAISAGISMO / IMPLANTAÇÃO
ESCALA 1:200
DATA 9. MARÇO 99
DESENHO G.P.
FOLHA Nº 1a
CÓDIGO 466
königsberger / vannucchi
KÖNIGSBERGER VANNUCCHI ARQUITETOS ASSOCIADOS SOCIEDADE CIVIL LIMITADA JORGE KÖNIGSBERGER GIANFRANCO VANNUCCHI

Perspectivas com especificações dos materiais

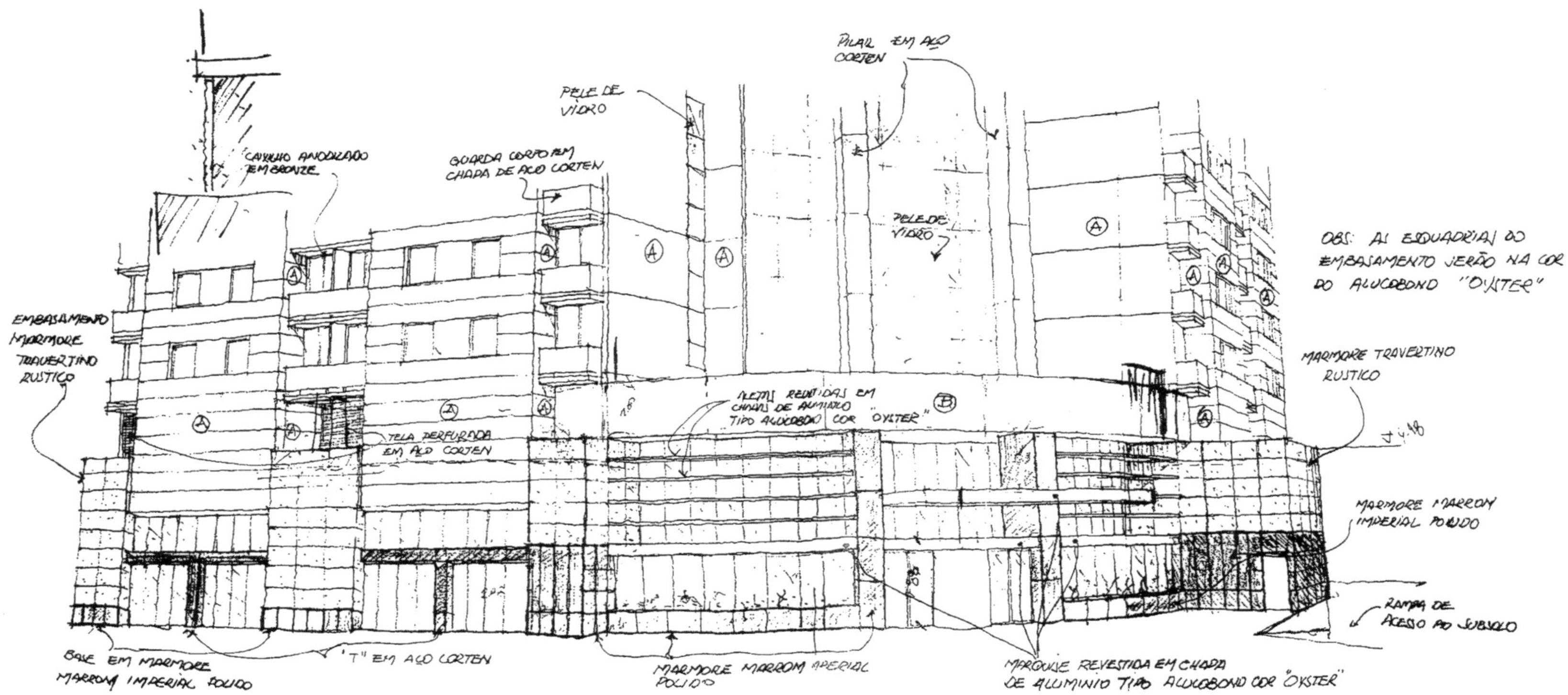

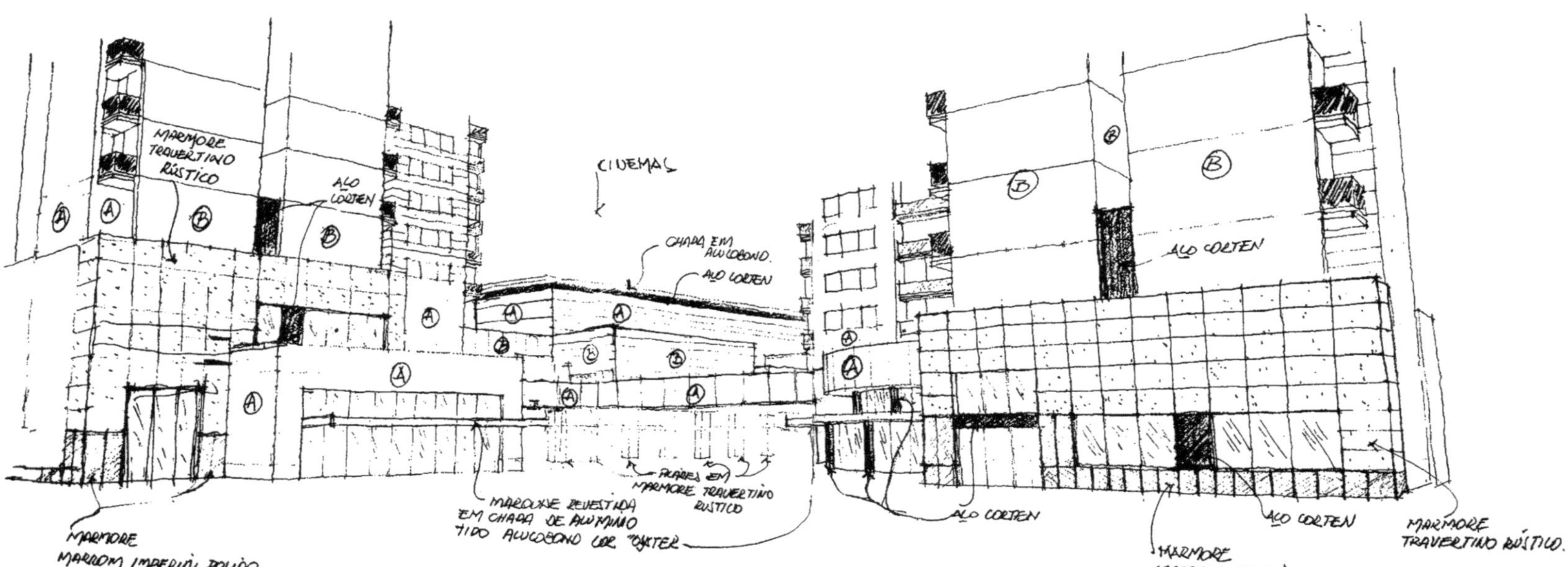

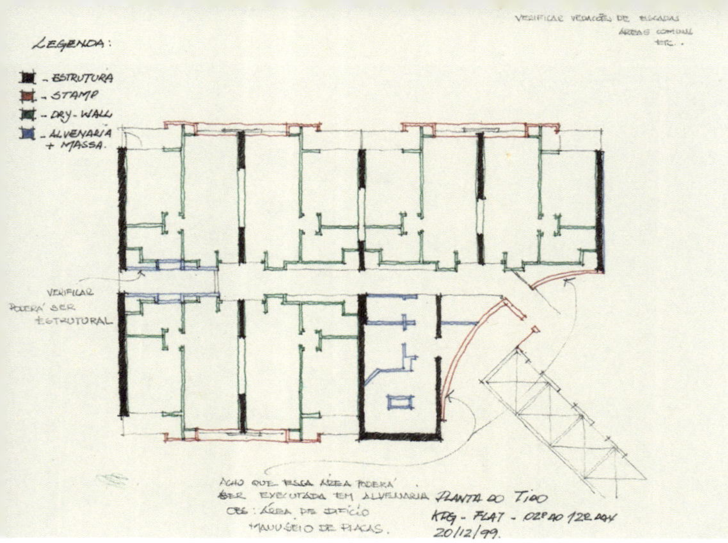

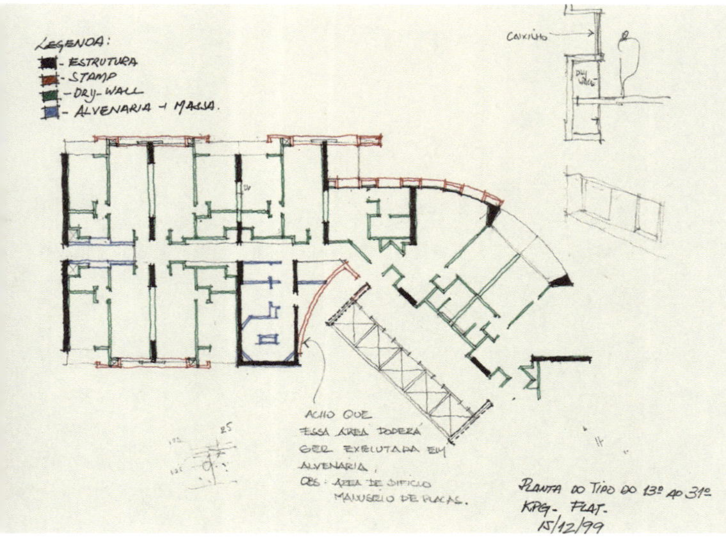

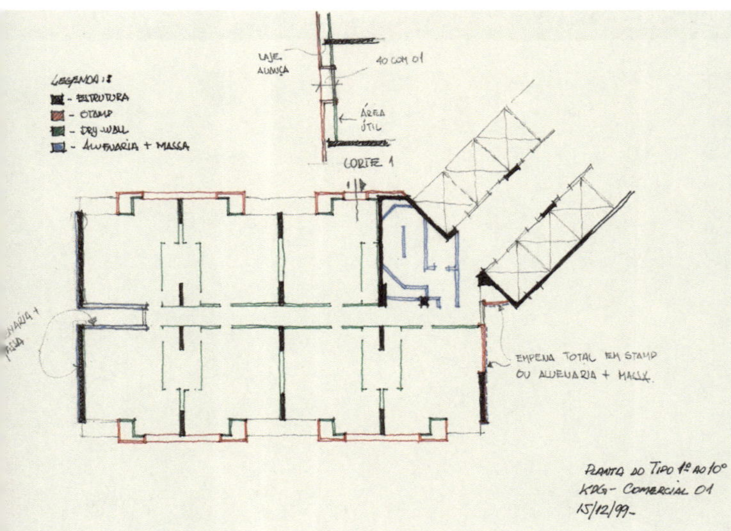

Estudo da planta tipo do flat, do 2º ao 12º pavimento

Estudo da planta tipo do flat, do 13º ao 31º pavimento

Estudo da planta tipo comercial, do 1º ao 10º pavimento

BRAUMEISTER
SIM!!! JÁ ESTAMOS ABERTOS!

Marina Ilhabela

Ilhabela SP, 2001

Perspectiva e croquis da implantação

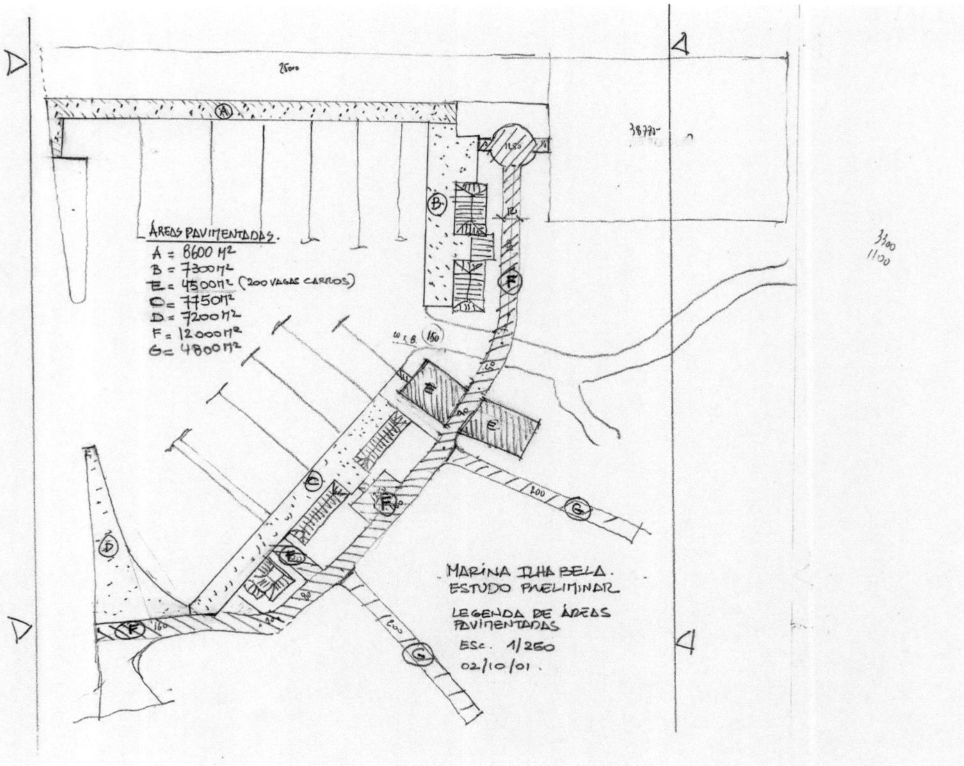
ÁREAS PAVIMENTADAS.
A = 8600 M²
B = 7300 M²
E = 4500 M² (200 VAGAS CARROS)
C = 7750 M²
D = 7200 M²
F = 12000 M²
G = 4800 M²
MARINA ILHABELA.
ESTUDO PRELIMINAR
LEGENDA DE ÁREAS PAVIMENTADAS
ESC. 1/250
02/10/01.

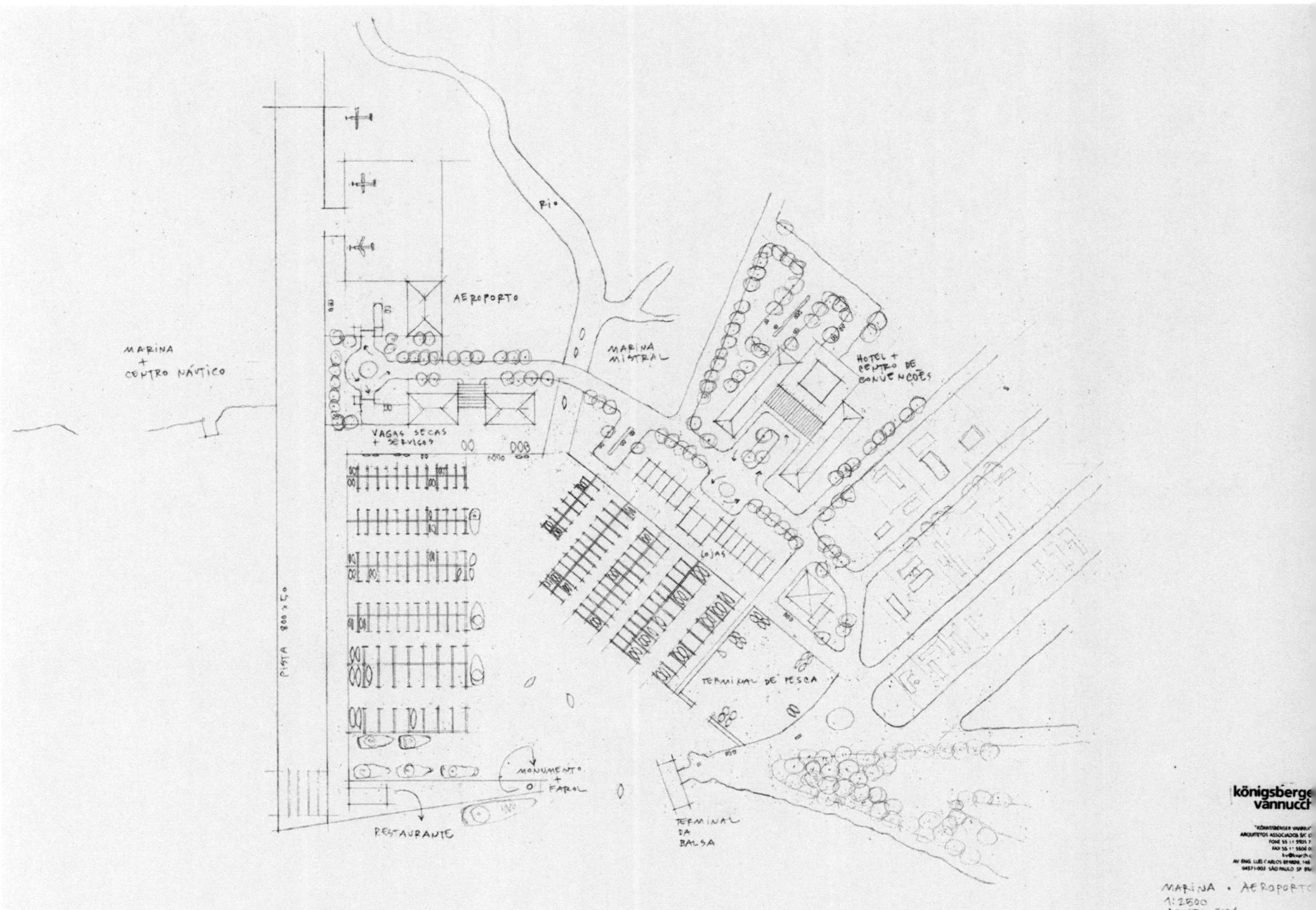
RIO
AEROPORTO
MARINA + CENTRO NÁUTICO
MARINA MISTRAL
HOTEL + CENTRO DE CONVENÇÕES
VAGAS SECAS + SERVIÇOS
LOJAS
TERMINAL DE PESCA
PISTA 800 x 30
MONUMENTO + FAROL
RESTAURANTE
TERMINAL DA BALSA
königsberger vannucchi
MARINA • AEROPORTO
1:2500
AGOSTO 2001

Borrachuda

masterplan, Ilhabela SP, 2001

Implantação geral

Cortes do relevo

Corte esquemático do hotel

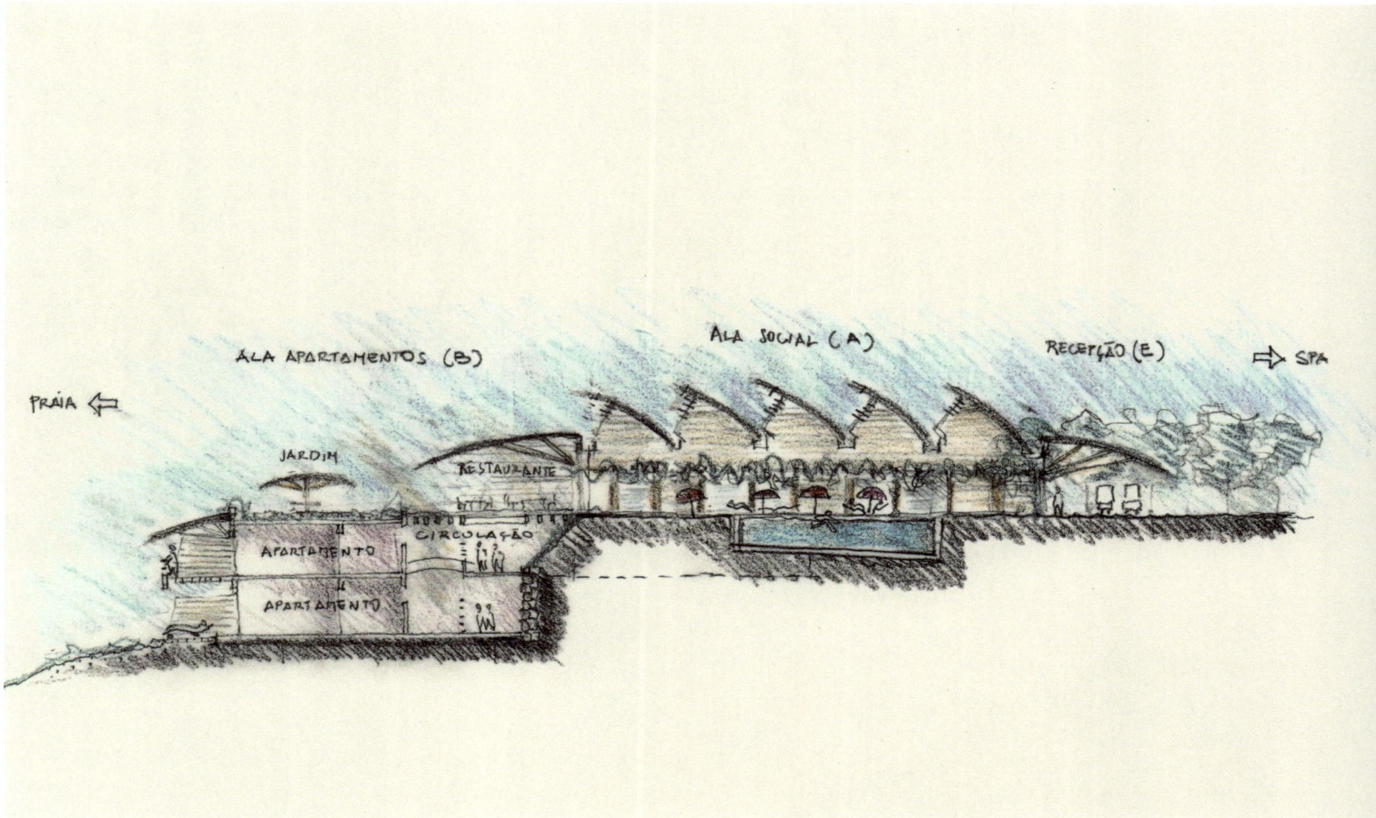

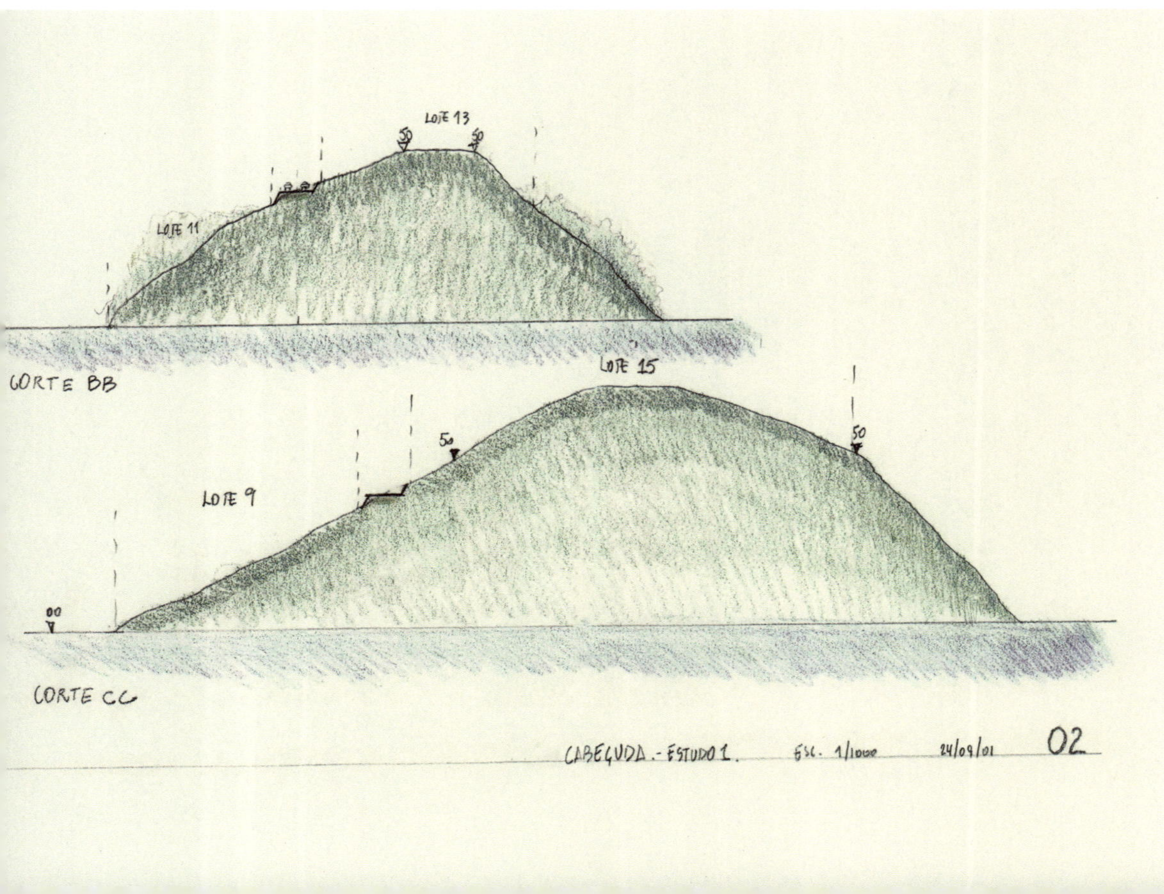

Parque Prado

masterplan, Chácara Eglantina, Campinas SP, 2002

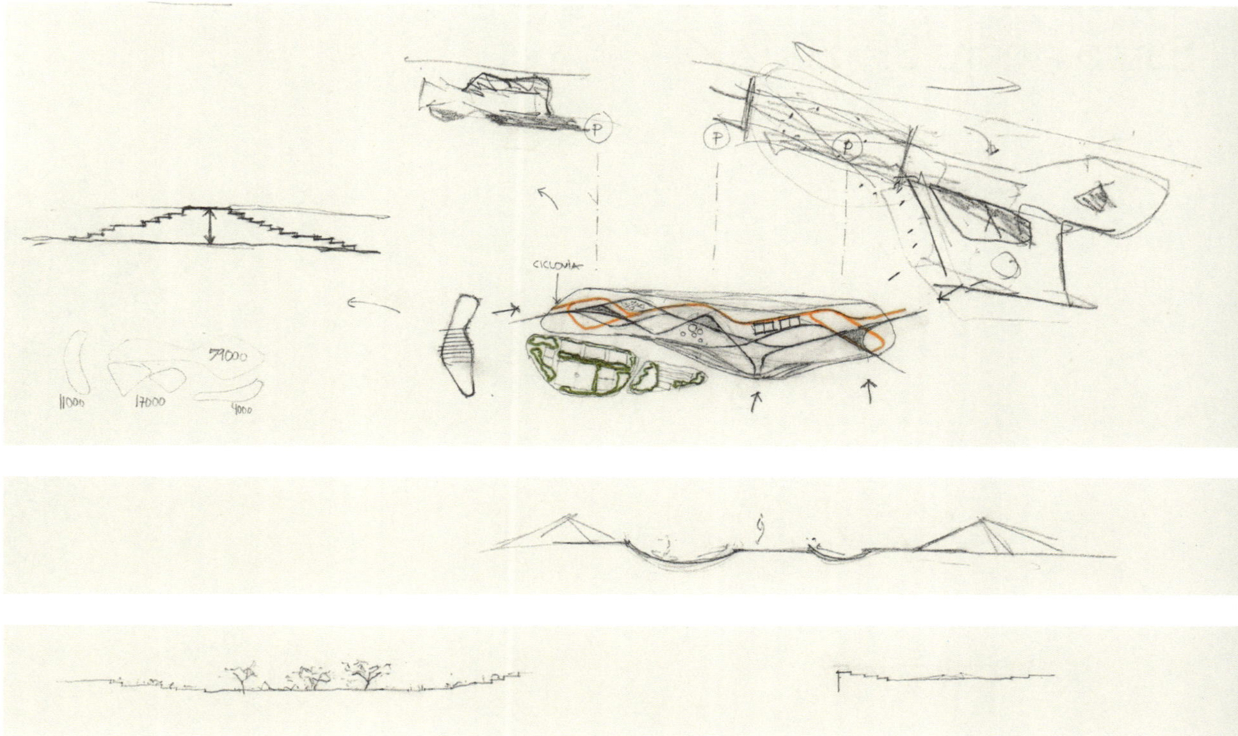

Perspectivas das áreas de lazer, croquis e implantação

Campus Universitário UniABC
Santo André SP, 2002

Implantação e perspectiva

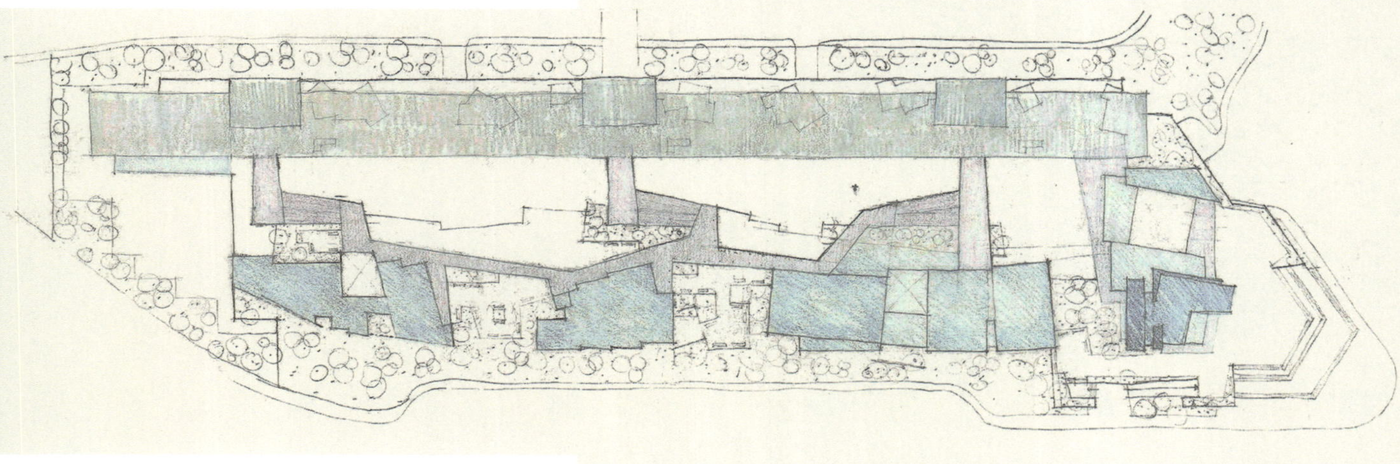

Espaço Cerâmica

masterplan, São Caetano do Sul SP, 2005

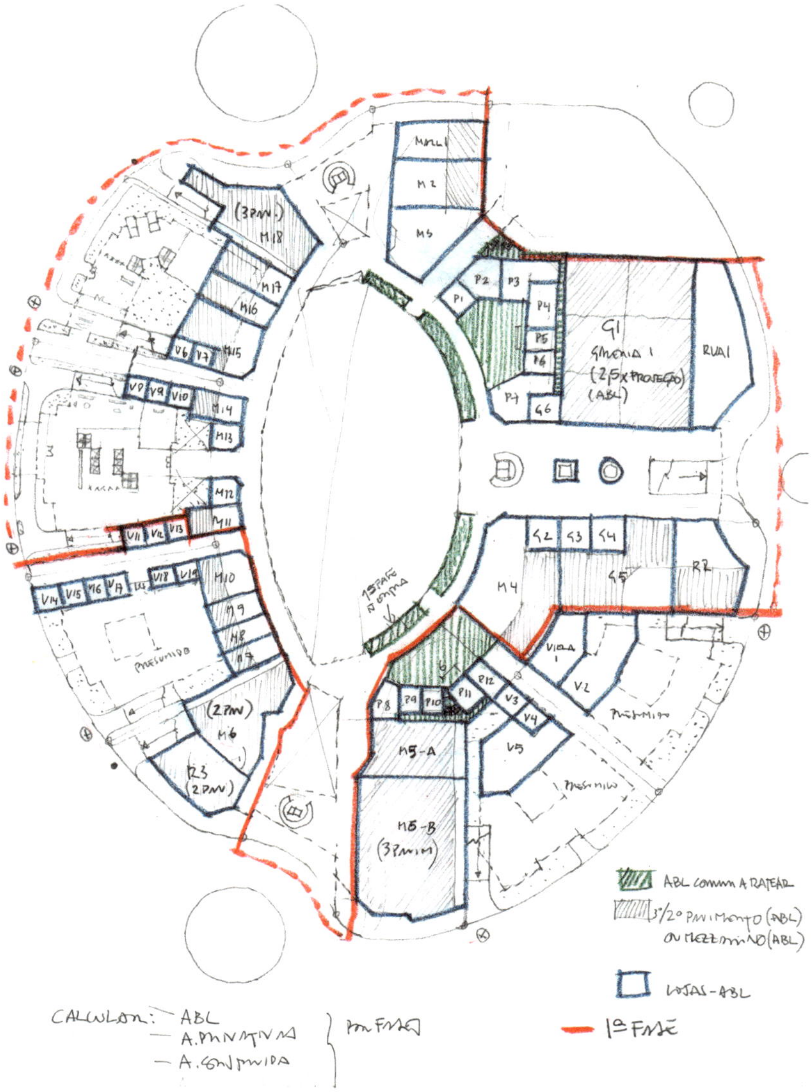

Perspectiva geral e croqui
de implantação da 1ª fase

A revalorização do repertório formal moderno

No início dos anos 2000, o crítico catalão Josep Maria Montaner formulou a ideia de que a obra de nosso arquiteto moderno Paulo Mendes da Rocha "sempre tenta aproximar-se das formas arquétipas" e busca "regenerar o caos metropolitano".[22] Ideia que busca atualizar a abstração do desenho moderno como uma boa receita para intervir no ambiente urbano.

Em 2004, Roberto Segre lançou o livro *Jovens arquitetos*. Entre os vários caminhos de pesquisa na ampla amostragem analisada, Segre, em diálogo com Edson Mahfuz[23] e Maria Alice Junqueira Bastos,[24] destacou o que chamou de neomodernismo:

> o neomodernismo tem uma significativa presença em algumas obras paulistas, mineiras e cariocas [...]. Esses jovens arquitetos resgatam conteúdos conceituais do movimento moderno, no relacionamento entre formas simples e princípios éticos [...], e assumem a abstração e a ordem geométrica de formas e espaços como sistema projetual.[25]

Em número especial da *AU*, em comemoração aos 20 anos da revista (1985-2005), o arquiteto Edson Mahfuz fez o elogio a uma série de obras qualificadas por ele como *arquiteturas silenciosas*, assim descritas: "essas arquiteturas caracterizam-se por adotarem formas elementares, serem pouco ornamentadas e figurativamente neutras, constituindo objetos enganosamente simples".[26] Mahfuz vai além, para ele: "A arquitetura que menciono não surgiu do nada. A melhor produção brasileira dos últimos trinta anos pode e deve ser vista como uma continuação e evolução daquele modernismo, surgido aqui na década de 1930, que ganhou admiração em todo o mundo".[27]

Das treze obras que ilustram o texto de Mahfuz, em um arco de dezessete anos, há um predomínio de construções horizontais, distantes da verticalização impulsionada pelo modernismo nas décadas de 1930 a 1960.[28] No livro *Ainda moderno? Arquitetura brasileira contemporânea*, lançado em 2005,[29] os autores Lauro Cavalcanti e André Corrêa do Lago também analisam a arquitetura contemporânea no Brasil, entendendo essa produção como herdeira direta da arquitetura moderna brasileira, colocando-a em continuidade àquele legado. Para parte do pensamento crítico nacional, o pressuposto de uma continuidade natural da produção contemporânea em relação à nossa grande tradição moderna tornou-se o principal entendimento crítico da produção recente, em que pese a enorme distância que separa a realidade atual daquela da primeira metade do século 20.

22. MONTANER, Josep Maria (2001). *Depois do movimento moderno: arquitetura da segunda metade do século XX*, p. 261.

23. MAHFUZ, Edson da Cunha. *O clássico, o poético e o erótico e outros ensaios*.

24. BASTOS, Maria Alice Junqueira. Op. cit.

25. SEGRE, Roberto. *Jovens arquitetos*, p. 24

26. MAHFUZ, Edson da Cunha. Arquiteturas silenciosas. Práticas de resistência nas fissuras da sociedade mercantilista, p. 42.

27. Idem, ibidem, p. 42.

28. Ver: LORES, Raul Juste. *São Paulo nas alturas: a revolução modernista da arquitetura e do mercado imobiliário nos anos 1950 e 1960*.

29. CAVALCANTI, Lauro; LAGO, André Corrêa do. *Ainda moderno? Arquitetura brasileira contemporânea*.

30. GONÇALVES, Alexandre Ribeiro. *Emergências latino-americanas: arquitetura contemporânea 1991-2011*.

31. Idem, ibidem, p. 63.

Em 2006, Paulo Mendes da Rocha foi agraciado com o prêmio Pritzker pelo conjunto da obra. Esse reconhecimento externo talvez tenha impulsionado uma tendência à geometria e à abstração que, entretanto, já vinha ganhando força no meio. O prêmio também turbinou a narrativa crítica de valorização de uma certa arquitetura contemporânea que estaria em continuidade com a tradição moderna brasileira e, especialmente, com a versão da arquitetura brutalista que se desenvolveu em nossas plagas. No entanto, na cultura contemporânea, o urbanismo moderno, automobilista, que inspirava boa parte daquela produção, foi rechaçado, mas, principalmente, o tipo de apelo modernizador que havia então deixou de existir, transformou-se, especialmente no que diz respeito à cidade. A arquitetura hoje, necessariamente, responde a outras expectativas.

O doutorado do arquiteto Alexandre Ribeiro Gonçalves[30] é interessante por afastar o foco da produção nacional e mirar um horizonte mais amplo. Gonçalves, no recorte de tempo proposto, mirou a geração latino-americana que começou a atuar na década de 1990. O autor usa o termo *gerações globais* pelas inúmeras conexões e permanentes interações em rede presentes na criação contemporânea. Para Gonçalves, a relação com a tradição moderna supera as posições simplificadoras:

> essas arquiteturas superam as posições simplificadoras entre continuidade – em relação às gerações anteriores e à herança da arquitetura moderna – e ruptura, como tentativa de trilhar novos caminhos vinculados a outras influências. Como consequência natural de não serem reducionistas, ao transcenderem esta dualidade continuidade versus ruptura, sugerem a interação dialética dessas duas proposições.[31]

Outra questão apontada por Gonçalves é a descentralização e a ausência de hierarquia, segundo o pesquisador, não há mais grandes líderes e mestres, concepções preestabelecidas ou conceitos definitivos como havia na arquitetura moderna.

O entendimento da arquitetura contemporânea que emerge no trabalho de Gonçalves parece mais consistente e embasado do que a aposta de enquadrar a produção contemporânea em um recorte nacional e em uma hierarquia a partir de alguns mestres modernos, estabelecendo assim valorizações que, no limite, comprometem a diversidade de respostas necessárias ao enorme desafio nacional que é a melhoria qualitativa do espaço urbano.

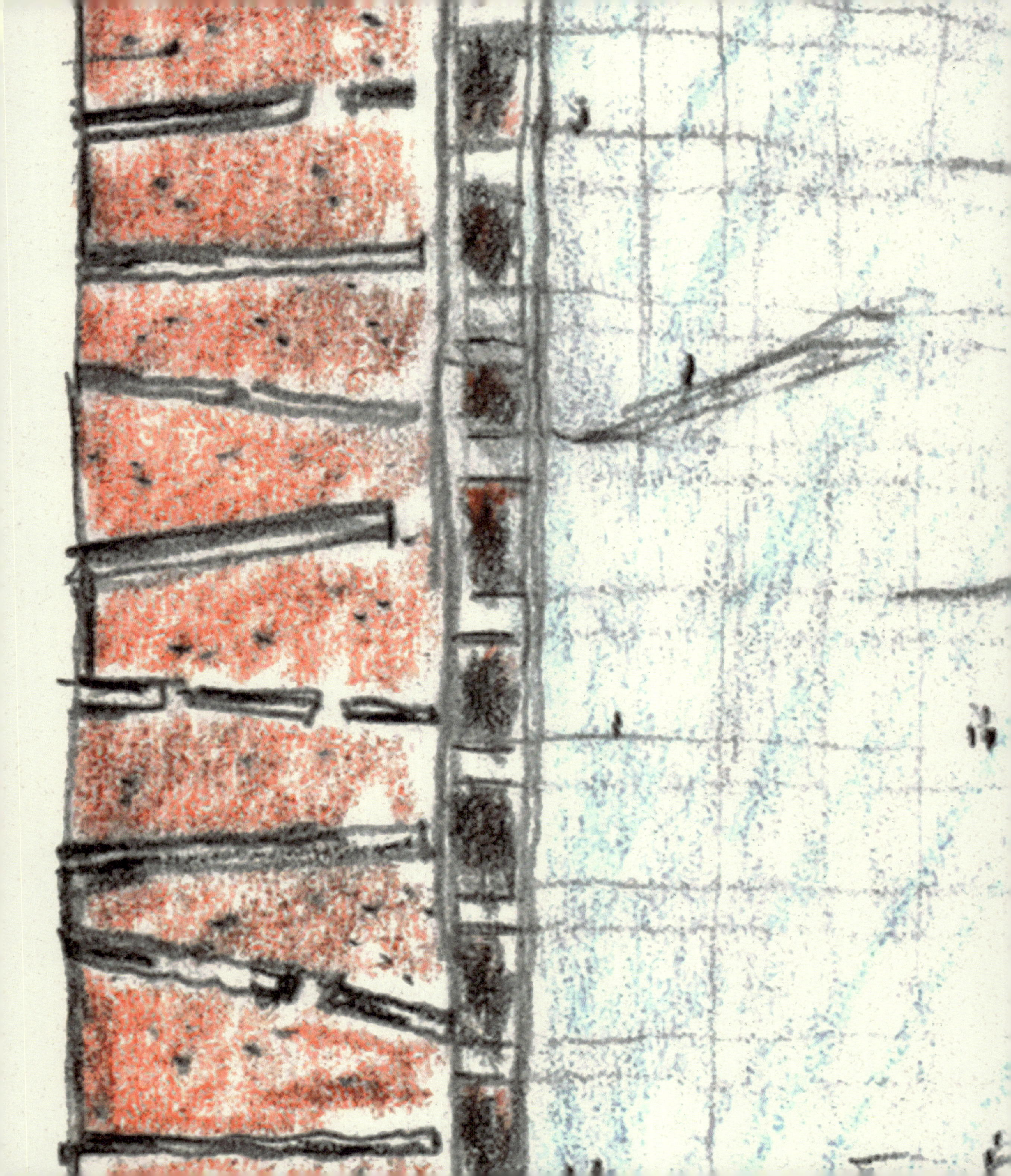

3 Arquitetura contemporânea

1. RIBEIRO, Alessandro Castroviejo. Edifícios modernos no centro histórico de São Paulo: dificuldades de textura e forma.

Pleno domínio, subversão, ruptura, continuidade? O escritório Königsberger Vannucchi entrou no século 21 mantendo viva a discussão com a herança moderna. Marcação horizontal dos pavimentos, exposição parcial dos elementos estruturais, soluções funcionais, mas também, formas que parecem desprovidas de ordem, irregularidades, variações randômicas.

A um primeiro olhar, dois edifícios projetados para a região do Paraíso, em São Paulo, na primeira metade dos anos 2000, têm soluções plásticas completamente contrastantes. O edifício Paese Salzano (2002) se caracteriza pela simplicidade formal: o prisma fechado da torre de circulação vertical está justaposto ao prisma mais largo dos ambientes de uso, esse, por sua vez, é definido pela continuidade da janela em fita – que remete aos cinco pontos preconizados por Le Corbusier para uma arquitetura moderna – nas suas três orientações. Já o edifício Top Towers (2005) tem forma complexa pela opção de espelhamento dos dois blocos, pela variação no comprimento dos pavimentos e pelas interrupções e continuidades das sacadas. No entanto, além da urbanidade comum às duas soluções, há mais similaridades de procedimento entre os projetos do que as soluções formais parecem indicar.

O bom diálogo: discussões com o moderno

Edifício Paese Salzano, Paraíso, São Paulo SP, 2002

O edifício Paese Salzano está em um lote com pouco fundo e grande testada que se estende por toda a frente da quadra. A solução foi um bloco laminar, cujo pavimento térreo é ocupado por lojas, restaurantes e cafés, que abrem para o recuo, tratado como um passeio público alargado. A solução formal do Paese Salzano parece tirar partido da tensão entre um ideal de rigor e clareza volumétrica e as adaptações a que o volume foi submetido pelas singularidades do lote urbano. Assim, se adapta a um terreno cuja divisa de fundo faz um dente, que se rebate em um dente no volume do edifício. Além disso, junto à rua Abrão Dib, rua secundária que traça um "L" no interior da quadra, o edifício chega até a esquina em um volume baixo, tratado quase como um bloco independente, mas com uma relação de continuidade sutil com o bloco alto. Essas adaptações do edifício às singularidades de seu local urbano e às necessidades do cliente fazem lembrar a natureza da arquitetura moderna implantada no Centro de São Paulo sob o antigo código de obras regido por gabarito e alinhamento, conforme Alessandro Castroviejo:

> O moderno já nasce como forma difícil, adaptada e pragmática: nasce no jogo da lei e dos interesses, nasce tópico. Se por um lado a linguagem contamina-se e afasta-se das idealidades, por outro lado, é rica em lidar com as circunstâncias topológicas, tipológicas e formais encontradas na cidade tradicional.[1]

Situado a algumas centenas de metros do edifício Paese Salzano, o Top Towers é composto por duas torres de escritório que ocupam um terreno de pouco fundo que se estende por toda a frente da quadra, voltada para a rua Vergueiro, onde ficava a antiga fábrica da cervejaria Brahma, demolida na década de 1990. Em que pese a excelente localização, bem junto ao comecinho da avenida Paulista e ao lado da estação Paraíso da Linha 1-Azul do Metrô, o local também oferecia seus desafios. A rua Vergueiro, nos seus mais de nove quilômetros de extensão entre o Centro de São Paulo e o início da rodovia Anchieta, caracteriza-se por um forte trânsito de passagem, além disso, defronte à quadra, do outro lado da Vergueiro, há uma área verde residual, ilhada entre corredores de tráfego e cheia de canteiros altos que disfarçam saídas de ar do metrô. Antes do Top Towers, o espaço urbano naquele trecho, entre os muros da antiga cervejaria e a área verde que dava no talude da avenida 23 de Maio, especialmente em mais de uma década e meia de subutilização da quadra, era um local ermo e inóspito para o transeunte a pé.

Se o edifício Paese Salzano buscou conciliar clareza volumétrica ao lote irregular e à urbanidade do térreo comercial, a definição do volume do Top Towers atendeu a uma equação complexa: por um lado, compor adequadamente o espaço público imediato ocupando a frente de quadra (torres laminares paralelas ao passeio público), por outro, naquele local urbano tão singular, buscar uma solução que marcasse o eixo da Paulista para quem trafega pela avenida 23 de Maio.

A solução possível para conciliar a urbanidade no âmbito do pedestre e uma presença urbana nas visadas de longa distância, sem extrapolar o potencial máximo de área permitido no terreno, foi a variação de altura: os pavimentos são mais longos e contínuos nos pisos inferiores das duas torres, ao passo que diminuem e sofrem descontinuidades conforme os andares sobem.

As duas torres têm uma solução em planta bastante funcional: circulação longitudinal central e escritórios dos dois lados, divisões internas regidas por modulação e um eixo de circulação vertical levemente descentrado na parte posterior dos blocos. O volume irregular das torres resulta de um procedimento quase simples: a subtração de unidades em alguns pisos e seu empilhamento nos andares superiores. A variação de metragem entre os pavimentos, que resultou dessa operação, gerou um acréscimo de áreas não computáveis legalmente: terraços descobertos que puderam ser incorporados a algumas unidades, constituindo áreas aproveitáveis pelo usuário. O recurso das sacadas, por sua vez, além de utilizado na composição do conjunto e de sua função prática – acomodar aparelhos de ar condicionado e permitir aumento da área vendável sem prejuízo do potencial construtivo –, também contribuiu para a individuação dos vários espaços comerciais que dividem o condomínio.

Uma série de opções de projeto resultou em uma solução que aumentou a qualidade urbana daquele trecho da Vergueiro e, em geral, essas opções passam pela interação entre as torres e a calçada. Ambas têm acesso central marcado por uma marquise que enfatiza a entrada e estabelece um convite. A ligação entre a calçada e a entrada é feita por meio de um piso largo que começa na cota da calçada criando uma continuidade com o passeio público. Também o jardim frontal segue em continuidade ao passeio público, sem muros ou grades. Além dessa relação direta entre passeio e entrada, as sacadas, até então pouco usuais em edifícios comerciais, parecem contribuir para uma fachada mais interativa com o espaço público. As torres foram posicionadas levemente desalinhadas, para melhor ocupação do terreno, mas um muro recuado cria uma continuidade entre elas no térreo e esconde das vistas o estacionamento no pátio posterior.

Para a visada à distância, a solução volumétrica das torres cria uma composição em que cada uma delas é parte do todo. Isso é obtido pelo espelhamento: as duas torres são mais baixas próximo às esquinas e se elevam no meio do quarteirão e, em cada uma delas, a faixa branca do guarda-corpo das sacadas é contínua na parte com maior altura e descontínua conforme o volume se quebra. Assim, com recursos construtivos simples, os arquitetos lograram um destaque à distância que, entretanto, não compromete a conformação de seu espaço urbano imediato, revelando uma inteligência em conciliar objetivos díspares.

Oca Sesc Belenzinho, perspectiva e fotos, São Paulo SP, 2004

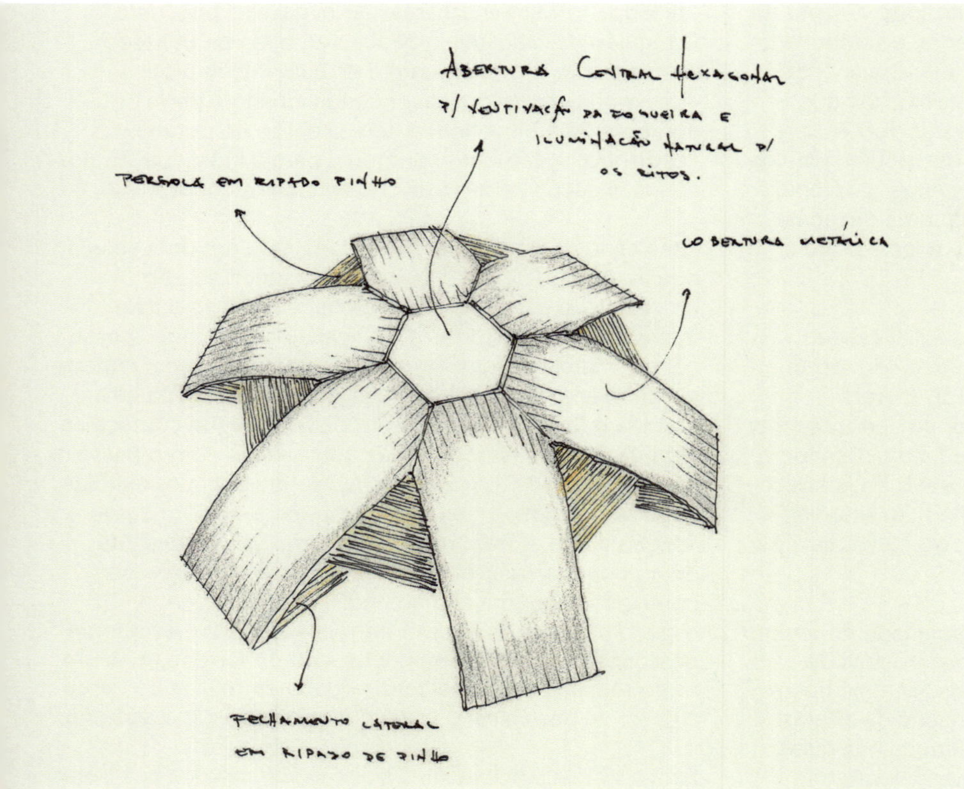

Mas nem só de edifícios se ocupa o escritório Königsberger Vannucchi. A Oca Sesc Belenzinho (2004) foi projetada em resposta à solicitação de uma construção efêmera destinada a abrigar uma programação especial dentro da mostra artística Fórum Cultural Mundial. Essa programação especial foi um encontro de povos indígenas em torno do tema Tradição e Resistência. Para tanto, foi preciso criar um espaço que abrigasse trezentas pessoas e pudesse sediar conferências, rituais e oficinas.

Tendo que driblar a exiguidade de tempo, inclusive para a execução, os arquitetos projetaram duas estruturas geométricas sobre um terreno plano de terra batida. Uma delas sugeria um espaço aberto de planta circular por meio do posicionamento de dez postes de eucalipto nos vértices de um polígono regular virtual de dez lados. As peças de iluminação foram instaladas nos postes, de forma a criar uma clareira de luz nas atividades noturnas. A outra estrutura, com perfil semicircular, foi definida em planta por um hexágono de 24 metros de diâmetro interno: desde o meio de cada um de seus lados, subiam seis estrados curvos de madeira que se uniam em cima, formando uma abertura hexagonal no topo da estrutura. Esses seis estrados foram cobertos por chapas metálicas retangulares. As seis entradas entre as chapas metálicas foram trabalhadas com ripados de pinho, tanto na parte superior, quanto nas laterais. Nessa oca estilizada, foi possível executar os rituais tradicionais, eventualmente acendendo ali uma fogueira ou forrando o chão com esteiras.

Os arquitetos, sem cair em um mimetismo com as construções indígenas, trabalharam o contraponto entre alguns elementos de forte evocação natural – o chão de terra batida, as toras de madeira, a luminosidade vazada através dos ripados de pinho – e um traçado geométrico absolutamente preciso, mas sempre a serviço da constituição de espécies de clareiras circulares de confraternização. A obra foi premiada pelo IAB-SP 2004 e Asbea 2006.

A conversa com o moderno segue com o projeto de adaptação de um edifício miesiano, da década de 1970, para instalação do Sesc Avenida Paulista (2006). Esse edifício, projetado pelos arquitetos Sérgio Pileggi e Euclides Oliveira, era ocupado pela Administração Central do Sesc-SP e pela Federação do Comércio do Estado de São Paulo. O escritório começou sua relação com o edifício ainda na década de 1990, quando concebeu a exposição Homenagem à Avenida Paulista, no espaço Galeria Sesc Paulista que havia ali. Iniciado em 2006, o projeto de intervenção do escritório Königsberger Vannucchi, além de adequar o edifício para abrigar a multiplicidade de atividades oferecidas nas unidades do Sesc – exposições, oficinas culturais, biblioteca, salas de ginástica, de brincadeira, de espetáculos e consultórios de odontologia –, buscou contemplar, especialmente, a mudança de seu significado cultural na cidade.

Sesc Avenida Paulista,
São Paulo SP, 2018

2. Espaço Haroldo de Campos de Poesia e Literatura.

O edifício original tinha fechamento em vidro fumê, com perfis metálicos externos marcando a modulação. A partir da grande laje com viga periférica sobre o térreo, a estrutura de concreto armado, composta por duas linhas de quatro pilares cada, e lajes iguais em balanço, era envelopada pela pele de vidro. Lateralmente, o volume de seção elíptica em concreto aparente da circulação vertical estabelecia um contraste com a torre de vidro.

A principal preocupação do escritório Königsberger Vannucchi ao transformar um espaço de escritórios em um espaço cultural com grande afluxo de público foi romper com a excessiva estanqueidade visual, tanto entre os pisos, quanto com o exterior. Entre os pisos, foram feitas aberturas nas lajes dos pavimentos 4° e 12°, conectando visualmente espaços com atividades afins e superando as limitações impostas pelo pé-direito baixo, por exemplo, nas áreas expositivas. Para tornar o edifício mais permeável ao exterior e, com isso, mais convidativo ao uso e integrado ao seu lugar urbano, todo o fechamento da torre foi substituído. Com o objetivo de tornar visível, desde a rua, a movimentação vertical de pessoas, foi criada uma escada que se desenvolve ao longo de toda a elevação para a rua Leôncio de Carvalho. Destinada ao fluxo de público entre os pavimentos, essa circulação, com posicionamento variável das escadas, é delimitada, pelo lado externo, por uma lâmina de vidro não reflexivo e, pelo lado interno, por fechamentos variáveis, a depender das atividades em cada andar. Em vários andares, essa câmara de circulação permite acesso a terraços, voltados para os fundos ou para a frente.

As outras elevações alternam fechamento em alvenaria revestida com placas de zinco e ranhuras horizontais em vidro, criando um desenho abstrato e instigante. Em que pese o predomínio de áreas fechadas, a permeabilidade visual entre o edifício e a avenida foi garantida; ao mesmo tempo, os espaços internos ficaram mais protegidos da incidência solar e do ruído externo.

A preocupação de abrir o edifício para o espaço público, de torná-lo uma continuação da avenida Paulista, reflete-se em dois espaços qualificados de acesso público. Uma escada rolante, junto à esquina no térreo, conduz diretamente ao terraço jardim, espaço de convivência e de estar da nova unidade (piso pilotis). Esse terraço aberto sobre a avenida Paulista, com plantas e bancos, funciona como uma praça pública. Também a partir do térreo, por elevador, chega-se ao café no 15° pavimento e, a partir desse piso, é possível subir ao mirante, espaço invariavelmente cheio de pessoas que se detêm ali apreciando a vista.

A avenida Paulista é hoje o principal polo cultural da metrópole, em função disso, o escritório Königsberger Vannucchi realizou estudos para a criação de uma pequena praça ocupando o trecho da rua Leôncio de Carvalho entre o Sesc Avenida Paulista e o Itaú Cultural. Esse espaço poderia ser utilizado como extensão pública desses edifícios culturais. Nos estudos, os arquitetos exploram o desnível natural da rua, estabelecendo a praça com o mesmo nível da Paulista, criando um lance de degraus que separa a praça do trecho sem saída da Leôncio de Carvalho. Essa integração ocorreu, em maio de 2024, quando a Prefeitura de São Paulo, por meio da SP Urbanismo, implantou a ideia, realizando a troca do calçamento, com proibição de veículos, mantendo, contudo, a inclinação original da via.

Na mesma quadra onde está o Sesc Avenida Paulista, por uma coincidência, o escritório Königsberger Vannucchi projetou duas torres de escritório, ambas de escala amistosa para o pedestre. Essa quadra, além da concentração de obras do escritório Königsberger Vannucchi, tem a peculiaridade de possuir, na sua parte central, um jardim de uso público voltado para a avenida Paulista, antigo jardim da residência que ficou conhecida como Casa das Rosas – projeto do escritório Ramos de Azevedo construída na década de 1930, casa e jardim foram tombados pelo Condephaat na década de 1980, a casa foi desapropriada e restaurada pelo Governo do Estado de São Paulo para se tornar um espaço cultural.[2] O tombamento da Casa das Rosas previu a construção de uma torre comercial na parte do fundo do terreno, junto à alameda Santos, sendo que o trânsito de pedestres entre a avenida Paulista e a alameda Santos foi mantido desimpedido através do terreno.

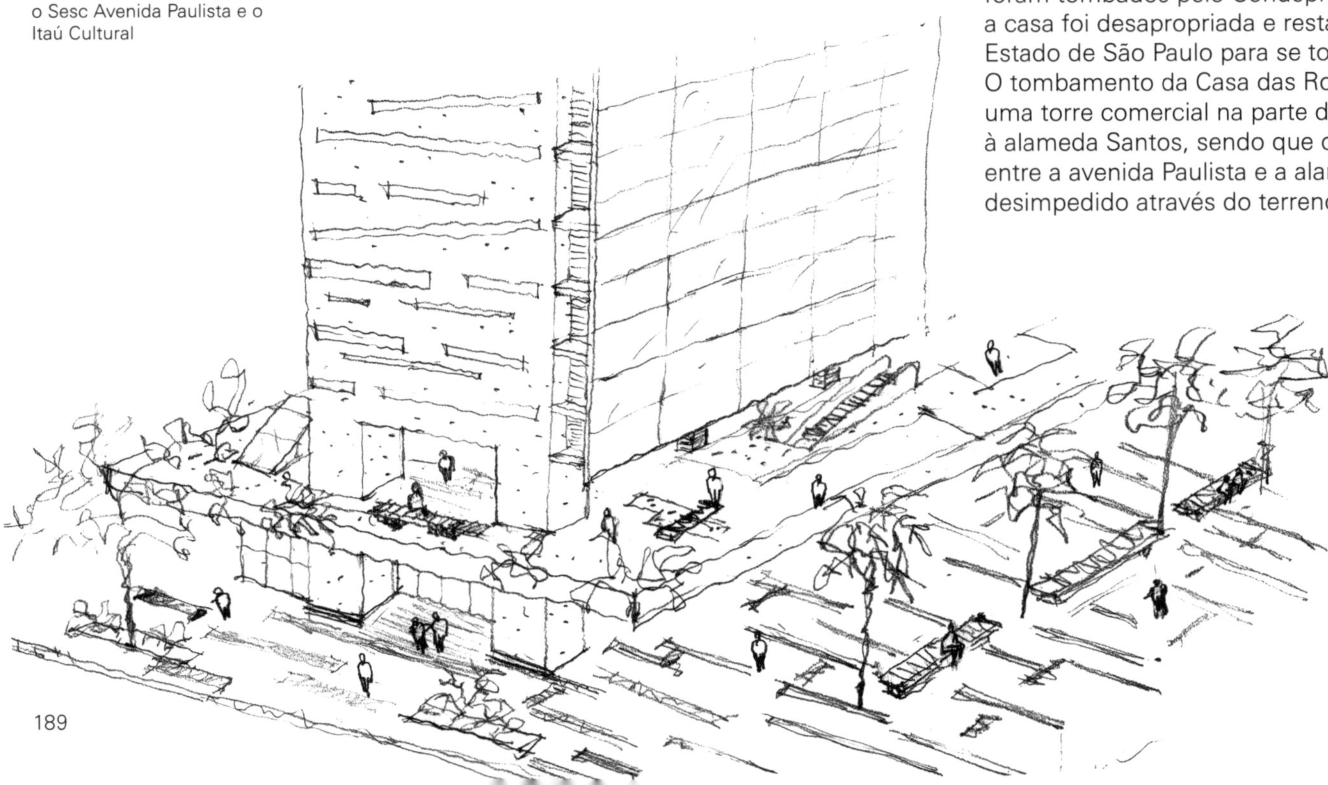

Proposta de praça na rua Leôncio de Carvalho ligando o Sesc Avenida Paulista e o Itaú Cultural

O terreno retangular do edifício Paulista Tower (2010) fica na avenida Paulista entre o jardim da Casa das Rosas e o Sesc. Com pouca frente e muita profundidade, tem toda uma lateral voltada para o jardim. O resultado foi um bloco laminar, cuja planta é estruturada por um corredor longitudinal central, com a circulação vertical concentrada no centro do bloco, de um dos lados do corredor. A partir dessa assimetria, o escritório Königsberger Vannucchi estabeleceu um tratamento externo distinto entre as duas partes longitudinais: a lateral vizinha ao Sesc que abriga a circulação vertical é mais fechada, enquanto a face que descortina o jardim tem revestimento de vidro reflexivo. Os terraços dos escritórios que se abrem para o jardim são unificados por uma barra contínua na sua parte baixa, traço que caracteriza o edifício e cujo tratamento estabelece uma assumida associação com um dos ícones modernos da Paulista, o edifício Paulicéia,[3] projeto da década de 1950 de Gian Carlo Gasperini e Jaques Pilon. O Paulicéia tem a fachada principal dominada por janelas contínuas em fita. A barra de alvenaria sob o correr de janelas alterna trechos de revestimento monocromático a trechos com listas horizontais, esse expediente acrescido do natural movimentar de persianas gera considerável variação no desenho da fachada. No caso do Paulista Tower, essa variação ocorre pelo desenho de listas na barra contínua e pela alteração na sua altura, mais alta junto aos terraços.

3. O edifício Paulicéia e o edifício São Carlos do Pinhal, construídos no mesmo terreno de duas frentes (avenida Paulista e rua São Carlos do Pinhal), foram tombados pelo Condephaat em 2010.

4. HITCHCOCK, Henry-Russel. *Latin American Architecture since 1945*. Desviando do pensamento moderno dominante na época, Hitchcock destacou a qualidade plástica da justaposição de fachadas dos edifícios modernos inseridos nos lotes da cidade tradicional.

Fachada do edifício Pauliceia, projeto de Gian Carlo Gasperini e Jacques Pilon, São Paulo SP, 1956

Na mesma quadra, o edifício Alameda Santos Corporate (2011) ocupa a esquina da alameda Santos com a rua Leôncio de Carvalho. Trata-se de terreno retangular com a testada maior voltada para a Leôncio de Carvalho. Nesse edifício, o escritório Königsberger Vannucchi também se valeu plasticamente de um tratamento distinto entre duas partes longitudinais. A parte que contém a circulação vertical e distribuição horizontal é mais fechada e sobe desde o chão, com aberturas de tamanhos variados a partir de um módulo comum. Em contraste, a parte que descortina a Leôncio de Carvalho tem pilotis no térreo e fechamento em faixas contínuas de vidro com quebra-sóis horizontais marcando as lajes. Desenhos anteriores desse edifício mostram uma solução, descartada por problema de custo, em que toda a parte voltada para a Leôncio de Carvalho (face Norte) aparece protegida por venezianas móveis que, abertas, formavam brises verticais. De qualquer forma, tanto essa, como a solução que acabou sendo adotada parecem homenagear o desenho gráfico das fachadas modernas.[4]

Edifício Paulista Tower, São Paulo SP, 2010. Ao fundo, Sesc Avenida Paulista

Sede da Diretoria Regional do Sesc SP

design de interiores, São Paulo SP, 2004

Estudos para painel

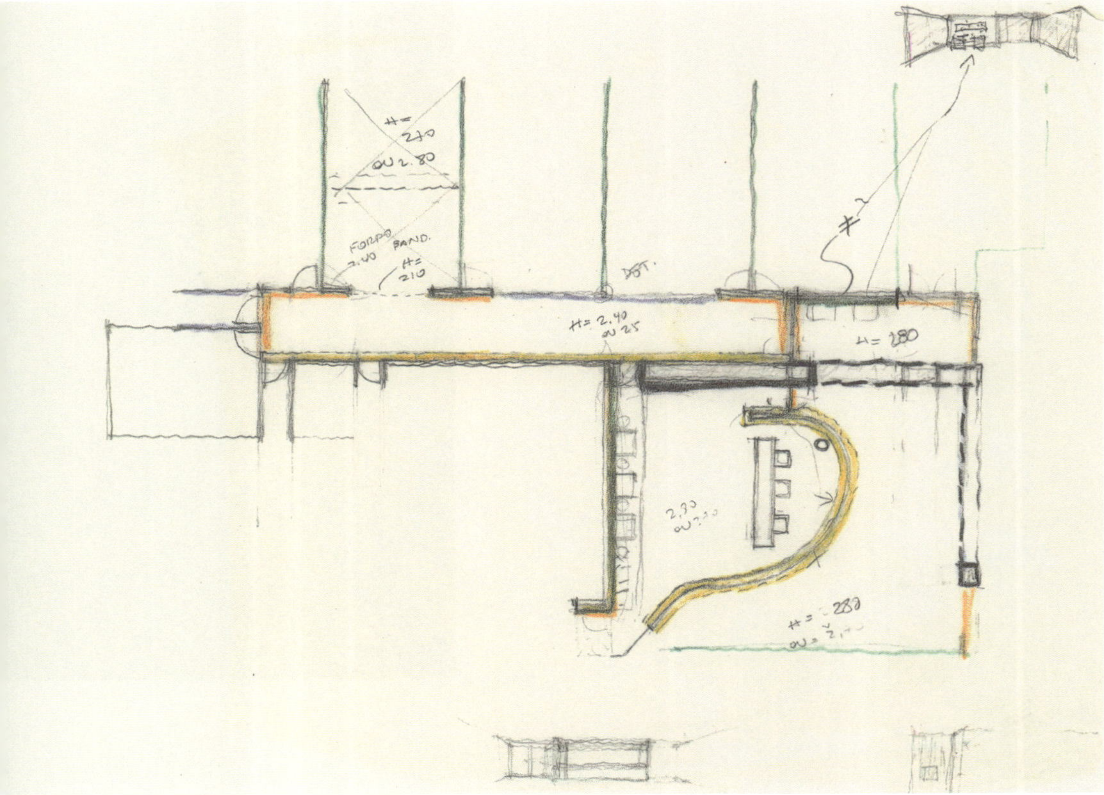

Top Towers

edifícios de escritórios, Paraíso, São Paulo SP, 2005

Vista a partir da avenida
23 de Maio

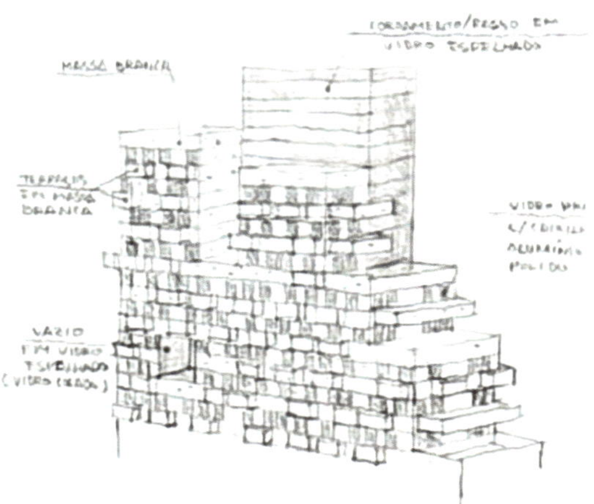

Perspectivas de
detalhamento da fachada

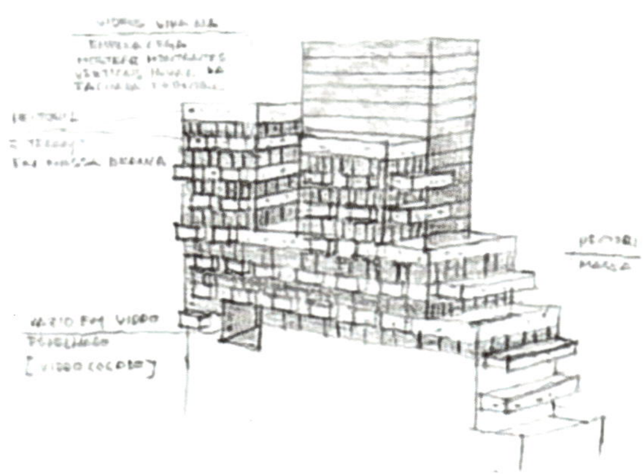

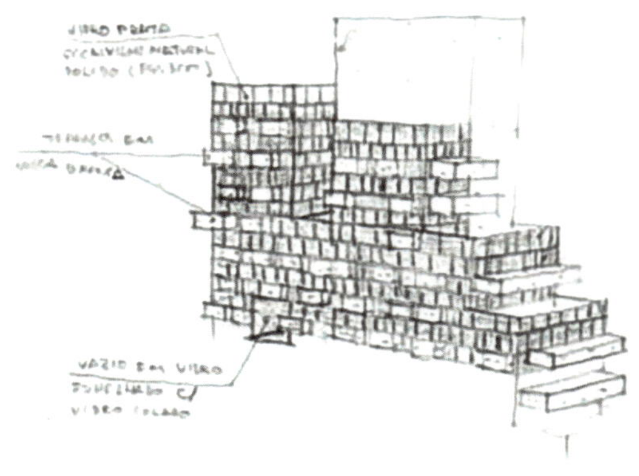

Implantação rua Vergueiro com rua do Paraíso e rua Dr. Eduardo Amaro

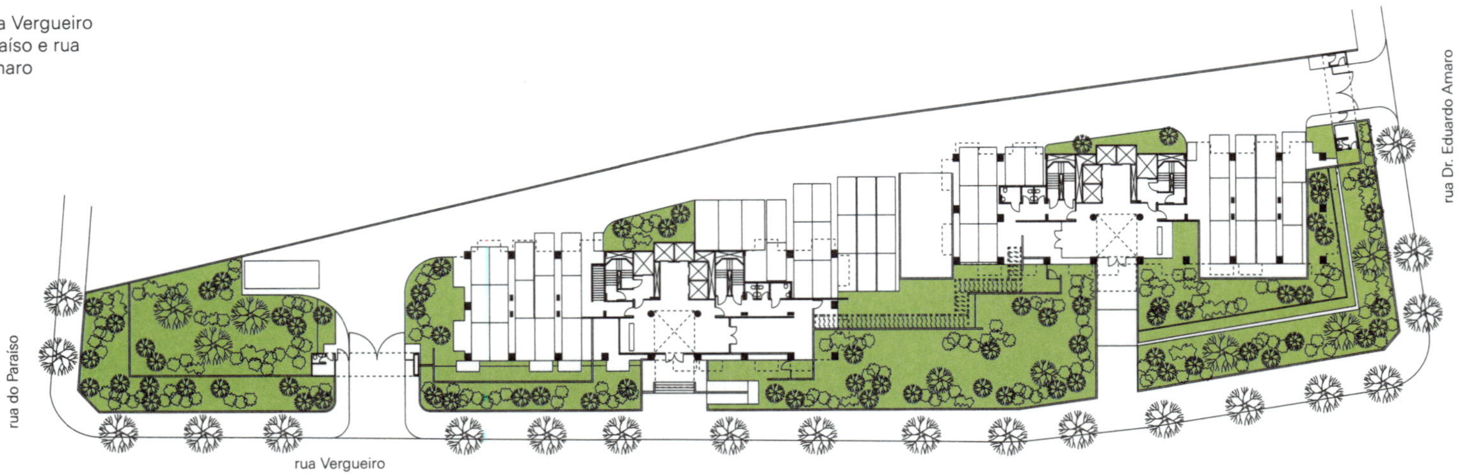

Plantas de pavimentos variados das torres A e B. Torre A, 4º andar. Torre B, 7º andar

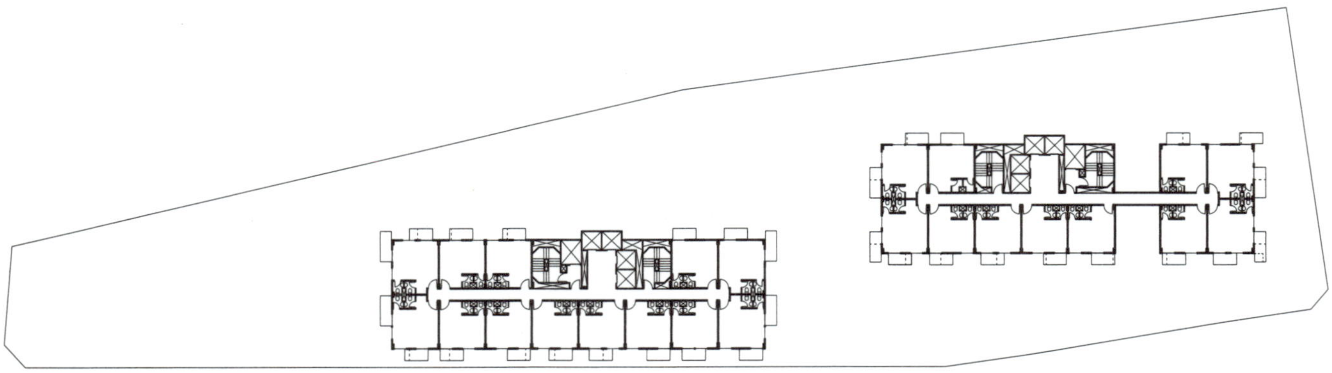

Planta 11º pavimento

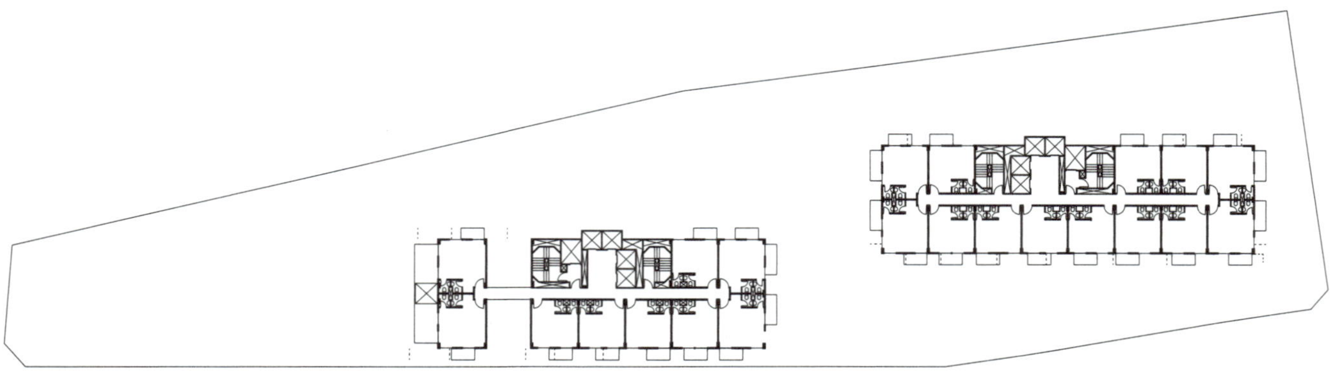

Torre A, 18º pavimento. Torre B, 16º pavimento

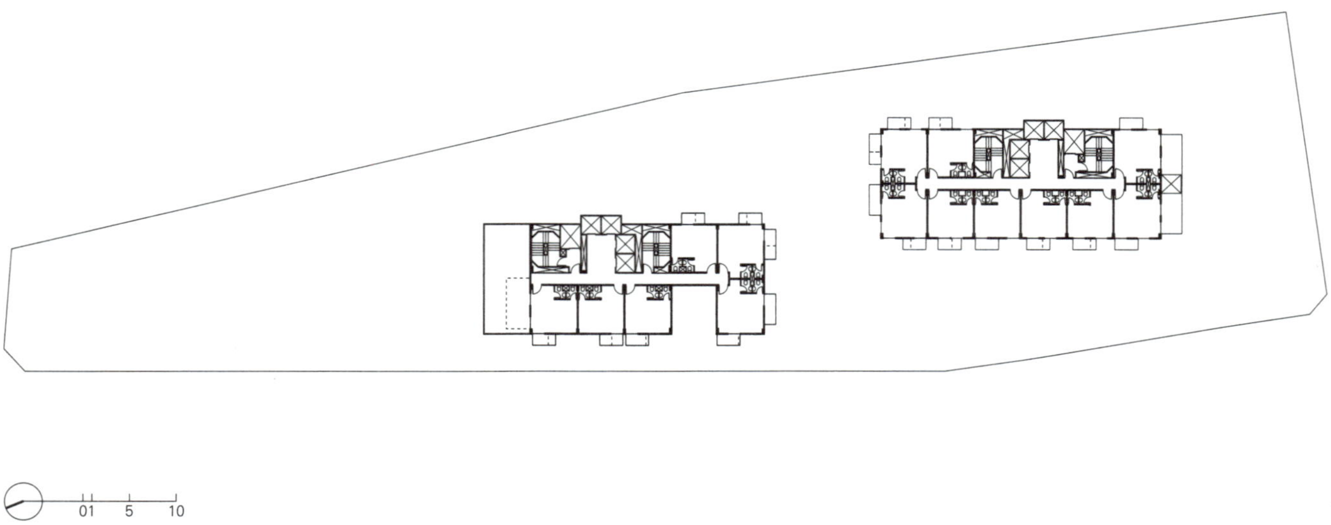

Elevação e corte

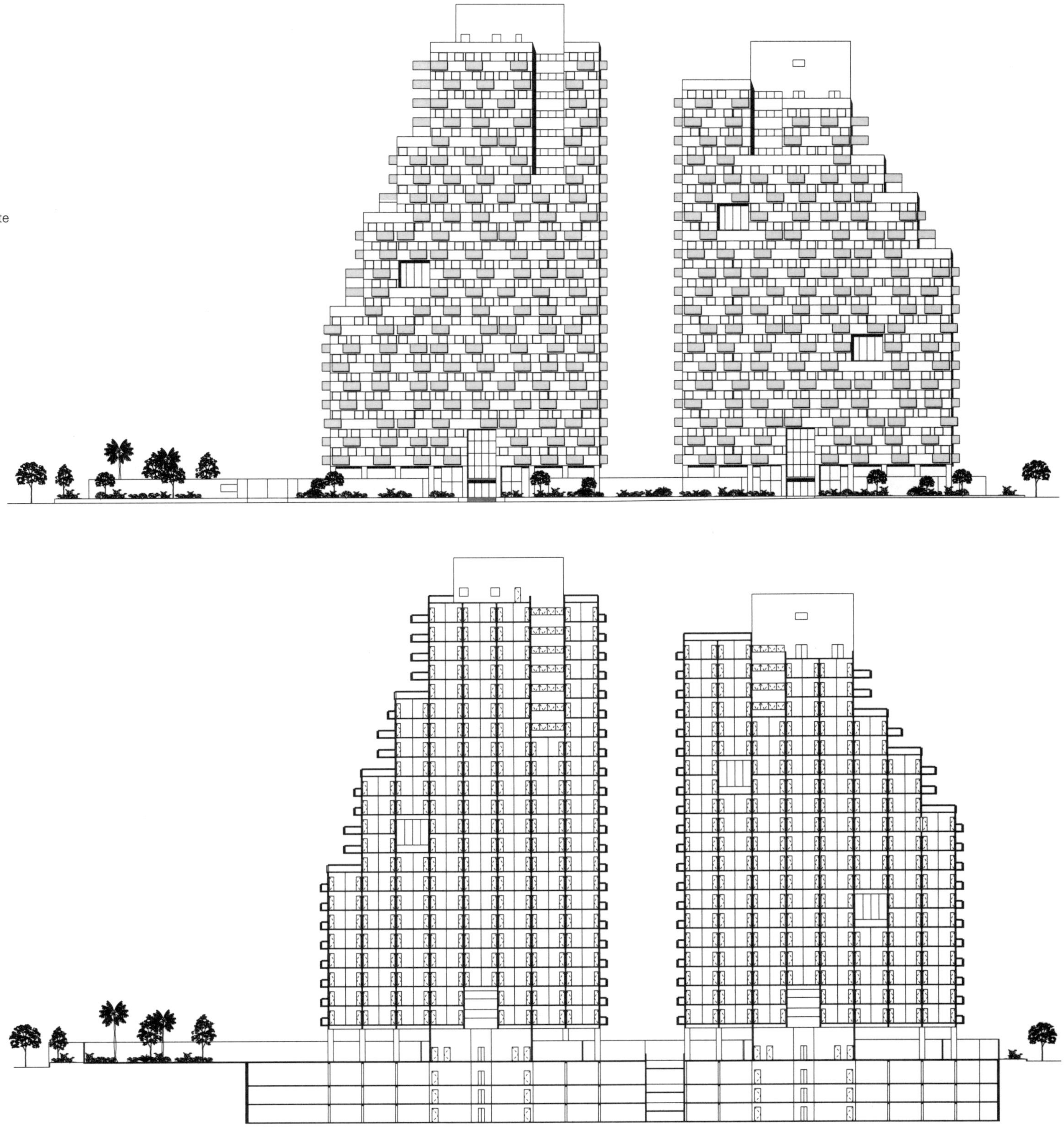

Sesc Avenida Paulista

retrofit edifício institucional, Bela Vista, São Paulo SP, 2006-2018

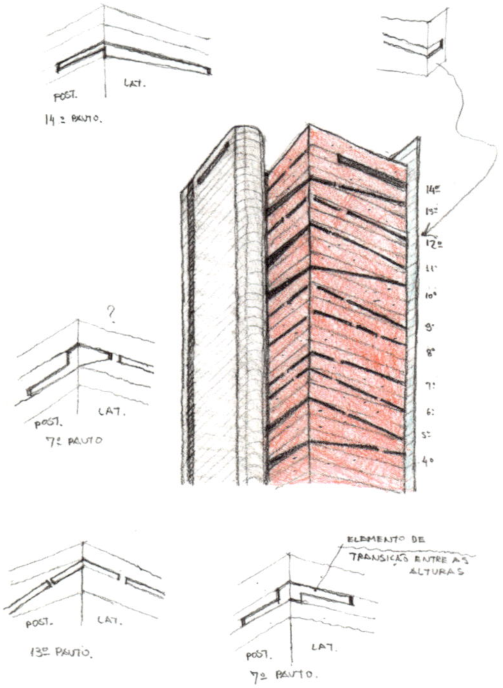

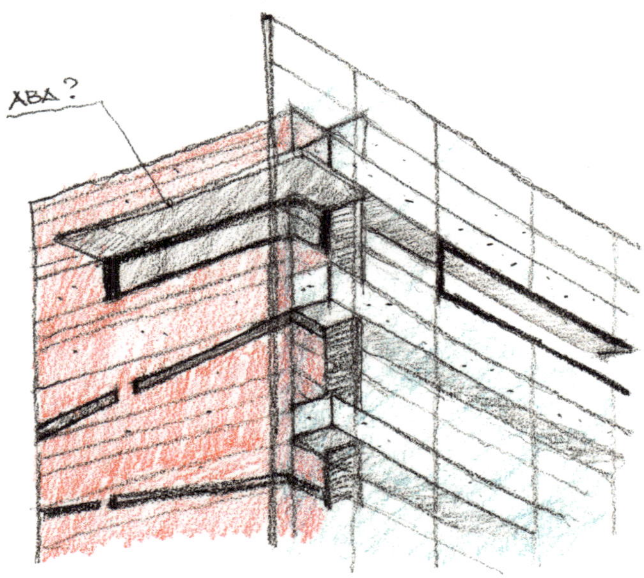

Croquis de fachada

R. Leôncio de Carvalho
149

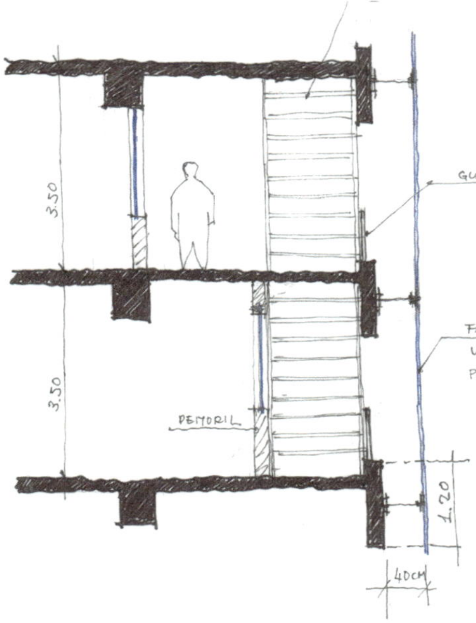

Detalhe da nova circulação

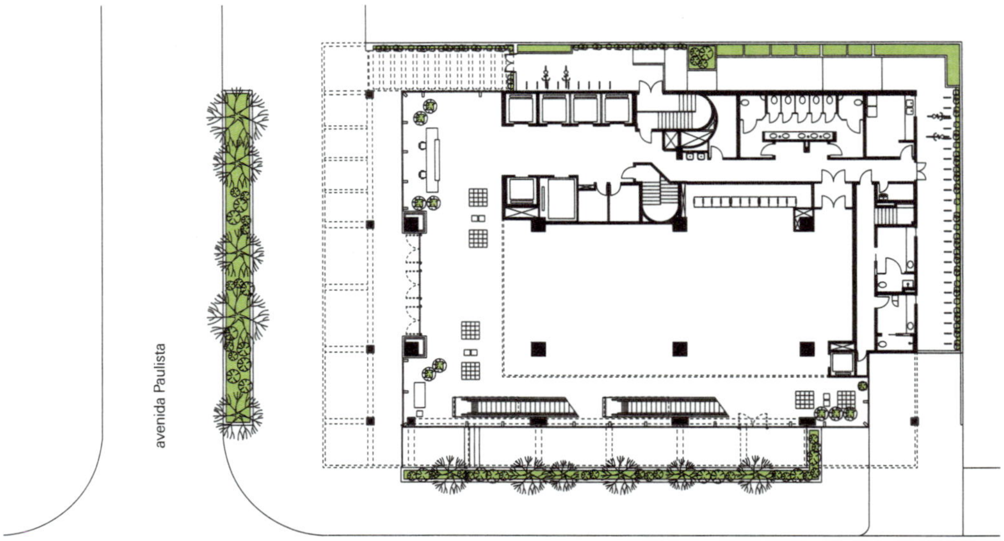

Planta térreo

rua Leôncio de Carvalho

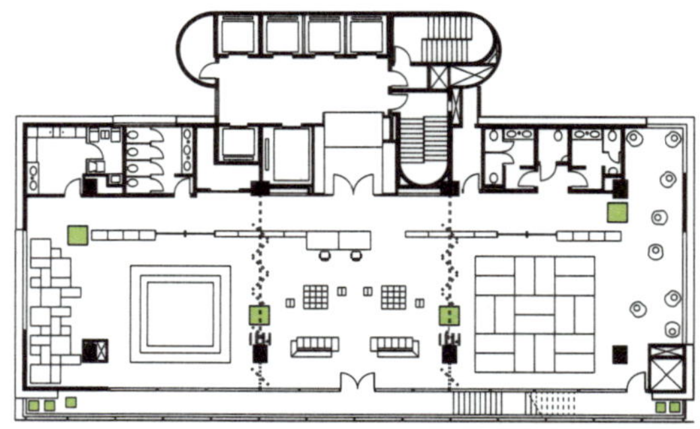

Planta 1° pavimento

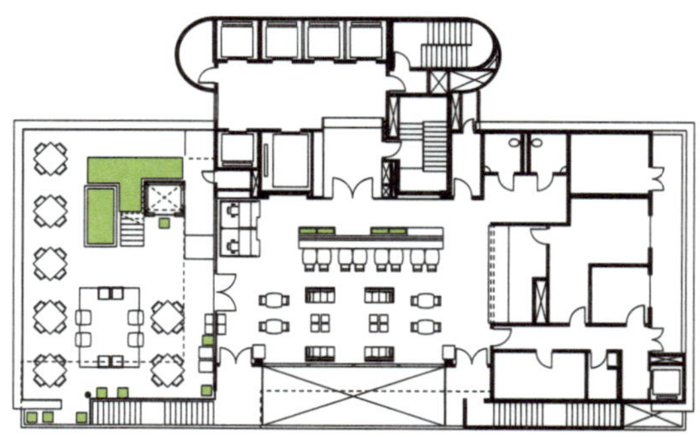

Planta 15° pavimento

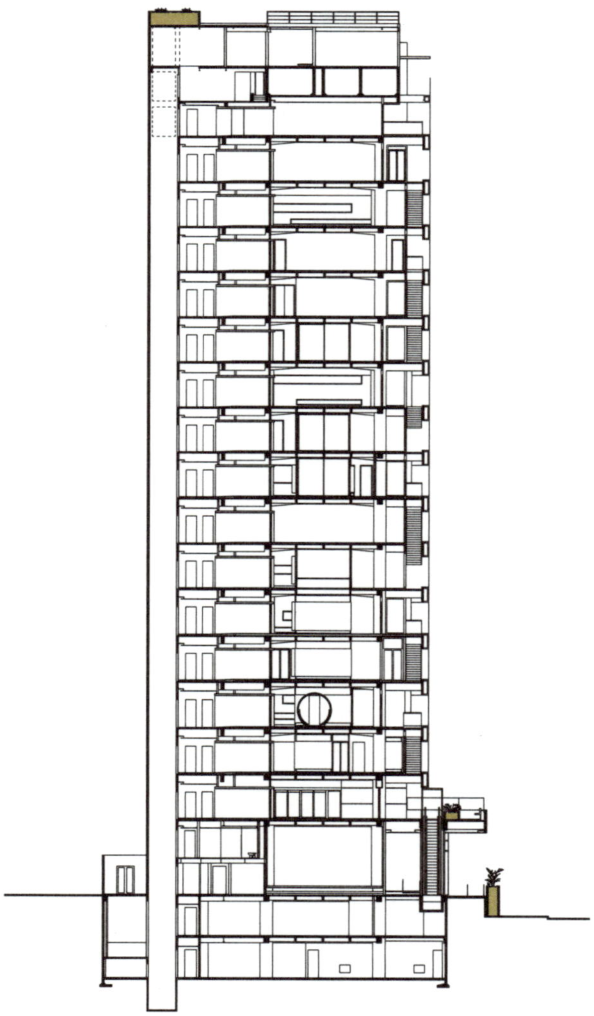

Corte transversal

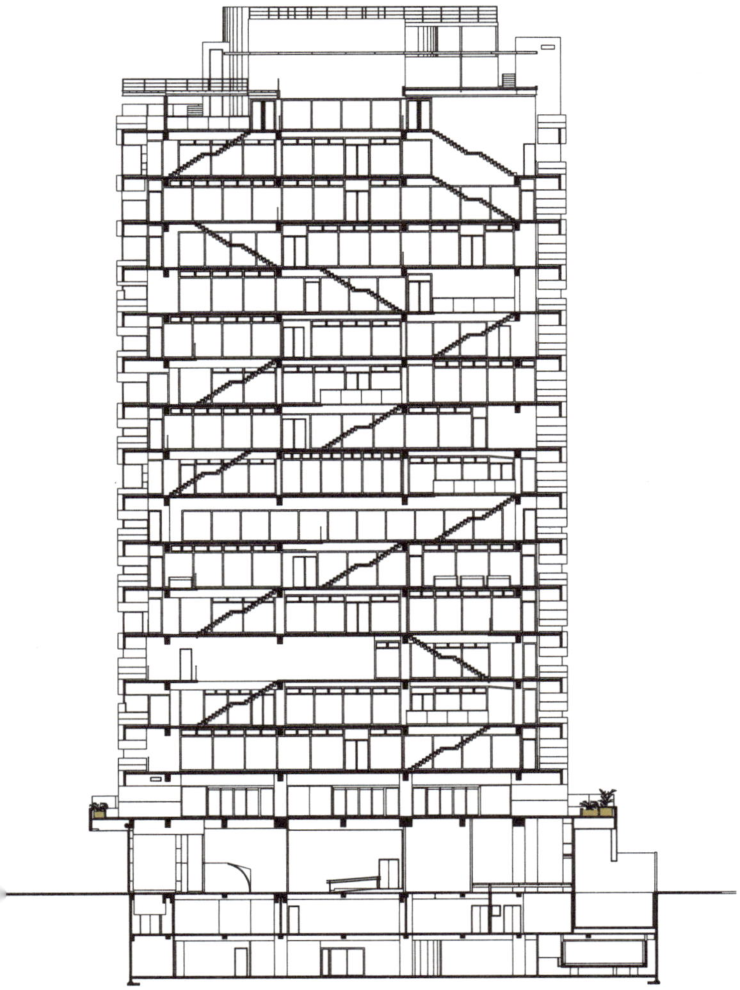

Corte longitudinal

Vista do 13º andar: Arte II –
sala de espetáculos

Vistas do térreo com diferentes configurações de uso

Vista da nova circulação
e detalhe da fachada

Vista da biblioteca
no 15º andar

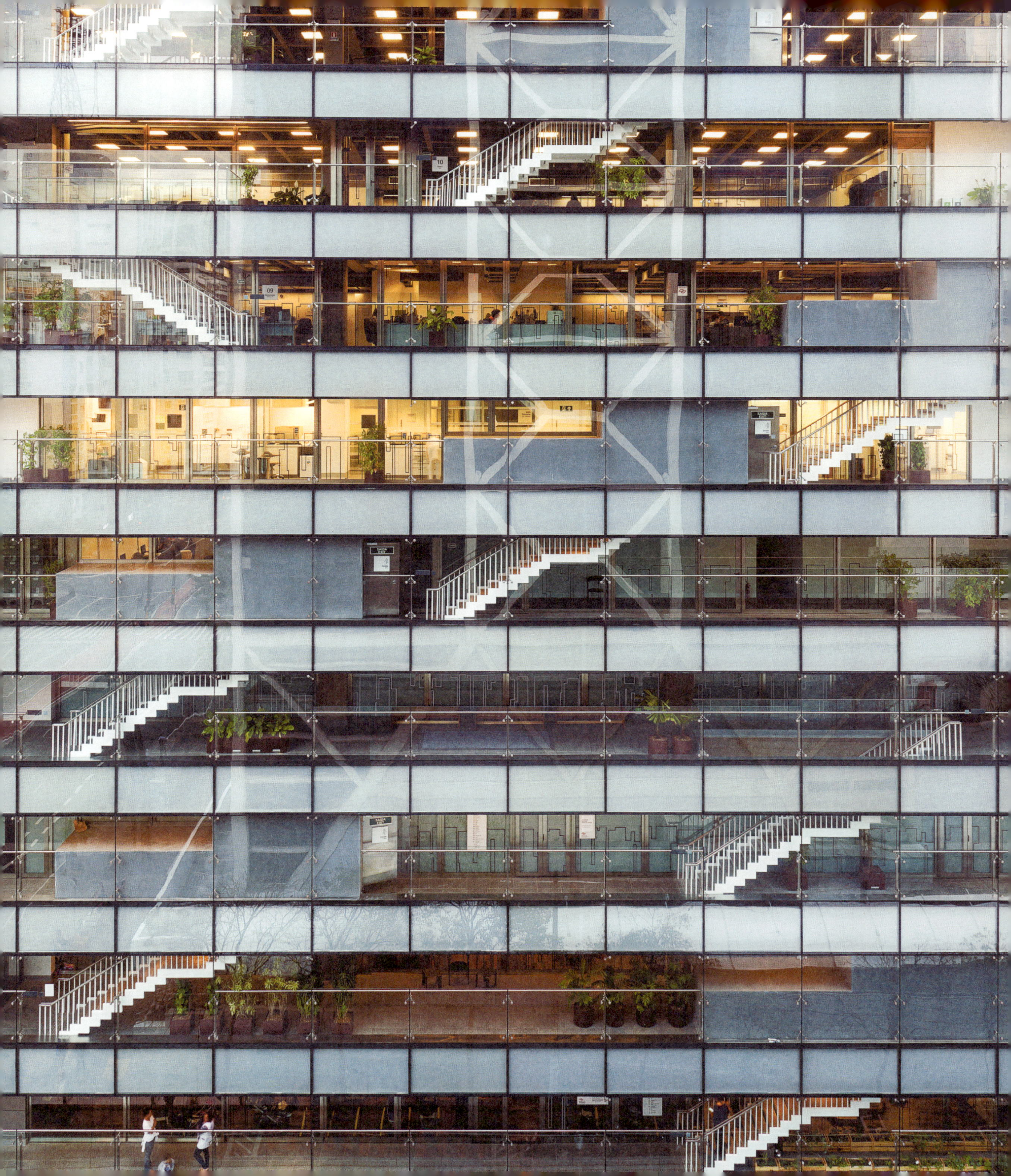

Terraço e mirante

Edifício Paulista Tower

edifício de escritórios, Bela Vista, São Paulo SP, 2010

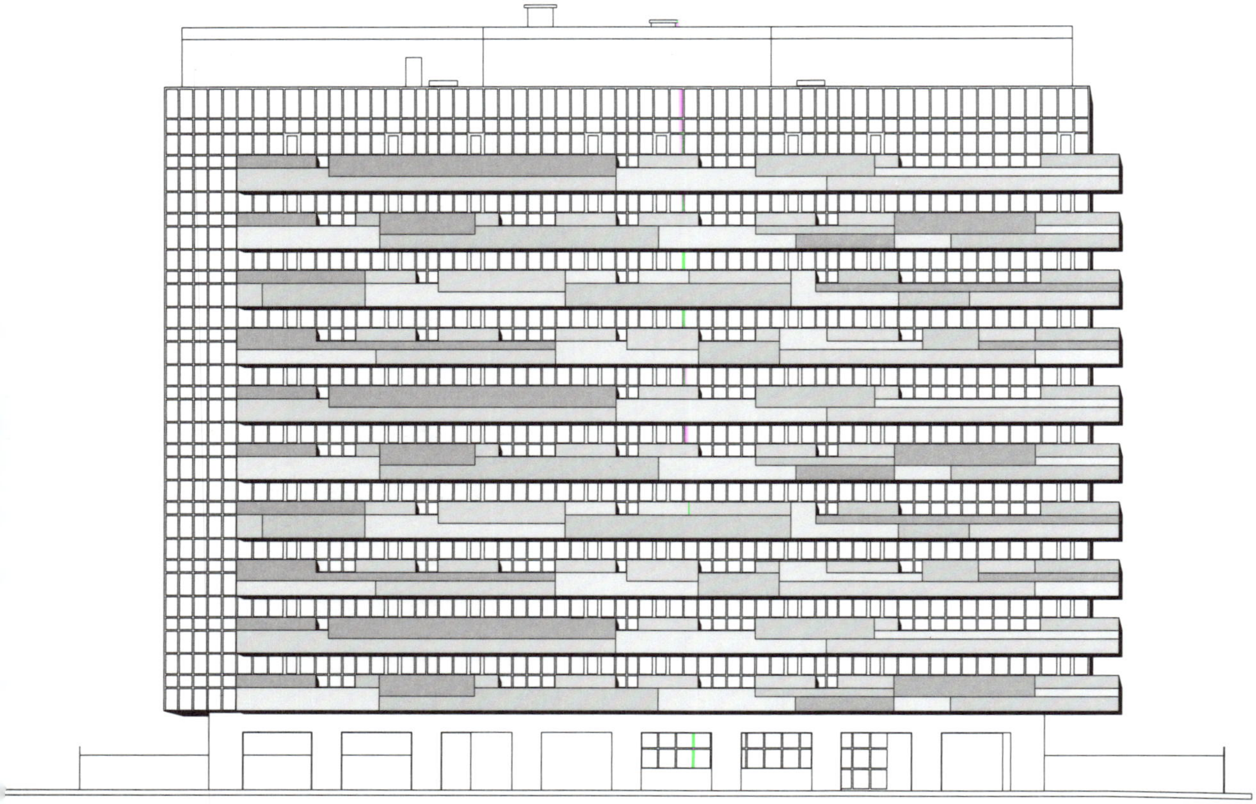

Elevação

Edifício Paulista Tower, entre a Casa das Rosas e o Sesc Avenida Paulista em obras, São Paulo SP, 2010

Edifício Alameda Santos Corporate

edifício de escritórios, Cerqueira César, São Paulo SP, 2011

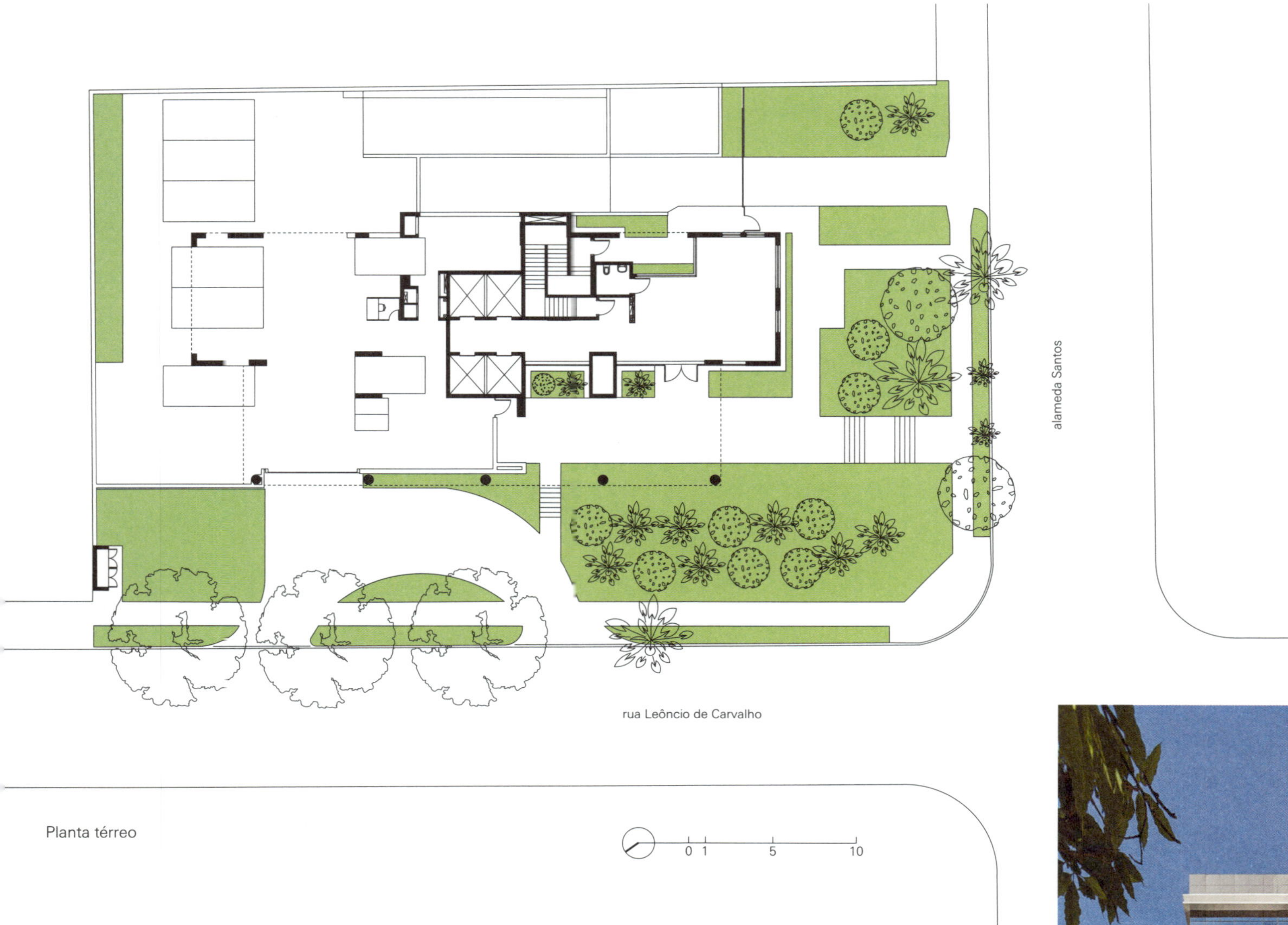

Planta térreo

5. Ver: FARIA, Renato. Adolpho Lindenberg. Depois, na década de 1970, o estilo passou a ser oferecido também para imóveis de classe média, junto ao estilo mediterrâneo, criado pela mesma Construtora Adolpho Lindenberg.

6. WILHEIM, Jorge. Arquitetura: mero produto de consumo?

O programa residencial, o mercado imobiliário e a arquitetura

Edifício Arts Ibirapuera, Vila Mariana, São Paulo SP, 2006

Na primeira década do século 21, o escritório voltou a responder ao programa residencial. As encomendas se inserem em um momento de revalorização do investimento em projeto para o programa residencial, no sentido de lograr um desenho contemporâneo. Grassou por décadas no mercado imobiliário residencial brasileiro a figura do estilo neoclássico. Aparentemente, foi o engenheiro civil Adolpho Lindenberg quem, em 1960, apostou no neoclássico para vencer a resistência à verticalização no público de alta renda.[5]

Décadas depois, em um artigo de jornal em 2006, o arquiteto Jorge Wilheim ainda lamenta a insistência no pastiche:

> Nossa melhor arquitetura nada tem a ver com a estética neoclássica de diversos lançamentos imobiliários. Qual o motivo, então, do aparecimento, em anúncios de jornal, de tantos projetos de estilo anacrônico?[6]

A proliferação de estilos no mercado imobiliário residencial, especialmente entre as décadas de 1960 e 1980, parece ter ocupado o vácuo deixado por uma arquitetura erudita que deixou de se configurar como modelo exequível a ser emulado. O grande número de empreendimentos imobiliários que foram criados distantes das pranchetas dos escritórios de arquitetura, desenvolvidos por departamentos de projeto das próprias construtoras, faz com que o retorno da valorização do projeto de arquitetura por parte de algumas construtoras seja visto como um alento para nossa precária qualidade urbana.

O edifício residencial Duo Alto de Pinheiros (2004), realizado pela Tishman Speyer e pela Even Construtora e Incorporadora, foi desenvolvido para um terreno de esquina (7.607,01 metros quadrados) em Pinheiros. Caracterizado pelo ângulo agudo de sua esquina, tem frente para a avenida Professor Frederico Hermann Júnior – uma das vias que limita o Alto de Pinheiros, bairro-jardim criado pela Companhia City e projetado pelo urbanista inglês Barry Parker, com ocupação horizontal, muitas árvores e praças – e para uma pequena rua lateral.

Edifício Altto Alto de Pinheiros, São Paulo SP, 2008

Os arquitetos optaram, para melhor aproveitamento do lote e da vista para o Alto de Pinheiros, por colocar as duas torres voltadas para a avenida, mas em uma angulação de 90° entre si e 45° em relação à via. Com isso, o alinhamento das torres está regido pelo da rua lateral, a Nicolau Gagliardi, à qual uma das torres é paralela e a outra perpendicular. Com essa implantação, as torres remetem a um biombo que marcasse a separação entre bairros de características bem distintas. Esse biombo é aberto para o Alto de Pinheiros, onde estão os espaços sociais dos apartamentos e mais fechado na face voltada para Pinheiros, que concentra, nas duas torres, espaços privativos, serviços e circulação vertical. Mas também, dadas as circunstâncias de visibilidade do terreno, da rua lateral e construções vizinhas, retrabalham com a ideia de fachada, ou seja, da face principal mais visível na cidade. Os terraços e os grandes panos de vidro da face mais aberta, que inclusive conta com ambientes de pé-direito duplo que se intercalam nos sucessivos pavimentos, contribuem para quebrar o volume em linhas e planos ortogonais.

Se a implantação das torres aponta para a opção de abrir os ambientes de estar para a área verde do bairro-jardim, ela teve uma consequência não desprezível, que foi a criação de um considerável jardim triangular diante das torres, visualmente aberto para o passeio público. Esse jardim foi concebido como um bosque de árvores, que ecoa o bairro-jardim defronte e é parte inerente da percepção das torres. A composição abstrata de linhas e planos que anima a fachada principal é simples, limpa, quase despojada, resultado direto das amplas aberturas e da alternância de acabamentos. Na varanda, a divisão entre os dois apartamentos do pavimento é feita por uma parede cortina de concreto aparente, moldada especialmente com tábuas rústicas, de forma que a superfície de concreto guardasse o desenho orgânico e irregular da madeira. Homenagem, ou citação bem-humorada, a um período da arquitetura com muitos exemplares no Alto de Pinheiros, esse concreto rústico junto aos ambientes mais valorizados da habitação, por mais referências que suscite, tem objetivos próprios, participando do conjunto de recursos que fragmentam a elevação em planos e linhas. Mas não só, o concreto rústico e os revestimentos cerâmicos tornam mais quente e doméstica a solução, aproximando-a das casas do bairro.

O Duo Alto de Pinheiros, com uma arquitetura mais contemporânea dentro do mercado imobiliário, deu origem a uma série de edifícios residenciais, em bairros consolidados de São Paulo, como o Double Campo Belo (2007), o Duo Alto da Lapa (2008) e o Altto Pinheiros (2008), edifícios que também exploram a variação gerada pelas grandes aberturas e terraços das áreas sociais, alternância de acabamentos com revestimentos cerâmicos, eventualmente o uso de pé-direito duplo.

Edifício Double Campo Belo, São Paulo SP, 2007

Edifício Duo Alto da Lapa,
São Paulo SP, 2008

Edifício Duo Alto de Pinheiros

condomínio residencial, Alto de Pinheiros, São Paulo SP, 2004

Implantação

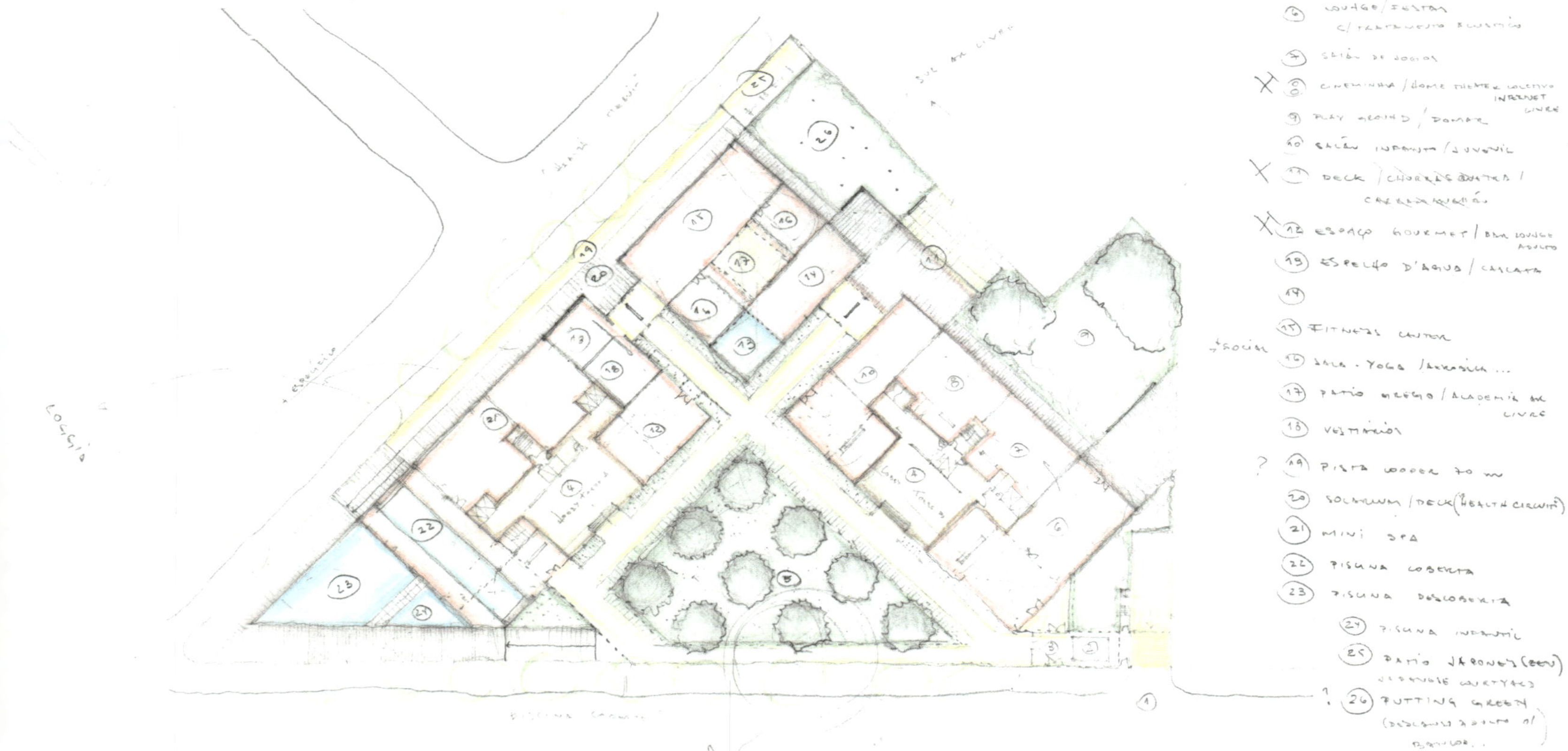

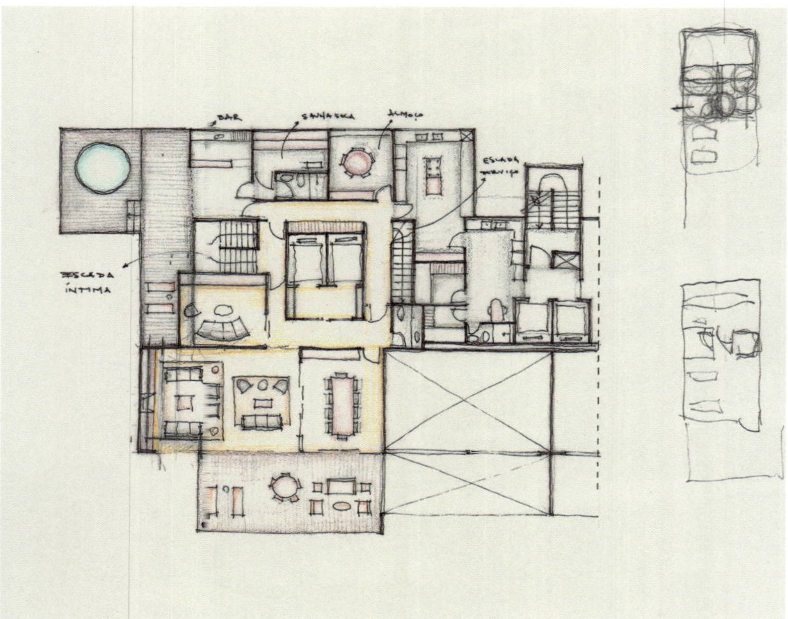

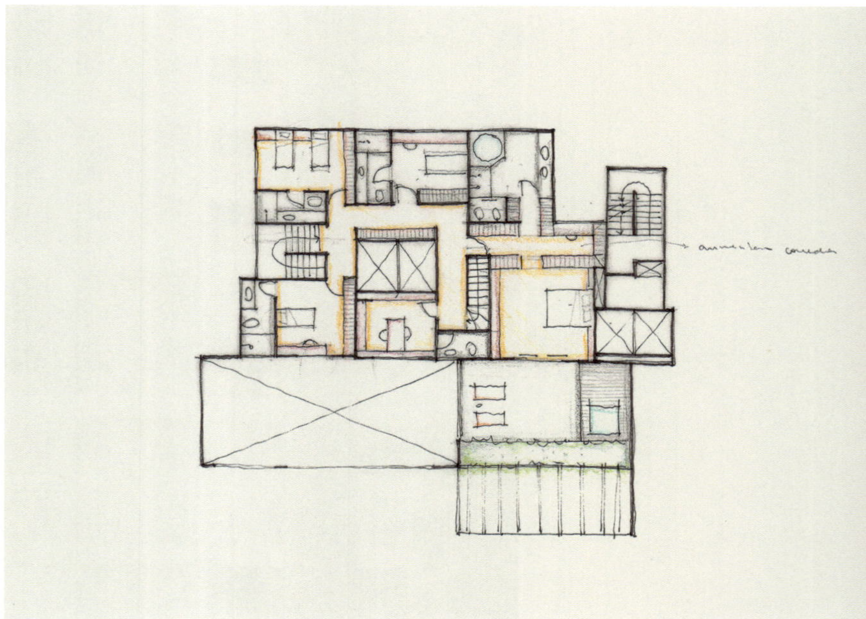

Plantas do apartamento
duplex da cobertura

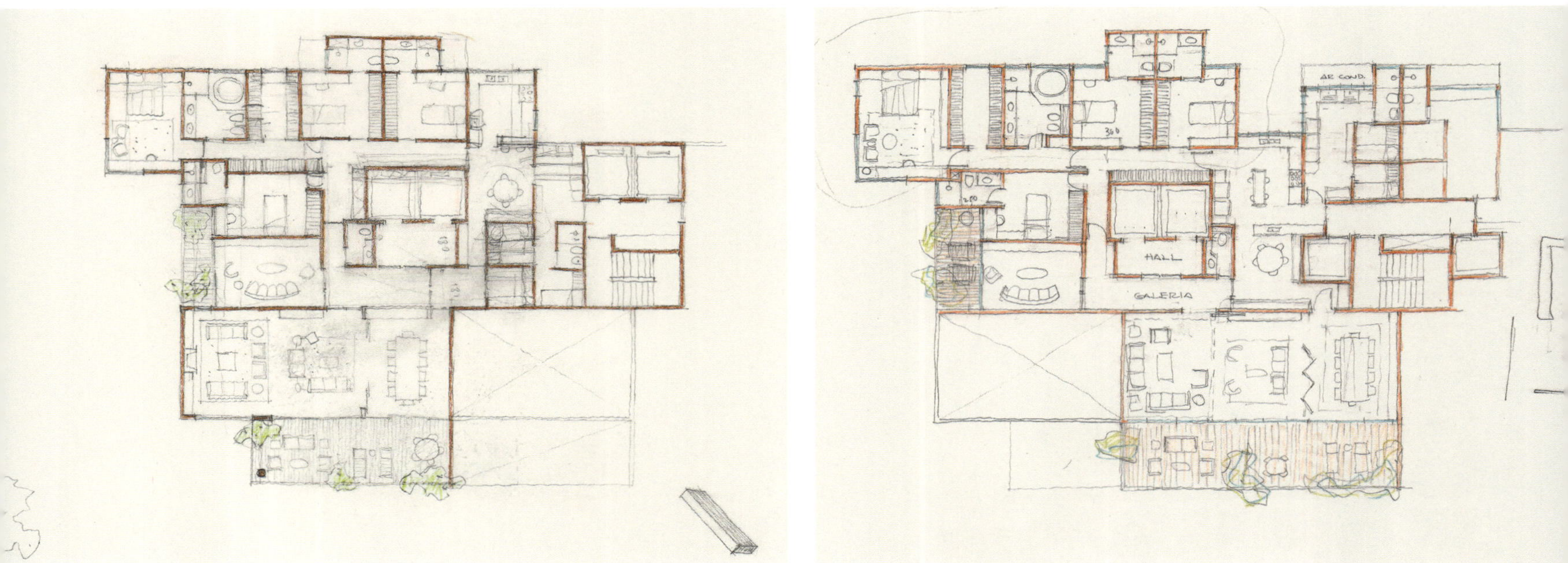

Plantas dos pavimentos tipo

Villa Amalfi

condomínio residencial, Morumbi, São Paulo SP, 2002

Estudo das varandas
e visuais

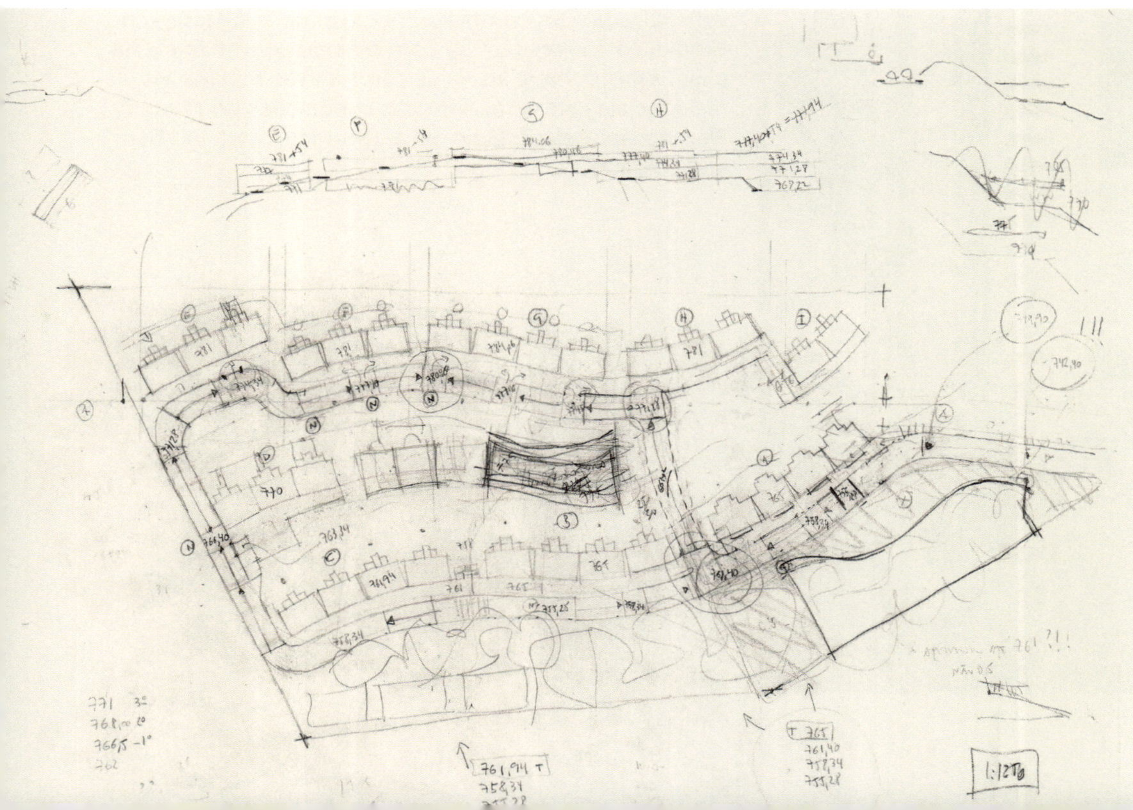

Croquis de estudo de
fachadas e de implantação

7. Um dos vários estádios resultantes da política de integração nacional da ditadura militar, inaugurado em 1975, projeto de Paulo Mendes da Rocha.

O Brasil viveu um período de boom da construção civil a partir de meados da primeira década do século 21, estimulado por um excesso de otimismo com a descoberta de petróleo na camada do pré-sal, por índices positivos de crescimento econômico e pela ampliação do crédito imobiliário. Ao aumento da demanda gerada pelo crescimento econômico, associaram-se novos hábitos da população do país, como o aumento de pessoas morando sozinhas.

Boom imobiliário 2008-2013

Como havia ocorrido no final da década de 1970, quando o escritório Königsberger Vannucchi criou agências bancárias pelo Brasil afora, novamente as encomendas se espraiaram pelo território nacional: Goiânia, Curitiba, Distrito Federal, Fortaleza, Rio de Janeiro, Porto Alegre, Vitória. Esses empreendimentos, em geral, caracterizam-se pela grande metragem e complexidade, muitas vezes conciliando um conjunto de torres e/ou diversos usos na mesma torre, inclusive com espaços comerciais na base. Naturalmente, o desenho desses edifícios valeu-se da expertise acumulada do escritório e, em muitos deles, o projeto lançou mão de estratégias comuns: a aparente quebra do volume em prismas menores, com diferentes alturas, efeito potencializado pelo uso de reentrâncias, de ranhuras verticais com fechamento em vidro, de alternâncias de acabamento ao longo da altura, por vezes correspondendo a mudanças de uso.

As obras em Goiânia atenderam a um cliente antigo, a Brookfield Incorporadora, nova marca da antiga Brascan. Na segunda metade da primeira década do século, foram lançados três grandes empreendimentos em Goiânia com a assinatura do escritório Königsberger Vannucchi, todos eles em terrenos de grande testada, em bairros consolidados vizinhos à área inicial da cidade, planejada por Attílio Corrêa Lima na década de 1930. O edifício residencial K Apartments (2009) e a torre de escritórios com lojas embaixo The Prime Tamandaré Office (2008) estão localizados no setor Oeste, região central e bastante verticalizada. Um complexo multiuso de duas torres, o Brookfield Towers (2008), com mall de conveniência na base, salas comerciais, lajes corporativas e unidades residenciais está localizado nas imediações do Parque Flamboyant e do Estádio Serra Dourada,[7] área também verticalizada.

Brookfield Towers, vista aérea, implantação e croquis, Jardim Goiás, Goiânia GO, 2008

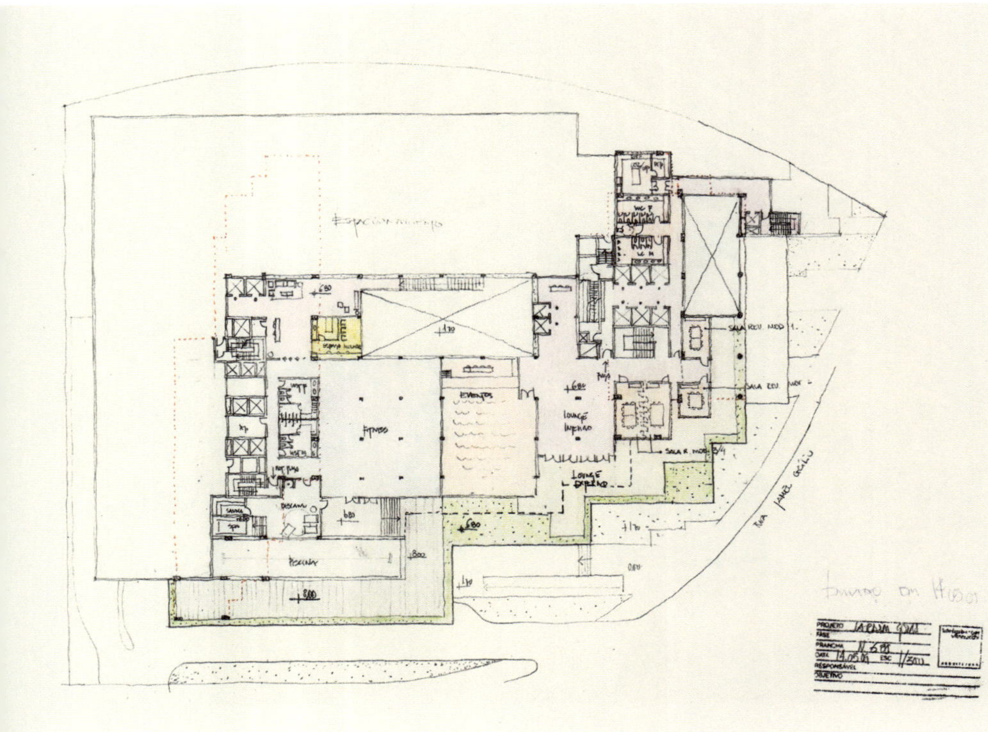

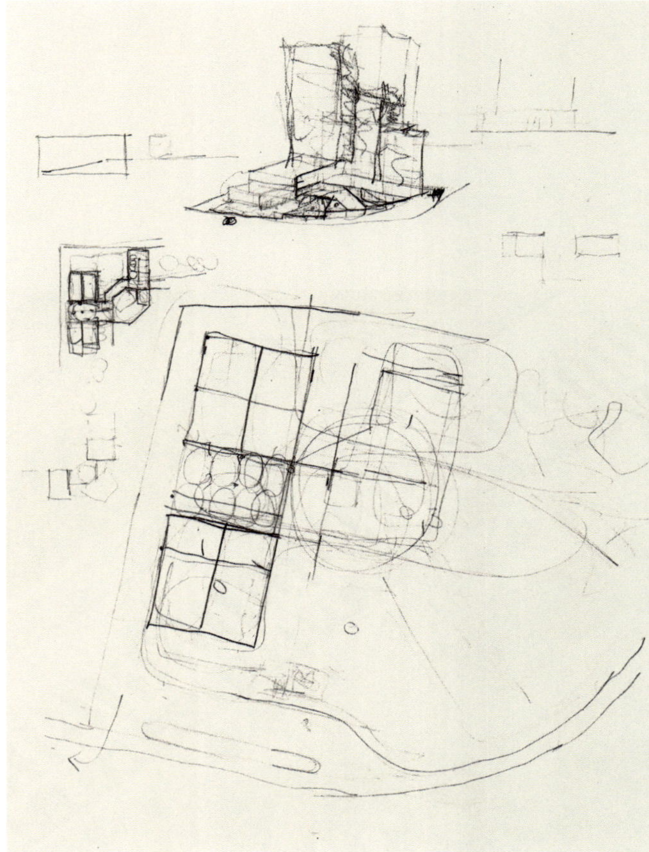

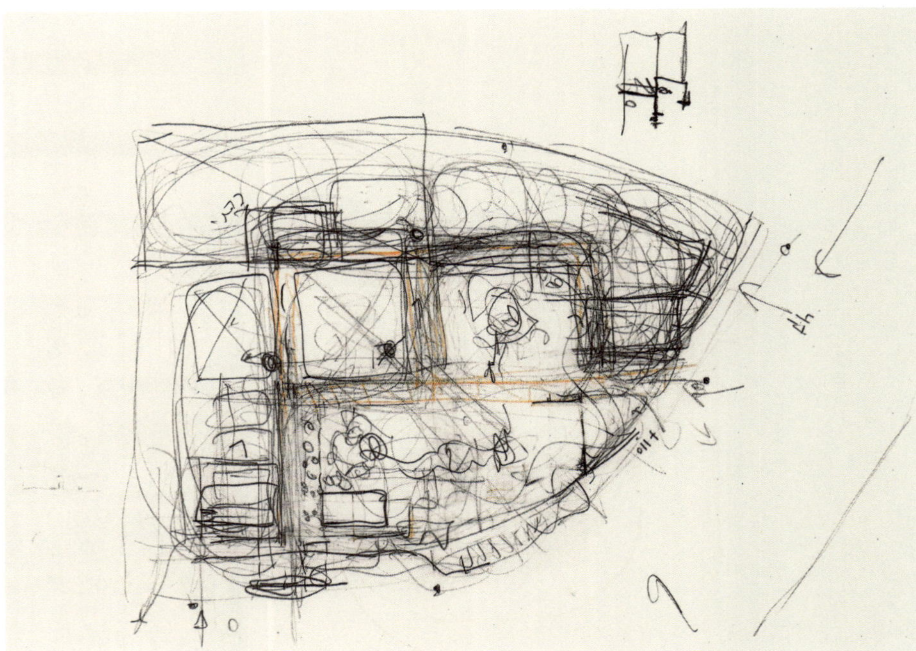

Praça São Paulo, Santo Amaro, São Paulo SP, 2012

8. A criação de *operações urbanas* tem sido um modelo de desenvolvimento urbano recorrente em São Paulo para áreas internas à mancha urbana que estejam subaproveitadas por qualquer razão, além disso, busca conciliar a execução de determinadas melhorias e sistemas de financiamento.

Alguns empreendimentos foram chamados a criar uma centralidade em áreas de ocupação recente, caso do edifício vencedor do prêmio Master Imobiliário 2011, DF Century Plaza (2009) em Águas Claras, no Distrito Federal, um bairro criado em 1992 – ocupando um vazio entre Brasília e a área urbana de Taguatinga – para viabilizar a operação futura do metrô. Em São Paulo e região metropolitana, foram construídos grandes empreendimentos em áreas de revitalização urbana, caso do complexo multiuso Praça São Paulo (2012), na Zona Sul da cidade, inserido na Operação Urbana Consorciada Água Espraiada.[8] O grande diferencial desse complexo é uma praça de 3.600 metros quadrados de acesso público. Em Santo André, na Grande São Paulo, uma antiga área industrial da Pirelli foi adquirida pela Brookfield Incorporações em 2010. Ali, o escritório projetou o Brookfield Century Plaza, complexo que inclui shopping center, torres habitacionais, torre comercial e hotelaria. São obras destinadas a criar uma centralidade e densidade urbanas que, ao invés de qualificar uma dada situação urbana, visam fomentar o desenvolvimento e a modificação do próprio bairro.

DF Century Plaza, vistas interna e frontal, Águas Claras, Brasília DF, 2009

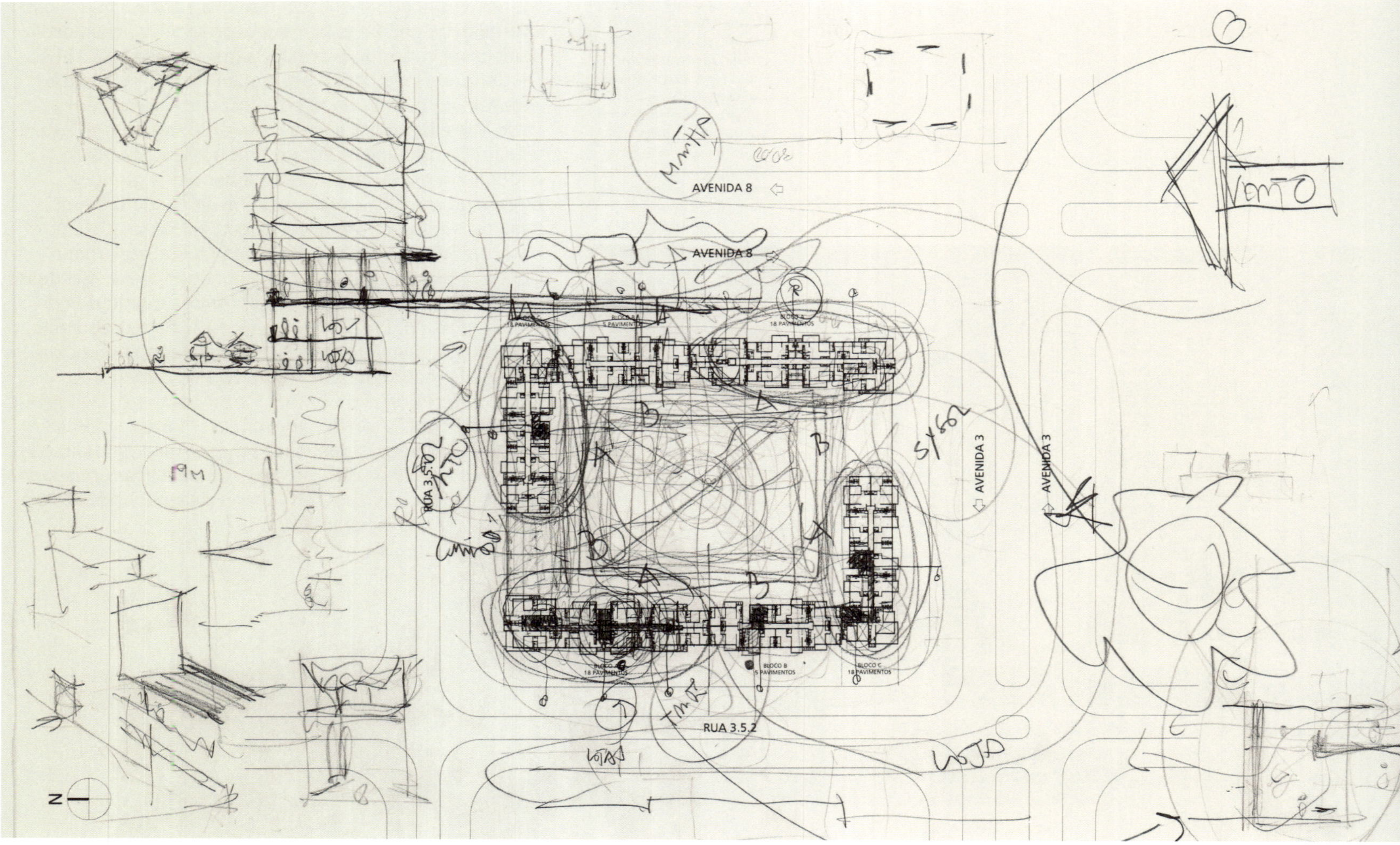

Edifício Soho Residence, croqui de estudo e foto aérea, Barra da Tijuca, Rio de Janeiro RJ, 2012

Talvez a situação de maior complexidade urbana tenha sido a do edifício Universe Life Square (2007), complexo multiuso de 150 metros de altura construído na região central de Curitiba em um terreno de ponta de quadra, com três frentes e apenas 25 metros de profundidade. Terreno vizinho a um imóvel histórico, tombado pelo órgão estadual do patrimônio por ter sido sede da Universidade do Paraná.

Sobre um embasamento comercial contínuo, o volume se ergue em altura apenas no meio da testada, sendo que, por alguns metros, o edifício chega em toda a sua altura até o alinhamento da calçada. Já nas duas ruas laterais, o edifício encontra a calçada com volumes baixos. Um volume de vidro do mall comercial atinge a calçada grudado ao imóvel histórico, com o qual mantém o alinhamento e a mesma altura, criando uma continuidade até a praça de acesso, quando então se descortina o grande volume em altura. Em que pese a escala, as opções de desenho mostram uma preocupação com a criação de um edifício que componha com o entorno na constituição da paisagem urbana. No Universe, a referência ao imaginário criado na primeira década do século 20 em torno do arranha-céu ficou restrita a uma perspectiva de apresentação: nesse desenho bem-humorado, o edifício salta do fundo escuro da cidade como um farol em direção ao céu, ao futuro, a uma nova era. Mas o Universe foi desenhado para a cidade ao seu redor. Também em Curitiba, o escritório projetou o condomínio residencial La Place, formado por duas torres alinhadas, em terreno de grande profundidade. Desenvolvido dentro do conceito de condomínio clube, entre as torres há uma praça elevada com cerca de 900 metros quadrados, com plantas, bancos e espelho d'água.

No Rio de Janeiro, o edifício Soho Residence (2012) está localizado no coração de Jacarepaguá onde, de acordo com o Plano Piloto de Lúcio Costa para a Barra da Tijuca e Baixada de Jacarepaguá, elaborado em 1969, estaria o Centro Metropolitano da Guanabara. O plano de Lúcio Costa, elaborado ainda sob o mesmo momento do plano de Brasília, buscou conciliar urbanização e preservação do meio ambiente, com núcleos habitacionais em altura e espaçados entre si, dentro de uma lógica de grandes distâncias a serem vencidas pelo automóvel. O plano foi muito alterado, especialmente no que diz respeito à preservação do meio ambiente, mas manteve, no entanto, a lógica rodoviária e as grandes distâncias do urbanismo moderno. O traçado urbano da Barra, aliado às grandes glebas disponíveis, atraiu uma ocupação dominada por condomínios fechados, shopping centers e grandes equipamentos.

A área destinada ao centro metropolitano ficou por anos vazia, até que se transformou em um grande canteiro de obras no boom imobiliário, com a construção de shopping, hotéis e edifícios comerciais e residenciais. O edifício Soho Residence ocupa uma quadra inteira, com mais de quinhentos apartamentos, mas, sensível à mudança de mentalidade em relação à cidade, seu projeto propôs uma ocupação periférica da quadra em um desenho que simula pequenos edifícios geminados, impressão reforçada pelas variações de altura e de revestimento. Dessa forma, buscou criar uma diversidade adequada à escala do pedestre, mais próxima à da Zona Sul do Rio, subvertendo o traçado moderno da Barra da Tijuca. Embora se encaixe na ideia de um condomínio fechado, inclusive com grande área de lazer privativa, o Soho tem uma arquitetura que desafia esse conceito, com seu embasamento comercial e torres voltadas para a cidade.

Edifício The Prime Tamandaré Office

edifício de uso misto, setor Oeste, Goiânia GO, 2008

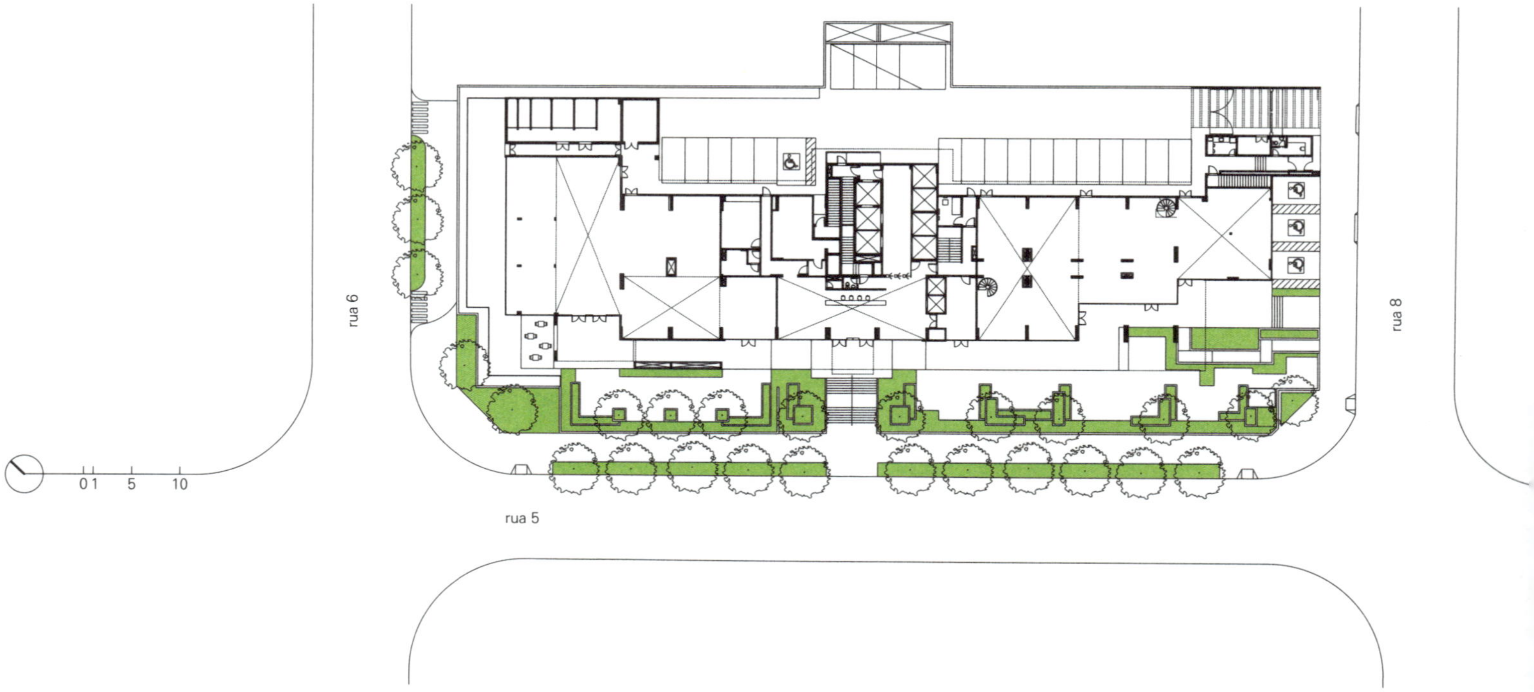

Planta térreo

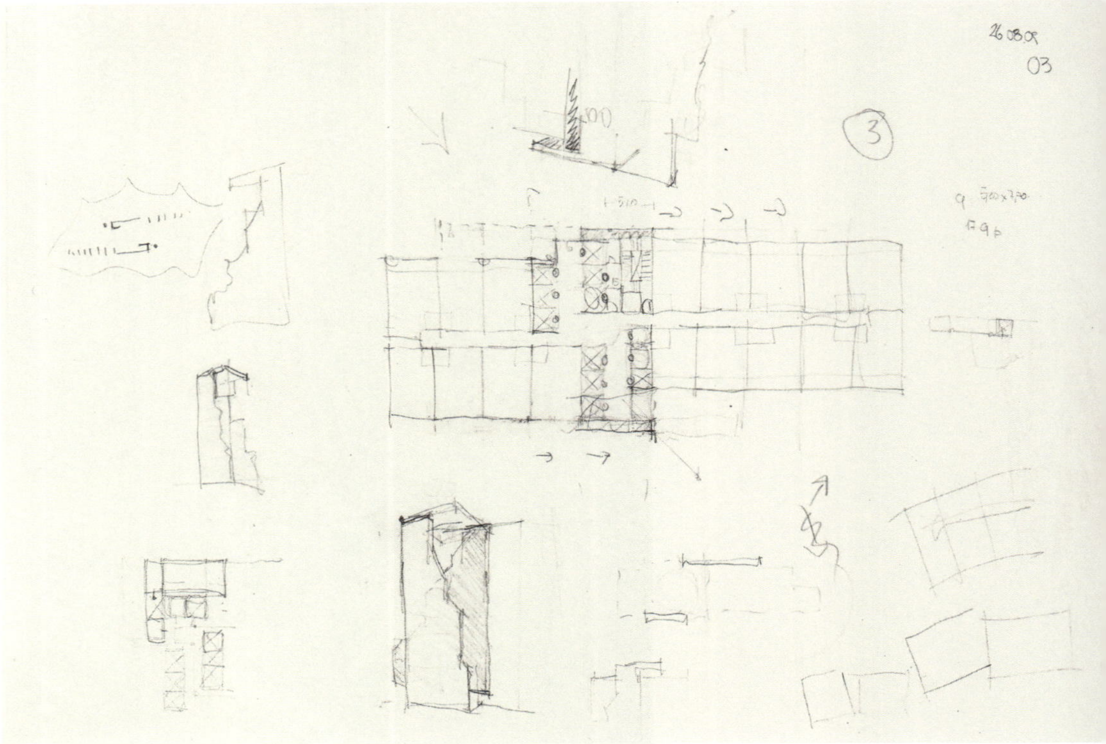

Croqui de planta tipo e
estudo de volumetria

Edifício Universe Life Square

edifício de uso misto, Centro, Curitiba PR, 2007

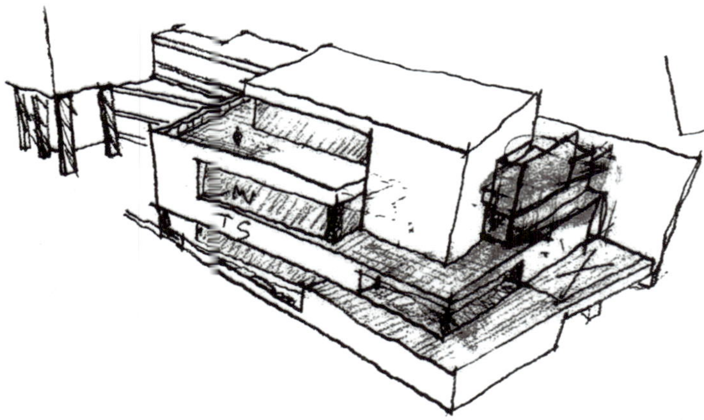

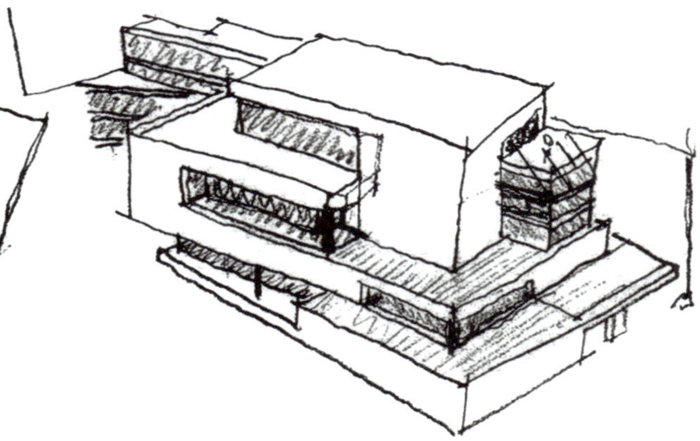

Edifício Universe Life Square, estudo de volumetria, foto e perspectivas, Curitiba PR, 2007

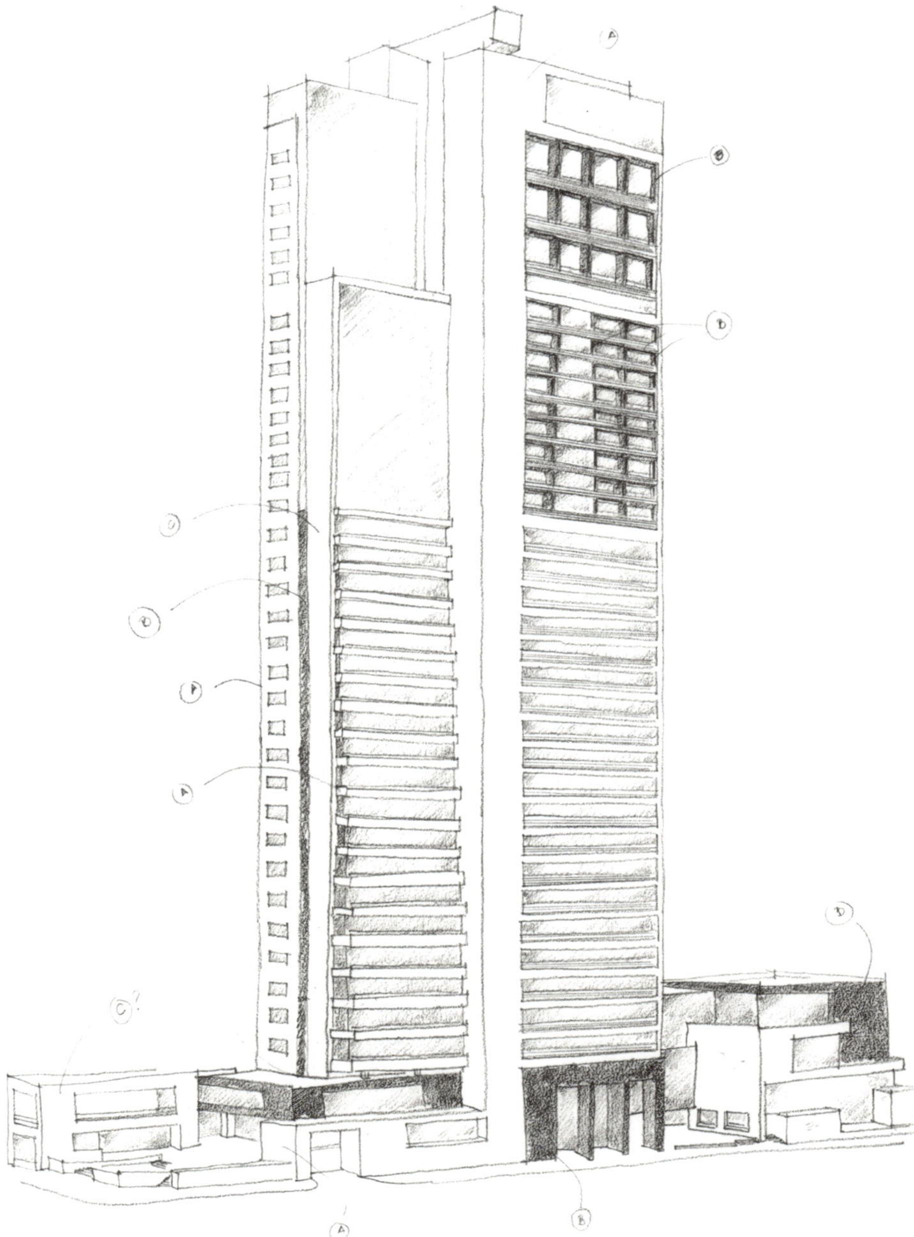

Ideias para viver na cidade

Algumas obras da segunda década do século 21 apontam sutilmente para o desenvolvimento de uma nova sensibilidade frente à vida urbana. Isso se dá pela conjugação de determinadas características que, embora não sejam em si mesmas exclusivas ou inéditas, aparecem combinadas de uma forma específica, com certa implantação e relação com o espaço público, com uma determinada materialidade.

Nos edifícios de moradia, o investimento em arquitetura por parte do setor imobiliário passou a se estender também aos conjuntos com unidades menores. Mudanças nas famílias romperam a antiga associação simplista entre metragem e padrão construtivo. Mudanças de mentalidade acerca da vida na cidade levaram à revalorização de bairros consolidados, e a proximidade aos corredores de transporte público, especialmente sobre trilhos, passou a ser percebida como vantagem para um grupo de pessoas que vê como qualidade de vida a possibilidade de prescindir do carro nos transportes diários.

Edifício Win Work
Ibirapuera, Vila Mariana,
São Paulo SP, 2011

O edifício Diseño Campo Belo (2010), inaugurado em 2012, está implantado junto à Estação Campo Belo de interligação da Linha 5-Lilás do Metrô com a futura Linha 17-Ouro do sistema de monotrilho. O edifício oferece unidades pequenas de 36 metros quadrados e, na cobertura, usufruindo a vista da cidade, área comum de lazer e descanso. Um modelo que se presta para moradia, mas também para hospedagem por pequenas temporadas. Valorizando a proximidade com o metrô, o jardim do edifício estabelece uma continuidade com o passeio público. O Diseño, construído em uma área em transformação na cidade, compõe com discrição o espaço público, contribuindo para sua qualificação.

O edifício Win Work Ibirapuera (2011), entregue em 2015, é um edifício de escritórios que foge um pouco do padrão. Na verdade, trata-se de um mini uso misto: são escritórios e um mall aberto para o passeio público. Há uma série de questões a observar na sua solução: a franca continuidade entre o espaço público e o mall; a ausência de ostentação no bloco de escritórios, com o térreo devidamente ocupado por unidades, limitando assim a área de hall; os acabamentos são quentes e os recuos laterais ocupados com jardim, sem a impessoalidade que em geral permeia os espaços comerciais. Valendo-se do fato de estar localizado em bairro central com ocupação mista, especialmente privilegiado pela proximidade com a área cultural e de lazer do Parque Ibirapuera, o empreendimento oferece o luxo, para quem já mora na região, de poder também viver ali, ou seja, trabalhar e consumir no mesmo bairro. O empreendimento se vale do bairro e o projeto, ao fornecer uma forma física a uma ideia de qualidade de vida urbana, qualifica o bairro.

Unindo habitação e escritórios, o edifício Meet SP (2012), entregue em 2018, também se afasta do convencional. Seus dois blocos, relativamente baixos, organizam-se ao redor de uma praça central. Ao mesmo tempo em que compõem um conjunto, revestimentos e recursos de desenho diferenciam os blocos, deixando claro o caráter residencial de um e comercial do outro. O projeto parece apontar para uma qualidade de vida que vai além da metragem individual, expande-se para o espaço externo qualificado – local de estar e de convívio em meio ao jardim – e, mais além, para o bairro de uso misto e a proximidade da Estação Sumaré do Metrô.

Paralelamente, nesses anos, o escritório Königsberger Vannucchi estabeleceu uma reestruturação no seu funcionamento, levada a cabo com a entrada de um novo sócio, o engenheiro Daniel Toledo. Junto a uma nova estrutura de trabalho, menos centralizada nos sócios fundadores, e relacionada a ela, ocorreu a adoção do sistema BIM (Building Information Modeling).

Quer em razão da nova dinâmica, ou não, o escritório desenvolveu, na última década, soluções para habitação muito distintas, não só por características intrínsecas ao programa, como por um compromisso com o contexto urbano imediato. Esse contexto, a ser remediado ou explorado plasticamente, torna-se indissociável da solução proposta.

O edifício Autoral (2016), conjunto residencial desenvolvido para a Tegra Incorporadora, recebeu o prêmio Master Imobiliário 2019 para sua categoria. O conjunto tem mais de 26.000 metros quadrados, distribuídos em três blocos justapostos de oito pavimentos dispostos em "L", conformando um grande jardim interno. Em um terreno com acentuado declive, o Autoral tem entrada pela rua Cotoxó e fundos para a avenida Pompeia. Para evitar a situação desfavorável de três níveis de estacionamento na fachada da avenida Pompeia, a solução dada foi ocupar o perímetro dos pisos de estacionamento com apartamentos. Com isso, parte da área privativa foi implantada abaixo do nível térreo, com ganhos logísticos na ocupação do lote, o oferecimento de maior diversidade de soluções com o conceito de apartamento-casa, mas principalmente, com um grande ganho na relação com o entorno urbano.

O edifício MN15 (2016), próximo ao Parque Ibirapuera, ocupa um terreno alongado, paralelo à rua Manoel da Nóbrega, com torre única. Com um apartamento por andar, a solução com varanda em todo o entorno das áreas sociais e dos dormitórios buscou oferecer uma sensação de casa e o amplo descortino da vista. O empreendedor buscava uma arquitetura marcante, nesse aspecto, a angulação desencontrada das lajes, concebida para permitir árvores de médio porte nos terraços, cumpre também o papel de diferenciar a torre na paisagem paulistana.

O edifício Vistta Alto da Lapa (2017) e o conjunto Las Villas Ipiranga (2012), por coincidência, ocupam terrenos irregulares, com frente para mais de uma via. O Vistta está inserido em um meio de quadra, em um ponto elevado do bairro. Esse cenário urbano e sua solução em torre única e alta geraram uma situação em que, ao mesmo tempo em que permite a fruição da vista, a torre também é vista. Assim, a angulosidade de suas varandas oferece um desenho abstrato nas duas laterais menores, como um vinco que percorre toda a elevação. O conjunto Las Villas, ao contrário, está em uma região plana, junto ao riacho do Ipiranga. É formado por quatro blocos baixos posicionados ao redor da área de lazer, em uma solução mais introspectiva, que lembra a das antigas vilas paulistanas.

Condomínio Las Villas
Ipiranga, São Paulo SP, 2012

Edifício Vistta Alto da Lapa,
São Paulo SP, 2017

O edifício Normandie (2018), em Moema, está implantado bem defronte ao eixo da rua Normandia, logradouro com um quarteirão de extensão que corta a quadra fronteira ao edifício. Com seu calçamento de paralelepípedos e sequência de casas com telhados inclinados que datam da década de 1950, a rua Normandia, hoje comercial, evoca um cenário urbano pretérito. O Normandie fecha a perspectiva dessa pequena rua com uma fachada em que a marcação das lajes está conjugada a poucos fechamentos maciços, com varandas reentrantes e cantos de vidro, um desenho que optou pela abstração formal de traços horizontais e verticais, oferecendo, com esse contraponto formal, uma complementaridade contemporânea ao cenário urbano da rua Normandia.

Edifício Normandie, São Paulo SP, 2018

Em uma outra situação urbana, nos Jardins, em lote de esquina, o edifício Arte Concreta (2020) responde ao local com uma rotação da planta: a ala dos quartos é paralela à rua Padre João Manuel, enquanto as áreas sociais assumem uma inclinação de 45° em relação às vias confluentes e se voltam para a esquina. Um canteiro para vegetação marca essa articulação do volume.

Edifício Meet SP

complexo de uso misto, Pinheiros, São Paulo SP, 2012

Planta térreo

rua Alves Guimarães

ENTRADA

Edifício MN15

edifício residencial, Paraíso, São Paulo SP, 2016

Planta tipo, pavimentos ímpares

Edifício Arte Concreta

edifício residencial, Jardins, São Paulo SP, 2020

Planta tipo

9. Ver: LORES, Raul Juste. Praça dos Franceses: sete prédios desenvolvidos entre 1973 e 1985.

Em maio de 2020, a revista *Veja* deu espaço para uma reclamação *"not in my backyard"* de moradores do Condomínio Praça dos Franceses, na Bela Vista, contra um futuro projeto residencial desenvolvido pelo escritório Königsberger Vannucchi, sob encomenda da Canopus Construtora, para um terreno difícil nos fundos daquele condomínio. Em junho de 2020, na mesma revista, o escritório Königsberger e Vannucchi defendeu seu projeto. O interesse em retomar esse debate é a grande mudança na visão de cidade que separa os empreendimentos.

O Plano Diretor de 2014 e os eixos de adensamento urbano

O Condomínio Praça dos Franceses foi lançado na década de 1970. Composto por sete torres – totalizando quinhentos apartamentos de 70 metros quadrados a 240 metros quadrados – foi projetado pelo casal de arquitetos Ermanno Siffredi e Maria Bardelli.[9] O projeto parece ter buscado um isolamento em relação à cidade, atingido, por um lado, graças a uma grande praça frontal junto à rua dos Franceses e, por outro, ao desnível de 30 metros com a rua de trás, a Almirante Marques de Leão. A solução levou a uma relação bastante ruim com a rua dos fundos. A opção da praça frontal empurrou os edifícios para o talude, gerando um paredão que começa com o embasamento do conjunto, seguido pelos três pavimentos de estacionamento e, por fim, pelos 28 pavimentos da lâmina contínua de cinco edifícios. Na época da incorporação, nos anos 1970, foi desmembrado um lote nos fundos desse conjunto. Esse terreno, na rua Almirante Marques de Leão, com 150 metros de testada por aproximadamente um décimo de profundidade, desde então vazio, oferece ao passeio um muro contínuo, acima do qual assoma a impressionante massa edificada do Condomínio Praça dos Franceses.

Proposta para a rua Almirante Marquês de Leão, diagrama e perspectiva renderizada, Bela Vista, São Paulo SP, 2019

10. Ver: Königsberger Vannucchi Arquitetura. Prédios não cobrem paredão da praça dos Franceses, dizem arquitetos.

O projeto do escritório Königsberger e Vannucchi propôs, nessa tripa de terreno, dois blocos laminares, com dois acessos independentes, com uma fachada que sugere seis blocos geminados, buscando uma escala mais próxima do pedestre. Na sua defesa, o escritório Königsberger e Vannucchi apontou exatamente a melhoria do entorno pela interface dos novos edifícios com a rua, em consonância com o Plano Diretor de 2014, quase o oposto do isolamento buscado pelos empreendedores do condomínio Praça dos Franceses.

> Pensado para todos, o projeto pretende contribuir para a solução de problemas estruturais do entorno imediato, do bairro e da cidade. [...] Após cinquenta anos, o novo Plano Diretor do Município permitiu dar vida a esse terreno baldio. O projeto em questão pretende trazer benefícios importantes para o entorno: amplo passeio para pedestres, fachada ativa com comércio e olhos na rua por conta da ausência dos recuos frontais. [...] materialização dos objetivos urbanísticos de uma cidade compacta, dinâmica e sustentável.[10]

Infelizmente, a construtora desistiu do empreendimento. Até segunda ordem, segue o terreno baldio com seus 150 metros de muro.

O Plano Diretor do Município de São Paulo de 2014 estabeleceu eixos de estruturação da transformação urbana, buscando atrair a produção imobiliária para áreas ao longo dos eixos de transporte público e ao redor das estações de metrô. Esses eixos contam com legislação específica, visando não só o adensamento – por meio de uma cota máxima de terreno por unidade habitacional, aliado ao aumento do coeficiente de aproveitamento –, mas também a qualificação urbanística: fachada ativa, proibição de muros contínuos, calçadas largas, fruição pública, uso misto, desincentivo para vagas de garagem.

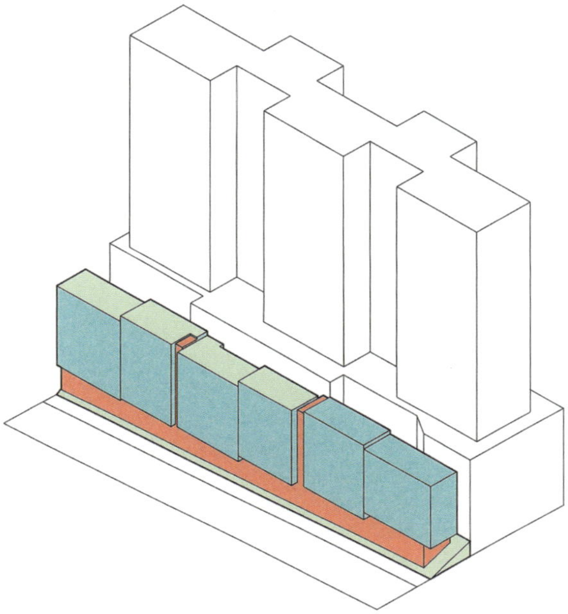

No início dessa terceira década do século 21, a alteração nesses eixos de estruturação da transformação urbana é notável. No Tatuapé, especificamente, a alteração urbana junto ao metrô está sendo capitaneada pela empresa Porte Engenharia e Urbanismo, que vem investindo na criação de um polo empresarial, o Eixo Platina, agregando também comércio, habitação e lazer. A Porte assumiu o discurso da qualificação urbanística, por exemplo, em 2015, a empresa doou à Prefeitura de São Paulo gradis para substituir o muro que cercava o Centro Esportivo, Recreativo e Educativo do Trabalhador – Parque Ceret, com isso, a área de 28,6 hectares tornou-se permeável ao entorno.

O número de empreendimentos de uma mesma construtora ao longo de uma via no chamado Eixo Platina levou ao epíteto de *nova Berrini*. A avenida Engenheiro Luís Carlos Berrini despontou como polo de negócios em São Paulo a partir de meados da década de 1970, com vários empreendimentos frutos da parceria entre o arquiteto Carlos Bratke e a construtora Bratke Collet. No entanto, mais uma vez, é grande a mudança na visão de cidade entre a construção da avenida Berrini sobre um canal de drenagem próximo à via expressa da marginal do rio Pinheiros e a concepção do Eixo Platina. Na Berrini, fruto da legislação da época, o programa das torres era exclusivamente comercial (empresas e profissionais liberais), torres no centro do lote, apartadas da calçada e, consequentemente, sem lojas no térreo. O próprio desenho de alguns dos edifícios com um perímetro multifacetado era indissociável da ideia da torre isolada.

Ao longo da rua Platina, primeira paralela ao sul da Radial Leste, e no entorno das estações Belém, Tatuapé e Carrão do Metrô, a Porte planeja construir onze empreendimentos com o objetivo de atrair empresas e empregos para aquela região e, também, evitar o êxodo de empresas e trabalhadores da região para outros bairros, minorando os grandes deslocamentos diários da população. A primeira fase desse plano da Porte conta com seis empreendimentos, a serem entregues até 2025, sendo três deles projetados pelo escritório Königsberger e Vannucchi.

O edifício Platina 220 (2014), inaugurado em 2022, ocupa uma quadra inteira vizinha ao Shopping Metrô Tatuapé. É um edifício que congrega hotel (190 quartos do 1° ao 10° pavimento), salas comerciais (do 12° ao 24° pavimento), cinquenta salas corporativas (do 25° ao 46° pavimento), e oitenta unidades habitacionais (do 1° ao 11° pavimento), com acessos independentes aos diferentes usos. Todo o térreo é ocupado por dezenove lojas voltadas para a calçada. Além da interação com seu entorno urbano imediato, o Platina 220, com seus 172 metros de altura, atua como um marco na paisagem. Com perímetro aproximadamente quadrado, a volumetria do Platina 220 explora plasticamente o agrupamento de prismas bem definidos de base retangular. O prisma central, ensanduichado por prismas mais baixos, segue em toda a altura do conjunto e se destaca pela cuidadosa irregularidade no tamanho e disposição das aberturas, contrastando com a regularidade e o tom escuro dos volumes mais baixos. À distância, a diminuição do volume em direção ao topo funciona bem como marco na paisagem. Já para o entorno, o padrão aparentemente randômico das aberturas do corpo central parece diminuir o apelo monumental que edifícios de grande porte necessariamente carregam, incorporando a torre na variada paisagem paulistana. Para quem transita na calçada, a interface são as lojas voltadas para o passeio.

Eixo Platina, proposta de intervenção urbanística, Tatuapé, São Paulo SP, 2014

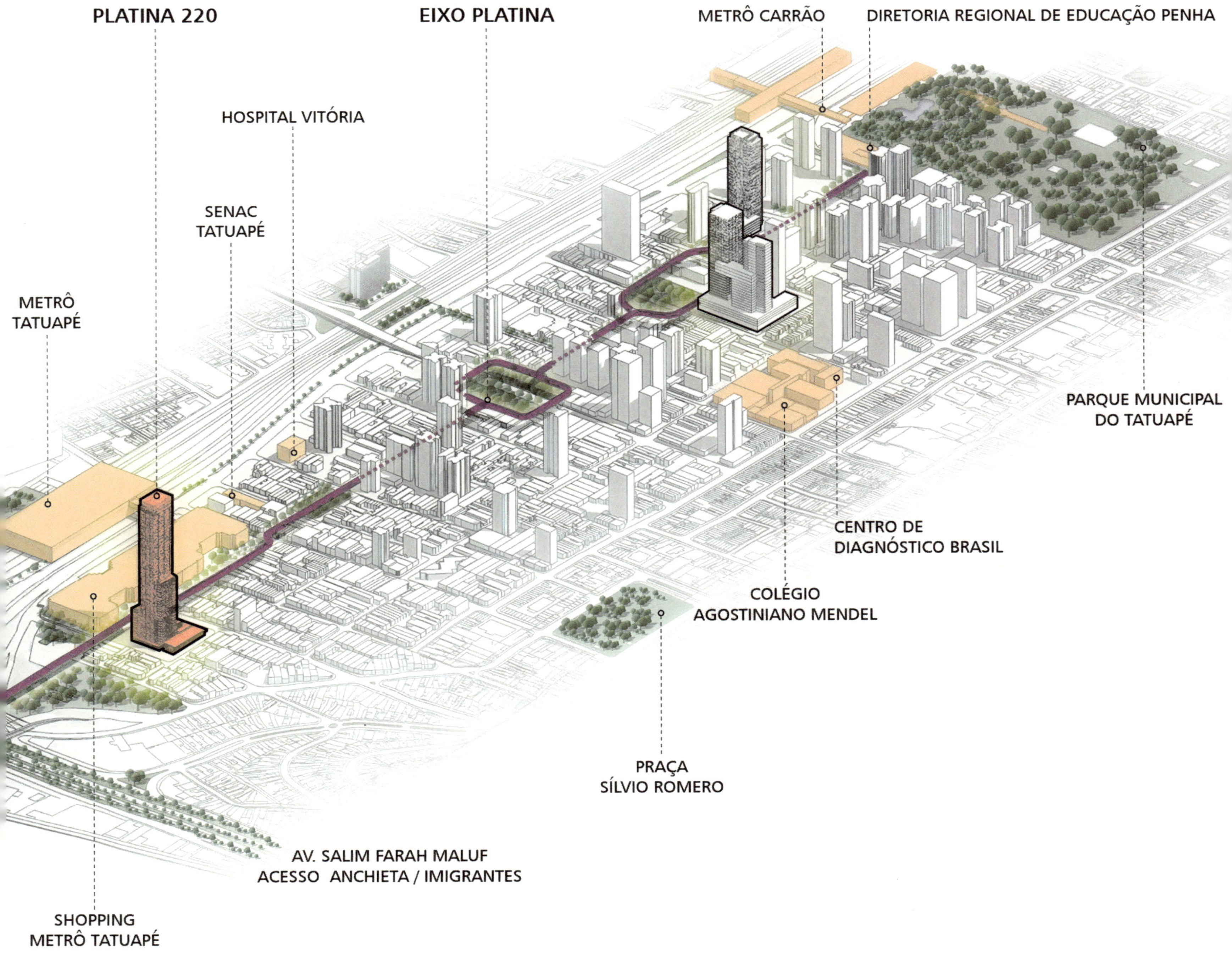
PLATINA 220
EIXO PLATINA
METRÔ CARRÃO
DIRETORIA REGIONAL DE EDUCAÇÃO PENHA
HOSPITAL VITÓRIA
SENAC
TATUAPÉ
METRÔ
TATUAPÉ
PARQUE MUNICIPAL
DO TATUAPÉ
CENTRO DE
DIAGNÓSTICO BRASIL
COLÉGIO
AGOSTINIANO MENDEL
PRAÇA
SÍLVIO ROMERO
AV. SALIM FARAH MALUF
ACESSO ANCHIETA / IMIGRANTES
SHOPPING
METRÔ TATUAPÉ

Os outros dois edifícios de uso misto, projetados pelo escritório Königsberger e Vannucchi no Eixo Platina, estão localizados junto à outra ponta da rua Platina, mais próximos da estação Carrão do Metrô. O edifício Almagah 227, projetado entre 2014 e 2020, é formado por duas torres que ocupam um terreno irregular que se estende por boa parte de uma quadra urbana junto à praça Barão de Itaqui. Uma sequência de lojas junto ao passeio ocupa o térreo do conjunto em praticamente três quarteirões. No meio do quarteirão da rua Airi, um único acesso de pedestres conduz às duas torres por meio de um hall central de distribuição. Além do embasamento comum, as duas torres voltam a se interligar em uma caixa ponte à meia altura. Essa caixa suspensa, com fechamento em vidro, passa a impressão de ter sido engastada nas torres ficando levemente saltada, único traço extravagante na solução sóbria e modular dos dois blocos do Almagah 227.

Também junto à praça Barão de Itaqui, o Edifício Porte Metria 624 (2017) ocupa um terreno irregular na esquina da rua Platina com a rua Vilela, com um braço que chega até a praça. O programa do Metria 624 integra lajes corporativas, studios, lojas no térreo e uma instituição de ensino. Como no Platina 220, a volumetria do Metria 624 explora a ideia de uma justaposição de prismas de base retangular: um corpo baixo ocupa o braço de terreno que chega na praça Barão de Itaqui, seguem dois prismas com altura crescente em direção à esquina. Como nas outras torres, o térreo é ocupado com uma sequência de lojas voltadas para a calçada.

A alteração proposta pelo Plano Diretor do Município de São Paulo de 2014, nos eixos de estruturação urbana, vem gerando grandes mudanças mesmo em bairros mais centrais e consolidados, como é o caso de Pinheiros. Ali, os quarteirões entre a avenida Rebouças e as estações da Linha Amarela do metrô estão sofrendo um impressionante movimento de reconstrução; seus antigos sobrados residenciais, há muito reformados para uso comercial ou de serviços, estão agora dando lugar a edifícios novos, sempre com solução em altura. Em um desses edifícios novos, ao longo da avenida Rebouças, chama a atenção os enormes pilares de concreto em "V" na base da torre. Trata-se do HY Pinheiros (2019), um edifício corporativo, que também abriga outros usos em seu espaço, projetado pelo escritório Königsberger Vannucchi. O desenho dos pilares do piso térreo evoca, sem dúvida, intencionalmente, as soluções de apoio em "V" do modernismo brasileiro, especialmente exploradas por Oscar Niemeyer em soluções hoje antológicas, como no térreo do atual edifício do Museu de Arte Contemporânea da Universidade de São Paulo – MAC USP. O HY Pinheiros ocupa um terreno com profundidade variável, abrangendo toda a frente de quadra entre as ruas Capitão Antônio Rosa e Teçaindá. Assim como outras obras do escritório, o HY Pinheiros responde à sua situação urbana. A torre está localizada na parte de maior profundidade do lote, junto à esquina com a rua Teçaindá, e as duas linhas de pilares em forma de "V" são perpendiculares à avenida Rebouças. Paralelamente à Teçaindá, os pilares delimitam um passeio coberto. Para compor a frente de quadra para a avenida Rebouças, o escritório concebeu dois blocos baixos, de mesma altura, com fechamento em vidro: um bloco alongado e independente ocupa a nesga de terreno junto à esquina da rua Capitão Antônio Rosa, enquanto outro bloco está encaixado sob a torre. Ao ocupar o bloco alongado, a loja PBKids alterou bastante a solução formal, mas sem desvirtuar inteiramente o conceito.

Em diferentes bairros de São Paulo, incluindo Perdizes, Bela Vista, Higienópolis e Vila Mariana, a transformação urbana é evidente. Em Perdizes, próximo à futura Estação PUC – Cardoso de Almeida do Metrô, o edifício residencial Sou Perdizes (2019) foi projetado em um terreno em formato de "L", ocupando quase toda a área disponível e dividido em dois blocos com diferentes alturas, oferecendo lojas no térreo e área de lazer no topo. O condomínio Facto Paulista (2017), na Bela Vista, é composto por duas torres interligadas formando um "U", com unidades habitacionais pequenas, lojas no térreo e uma variedade de serviços e espaços de lazer. Próximo à Estação Higienópolis/Mackenzie, o Edifício Sergipe Boutique Apartments (2021) propõe um adensamento urbano com 192 habitações, incluindo studios e unidades para aluguel de curta temporada, além de uma loja no térreo, com uma configuração que cria uma impressão de dois prismas sobrepostos. Na Vila Mariana, o edifício Alameda 45 (2021) ocupa um lote de esquina e apresenta uma solução de programa misto, com espaços comerciais nos andares inferiores e uma torre residencial nos andares superiores, com a área de lazer localizada na cobertura do bloco comercial.

A Carandá Educação (2018), construída na Vila Mariana, em São Paulo, adotou uma solução em altura com ocupação perimetral do lote, para acomodar seu extenso programa. Isso resultou na criação de um pátio central, uma área de convívio que integra visualmente os diversos níveis escolares. Apesar da densidade de ocupação, o edifício mantém alguma permeabilidade com a rua, oferecendo o vislumbre do pátio interno. Construída com elementos pré-fabricados de concreto, o projeto foi premiado no 10º Prêmio Obra do Ano em Pré-Fabricados de Concreto, da Associação Brasileira da Construção Industrializada de Concreto – Abcic em 2021. O edifício foi construído para aluguel direcionado, no modelo *built to suit*, ou seja, desenvolvido especialmente para atender às necessidades de quem ocupará o imóvel.

A casa projetada por Gianfranco Vannucchi para sua família em São Francisco Xavier, na Serra da Mantiqueira, foi concebida sob medida, refletindo uma aparência singela com suas paredes brancas rugosas, a escada de alvenaria que leva à cobertura, os materiais naturais e a implantação no terreno que reverenciam a paisagem deslumbrante. Apesar dessa simplicidade, há uma grande sofisticação nos detalhes, desde o madeiramento do telhado e das esquadrias até a parede de concreto que contém a lareira, o padrão de desenho gerado pelo tijolo vazado e o deck com a pequena piscina.

Nos edifícios concebidos para cidades afluentes do interior de São Paulo, como o Montelena (2018), em São José do Rio Preto, o desafio é criar um marco que contribua para uma paisagem urbana menos amorfa. Esse condomínio residencial, composto por duas torres, destaca-se pelo ziguezague das sacadas, que diferencia o conjunto, e pela implantação que permite um jardim aberto para a calçada e uma área de lazer em laje elevada, proporcionando privacidade sem a necessidade de muros.

O Ícone Planeta (2020), um edifício residencial em Sorocaba, destaca-se como um marco na paisagem urbana, não apenas por sua altura imponente de 141 metros, mas também por sua concepção inovadora. Enquanto as cidades do interior tendem a crescer com a expansão dos condomínios fechados horizontais, o Ícone Planeta responde a uma força de atração, com uma torre de circulação vertical que atrai três retângulos que ali colidem. Cada unidade habitacional possui aberturas voltadas para as quatro faces, proporcionando apartamentos arejados e com amplas vistas, enquanto a implantação na ponta de quadra permite que o edifício seja apreciado por todos os lados.

Edifício Ícone Planeta, Sorocaba SP, 2020

Edifício Platina 220

edifício de uso misto, Tatuapé, São Paulo SP, 2014

Corte

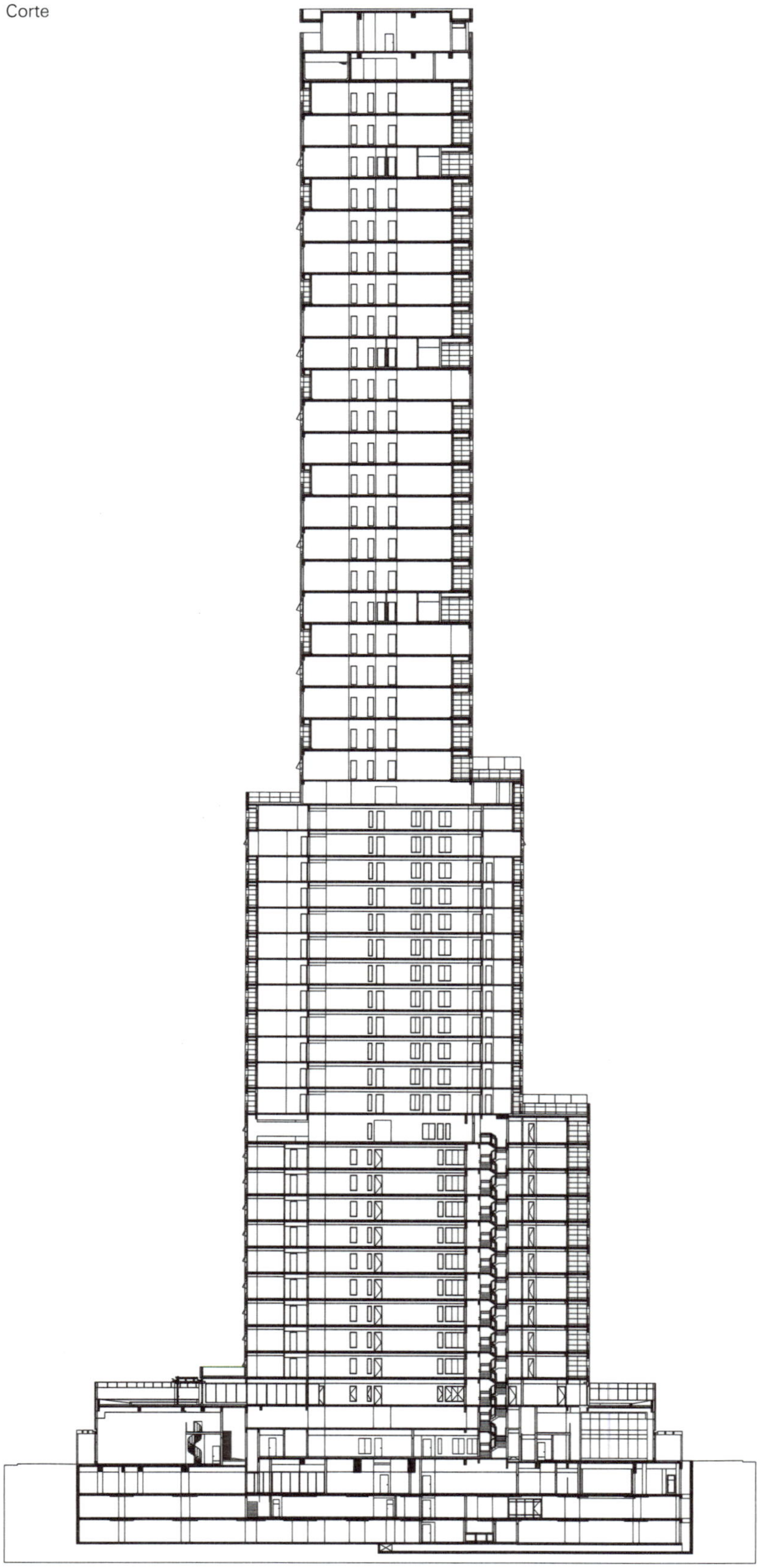

Planta térreo

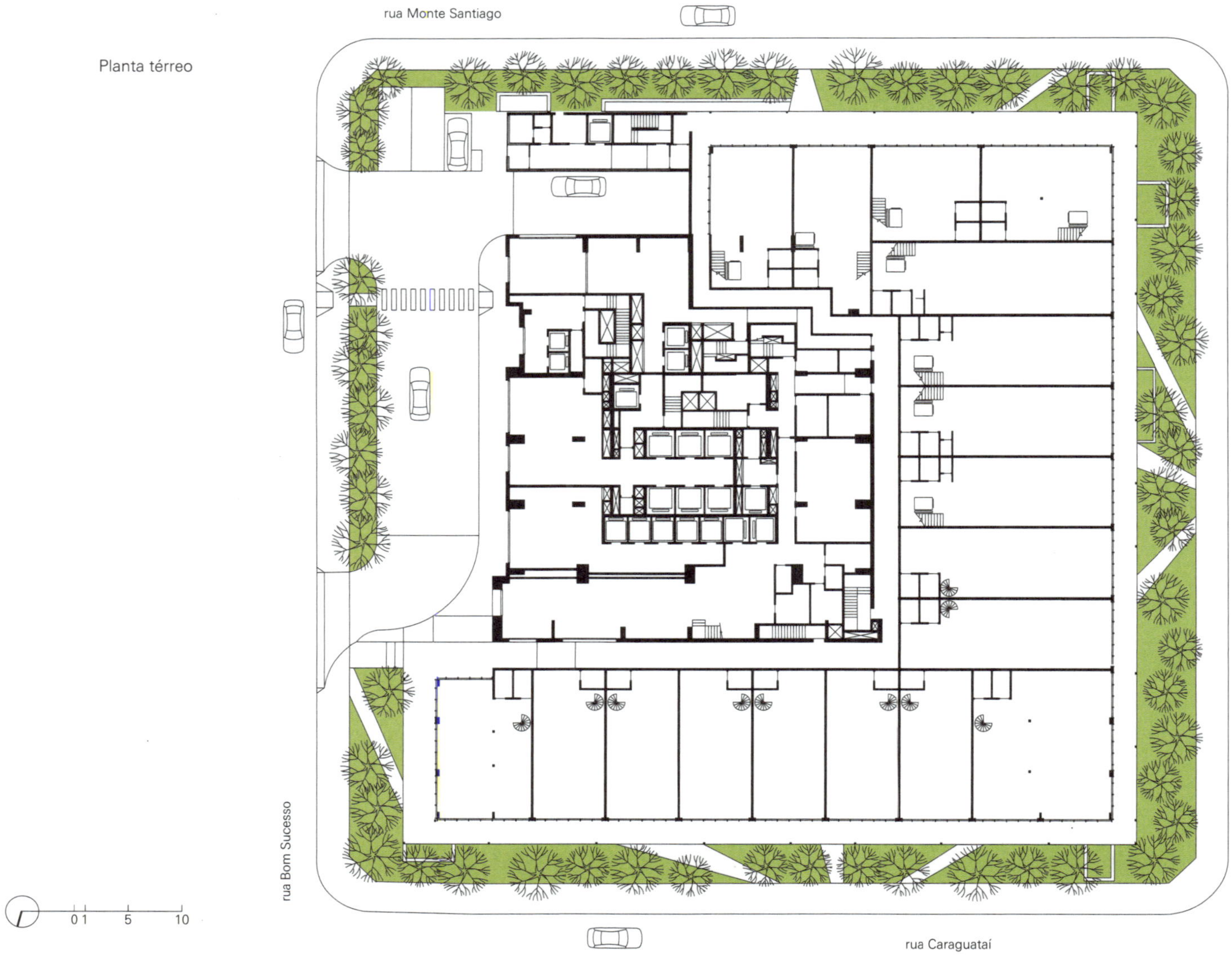

Croquis de estudo da volumetria

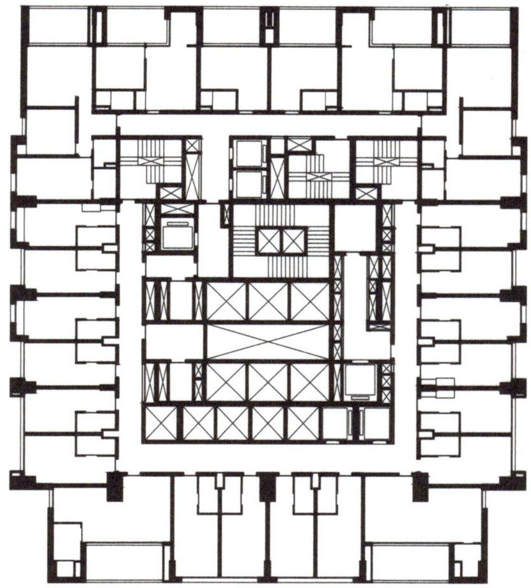

Planta tipo 3º, 7º e 9º
pavimentos, hotel e
residencial

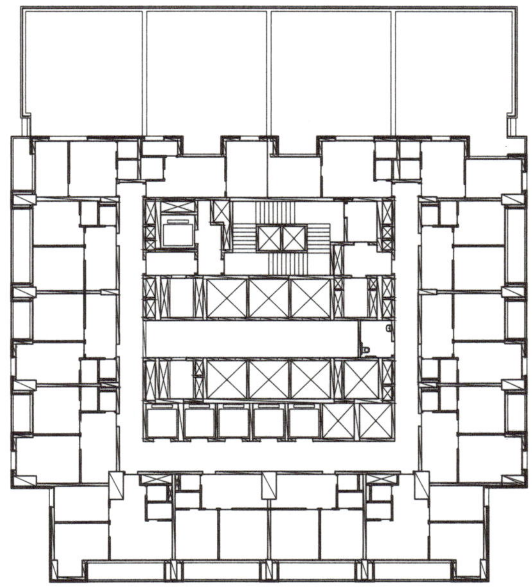

Planta tipo 18º e 22º
pavimentos, office

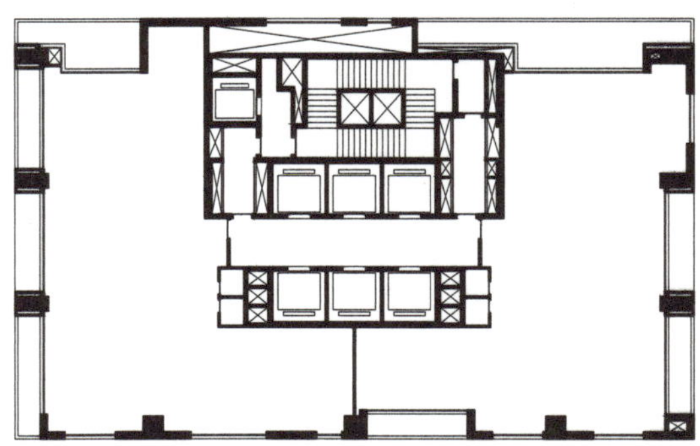

Planta tipo 31º, 35º, 39º e
45º pavimentos, corporate

Almagah 227

complexo de uso misto, Tatuapé, São Paulo SP, 2014

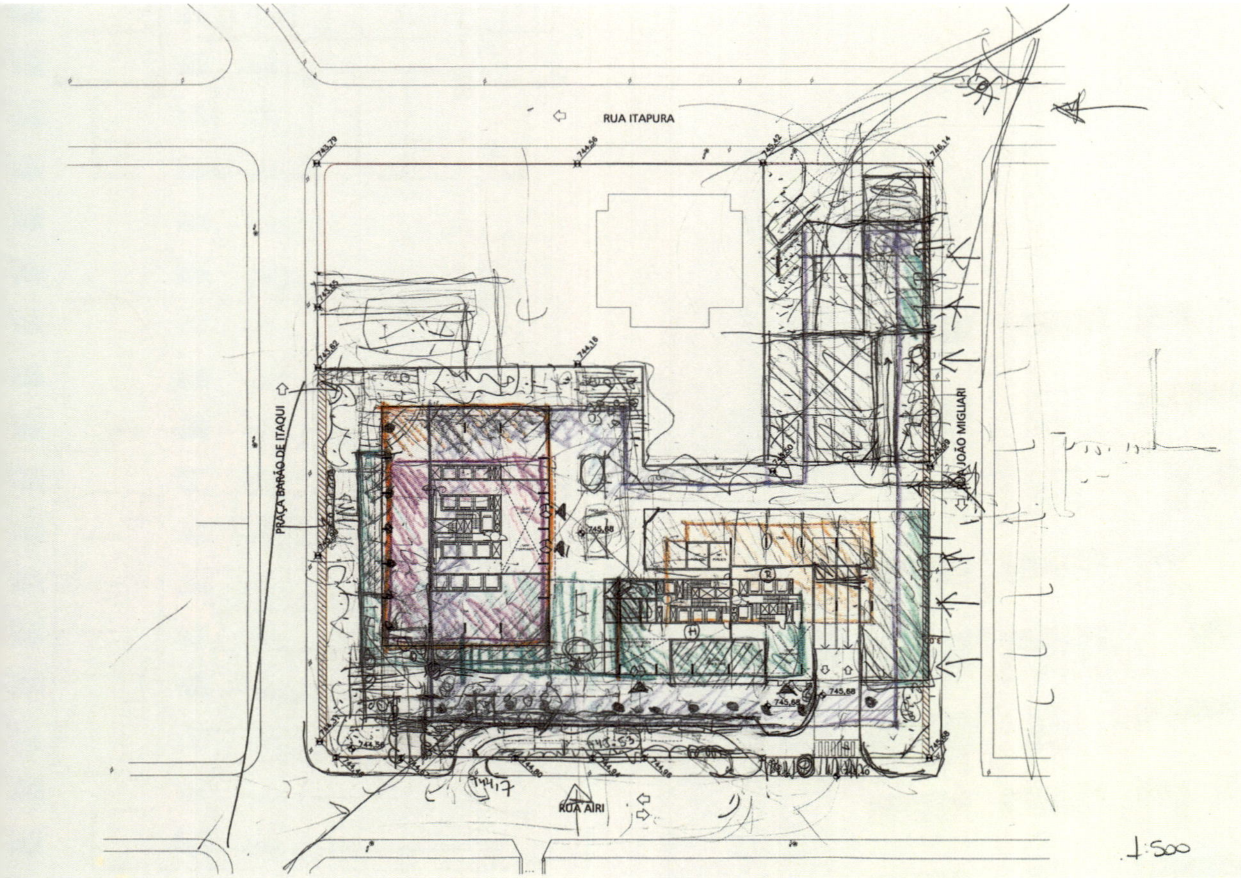

Croqui por Jorge Königsberger

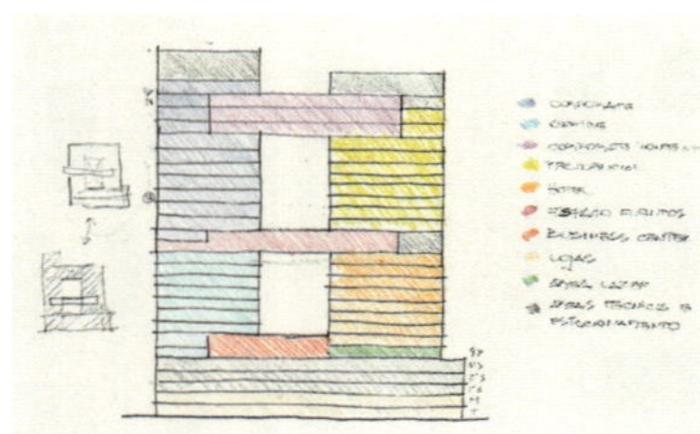

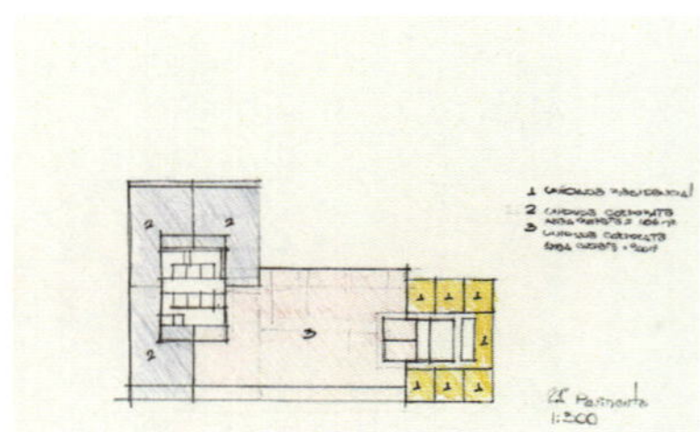

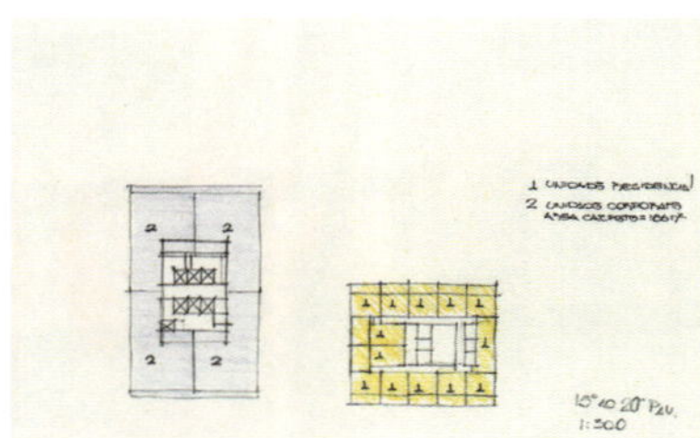

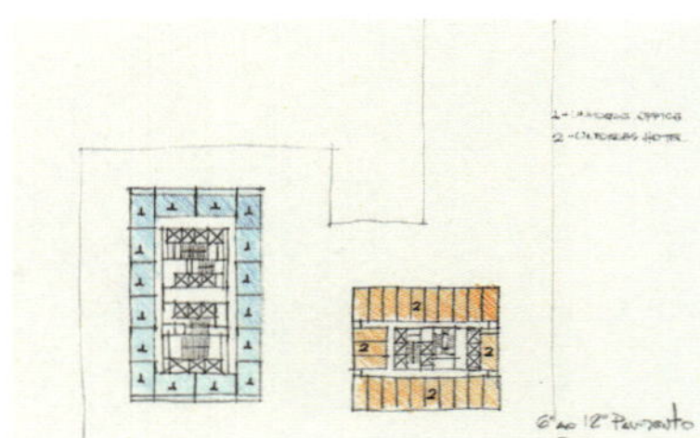

Estudos dos pavimentos para diferentes usos

CORP.
RESID
ACADEMIA
OFFICE
HOTEL
LOBBY

ALMAGAH227
Almagah 227

Planta 3º pavimento e planta térreo

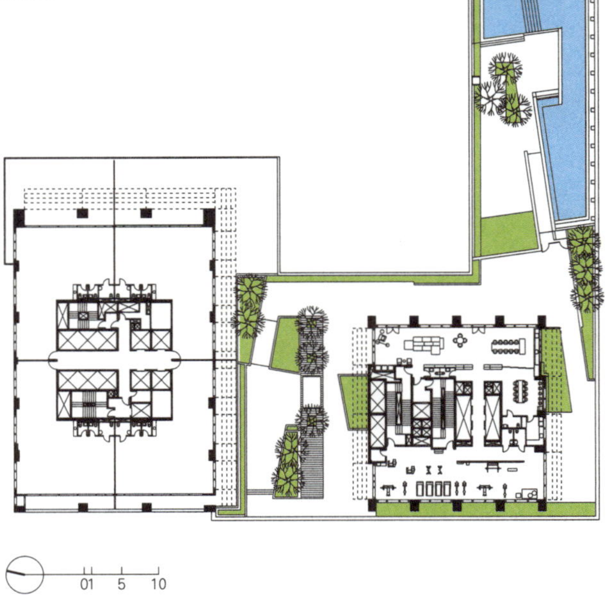

Edifício HY Pinheiros

edifício de uso misto, Pinheiros, São Paulo SP, 2019

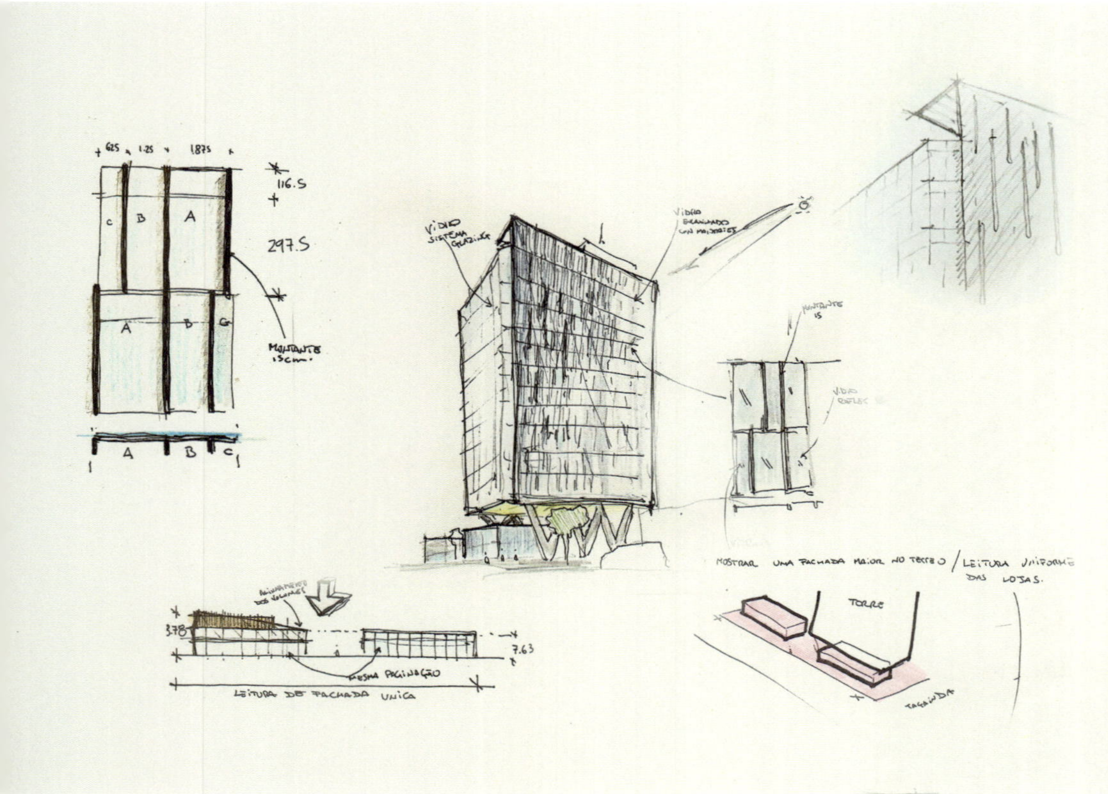

Planta térreo

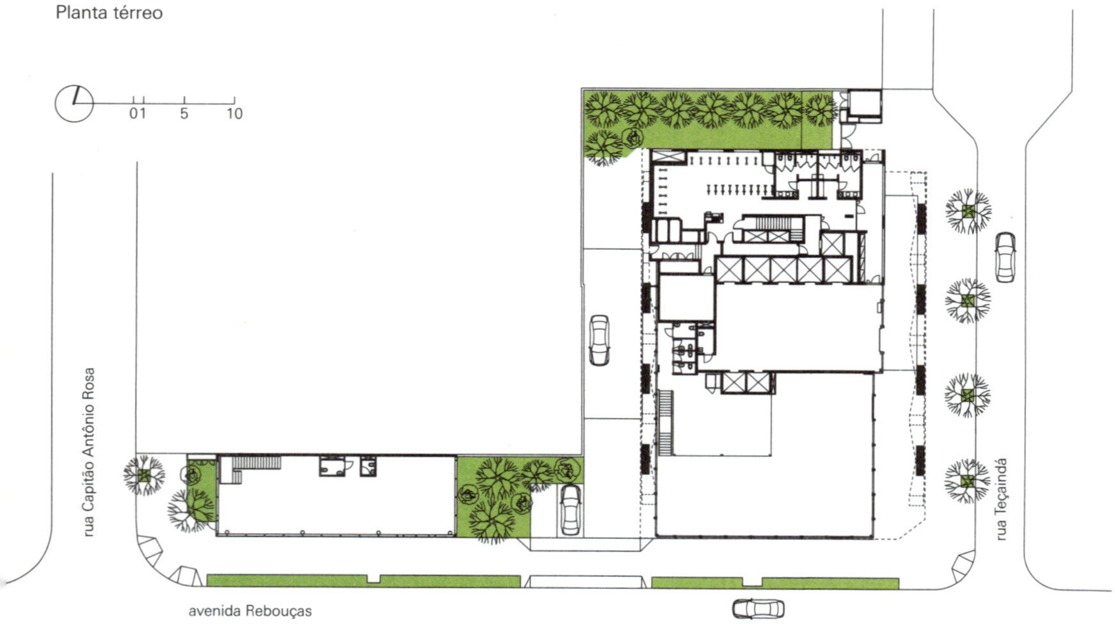

Edifício Sou Perdizes

edifício de uso misto, Perdizes, São Paulo SP, 2019

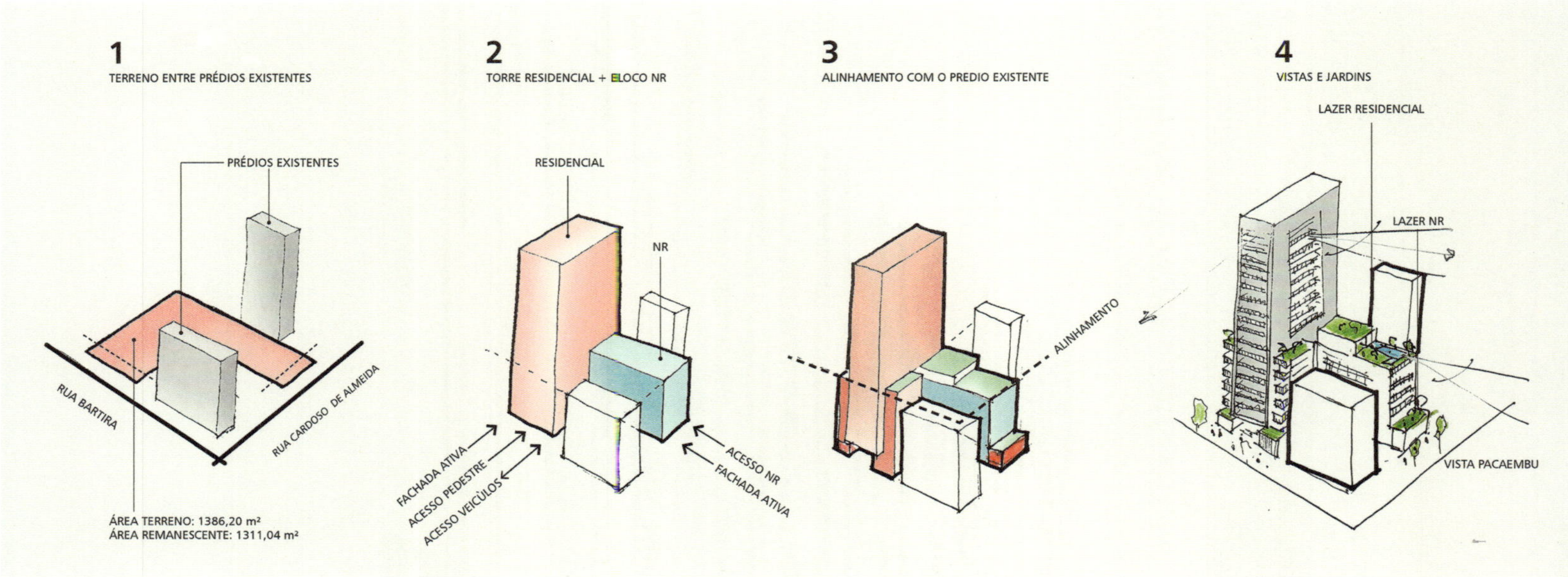

Perspectiva esquemática

10

190

Montelena by Tarraf

edifícios residenciais, Jardim Paulistano, São José do Rio Preto SP, 2018

Planta térreo

Carandá Educação

escola, Vila Mariana, São Paulo SP, 2018

Corte transversal

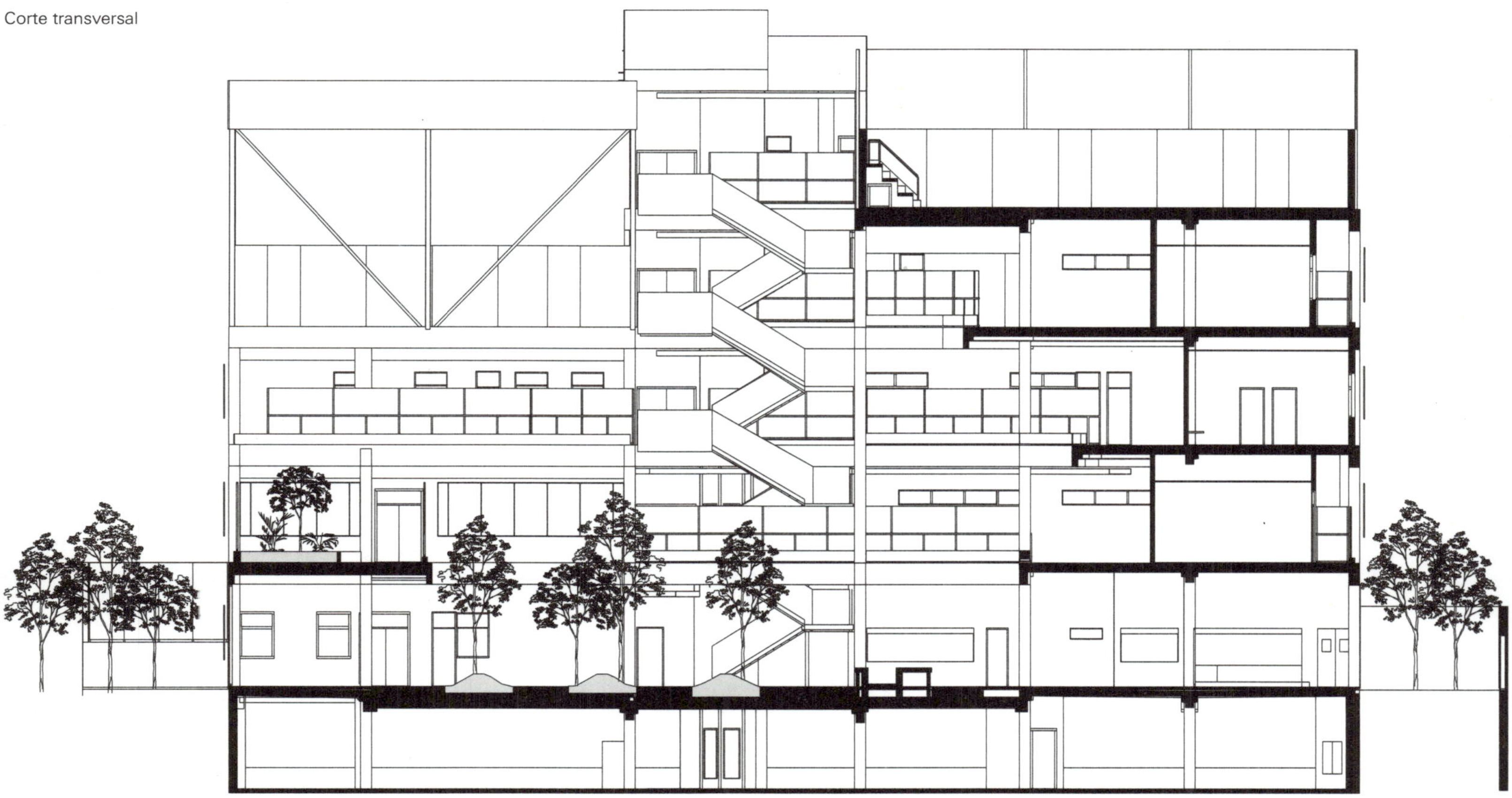

Planta térreo

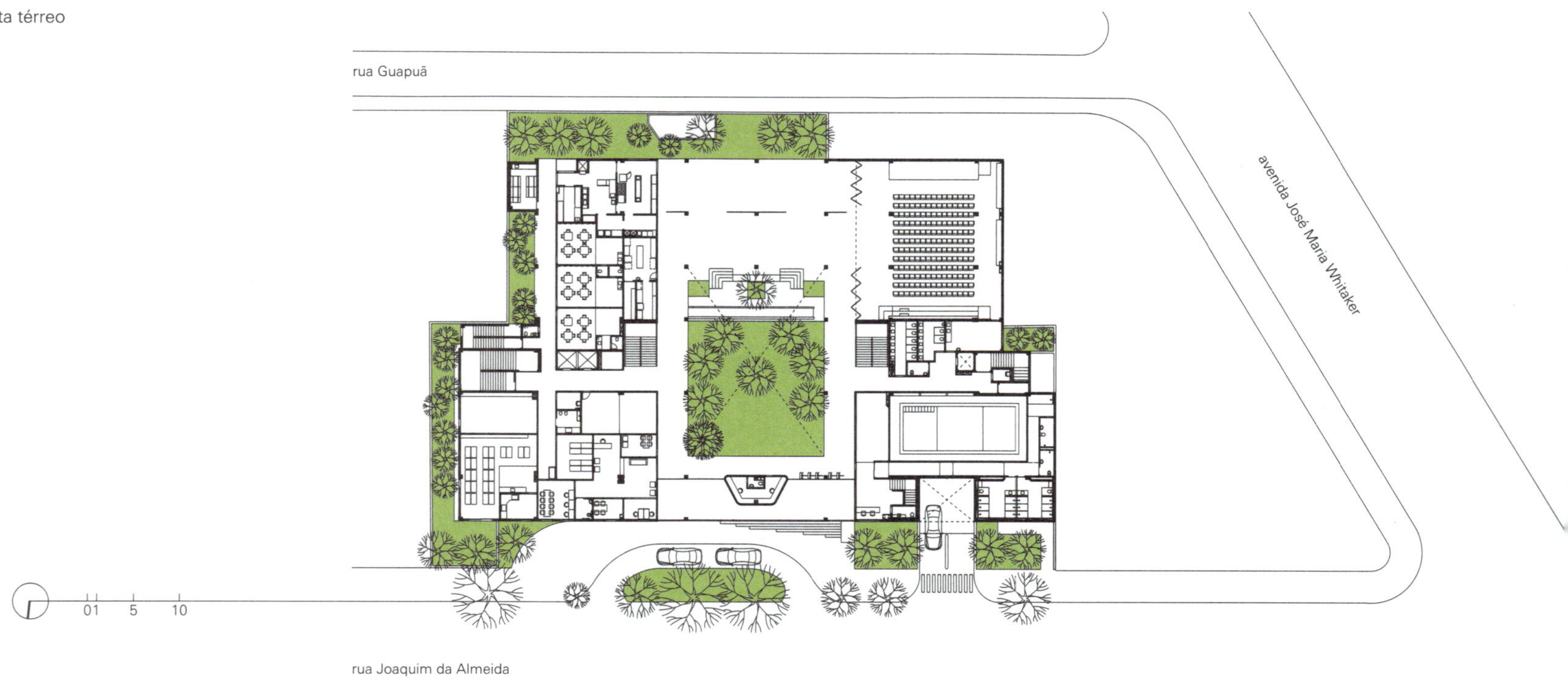

Planta 1° pavimento

Planta 2° pavimento

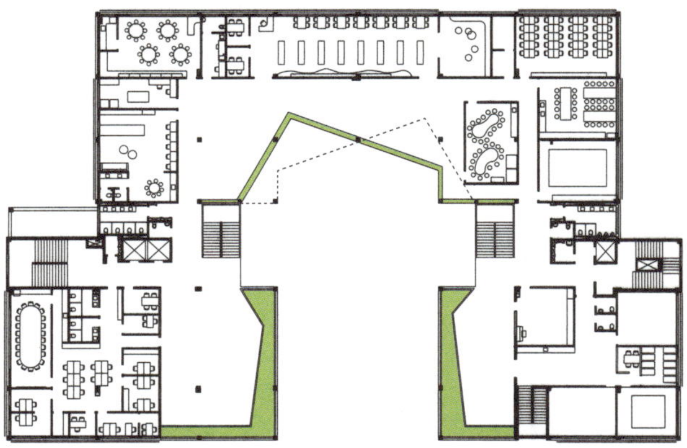

Casa São Francisco Xavier

GV e LR, São Francisco Xavier SP, 2017

Elevações, desenhos por
Gianfranco Vannucchi

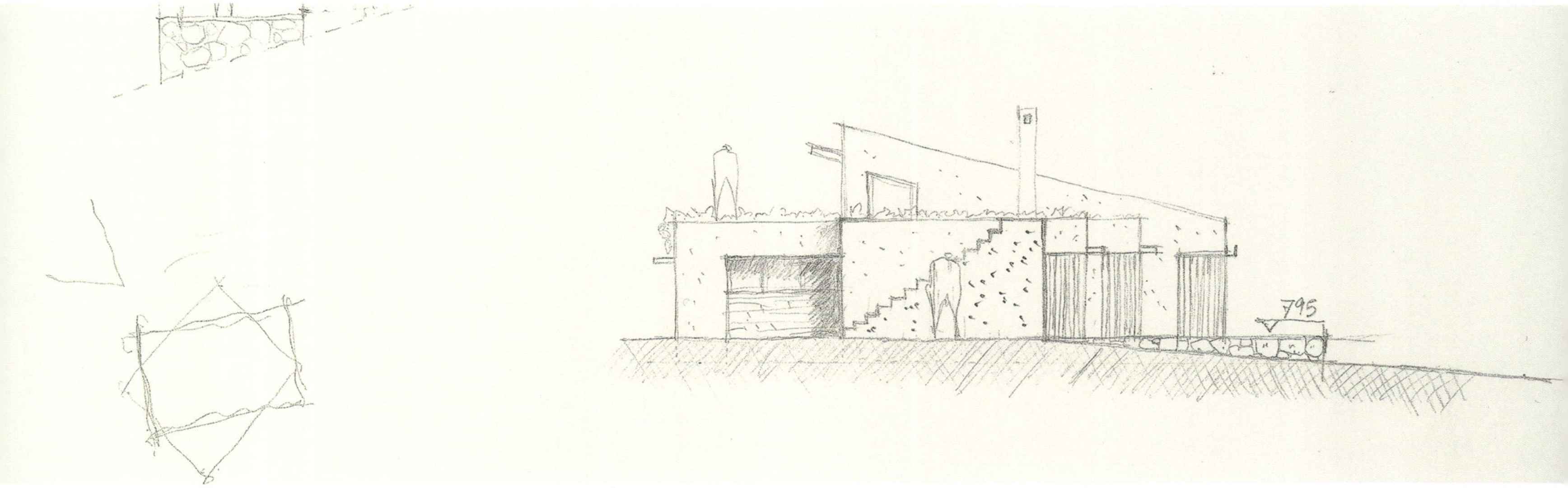

Cortes

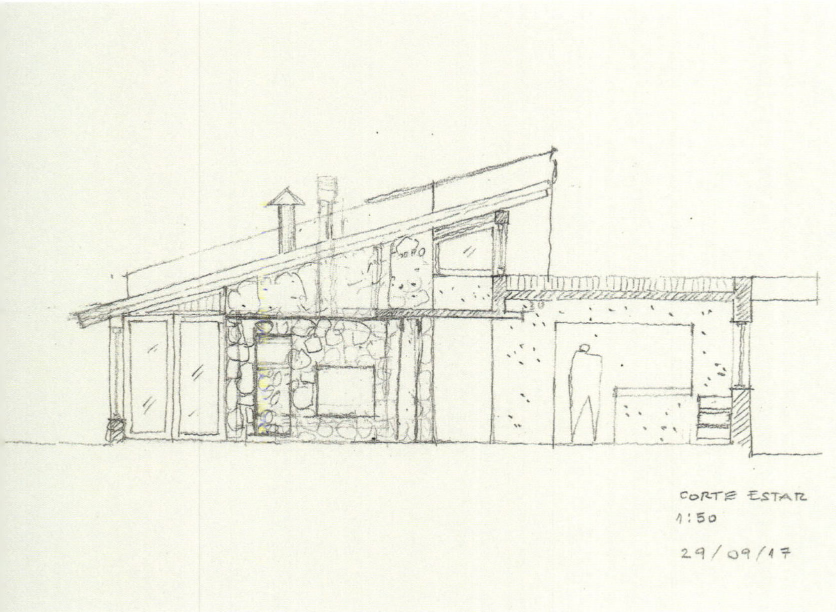

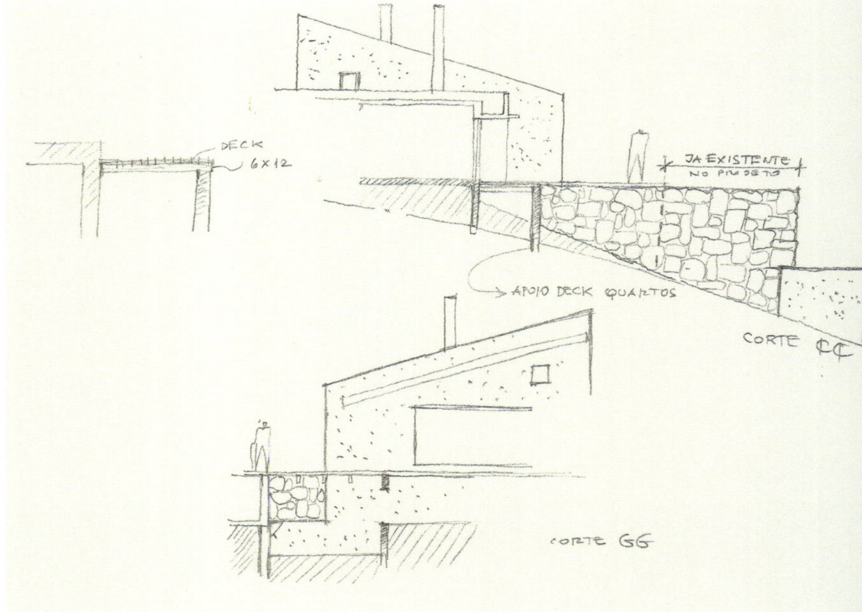

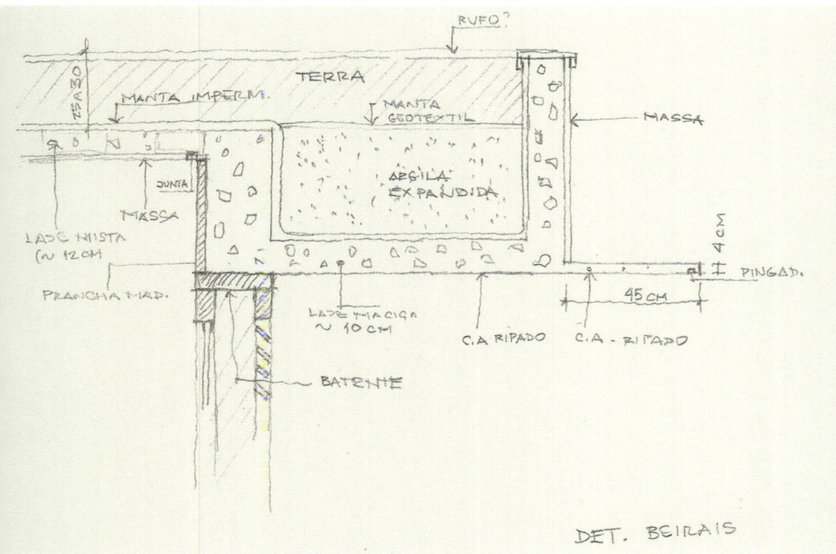

Detalhe dos beirais

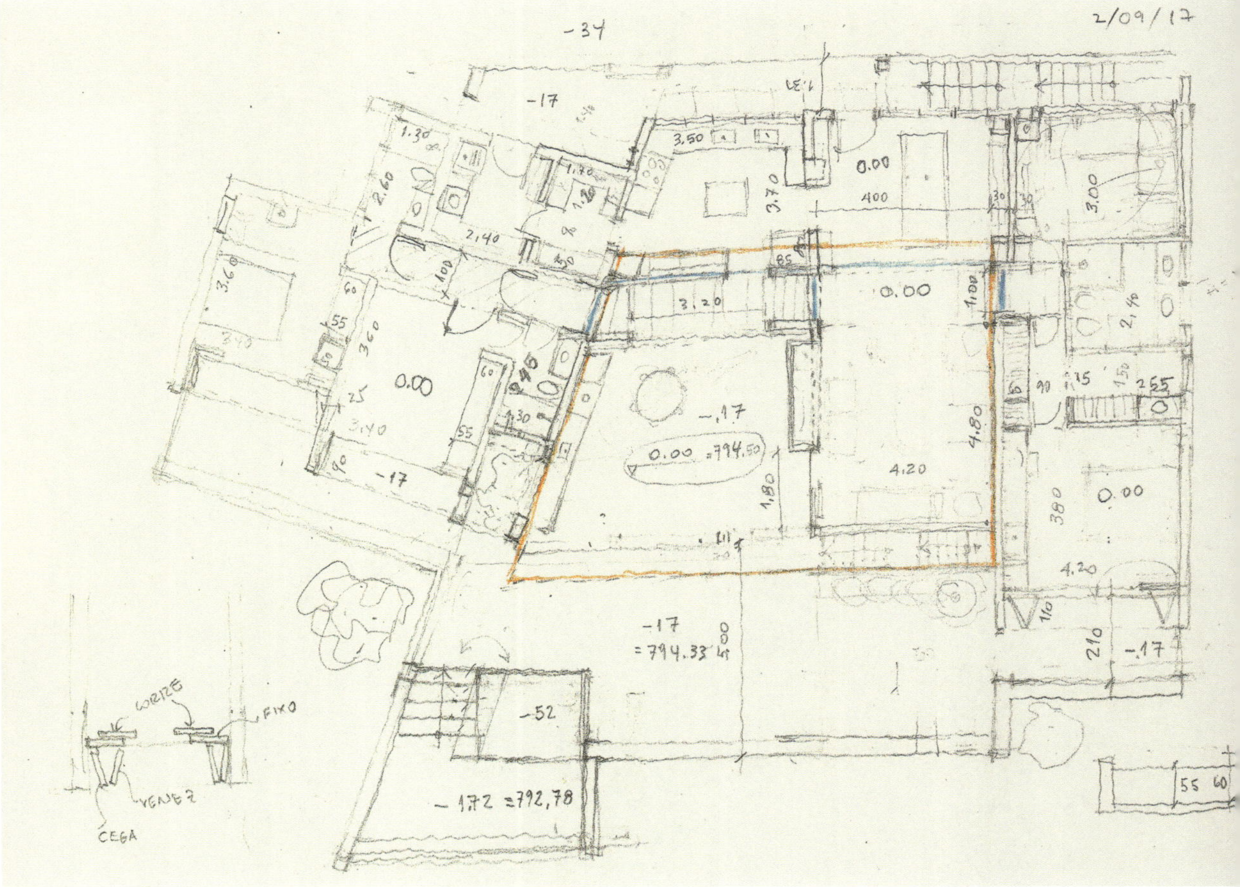

Planta térreo, estudo

Tateando caminhos

Nessas décadas de estrada, Jorge Königsberger e Gianfranco Vannucchi tiveram sua parte na transformação do cenário arquitetônico no Brasil, desde o ambiente relativamente fechado e autorreferente da década de 1970 até a cena contemporânea, fragmentada e conectada internacionalmente. As questões culturais/identitárias deixaram de buscar o nacional ou o regional, são temáticas, referentes ao local urbano, à própria disciplina, à tipologia de cada programa arquitetônico. Além disso, parece estar em curso uma brutal mudança cultural na percepção da cidade, ao menos nos grandes centros urbanos.

Proposta vencedora do concurso Ideias Paulista para Todos, com Tagü Paisagismo, São Paulo SP, 2018

Proposta para Anhangabaú navegável, São Paulo SP, 2017

Proposta "caminhos de luz" para o Centro de São Paulo SP, 2018

O grande número de pessoas que usufruem de suas horas de lazer nos finais de semana sobre o asfalto, em vias vedadas à circulação de automóveis, compõe talvez o fenômeno mais evidente da mudança em curso nas grandes cidades. Essa mudança passa pela superação de algo que por anos representou um ideal: a fluidez no transporte de massa baseado no automóvel particular. Em nome desse ideal, o tecido edificado foi rasgado impiedosamente por viadutos, túneis e alargamentos de vias. Por culpa desse ideal, os centros históricos das cidades brasileiras foram retalhados e considerados antiquados, com suas vias estreitas e edifícios sem garagem.

Se a paisagem das cidades brasileiras foi moldada pelo ideal do automóvel particular, a superação desse ideal, o entendimento de que a única maneira de conciliar uma boa cidade e a fluidez dos deslocamentos está em uma rede eficiente de transporte público, levará, eventualmente, a uma mudança na paisagem urbana. Em São Paulo, o último Plano Diretor de 2014, revisto e parcialmente alterado em 2023, fator crucial no desenho da cidade, estimula maior densidade junto aos eixos de transporte coletivo e, consequentemente, maior deslocamento a pé.

Os anos de pensamento urbano rodoviarista assistiram a uma precarização dos caminhos de pedestre na cidade, esses tornaram-se residuais, pobremente desenhados. A preocupação com a qualidade do espaço público acompanha desde o início a produção do escritório Königsberger Vannucchi, evidente na relação franca e direta que muitos dos edifícios mantêm com o passeio, no desenho de quadra aberta do conjunto Brascan Century Plaza, na proposta de uma praça pública entre o Sesc Avenida Paulista e o Itaú Cultural. O aumento de qualidade de vida das cidades brasileiras parece ser hoje o principal desafio no campo da arquitetura e do urbanismo no Brasil, uma equação complexa, de múltiplos fatores, em que o desenho de bons espaços públicos está longe de ser o mais simples.

11. LORES, Raul Juste. #SPSonha: um centro mais iluminado.

12. MELENDEZ, Adilson. Königsberger Vannucchi Arquitetos Associados, p. 94.

13. Idem, ibidem.

O hipódromo do Jockey Club de São Paulo – na avenida Lineu de Paula Machado, hoje central na mancha urbana – com área de 586.000 metros quadrados, poderia ser um espaço de uso público mais permeável à cidade. Um acordo entre a Prefeitura de São Paulo e a diretoria do Jockey Club (que tem um passivo com o município) permitiu sonhar com essa possibilidade. Em 2017, um consórcio entre os escritórios Königsberger Vannucchi e Levisky Arquitetos elaborou uma proposta para o Jockey e a Prefeitura de São Paulo visando a requalificação urbana e a preservação do patrimônio tombado do clube, as obras seriam custeadas pela iniciativa privada, incluindo 91.760 metros quadrados de restauro, 150 mil metros quadrados de parque privado de uso público, propostas de integração com o bairro e com a cidade. O aumento da qualidade urbana passa por tornar as vias do entorno mais amistosas ao pedestre, com uma série de recursos como alargamento de calçadas, faixas de pedestre em lombada mantendo o nível do passeio, criação de ilhas e abas de apoio para a travessia de pedestres. Além disso, a eliminação de cerca de dois quilômetros lineares de muro que hoje fecham a área junto à avenida Lineu de Paula Machado e à rua Doutor José Augusto de Queiroz permitirá a fruição visual de quem transita pela calçada ao redor.

O projeto mantém o turfe, visando maior aproximação da atividade com a vida da cidade. Propõe-se a reforma da Vila Hípica, com as edificações protegidas, permitindo modificações internas, para abrigar restaurantes, galerias, escritórios, entre outros. Além disso, sugere-se o aproveitamento de toda a área interna à pista de corridas, destinando a maior parte a um parque de uso público. Para não concorrer com o turfe, o parque foi pensado abaixo do nível da pista, preservando a visibilidade das corridas. Na avenida Lineu de Paula Machado, o plano indica que algumas construções não tombadas sejam substituídas por construções novas com uso institucional ou cultural com o térreo em pilotis e o mesmo gabarito das tribunas preservadas. Por fim, a proposta de construções verticais de uso misto – edifícios icônicos – em duas áreas: a área das antigas cocheiras, próxima à avenida Eusébio Matoso (13.928 metros quadrados) e uma área livre próxima à Marginal Pinheiros e à avenida Doutor José Augusto de Queiroz (19.430 metros quadrados). O Jockey possui bens tombados nas instâncias municipal e estadual e está incluído em uma Zona de Ocupação Especial – ZOE. No entanto, a revisão do Plano Diretor de São Paulo, em 2023, destinou a área do hipódromo a um parque municipal, o que inviabiliza novas construções no terreno, gerando desafios para a concretização do plano.

O escritório Königsberger Vannucchi tem se envolvido em discussões sobre melhorias urbanas em São Paulo. Sua defesa dos rios urbanos foi apresentada em uma montagem provocativa que recria o córrego do Anhangabaú. A proposta dos "caminhos de luz", foi publicada na revista *Veja*,[11] consiste em vias luminosas que serviriam como indutores de percursos a pé. Inspirada no caráter estrutural dos rios no desenvolvimento urbano de diversas cidades europeias, a ideia do escritório visa eleger caminhos que funcionem como rios na indução da melhoria urbana. Por exemplo, no caminho da praça da República ao jardim da Luz, as vias Ipiranga e Cásper Líbero receberiam melhorias no calçamento, mobiliário urbano, iluminação e avaliação do zoneamento, visando não apenas melhorar o caminho, mas também impactar positivamente o entorno, criando um ciclo virtuoso de aumento da qualidade urbana.

Em dezembro de 2018, o escritório Königsberger Vannucchi, em parceria com Mauricio Alito da EKF Arquitetura de Exteriores (atual Tagü), venceu um concurso fechado de ideias para aumento da qualidade urbana do espaço público da avenida Paulista: o Festival de Ideias Paulista para Todos, iniciativa do Esquina.net.br. A proposta vencedora consiste em peças de concreto pigmentado de alta resistência fixadas nas muretas dos canteiros existentes, compondo diferentes modelos de bancos. Seriam mais de mil assentos ao longo da avenida, com tomadas USB, emissão de sinal de Wi-Fi, sistema de iluminação LED, caixa de som e um aplicativo interativo para aquele espaço urbano.

Ao longo da estrada, o escritório Königsberger Vannucchi tem procurado, com sua práxis, provar a tese de que é possível conciliar uma resposta profissional ao mercado imobiliário mantendo a pesquisa e reflexão. No meio arquitetônico brasileiro, a questão é controversa. O perfil do escritório, publicado em 2018 pela revista *Projeto*, afirma a importância da produção da Königsberger Vannucchi, "a despeito de ela estar concentrada no mercado imobiliário".[12] A justificativa para essa ressalva, segundo a revista, está no passado, em um período em que "tornaram-se questionáveis os parâmetros da (boa) arquitetura contratada pelas empresas do segmento".[13] Hoje a situação é outra, muitos empreendimentos imobiliários são assinados por escritórios de ponta no Brasil e, naturalmente, o Königsberger Vannucchi tem sua parte nessa mudança de cenário. Manter, como Jorge Königsberger e Gianfranco Vannucchi, um escritório de arquitetura por esse tempo no Brasil, enfrentando ao menos quatro décadas de crescimento econômico pífio, exige muito profissionalismo e expertise. E muita paciência.

Parque do Jockey
requalificação urbana, Cidade Jardim, São Paulo SP, 2017

Projeto de requalificação urbana
e preservação do patrimônio,
em parceria com Levisky Arquitetos

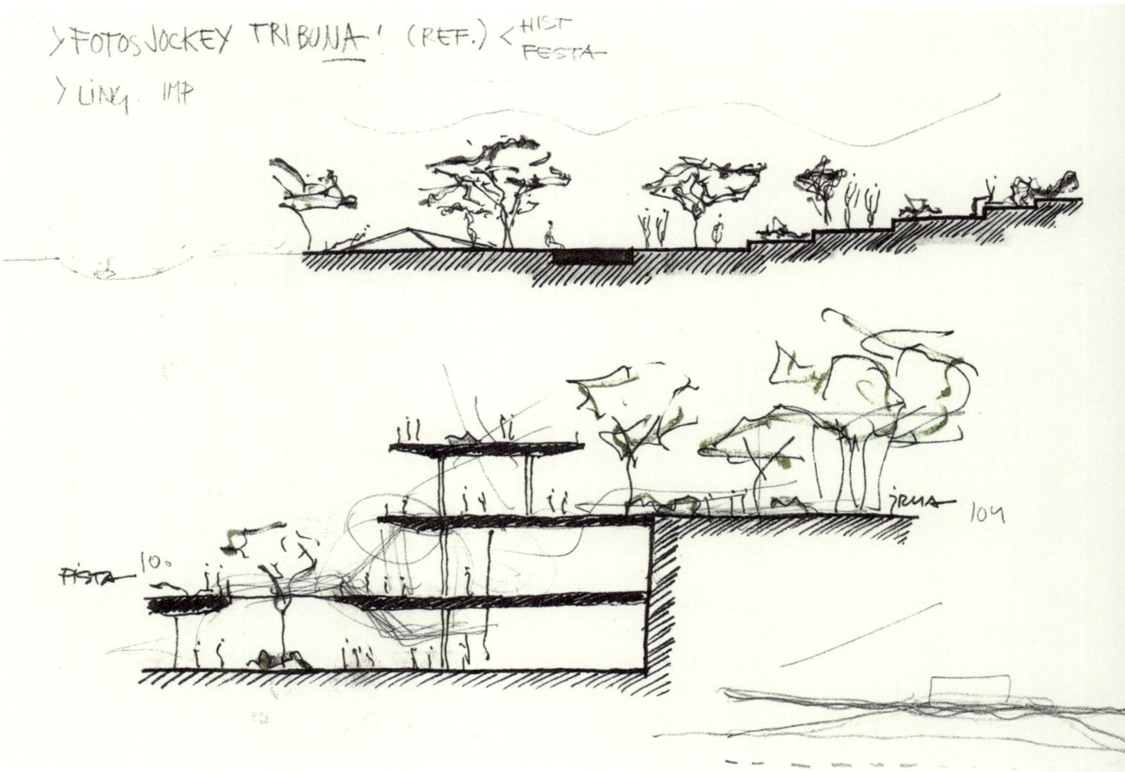

Corte da marquise

Perspectivas renderizadas

Perspectiva renderizada

Implantação

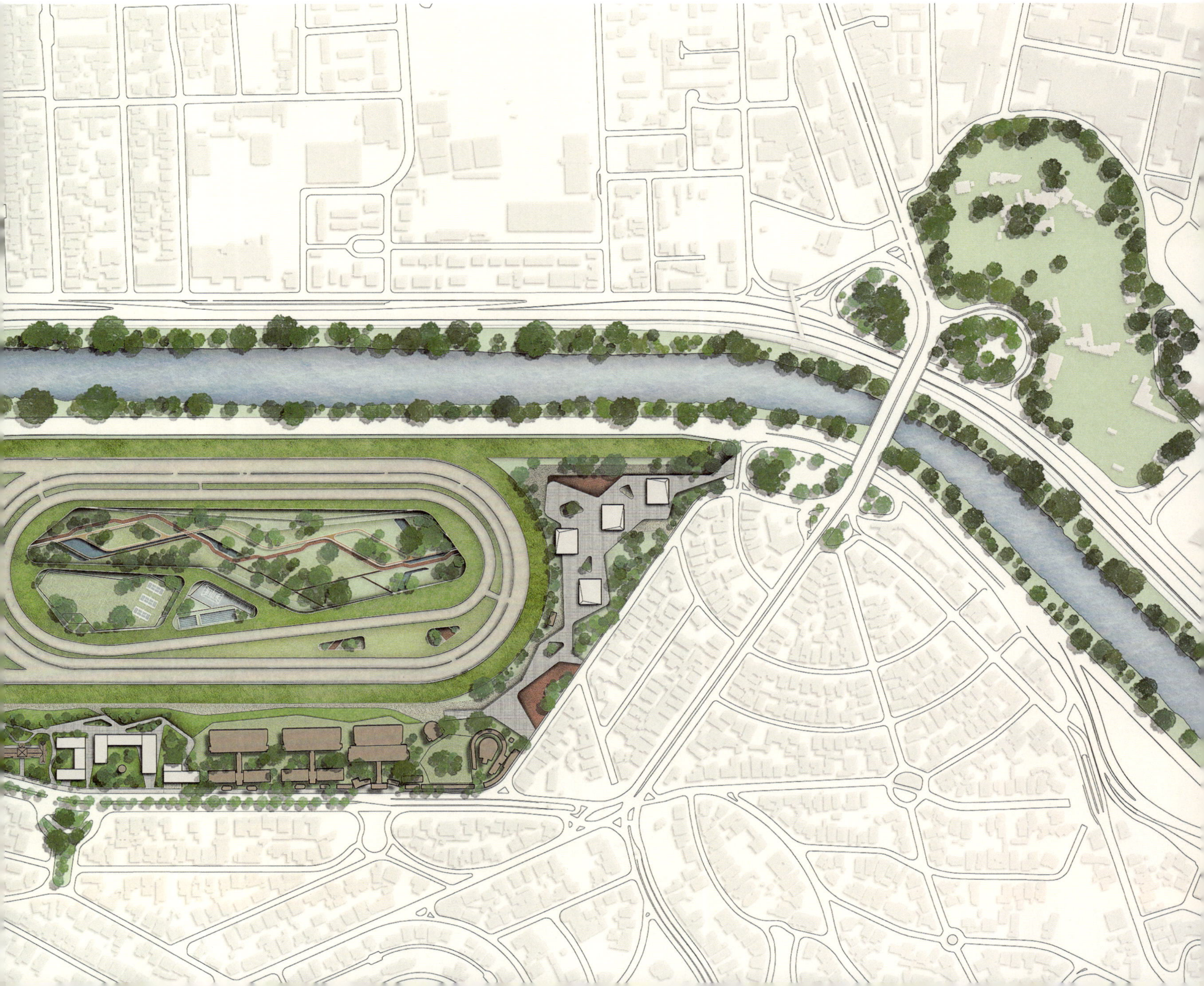

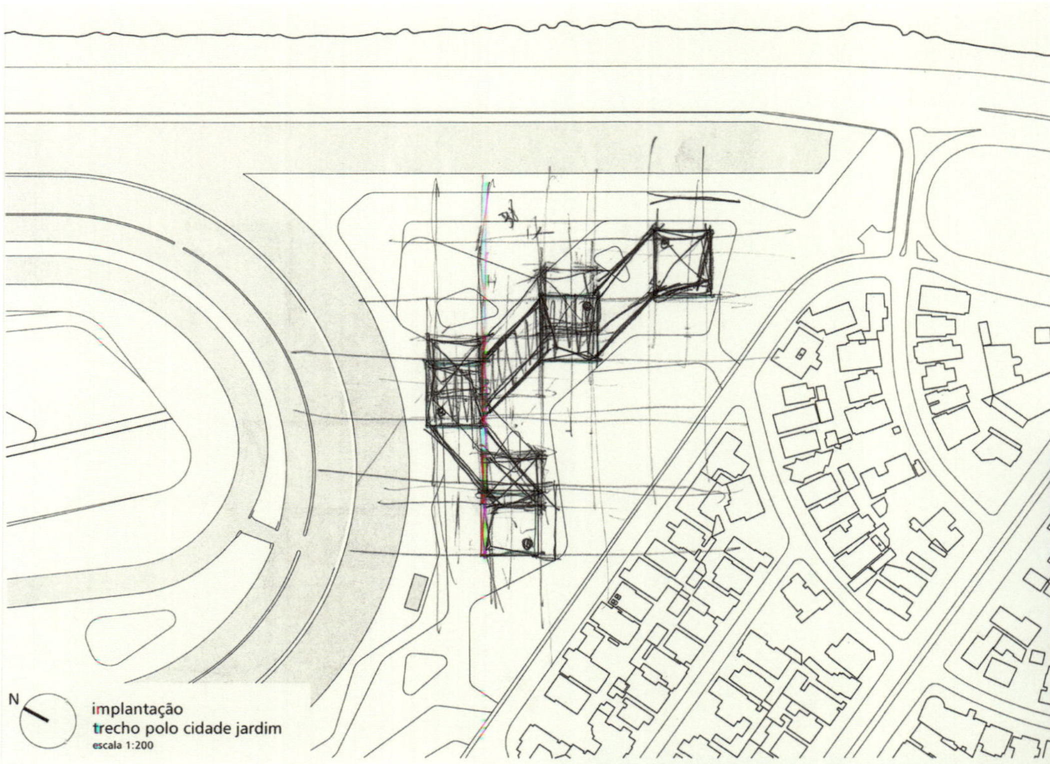

Estudo de implantação
das torres

Perspectiva renderizada

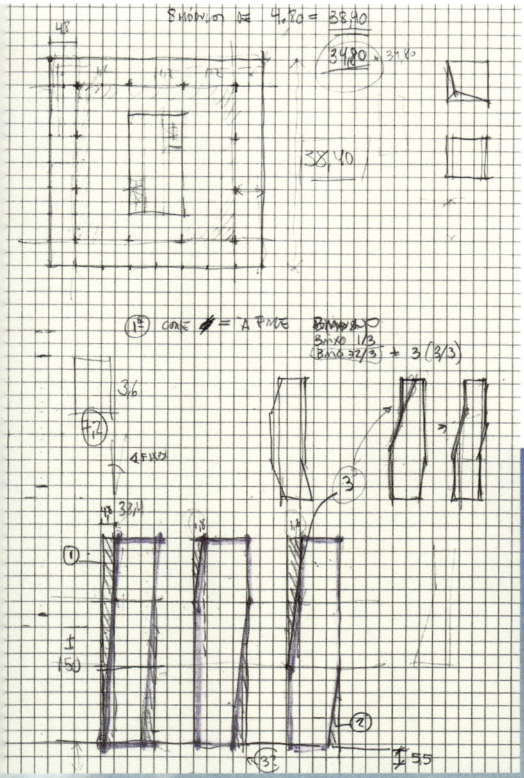
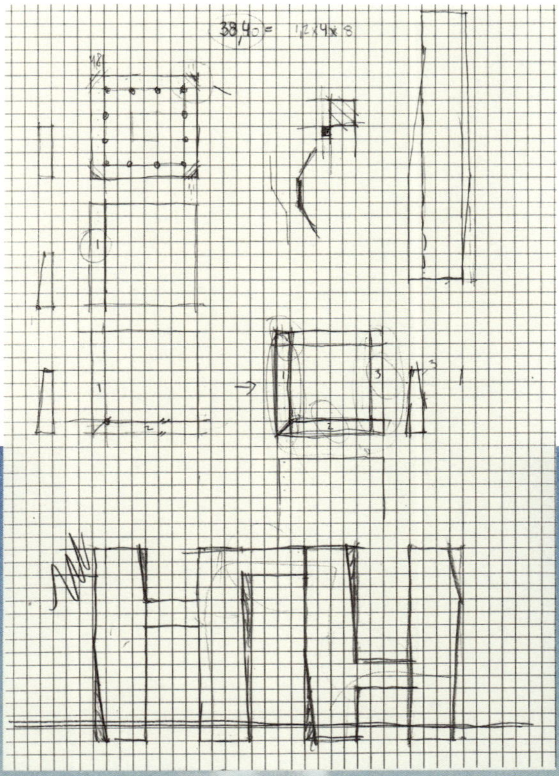
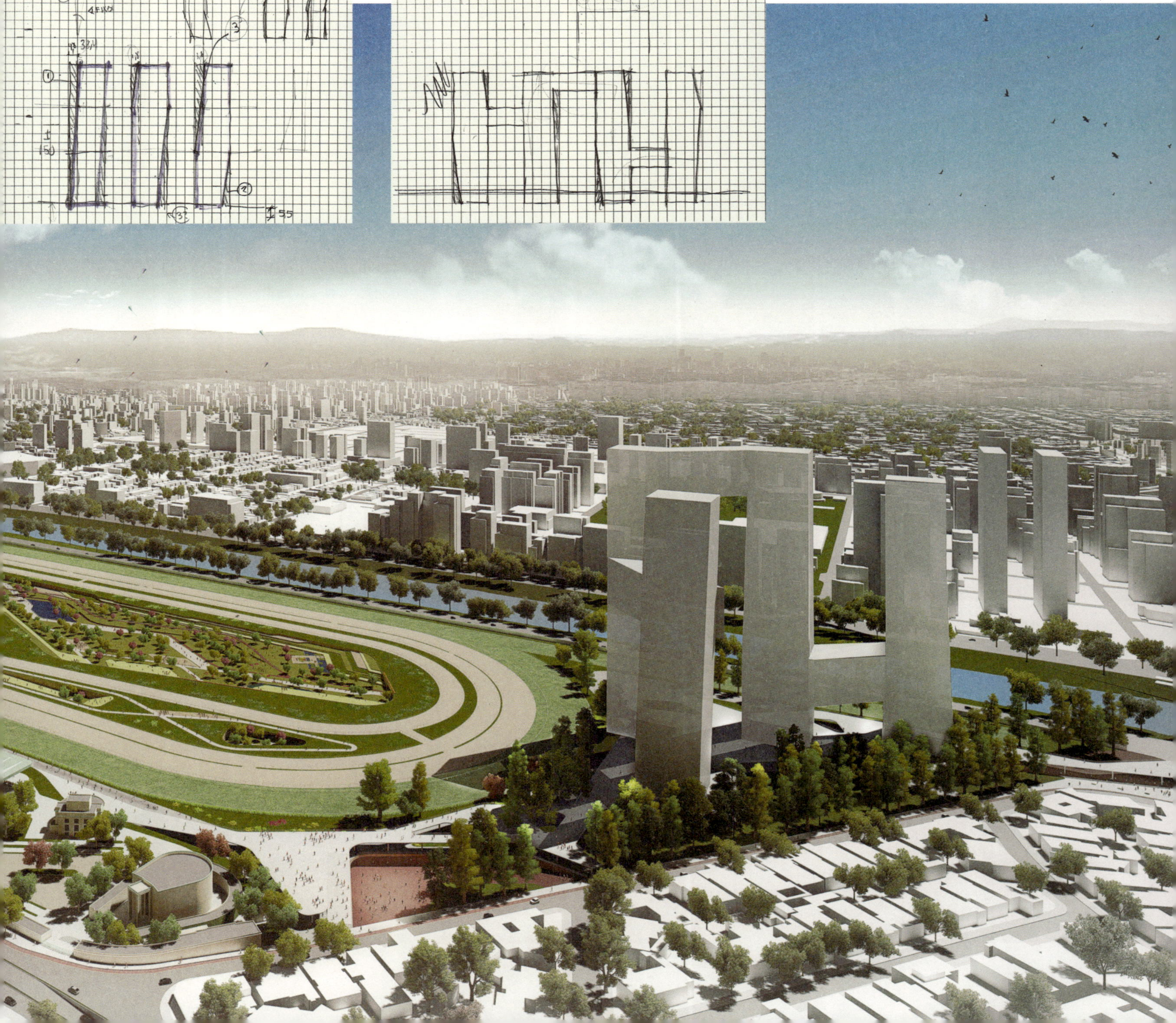

Nova Cuiabá

masterplan, Cuiabá MT, 2020

Perspectivas renderizadas

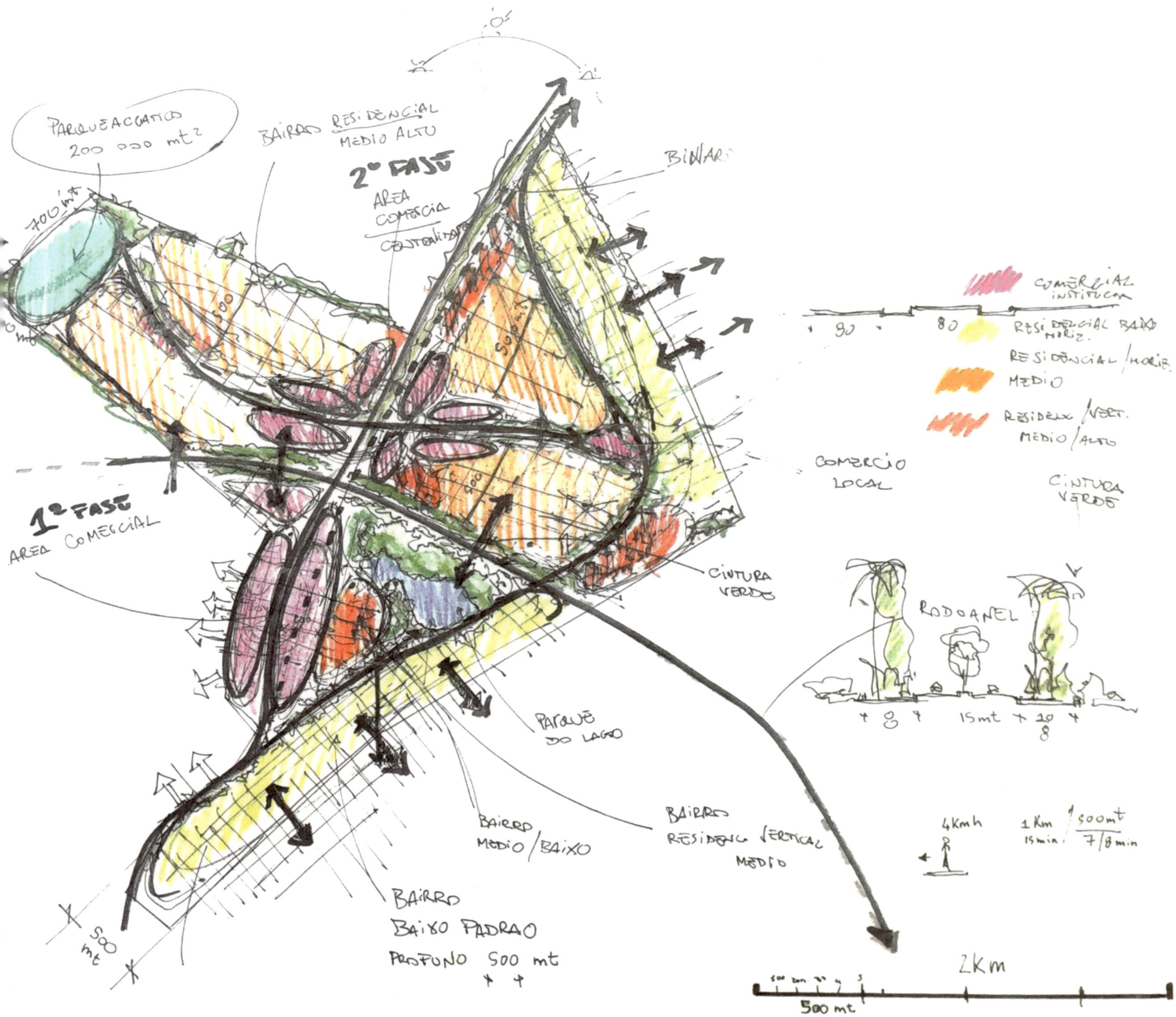

Croqui de estudo

Edifício de uso misto

Jardim Paulista, São Paulo SP, 2020

Estudo de sombreamento e insolação

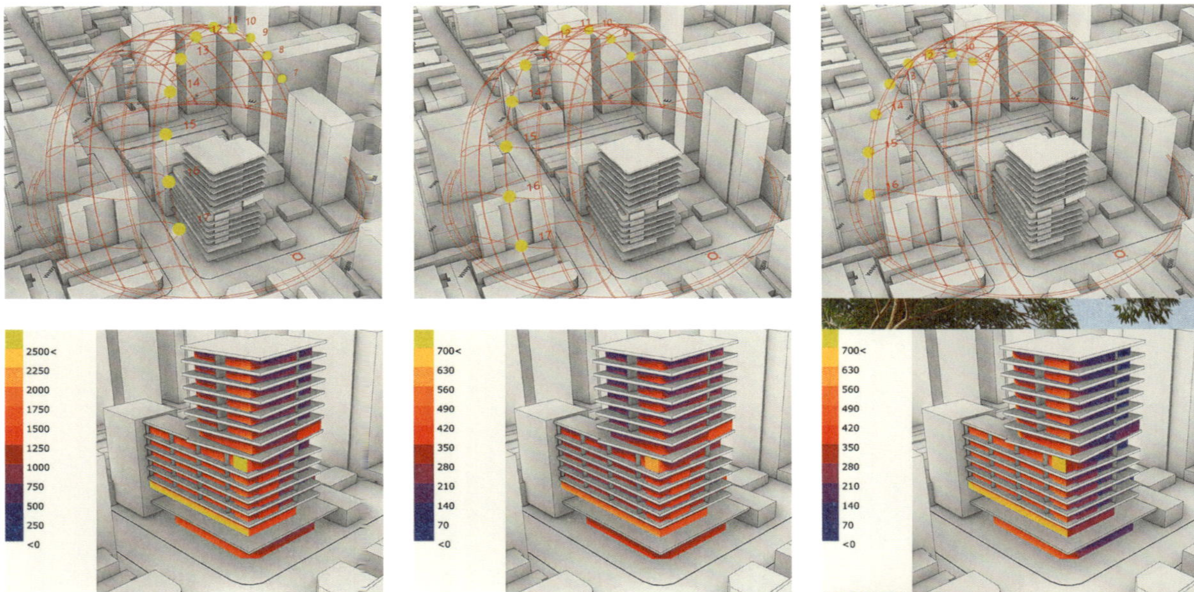

Perspectiva renderizada

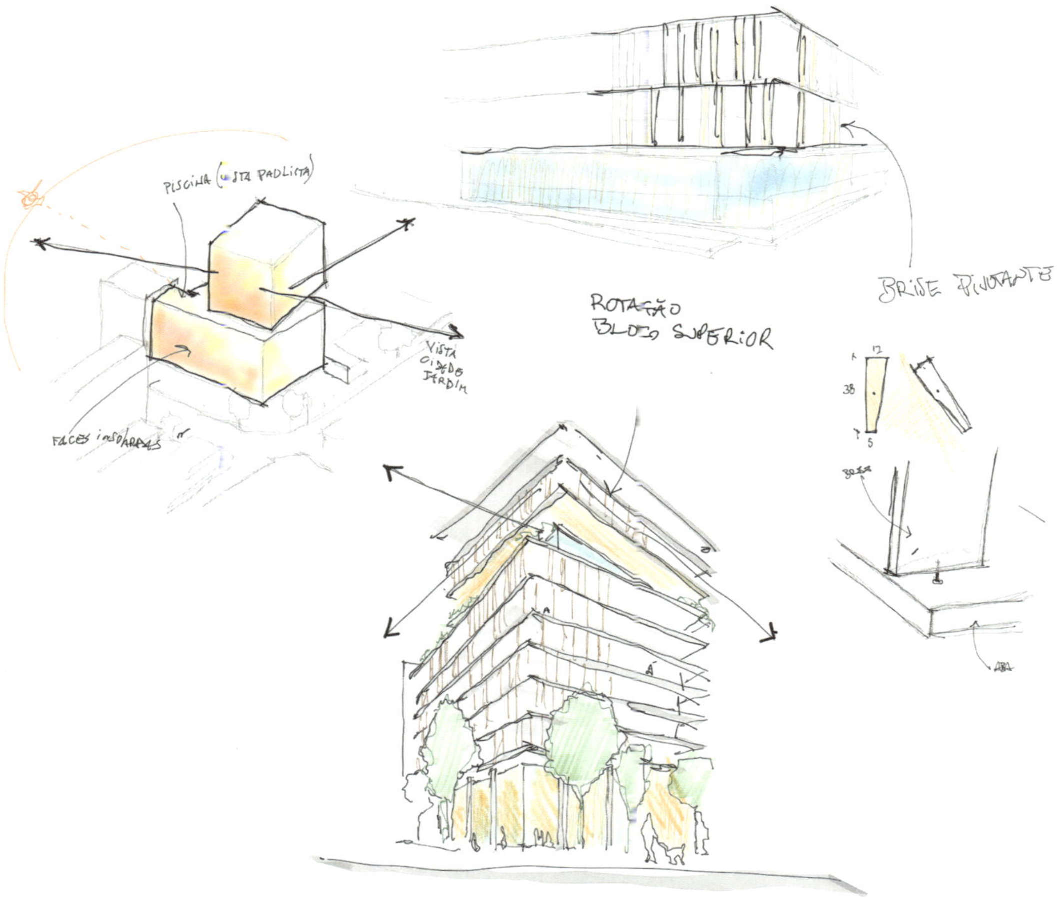

Edifício Alameda 45

edifício de uso misto, Cerqueira César, São Paulo SP, 2021

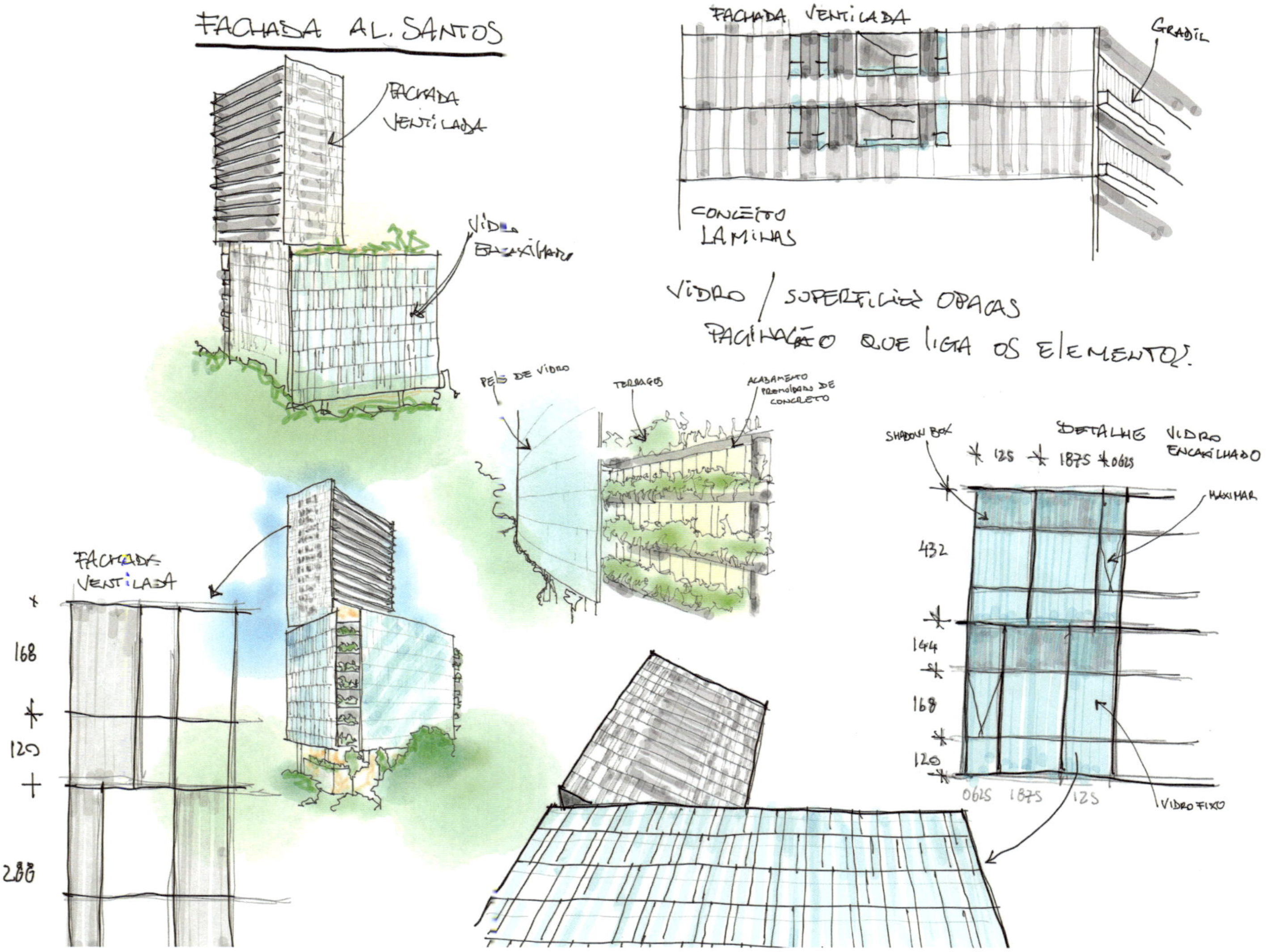

Perspectivas renderizadas

Tarraf Square

complexo de uso misto, São José do Rio Preto SP, 2021

Perspectivas renderizadas

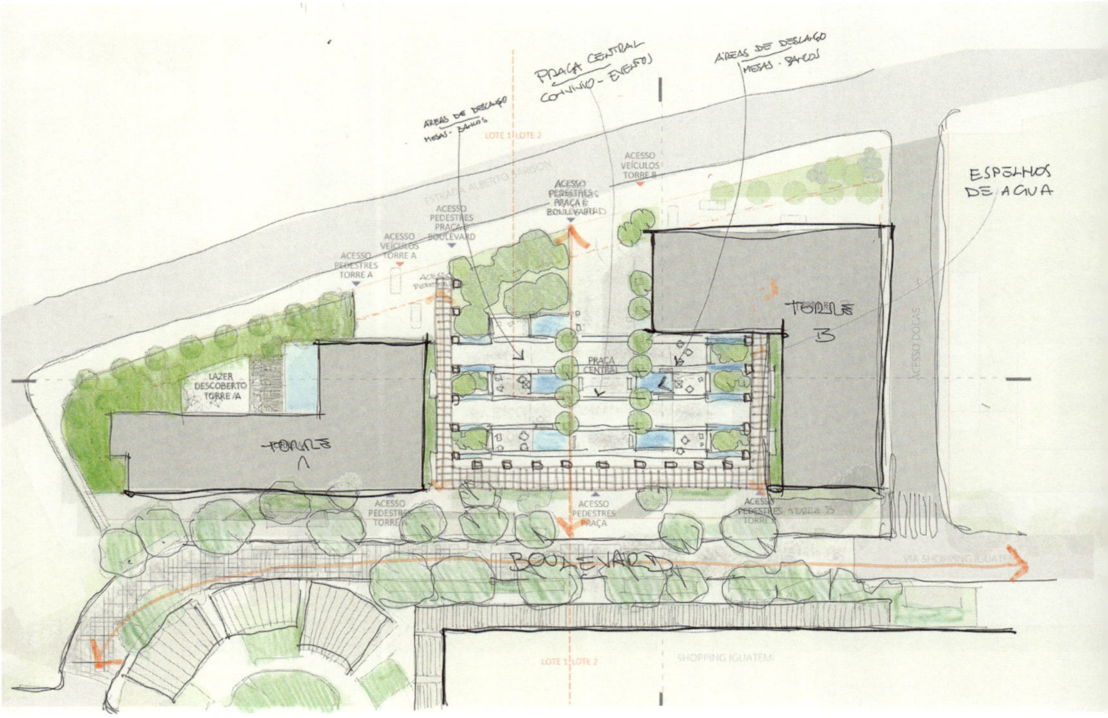

Implantação

Colinas Shopping e Complexo Hospitalar
reforma de expansão, São José dos Campos SP, 2021

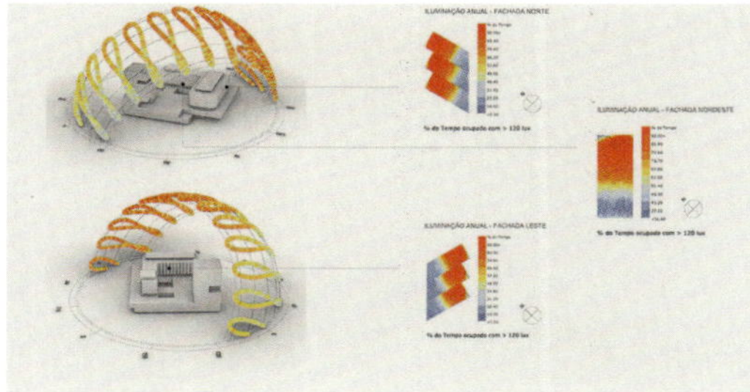

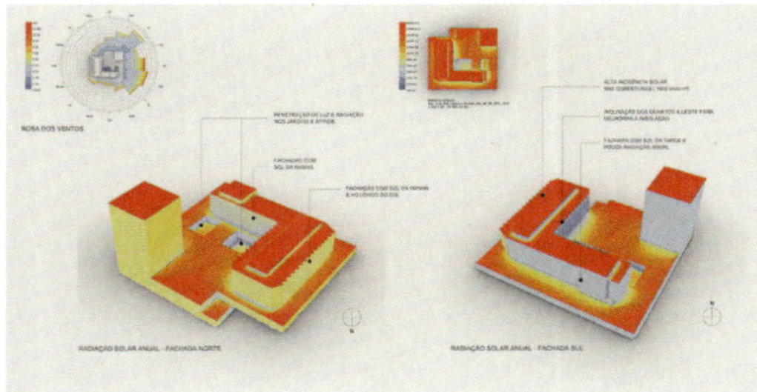

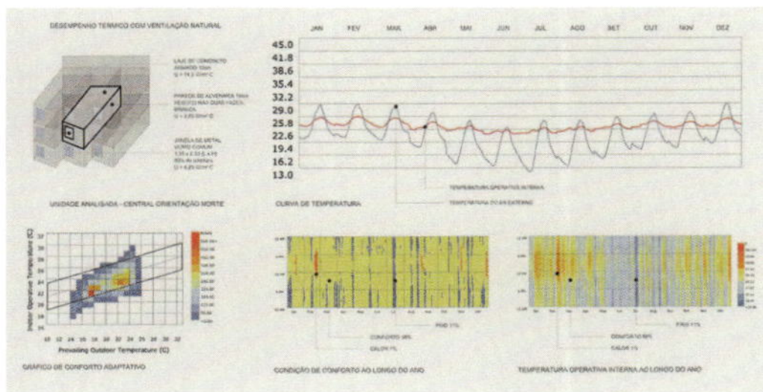

Análises lumínica,
de radiação e térmica

Perspectivas renderizadas

Edifício de uso misto

Jardim Paulista, São Paulo SP, 2022

Estudos de setorização, gabarito do entorno, análise e eixos visuais

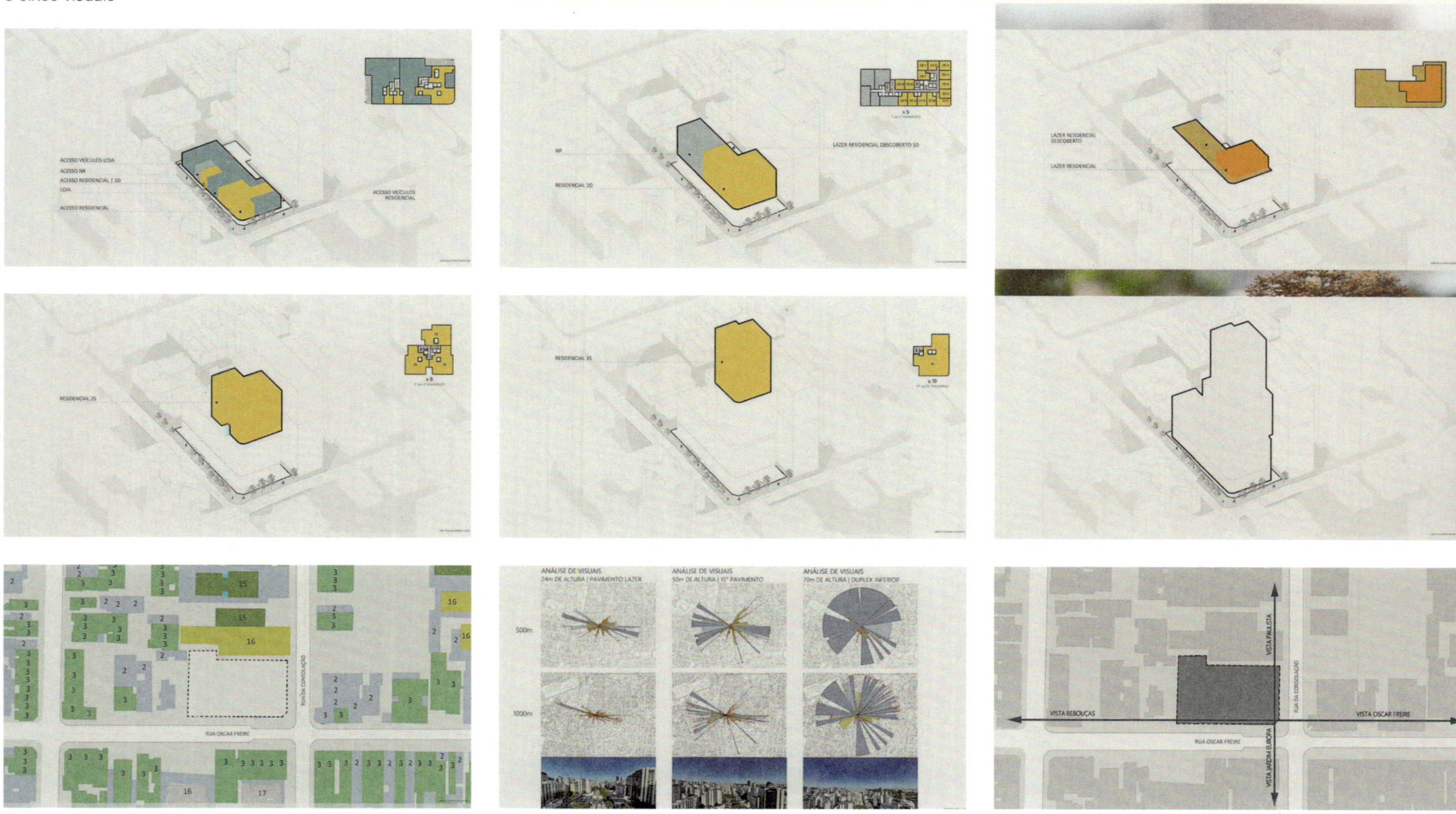

Perspectiva renderizada

Colégio Santa Cruz

unidade de educação infantil, Alto de Pinheiros, São Paulo SP, 2022

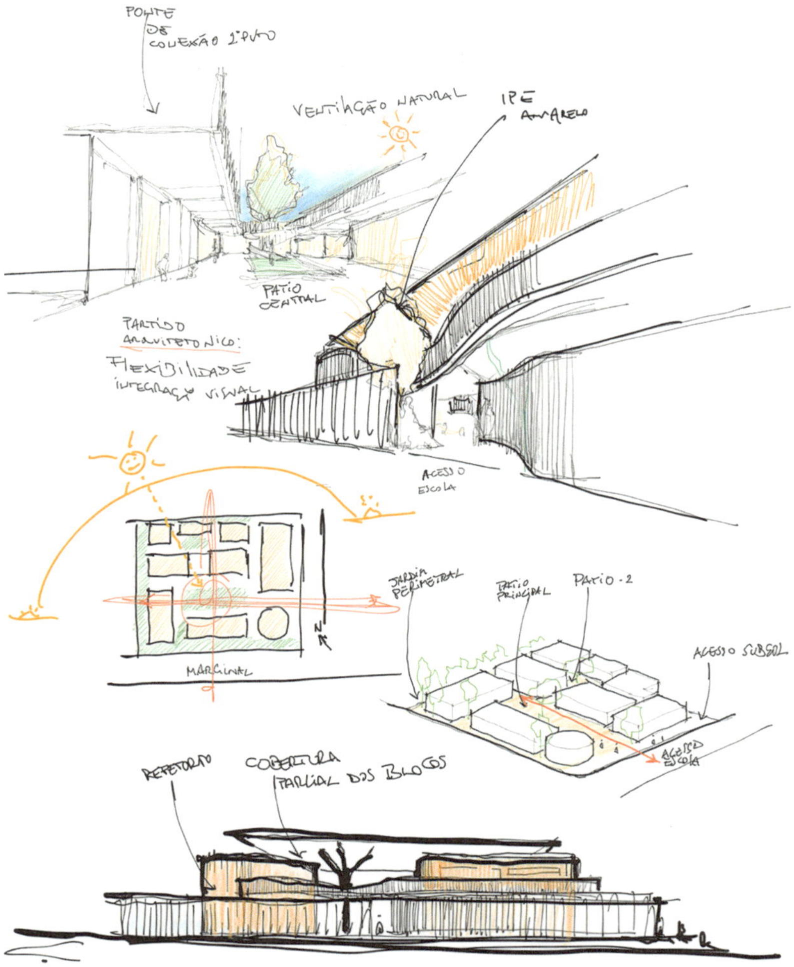

Perspectivas renderizadas

Condomínio residencial

Alto da Lapa, São Paulo SP, 2023

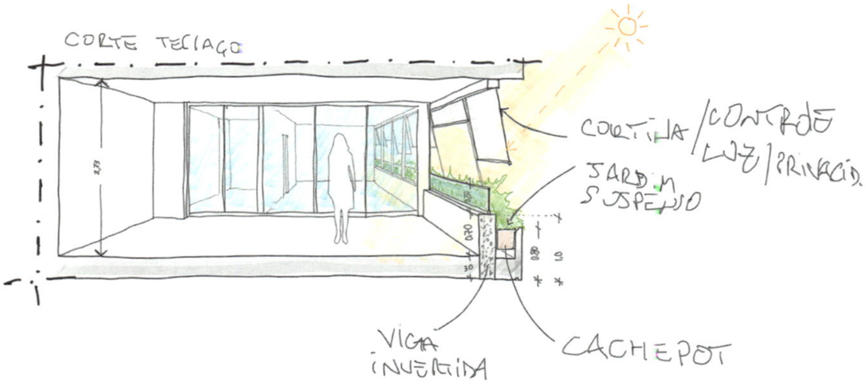

Perspectivas renderizadas

Edifício Ibira Tower

estudo para edifício corporativo, São Paulo SP, 2023

Croquis e diagramas mostrando a rotação dos blocos

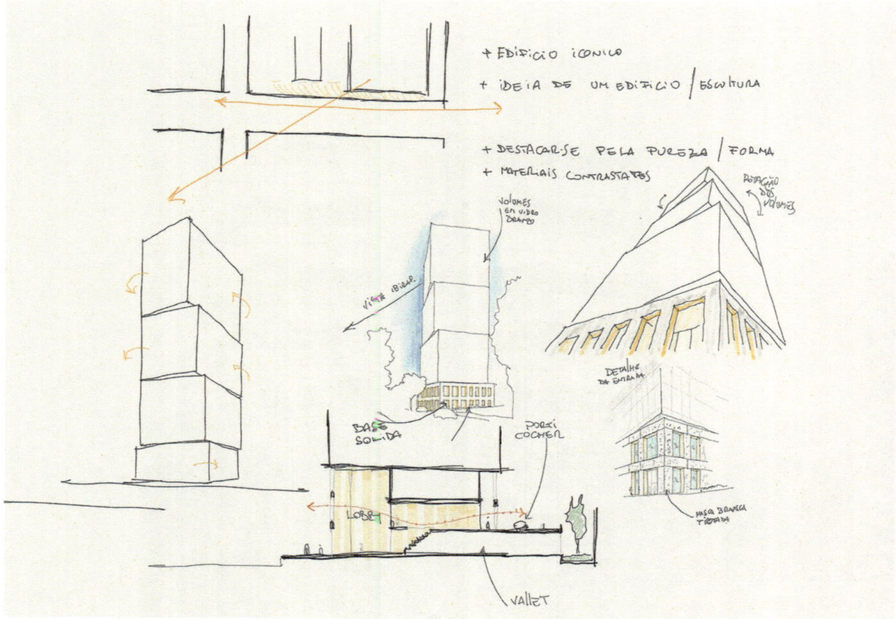

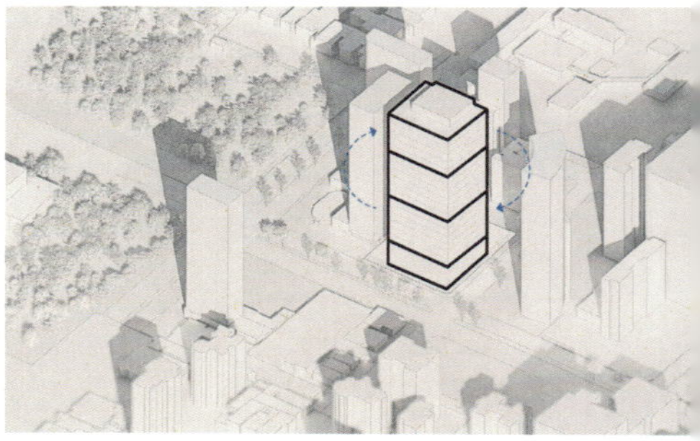

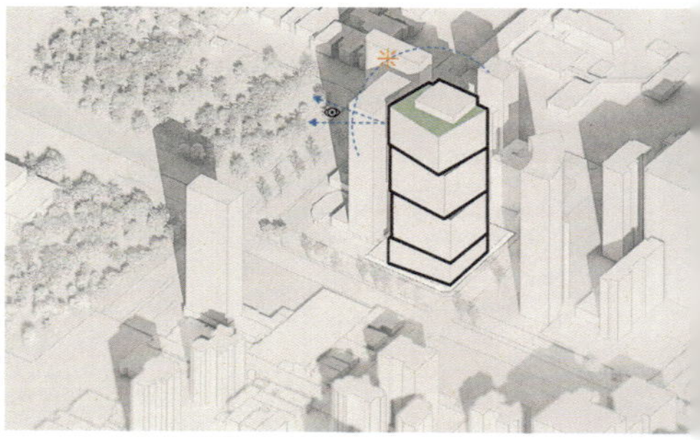

Perspectivas renderizadas

GY

Ensaios

Texto publicado no prefácio do livro *Terra Brasilis*, organizado pela RD Engenharia e pela KV, com texto de Ruth Verde Zein e ensaio de 12 fotógrafos convidados [N.E.].

De 70 a 90

A afirmação de nossa geração de arquitetos não tem sido fácil. Os anos de faculdade foram anos de dogmas. Brasília tinha sete anos e a arquitetura moderna ditava.

Naquele início dos anos 70, enquanto o mundo era permeado pelos valores libertários de 68, o Brasil vivia o totalitarismo de direita. Foram anos de polaridades que dificultaram o desenvolvimento de uma geração que mal tinha como expressar suas ideias.

Projetar, para nós, naquele tempo chegava a ser penoso. Havia a procura de uma "ordem" que a realidade contradizia. Faltavam-nos critérios e experiências; ainda não nos era claro que a dificuldade de projetar também era fruto da compressão ideológica que sofríamos, entre o patrulhamento racionalista e a arquitetura oficial, megalômana e hermética.

Mas as sementes da insatisfação, que geraram as ideias de "contradição" de Venturi naqueles anos, de algum modo, já nos acompanhavam. Para nós, os quinze anos seguintes foram anos de busca e prática, "lentos e graduais" como a própria descompressão do regime. Mas foram também os anos de aprendizado e instrumentalização no ofício.

As ideias de produção em série, de soluções de massa, de modularidade e de ordem, que durante tantos anos prevaleceram através do Movimento Internacional, não trouxeram grande parte das respostas esperadas. Nós exercitamos seus conceitos. Aprendemos a praticar sua linguagem, a manipular suas ferramentas, a utilizar seus recursos e desenvolvemos projetos funcionais, controlados, limpos, corretos.

Durante este processo, partilhado com tantos colegas, assistimos muitas vezes ao desfile das fantasias usadas, do "já visto", do não revisto, da transposição de ideias e valores estranhos à realidade social e cultural brasileira, sem identidade, sem humor e cor, sem liberdade, sem risco.

Temos sido também testemunhas da vulgarização da Arquitetura, através do apelo explícito a símbolos inconsistentes de "padrão", de "estilo" e de "ascensão", através de operações aparentemente "artísticas" que travestem a ausência de força criativa.

Nossa cultura é historicamente permeável e a diversidade daí gerada é sua riqueza maior.

A afirmação de nossa identidade cultural, nesta última década do século, depende da capacidade de nos apropriarmos desta riqueza, metabolizando-a em força criativa efetiva, superpondo imagens, cruzando tecnologias, buscando símbolos, desmontando, remontando, gerando soluções. Não há mais espaço para as "ordens" monolíticas. Em todas as áreas da Ciência e da Arte, a consideração das probabilidades se mostra mais segura que a afirmação das certezas.

O mais intenso e caótico processo de crescimento urbano da história - nosso território é São Paulo - nos sugere que as ideias de "ordem" exigem revisão; a busca da ordem é a tentativa de controle, em diversas escalas, dos processos de ocorrências. Mas, primeira lei do caos, - o acaso ocorre regularmente, - e se a face desta cidade é a própria expressão deste acaso, a diversidade é seu denominador comum. Na medida em que esta diversidade representa liberdade e individuação, criatividade e tolerância, procuramos em nosso processo de projeto, estendê-la a quem vai fazer uso do objeto criado, como espelho e metáfora do próprio entorno cultural, como o vemos.

Neste sentido, durante o processo de prancheta e canteiro, temos assumido progressivamente, (e não sem controle), os riscos da incerteza, explorando probabilidades, colocando questões, repassando imagens e explicitando citações que, como um todo, compõem nosso universo e nosso repertório.

O projeto do "Terra Brasilis", elaborado em 1986, e tão precisa e zelosamente executado pela RD Engenharia, representa um momento deste processo.

A forma pela qual o projeto aqui se registra, deve-se à participação entusiasta de nossos amigos fotógrafos, cujas interpretações desta obra não deixam de simbolizar o olhar expandido da comunidade na qual ela se insere, e da qual, de algum modo é reflexo.

Jorge Königsberger
1990

Texto publicado no prefácio do livro *Arquitetura italiana em São Paulo*, Bruno Giovannetti, 1984 [N.E.].

O imigrante

Quando a construção vai além do simples abrigo contra as intempéries ou do simples objeto de troca, quando o edifício simboliza o lugar e seu povo, quando se torna a expressão cultural concreta do prazer de vencer desafios e de inventar o "novo/belo", quando se consegue esta árdua tarefa, a obra arquitetônica deixa de ter um "mecenas/proprietário" e passa a ser de todos aqueles que com ela estabelecem uma relação exclusiva e através dela a possuem.

Mãe, amante, esposa e avó, a cidade (soma de tantos edifícios) só terá cidadãos amorosos, zelosos e orgulhosos quando por eles possuída intensamente.

Amante ciumento de sua beleza, seu povo a defenderá de estranhos e depredadores. Filho ciente de seus deveres, respeitará o sangue materno que corre no coração de pedra de seus velhos muros.

Particularmente para o italiano, a cidade é a extensão natural de seu quarto, a rua é seu quintal, suas praças, sua sala. Os palácios são grandes esculturas em seu imenso jardim. Levado pela Nau Vida, o italiano atravessa o Atlântico na busca imperativa do sobreviver e junto com ele leva nos sonhos sua "casa/cidade". Aos poucos tenta remontá-la qual vaso quebrado em centenas de cacos. O faz pacientemente, como seu pai lhe ensinou, o avô ao pai, como alguém ensinou ao outro já não se sabe mais quando. O passar, sábio, do tempo fez seus olhos e mãos, feito mutação genética, se afiarem para que, sem equívocos, deixassem sua marca. E é justamente ali, na marca da mão do homem, na memória cristalizada do "saber fazer" do operário anônimo, é ali, no pequeno detalhe, quase assinatura, que os elos da corrente se soldam. Da guirlanda em gesso da casa operária do Brás à colocação dos milhões de pastilhas vitrificadas do "Terra Brasilis" é que se encontra o prazer do fazer direito, do ver de perto, do pisar e tocar a matéria, agora transformada, pela mão sábia do artesão que dá vida aos edifícios até então inertes nos desenhos planos do arquiteto.

Gianfranco Vannucchi
1984

Pós-paulista: arquiteturas das Terras Brasilis

Ruth Verde Zein

1. A autora vem trabalhando nesse tema há algum tempo, cf.: ZEIN, Ruth Verde. *Leituras críticas*; ZEIN, Ruth Verde. O vazio significativo do cânon; ZEIN, Ruth Verde (Org.). *Revisões historiográficas: arquitetura moderna no Brasil*.

2. O tema dessa proscrição afetando a década de 1960 foi considerado pioneiramente em: ZEIN, Ruth Verde. A década ausente. É preciso reconhecer a arquitetura brasileira dos anos 1960-70. Desde então, a maré virou, naturalmente graças aos esforços de inúmeros/as autores/as.

3. A "desimportância" da década de 1980 está presente de maneira mais ou menos implícita – seja pelo texto, seja pela escolha e inclusão (ou não inclusão) de obras desse período – em compilações sobre a arquitetura brasileira moderna e contemporânea de alguns renomados autores: CAVALCANTI, Lauro; LAGO, André Correa do. *Ainda modernos? Arquitetura moderna e contemporânea*; SERAPIÃO, Fernando; WISNIK, Guilherme. *Infinito vão. 90 anos de arquitetura brasileira*. Sobre o tema, ver: ZEIN, Ruth Verde. Que sea infinito mientras dure.

A história da arquitetura do século 20 está por ser escrita. Não porque faltem publicações sobre o tema; de fato, abundam. Mas, na grande maioria, são ou demasiado pontuais (a obra de alguns autores, ou as arquiteturas de um certo tema) ou são panorâmicas – mas se limitam a repetir uma estrutura narrativa enviesada, limitada e hierarquizante, posta em ação há cem anos, e que ainda hoje domina pesquisas teóricas, críticas e historiográficas. Esses grandes manuais de história e suas narrativas triunfais legitimam o que seria, ou não, a boa arquitetura, lançando luz sobre algumas produções, indiscutivelmente de alta qualidade, e deixando à sombra a enorme maioria das produções *correntes*.[1]

Muitas dessas obras que, de modo geral, conformam uma porção significativa das nossas cidades, seguem invisibilizadas pelos livros de história. Tanto elas, como períodos e décadas inteiras foram postos de escanteio, ignorados e até vilipendiados. Esse tipo de preconceito afetou como a década de 1960 foi vista pelos chamados manuais de história crítica, elaborados e publicados internacionalmente nos anos 1980.[2] Passa o tempo, mudam-se as consciências (e as modas), e os anos 1960 foram reabilitados, inclusive assumindo uma posição matricial na consideração de novas gerações de arquitetos e críticos dos anos 2000 em diante. Nessa reviravolta, os vilões da fita mudaram de década: os anos 1980-1995, tipicamente conhecidos por suas muitas crises e descontinuidades, seguem desvalorizados e jogados para baixo do tapete. Obliquidade que vem afetando vários relatos mais recentes sobre a história da arquitetura brasileira moderna e contemporânea.[3]

Talvez, por isso, falte um *marco* adequado para se compreender a obra de vários escritórios brasileiros, cuja consolidação e expansão ocorreu, principalmente, a partir dos anos 1980. Tal marco histórico não pode ser bem escrito sem que se revejam as bases mesmas daquilo que se aceita e se compreende como pertencendo à arquitetura brasileira. Pois os discursos que delimitam essa imaginária identidade, de personalidade longeva e talvez já caduca, foram postos em ação há quase cem anos, retomados há quase cinquenta anos, repetidos há quase trinta anos. E, por mais interessantes e úteis que possam ter sido em seus momentos, já não dão mais conta desse recado e apenas seguem vivos por falta de opção.

Para que essa situação inercial mude, há que se aplicar muita força vetorial. Talvez até seja necessário virar de ponta-cabeça o que, até agora, se imaginava saber sobre tudo isso. Se for construído, esse possível outro marco regulatório talvez não devesse se estruturar ao modo das grandes narrativas. Para enxergar o século 20 a partir do 21, talvez o caminho precise ser feito de maneira fragmentária e episódica. Assim será também nas próximas e seguintes partes deste texto; que não se apresentará como desfile triunfal e, sim, mosaico de partes que se agregam sem que já se conheça, de partida, qual o desenho que afinal resultará.

Centro Empresarial Terra Brasilis, Brooklin, São Paulo SP, 1987

Quem tem medo do pós-moderno?

A filósofa Agnes Heller inicia seu livro *A Theory of Modernity*[4] declarando que, hoje em dia, pós-moderno é tanto uma expressão familiar como um slogan; e que os chamados pós-modernos são tão celebrados quanto vilipendiados. Reconhece tratar-se de uma expressão contraditória. Ainda assim ela a usa, não em sentido estilístico (pós--modernismo), e sim de maneira reflexiva. Segundo Heller, o uso não reflexivo do termo pós-modernismo é *naïve*, pois continua carregando uma atitude, própria das grandes narrativas, de exigir uma correspondência necessária entre verdade e atitudes, mas relativizando-as de maneira assertiva e arrogante. Já o uso reflexivo do termo pós--moderno vai aceitá-lo, mas também vai constantemente questioná-lo. Pode-se dizer que seja um uso irônico, que trata a ironia ironicamente – ou seja, de maneira bem--humorada.[5]

Heller usa o termo pós-moderno para qualificar o que ela já havia definido, em livro anterior – *A Theory of History*[6] – como "a consciência histórica pós-moderna". Ela entende a consciência histórica como atributo humano fundamental, aquilo que nos torna humanos de fato. Nesse livro, ela descreve e qualifica seis possíveis estágios dessa consciência, que não pretendem ser sucessivos e/ou evolutivos à maneira hegeliana ou, pior, no viés positivista, mas apenas qualificar seis modos (históricos) de compreender a história. Um deles, de emergência contemporânea, ela adota para si: "a consciência pós-moderna da história". Ou, em outros de seus termos filosóficos, "a consciência da generalidade reflexiva".[7]

Para Heller, nesse modo de consciência da história, nós, cidadãos do presente, passamos a ter consciência de que somos apenas e tão somente responsáveis pelas pessoas e coisas do presente.[8] E aceitamos que "a pós-modernidade não é um estágio que vem depois da modernidade, e tampouco é uma recuperação da modernidade – é a modernidade".[9] Ou seja: é ainda a modernidade, mas que progressivamente vai ganhando certo grau de consciência de si mesma. De seus erros, de suas qualidades; de seus enganos, de suas vantagens; da herança (em geral problemática) que recebeu e do legado (possivelmente também ainda falho e contraditório) que entregará. Sabe que sabe, e que, por isso, sabe que muito pouco sabe, à maneira socrática.

Essa digressão inicial não é supérflua. Nasce da necessidade de encarar a questão do pós-moderno de maneira não emocional, não embriagada, não manipulativa – porque não estamos em uma peça teatral,[10] e sim na vida das arquiteturas na cidade. E nas suas histórias.

A arquitetura produzida pelo escritório Königsberger Vannucchi Arquitetos Associados (KV) é pós-moderna? Sim, em um certo sentido – porque, diferentemente do campo do pensamento filosófico, na vida pragmática da construção das cidades, as coisas sempre são mais dúbias, raramente permitem pensamentos claros e julgamentos taxativos que sejam, também, justos. Sim, é pós-moderna porque é moderna, porque tem consciência de si mesma, porque flerta com a ironia, porque aceita o mundo como ele se apresenta, desenfadada das utopias das primeiras modernidades. Ou não é, porque não se basta estilisticamente em tropos levianamente identificados com o tal do "pós--modernismo". Termo, esse outro, que, como sigo Heller, tampouco uso ou me interessa.

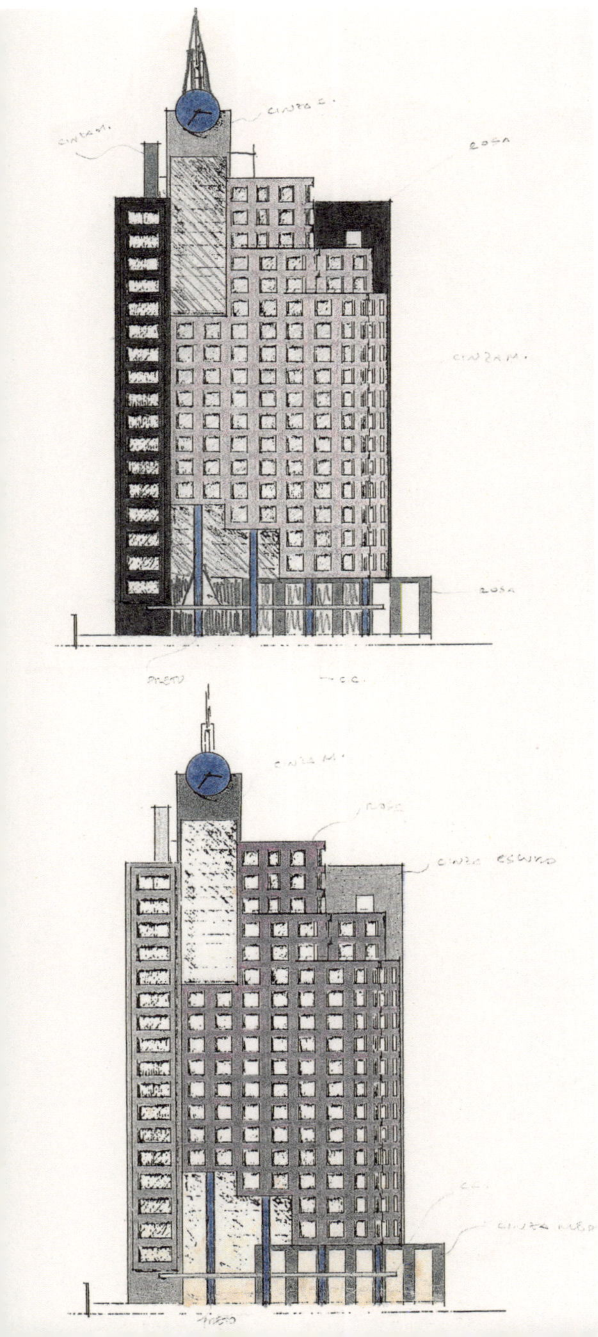

Estudos de cor

4. HELLER, Agnes. *A Theory of Modernity*.

5. Idem, ibidem, p. 2.

6. HELLER, Agnes. *A Theory of History*.

7. Idem, ibidem, p. 28-32.

8. "The present world is eminently important for the denizens of this world, not because it is better or worse than other worlds, but because this is the world in which we are in charge of certain people and things. The sense of being in charge is incipient in the reflexted postmodern consciousness." HELLER, Agnes. *A Theory of Modernity* (op. cit.), p. 4.

9. Idem, ibidem, p. 4.

10. Refiro-me, é claro, à peça teatral "Quem tem medo de Virginia Wolf", de Edward Albee (1962), título que, aliás, faz ironia com história da fábula recolhida por Charles Perrault, "Chapeuzinho Vermelho"; que na versão cinematográfica *"sturm und drang"* de 1966 foi encarnada, simbolicamente, por Elizabeth Taylor, e o lobo mau, por Richard Burton.

Centro Empresarial Terra Brasilis, croquis

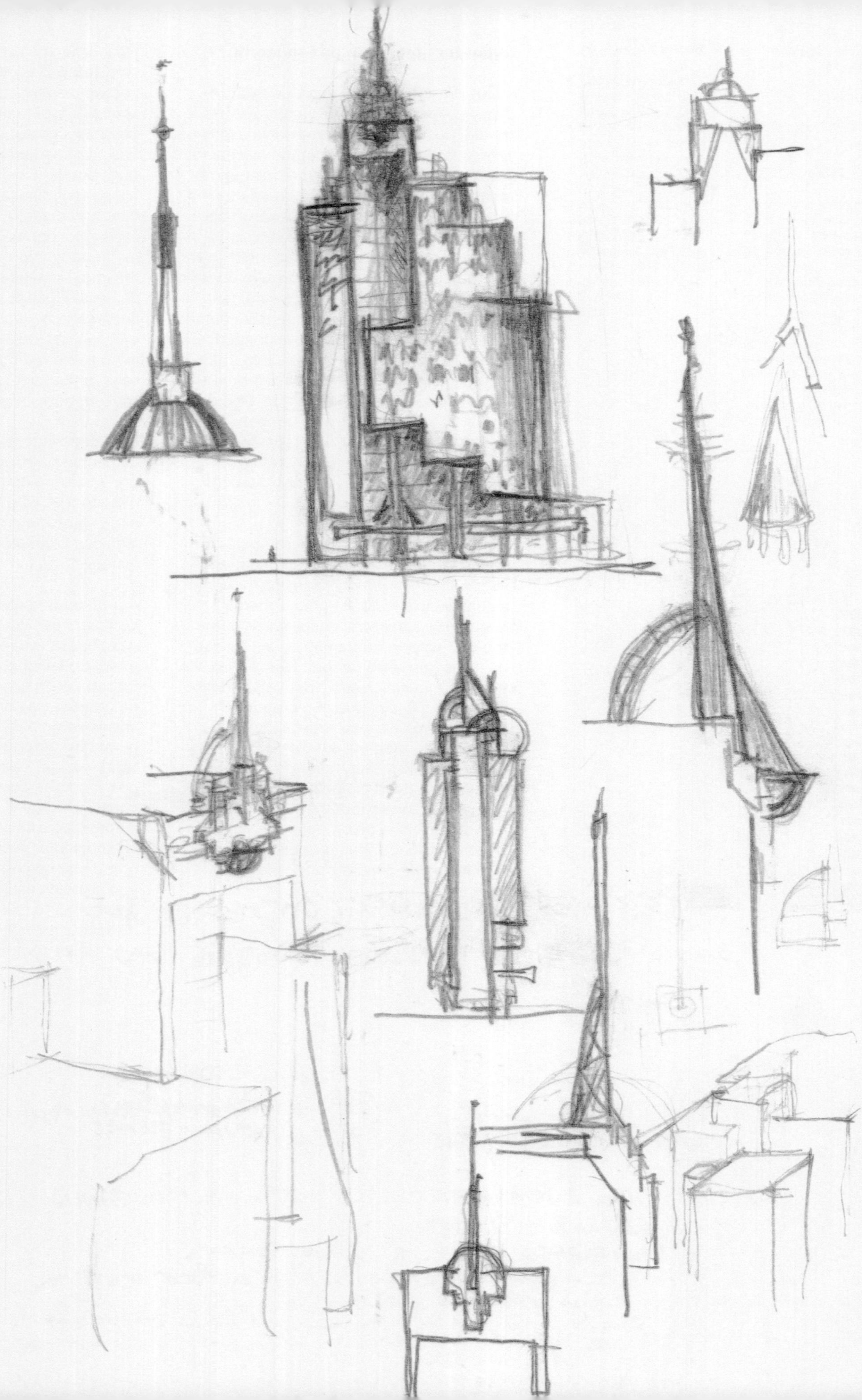

A década que não foi perdida

Como foi dito, os anos 1980 seguem tendo uma péssima fama. Talvez por conta da moda de grandes ombreiras e ainda maiores cabelos armados que se usou naquela época. Mas têm qualidades, todavia incompreendidas, ou até pouco valorizadas, inclusive pelos meios arquitetônicos profissionais e de pesquisa. Algumas dessas características vêm sendo devidamente estudadas mais recentemente. Frequentemente, ainda sob a ótica limitante e preconceituosa carimbada sobre essa década por muitos/as profissionais e estudiosos/as, em especial os/as que iniciaram suas vidas profissionais nas décadas que a precederam, ou nas que a sucederam.

Superficial e esquematicamente, poder-se-ia dizer que os/as arquitetos/as atuantes nos anos 1970 haviam se acostumado a uma prática profissional em franca ampliação, com incríveis novas oportunidades de trabalho, que abriam grandes escalas de projeto, orquestradas pela tecnocracia florescente desde o desenvolvimentismo dos anos 1950 ao ufanismo da época da ditadura civil-militar dos anos 1960-1970. Tomados de surpresa, nos anos 1980, vivenciaram a progressiva míngua desse mercado grandiloquente e estatal. Os novos sistemas econômicos neoliberais, em expansão em todo o mundo, ativaram outras lógicas mercadológicas, voltadas para agentes privados, preferindo se relacionar (por boas e más razões) com empresas de grande porte, agregando várias especialidades. No campo da construção, passaram a prevalecer as engenharias, e a arquitetura se viu subordinada a um papel secundário. Verdadeiro balde de água fria na ideologia dos arquitetos modernos, crentes na sua aptidão para projetar, moto próprio, genialmente, das xícaras às cidades e de tudo querer planejar de forma centralizada e governamental.

De outro lado, as novas gerações de arquitetos/as recém-chegadas à profissão, em meados a finais dos anos 1990, talvez por terem sido discípulos de mestres arquitetos de gerações anteriores, nem sempre assumiram com gosto e confiança esse campo de trabalho crivado por acirrada e feroz competição, ao gosto neoliberalizado. Entretanto, gostando ou não, já vivenciaram sua inserção nesse mercado neoliberal como fato inescapável, perante o qual adotam uma atitude pragmática de corte pós-moderno. Encontraram um mundo transformado, e nele pesarosamente se ajustaram, como puderam, escavando com certa dificuldade seus nichos de trabalho. E, por isso mesmo, mantiveram-se saudosos do prestígio de seus avós dos anos 1950-1960, mantendo uma relação bastante belicosa com seus antecessores dos anos 1970-1980, que renegam e não reconhecem como parentes próximos.

Vista dessa maneira superficial, está no meio a década de 1980, ensanduichada entre essas crises. Entretanto, ela não foi perdida, como reza sua malfadada fama. Sob quaisquer óticas em que seja observada, carece reconhecer sua importância. Ao menos, como sendo o momento em que as condições de trabalho dos arquitetos mudaram completamente, tornando-se as que são e se mantêm sendo, ainda hoje. De novo, para o bem e para o mal – e na condição pós-moderna –, predomina a consciência de ambas instâncias por estarem imbricadas desencantadamente.

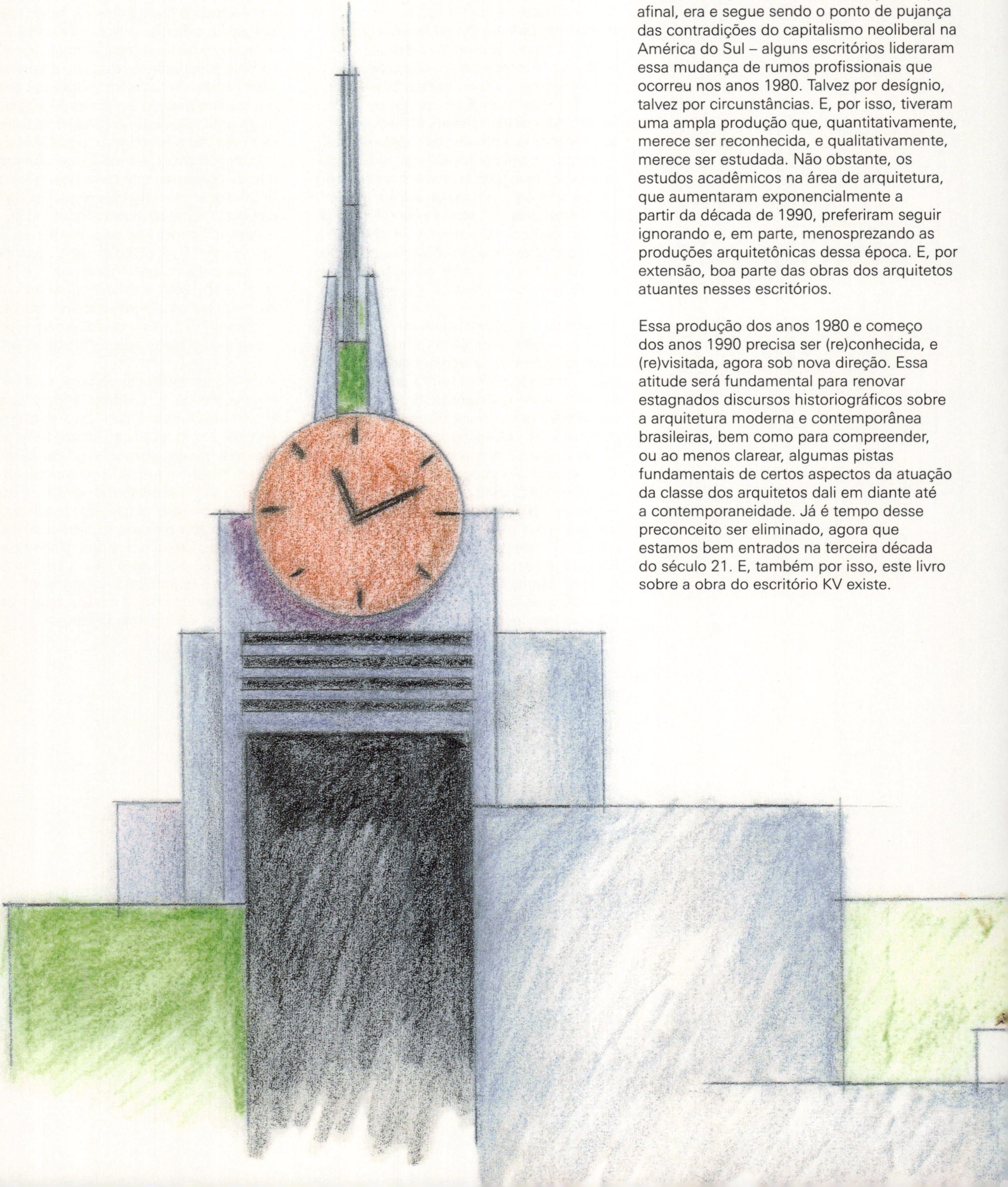

No Brasil, ou mais especificamente no estado de São Paulo, ou talvez em sua capital – que, afinal, era e segue sendo o ponto de pujança das contradições do capitalismo neoliberal na América do Sul – alguns escritórios lideraram essa mudança de rumos profissionais que ocorreu nos anos 1980. Talvez por desígnio, talvez por circunstâncias. E, por isso, tiveram uma ampla produção que, quantitativamente, merece ser reconhecida, e qualitativamente, merece ser estudada. Não obstante, os estudos acadêmicos na área de arquitetura, que aumentaram exponencialmente a partir da década de 1990, preferiram seguir ignorando e, em parte, menosprezando as produções arquitetônicas dessa época. E, por extensão, boa parte das obras dos arquitetos atuantes nesses escritórios.

Essa produção dos anos 1980 e começo dos anos 1990 precisa ser (re)conhecida, e (re)visitada, agora sob nova direção. Essa atitude será fundamental para renovar estagnados discursos historiográficos sobre a arquitetura moderna e contemporânea brasileiras, bem como para compreender, ou ao menos clarear, algumas pistas fundamentais de certos aspectos da atuação da classe dos arquitetos dali em diante até a contemporaneidade. Já é tempo desse preconceito ser eliminado, agora que estamos bem entrados na terceira década do século 21. E, também por isso, este livro sobre a obra do escritório KV existe.

Quando ainda era Königsberger e Vannucchi

Como jornalista de arquitetura atuante na revista *Projeto* entre 1982 e 1996, sempre fiz questão de visitar as obras que publicávamos, especialmente se ia escrever sobre elas. Também fazia o possível para conversar com autores, visitar seus escritórios, visitar as obras em suas companhias. Nessas ocasiões, ficava atenta ao que diziam e mostravam, mas também a seus espaços de trabalho, organização, arquivos, quem eram os/as colaboradores/as. Ouvia conversas paralelas de passagem, aparentemente distraída, mas registrando mentalmente, porque tudo importa.

Uma conversa que me recordo aconteceu certa vez em uma visita a Jorge Königsberger em seu escritório. Fomos interrompidos por um telefonema de um cliente/construtora. Jorge, em linguagem formal, polida e educada, cobrou e questionou a demora nas obrigações de pagamento deles com seu escritório, informando que iria mandar a fatura com a cobrança do atraso. Essa conversa, aparentemente banal, acontecida há quase trinta anos, não é desimportante. Revelou-me um grau de profissionalismo na condução dos negócios que eu reconhecia, como filha de contador que sou, mas que jamais tinha presenciado nos escritórios brasileiros em que trabalhei como estagiária e arquiteta, e ia conhecendo como jornalista e crítica. Revelava também um grau de respeito mútuo entre arquitetos e os demais profissionais e escritórios envolvidos na construção civil formal – aquela que é aprovada pelos órgãos competentes, financiada por bancos que só emprestam se estão seguros do retorno, divulgada pelas revistas não apenas de arquitetura, como de materiais, de construção e de negócios, e estimada por clientes corporativos.

Como arquiteta, seja quando estudante, seja quando profissional, jamais fui de virar noites. Prefiro me organizar e fazer tudo a tempos e horas. Talvez por isso achei bem instrutiva e interessante aquela situação. Não há, nem precisa haver, relação direta entre a capacidade criativa e o grau de informalidade dos procedimentos e processos de projeto e de condução dos destinos de um escritório de arquitetura. E isso tem tudo a ver com a maneira como essa sociedade, composta por dois colegas arquitetos, então funcionava. E de como os projetos, que nela se originaram, nasciam e se estabeleciam.

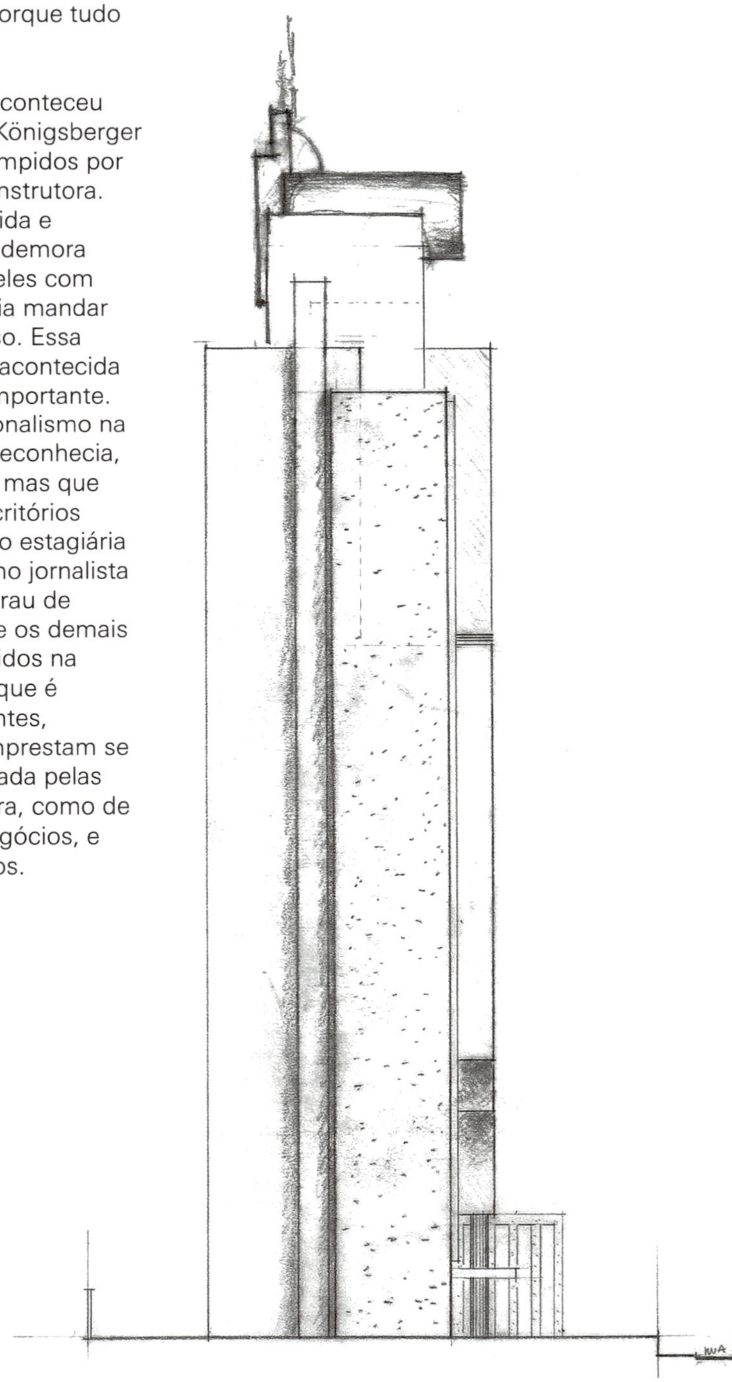

Centro Empresarial Terra Brasilis, estudo de cor e elevação

Pese a assumir-se como um business – um negócio – a prática profissional do escritório Königsberger Vannucchi seguia fundamentalmente vinculada ao estudo e pesquisa de referências, nacionais e internacionais, como base e estímulo para suas aventuras criativas. Nisso se alinhava à prática geral: bons escritórios possuíam boas bibliotecas, como tive a oportunidade de constatar em outras visitas, em outras ocasiões, em São Paulo, no Rio de Janeiro, e em outras cidades do Brasil. É bom colocar no contexto: eram os anos 1980, as importações eram financeiramente proibitivas, a internet era uma ideia recém-nascida, as informações percolavam via coleções de boas revistas brasileiras e internacionais e bons livros, quase todos originários da Europa e Estados Unidos. Muito pouco ou nada do Brasil e da América Latina – mas isso iria começar a mudar, em especial graças às Bienais de Buenos Aires a partir de 1987, e com a ampliação do mercado editorial de arquitetura no Brasil, subproduto do crescimento das pesquisas acadêmicas. E esse conhecimento do repertório tampouco era novidade: boas bibliotecas estavam também presentes nos escritórios dos importantes arquitetos modernos brasileiros da primeira metade do século 20.

Talvez o que havia mudado fosse, sutilmente, a atitude dos sócios arquitetos, na releitura livre e desimpedida dos conteúdos dessas fontes. O que se podia constatar sem dificuldade e sem pudor pela observação das suas obras.

A relativa unidade de ação formal, compositiva e construtiva, presente no conjunto das obras canônicas da arquitetura moderna brasileira clássica, realizadas até pelo menos a década de 1960, estava se esvaindo. A experimentação, em todos os níveis – das formas aos materiais, da composição aos detalhes – passou a ser buscada com afinco, talvez até demasiado. O gosto pela novidade impactava nos resultados que, com frequência, por se permitirem experimentar, tendiam a sair dos limites do *bom gosto* e da compostura consagrados pela modernidade do começo e meados do século 20. Eram tempos de libertação, em muitos campos: em meados do século passado recrudesciam os movimentos de mulheres questionando sua situação de subalternidade, os movimentos raciais questionando sua invisibilidade, e muito mais. Pois nada disso nasceu ontem.

Talvez pareça exagero dizer que a produção de um escritório de arquitetura, formal e certinho, juntando dois arquitetos bem formados e certinhos, de famílias paulistanas de origem na imigração europeia (alemães e italianos) era parte desse grande movimento de quebra de paradigmas. Mas tudo isso contribuiu para que a mudança, inevitável, se estabelecesse e se ampliasse. E a obra de ambos, realizada naqueles anos 1980 e seguintes, também cumpriu esse papel.

Centro Empresarial Terra Brasilis, vista do térreo

Vista do térreo

Vista do Centro Empresarial Terra Brasilis e da Avenida Engenheiro Luís Carlos Berrini

11. ZEIN, Ruth Verde. Complexidade e contradição à paulistana.

A crítica é independente, mas pode gostar

Quem está surfando uma onda não tem a visão panorâmica do drone filmando acima ou do espectador do futuro vendo essa filmagem. Mas quem surfa, e tem experiência nisso, sabe quais ondas pegar, e quais deixar passar. Talvez não seja uma decisão consciente, ao envolver a consideração de um conjunto muito amplo de parâmetros em um átimo de tempo. Poderia ser denominada como *intuitiva*, mas não aleatória, pois certamente é informada. Foi talvez assim que resolvi escrever um texto crítico sobre o edifício Terra Brasilis (1987), publicado na revista *Projeto* em 1990.

Já tinha certa familiaridade com as obras do escritório Königsberger Vannucchi, tendo visitado várias delas, com ou sem os autores. Ademais, moro no setor da cidade onde boa parte delas estavam então construídas, e as avistava cotidianamente na chuva, no sol, no trânsito e até casualmente. Confesso que o edifício Terra Brasilis era, dentre as obras deles que conhecia, a que menos me agradava. Sentia um certo incômodo ao tentar entender melhor aquele edifício. As causas dessa insatisfação eram várias, e foram exploradas naquele texto. Uma percepção se destacava: os autores do Terra Brasilis estavam ali, deliberadamente, querendo não passar desapercebidos. Isso contrariava sua prática até então vigente de projetar obras de muito boa qualidade de projeto e fatura, mas não excessivamente destacadas na paisagem.

> Um dos aspectos mais marcantes do Terra Brasilis é seu sentido de urbanidade, é claro que à maneira paulistana. Parece um edifício de esquina, com os andares superiores se afastando em curvas para atender a algum antigo gabarito angular. Mas não é de esquina. No lado oposto parece um edifício colado aos limites do lote, entre medianeras, com sua empena cega à espera do edifício vizinho. Mas não é, por força dos recuos obrigatórios do zoneamento do tipo "torre solta". Também parece uma torre solta, pois é feito para ser visto de todos os lados. Entretanto, está implantado num lote relativamente exíguo. Parece dois ou três edifícios diferentes encostados ou encaixados entre si, mas não perde, com isso, sua unidade de concepção. Todas essas operações estilísticas servem para atender estritamente ao programa, que previa andares diferenciados, para compor os três momentos verticais do edifício e para inventar um contexto urbano, à revelia de sua total ausência. Como se o edifício estivesse no centro de São Paulo, com seus prédios discretamente decô, com pórticos sugerindo galerias de pedestres, com pilares e marquises de um Niemeyer dos anos 1950 e com o ápice ganhando as alturas com a volúpia de um Martinelli ou um Flash Gordon. Mas o edifício não se parece de fato com nada disso. Apenas extrai dessas referências um suco simbólico, recompondo-as de maneira a dar-lhe um ar *déjà vu* que faz parte do seu show.[11]

O Terra Brasilis é um edifício complexo e contraditório, talvez menos belo e menos bem composto do que outros, mais marcantes e instigantes. Põe em evidência uma soltura de atitude que aponta um certo grau de amadurecimento, resultado da experiência ganha em muitos ensaios prévios. É um projeto que se destaca, como a cereja no cume de uma taça de sorvete com muitas camadas de cor e sabor: um enfeite, mais decorativo que útil, ainda assim atraente.

12. Uma notável contribuição sobre esse tema é o recente livro sobre a produção do escritório Ruy Ohtake Arquitetura e Urbanismo: GUERRA, Abilio; SANTOS, Silvana Romano (Org.). *Ruy Ohtake, arquiteto*.

13. "Nesse universo todo de brilhos e bolhas / Muitos beijinhos, muitas rolhas / Disparadas dos pescoços das Chandon / Não cabe um terço de meu berço de menino / Você se chama grã-fino / E eu afino / Tanto quanto desafino do seu tom / Pois francamente, meu amor / Meu ambiente é o que se instaura de repente / Onde quer que eu chegue só por eu chegar / Como pessoa soberana nesse mundo / Eu vou fundo na existência / E para a nossa convivência você também tem que saber se inventar / Pois todo toque do que você faz e diz / Só faz fazer de Nova York algo assim como Paris / Enquanto eu invento e desinvento moda / Minha roupa, minha roda / Brinco entre o que deve e o que não deve ser / E pulo sobre as bolhas do champagne que você bebe / Eu bailo pelo alto de sua montanha de neve / Eu sou primeiro, eu sou mais leve, eu sou mais eu / Do mesmo modo como é verdadeiro / O diamante que você me deu." Caetano Veloso, Diamante verdadeiro, 1978. Música lançada no disco "Álibi" de Maria Bethania, 1978.

A partir dali, a obra desses arquitetos e sua equipe iria progressivamente mudando e adotando, com mais frequência, uma verve experimental que pode ter culminado no conjunto das Top Towers (2005). Nada disso era possível de prever no texto de 1990, embora seja bem claro desde este outro ponto privilegiado no tempo, que nos permite perceber as similaridades, nessa atitude projetual cada vez mais *descolada* dos modos de projetar adotados, também mais ou menos a partir dos anos 1990, por outros grandes escritórios de arquitetos paulistas.[12]

Sempre é difícil saber se as mudanças, uma vez acontecidas, tiveram origem em decisões pessoais contingentes, ou se seguiram, ainda que inadvertidamente, sugestões indiretas dos espíritos dos tempos (que, talvez, sequer existam). Ou se o conjunto das primeiras faz os segundos. Quem arma narrativas da história pode cair na tentação de criar profecias reversas. Não é o caso aqui: as mudanças ocorridas nos anos 1980 e na virada para a década seguinte são hoje evidentes, mas suas causas, nem tanto. É demasiado limitado compreendê-las apenas como simples consequências de mudanças em estruturas sociais e econômicas. Pode ser uma explicação corriqueira, mas é incompleta e insuficiente: sempre e inevitavelmente haverá um certo grau de arbítrio na definição de quaisquer formas arquitetônicas. E nenhuma mudança ocorre apenas individualmente, pois declare ou não, subsiste porque faz parte de um campo de interesse comum e coletivo, que excede o lugar que está porque é parte dos acontecimentos de um certo tempo.

A crítica da arquitetura lanceta e corta, a historiografia revisa e compõe. Nada disso tem a ver com gosto, nem com a apreciação deslumbrada das obras, sejam de mestres reconhecidos/as, sejam de bons arquitetos/as, sejam de novatos/as a se reconhecer. Tem a ver apenas com o prazer de navegar as realidades, como se apresentam. E de, ainda que fragmentariamente, tentar melhor compreendê-las. Se não plenamente, ao menos sugerindo algumas tramas que poderão sustentar outros estudos futuros.

Fazer de Nova York algo assim como Paris

Em 1978, Caetano Veloso compõe "Sampa", a música que é o hino não oficial da cidade de São Paulo; no mesmo ano, também cria a música "Diamante verdadeiro".[13] Talvez pouco menos conhecida e celebrada também é, como tudo de Veloso, uma joia inestimável. Parece um samba de raiz dos anos 1930-1940, talvez de um Moreira da Silva, e nota-se a pegada inovadora, divertida e irônica, característica dos melhores compositores brasileiros populares, de Noel Rosa a Paulo Vanzolini. Arriscaria dizer que sua letra traz uma releitura, vamos lá, pós-moderna. Tem um certo sabor paulistano, ao sutilmente zombar da deselegância indiscreta de quem ergue e destrói coisas belas, quais diamantes, que podem conter menos verdade do que seu brilho sugere. Livremente interpretando Veloso, a música parece sugerir que, nesse universo de brilhos e bolhas, onde todos querem parecer originais, quase sempre e apenas resultam contrafações. Não é fácil ter soberania nesse mundo de sombras, esbatidas na parede da caverna.

A arquitetura dos anos 1980, em especial as obras produzidas pelo escritório KV, não fez de São Paulo algo assim como outra coisa, ao contrário: faz desta cidade o que ela é. Sua identidade é feita da mistura complexa das muitas facetas que nela cotidianamente se dissolvem, nesse caldeirão de culturas exuberante, ingrato, fascinante e produtivista. Essa década, essas arquiteturas, precisam ser vistas, revistas, analisadas, criticadas, conhecidas, debatidas – doa a quem doer. Para isso, não adianta seguirmos exibindo as coisas de modo distorcido, pela lente dos preconceitos de outros momentos, de outros historiadores, de outros profissionais. A cidade de São Paulo também está nua, como todas as outras grandes metrópoles deste planeta, nestes séculos de crescimento desmedido, autodestrutivo e enfumaçado. Mas não será tendo pudor de mirá-la nos olhos que se poderá melhor compreendê-la, e à sua arquitetura. E só a compreensão mais plena do presente pode, de fato, trazer a consciência das ações corretas a se praticar no contemporâneo – como nos sugere Agnes Heller.

Casas de praia

Luciana Tombi Brasil

1. AGAMBEN, Giorgio. *Quando a casa queima*.

2. Ver: COLOMINA, Beatriz. La Casa de Mies: exhibicionismo y coleccionismo.

Tudo o que faço não tem sentido se a casa queima. E, mesmo assim, justamente enquanto a casa queima, é preciso continuar como sempre, fazer tudo com cuidado e precisão, talvez com ainda mais zelo – mesmo que ninguém perceba. Pode ser que a vida desapareça da face da Terra, que nenhuma memória do que foi permaneça, para o bem e para o mal. Mas você continua como antes, é tarde para mudar, não há tempo.

Giorgio Agamben, *Quando a casa queima*[1]

É possível contar a História da Arquitetura do século 20 através da produção da habitação unifamiliar. A casa, singela ou monumental, tem sido o campo de prova para os ensaios dos arquitetos em relação às condicionantes que envolvem a natureza e a paisagem, a cidade, as tecnologias construtivas, as lógicas internas de funcionamento dos programas ou ainda as suas expressões simbólicas, culturais e sociais. Voltar a esse tema, esgarçado e discutido à exaustão desafia a olhar mais uma vez para esse objeto como o *locus* primitivo da experiência do habitar (n)o mundo. Considera-se também que a produção inaugural dos arquitetos é um manifesto na apresentação dos seus ideais de arquitetura na busca da construção de uma linguagem formal própria, como prolongamento de si e liberação para experimentar aquilo que será fundante do desenvolvimento posterior de uma obra proeminente, oportunidade de construir internamente o que será generosamente oferecido a um número imenso de clientes no futuro.

A condição heterogênea da arquitetura no contexto brasileiro entre os anos 1970 e 1980 enuncia o universo no qual as quatro casas de veraneio de Jorge Königsberger e Gianfranco Vannucchi são construídas, três no litoral Norte de São Paulo – duas em Ubatuba, uma em Ilhabela – e uma no litoral Sul do Rio de Janeiro, em Paraty. Nesse sentido, os refúgios de praia tornam-se campo fértil para os ensaios[2] de projetos orientados por sistemas construtivos e programas até certo ponto inovadores revelando modos de fazer em diálogo com a condição natural da paisagem existente, associados às bases de formação da dupla de arquitetos.

No enfrentamento da natureza muitas vezes hostil, a arquitetura não urbana estará em embate com situações desafiadoras postas pela geografia da costa litorânea – topografia, tipo de solo, vegetação nativa e com as variantes climáticas – as marés, os ventos, as águas das chuvas e o sol impiedoso.

3. ANDRADE, Francisco de Carvalho Dias de. *Uma poética da técnica: a produção da arquitetura vernacular do Brasil*.

4. BRUAND, Yves. *Arquitetura contemporânea no Brasil*, p. 67.

5. ROCHA, Paulo Mendes da. Recordações singelas de uma singela casa, p. 89.

E, se por um lado, o projeto dessas casas serão campo de prova para os jovens arquitetos colocarem em prática seus conhecimentos, por outro, é no encontro com a arquitetura e a mão de obra locais que uma nova referência surgirá, contribuição decisiva para o caminho a ser tomado nesses projetos, em oposição às formas de construir embasadas estritamente em repertório consagrado. Se as técnicas construtivas regionais fazem parte de um conhecimento por vezes ignorado porque visto como fato menor da produção, pode-se afirmar que é justamente nesse encontro da cultura local com a concepção *ideal* do projeto que a arquitetura dessas casas de veraneio se estabelece, uma vez que a implantação dessas obras é uma resposta a uma leitura atenta das condicionantes do lugar, na apropriação das técnicas construtivas orientadas pelo saber regional com uso de materiais como pedra, barro (tijolo) e madeira, aliada à concepção de raciocínio de projeto de matriz racional e universal.

Essas pequenas obras de exceção operam como laboratório do habitar, submetidas a outras lógicas da vida cotidiana, uma vez que a casa de veraneio vive em modo de espera e o tempo age lentamente sobre essas construções; sua vida habitada aguarda por seus hóspedes meses a fio, em solidão, e o tempo constrói assim a sua camada própria de existência.

As casas de praia marcam o início da carreira dos jovens arquitetos nas décadas de 1970 e 1980, essa última, momento em que o Brasil ensaiava timidamente a sua saída do regime totalitário militar e a Arquitetura Moderna Brasileira ainda navegava firme pela maré da pauta desenvolvimentista. Nesse contexto, as casas de veraneio figuraram como uma inversão na lógica reconhecida dos grandes projetos de concreto armado da época. Mas é também nos anos 1980 que renasce o interesse sobre o tema da arquitetura vernacular, ainda que como olhar de análise tipológica em uma tentativa de distinguir a linha divisória entre a *arquitetura popular* e a *arquitetura monumental*.

> Lina Bo Bardi irá propor em 1984, logo após a inauguração do Sesc Pompeia, a exposição Caipiras, capiaus: pau-a--pique que marcava uma rememoração não apenas da arquitetura vernácula, mas também da imagem construída pela síntese de Lúcio Costa – pela qual a arquiteta teceu o fio de Ariadne de sua notável investigação da cultura vernacular brasileira. O tom elegíaco pela morte de uma tradição.[3]

Também é de 1981 *Arquitetura contemporânea no Brasil*, de Yves Bruand, sobre os arquitetos modernos brasileiros, em que afirma sobre Lúcio Costa:

> Todas as tentativas que fez para encontrar um vocabulário novo, que fosse ao mesmo tempo internacional e local, moderno e ligado ao passado, foram logo estudadas e serviram como fonte de inspiração a um movimento ativo de pesquisas nesse sentido, que é uma das características mais marcantes da nova arquitetura brasileira.[4]

O que indica que não havia necessariamente uma hegemonia de pensamento sobre os rumos da produção da arquitetura brasileira nesse momento, fato que se complexifica nos anos seguintes para quem pretende inutilmente encontrá-la.

Procura-se a partir daí criar um campo de compreensão das casas de praia de Jorge Königsberger e Gianfranco Vannucchi, circunscritas de modo a possibilitar um certo olhar que busque por filiações e origens dessa arquitetura e, nesse exercício, questiona-se em qual medida formulou-se em franca relação à sua imediata referência – a Casa da Lagoinha, de Carlos Millan.[5] Nesse sentido, é possível afirmar que opera como provável trânsito através da tradição colonial e seu *tour de force* no desenvolvimento da arquitetura moderna proposta por Lúcio Costa, ou ainda que está atravessada pelas derivações do "regionalismo crítico" apontado por Kenneth Frampton.

6. ZEIN, Ruth Verde. *Leituras críticas*, p. 24.

7. CODERCH, José Antonio. No son genios lo que necesitamos ahora, p. 81.

Assim, na tentativa de explorar os antecedentes relevantes e sugerir que o encontro das duas formações acadêmicas – Jorge Königsberger, formado na Faculdade de Arquitetura e Urbanismo da Universidade Presbiteriana Mackenzie (FAU Mackenzie, 1971) e Gianfranco Vannucchi, formado na Faculdade de Arquitetura e Urbanismo da Universidade de São Paulo (FAU USP, 1975) – também possa apontar como indício considerável para a historiografia, o que se pretende fazer aqui é bem menos pretensioso, pois "não podemos evitar de olhá-la [a obra] a partir dos vieses que conformam o nosso olhar, que nunca é inocente – mesmo quando ainda não é conscientemente reflexivo".[6]

Segue-se então ao encontro de vestígios a partir das peças gráficas, registros fotográficos, entrevistas e visitas como forma de compreender menos pela discriminação de formas ou tipos não encontrados na "arquitetura dos arquitetos", "erudita" ou "monumental" e mais como um modo de revisitar, ou em alguns casos, visitar pela primeira vez um abreviado recorte da vasta produção do escritório.

Entre os anos 1978, ano da construção da Casa Praia Vermelha, em Ubatuba, e 1994, ano de construção da Casa Praia Brava, em Ubatuba, passando pela Casa Ilha do Araújo, em Paraty, de 1981 e a Casa Praia da Feiticeira, em Ilhabela, de 1988, o escritório projetou e construiu por volta de 150 projetos nos mais variados programas entre residências urbanas, edifícios comerciais, agências bancárias, projetos de interiores, projetos para instituições, complexos comerciais, fábricas e outros, trabalhando com variante expressiva de linguagens, estratégias, abordagens e tecnologias construtivas.

A escolha dos materiais e técnicas de construção utilizadas nas casas de veraneio aponta para a matriz da casa rural paulista e a expressão de uma justa medida que relaciona o pensamento do desenho com o processo da obra, uma vez que a matéria-prima (terra, pedra e madeira) será transformada em um novo objeto de forma sintética, clara, direta, e até certo ponto, didática, porque anuncia exatamente aquilo que é. Ao observar algumas peças gráficas originais, registro das fontes primárias, observa-se o raciocínio do processo, dos desenhos realizados à mão no controle do aparecimento do novo objeto que se forma com rigor e corrobora com a concepção do caráter construtivo.

Ainda, e não menos importante, há nos projetos dessas casas o desejo pela busca poética, voltada ao apelo por um espaço como lugar de encontro, aconchego e calor. *Um longo abraço* que se impõe contra a camisa de força do moderno liso e transparente, sem cor e apático no qual outros programas estarão submetidos.

Assim, olhar essa produção se constitui pensando que a obra é viva e aberta a interpretações e que é possível ainda crer que "necessitamos aproveitar o pouco que resta de tradição construtiva e, sobretudo, moral que sobrou nesta época em que as mais formosas palavras já perderam sua real e verdadeira significação".[7]

Casa Praia Brava, Ubatuba
SP, 1994

8. FRAMPTON, Kenneth. Homenaje a Coderch, p. 4.

Entre a terra e o céu, a casa

A dimensão da paisagem na continuidade espacial proposta nas implantações das casas de veraneio expressa os problemas enfrentados pelos arquitetos naquilo que talvez seja a *raison d'être* dessas casas, o diálogo com o lugar e a dialética que se estabelece com a eleição do sítio sobre o qual se implanta, fator decisivo que aparece como um marco frente à natureza, pretensamente idílica.

Nesse caso, a ação simbólica de marcar, localizar e implantar uma casa na natureza consiste em fixar um ponto de existência – o construir, habitar, pensar heideggeriano materializado. Trata-se de suplantar os problemas do lugar e não apenas tocá-lo, mas também na revelação e na sistematização dos recursos disponíveis para a construção. Assim, a obra não está isolada do seu contexto, se sobrepondo como uma operação abstrata e intelectual, mas submete-se às variantes existentes. E essa parece ser uma estratégia que reúne dois elementos aparentemente apartados nas operações projetuais: o mundo da realidade e o mundo das ideias.

Passados quase quarenta anos das construções dessas casas, é possível olhar em retrospecto, tensionamento entre os componentes da história desses lugares – a Mata Atlântica, a umidade implacável, o habitante original, a contribuição caiçara, a construção colonial e o mar com sua violência tropical – com a condição de transformação dessas regiões e o impacto gerado a partir da forma como têm sido ocupadas ao longo do tempo. O que essas casas expressam enquanto resistência e retorno a um caminho alternativo diante da condição de destruição ambiental contemporânea apontam para "um dos problemas mais importantes para um arquiteto, [que] é tornar compatível o progresso com a humanidade que irradia das velhas construções".[8]

A paisagem original é minimamente alterada na intenção de atar essas casas ao solo. Na terra, elas estão fincadas e daí emergem como continuidade daquilo que se pisa com os pés, até se alcançar a praia percorrendo caminhos de pedras. Desse modo, as casas se colocam sobre o chão como nascidas desse embasamento onde se planta a arquitetura e essa ação de continuidade se configura como um pódio estereotômico, unido à terra, grave.

Esse é o caso das casas da Praia Vermelha e da Praia da Feiticeira. Nos outros dois casos, nas casas da Ilha do Araújo e da Praia Brava, a implantação se dá no enfrentamento da topografia difícil das encostas dos morros e a ação é estabelecer uma plataforma que organiza o corpo social ligado às varandas, pontos de observação da paisagem e do mar.

Ao observar a organização em planta dessas casas há um rigor de concepção pela estrutura racional, em resoluções práticas e eficientes do uso dos espaços integrados através de elementos que possibilitam o fluxo contínuo da passagem do ar e da luz. O uso do tijolo em todos os casos responde de forma eficiente, realizando a regulação térmica desejada para dias quentes e úmidos, mas também para dias mais frios nos morros. As aberturas, quando internas, também se apropriam da costura e do assentamento desses tijolos em planos verticais que permitem o jogo de luz e sombra. No caso das aberturas externas, janelas e portas venezianas permitem a franca comunicação com o ambiente exterior, índice crucial da concepção dos projetos dessas casas. As coberturas em telhados com uso de telhas de barro permitem que as águas das chuvas possam livremente escoar por seus planos inclinados, além de prover regulação térmica eficaz, apartadas das complexas imposições colocadas pelas lajes planas de concreto.

As interlocuções com a arquitetura paulista rural ou vernacular, ou ainda com os princípios compositivos apontados nessas soluções, poderiam render longas análises técnicas sobre os dispositivos que garantem excelentes soluções para o problema térmico, para vencer a maresia, ou para não deslizar pelos morros. Não obstante, prefere-se olhar para essa realização pelo viés expressivo da arquitetura que afirma a qualidade inerente daquilo que aparentemente surge sem esforço, como resistência atávica à terra de Cunhambebe. Os materiais não se confundem, aparecem na sua forma pura e expressam em si a sua função essencial: estrutura, fechamento, abertura, cobertura, separação, proteção.

Os desenhos sinalizam o processo desde aquilo que se faz com as mãos, no gesto da resolução abstrata sobre o papel para tornar-se aquilo que o corpo experimenta frente à realidade. Assim, tempo e natureza não são representações artificiais do mundo, mas colocam o habitante dessas casas em contato com a ativação da memória, processo de subjetivação, apartado do universo ordenado e coerente através da experiência imanente, portanto vinculada à realidade, apreendida pelos sentidos do corpo, tátil.

Nas casas de veraneio, repousa um modo de pensar e de expressar a arquitetura a partir do ato simbólico independente de dimensão, escala ou problema arquitetônico, uma vez que essencialmente "a arte da arquitetura é a capacidade de você fazê-la um objeto de expressão de algo", segundo Jorge Königsberger.

Casa Praia Vermelha,
Ubatuba SP, 1978

9. Em 1969, Leon Sisla iniciou o loteamento das terras e procurou o arquiteto Carlos Lemos para a aprovação de uma proposta. Lemos adotou um partido que preservava o máximo possível a vegetação natural à beira-mar, o jundu, na encosta do morro e nas faixas que beiram os riachos. Os primeiros arquitetos que se aventuraram a construir em uma área de difícil acesso foram responsáveis indiretamente pelo nome com que ficou conhecido esse pedaço do litoral paulista.

Casa Praia Vermelha, Antonio Carlos Fernandes Lima, 1978

A casa, de 200 metros quadrados, implantada na Praia Vermelha do Sul, também conhecida como Praia dos Arquitetos,[9] em Ubatuba, encontra-se atualmente imersa em vegetação robusta implantada próxima à avenida principal do loteamento e não muito distante do mar, em cota baixa. Organiza-se como um pavilhão coberto por telhado de duas águas, estratégia simples e precisa derivada da arquitetura rural paulista, que abriga volumes que não alcançam essa cobertura com suas geometrias particulares e forro paulistinha. Esses volumes, ora peças curvas, ora ortogonais, que abrigam os sanitários e os dormitórios geram um espaço intermediário livre, arejado e aberto entre o forro e o telhado.

Casa Praia Vermelha, quarto

Essa estratégia de organização origina uma planta parcialmente livre, fluida e assimétrica que permite a integração espacial interior/exterior separando claramente a área social e de serviço da área íntima, com modulação estrutural marcada por pilares de troncos de eucaliptos de 20 centímetros de diâmetro.

O piso de tijolos, contínuo por toda a casa com exceção do cimento queimado utilizado nas áreas molhadas, unifica o chão desde o alpendre até a parte interna social e a cozinha, separada por divisória baixa e armário aberto, em argamassa armada, como aparecerá nas outras casas. A percepção de continuidade se acentua quando todas as portas venezianas e janelas se abrem e o espaço passa a ser percebido como plano horizontal único de chão que acerta a chegada com delicadeza na natureza.

Janelas e portas são pintadas na cor azul, com contornos em laranja, referências que voltam a aparecer nas paredes dos banheiros destacando as instalações hidráulicas aparentes, presentes em toda casa, pintadas de azul. O uso das cores acentua a qualidade material e expressiva dessa arquitetura. Entre figura, fundo e contorno, o tema é recorrente nas experimentações cromáticas dos projetos para as casas de veraneio.

A luz que banha o espaço interno é controlada por portas e janelas venezianas que quando completamente abertas garantem a iluminação plena ou que, quando fechadas, fazem a casa mergulhar em uma quase escuridão, permeada por fios de luminosidade que descem do telhado sem forro em companhia dos fios de eletricidade, soltos e aparentes que se arrematam em plugs de liga e desliga, como nas casas antigas das avós. Os volumes internos curvos em tijolo caiado ganham enorme expressividade volumétrica pelo atravessamento dessa luz filtrada pelas telhas de barro da cobertura. A casa fica imersa em aura de coisa perdida no tempo, em uma névoa de registro histórico vivo, teatral e fantasmagórico.

10. Cf. Verbete da Enciclopédia Itaú Cultural de Arte e Cultura Brasileira sobre Carlos Lemos.

Casa Praia Vermelha, banheiro da suíte

Casa Praia Vermelha, vista da sala

Os forros, restritos aos espaços íntimos de dormir e de banho, são essenciais como nas moradas rurais, posto que a casa está submetida à natureza, em harmonia com insetos, pássaros e morcegos, bioma da mata que ocupa a nossa costa litorânea, provocando o morar como experiência de transmutação.

Lemos afirma: "É impossível morar no folclore", quando se refere à tentativa de habitar a primeira casa caiçara que adquiriu no local e ele, inclusive, utilizou em sua própria casa nesta praia, projetada em 1975,

> técnicas e materiais empregados nas casas populares locais [...]. Tijolos, telhas de barro e toras de eucalipto. [...] Concilia os pressupostos modernistas às experiências tradicionais, em interpretação própria, mais afinada com a arquitetura bandeirista do que com a arquitetura colonial mineira, matriz das experiências de Niemeyer e Lúcio Costa.[10]

A curva arbitrária, sobretudo na suíte do casal, onde cama e espaço interno do pequeno quarto de dormir são entidades que não se comunicam geometricamente, sinaliza que o valor do experimento suplanta a busca fácil do conforto, perseguindo o desempenho específico que se cumpre rigorosamente como investigação funcionalista. Desse modo, os espaços distribuídos ao longo desse pavilhão conformam privacidade e vida social na medida em que as partes se justapõem como respostas modulares austeras.

Diante disso, adjetivar a casa é coisa difícil, na medida em que é rústica, caiçara, rural, simples, despojada e experimental. Mas ainda não bastaria porque a casa é de beleza bruta com seus volumes soltos insinuando geometrias dançantes frente ao rigor modulado. O *jogo sábio dos volumes sob a luz* é aqui uma espécie de laboratório de ensaio das formas, na tensão entre a regularidade ortogonal do raciocínio que organiza e a ação poética que transforma a limitação orçamentária em outras formas de fazer arquitetura, para além do concreto armado.

11. PEVSNER, Nikolaus. *An Outline of European Architecture*.

12. BARDI, Lina Bo; FERRAZ, Marcelo. *Lina Bo Bardi*, p.126.

Casa Ilha do Araújo, Jorge Königsberger, 1981

A Ilha do Araújo é uma comunidade caiçara da Baía de Paraty, com dois quilômetros de extensão, por um quilômetro de largura com aproximadamente 600 habitantes, que vive da pesca e abriga a igrejinha de São Pedro. A casa é mínima, de 74 metros quadrados, pois nem tudo é questão de dimensão e sim, de escala. Pevsner em sua introdução de *An Outline of European Architecture*[11] escreve a frase memorável: "Uma cobertura para bicicletas é um edifício". A partir daí abre-se para uma reflexão da arquitetura doméstica que admite o pequeno como seu ponto de partida. Isso implica na simplicidade programática, no breve tempo que separa a ideia da execução e na austeridade que envolve escassos recursos financeiros.

Casa Ilha do Araújo, Paraty RJ, 1981

Na topografia acentuada do morro, a implantação é resolvida com o arrimo de pedras que ajusta a casa. Os pilares que seguram a pequena varanda que avança sobre a paisagem e a estrutura interna da casa também são do mesmo material. É um retiro em meio à natureza exuberante proporcionando a relação direta e próxima com o mar. O acesso é realizado estritamente pelas embarcações e a partir daí alcança a casa através de uma trilha na mata. Mirar o oceano desde a varanda da casa é olhar para o continente, poder vê-lo de um ponto de vista deslocado, percepção da ínfima presença de uma pequenina ilha em relação à imensidão. Nessa casa-refúgio, a arquitetura é abrigo da natureza selvagem e as inúmeras restrições típicas da situação colocada corroboram para a ideia de privacidade e descanso, longe da multidão, fonte de descanso.

Essa casinha-refúgio é um retorno às origens, à cabana primitiva, que implica em reavaliar aquilo que está em curso em uma recuperação dos modelos domésticos da arquitetura popular, na relação tradicional da casa caiçara com varanda, sala, dois dormitórios, banheiro, cozinha e telhado em duas águas. Os materiais são o tijolo caiado, a pedra e a madeira, revelando os sentidos mais propriamente icônicos da "imagem vernacular". A varanda é limitada por bancos de madeira, colocados entre os pilares de pedra, recurso que também aparecerá nas outras casas.

As janelas contidas em molduras de madeira com vidro na parte externa e abertura plena superior na platibanda permitem a ventilação contínua e fazem referência à arquitetura colonial. As portas que se abrem completamente para a varanda reiteram a ideia de plataforma contínua desde a sala de estar, que voltará a aparecer na Casa Praia Brava, em Ubatuba, com situação semelhante de implantação em encosta.

Os elementos no seu uso justo promovem a simplicidade da vida da fantasia, aliada à relação orgânica com a natureza, rememoração da origem da ideia de habitação que reitera a ideia de que "uma casa deve ser como uma alma aberta às coisas da vida".[12]

Casa Ilha do Araújo, varanda incrustada na rocha

Casa Ilha do Araújo, elevação

13. SAIA, Luís. *Morada Paulista*, p.153 e 159.

Casa Praia da Feiticeira, Vera Helena Schmuziger, 1988

A paisagem deste trecho de costa da Ilhabela revela a potência da natureza tropical com cachoeiras e formações rochosas exuberantes, onde funcionou no século 18 um engenho de cana de açúcar, a Fazenda São Matias – edificação ainda existente no local, presença incômoda do passado escravagista. Tal fato leva à figura de Maria Perpétua, "Bruxa" de São Sebastião, que dá nome à praia da Feiticeira, segundo reza a lenda

> São notáveis [...] os dispositivos de fiscalização de trabalho de pontos privativos da habitação, a escolha dos espaços alpendrados de modo a garantir boa orientação, folgada vista e adequada posição. No Engenho São Matias, a fiscalização do trabalho era feita por meio de uma plataforma interna, voltada para os espaços de trabalho, cobertos, e para o exterior. Os alpendres [...] voltados para o mar, constituem simultaneamente elementos de acesso à residência e posições de comando, na paisagem e no espaço que circunda a construção.[13]

Casa Praia da Feiticeira, Ilhabela SP, 1988

A casa de 230 metros quadrados se acomoda em platôs, acompanhando a topografia leve do perfil natural do terreno, um saber derivado das primeiras edificações existentes nessa costa, remanescentes do século 17 e se organiza em duas partes conectadas pela prumada hidráulica dos banheiros, lembrando a planta binuclear de Marcel Breuer, marcando o volume vertical que abriga o reservatório de água da casa. Essa implantação e organização em planta faz surgir um telhado expressivo, gerando um belíssimo plano inclinado. As obras dessa casa contaram com um construtor local, o arquiteto Anselmo Turazzi.

As áreas externas e internas se fundem, revelando salas, varandas e cozinha integradas aos jogos das pequenas escadas que se diluem enquanto resolvem o desnível. A casa se torna um passeio por esses platôs criados para acomodar o programa exuberante de quatro dormitórios, dois banheiros, salas, varandas e cozinha, apontando que aqui não se trata do espaço mínimo, nem do jogo da contenção – os espaços são generosos, amplos e iluminados, abertos em franco diálogo com a natureza.

Ainda sobre a organização setorial da distribuição do programa entre núcleo social de estar/jantar e serviço unido pelos banheiros ao núcleo íntimo dos dormitórios, se apresenta a resolução que reforça o uso centralizador dos banheiros e propõe dormitórios sem suítes, fazendo dessa área de ligação, não apenas espaço de passagem, mas inusitadamente como área de encontro. A forma de organização do programa da casa a partir da revisão das estruturas e ideias consolidadas de uso público e privado junto às dinâmicas cotidianas da casa está em jogo e revisão aqui. E embora essa seja a maior casa dentre as quatro apresentadas, a amplitude espacial reforça a ideia de

Casa Praia da Feiticeira, interior
e fachada

conexão das áreas sociais e íntimas com a natureza e com a convivência e não com a garantia de espaços ultra especializados com suítes e inúmeras salas voltadas a uma vida individual da clausura, tão própria da condição contemporânea. Talvez nesse momento ainda se acreditasse na riqueza das trocas proporcionadas pelo encontro das pessoas.

Dessa forma, algumas soluções já utilizadas anteriormente reaparecem aqui – a base de pedra que ata a casa ao solo, a utilização do tijolo de barro caiado, a cozinha integrada dividida por parede baixa e os beliches fixos nos dormitórios, junto às portas e janelas azuis (caixilharia de madeira tipo guilhotina) em referência explícita ao projeto da Casa da Lagoinha, de Millan. Elementos como armários fixos e prateleiras em argamassa armada também afirmam a lógica colocada nas outras casas, reforçando a coerência de uma abordagem despojada de resolução dos problemas de uso da casa. Aqui, de forma particularizada, os planos verticais de tijolos rendilhados, pintados de branco com assentamento intercalado, fazem surgir pequenos vazios entre as peças, elementos vazados que permitem a passagem de ar e de luz pelos ambientes. Cria-se a partir dessa presença, uma experiência visual desenhada pela luz que passa pelos pequenos vãos, iluminando a casa de forma suave e graciosa, inclusive nas cotas mais altas da casa, próximas à cumeeira do telhado de telhas de barro tipo paulista.

A apreciação da paisagem circundante, desde os generosos bancos de madeira e muretas de pedra que desenham as varandas, permite que este espaço, sob as sombras generosas da cobertura, corrobore para a percepção de estar em contato com a paisagem ao redor, de forma protegida. Assim, se na casa colonial esses espaços avarandados eram filtros das chegadas de possíveis invasores e voltados ao firme controle dos trabalhadores, na casa do século 20, folga-se em ouvir os pássaros, admirar a vegetação e sonhar embalado ao movimento das ondas do mar.

Casa Praia Brava, família Stucchi Vannucchi, 1994

O mar da Praia Brava em Ubatuba se faz vista em meio à Mata Atlântica. Os pássaros voam apressadamente por entre as flores, samambaias e palmeiras que se multiplicam no ambiente propício para a sua existência exuberante. A casa pousa assim no morro, aproveitando da topografia para se apoiar nos pilares e muros de pedra, de modo que se acomoda no solo, mas também flutua em direção à vista através do deck de madeira que faz querer que a vida seja guardada em um instante único de nascer ou pôr do sol.

A casa, de 180 metros quadrados, não pertence à facilidade do "pé na areia", porque sua existência é ambígua: é praia e é mata, é mar e é montanha, é peixe e é pássaro. Ela mantém distância do mar, e essa miragem se converte em obra de arte transitória que flerta com a luz que modifica a paisagem na passagem do tempo.

A casa original que deu origem ao projeto final pertenceu ao senhor José Maria de Paula, caiçara que também foi o mestre de obras da construção dessa casa. O projeto, então de 1994, que assume a antiga varanda como nova sala de jantar acrescida do deck – o conceito de *arquitetura espontânea* que Lina Bo Bardi trouxe do debate italiano dos anos 1930, ainda que se mostrasse mais engajada do que a imagem criada por Lúcio Costa, era explicitamente um olhar urbano, no qual o alpendre rural era visto como *a sala de estar* da casa e seu entorno –, é da mesma época do projeto Tom Brasil (1994), na Vila Olímpia, e o ápice da busca dos arquitetos por outras linguagens. E estão ali colocadas referências à Escola Brasil de Duke Lee e de Fajardo à Barragan. Madeira, pedra, tijolos pintados de branco, piso em cimento queimado dialogam com as cores que se apresentam como vida experimental da casa nas superfícies com propriedade material e pesquisa cromática: azul nas paredes, verde nas portas e janelas, amarelo nas camas e nos armários. Essa pintura se faz diretamente sobre o material e assimila as suas características táteis.

Casa Praia Brava, Ubatuba SP, 1994

14. PEREIRA, Matheus. Clássicos da Arquitetura: Casa Ubatuba / Königsberger Vannucchi Arquitetos Associados.

As paredes e prateleiras de concreto e argamassa abrigam coleçõezinhas de objetos da vida, memórias do correr da vida com "desenhos esbeltos e cuidadosos, [...] volumetria incorporada de forma proporcional e gradual às paredes da casa".[14]

A ventilação constante permite a passagem do ar pelas ripinhas de bambu do contorno alto sobre as janelas da varanda, parte acrescida ao projeto original que se transforma em sala de jantar e estar. Proporção delicada, pé direito acolhedor, aberturas generosas e sofá sob a janela para quem quer ler um bom livro, em referência ao sofá ao lado da janela, reminiscências da Casa da Lagoinha, de Millan, frequentada pela família. Seus interiores são extroversos, tornando-a arejada e iluminada.

Assim, no silêncio da noite pode-se ouvir o mar ao longe, ou talvez esse som seja um sonho, na certeza de que a maresia lambeu a casa com sua pátina salgada e a sua arquitetura reagiu bem. Madura e preservada não se opõe à ação do tempo e travou acordo com ele, conquista de quem já está ali por trinta anos, na sincronia do paisagismo feito pela mão do homem simbiótico à paisagem nativa, imanência da realidade material realizada pelos sentidos do corpo, convivência entre homem e natureza.

A vista nas implantações das casas mais distantes do mar está voltada à imensidão do oceano a partir dos morros junto à Mata Atlântica no deslumbramento pela força da natureza, que um dia impactou Gianfranco Vannucchi, um jovenzinho imigrante italiano que chegou em terras brasileiras aos onze anos de idade.

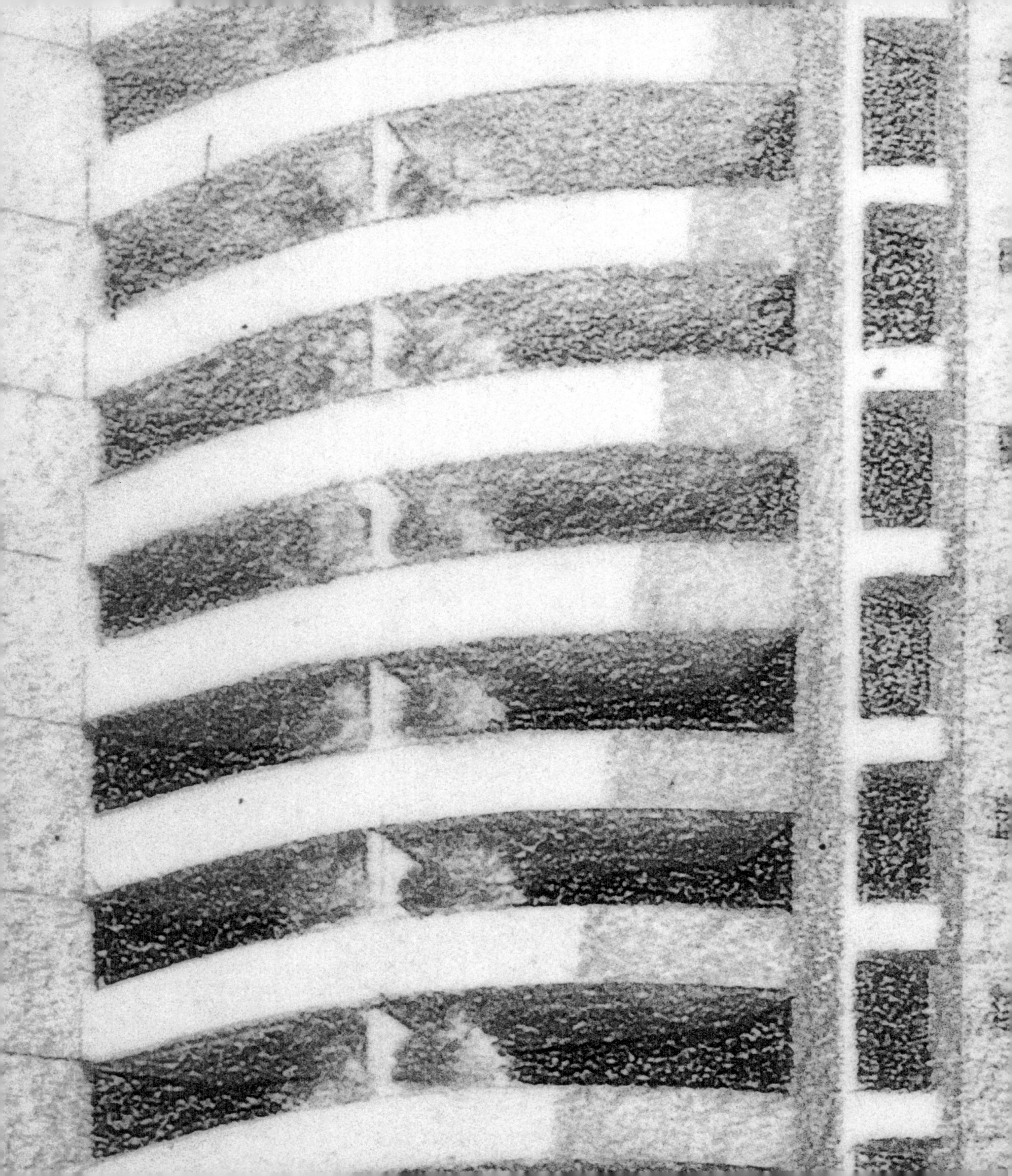

Tecnologia e industrialização: o caso do Condominium Club Ibirapuera

André Marques

1. FLECK, Brigitte. *Álvaro Siza*, p. 81.

Onde não restam dúvidas, é que fazer arquitectura significa ter constantemente de fazer negociações, compromissos e arranjar conflitos. E quem se quer manter à margem de compromissos e conflitos, não constrói. Ou então constrói mal, isto é, reduz os problemas, põe de lado os que poderiam levantar problemas.

Brigitte Fleck, *Álvaro Siza*[1]

Muitos são os desafios enfrentados pelos arquitetos durante a execução de um projeto – questões técnicas e construtivas, condicionantes locais (clima e topografia), desenho urbano, demandas sociais e diferentes legislações etc. –, mas dois aspectos, em especial, se destacam. De um lado, as demandas impostas pelo mercado da construção civil – como a redução dos custos do empreendimento e o desenvolvimento de um produto final que seja mercadologicamente viável – e, de outro, os problemas inerentes ao habitat humano – como as questões de privacidade, a flexibilidade no arranjo dos espaços internos e a adaptação aos costumes de cada morador. Nesse sentido, o Condominium Club Ibirapuera é solução exemplar no que se refere a um conjunto arquitetônico de torres verticais destinadas à habitação.

Condominium Club Ibirapuera, vista da área de lazer, Moema, São Paulo SP, 1993

Projetado pelos arquitetos Jorge Königsberger e Gianfranco Vannucchi entre 1993 e 1996, o Condominium Club Ibirapuera é proposta pioneira do mercado imobiliário de criar edifícios habitacionais apoiados sobre um embasamento repleto de diferentes atividades, que proporcionam o convívio e o lazer, tal qual um clube social. Para além da ideia clássica de um salão de festas e uma piscina, a proposta da Brascan – incorporadora responsável por esse conjunto – era que o térreo pudesse conter desde quadra, playground, academia, sala de ginástica, sala de jogos, brinquedoteca, sauna, piscina infantil e adulto até sala de cinema e restaurante. Mas não é apenas a vontade do mercado e a definição do programa de necessidades que define ou garante a qualidade do projeto. São necessárias a expertise e a habilidade do arquiteto – neste caso, dos arquitetos –, que engendram e constroem soluções de sucesso. A proposta, na época inovadora, de morar sobre um clube tornou-se comum; diversas incorporadoras tentaram repetir a dose. No entanto, ainda hoje, trinta anos depois de sua construção, a solução dada por Jorge e por Gianfranco é única e muito melhor do que os exemplos mais recentes. A mudança da legislação, no que tange à taxa de ocupação e o aumento do programa de espaços coletivos e fechados no embasamento (fachada ativa), é o principal fator. No caso do Condominium Club Ibirapuera, ao invés de compartimentar os diversos usos no térreo, os arquitetos se muniram de um sábio projeto paisagístico para desenhar os espaços vazios, não edificados, no lote.

2. KÖNIGSBERGER, Jorge. Natureza do problema: relatório de diagnóstico Condominium Club Ibirapuera.

3. ZEIN, Ruth Verde. Entrevista com Jorge Königsberger e Gianfranco Vannucchi.

Elaborada junto ao escritório de Benedito Abbud, parceiro frequente da Königsberger Vannucchi Arquitetos Associados (KV), a proposta para o paisagismo do condomínio procurou delimitar e resguardar os espaços para cada uso com diferentes pisos e massas vegetais. Após anos de consolidação, ainda é possível perceber a qualidade dessa proposta. A diversidade dos programas proporciona o convívio desejado, ao mesmo tempo em que a disposição deles no lote e o cuidado com o paisagismo evitam os possíveis conflitos desse convívio. Exemplos disso são o resguardo sonoro e a preocupação em resolver, com vegetação, os interstícios entre os edifícios, nos trechos em que eles estão mais próximos.

Implantado em um terreno retangular de 72 metros de frente por 116 metros de fundo – ou seja, com uma área de 8.352 metros quadrados –, o projeto para o Condominium Club Ibirapuera precisava atender a uma demanda programática da legislação vigente na época: um coeficiente de aproveitamento de quatro vezes a área do terreno e taxa de ocupação de 30%. A premissa da incorporadora era utilizar a totalidade do coeficiente de aproveitamento, mas mantendo a menor taxa de ocupação possível[2] – a fim de liberar o térreo ao máximo para o uso coletivo de lazer – e considerando a distribuição dos apartamentos em quatro torres.[3]

Neste momento, o leitor mais desavisado entenderia que, dadas as premissas colocadas pela incorporadora, o papel dos arquitetos foi de menor importância. Porém, a partir dessas definições, inicia-se um processo de negociação, compromisso e solução de conflitos através de um processo metodológico, no qual um preciso levantamento dos problemas é fundamental para a construção da solução arquitetônica. É necessário muito conhecimento da disciplina e muita habilidade para atender às demandas de um cliente e, ao mesmo tempo, projetar arquitetura e espaços de qualidade.

4. No processo de pesquisa para elaboração deste texto, foram encontrados, na biblioteca da Königsberger Vannucchi Arquitetos Associados, diversos livros sobre tipologias habitacionais: SCHWAB, Gerhard. *Unidades residenciales: conjuntos diferenciados de viviendas*; DEILMANN, Harald; BICKENBACH, Gerhard; PFEIFFER, Herbert. *Conjuntos residenciales en zonas centrales, suburbanas y periféricas*; PETERS, Paulhans. Casas em grupo: *viviendas plurifamiliares*.

5. KÖNIGSBERGER, Jorge. Op. cit.

6. SEGAWA, Hugo. Condominium Club Ibirapuera: arte, técnica e marketing, p. 36.

A implantação em quatro torres e o uso econômico de três elevadores por torre – um elevador social para dois apartamentos e um elevador de serviço compartilhado pelos quatro apartamentos do andar – poderia facilmente levar a uma solução padrão de edifícios em tipologia "H": duas lâminas, com duas unidades cada, conectadas pelo núcleo de serviços, prumadas e circulações verticais (escadas e elevadores). No entanto, o projeto contou com um sofisticado desenho dos edifícios.[4]

A planta, de base circular, é interceptada por duas diagonais que, além de comportarem os ambientes íntimos, definem a circulação principal da residência. A decisão pelo uso dessa composição geométrica permitiu reduzir a sensação de estrangulamento entre os edifícios e garantiu a privacidade dos apartamentos, já que a forma circular aumenta a distância na diagonal em comparação às soluções quadradas. Nos trechos com menor espaçamento entre as torres, foram previstos dois espelhos d'água: o primeiro, mais regular e geométrico, originalmente com uma escultura, mas hoje uma fonte de água no centro, e o segundo, orgânico e natural, funciona como um lago de carpas; ambos circundados por vegetação. Esses jardins de água garantem que, naqueles espaços, não haja permanência e, portanto, resguardam as janelas dos dormitórios, propiciando-lhes silêncio e privacidade. Vale destacar que a composição geométrica da planta é sutil. Para quem vivencia o projeto, a estrutura formal circular é perceptível apenas nas varandas e no embasamento das torres.

> Apesar da implantação ortogonal e simétrica das quatro torres, sua solução formal, transversal e arredondada, amplia visuais e as afasta entre si e é causa e consequência da planta da unidade tipo onde quartos estão implantados sempre a 45º evitando frente, fundos e eixo transversal do clube. Esta organização evita ainda quartos de frente para quartos, voltando áreas de serviços para as laterais e áreas sociais para frente (amplo recuo), fundos (amplo recuo) e eixo transversal (30,27 metros de afastamento).[5]

As unidades habitacionais do Condominium Club Ibirapuera são extremamente compactas: quatro dormitórios, sendo três suítes, com uma área total de 120,5 metros quadrados – desses, 4,2 metros quadrados são de circulação. Para cada torre, há quatro apartamentos de cobertura, desenhados como um sobrado: áreas sociais e cozinha no piso de acesso e dormitórios no andar superior, totalizando 202,49 metros quadrados. Tudo isso resulta em dezesseis unidades de cobertura mais 256 unidades padrão. Para atender aos moradores, no subsolo, foram criadas 770 vagas de garagem, com depósito privativo em cada unidade.

O projeto do Condominium Club Ibirapuera representa alguns marcos na história da KV. Trata-se do primeiro conjunto de edifícios residenciais projetado pelo escritório, que, até aquele momento, dedicava-se em larga escala a desenvolver torres comerciais, sedes bancárias, residências e outras obras de pequeno porte. É importante ressaltar que uma característica marcante do mercado imobiliário é criar escritórios especializados em determinados tipos de programa (residencial, comercial etc.), cenário que o escritório de Jorge e Gianfranco conseguiu afastar de seu portfólio após a proposta para esse conjunto residencial. O projeto da dupla de arquitetos foi muito bem recebido no mercado: logo na primeira semana do lançamento, em 1993, foram vendidas 150 das 272 unidades.[6] Dois anos mais tarde, em 1995, escritório e construtora recebem o prêmio Master Imobiliário, na categoria arquitetura e tecnologia da construção, referente ao projeto.

Outro aspecto desse projeto a ser destacado – e que é marco importante na história do escritório – é a decisão pelo uso da tecnologia de pré-fabricação. Jorge Königsberger e Gianfranco Vannucchi desenvolveram, junto com a Método Engenharia, construtora parceira no projeto, todos os painéis pré-fabricados usados na construção dos quatro edifícios do Condominium Club Ibirapuera. Esses painéis foram produzidos na usina Stamp e transportados para o canteiro de obras; trata-

7. Vale destacar que o uso dos painéis Stamp não se limitou ao Condominium Club Ibirapuera, também foi utilizado no posterior projeto para o Brascan Century Plaza. Sobre as diferenças entre os sistemas aberto e fechado na industrialização da construção, ver: SAFDIE, Moshe. Além do habitat, p. 51-52; BRUNA, Paulo Júlio Valentino. *Arquitetura, industrialização e desenvolvimento*, p. 60-69.

8. ARAUJO, Ramón. Cadenas de montaje: los retos de la industrialización/ Assembly Lines: Challenges of Industrialization, p. 7. Tradução do autor.

-se, portanto, de um sistema fechado de pré--fabricação, no qual as peças são desenhadas exclusivamente para o projeto em questão.[7] As soluções foram diversas: uso do *pisobox* de fibra de vidro – evitando assim as lajes-caixão –, previsão de encaixe do caixilho nas peças pré-fabricadas – reduzindo o uso do contramarco e, portanto, economizando etapas na construção –, uso de drywall para as paredes internas etc.

A opção pela pré-fabricação impactou também no resultado estético do conjunto, uma vez que os painéis Stamp servem de paredes externas e não requerem revestimento extra. Assim, a coloração externa dos edifícios foi definida previamente pelos arquitetos, durante o processo de desenvolvimento das peças, a partir da escolha das pedras que seriam usadas na composição de cada uma delas. Outra característica marcante desses edifícios é a caixilharia em alumínio com venezianas externas pintadas de verde, que salientam a percepção de profundidade dos vazios. Por fim, o coroamento, revestido com chapas metálicas, abriga as caixas d'água e áreas técnicas, solução que também resolve de forma eficiente a impermeabilização do edifício.

O desenvolvimento tecnológico e a industrialização foram o berço da arquitetura moderna, que teve como premissa a criação de uma nova estética a partir de um novo processo de manufatura. Deixando para trás o modo artesanal da construção, a forma de trabalhar – e de desenhar – dos arquitetos passou a se pautar no novo conhecimento científico que o mundo moderno permitia. Nas palavras de Ramón Araujo: "Uma ideia inicial de grande presença na formação da arquitetura moderna foi produzir os edifícios em série para dar à arquitetura os mesmos benefícios dos demais objetos fabricados em massa".[8]

Condominium Club Ibirapuera, vistas do canteiro de obras com elementos pré-fabricados

9. HERRERA, Silvia. Fábrica de prédios, p. 11.

No Brasil, a industrialização acontece de forma lenta e tardia. As primeiras experiências de construções industrializadas foram trazidas, ainda que de forma parcial, por ingleses e belgas com uso do ferro, no final do século 19, e, posteriormente, com o uso do concreto armado – aqui, fazendo referência às pioneiras experiências na construção de Brasília. A partir dos anos 1960, foram surgindo lentamente as plantas industriais para a produção de componentes pré-fabricados; até que, nos anos 1990, a Método Engenharia firmou parceria com a Stamp, empresa canadense que inovou com a criação de painéis de fechamento pré--fabricados mais leves (pesando cerca de duas toneladas).[9]

Vista aérea das quatro torres

10. BIELSCHOWSKY, Ricardo. *Investimentos na indústria brasileira depois da abertura e do real: o mini-ciclo de modernizações, 1995-1997*, p. 5-6.

11. ZEIN, Ruth Verde. Disciplina de projeto e qualificação construtiva criando arquitetura nos parâmetros do mercado, p. 62

Vale destacar que, no período em questão, o país passava pelo processo de redemocratização e abertura do mercado e, mais tarde, de implantação do Plano Real. Tais mudanças tiveram óbvio impacto na indústria nacional, como evidencia o artigo desenvolvido por Ricardo Bielschowsky para a Comissão Econômica para América Latina e Caribe – Cepal, em novembro de 1999:

> No caso brasileiro, os impactos oriundos da evolução da macroeconomia nos anos noventa – ou seja, turbulências anteriores ao Plano Real e dificuldades posteriores ao mesmo – misturam-se com os que advêm da abertura, e seguramente comprometem alguns dos efeitos potencialmente benéficos da mesma sobre a competitividade da indústria, conspirando contra esses efeitos, também no que se refere a eventuais impulsos positivos à decisão de investir.[10]

Torre recém-construída

A estabilidade econômica e política do período acarretou em um aumento no investimento das indústrias da construção civil para o desenvolvimento dos canteiros de obras. Nesse panorama, a parceria da Método com a Stamp teve papel importante na industrialização da construção (vedos e sistema estrutural). Na publicação sobre o Condominium Club Ibirapuera feita pela revista *Projeto*, em fevereiro de 1997, Ruth Verde Zein pontua como o conjunto arquitetônico supera as limitações e costumes da construção civil no Brasil, graças a seu pioneirismo no uso de painéis e lajes pré-fabricadas com divisórias em gesso acartonado:

> É bem conhecida em nosso país a defasagem do segmento de edificações da construção civil em relação à evolução tecnológica, gerencial e de recursos humanos de outros setores de atividade. Isso acarreta altos índices de desperdício e baixa produtividade, incompatíveis com a atual realidade econômica internacionalizada. No Condominium Club Ibirapuera, esses hábitos culturais foram rompidos em favor de uma ampla integração entre projeto, execução e industrialização dos processos construtivos, num esforço conjunto que reuniu incorporadora, construtora e arquitetos.[11]

12. SEGAWA, Hugo. Op. cit., p. 36.

13. CANDUSSO, Roberto. Apud HERRERA, Silvia. Op. cit., p. 10.

14. FERNÁNDEZ-GALIANO, Luis. Industrialización/ Industry Builds, p. 3. Tradução do autor.

15. MOURA, Éride; SOUZA, Marcos de. Ação pioneira e parceiras, p. 46.

16. HERRERA, Silvia. Op. cit., p. 13.

17. MOURA, Éride; SOUZA, Marcos de. Op. cit., p. 46.

18. HERRERA, Silvia. Op. cit., p. 13.

No mesmo sentido, Hugo Segawa, em artigo publicado na revista *AU – Arquitetura e Urbanismo*, trata do ineditismo da proposta e do desenvolvimento tecnológico envolvido no conjunto arquitetônico: "um olhar mais atento à obra revelará uma combinação inédita de técnicas pouco convencionais ou ainda desconhecidas no país, que compõem e apoiam a plasticidade do conjunto".[12] Aquele foi um período em que as revistas especializadas do ramo da construção publicaram diversas matérias apresentando os novos produtos ofertados pela indústria. Mais especificamente, sobre os painéis Stamp, o arquiteto Roberto Candusso não conteve seu espanto: "Graças a Deus, chegamos lá. Conhecemos o processo, e dava água na boca ao visitar as obras em países industrializados. Enquanto, no Brasil, ficávamos a ver navios".[13]

Detalhe da fachada com acabamento em cimento e pedra

Apesar do desenvolvimento da indústria ter servido de inspiração para a arquitetura moderna, os arquitetos ainda estão muito distantes do processo de produção, mesmo na Europa. Conforme argumentou Luis Fernándes-Galiano, em editorial da revista *Arquitectura Viva*, "a arquitetura necessita da indústria, mas não é frequente que a indústria reclame o arquiteto".[14] No entanto, o caso do projeto para o Condominium Club Ibirapuera é uma exceção. A presença dos arquitetos na fábrica da Stamp, durante o desenvolvimento dos painéis, foi constante e decisiva para o excelente acabamento da obra.[15]

Segundo Jorge Königsberger, foi preciso absorver diversas questões técnicas do processo industrial para iniciar o projeto. Foram necessários 4.200 painéis para fechamento das quatro torres residenciais – ou seja, 28.200 metros quadrados de fachada[16] – e todos eles foram pensados desde o detalhe de encaixe dos caixilhos[17] até a composição das peças e, consequentemente, o acabamento final – parte feita com cimento branco e pedra branca e, outra parte, cimento cinza e pedras rosadas.[18]

Fotos do condomínio
em 2023

O envolvimento dos arquitetos – desde os croquis iniciais do projeto até o desenvolvimento das peças pré-fabricadas e a obra – foi fundamental. Com isso, os desenhos foram tão precisos que não houve necessidade de mudança entre o projeto aprovado na Prefeitura Municipal de São Paulo e o que foi executado. Fato que parece óbvio e corriqueiro, mas, na realidade, não é. Apenas pequenas correções foram feitas. Ou seja, graças ao enorme rigor imposto pelo sistema pré-fabricado e ao controle de Jorge e Gianfranco durante o processo, o resultado funcional, técnico e plástico da obra foi de enorme qualidade. A arquitetura é uma arte de conciliação de diversos compromissos que precisam ser atendidos, sendo que o mais importante para o arquiteto, durante o processo de criação, é o desenvolvimento de um preciso diagnóstico dos problemas a serem respondidos; conforme explica Brigitte Fleck – na epígrafe escolhida para este texto – ao falar do edifício Schlesisches Tor (Bonjour Tristesse) de Álvaro Siza Vieira e Peter Brinkert.

No projeto e obra do Condominium Club Ibirapuera, Jorge Königsberger e Gianfranco Vannucchi desempenharam papel similar ao de um maestro em uma orquestra. Ambos foram responsáveis por coordenar, com eficiência, as respostas aos problemas típicos da construção civil. Esmiuçado nos mínimos detalhes, com um sem-número de desenhos, o resultado final dessa obra é primoroso do ponto de vista formal e construtivo. Passados trinta anos, os acertos e qualidades desse projeto continuam visíveis, agora acentuados pelo envelhecimento impecável dos materiais e pelo belo paisagismo proposto.

A mulher de César e as preexistências arquitetônicas: diálogos improváveis

Cecília Rodrigues dos Santos

Projeto em relação com preexistências arquitetônicas, um novo *estilo* ou um novo *modismo*? Sinônimo de restauração ou uma nova definição para *simples reformas* de edificações? Ou um *novo sentimento* em relação ao desenvolvimento de projetos de arquitetura para atender ao mercado, não carecendo de reflexão, método ou fundamento?

A ação do tempo, das intempéries e dos seres humanos é o principal fator de deterioração dos edifícios. Existe uma grande variedade de ações projetuais destinadas a interromper um processo de deterioração – que podem ir da simples conservação, passando pela transformação e reforma, até a restauração – mas qualquer uma delas implica necessariamente no conhecimento prévio do edifício preexistente e sua transformação e na recriação através do projeto de arquitetura.[1] Considerando os diferentes modos de preservação das edificações, nos interessam aqui aquelas intervenções que, mais do que apenas uma requalificação formal e funcional, preocupam-se com a requalificação de caráter cultural da função, do espaço e das técnicas construtivas, através de intervenções projetuais de caráter contemporâneo que vão além das operações hoje denominadas de retrofit.

Vista do Arco de Tito, Giovanni Battista Piranesi, 1760

O termo *retrofit* é utilizado principalmente em engenharia para designar o processo de modernização de um equipamento considerado ultrapassado ou fora de norma e tem origem na expressão latina retro (movimentar-se para trás) mais a inglesa fit (adaptação, ajuste). Uma operação de retrofit, denominação amplamente utilizada na imprensa e na argumentação de negócios imobiliários, difere substancialmente de um projeto de restauração, ou de um projeto em interação com preexistência de cunho cultural. Designa reformas de edificações em que são introduzidas melhorias sem compromisso com as características históricas, artísticas e construtivas originais do imóvel, e/ou sem compromisso com uma metodologia e uma reflexão projetual relativa à sua preservação.[2]

A transformação dos edifícios para abrigar novos usos, edifícios de maior ou menor valor cultural, marca o encontro de tempos diferentes e de histórias reescritas sobre um mesmo suporte. Concordando com Ignasi de Solà-Morales Rubió, o ponto comum entre os projetos que propõem esse tipo de intervenção é a linguagem de representação e a sensibilidade na definição do tom da relação entre o novo e o preexistente.[3] Ainda segundo o autor, o projeto de uma nova obra de arquitetura não somente se aproxima fisicamente daquela preexistência, estabelecendo com ela uma relação visual e espacial, como estabelece uma interpretação do material histórico com o qual deve se confrontar.[4] Concordando com Solà-Morales, o arquiteto Marcelo Ferraz reconhece que as relações assim estabelecidas se tornarão o principal fator de ligação entre as partes do novo edifício, criando entre essas partes um forte vínculo, e tornando a construção preexistente útil, atual e necessária na contemporaneidade, para além de sua função documental.[5]

1. SANTOS, Cecília Rodrigues dos. Re-Arquitetura.

2. Da mesma forma, outros anglicismos como "reutilização adaptativa", ou "reuso adaptativo", ou "reutilização adaptável" referem-se a operações de caráter comercial, com o objetivo de introduzir melhorias na edificação sem compromisso de ordem cultural com as características anteriores destas edificações.

3. RUBIÓ, Ignasi de Solà-Morales. Do contraste à Analogia: novos desdobramentos do conceito de intervenção arquitetônica.

4. Idem, ibidem.

5. FERRAZ, Marcelo. *Arquitetura Conversável*.

6. *Le Vedute di Roma*.

7. Ver: VIOLLET-LE-DUC, Eugène Emannuel. *Restauração*.

8. WIKISOURCE. *Dictionnaire raisonné de l'architecture française du XIe au XVIe siècle.*

9. Ver: KÜHL, Beatriz Mugayar. Algumas questões relativas ao patrimônio industrial e à sua preservação.

10. ALMEIDA, Eneida de. Os processos de projeto de Rafael Moneo.

11. Idem, ibidem. Ver também: ALMEIDA, Eneida de. Do monumento ao fragmento urbano: um enredo entre memória e criação.

Hoje, existe um grande interesse cultural e econômico na conservação de edificações que se apresentam como testemunhos do passado, inclusive do passado próximo, abarcando desde a edificação comum até a monumental, favorecendo e valorizando a coexistência material de épocas distintas. Esse interesse, principalmente no Brasil, é recente, e apenas começa a se organizar uma literatura de referência, que discute métodos e teorias. Mas as transformações para conferir novo uso a um edifício conforme as necessidades de outro tempo, ou as intervenções projetuais sobre o patrimônio edificado, ou ainda o "construir sobre o construído" definem um desafio projetual presente hoje na atividade de arquitetos e construtores, bem como presente a se perder de vista no tempo e na história, até meados do século 19 de forma pragmática, quando passa a ser teórica e metodologicamente organizada por Eugène Emmanuel Viollet-le--Duc.

Bons exemplos são as 34 gravuras a água--forte de Giovanni Battista Piranesi, Vedute di Roma (1747),[6] em que ainda predominam as apropriações e interações que traduzem antiguidade para um vernáculo destinado aos turistas da *Grand Tour*, apresentando monumentos de forma dramática, ao mesmo tempo que desenham um retrato contextual do estado de conservação dos monumentos de Roma no final do século 18, desejo típico de um antiquário de seu tempo, que procura registrar como uma forma de preservar. Destacam-se, nessas gravuras, além das inúmeras construções vernaculares adossadas a monumentos, muros e construções arruinados, diversas edificações e igrejas que incorporaram colunas e outros elementos construtivos de templos pagãos e outros monumentos romanos, como pode ser observado na Basílica de Santa Sabina, na Igreja de São Lorenzo in Miranda e na Igreja de Santo Urbano alla Caffarella, todas em Roma.

Vista interna do Átrio do Pórtico de Otávia, Giovanni Battista Piranesi, 1760

Por outro lado, as intervenções batizadas de "restauração" por Viollet-le-Duc[7] serão sistematizadas a partir das obras e dos projetos de restauração do arquiteto e do corpo teórico que ele começa a definir a partir dos canteiros de obras e de suas pesquisas para fundamentar as intervenções, presentes nos dez volumes do seu *Dictionnaire raisonné de l'architecture française du XIe au XVIe siècle*.[8] Somam-se ainda os debates com seus contemporâneos que definirão o campo da preservação e do restauro, lançando um novo olhar sobre o passado e sistematizando novos tipos de apropriação de fragmentos e vestígios.[9]

A partir das considerações de Eneida de Almeida,[10] é possível reconhecer uma aproximação, do ponto de vista teórico e metodológico, dos projetos em interação com preexistências arquitetônicas com projetos de restauração, distintos, porém reunidos no campo específico da preservação e do restauro por seus métodos e referências teóricas e conceituais. De uma maneira geral, o projeto de arquitetura vem sendo chamado a considerar as preexistências do ponto de vista histórico e construtivo, avaliando criticamente cada decisão projetual. Assim como o projeto de restauração continua sendo chamado para interromper processos de deterioração de monumentos e de edificações de especial valor, seguindo métodos e teorias que lhe são próprios, mas sem se abster de modificar, ou de interagir com as preexistências, respondendo a necessidades vitais para o edifício, necessidades de transformação para abrigar novos usos.[11]

12. KÜHL, Beatriz Mugayar. O problema da reprodução de obras arquitetônicas.

13. Idem, ibidem.

14. SANTOS, Cecília Rodrigues dos. Notas de aula – Patrimônio Cultural Técnicas Retrospectivas.

15. MARTÍNEZ, Ascensión Hernández. Restauración, transformación, reciclagem. La deriva de la disciplina mas ala de los critérics consolidados.

16. BRENDLE, Betânia. Restauros sem teoria e a falácia da intervenção oficial na preexistência projetual no Brasil.

17. BAETA, Rodrigo Espinha; NERY, Juliana Cardoso. Interação, sobreposição e ruptura – Os Edifícios Niemeyer e Rainha da Sucata e a Praça da Liberdade, em Belo Horizonte.

18. CARBONARA, Giovanni. *Architettura d'oggi e restauro: un confronto antico-nuovo*.

19. BAETA, Rodrigo Espinha; NERY, Juliana Cardoso. Op. cit.

Praça das Artes, projeto de Brasil Arquitetura, São Paulo SP, 2006

Museu Rodin Bahia, projeto de Brasil Arquitetura, Salvador BA, 2002

Portanto, hoje, a partir de um debate que conta com mais de dois séculos,

> preservar não significa parar no tempo, mas transformar com controle e com a responsabilidade de não se cancelar os vestígios culturalmente significativos do passado. [...] Restaurar não é voltar ao estado original ou a uma fase anterior qualquer, pois não se considera o tempo histórico como reversível e não se pode induzir o observador ao engano de confundir uma ação de um dado presente histórico com a de outros períodos.[12]

Concordando ainda com Beatriz Mugayar Kühl, cada ação contemporânea comprometida com a cultura do restauro coloca-se como um novo estrato que reclama a dimensão de projeto, não entrando em conflito com a premissa de conservação e necessariamente precedido por estudo rigoroso dos aspectos materiais, figurativos e documentais da obra submetida à intervenção.[13] Trata-se de uma aproximação crítica baseada no profundo conhecimento do objeto alvo da intervenção, etapa de pesquisa que deve necessariamente preceder à elaboração do projeto de restauro, podendo ser estendida a projetos de arquitetura em interação com preexistências, como método de trabalho característico do campo.[14]

Segundo Ascensión Hernández Martínez, a variedade de terminologia para designar as intervenções projetuais em preexistências – (re)vitalização, (re)utilização, (re)conversão, (re)habilitação, (re)novação, (re)ciclagem, (re) generação, (re)qualificação, (re)composição, (re)estruturação, (re)figuração, (re) formulação, (re)modelagem, (re)ssignificação, (re)ssemantização, (re)uso adaptativo, (re) arquitetura, etc. – teria como objetivo *evitar* a palavra restauração e todos os compromissos teóricos e conceituais que ela implica, justificando uma liberdade projetual cada vez maior nas intervenções em preexistências, contornando valores materiais, históricos e sociais que guiam os projetos de restauração, em um processo de apropriação do passado que, se for conduzido sem critérios e sem as referências do campo, pode acabar se limitando a um projeto mediático de recuperação da imagem dos edifícios.[15]

Aponta-se, portanto, para a necessidade de se estabelecer a relação entre projeto arquitetônico e preservação do patrimônio. E se as fronteiras entre campos disciplinares específicos tendem a se diluir, torna-se arriscado renunciar ao rigor na adoção de conceitos nômades próprios da área da preservação e do restauro para desenvolver um projeto de arquitetura em interação com preexistências, com *mais liberdade*. Nesse caso, concordando com Betânia Brendle, continuaremos assistindo à proliferação de posturas empíricas e arbitrárias, expressões de *gosto pessoal*, além de interpretações equivocadas dos princípios que regem projetos de restauração, projeto especial de arquitetura que demanda como baliza um amplo domínio da teoria e da história da arquitetura e, principalmente, da história e teoria do restauro.[16]

Juliana Nery e Rodrigo Baeta[17] promovem o debate sobre projetos de intervenção que afetam o patrimônio edificado e urbano de interesse cultural, e as interações entre novas arquiteturas e preexistências consolidadas a partir da avaliação da qualidade dos projetos de intervenção, defendendo o ato projetual erudito, sensível, coerente, crítico e comprometido como a melhor possibilidade para estabelecer um confronto sadio e profícuo entre o antigo e o novo. A partir da leitura de Giovanni Carbonara,[18] os autores afirmam que "toda nova arquitetura é uma inserção na preexistência e todo ato de conservação e de restauração arquitetônica a altera inevitavelmente". Por isso, segundo Carbonara, "essa projetação deve ser condicionada e fundada em um aprofundado conhecimento do objeto, especialmente de sua materialidade – ação fortemente crítica e autocrítica, bem como atenta às razões históricas e de tutela".[19]

Para Rafael Moneo, arquiteto espanhol autor de obra significativa com o enfoque que nos interessa aqui, o processo de interação com as preexistências deve se dar observando principalmente duas ideias: adequação – especialmente em relação à atribuição de novas funções – e continuidade – usar a razão aceitando o legado recebido do passado.[20] Ou seja, nem tudo destruir, nem tudo conservar, e sim dar lugar à criação contemporânea através de escolhas conscientes e transformações criteriosas, contrapondo caso a caso, continuidade e ruptura. Assim, a pesquisa histórica sobre a preexistência e a leitura crítica das qualidades específicas das edificações devem nortear o projeto de intervenção tanto nas iniciativas projetuais de conservação, quanto no projeto de acréscimos e nas demolições.

Na Europa, especialmente na Itália,[21] as obras e as referências à arquitetura em relação a preexistências, discutindo sua inserção no campo da preservação e do restauro, começam a se organizar no segundo pós-guerra, como consequência da enorme demanda por reconstruções e restaurações. Destaque para as reflexões pioneiras de Sir John Newenham Summerson que, já em 1947, previu o dilema da preservação no mundo moderno,[22] e para os projetos de arquitetos como Carlo Scarpa, Aldo Rossi, Rafael Moneo e Fernando Távora, entre outros.

No Brasil, essa discussão ainda engatinha, tendo demorado bastante para começar a ser considerada, devendo-se citar as pioneiras reflexões do arquiteto Lúcio Costa, a obra da arquiteta Lina Bo Bardi e dos arquitetos do Brasil Arquitetura – Marcelo Ferraz e Francisco Fanucci[23] –, e os trabalhos acadêmicos também pioneiros dos arquitetos Beatriz Khül, Eneida de Almeida,[24] Nivaldo de Andrade,[25] Juliana Nery e Rodrigo Baeta.[26]

Portanto, na década de 1970, quando se formaram os arquitetos Jorge Königsberger e Gianfranco Vannucchi nas então duas escolas de arquitetura mais importantes de São Paulo, FAU USP e FAU Mackenzie, não se consideravam, nem se discutiam, nem ao menos se mencionavam as questões teóricas e metodológicas relativas a projetos de arquitetura que tivessem alguma relação com preexistências, nem mesmo projetos de restauração. Segundo Vannucchi, comentários sobre a arquitetura histórica pontuavam as aulas dos professores Júlio Katinsky, Benedito Lima de Toledo, Nestor Goulart Reis, Ruy Gama, e principalmente as aulas de Carlos Lemos que, em paralelo à sua atividade projetual, foi diretor técnico do Conselho de Defesa do Patrimônio Histórico, Arqueológico, Artístico e Turístico – Condephaat (1968-1989) e participou do Conselho Municipal de Preservação do Patrimônio Histórico, Cultural e Ambiental da Cidade de São Paulo – Conpresp e do Instituto do Patrimônio Histórico e Artístico Nacional – Iphan, levando o tema da preservação para suas aulas e suas pesquisas com os alunos. Na mesma FAU Mackenzie, onde Königsberger se formou, não havia um departamento de história organizado, e questões de preservação não apareciam nas aulas e nos debates. Na época, e até há pouco tempo, a história da arquitetura no Brasil era estudada no Iphan, ou com os arquitetos do Iphan que estavam também na universidade.

Assim, considerando a situação dos cursos de arquitetura em São Paulo, no Brasil e até os debates internacionais, não é possível falar de arquitetura em relação com preexistências arquitetônicas ao abordar a obra de Königsberger Vannucchi, nem nos primeiros trabalhos e nem nos trabalhos mais recentes. E, no entanto, essa relação existe quando o tema se coloca implicitamente ao desafio projetual, como nos dois exemplos que analisaremos em seguida.

20. MONEO, Rafael. Construir lo construído. Adecuación y continuidad con el pasado, p. 6.

21. Ver: COHEN, Jean-Louis. *La coupure entre architectes et intellectuels, ou les enseignements de l'Italophilie*.

22. SUMMERSON, John. The Past in the Future.

23. VIOTTI, Giovana, SANTOS, Cecília Rodrigues dos. Projeto em relação com preexistências arquitetônicas: a obra do escritório Brasil Arquitetura.

24. ALMEIDA, Eneida de. *O "construir no construído" na produção contemporânea: relações entre teoria e prática*.

25. ANDRADE JUNIOR, Nivaldo Vieira de. *Metamorfose Arquitetônica: intervenções projetuais contemporâneas sobre o patrimônio edificado*.

26. BAETA, Rodrigo Espinha; NERY, Juliana Cardoso. *Entre o restauro e a recriação reflexões sobre intervenções em preexistências arquitetônicas e urbanas*.

Interação Cáceres, Mato Grosso

Segundo Maria Alice Bastos,[27] o setor bancário passou por um período de grande expansão de público na década de 1970, com consequente ampliação no número de agências de atendimento. A inclusão do Banco do Comércio e Indústria de São Paulo – Comind na carteira de clientes do escritório de arquitetura recém-formado de Königsberger e Vannucchi foi fundamental para a sua consolidação. Segundo o contrato com o banco, os arquitetos deveriam projetar e providenciar a instalação de agências em várias cidades no interior do Brasil. A demanda era por agências com uma *arquitetura moderna* em destaque na época, décadas de 1970 e 1980, que representassem a pujança e a modernidade do setor bancário, sem restrições quanto a demolições, já que muitas delas tiveram que se adaptar em terrenos ocupados por outras construções. A autora ressalta que, na época, os bancos procuravam se afirmar marcando o ambiente urbano das pequenas cidades do interior por meio de edifícios luxuosos, com estruturas de concreto aparente, com grandes vãos e balanços generosos, esquadrias de alumínio e grandes panos de vidro, destoando e se destacando entre o casario singelo dessas cidades.

Em 1979, o arquiteto Carlos Lemos,[28] ressalta o fato da arquitetura dessas agências, que não chamavam mais a atenção nas capitais, começarem a marcar presença nas cidades do interior, mais parecendo "estranhos objetos vindos de outras galáxias pousados entre o casario modesto [...] totalmente desvinculadas dos contextos urbanos",[29] quebrando a harmonia de cidades que, na maioria, ainda conseguiam guardar certa unidade formal.

27. Ver a primeira parte do texto deste livro.

28. LEMOS, Carlos Alberto Cerqueira. Arquitetura bancária e outras artes.

29. Idem, ibidem, p. 55.

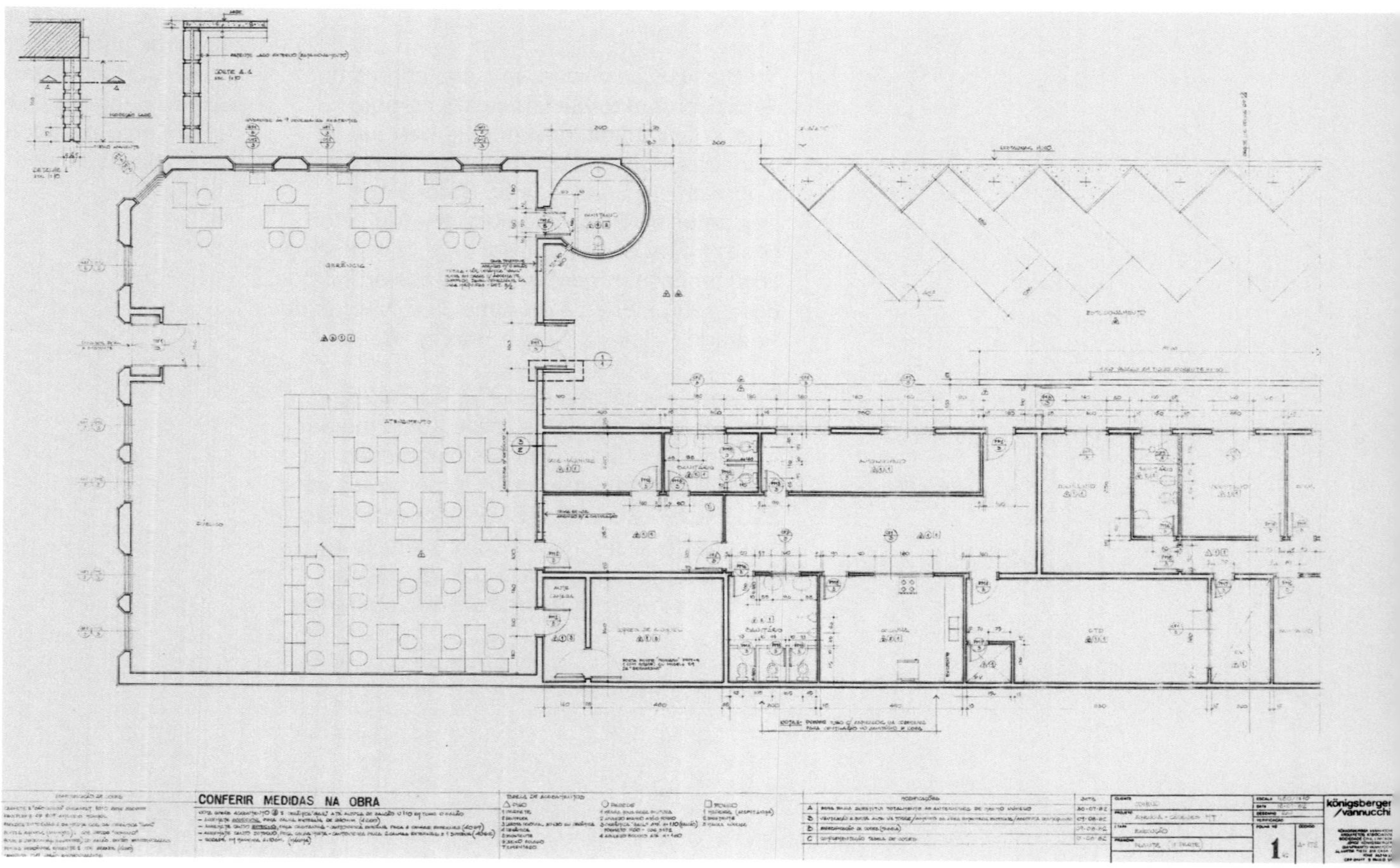

Agência Cáceres, Banco Comind, plantas e detalhes, Cáceres MT, 1982

Essas agências são bem acolhidas pela população e pelas prefeituras como paradigmas formais importados da capital para denotar progresso e riqueza. O autor continua adiantando princípios como harmonia e continuidade a serem considerados no projeto:

> não existem cidades "históricas" ou "não históricas", cidades bonitas ou feias, pobres ou ricas, simpáticas ou antipáticas pois todas são dignas de nossa atenção simplesmente porque existem [...]. Cada construção vista isoladamente pode não ter valor especial, mas em companhia das demais participa de um cenário representativo de determinado estágio cultural. Há de planejar respeitando o existente.[30]

Para transformar uma casa em uma das esquinas de Cáceres em agência do Comind, os arquitetos decidiram, segundo Vannucchi, manter a construção original, situada no alinhamento das testadas das edificações todas voltadas para os logradouros, sem recuo frontal, como a maior parte do casario da cidade, liberando um espaço único no interior para a instalação da agência. No piso, tiveram o cuidado de manter os ladrilhos hidráulicos organizados segundo o desenho dos cômodos originais.

Não conheciam na época o texto crítico de Carlos Lemos. Não havia nenhuma lei de proteção da cidade; Cáceres foi tombada por órgão estadual em 2002, e pelo Iphan em 2010, trinta anos depois da construção da agência![31] Ainda segundo Vannucchi, a decisão de manter "a casinha no contexto das casinhas", na escala e em continuidade com o resto da cidade, teve origem "no reconhecimento do encanto e na sofisticação das coisas simples, em um conjunto feito da colagem de tempos diferentes".

30. Idem, ibidem.

31. O conjunto urbanístico e paisagístico da cidade de Cáceres, no Estado de Mato Grosso, foi tombado pelo Iphan em 2010. Além do centro histórico, existem fazendas e usinas e, ainda, a sua pré-história constituída por dezenas de nações indígenas. Em fevereiro de 1754, foi assentado o Marco do Jauru (na foz do rio Jauru, rio Paraguai) para definir os limites dos impérios coloniais, espanhol e português, na América do Sul, fruto do Tratado de Madrid. Cáceres nasceu da pequena Vila Maria do Paraguai, fundada em 1778, no Pantanal Matogrossense, e é considerada um marco na estratégia de proteção e conhecimento, durante as negociações para definição da fronteira do Brasil.

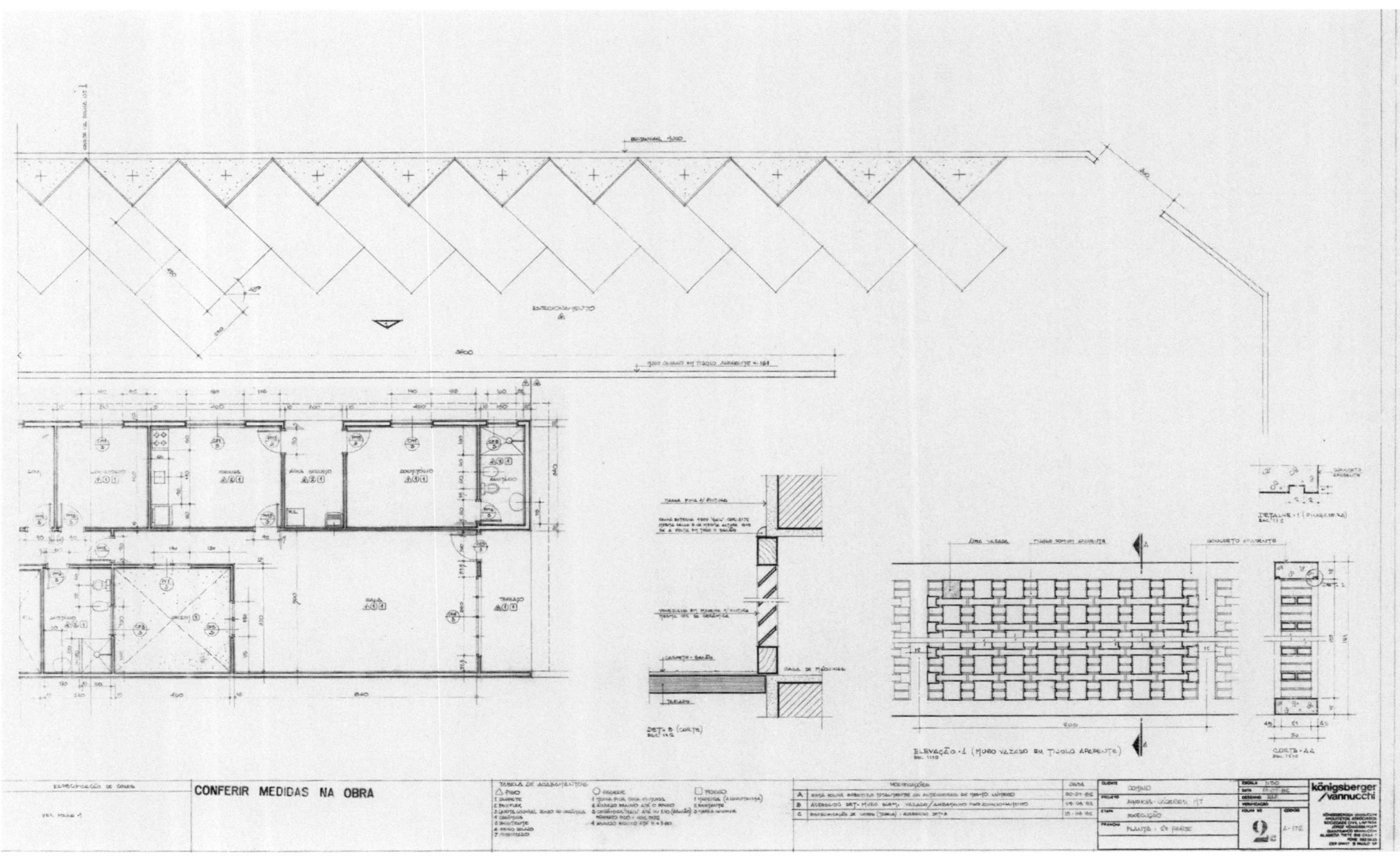

32. Portaria Iphan nº 6, de 20 de janeiro de 2022. Dispõe sobre a definição de diretrizes de preservação e critérios de intervenção para as áreas de tombamento e de entorno do Conjunto Arquitetônico, Urbanístico e Paisagístico da Cidade de Cáceres, situado no estado do Mato Grosso (MT), bem objeto de tombamento federal pelo Instituto do Patrimônio Histórico e Artístico Nacional – Iphan.

33. COSTA, Antônio. Bexiga: o construtor português que marcou o Centro Histórico de Cáceres.

Na Portaria do Iphan que dispõe sobre a definição de diretrizes de preservação e critérios de intervenção para as áreas de tombamento do Conjunto Arquitetônico, Urbanístico e Paisagístico da Cidade de Cáceres, objeto de tombamento federal, é identificado o conjunto de edificações representativas da diversidade de linguagens arquitetônicas dos diferentes períodos históricos, em particular colonial, eclético, neoclássico e art déco, além da volumetria predominantemente térrea e do alinhamento das edificações nas testadas voltadas para os logradouros.[32] A antiga agência do Comind, hoje sede da Câmara Municipal, faz parte desse conjunto, que contou com a contribuição e a perícia construtiva do pedreiro português Antônio de Souza Bexiga, autor de muitas dessas casas.[33]

Edifício original que abrigava a FecomercioSP, projetado pelos arquitetos Sérgio Pileggi e Euclides Oliveira, São Paulo SP, 1978

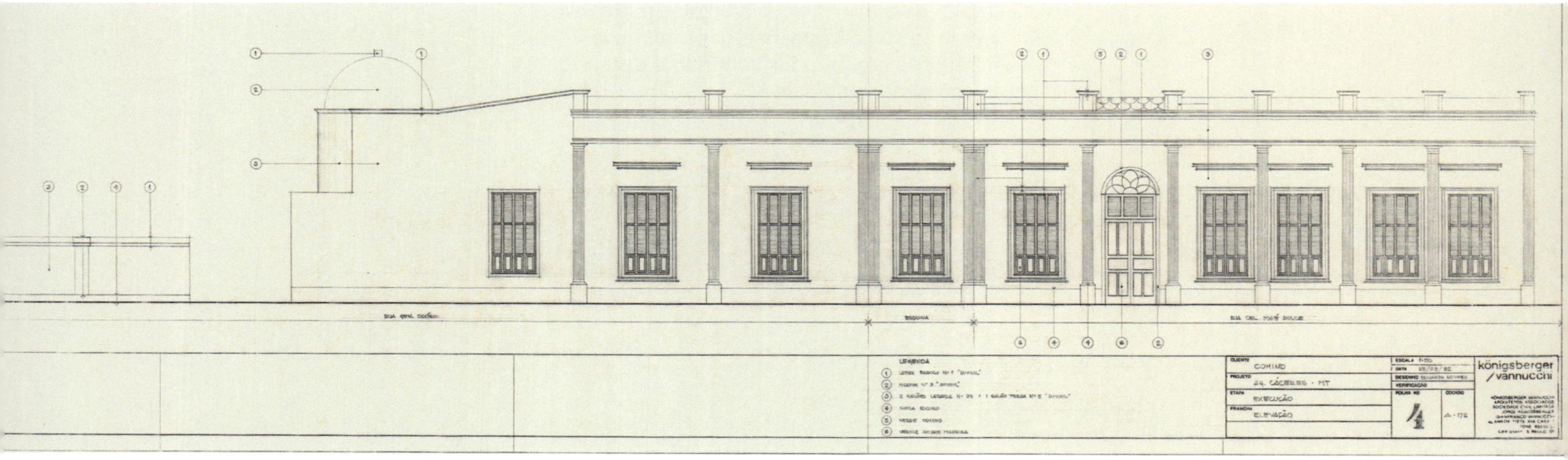

Elevação e vistas externa e interna da Agência Cáceres

34. VANNUCCHI, Gianfranco. Depoimento a Cecília Rodrigues dos Santos.

Sesc Avenida Paulista, São Paulo SP, 2018

Interação Sesc Avenida Paulista, São Paulo

Gianfranco pontua:

> Somos uma geração que nega, por um lado, mas que aprendeu a fazer conviver. Cáceres e Paulista, projetos separados por quarenta anos, são duas experiências diversas, mas guiadas pelo mesmo espírito, muito parecidas, ambas têm início pelo reconhecimento do lugar.[34]

A Confederação Nacional do Comércio de Bens, Serviços e Turismo – CNC, que deu origem ao Sesc e ao Senac, construiu sua sede na avenida Paulista, um edifício inaugurado em 1978, projeto dos arquitetos Sérgio Pileggi e Euclides Oliveira, composto originalmente por dois subsolos, térreo e quinze andares de escritórios.

Até 2010, o edifício abrigou a sede administrativa do Serviço Social do Comércio e a Federação do Comércio do Estado de São Paulo, tendo passado, nos últimos oito anos, por intervenções que alteraram o programa e os espaços interiores, completamente remodelados para abrigar a nova unidade da instituição, o Sesc Avenida Paulista. Entre 2005 e 2010, o edifício abrigou – para além das atividades administrativas – uma unidade com atividades provisórias para o público, mas limitadas pela infraestrutura e pelas condições gerais do prédio.

Em 2011, começaram as obras que deram origem ao novo centro cultural: um edifício de escritório, mais uma torre de concreto e vidro na avenida, que deveria receber todos os itens do programa de um Sesc.

Comenta Gianfranco:

> O prédio deveria incluir um grande auditório com duzentos lugares; miniauditório com noventa lugares; dois espaços para apresentações cênicas; salas de atividades corporais; centro odontológico de referência; centro audiovisual para pesquisa; sala de tecnologia e internet; área para exposições; oficinas; convivência; observatório; espaço infantil; bistrô; cafeteria e loja Sesc: projeto difícil.

Sesc Avenida Paulista
espaço de convivência
no 2º andar

O primeiro ato dos arquitetos, ao receber o encargo de instalação da nova unidade do Sesc Avenida Paulista, foi procurar o arquiteto Sérgio Pillegi, um dos autores do projeto da torre de escritórios original, para conversar sobre o projeto e as alterações propostas para o edifício; "fiquem à vontade", foi a resposta do arquiteto aos colegas. Essa atitude, de aprofundar o conhecimento sobre o edifício e respeitosamente consultar o arquiteto autor do projeto original, marca uma posição e consequentemente uma orientação projetual bem diversa em relação ao projeto original. Posição muito diferente, por exemplo, dos arquitetos do Sesc 24 de Maio (MMBB Arquitetos + Paulo Mendes da Rocha) que, se não poderiam ter consultado o arquiteto francês autor do projeto, Auguste Rendu (1897-1941), mesmo assim decidiram não considerar seu sofisticado projeto para a sede da antiga Mesbla em São Paulo.

Segundo Gianfranco, a decisão no projeto para o Sesc Avenida Paulista foi chegar com delicadeza, apropriando-se com cuidado do edifício original: arrancando forros para aumentar os pés-direitos, criando uma circulação com escadas com vista para a avenida, ali onde ela faz uma curva e abre visuais, e para as atividades desenvolvidas nos interiores; segundo o arquiteto, não é um edifício que grita na avenida Paulista e sim conversa com calma, sem se impor. Ainda, como comenta Gianfranco, foi necessário avançar com cuidado nas intervenções: "a parte estrutural não aturava muito desaforo".

Sesc Avenida Paulista,
terraço do 17º andar,
integração entre os andares

A nova unidade se destaca como uma extensão da própria avenida, estabelecendo-se como um território livre a ser apropriado pelo grande público. Entre suas características estruturais, o conceito se desenvolve nos grandes acessos, nas diversas áreas de convivência – com praças internas e um terraço no topo – e até mesmo na escolha dos materiais, como o uso de vidros não reflexivos. A opção pelo material, combinado a placas de zinco na fachada, revela as várias atividades exercidas no interior do edifício. A arquitetura só se faz completa quando ativada pela circulação das pessoas, e para essa relação, toda estrutura foi concebida pensando nas ações que serão desenvolvidas na unidade, pautadas pelo trinômio "Corpo-Arte-Tecnologia".[35]

35. Texto fornecido pelo escritório para o portal ArchDaily Brasil. Ver: VADA, Pedro. Sesc Avenida Paulista / Königsberger Vannucchi Arquitetos Associados.

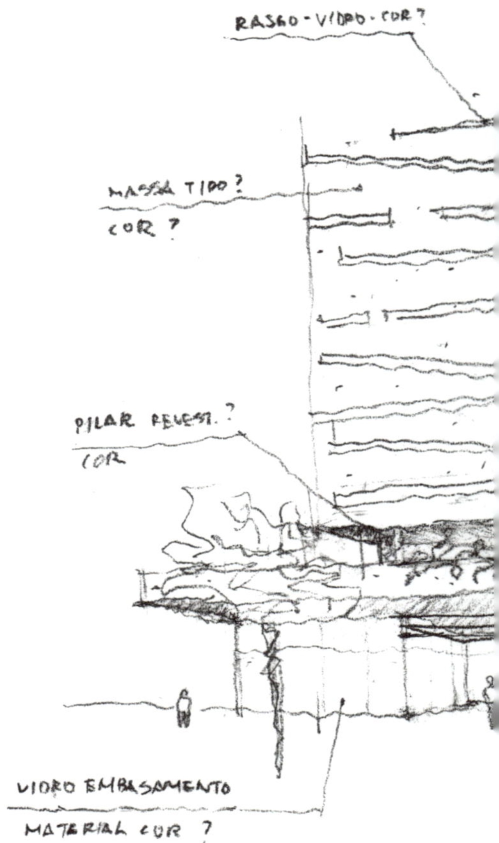

Sesc Avenida Paulista, croquis de estudos

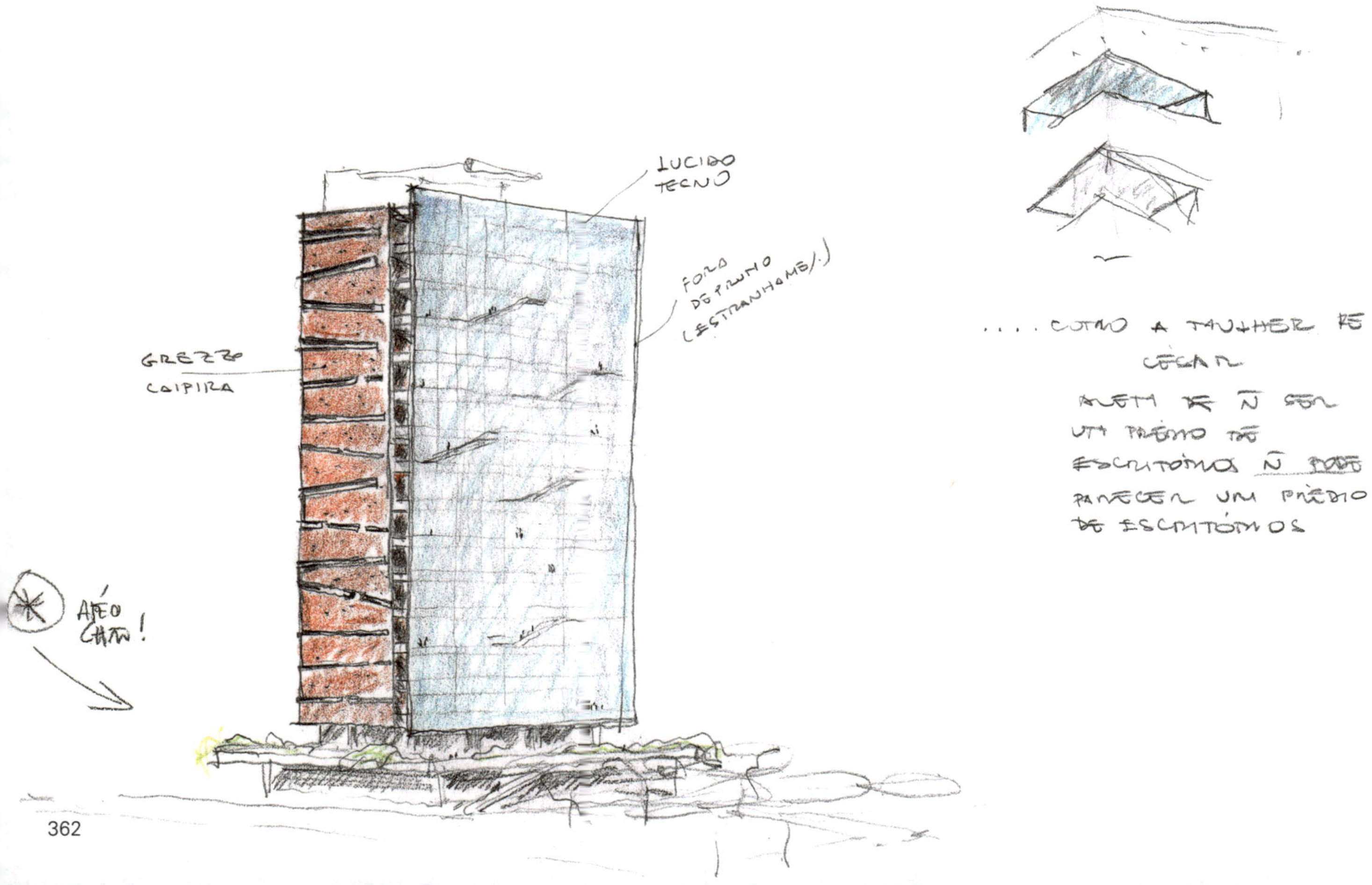

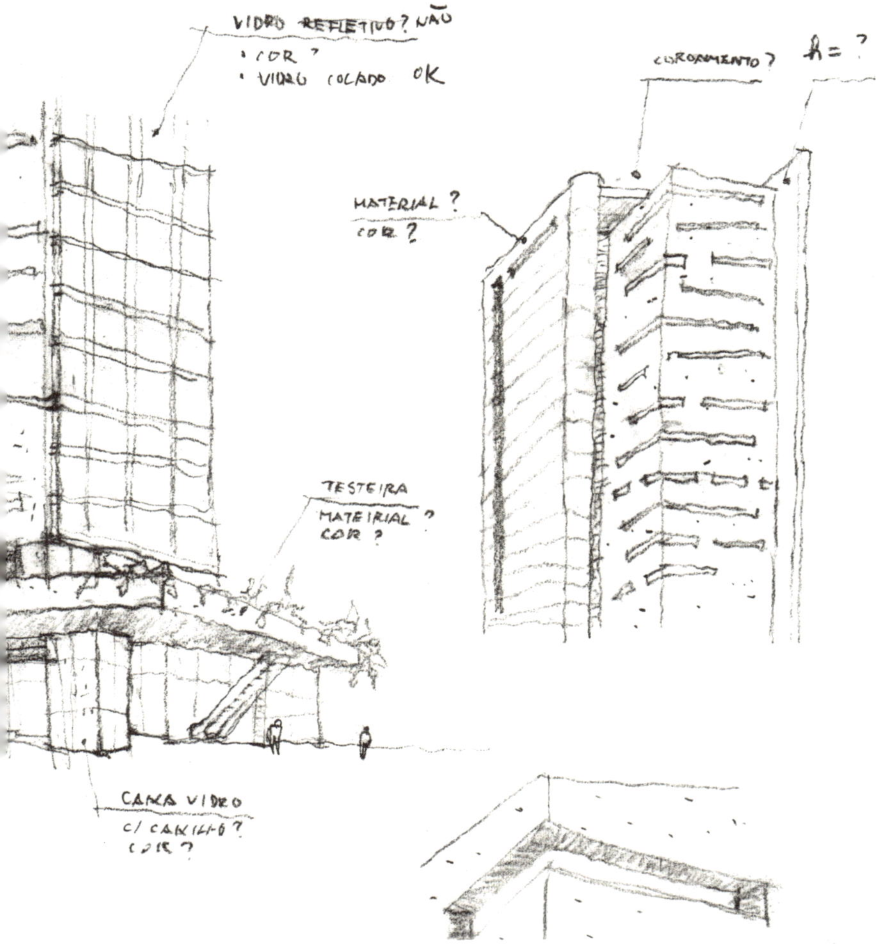

E a mulher de César?

O imperador romano, Júlio César, como é sabido, casou-se em segundas núpcias com Pompeia Sula, a quem se refere o conhecido provérbio: "À mulher de César não basta ser honesta, deve parecer honesta", ou "não basta ser, é necessário parecer o que se é ou se pretende ser".

Consultando os desenhos e os croquis do projeto para o Sesc Avenida Paulista encontrei uma anotação a lápis, ao lado de um croqui do edifício com indicações sobre os materiais e os desenhos que definiram suas fachadas: "... como a mulher de César... além de não ser um prédio de escritórios, não pode [sublinhado pelo autor] parecer um prédio de escritórios".

Essa anotação marota, talvez esquecida ali sem nenhuma outra intenção, elucida o partido do projeto, a sua relação com o seu entorno na avenida Paulista e até sua relação com o edifico original, a preexistência a considerar. "Tem que mostrar, de cara, que não se trata de edifício de escritórios... afirmação da liberdade de interagir com o que já existe, assim como tem que respeitar o edifício original e acomodar o programa do Sesc", reforça Gianfranco, comentando a anotação da qual não se lembrava, provavelmente de sua autoria.

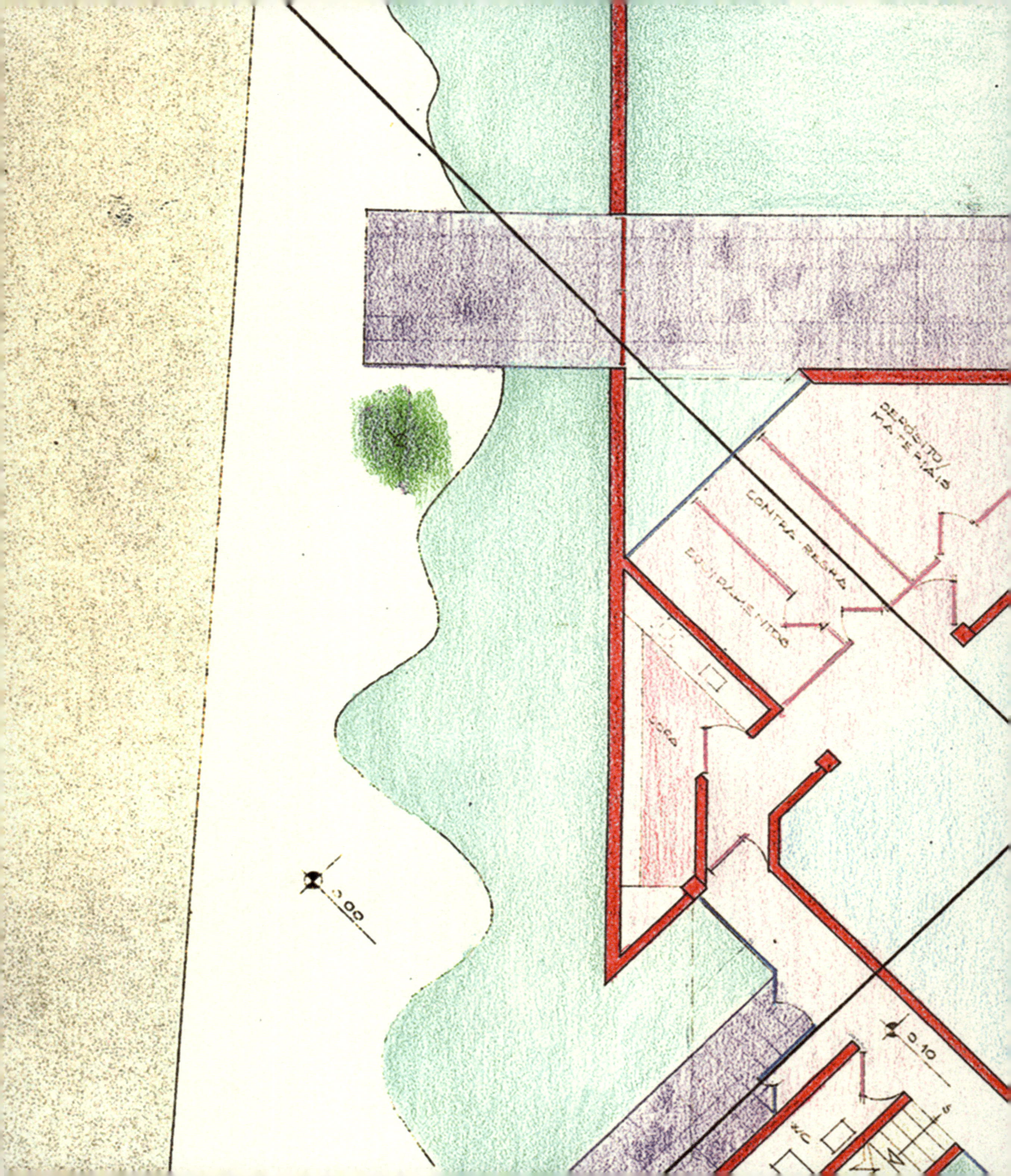

DEPÓSITO/
MATERIAIS
CONTRA-REGRA
EQUIPAMENTOS
0.00
0.10
W/C

Arquitetura e mistério

Agnaldo Farias

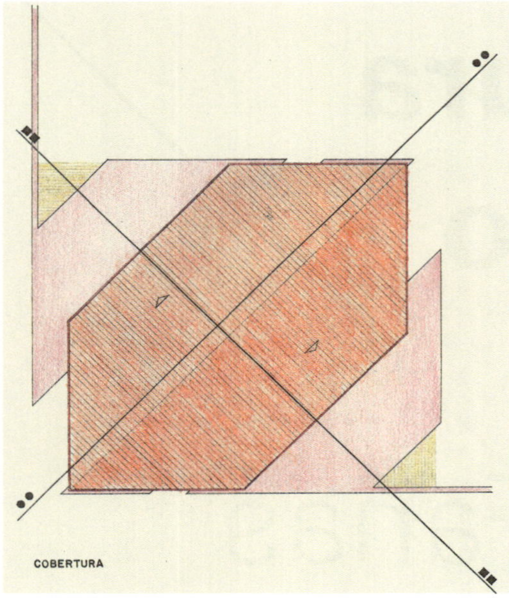

Estúdio Ella Durst, planta da cobertura, Butantã, São Paulo SP, 1984

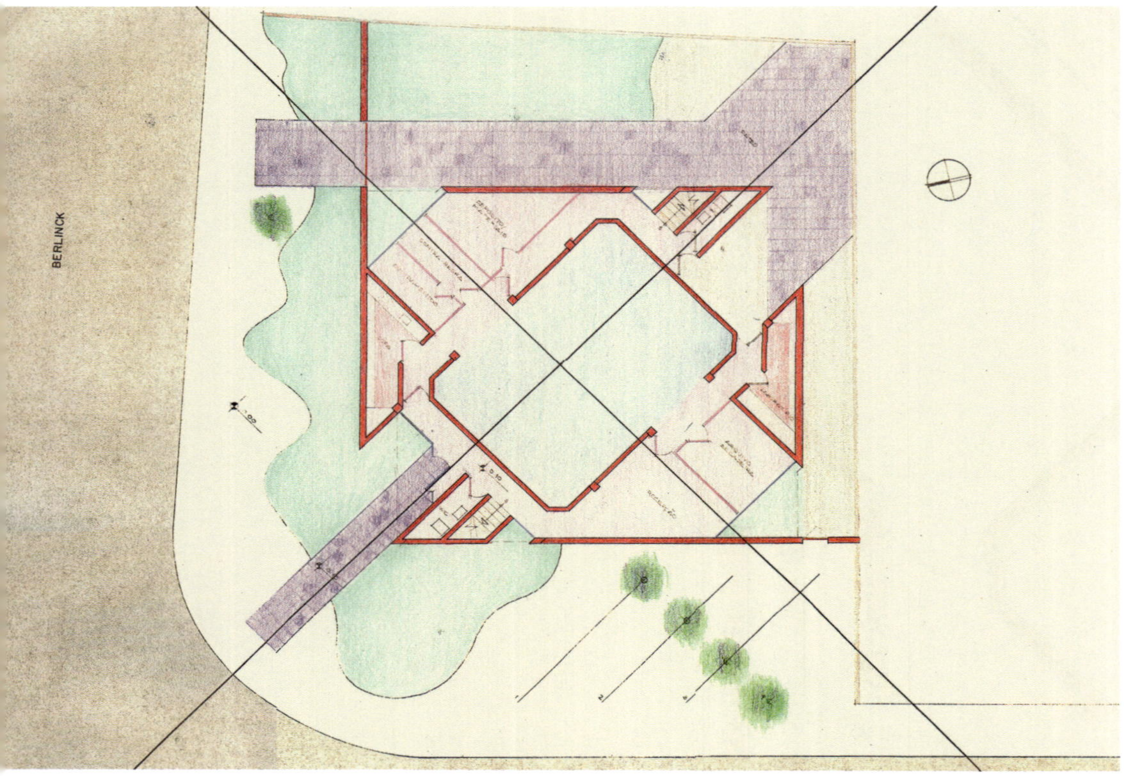

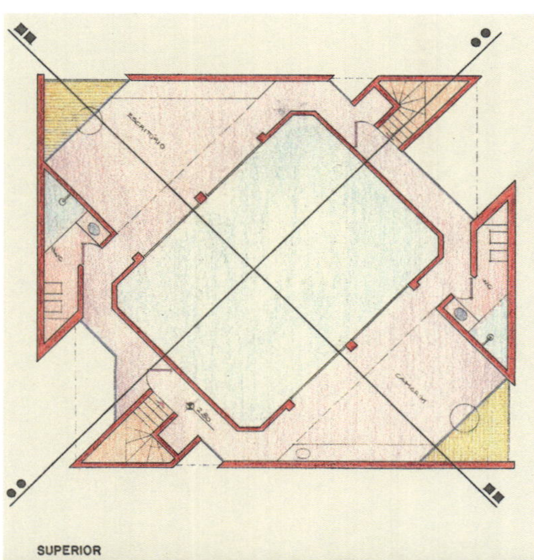

Estúdio Ella Durst, plantas térreo e superior

Projetadas em 1984, quarenta anos depois, as fachadas do estúdio da fotógrafa Ella Durst estão recobertas pelo verde da hera que, ao longo do tempo, se propagou velando quase completamente o revestimento, à exceção de um plano vertical que conserva intacto o desenho lógico e marrom da alvenaria de tijolos situado à esquerda da entrada, e deixando a salvo os recortes regulares das aberturas com elementos vazados, as portas de acesso, o plano composto por caixilhos reticulados de ferro e vidro, naquela altura comuns em edificações fabris, dando a ver aos passantes um ambiente parcialmente envidraçado, uma sala de espera de onde, simetricamente, aprecia-se o vaivém dos automóveis.

O tempo também se encarregou em transformar a velha via vicinal, rua Alvarenga, na esquina onde o estúdio está localizado, em avenida ultra movimentada. Mesmo obedecendo ao gabarito baixo da zona residencial, a edificação impõe-se ao fluxo intenso dos carros e ao interesse dos motoristas, de natural, atentos às rotas. Em primeiro lugar, porque sua entrada principal não está em uma das laterais que faceiam as duas ruas, mas no vértice de 45 graus formado pelo encontro entre elas, em uma de duas convidativas fendas abertas no grande cubo achatado. Em segundo lugar, porque a cobertura de duas águas projeta-se até o limite da construção, onde os dois muros laterais se encontrariam se a entrada não tivesse desfeito o volume. Apoiada em duas treliças de madeira, a cobertura, ao passo em que enfatiza a aresta situada no encontro virtual dos dois muros, assemelha-se à proa de um navio. Solução que leva à seguinte pergunta: por que ela é tão inclinada, por que não se estende até as paredes que fecham a casa? Afinal, como é que essa casa, ou seja lá o que for, resolve-se no interior do volume formado pelas paredes externas? Aparentemente, não há recuos, embora a cobertura sinalize o contrário. Adeptos de ardis, a dupla Königsberger e Vannucchi recusou o elogio então vigente da arquitetura paulista à clareza estrutural em favor da sensação de movimento, um dos signos da contemporaneidade. Curiosamente, o partido da limpidez estrutural e da transparência espacial houvera sido utilizado por eles um ano antes e para a mesma cliente. Da clareza moderna ao enigma contemporâneo.

Estúdio Ella Durst,
elevações e cortes

A encomenda do estúdio de uma artista, de uma fotógrafa, convenhamos, é um convite à ousadia. A casa convertida em câmara escura, uma fonte de produção de imagens, em cujo centro há um fundo infinito, que tal? Os arquitetos pegaram o cubo arquetípico da arquitetura moderna para lance de dados; submeteram-no a forças de cisalhamento: fenderam-no diagonalmente, afastaram as bordas, fizeram deslizar os dois blocos deixando as marcas desse processo de expansão e retração, e, sempre mantendo a simetria, encaixaram uma segunda caixa no centro da construção, um segundo volume de pé-direito alto, o coração e centro nervoso da edificação: o estúdio fotográfico. Tudo orbita ao redor dele, toda circulação corre por suas bordas e sempre sob o signo da imprevisibilidade: os corredores e passarelas são entrecortados, confluem em ambientes amplos e irregulares, variando o ponto de vista, visões que varam o espaço nuclear de lado a lado, de um andar a outro, enquanto a posição do sol vai deformando a sombra dos caixilhos e dos guarda-corpos, como os passadiços de Piranesi. A rigor, o estúdio é o único espaço que adota a ortogonalidade. É nele, porém, que se utiliza o fundo infinito, que se apaga a luz, que se constroem cenários, que se obtêm produtos afinados com os sonhos.

Estúdio Ella Durst na esquina das ruas Alvarenga e Professor Horário Berlinck

ESTÚDIO
COWORKING
1900
1900

Estúdio Ella Durst,
detalhes e vistas

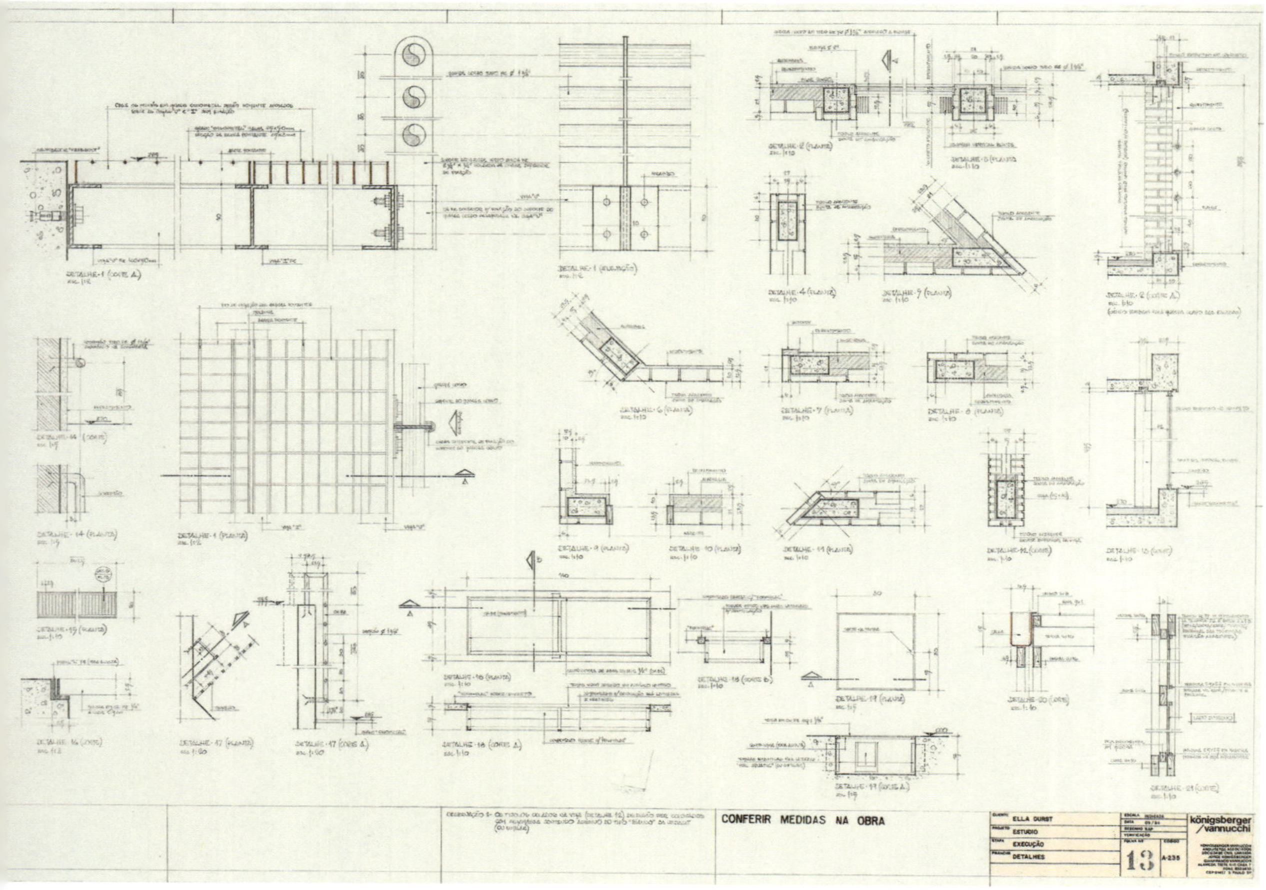

Arquitetura e rito

Escorada de um lado na dócil obediência funcionalista e de outro na certeza das especulações éticas, políticas e estéticas da arquitetura moderna, poucos arquitetos brasileiros lançaram os olhos para outras tradições construtivas que não as derivações do colonial português que o conspícuo Lúcio Costa afirmava como sendo a legitimamente brasileira. Quase nenhum olhar para o lado, como Lina Bo Bardi, em 1987, em associação com Pierre Verger, e a Casa do Benin, em Salvador, Bahia, honrando o legado africano. Há outros casos, é verdade, quase se contam nos dedos.

E eis que o Sesc Belenzinho, a propósito da mostra Fórum Cultural Mundial, ocorrida durante quatro dias de julho de 2004, estabelece um programa intitulado *Tradição e resistência: encontro cultural de povos indígenas*, e convida Königsberger e Vannucchi para a produção do espaço, esclarecendo que esse deveria abrigar em torno de trezentas pessoas envolvidas em conferências, oficinas e, acima de tudo, rituais. A relação com a simbologia indígena estava suposta, mas a referência ficava a encargo deles.

O recurso à oca era natural, quase inevitável. As lições sobre a natureza plurifamiliar das casas, as casas-coletivas de formato circular e volume cônico que, como as aldeias, são entidades sociopolíticas autônomas, incluem o fato delas se espraiarem em círculos concêntricos pela floresta. De posse desses conceitos e buscando a produção de espaços adequados à realização de ritos – espaços sagrados, já se vê, posto que é pelo entrelaçamento de ambos que o mito se renova, derramando-se sobre o mundo –, chegou-se a dois espaços, dois círculos. Locados em um terreno trapezoidal espichado, parcialmente protegidos das outras áreas da instituição por duas suaves catenárias produzidas por cortinas de sisal, o primeiro círculo é aberto e sutilmente enunciado como terreiro de piso de terra vermelha, circunscrito por dez toras altas de eucalipto, também utilizadas para a iluminação, e por um conjunto de toras baixas, sublinhando a mobilidade do contorno e servindo de bancos para o público das cerimônias executadas pelos membros das várias etnias representadas.

Oca Sesc Belenzinho, croqui e fotos do espaço do encontro cultural de povos indígenas, São Paulo SP, 2004

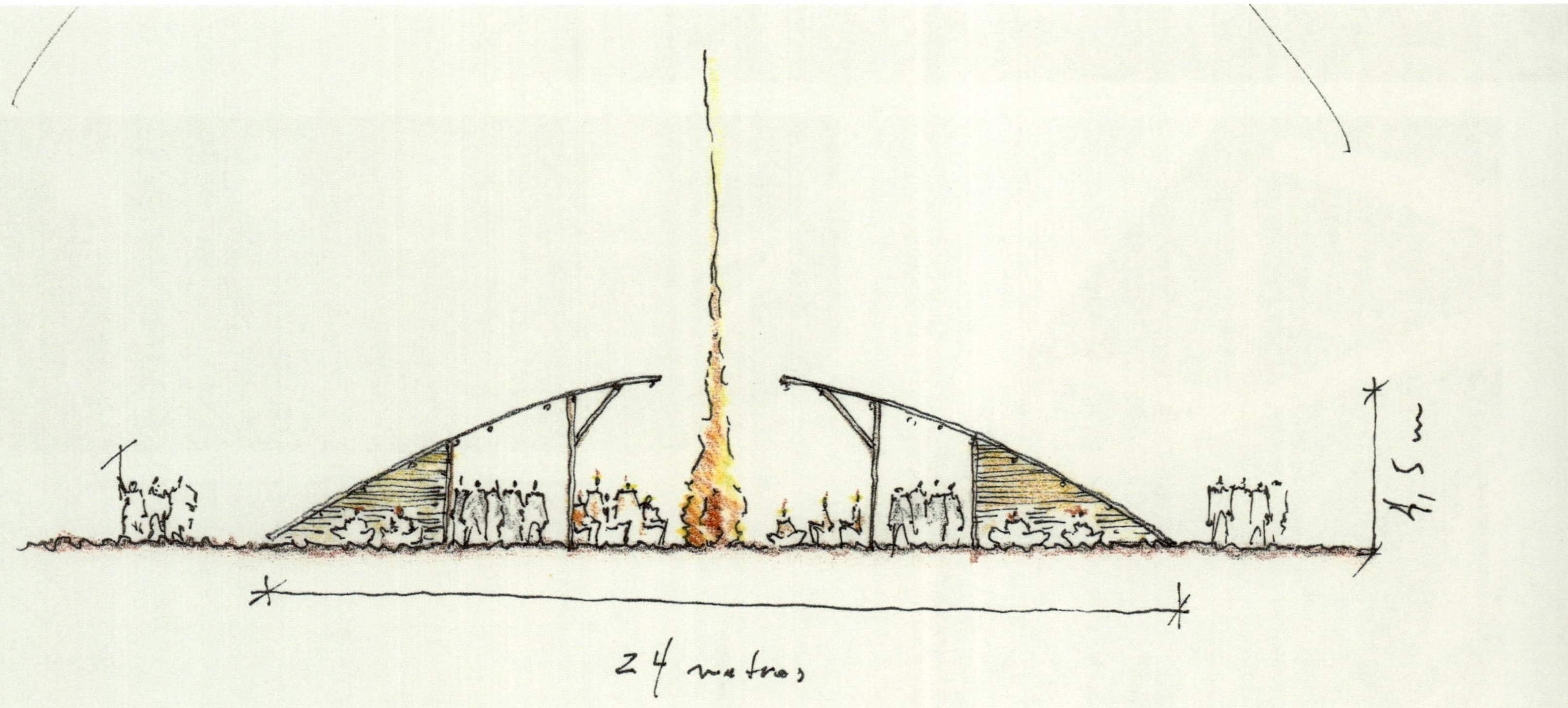

OdontoSESC

O segundo círculo efetua uma releitura da oca, preservando cuidadosamente seus predicados formais, trançando elementos vernaculares aos da arquitetura contemporânea. Com vinte e quatro metros de diâmetro, grandeza da ordem do círculo vizinho, a oca, com o mesmo piso de terra vermelha batida e quatro metros de pé direito, organiza-se a partir de seis placas largas de aço galvanizadas e nervuradas, que se juntam no topo compondo um hexágono zenital exato, peça-chave para a passagem do calor e das chamas das fogueiras com que alguns rituais celebram a conexão com o céu, com as forças superiores. O emprego do aço discrepa radicalmente da palha ou folhas de palmeira habitualmente empregadas, prometendo duração em lugar da transitoriedade de materiais coletados na natureza. A utilização de ripados de madeira para os fechamentos laterais alude ao mestre Jorge Moreira, responsável pela célebre releitura herança mourisca dos muxarabis e, simultaneamente, às vedações indígenas, com suas tramas largas, favoráveis à ventilação e ao equilíbrio térmico.

Enquanto, em geral, as ocas são cerradas, a oca proposta, com suas faixas prateadas que cantam ao sol e suas aberturas dando a ver e facultando a entrada em um ambiente esférico, sombreado e fresco, remete à ágora grega, a um espaço destinado a várias formas de encontros, da simples conversa a decisões e celebrações.

Oca Sesc Belenzinho, plantas, cortes e fotos

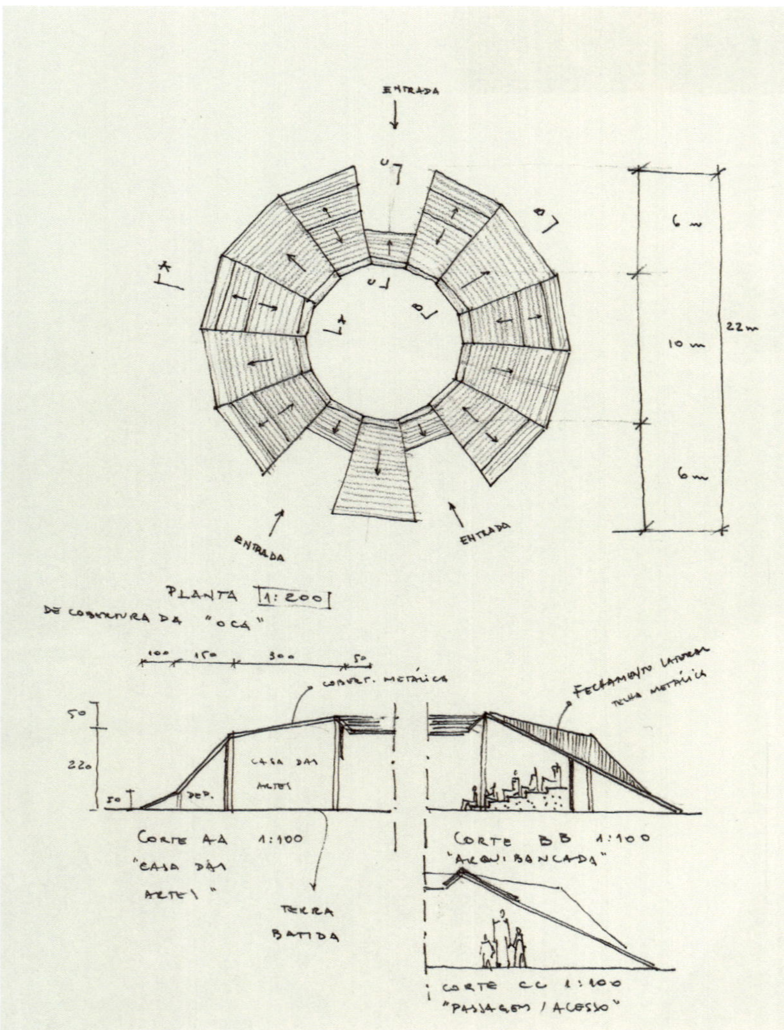

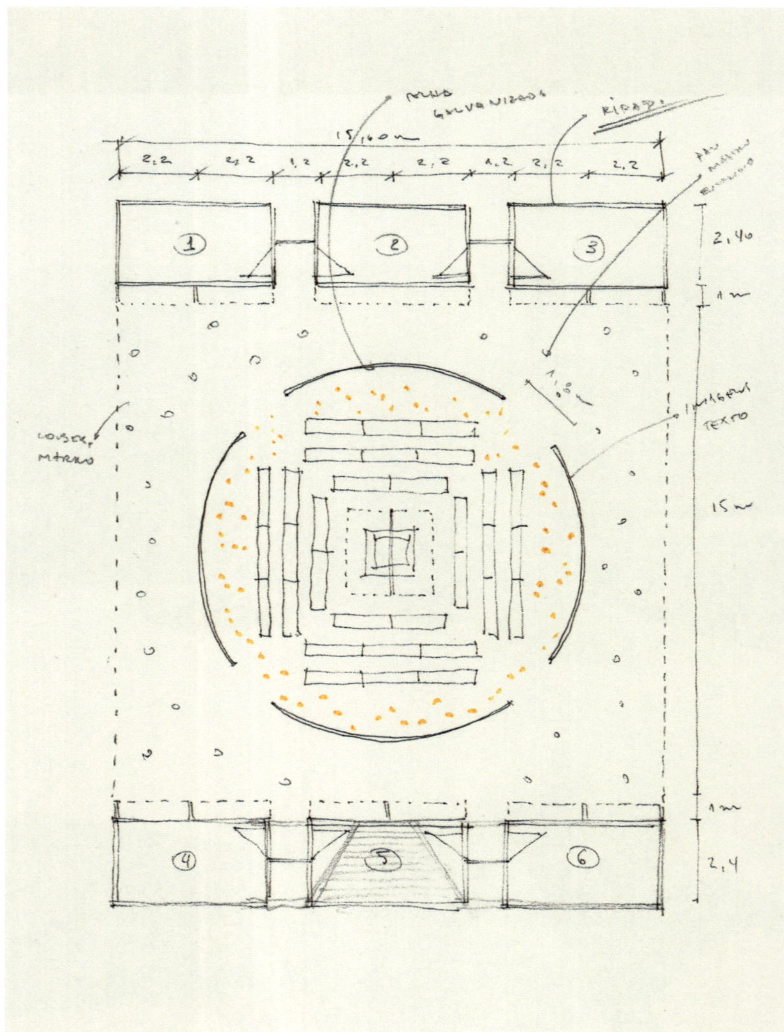

Arquitetura como jogo e para o jogo

A articulação entre pilares e empenas espessas de concreto informa, já na fachada, a adoção de sistema construtivo pré-fabricado, índice da necessidade de racionalização e otimização de custo e prazo de realização da obra, inaugurada em 2021. Desnecessário detalhar a complexidade do programa: voltada à formação de alunos de todos os ciclos, do berçário ao ensino médio, a Carandá Educação, situada em um bairro de classe média alta de São Paulo, exigiu dos arquitetos a resolução de um intrincado quebra-cabeça envolvendo a disposição de diversos ambientes espalhados pelos quatro andares, mais dois subsolos, organizados consoante às especificidades das variadas etapas de ensino, apartando áreas incompatíveis entre si, promovendo contrastes, tirando proveito das apreensões das atividades entrecruzadas, algumas delas encadeadas, reagindo em ressonâncias. A escola como jogo construtivo, literal e metaforicamente.

Feitas as contas, a ideia de jogo, e de jogo movimentado, explicita-se desde a fachada, nos blocos empilhados, nas justaposições entre cheios e vazios, no ritmo cambiante de alturas e espaçamentos entre pilares, no vaivém das membranas brancas retangulares levemente afastadas das paredes e que se projetam afrontando a rigidez das linhas escondidas do concreto cinza claro. E o que dizer das cores? As variações do azul

Carandá Educação, vistas internas, Vila Mariana, São Paulo SP, 2018

e do rosa levariam a perguntar por que os arquitetos brasileiros em geral, paulistanos em particular, são tão resistentes ao uso da cor, se a resposta não tivesse sido dada há alguns parágrafos atrás. Königsberger e Vannucchi não apenas as empregam, demonstrando como o cinza se despede da monotonia em contraste com cores, como piscam para nós em um dos pequenos blocos da fachada, citando em rosa e dois tons de azul, a casa dos Triângulos – ou casa Rubens de Mendonça – de Vilanova Artigas.

O melhor acontece lá dentro, mas desde fora a vista também é capturada pelo colorido das duas caixas de escada e de outros artifícios responsáveis pelas ativações das paredes, contrariando a natureza imóvel da arquitetura, propondo-a como corpo vivo. Estruturada em "U", a escola abre-se para a rua, escorrendo até ela e vice-versa. No centro do piso térreo, há um grande vazio, novamente o protagonismo de uma ágora, apenas preenchido por um paisagismo criterioso e vagas intermitentes de estudantes encontrando-se, trocando seus feromônios com a avidez própria de quem começa a experimentar a vida prática e teoricamente. Afinal, falar de escola é falar de transformação, na catalização de afetos de todo o tipo que ela provoca.

Não é preciso ir até a Carandá Educação para imaginar a algaravia dos garotos de todas as idades, elevando-se a partir do coração do edifício, seu âmago. O ruído vital vai subindo, repicando em cada novo patamar, alterando suas feições, atacando as bordas das lajes, fazendo-as vibrar no segundo e terceiro pavimentos, tornando irregulares os corredores, fabricando outros pontos de encontro, ângulos de visão imprevistos. Cabe ao quarto e último pavimento o abrigo das quadras esportivas, o local reservado ao jogo em estado puro, onde a inteligência, combinada com determinação e disciplina, atinge o paroxismo.

Carandá Educação, vistas internas

Mercado Municipal Kinjo Yamato, perspectivas e elevação, Centro, São Paulo SP, 2003

Arquitetura e comércio

Inaugurado em 1922, na rua da Cantareira, nos baixios alagadiços do Parque Dom Pedro, o chamado Mercado Caipira, entreposto de produtos hortifrutis provenientes das plantações dos imigrantes japoneses, funcionava a céu aberto, no antigo parque de estacionamento dos bondes da Light. Em 1933, nasceu ao seu lado o majestoso Mercado Municipal de São Paulo, o "Mercadão", obra do escritório Ramos de Azevedo. O contraste era abissal. Para diminuir a distância entre eles, senão a estética, ao menos a do conforto dos seus distintos fregueses, o Mercado Caipira recebeu em 1936 a doação de uma cobertura metálica feita na Escócia, em princípio destinada a uma estação de trem situada no Vale do Anhangabaú. Em que pese a graciosidade da estrutura metálica sobreposta à agitação gritada do comércio de frutas e legumes, ele, conservando os paralelepípedos do calçamento original, mantinha-se de pés no chão, o humilde primo pobre do vizinho imponente.

Os anos se passaram, o Mercado Caipira, em 1988, em homenagem ao primeiro imigrante japonês a concluir curso superior e por ocasião dos oitenta anos da imigração japonesa, mudou seu nome para Kinjo Yamato e, finalmente, em meados dos anos 1990, resolveu-se reformá-lo. Para tanto, contrataram a dupla Königsberger e Vannucchi, esclarecendo que o escopo da intervenção não se reduziria à urgente alteração das fachadas garantindo nova presença na malha urbana, tampouco ao atendimento do programa compatível com as novas e exigentes demandas, mas incluía a criação de uma área destinada à apresentação de shows de música popular. Na falta de uma, a dupla produziu dois estudos, ambos destacando a fachada da rua da Cantareira, o suficiente para que se possa aferir os conceitos adotados.

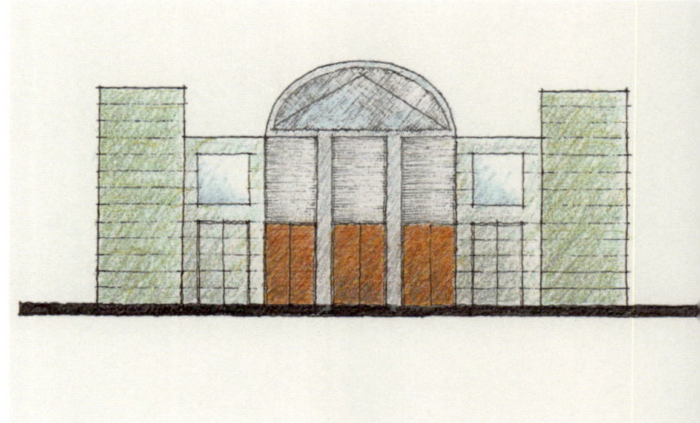

A primeira medida, comum aos dois estudos, foi abrir a fachada estabelecendo uma relação franca entre a calçada da rua da Cantareira e a rua interna ao mercado, bifurcada em seguida à entrada em respeito à sequência de boxes, confluindo para a grande área situada mais adiante, uma espécie de praça com balcões, boxes e tendas distribuídos ao longo de toda orla. À liberação da circulação transversal entre a rua externa e a interna, juntar-se-ia, cruzando-a por cima, a circulação pelo mezanino, ligando o braço esquerdo do prédio ao direito. Situados à esquerda e à direita da entrada, foram projetados dois paralelepípedos, dois monolitos de concreto aparente, dotados com o mesmo pé-direito da edificação como um todo, ambos com as marcas das fôrmas empregadas em sua consecução. Em um dos estudos, o intervalo entre os dois monolitos, de extração própria à arquitetura moderna, é parcialmente preenchido por uma cobertura de telhas em duas águas com a mesma altura deles, apoiada em três pilares delgados de ferro, do feitio *Arts and Crafts* da estrutura de origem escocesa interna ao prédio. Esse interesse em ressaltar a relação do presente com o passado, que parece decorrer do debate sobre o pós-modernismo nos anos 1980, é traduzido de outro modo na segunda opção proposta para essa mesma fachada. Nessa, sobressai a vontade de fazer frente à monumentalidade do "Mercadão". Conferir dignidade à atividade comercial, à beleza do comércio, às relações estabelecidas entre as pessoas por intermédio de gêneros alimentícios e artigos de uso cotidiano. De fato, a segunda opção tem aparência mais sólida e hierática; entre os dois monolitos, chama a atenção um arco de grandes proporções, marcando a entrada do mercado, convidando a que se lhe passem por debaixo.

Não obstante a qualidade das ideias, do empenho em pensar um espaço público, artigo essencial em uma metrópole que prima pela privatização dos lugares, as propostas não foram levadas adiante. O mercado segue com os pés descalços.

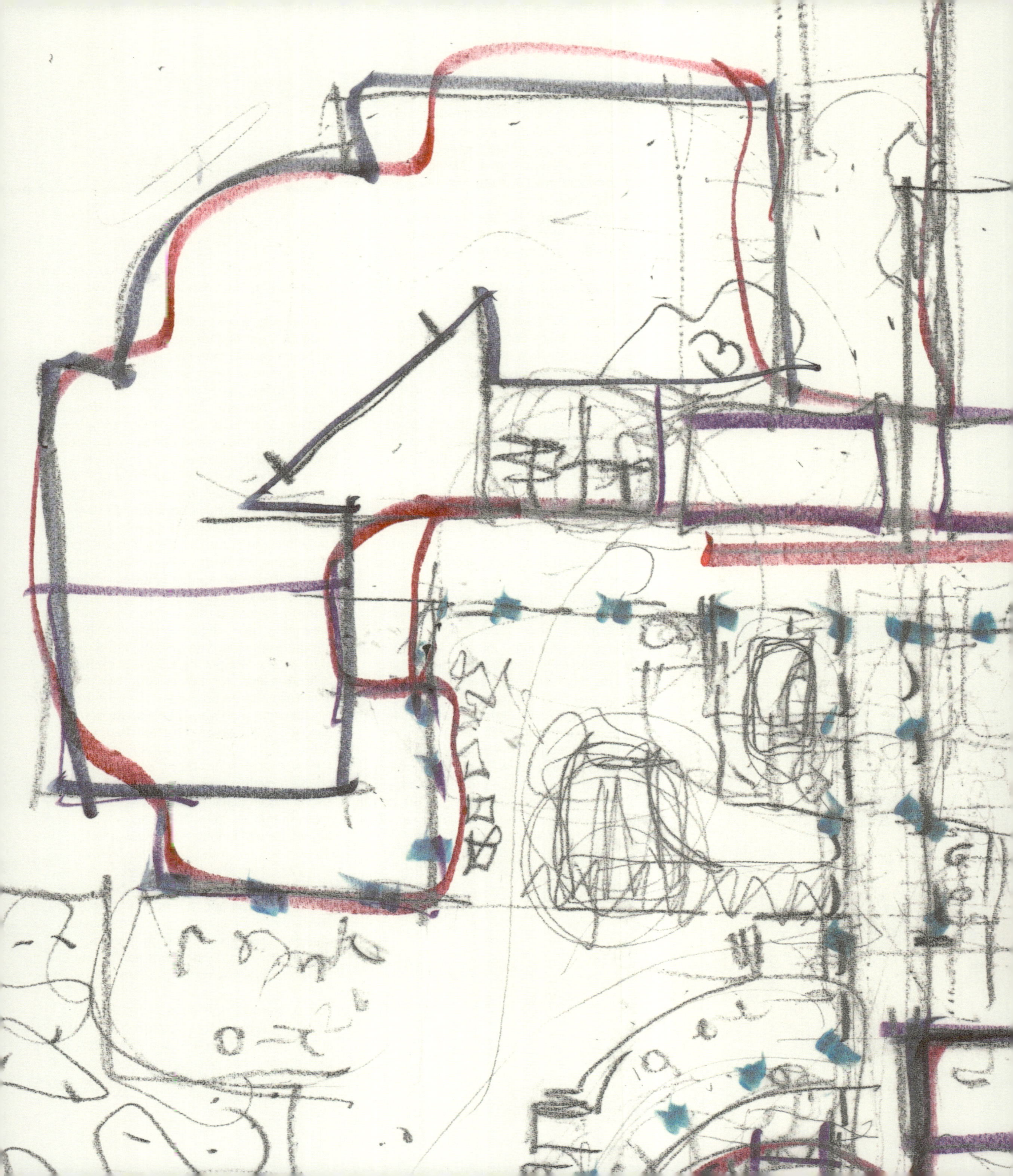

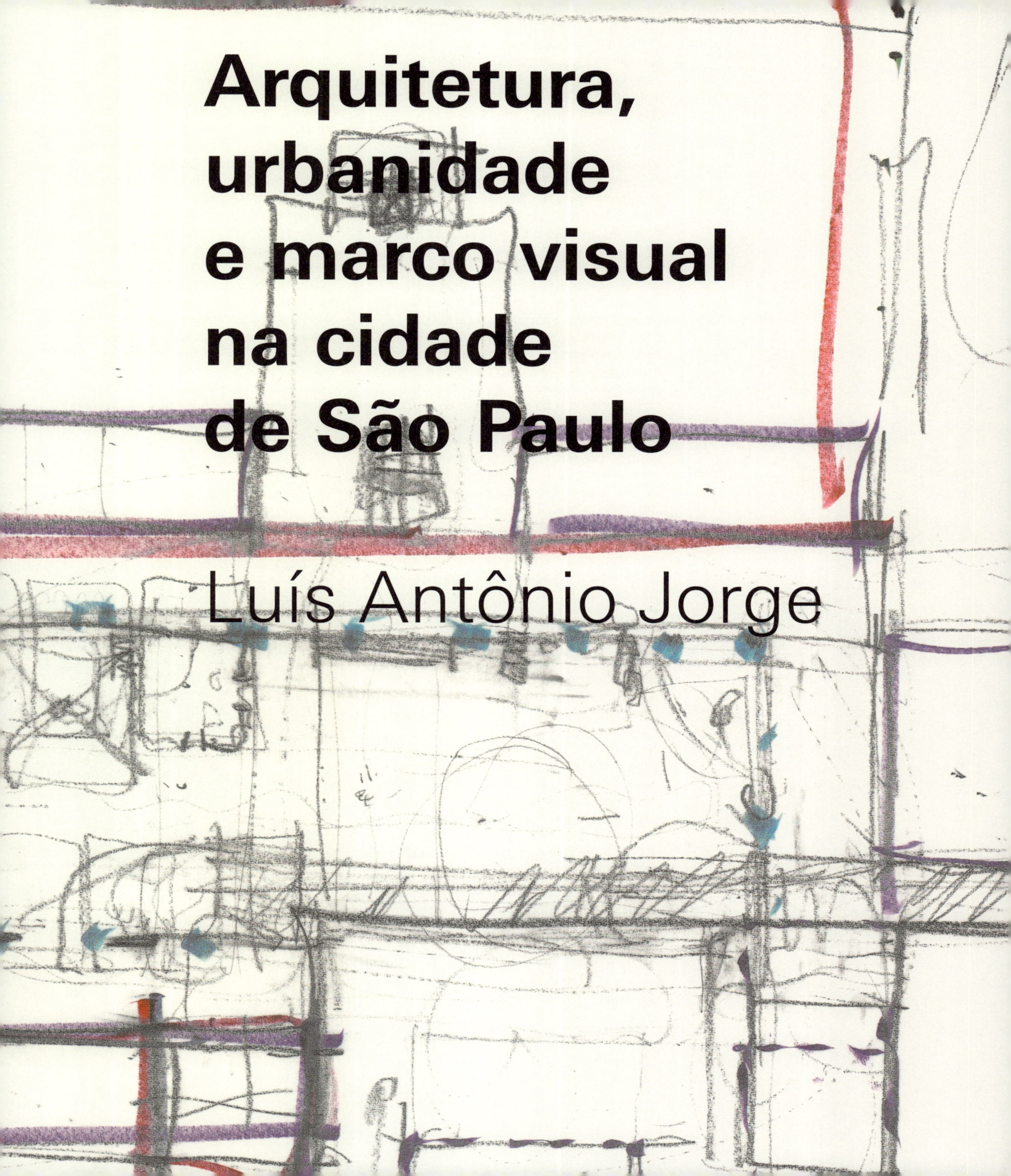

Arquitetura, urbanidade e marco visual na cidade de São Paulo

Luís Antônio Jorge

1. A evolução demográfica do Distrito do Itaim Bibi pode ser consultada em: SECRETARIA MUNICIPAL DE SUBPREFEITURAS. *Mapa da cidade*.

O cheiro de chocolate inundava as três ruas que circundavam a quadra e definiam o terreno da fábrica da Kopenhagen. A fábrica, instalada desde o início dos anos 1940 em uma antiga indústria, construída junto ao passeio, com janelas altas, não favorecia uma comunicação amigável com a cidade e limitava-se a oferecer o doce aroma que marcava trechos das ruas Bandeira Paulista, Joaquim Floriano e Professor Tamandaré Toledo. Na acelerada e radical transformação do bairro do Itaim Bibi, a partir dos anos 1970 até o final do século,[1] que se adensava e cujos usos se diversificavam, sem nenhum gesto relevante de proposição de espaços livres ou de qualificação do espaço urbano. Nenhuma procura de equilíbrio compensatório entre as áreas construídas e, consequentemente, incremento populacional e afluxo de pessoas, com áreas de generosa circulação e fruição ou, até mesmo, de reconhecimento de alguma preexistência que pudesse marcar o lugar ou que estabelecesse vínculos de identificação do antigo bairro popular, que sucedeu às pequenas propriedades rurais, com as suas áreas de várzeas destinadas a pequenas e médias indústrias, a portos de areia, a olarias e ao casario modesto. Quase tudo fora extinto, em um processo de alta valorização imobiliária, marcadamente verticalizada e pouco atenta às demandas de qualificação dos espaços públicos.

Esse modelo de desenvolvimento imobiliário e transformação urbana definiu a face das grandes cidades brasileiras nas últimas três décadas do século 20, resultando em um assoberbamento da fratura público-privado e em espaços crescentemente segregados socialmente.

Nas primeiras décadas do século 21, intensificaram-se as críticas – sobretudo no meio técnico-profissional do planejamento urbano, da arquitetura e do urbanismo – à cisão entre os espaços públicos e privados, em detrimento desses últimos, na desigual, injusta e violenta sociedade brasileira. A qualificação edilícia não encontra correspondência no desenho dos espaços públicos, em geral, no país.

O empreendimento imobiliário de alto padrão, erguido no terreno de 12.600 metros quadrados da antiga fábrica de chocolates, veio contrariar a nítida tendência de autoisolamento típica dos empreendimentos voltados ao mesmo segmento social, orientados para o controle de acesso como mecanismo de segurança dos seus usuários. O Brascan Century Plaza (1997) totaliza 93.805 metros quadrados, divididos em três grandes torres: a de uso hoteleiro (Brascan Century Staybridge Suites), com trinta pavimentos, a de conjuntos comerciais (Brascan Century Offices), com 24 pavimentos e a de escritórios empresariais (Brascan Century Corporate), com quinze pavimentos. Completam o conjunto, as atividades comerciais, de serviços e entretenimento: seis salas de cinema, praça de alimentação e eventos, lojas, centros de convenções, de negócios e fitness e estacionamento dividido em três subsolos.

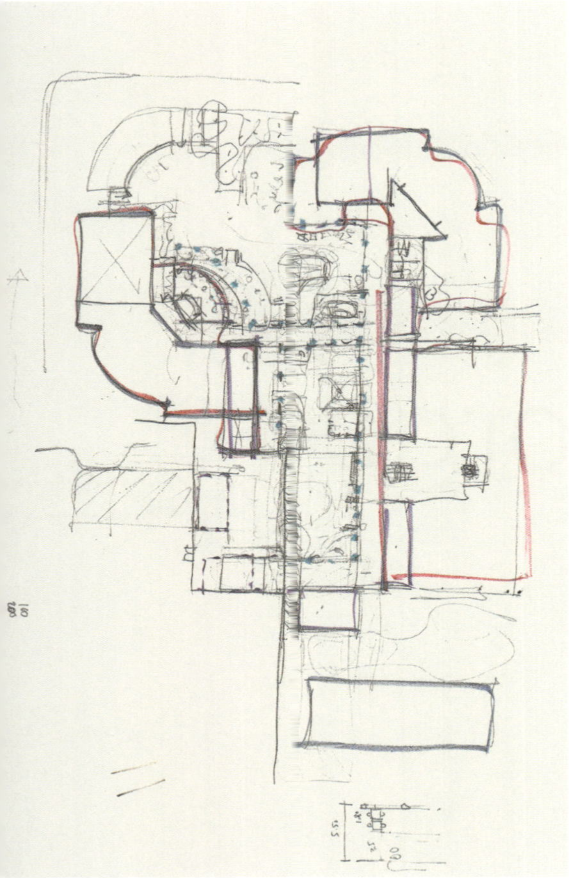

Brascan Century Plaza, croqui da implantação, vistas internas e detalhe do jardim, Itaim Bibi, São Paulo SP, 1997

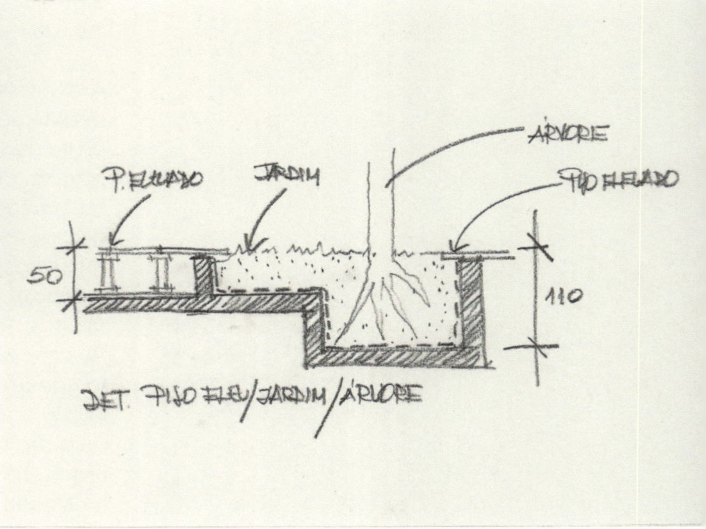
ÁRVORE
P. ELEVADO
JARDIM
PISO ELEVADO
50
110
DET. PISO ELEV/JARDIM/ÁRVORE

2. KÖNIGSBERGER, Jorge. Depoimento a Luís Antônio Jorge .

3. Ver: GUERRA, Abilio. Quadra aberta: uma tipologia urbana rara em São Paulo.

A equipe da Königsberger Vannucchi Arquitetos Associados procurou promover uma microcentralidade no bairro ao oferecer espaços abertos ao passeio público, enriquecendo a experiência urbana com elementos de atração à permanência e à circulação, integrados às atividades comerciais e de serviços comuns ao cotidiano das cidades. Nas palavras de Jorge Königsberger, "gente é o sangue nas veias"[2] dos espaços vivos. Desenhar os espaços de encontro e convívio é uma função fundamental da arquitetura e do urbanismo – talvez, o seu papel social mais tangível. Sublinhe-se que muitos dos encontros na cidade, desde o surgimento da metrópole nos fins do século 19, são também fenômenos visuais – ou troca de olhares – nos tempos breves e velozes que sobrevivem entre as tarefas diárias. Os espaços para a fruição, seja física ou visual, acolhem a variedade e complexidade da experiência urbana, da vida nas cidades grandes, sempre flagrada ou percebida nos momentos do corpo a corpo com a arquitetura da cidade e com o que ela é capaz de oferecer. Seria pretensioso falar em urbanismo na escala de um empreendimento urbano, por maior que ele seja. É mais certeiro mencionar a urbanidade, os atributos dos espaços que conferem dignidade e qualidade para o passeio pela cidade.

A expressão "quadra aberta"[3] sinaliza um debate sobre a integração entre os espaços urbanos e a arquitetura ou, de forma mais promissora, sobre as implantações das edificações como forma de abordagem dos elementos típicos da sintaxe urbana (passeios, praças, largos, esquinas) e para estabelecer os gradientes de permeabilidade nas fronteiras entre o público e o privado. Avalia-se, portanto, a relação entre os cheios (o construído) e os vazios (os espaços livres) e todos os dispositivos concebidos pelo projeto: os próprios atributos da forma arquitetônica, o desenho dos fluxos (desde a calçada pública aos caminhos internos ao lote até o edificado), o mobiliário urbano, a sinalização, o paisagismo, a iluminação, em um ambiente sinfônico para qualificar o trânsito entre o público e o privado ou, no caso em tela, para articular o programa de atividades do empreendimento com as áreas livres para o estar, o convívio, a fruição, as pausas necessárias nas jornadas de trabalho.

Afinado com esse conceito de "quadra aberta", o projeto do Brascan Century Plaza formula sua trama narrativa – no contexto das comemorações dos quinhentos anos da chegada dos portugueses ao Brasil e do centenário da empresa contratante – que alude à imagem do rio e da floresta na Amazônia, um imaginário e um simbolismo emulados pelos arquitetos na elaboração do desenho da quadra e do paisagismo. Cem árvores de copas altas e folhas miúdas, distribuídas entre as espécies de pau-brasil, sibipiruna e pau-ferro, foram plantadas para celebrar o centenário da Brascan e sombrear um curso d'água que atravessa, diagonalmente, o terreno, com uma geometria poligonal de farta variedade formal, subordinada à modulação do piso e dos canteiros ajardinados. Uma engenhosa e complexa solução técnica foi projetada para solucionar o problema de drenagem em um terreno plano com vastas dimensões: o piso do térreo foi elevado de modo a permitir captação das águas pluviais e contê-las, antes de lançá-las na rede pública. O piso elevado também colabora com a necessária altura mínima das floreiras, projetadas com lajes rebaixadas no subsolo, destinadas ao plantio das árvores. Para coroar a qualificação da quadra aberta, o projeto acolheu o planejamento paisagístico de Benedito Abbud e as esculturas da artista Elisa Bracher: arranjos de poliedros de madeira em grande escala. No abarrotado bairro do Itaim Bibi, o projeto oferece um oásis de urbanidade que, à luz das demandas atuais e dos debates sobre a ocupação do solo como matéria urbanística, pode, também, servir de modelo para a proposição de parâmetros que disciplinem o desenvolvimento imobiliário com responsabilização pela qualidade dos espaços públicos e pelo meio-ambiente urbano.

4. Ver: ELIAS, Eduardo de Oliveira. *Autopoiesis, semiótica, estrutura*.

A banalidade dos edifícios, o predomínio de uma produção imobiliária de baixa qualidade e a quase inexistente preservação dos marcos históricos na maior parte do território da cidade de São Paulo resultaram em uma paisagem urbana que poderia ser chamada de genérica, se não fosse tão extensa. De difíceis pregnância, legibilidade e reconhecimento, sobretudo para os visitantes ocasionais, a paisagem urbana paulistana se salva pela presença de alguns marcos visuais, mais ou menos notáveis ou, modestamente, memoráveis. A antiga fábrica da cerveja Brahma, no bairro Paraíso, era um desses notáveis marcos, de feições modestas, mas amigáveis, dada a sua tipologia e o seu endereço, no encontro de fortes convergências visuais: do espigão da avenida Paulista e da via expressa, entrincheirada, avenida 23 de Maio.

O projeto para o empreendimento Top Towers (2005), em um terreno de 3.800 metros quadrados, remanescente da quadra onde outrora fora a fábrica da cerveja Brahma, na rua Vergueiro, na altura da estação Paraíso do Metrô, elaborado para o mesmo contratante (Brascan), valeu-se desse memorável endereço de forte presença visual para formular a linguagem dos dois edifícios de salas de escritório, muito singelos, com plantas rigorosamente moduladas e custos reduzidos. "Sem luxos", nas palavras do arquiteto Königsberger e que, para atingir uma maior altura, teve suas torres escalonadas e a solução de pequenos terraços (áreas não computáveis para efeito de cálculo de coeficiente de aproveitamento, de acordo com a legislação urbanística de São Paulo), em posições alternadas para cada sala, como resposta às instalações de sistemas individualizados de ar-condicionado. Assim, de uma demanda técnica em atenção à viabilidade comercial, encontrou-se um problema de composição dos volumes, de ritmo das fachadas e de presença na paisagem urbana.

As duas torres se equivalem em termos de volume de construção (a Torre A, com 7.422 metros quadrados e a B, com 6.993 metros quadrados), mas estabelecem um equilíbrio dinâmico entre si, como dois corpos distintos que se divertem em uma gangorra. O terreno é estreito e, portanto, direciona a implantação das torres ao alinhamento com a rua Vergueiro, lado de maior dimensão, com ligeiro deslocamento de uma em relação a outra, em função da irregularidade geométrica do lote, o que enriquece a tensão entre os lados das torres voltados um para o outro. Nesses lados, quase espelhados, os peitoris dos sucessivos terraços são unidos, como uma testeira contínua, que se repete em todos andares, de modo a elevar a atração topológica entre os dois volumes. À medida em que as outras faces se afastam desses lados mais regulares, há um gradual e meticuloso processo de fragmentação ou de fraturas nas faixas, até então contínuas, dos peitoris dos terraços – sempre um para cada sala. Trata-se de um jogo que resulta na formulação de uma regra de movimentação desses pequenos terraços no intervalo restrito da largura da sala. Essa regra é mais bem definida como uma *poiesis*,[4] uma intenção e um arcabouço de natureza poética da linguagem da arquitetura que responde a problemas formulados no âmbito do projeto, do desenho que procura uma forma ou uma fórmula que atenda a necessidades artísticas do processo criativo. O projeto resultou em um conjunto vibrante, em que o contraste cromático entre as paredes que definem o volume ocre e os alvos terraços acentua o movimento entre continuidades e descontinuidades, rarefação e dissolução volumétricas, entre faces iluminadas e sombras projetadas, evocando "O sol faz a festa" (1966), obra-prima de Athos Bulcão na fachada do Teatro Nacional Claudio Santoro, em Brasília. Por contraste e distinção, instalou-se, com senso de reconhecimento das visualidades do lugar, um marco urbano, uma espécie de *Broadway Boogie-Woogie* mondriânico nos horizontes descortinados na paisagem da pauliceia, renovada e continuamente desvairada.

Top Towers, vista a partir da avenida 23 de Maio, Paraíso, São Paulo SP, 2005

A imagem de marco, antes de ser propriamente urbana, está associada à verticalidade de um monumento monolítico no contexto histórico da colonização portuguesa. Também chamado de "padrão" ou "coluna miliária romana", o marco na paisagem era feito de pedra, com as armas portuguesas e as inscrições esculpidas e gravadas, para sinalizar a posse do território conquistado e a soberania do Império de El Rei.[5] Muitos desses marcos, obras de cantaria, resistiram ao tempo e podem ser encontrados na costa brasileira e nos continentes africano e asiático. Na terceira conferência que Le Corbusier ministra em seu périplo pela América do Sul, mais precisamente em Buenos Aires, em 1929, ele descreve e desenha uma paisagem da Bretanha com as linhas horizontais do vasto oceano sob o céu e uns rochedos à direita. Em seguida, destaca uma rocha vertical, um menir em pé, cravado na praia, formando um ângulo reto com o horizonte marítimo, para fixar o lugar, onde o homem se detém, em sintonia com o ambiente total: "o vertical fixa o sentido do horizontal. Um vive por causa do outro. Aqui estão as potências da síntese".[6] Precisamente, esse significado de marcar o território, o lugar do edifício na cidade, como um padrão português, como um elemento vertical em contraponto à horizontalidade dominante, foi uma intenção explícita do projeto para o edifício Platina, um edifício de uso misto, no bairro Tatuapé, de 172 metros de altura – o edifício mais alto de São Paulo – com 49 pavimentos e três subsolos.

O Platina 220 (2014) coroa e integra um projeto urbanístico de qualificação da rua Platina, uma paralela da avenida Radial Leste, que liga o Shopping Metrô Tatuapé, integrado à estação de Metrô homônima, ao Parque Municipal do Tatuapé, uma região de São Paulo, de cota baixa, próxima à várzea do Rio Tietê e paralela aos trilhos ferroviários e metroviários que percorrem a Zona Leste. O projeto urbanístico tomou de empréstimo o nome da rua – Eixo Platina – e prevê redução de tráfego de veículos, alargamento de calçadas e qualificação dos espaços públicos visando promover uma nova centralidade no bairro e acolher o adensamento previsto e o enriquecimento de funções e serviços urbanos nessa que é a região mais populosa da cidade.

O Platina é um arranha-céu cuja altura é muito superior aos edifícios mais altos construídos no entorno, o que lhe confere, por si só, uma condição de um marco urbano de longo alcance visual, sobretudo, para a grande massa de transeuntes que percorrem, diariamente, o eixo Leste-Oeste da metrópole, seja no modo rodoviário, pela Marginal Tietê e Radial Leste, seja no modo ferroviário. Para além da altura, a linguagem da arquitetura é o fator de maior distinguibilidade na paisagem urbana. Königsberger declara que a expressão do significado do marco português pedia, no seu simbolismo, a pureza de um volume único de alto a baixo. O prisma quadrangular central do conjunto, que se vê à distância, chega até o chão sem um embasamento volumétrico, ou seja, ele é legível na sua continuidade vertical, o que lhe acentua a esbeltez, o rigor geométrico e a desejável volumetria simples de um marco português fixando o lugar, metaforicamente.

O programa do empreendimento reúne múltiplos usos: no térreo, lojas comerciais voltadas para a rua como estratégia de ativação das fachadas, no principal nível de circulação de pedestres, e ainda quatro recepções para quatro usos distintos: lobby residencial, lobby corporativo, lobby do hotel e lobby dos escritórios, a exigir a organização de um sistema de fluxos verticais complexos, sobretudo porque cada um desses usos demanda um pé-direito diferente para atender a suas necessidades específicas e as respectivas instalações que lhe servem. Acrescente-se as lojas no mezanino e o restaurante no primeiro pavimento. Do segundo ao décimo pavimento, há os usos residencial (unidades de 35 a 70 metros quadrados) e hoteleiro (suítes de 19 a 49 metros quadrados). O décimo primeiro e o vigésimo quarto pavimentos

5. Cf. POMBO, Manuel Ruela (Padre Ruela). Os portugueses em Angola.

6. LE CORBUSIER. *Precisões sobre um estado presente da arquitetura e do urbanismo.*

Edifício Platina 220,
Tatuapé, São Paulo SP, 2014

são, estrategicamente, destinados a pisos técnicos. Do décimo segundo ao vigésimo terceiro pavimentos foram abrigadas as salas comerciais (com 26 a 49 metros quadrados) e do vigésimo quinto ao quadragésimo sexto, as lajes corporativas (de 250 a 500 metros quadrados). Ainda há, nos dois últimos, as máquinas e, depois, um heliponto. Tudo isso fez com que a volumetria que excedesse o prisma central – o "marco português" –, para atender ao programa de uso misto, fosse tratada como "contrafortes", como volumes distinguíveis cujas alturas se aproximam à metade da altura total do complexo, visualmente reconhecíveis pelo tratamento dos materiais de revestimento, ladeando, sem ferir, a pureza e a simplicidade volumétrica do marco simbólico.

E como tratar a variedade de pés-direitos na composição da fachada nesse contexto metropolitano? De novo, a procura da regra, como jogo poético, como indagação à linguagem da arquitetura para preservar o rigor do objeto, as especificidades técnicas na fabricação industrial de esquadrias, a modulação dos revestimentos de parede, a organização construtiva e o desejo de levar a cabo uma intenção artística que estabelece relações entre a regularidade das tramas repetitivas e a cacofonia das tramas de alta variabilidade. Ao contrário do tratamento do projeto Top Towers, em alto relevo, no Platina, os arquitetos optaram pelo baixo relevo nas superfícies. Para enfatizar o alto contraste entre o claro e o escuro e o tom intermediário das fachadas do "marco português" e dos "contrafortes", respectivamente, adicionou-se duas ordens, também contrastantes, na disposição das janelas: dois ritmos, dois movimentos em uma só peça musical. Nos volumes mais baixos – os "contrafortes" – e nas lojas no chão da cidade, predomina o rigor modular: a padronização das esquadrias, do pergolado da galeria de lojas e do guarda-corpo envidraçado do terraço. Todo o tratamento das fachadas confere sobriedade ao conjunto. No volume mais alto – o "marco português" – a padronização das esquadrias se dá em outros termos, inscrevem-se em outra pauta musical: um ensaio de variabilidade de agrupamento da mesma unidade modular. Liberdade em um rigoroso contexto gramatical.

A postura de projeto é a coisa mais importante para a Königsberger Vannucchi. A longevidade do escritório, fundado em 1971, e a grande, diversa e bem-sucedida produção realizada nessas cinco décadas, resulta de uma sólida formação dos seus autores e uma compreensão de que arquitetura e urbanismo, como conhecimento aplicado, mobilizam, além de toda a experiência acumulada, uma adesão plena ao problema que se inaugura a cada novo projeto. E é nesse âmbito que a postura de projeto se evidencia: não há fórmulas prévias ou adesão a um estilo ou linguagem que identifique ou defina a *marca* (ou o *marketing*) do escritório – algo que é vigorosamente rejeitado pelos arquitetos. Uma cultura de projeto em que o diálogo com a teoria, a procura pelo significado da arquitetura, o atendimento às necessidades do cliente, o compromisso com a atualização técnica da construção civil e a consciência do papel da arquitetura e do urbanismo para a qualidade de vida dos habitantes de uma cidade são os esteios do tipo de profissionalismo que Jorge Königsberger e Gianfranco Vannucchi souberam realizar.

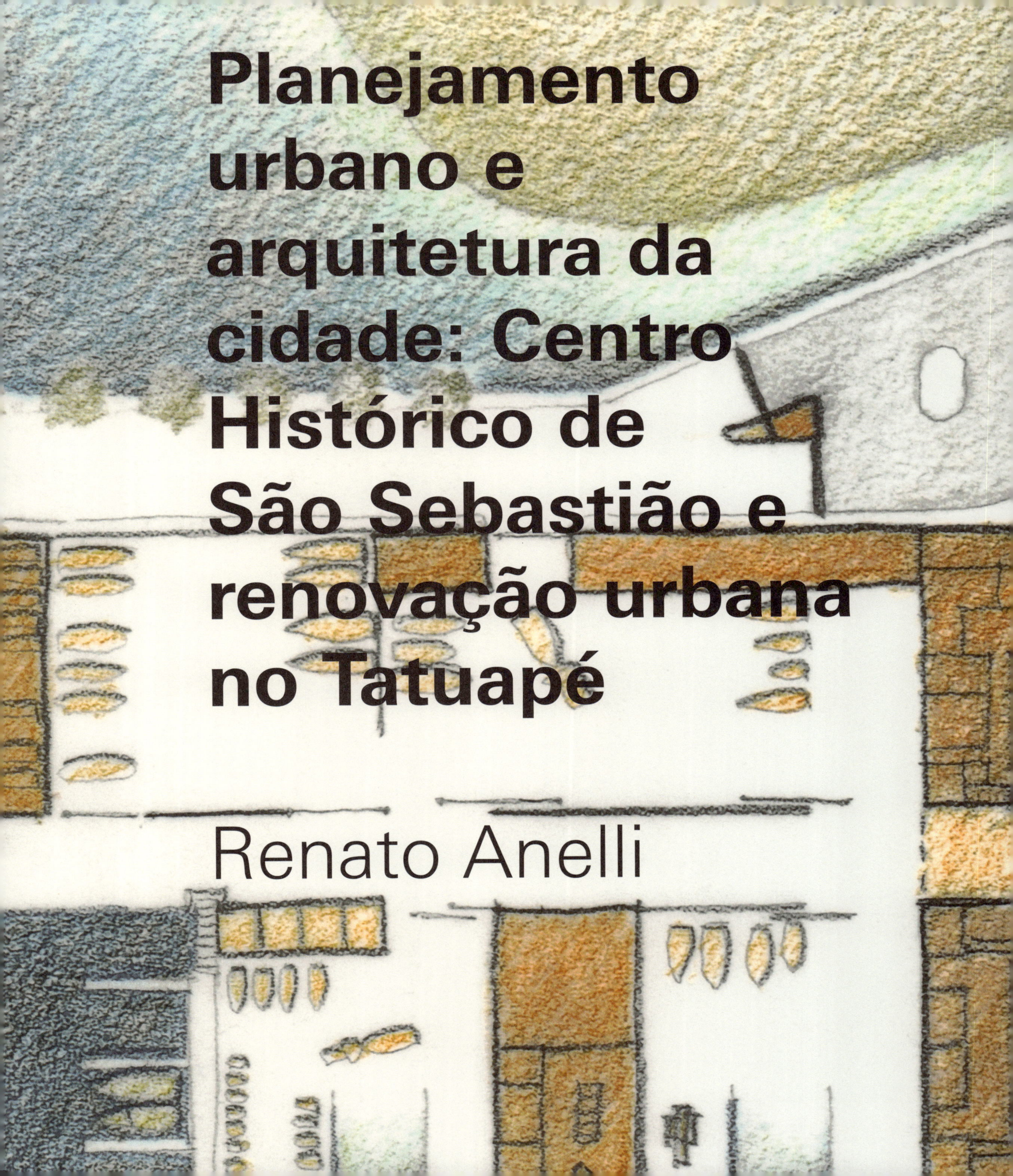

Planejamento urbano e arquitetura da cidade: Centro Histórico de São Sebastião e renovação urbana no Tatuapé

Renato Anelli

Marina de São Sebastião, projeto para concurso público, implantação, São Sebastião SP, 1998

A identificação do conceito de cidade que anima certos projetos na escala do edifício, ou de um conjunto deles, é pouco usual na crítica de arquitetura atual, em especial a brasileira. Dois projetos urbanos do escritório Königsberger Vannucchi Arquitetos Associados (KV) separados por quase duas décadas, permitem avançarmos essa reflexão: a Marina de São Sebastião, de 1998, e o Eixo Platina/Tatuapé, de 2014. Ambos se constituíram em momentos diversos das orientações para intervenções urbanísticas, tratando de situações urbanas bastantes distintas. Contudo, os dois trabalhos exemplificam as dificuldades da transformação de diretrizes do planejamento urbano em forma arquitetônica dos edifícios e dos espaços abertos.

Relação tradicionalmente estruturada em fórmulas abstratas de coeficientes de aproveitamento, taxas de ocupação, recuos, gabaritos e uma infinidade de regras que raramente chegam a definir uma *arquitetura da cidade*, ou seja, os fatos urbanos construídos que constituem a cidade, conforme definido por Aldo Rossi.[1]

Enquanto na Europa se instituiu o *projeto urbano*[2] como uma instância regulamentada do processo de transformação das cidades, no Brasil, ele nunca foi institucionalizado, apesar de seus métodos fazerem parte da formação do arquiteto urbanista. Com raras exceções, continuamos sem esse instrumento de transformação das diretrizes dos planos diretores em cidade construída.

Essa dificuldade pode ser atribuída ao colapso das instituições públicas de planejamento urbano ocorrido a partir das políticas de estado mínimo. Os bons exemplos ficam no passado: conjuntos habitacionais das décadas de 1940 e 1950, alguns campi universitários, as superquadras de Brasília, algumas renovações urbanas da Emurb associadas às primeiras estações do Metrô em São Paulo.

Os dois projetos aqui analisados representam uma transição na qual o setor privado assume um papel proativo na configuração da cidade planejada. Enquanto a Marina fazia parte de um esforço público de recuperação do Centro Histórico de São Sebastião, o Eixo Platina constitui uma ação privada de desenvolvimento de uma diretriz pública de planejamento, o adensamento demográfico dos eixos de estruturação da transformação urbana, conforme proposto pelo Plano Diretor Estratégico – PDE de 2014.[3]

1. ROSSI, Aldo. *Architettura della Cità*.

2. A tradução do conceito de *urban design* foi popularizada como desenho urbano no Brasil a partir da publicação de DEL RIO, Vicente. *Introdução ao desenho urbano no processo de planejamento*. Considerando que a palavra em inglês para desenho é *draw*, a tradução correta é "projeto urbano". O uso da palavra desenho se deve à intenção de enfatizar a concretude da forma urbana em contraponto à abstração do planejamento urbano.

3. SÃO PAULO (Prefeitura). Lei n. 16.050, de 31 de julho de 2014 (projeto de lei n. 688/13, do executivo, aprovado na forma de substitutivo do legislativo).

4. Cf. POFFO, Íris Regina Fernandes; XAVIER, José Carlos de Moura; SERPA, Ricardo Rodrigues. A História dos 27 anos de vazamento de óleo no litoral Norte do Estado de São Paulo (1974-2000).

5. SECRETARIA DE CULTURA, ESPORTES E TURISMO DE SÃO PAULO (Estado). Processo de Tombamento n. 14150/69.

São Sebastião: a marina e o Centro Histórico

O concurso de projetos para a Marina de São Sebastião foi promovido em 1998 pela Prefeitura Municipal, com organização do departamento paulista do Instituto de Arquitetos do Brasil – IAB-SP, patrocínio da Petrobras e da Volkswagen do Brasil, e apoio da Associação Comercial e Industrial. Teve como objetivo a implantação de uma marina que auxiliasse a recuperação do centro histórico do município através do turismo.

Desde a implantação do Terminal Marítimo Almirante Barroso – Tebar, em 1968, o Centro era cercado a oeste e norte por tanques e instalações para armazenamento e bombeamento de óleo; a norte e leste pelo píer para navios petroleiros. O centro histórico perde o contorno da paisagem natural que ocorre em outros núcleos históricos, como, por exemplo, Paraty.

Além de afetar a paisagem cultural da cidade, vazamentos de óleo em acidentes com navios, píer e terminal afetam o turismo periodicamente. O patrocínio da Petrobras ao concurso confirma o esforço da empresa estatal em reverter tal impacto. Estudos estatísticos de acidentes de vazamento que poluíram as praias do litoral Norte mostram um aumento progressivo entre 1974 e 1994, e um declínio em 1996, período próximo ao concurso.[4]

A convivência com o terminal petroleiro trazia um inconveniente de ordem política até 1985, pois a cidade era classificada como Área de Segurança Nacional e não podia eleger seus prefeitos. Naquele ano, a primeira eleição direta escolheu o candidato do Partido do Movimento Democrático Brasileiro – PMDB, Luís Rogério Martins, que levou o arquiteto urbanista José Magalhães Junior a ser secretário municipal de Urbanismo e Meio Ambiente até 1989. Inicia-se ali uma nova fase de planejamento urbano e ambiental do município, na qual se inserem os planos de recuperação do centro histórico, procurando inseri-lo no circuito de cidades coloniais do litoral.

Apesar das menores dimensões do conjunto urbano colonial, se comparado a Paraty, os estudos históricos do patrimônio de São Sebastião despertaram interesse nacional desde a década de 1940, quando ocorreram as primeiras visitas de técnicos do Serviço do Patrimônio Histórico e Artístico Nacional – Sphan, atual Instituto do Patrimônio Histórico e Artístico Nacional – Iphan. Pouco depois, em 1951, o Sphan realizou o tombamento da "Casa da Esperança". Em 1969, o conjunto urbano de sete quarteirões foi tombado pelo Conselho de Defesa do Patrimônio Histórico, Arqueológico, Artístico e Turístico do Estado de São Paulo – Condephaat e seu restauro como conjunto urbanístico iniciou-se no final de década de 1980.[5]

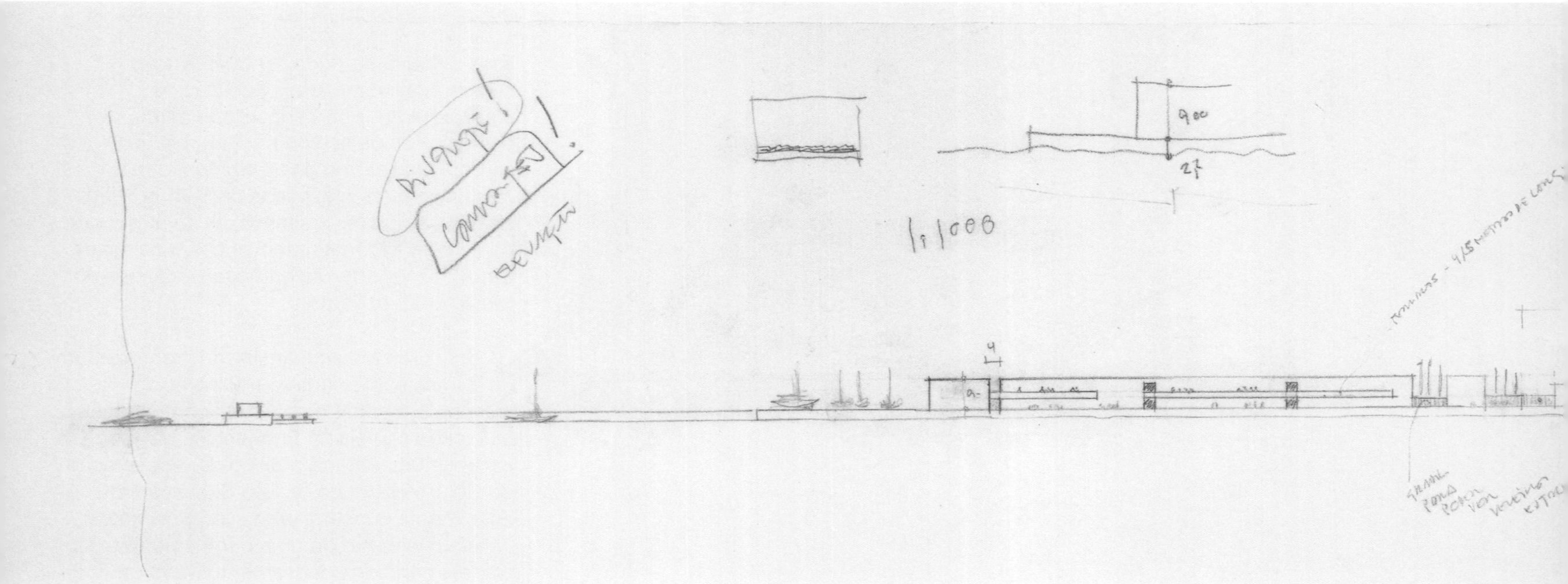

Marina de São Sebastião, corte e perspectiva

Apesar de valorizado culturalmente pelo seu conjunto de edificações do período colonial, o Centro era apenas um ponto de passagem para o fluxo de turistas dirigidos às praias ao sul e para Ilhabela.

Piorando a situação paisagística, aterros decorrentes de dragagens do canal afastavam a área do contato direto com o mar. Conforme as bases do concurso, a proposta de uma marina pública no aterro foi apresentada pela primeira vez no Plano de Turismo Municipal de 1991, tendo como objetivo requalificar o "cartão de visitas da cidade, a rua da Praia, onde se localizam vários restaurantes e comércios turísticos".[6]

O documento indicava que a concepção do projeto deveria evitar a construção de equipamentos que acentuassem a separação da cidade com o mar. Defendia que os equipamentos da marina deveriam ser mínimos, de modo a propiciar "demandas por instalações comerciais – pousadas, restaurantes, oficinas, lojas etc. – que se voltarão ao centro existente, gerando mercado de uso para os casarões históricos hoje deixados ao abandono".[7]

A decisão de promover o concurso com esse programa foi impulsionada pela Regata Whitbread 1997-1998, que teve a cidade como escala entre Auckland, Nova Zelândia, e Fort Lauderdale, Estados Unidos. Apesar da precariedade das instalações provisórias construídas para receber os concorrentes, o impacto econômico na cidade estimulou a promoção do concurso.

A equipe da KV interpreta esse programa articulando duas dimensões. Uma sistêmica funcional/urbana, outra formal/construtiva. Mesmo não sendo premiado pela comissão julgadora,[8] o projeto merece atenção.

Conhecedores das cidades balneárias do litoral Norte paulista e Sul fluminense, os arquitetos entendem os problemas causados pela sazonalidade do fluxo de turistas. Para diminuir o contraste entre alta e baixa temporada, manifestam no memorial que era preciso "gerar um fluxo contínuo de visitações por todo o ano", que ultrapassasse os usuários da marina, os quais, por si só, não seriam suficientes para o objetivo de reocupar o centro histórico. Elegem como público-alvo os "grupos monitorados (escolas, grupos de terceira idade, famílias inteiras, operadoras de ecoturismo etc.), que elegeriam São Sebastião como objeto permanente de seus interesses turísticos".[9]

6. IAB-SP; SÃO SEBASTIÃO (Prefeitura). *Concurso público nacional de ideias para a implantação de uma marina e revitalização urbana do centro histórico de São Sebastião/SP*.

7. Idem, ibidem, p. 3.

8. A comissão julgadora foi formada por Maria Helena Lobo, Antonio Cesar Medeiros de Oliveira, Edson Vieira Engel, Klaus Peters, Marc Rubin, Pedro Paulo de Melo Saraiva e Renato Nunes. O projeto número 88 – que, além dos membros da Königsberger Vannucchi Arquitetos Associados, contou com as participações do engenheiro Claudio Corniberti e dos arquitetos Giovanni Vannucchi e Eduardo Della Manna – passou pela primeira triagem, que reduziu os 132 projetos entregues a 58 selecionados, mas foi descartado na segunda rodada. A equipe liderada por José Magalhães Junior ficou com o 1° lugar, cabendo o 2° e 3° lugares às equipes com os seguintes responsáveis: Aldo Pereira de Carvalho, Paulo Roberto Sgarbi e Walter Luiz Fragoni; e Davison Becato. Ver: IAB-SP; SÃO SEBASTIÃO (Prefeitura). *Ata das reuniões da comissão julgadora do concurso público nacional de ideias para a implantação de uma marina e revitalização urbana do centro histórico de São Sebastião/SP*; IAB-SP; SÃO SEBASTIÃO (Prefeitura). *Lista de participantes do concurso da Marina de São Sebastião*.

9. DELLA MANNA, Eduardo; et al. *Memorial de projeto para o concurso público nacional de ideias para a implantação de uma marina e revitalização urbana do centro histórico de São Sebastião/SP*, p. 2.

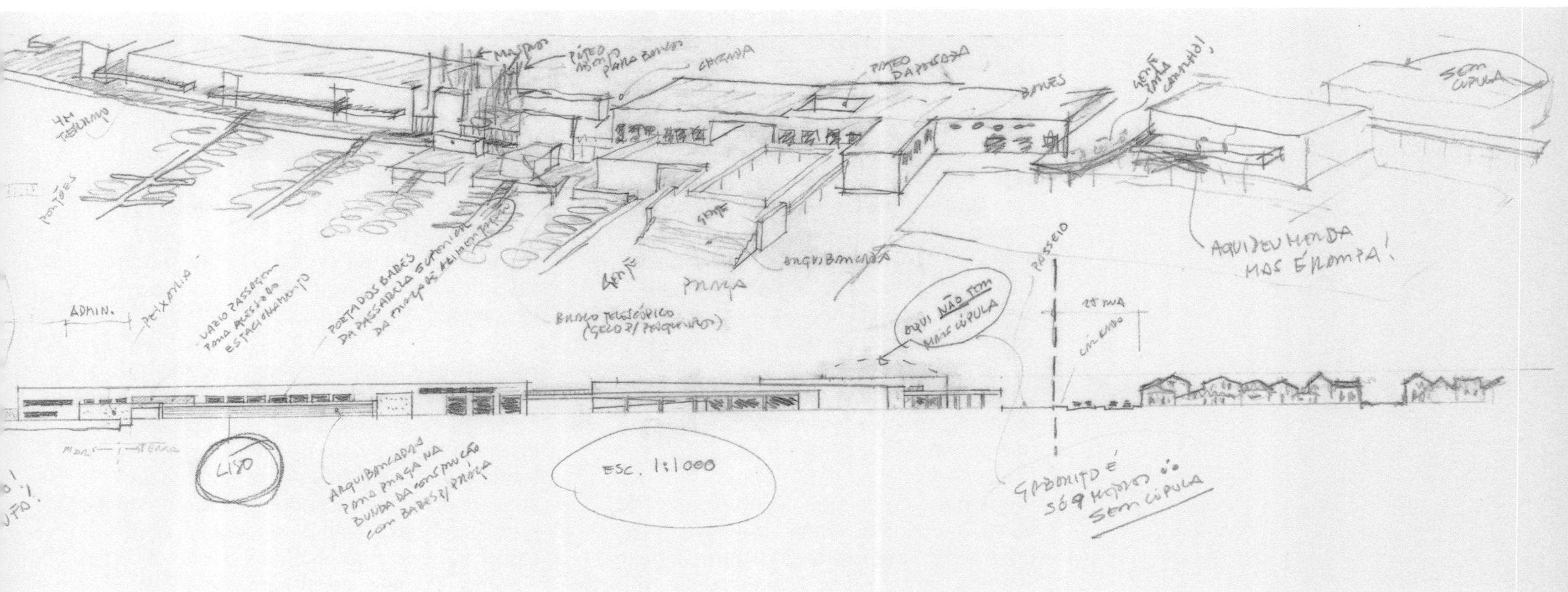

Marina de São Sebastião, trecho da implantação

O programa do edital se amplia para um complexo integrado de subsistemas, ligado ao tema náutico e às suas diversas componentes ambientais, constituído pela Marina Pública, pela Escola do Mar e pela Praia.

Para acomodá-los, a equipe cria uma estrutura em grelha viária, que parte do centro histórico em direção ao mar. A extensão dos eixos das ruas General Osório e Manoel Ladislau de Matos/Almirante Nogueira, ambas lindeiras à praça central da Igreja Matriz, estruturam perpendicularmente ao centro a ocupação do aterro. Uma faixa de transição entre a intervenção e a cidade existente abriga equipamentos e parques que dão continuidade ao caminhar.

Ainda que fora da área de intervenção do edital, a equipe desenha uma nova cena urbana para esse setor do centro, lindeiro à avenida Doutor Altino Arantes, uniformizando o padrão colonial das edificações, criando vazios que transformam os quarteirões em quadras abertas, com áreas para restaurantes ao ar livre e outras atividades.

Nas três partes resultantes das divisões dessa faixa de transição pelos eixos perpendiculares ao centro histórico, o projeto estrutura, na parte sul, a Escola do Mar, tendo como principal atração o Parque Miniatura do Mar. Um amplo espelho d'água por onde circulam barcos miniatura entre as margens, nas quais são reproduzidos edifícios coloniais de São Sebastião. Os outros dois setores recebem parques arborizados, um com espelho d'água, a Escola do Verde, e outro, mais próximo à nova Praia, com quadras esportivas.

A nova Praia, um dos três pilares do sistema proposto, é construída ao longo da costa, ao Norte da Marina, entre o final do centro histórico e o início do píer do Tebar. Proposta fundamentada na análise do material do aterro e do reconhecimento do seu potencial para estruturar o solo de uma praia, com alguma importação de areias nobres de áreas vizinhas. Confere, assim, uma nova qualidade ambiental à relação da cidade com o mar, uma longa praia relativamente estreita, como é característico nessa costa do canal de São Sebastião.

Os limites norte e sul da intervenção se prolongam, configurando a Marina como uma praça d'água retangular para as vagas molhadas das embarcações. Na face oeste desse retângulo, a praça do Porto recebe os fluxos dos dois eixos originados no centro histórico e permitiria eventos ao ar livre, tendo uma pequena arquibancada no lado sul. No lado norte, um caminho levemente sinuoso leva à torre Farol, um mirante avançado no canal e marco vertical de delimitação do conjunto com forte caráter simbólico e turístico. A face sul da praça d'água se estrutura em uma sequência de edificações para a transição entre o acesso de veículos e o setor de pedestres – parques, praça do Porto e Marina. Áreas comerciais, culturais e de lazer se distribuem linearmente, formando um complexo de edificações que dialoga, formalmente, com as feições coloniais do centro histórico. Telhados cerâmicos vermelhos, paredes brancas com fenestração ritmada, só interrompida pelos planos opacos das garagens grandes de barcos.

Para este autor, o conjunto evoca memórias da Vieux Port de Marselha, uma praça d'água mediterrânea nos mares tropicais; no lugar dos casarões franceses, uma nova Paraty portuária.

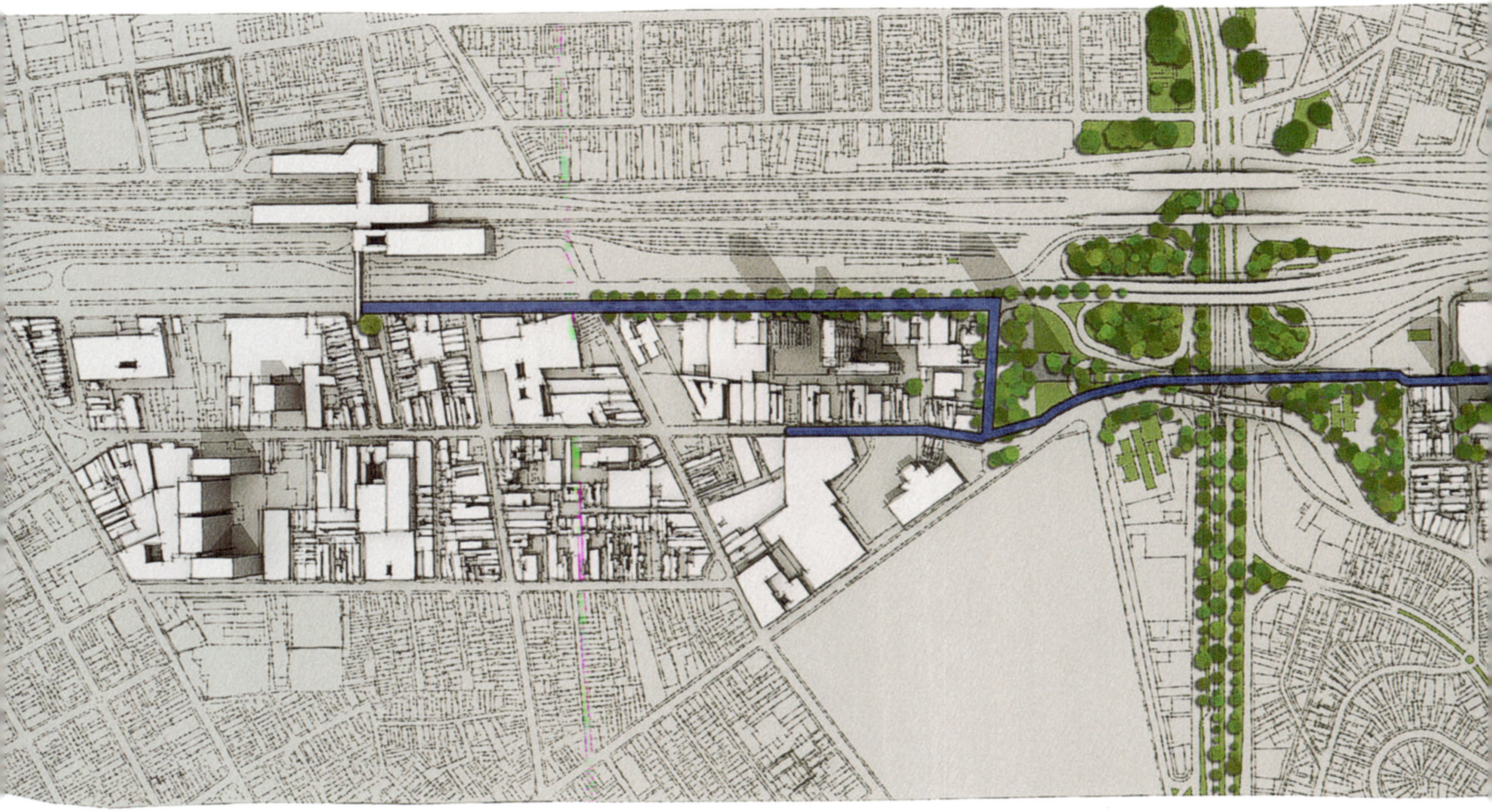

Eixo Platina, proposta de intervenção urbanística, Tatuapé, São Paulo SP, 2014

10. Cf. LANGENBUCH, Jurgen Richard. *A estruturação da Grande São Paulo: estudo de geografia urbana*; ROLNIK, Raquel; FRÚGOLI, Heitor. Reestruturação urbana da metrópole paulistana: a Zona Leste como território de rupturas e permanências.

11. Cf. SÃO PAULO (Cidade). *Plano urbanístico básico de São Paulo*.

12. Cf. FRANCO, Fernando de Mello. *A construção do caminho: a estruturação da metrópole pela conformação técnica das várzeas e planícies fluviais da Bacia de São Paulo*.

Eixo Platina: a cidade compacta pela verticalização

A Zona Leste paulistana constitui um dos maiores desafios urbanísticos e sociais da contemporaneidade por sua complexidade social e formas de assentamento. É nela, em um dos seus bairros, o Tatuapé, que se situa o Eixo Platina.

A expansão Leste de São Paulo seguiu os caminhos da várzea do Rio Tietê em direção ao Vale do Rio Paraíba, criados pelos povos originários devido às características geomorfológicas da região. No século 19, esses traçados foram aproveitados pela ferrovia Central do Brasil para ligar São Paulo ao Rio de Janeiro. O Tatuapé surgiu ao longo dela, entre um dos povoados coloniais, a Penha, e bairros mais recentes, como a Mooca e o Belém. O crescimento foi intenso no século 20. Na várzea aterrada, entre o rio Tietê e a ferrovia, foram instaladas indústrias e vilas operárias, nas partes altas, as residências dos proprietários.[10]

O bairro já se encontrava urbanisticamente estruturado como um dos polos periféricos em 1958, quando foi realizado o estudo Estrutura Urbana da Aglomeração Paulistana para a Prefeitura de São Paulo pela Sociedade para Análise Gráfica e Mecanográfica Aplicada aos Complexos Sociais – Sagmacs. Já em 1968, o Plano Urbanístico Básico englobou o Tatuapé no limite leste de uma grande mancha central, classificada como Área Urbana de Desenvolvimento Intenso e não mais um polo periférico.[11]

A área dos trilhos da Central do Brasil se transformou, nos anos 1970, em um eixo trimodal de alta capacidade de transporte de passageiros – Linha 3-Vermelha do Metrô, trens da Companhia Paulista de Trens Metropolitanos – CPTM e a via expressa Radial Leste.[12] Para superar o corte urbano desse feixe rodoferroviário, as estações do Metrô foram posicionadas elevadas, tendo longas passarelas por sobre os trilhos e avenida, conectando os dois lados do bairro. Além dos trens da CPTM e do Metrô, a estação Tatuapé recebe trens da variante Nordeste, que segue até Aracaré (Linha 12-Safira) e Aeroporto de Guarulhos (Linha 13-Jade). A localização potencializou o acesso dessas regiões e cidades aos serviços e comércio no bairro.

13. ENDRIGE, Taísa da Costa. *Tatuapé: a valorização imobiliária e a verticalização residencial no processo de diferenciação socioespacial*.

14. Idem, ibidem, p. 152.

15. Ver: Mapa de predominância de uso por quadra fiscal, 2004. PMSP – Sempla/Dipro; TPCL/RI Secretaria Municipal de Finanças. In ENDRIGE, Taísa da Costa. Idem, ibidem, p. 166.

A verticalização do Tatuapé ocorreu com a desativação do parque industrial da região, a partir de meados da década de 1980, tornando-a uma região com forte investimento imobiliário. A composição social do Tatuapé foi se alterando, deixando de ser predominantemente operária e atraindo três shopping centers, dois conectados à estação – Metrô Tatuapé, de 1997, e Metrô Boulevard Tatuapé, de 2007 – e, mais a sul, o Anália Franco, de 1999.[13] O processo de verticalização residencial e de serviços se intensificou e, nesse contexto, surgiram importantes construtoras locais. Uma delas, a Porte Engenharia e Urbanismo, fundada em 1986 e especializada em investimentos de alto padrão, é a promotora do Eixo Platina.[14]

A dinâmica de médio e alto padrão já estava clara em 2004,[15] dez anos antes do PDE 2014 definir os eixos de estruturação da transformação urbana para intensificar a densidade junto às estações de Metrô. Desse modo, logo em 2015, antes mesmo da aprovação da Lei de Parcelamento, Uso e Ocupação do Solo – LPUOS 2016, a Porte Engenharia e Urbanismo convidou a KV para o planejamento de um eixo paralelo à Linha 3-Vermelha do Metrô, a ser implantado na rua Platina, entre as estações Carrão e Tatuapé, estendendo-se até a estação Belém por sobre a avenida Salim Farah Maluf.

A principal intervenção urbanística é o Boulevard Platina, que interliga um conjunto de edifícios altos projetados em terrenos de propriedade da construtora. Aplica-se o repertório de instrumentos para a valorização do espaço público, no sentido de sua qualificação paisagística e facilitação de atividades culturais, em voga naqueles anos: ampliação das calçadas e incremento da vegetação, travessias seguras e ciclofaixas estimulam a micro acessibilidade e mobilidade ativa. Espaços para *foodtrucks* e *parklets*, estimulando um tipo de comércio de rua. Espaços de fruição pública e fachadas ativas demonstram a aceitação, pelo setor privado, das mudanças de paradigma da relação entre edifício e rua propostas no PDE 2014.

O edifício Platina 220 surge no eixo de dois modos: como marco de entrada do bairro e como exemplo de verticalização com uso misto.

Eixo Platina, perspectiva

Jorge Königsberger refere-se aos marcos portugueses, as colunas retangulares de pedra usadas pelos colonizadores para demarcar as regiões que tomavam posses nas navegações, como princípio formal que perseguiu para a torre. A referência é reconhecível nas proporções da torre construída, principalmente na sua clareza e unidade volumétrica. As diferenças de uso interno, corporativo, escritórios, hotel e residencial se manifestam discretamente no conjunto construído. A implantação ao final da área plana do bairro, junto ao início do declive para o vale do córrego Tatuapé, lhe confere a monumentalidade desejada.

O controle da volumetria e das aberturas na fachada é cuidadoso. Evita tanto uma paginação excessivamente homogênea, quanto variações aleatórias. A paginação das aberturas foi facilitada pelo sistema de fachada ventilada, placas cerâmicas apoiadas sobre estrutura metálica própria, destacada da alvenaria de vedação interna.

Edifícios altos, de uso misto, não são novidade em São Paulo. Notável a contribuição de Rino Levi, desde os anos 1930, definindo volumes funcionais sobrepostos que se manifestam na disposição final do conjunto com maior ou menor ênfase. Por exemplo, a sobreposição cinema e hotel no Cine Ipiranga e Hotel Excelsior (1941) é discretamente percebida na diferença de fachada, enquanto, no edifício para a Companhia Seguradora Brasileira (1948), o volume inferior do supermercado se destaca claramente da lâmina superior de apartamentos.[16]

No Platina 220, a torre se eleva desde o solo, com apenas dois volumes laminares encostados nas laterais do seu terço inferior da altura, como contrafortes. Ali estão os apartamentos e hotel. O volume vertical e contínuo da torre abriga os escritórios, na parte inferior, e os pisos corporativos na superior. Tal disposição exige quatro conjuntos separados com prumadas de circulação vertical e instalações, acessados por entradas distintas, situadas lado a lado, na mesma fachada de entrada. Um volume baixo, de dois andares, destaca-se da torre em três dos seus lados, abrigando comércio e serviços de acordo com os preceitos da fachada ativa. Atinge-se aqui a grande dimensão, conforme interpretada por Rem Koolhaas: "A grandeza é a arquitetura definitiva".[17]

Por inserir novos edifícios de grandes dimensões em uma área urbana repleta de sobrados e antigas vilas operárias, o Eixo Platina exige uma reflexão sobre a relação entre tais intervenções e a preservação de características históricas e ambientais desses bairros mais antigos. Como argumentamos, na região do Tatuapé, as áreas industriais desativadas já foram verticalizadas a partir da década de 1980. Assim, as diretrizes de adensamento do PDE 2014 ao longo dos eixos de transporte de alta capacidade só se implantam com a substituição dos pequenos imóveis existentes, tais como antigas vilas operárias. Sem salvaguardas pré-definidas, a seleção de quais imóveis serão substituídos obedece a razões de mercado, restando à sociedade civil agir politicamente para que seja reconhecido o valor histórico a ser preservado.

Com a aceleração da verticalização em São Paulo após o PDE 2014 e aprovação da LPUOS 2016, essa disputa vem ocorrendo em vários pontos da cidade, inclusive nessa região.[18] Vários movimentos sociais questionam a verticalização em sua totalidade.

A verticalização proposta pelo PDE 2014 é uma estratégia para abrigar, em áreas de baixa densidade, atividades e contingentes populacionais que usualmente se alocariam em áreas de expansão urbana horizontal. Trata-se da aplicação do conceito de cidade compacta em contraposição ao espraiamento urbano, de baixa densidade, sobre áreas rurais ou naturais. O conflito aqui identificado coloca em questão a validade desse conceito urbanístico e ambiental de alta importância. A administração desse conflito deveria ser feita pelo poder público, o que não ocorre, demonstrando que a preservação de preexistências selecionadas nos processos de renovação é um assunto ainda longe de ser resolvido na política urbana paulistana.

A partir dessa perspectiva, os dois projetos analisados neste capítulo apresentam contribuições relevantes para desenvolvimento do debate urbano contemporâneo.

16. ANELLI, Renato; GUERRA, Abilio; KON, Nelson. *Rino Levi: arquitetura e cidade*.

17. KOOLHAAS, Rem. Bigness (or the Problem of Large).

18. Destacamos os casos da vila operária na rua João Migliari, cujo pedido de tombamento como patrimônio histórico sem uma definição pelo Conpresp desde 2019, e da sede do Sindicato dos Metroviários de São Paulo, cujo pedido de abertura de tombamento não foi aceito pelo mesmo conselho. Cf. CHICONI, Lucas; MENDONÇA, Pedro. Sai vila histórica, entra prédio: transformação excludente no Eixo Platina, em São Paulo; CHICONI, Lucas. Vila Operária João Migliari: demolição como parte do higienismo social e da falta de memória sobre o patrimônio.

Tecnologia,
organização
e renovação
Luiz Alberto
Backheuser

1. LICKLIDER, Joseph Carl Robnett. Man-Computer Symbiosis.

2. Cf. GRISALEÑA, Jon Arteta. Breve história de la arquitectura digital, p. 32.

3. PASK, Gordon. The architectural relevance of cybernetics.

4. Ver: SALOMÃO, Cristiana Cota; PRATSCHKE, Anja. Arquitetura e cibernética: buscando nuances da cibernética em projetos arquitetônicos dos anos 1960.

5. CENTER, Boston Architectural. Architecture and the Computer.

6. Cf. STEENSON, Molly Wright. *Architectural Intelligence: How Designers and Architects Created the Digital Landscape*, p. 10.

O impacto das ferramentas computacionais na produção de arquitetura e urbanismo tem promovido uma transformação radical não apenas da sua representação gráfica, mas de diferentes aspectos do enfrentamento projetual, modificando dinâmicas e metodologias consagradas do ofício. Essas mudanças ainda não se efetivaram, se é que um dia irão, mas estão em constante revisão, potencializadas tanto pelo próprio desenvolvimento tecnológico, como pela maneira como lidamos com ele.

Décadas antes da incorporação efetiva dos computadores nos escritórios de arquitetura, diferentes pensadores já vislumbravam os impactos dessas tecnologias na produção dos edifícios e cidades. Se o visionário artigo *Man-Computer Symbiosis*,[1] de Joseph Carl Robnett Licklider, já imaginava possíveis trocas homem-máquina, os autores Gordon Pask e Nicholas Negroponte estão entre os primeiros a refletirem sobre seu impacto na arquitetura.[2]

Pask, em artigo publicado em 1969,[3] viu essa relação através da cibernética, afirmando que o design assistido por computador é um método equivalente, cuja aplicação à arquitetura pode se dar de diferentes maneiras. A arquitetura tem características invariavelmente cibernéticas, uma vez que enfrenta os problemas que lhe dizem respeito a partir da definição de sistemas de controle e interação.[4] Portanto, sua intencional aplicação no processo projetual obriga-o a ser mais claro e objetivo, com regras bem definidas, facilitando a sinergia entre os agentes envolvidos e possibilitando a automação de processos. Em ambientes criativos menos centralizados, onde as tomadas de decisões são compartilhadas e debatidas de maneira horizontal, sistemas cibernéticos são ainda mais naturais.

Em 1963, Ivan Sutherland, então estudante de doutorado do *Massachusetts Institute of Technology* – MIT, criou o primeiro programa a utilizar uma interface gráfica, permitindo ao usuário desenhar na tela do computador. Batizado de Sketchpad, sua importância é tremenda, pois foi o precursor do Computer Aided Design – CAD. Em 1964, realizou-se a primeira conferência sobre o uso de computadores na arquitetura. Contou com participações ilustres como Christopher Alexander, Marvin Minsky e o próprio Walter Gropius.[5] Alguns anos depois, em 1969, ainda no MIT, o Architecture Machine Group – AMG, fundado por Nicholas Negroponte e Leon Groisser, apresenta o Urban 5, ferramenta ainda bastante rudimentar de desenho urbano computacional.[6] Embora complexo e inovador, o Sketchpad era uma ferramenta de desenho, literalmente uma caneta sobre uma tela; já a proposta apresentada pelo AMG oferecia uma apropriação mais sofisticada da capacidade de processamento da máquina, viabilizando um verdadeiro diálogo com o computador, que criava cenários a partir das escolhas do usuário.

Negroponte aprofundará suas ideias em dois livros: *Architecture Machines*, de 1970,[7] e *Soft Architecture Machines*, de 1976.[8] No primeiro livro, defende que uma efetiva interação homem-máquina depende de uma inteligência desses equipamentos, não apenas uma ferramenta produtiva. Devem ser interlocutores que aprendem e entendem, autoaperfeiçoando-se na busca de objetivos. Já no segundo livro, Negroponte abraça um discurso em voga na época, o desenho participativo, vislumbrando a máquina como um recurso que permitiria que futuros moradores participassem das definições do projeto arquitetônico interagindo com um computador. O próprio autor aprofunda essa discussão em um artigo posterior, de 1976, em parceria com Guy Weinzapfel.[9]

Outros autores, como Yona Friedman e seu *Flatwriter*[10] ou Cedric Price e o *Generator Project* (1976), também vão reconhecer que computadores poderiam facilitar a interação com futuros ocupantes dos edifícios e cidades, facilitando processos participativos de projeto. Embora a atenção desses trabalhos fosse o envolvimento de pessoas sem formação técnica, sugeriam que os computadores poderiam unir diferentes agentes, tornando-se não apenas um interlocutor, mas um agregador de pessoas.

Em 1974, Chuck Eastman também abraça a ideia agregadora do computador com o que batizou de *Building Description System* – BDS. Tratava-se de um modelo virtual muito detalhado de um edifício, como uma maquete física, mas apropriando-se das capacidades de processamento de um computador e assim armazenando grandes quantidades de informação, facilitando sua descrição. Essa ideia seria retomada décadas depois, rebatizada por van Nederveen e Tolman de *Building Information Modeling* ou BIM.[11] Não apenas um modelo geométrico, o grande mérito do BIM é a capacidade de integração de projetistas e outros envolvidos no projeto, na construção e na manutenção de edifícios, uma potente tecnologia de sinergia das diversas dimensões dos empreendimentos imobiliários.

Na mesma década, William Mitchell argumenta – no seu *City of Bits*[12] – que a cidade tradicional, baseada em espaços físicos e interações face a face, está sendo substituída por uma cidade virtual, onde as comunicações eletrônicas e as redes de computadores permitem novas formas de interação e organização social. O autor defende que essas mudanças criam novas oportunidades para a colaboração e a inovação, inclusive para arquitetos, contribuindo para o desenvolvimento de projetos no mundo físico.

Jorge Königsberger e Gianfranco Vannucchi no escritório da alameda Tietê, São Paulo SP, década de 1980

7. NEGROPONTE, Nicholas. *Architecture Machines: Toward a More Human Environment*.

8. NEGROPONTE, Nicholas. *Soft Architecture Machines*.

9. WEINZAPFEL, Guy; NEGROPONTE, Nicholas. Architecture-by-Yourself: An Experiment with Computer Graphics for House Design.

10. Ferramenta computacional concebida por Yona Friedman para facilitar a relação arquiteto-usuário, permitindo ao leigo participar do processo de concepção da sua casa. Ver: FRIEDMAN, Yona. *Toward a scientific architecture*, p. 59.

11. BORRMANN, André; KÖNIG, Markus; KOCH, Christian; BEETZ, Jakob. *Building Information Modeling: Why? What? How?*

12. MITCHELL, William. *City of Bits: Space, Place, and the Infobahn*.

Notícia publicada no jornal *O Estado de São Paulo,* 13 ago. 1989

NEGÓCIOS

Crescem ofertas de escritórios

Mercado vive "boom", impulsionado pela economia informal e pelas especulações

Nada menos do que 21 prédios de escritórios, totalizando 147 mil metros quadrados de área construída, serão incorporados à paisagem da cidade neste ano. Esse **boom** é provocado, em grande parte, pela proliferação da economia informal. "Todos os nossos projetos se destinam a pequenas e médias empresas ou a profissionais liberais", atestam os arquitetos Jorge Königsberger e Jeanfranco Vannucchi, sócios numa empresa há 17 anos. Apesar da febre, os preços não estão baixos. Em 18 ofertas de imóveis para escritórios relacionados pelo **Estado**, dois conjuntos de escritórios por andar, de 328 m², em Cerqueira César, por exemplo, custam quase NCz$ 2 milhões.

☐ ***Ver mais informações sobre o mercado de imóveis para escritórios na página 10.***

Konigsberger (à esq.) e Vannucchi: aumento de encomendas enche os canudos de projetos

Notícia publicada no jornal *Folha de São Paulo*, 01 ago. 1989

A CIDADE É SUA

JARDINS POUCO ACESSÍVEIS

O arquiteto Gianfranco Vanucchi (foto), 39, sugere que os muros dos prédios de São Paulo sejam recuados para deixar os jardins à mostra. Ele diz que as áreas verdes ficam escondidas e, em geral, não são usadas pelos moradores dos edifícios. "A mudança deixará as ruas mais agradáveis para os pedestres."

Gianfranco Vannucchi e Jorge Königsberger, c. 1984

Nos anos 1990, os computadores se efetivaram como substituição das pranchetas e do desenho manual nos escritórios de arquitetura. No entanto, naquele momento, isso representou uma mera mudança de ferramenta e não um novo modelo organizacional, o que se mostrou insuficiente para o atendimento das crescentes complexidades da construção civil brasileira e mundial. Desde então, inúmeros recursos tecnológicos têm surgido: o gradativo aumento do poder de processamento dos hardwares; a oferta cada vez mais farta de softwares que atendem necessidades cada vez mais específicas, e, por fim, a crescente capacidade de troca de informação graças à conexão mais rápida de internet têm possibilitado novas apropriações do computador pelos escritórios de arquitetura. A tecnologia está disponível, acessível, cada vez mais intuitiva, evidenciando que o problema a ser enfrentado não é sua operação, mas como apropriar-se dela.

Durante anos, as discussões e ensaios sobre a apropriação dos computadores e seu impacto na produção de arquitetura ficaram essencialmente restritos a ambientes acadêmicos, uma vez que se tratavam de equipamentos caros e de difícil operação e manutenção. No entanto, no final da década de 1970 surgem os primeiros computadores pessoais (PC), como os Apples 1 e 2, o Commodore PET ou o TRS-80 Model I, e, em 1981, a primeira geração de PC da IBM. Essas máquinas tornaram os hardwares acessíveis, viabilizando sua incorporação em empresas de pequeno e médio porte, aparecendo pela primeira vez sobre as pranchetas dos escritórios de arquitetura. Durante a década de 1980, essas máquinas surgiram timidamente, coexistindo com as réguas paralelas, mas, na década seguinte, foram efetivadas como ferramenta derradeira no desenvolvimento de projetos. Essa mudança de ferramental se deu não apenas nos países desenvolvidos ou que produziam esses computadores, mas em todo o mundo, incluindo o Brasil. No escritório Königsberger Vannucchi Arquitetos Associados (KV), não foi diferente – o computador foi absorvido no começo da década de 1990 –, mas ainda levaria alguns anos para que os recursos computacionais mudassem o escritório.

13. Parte das informações descritas no texto foram obtidas em uma entrevista concedida por membros da KV – Daniel Toledo, sócio, Carla Estrella e Claudio Inserra, arquitetos – em 11 de abril de 2023. Outras informações foram obtidas em entrevistas dadas por Daniel Toledo e disponíveis em diferentes canais do YouTube.

O computador e o escritório tradicional[13]

Jorge Königsberger conta que a KV começou em 1972 "com dois cavaletes e uma porta, e nossa prancheta estava pronta para criarmos". Os recursos necessários para desenvolver um projeto eram, então, relativamente simples e baratos, oferecendo certa mobilidade e fluidez ao processo. Vinte anos depois, essas ferramentas foram definitivamente substituídas pelo computador, que fixou o arquiteto no escritório, pois demandava uma máquina robusta equipada com os softwares necessários. Nas palavras de Daniel Toledo, "Na era da prancheta, toda mesa, em qualquer lugar, podia ser uma prancheta para projetar. Na era do PC, somente aquele PC, naquele lugar, naquela rede, podia ser um PC para projetar".

O Condominium Club Ibirapuera (1992) foi o primeiro projeto desenhado com CAD pelo escritório Königsberger Vannucchi. Os projetos seguintes já assumiram essa ferramenta como a definitiva, aposentando as pranchetas. No entanto, a introdução do computador na dinâmica cotidiana da KV não representou uma mudança metodológica no desenvolvimento dos trabalhos. O modelo organizacional do escritório seguia uma estrutura clássica e centralizada, na qual as definições criativas e tomadas de decisões estavam a cargo dos sócios fundadores, sendo debatidas diretamente e individualmente com os líderes das equipes de trabalho. Havia pouca discussão de projeto entre os membros das equipes.

Escritório Königsberger Vannucchi, Brooklin Novo, São Paulo SP, 1999

Seguindo as definições do Sistema de Gestão da Qualidade – SGQ adotado pelo escritório, os projetos eram desenvolvidos em uma linha de produção, com uma solução bastante comum entre as empresas de projeto que trabalham com o mercado imobiliário. A estrutura de trabalho era super especializada, tanto no uso dos recursos computacionais, equipes 2D, 3D e renderização, como no fluxo de produção dos projetos.

Os novos projetos se deslocavam por quatro departamentos em diferentes momentos. A primeira equipe, de viabilidade, estudava as possibilidades e potencialidades do empreendimento. A equipe de produto desenvolvia a proposta arquitetônica do estudo preliminar ao projeto executivo. A equipe de apresentação criava o material gráfico necessário para divulgação e vendas, por fim, passava para a equipe de desenvolvimento. Segundo Daniel Toledo, essa estrutura exigia um alto grau de coordenação, com alta especialização e divisão de tarefas entre os profissionais. O "todo" era constituído da soma das partes, e muitas vezes inacessível para quem participava de apenas parte do processo.

A implementação dos computadores corroborou e valorizou esse modelo organizacional centralizado e sequencial, reafirmando a divisão do trabalho dentro do escritório. As *workstations* estavam equipadas com softwares específicos, limitando a atuação dos profissionais que as operavam. Esse modelo organizacional foi bastante eficiente, durando até 2016 e contribuindo com a consolidação da KV no mercado imobiliário. No entanto, já vinha sendo problematizado alguns anos antes do seu fim, pois parecia evidente que estava perdendo eficiência no enfrentamento das demandas contemporâneas.

Tempo de mudanças

No início da década de 2010, Jorge Königsberger e Gianfranco Vannucchi, então sócios há quarenta anos, começaram a imaginar outras maneiras de estruturar o escritório. A KV havia crescido em quantidade de projetos e colaboradores, tornando o modelo organizacional centralizado muito extenuante. Eles buscavam uma maneira de tornar a empresa menos dependente dos sócios fundadores. Assim, em 2013, abriram uma vaga para *change manager*, publicada na rede social LinkedIn, na busca de algum profissional que os ajudasse a criar as condições para que o escritório enfrentasse as complexidades do mercado de então.

Gianfranco Vannucchi e Jorge Königsberger, c. 1990

Gianfranco Vannucchi e Jorge Königsberger com troféus Master Imobiliário de 2003, que premiou os projetos Stadium e Brascan Century Plaza

O engenheiro mecânico Daniel Toledo respondeu ao anúncio e foi contratado no mesmo ano, trazendo uma visão organizacional incomum para escritórios de arquitetura. Nas suas experiências prévias na indústria automobilística e na Fundação para o Desenvolvimento Tecnológico da Engenharia, vivenciou estruturas de trabalho menos centralizadas e mais colaborativas, com uma premissa de que autorias criativas podem ser compartilhadas. Assim, Toledo propôs a revisão desse modelo organizacional vertical, considerando a complexidade crescente do produto imobiliário, suas novas demandas, legislações mais rigorosas e número crescente de projetos complementares. Também defendeu que a ideia de uma autoridade inquestionável não fazia mais sentido em um mundo onde tantos fóruns virtuais de debates públicos colocam em cheque decisões verticais definidas em processos subjetivos e indefinidos. Essas foram as premissas que orientaram o KV2020, um plano de reestruturação do escritório que buscava uma organização menos centralizada, mais colaborativa e multiautoral.

14. Entre as décadas de 1970 e 1990 a Volvo propõe um modelo organizacional que contraria a linha de produção fordista, dando um maior grau de participação aos trabalhadores durante o processo de produção. A linha de montagem deixa de ser constante e cada fase de montagem do automóvel se dá com ele parado e grupos de funcionários mais qualificados, que exerciam diferentes funções. Esses grupos ficaram conhecidos como grupos semiautônomos. Ver: MARX, Roberto. Processo de trabalho e grupos semiautônomos: a evolução da experiência sueca de Kalmar aos anos 1990.

Em 2015, criou-se, então, uma experiência piloto que substituiu os tradicionais departamentos por grupos semiautônomos,[14] chamados de núcleos de concepção. Cada grupo contava com profissionais oriundos das equipes tradicionais – viabilidade, produção e apresentação. Assim, ao invés de passar pelas equipes, o projeto ficava parado em um dos núcleos, em que a equipe trabalhava em todas as etapas. Essa mudança valorizou a colaboração entre os profissionais, rompendo com a sequencialidade e centralização dos processos, facilitando o enfrentamento da complexidade crescente dos projetos. Essa nova estrutura tem se perpetuado, contando com um número variado de colaboradores por núcleo, em função da sofisticação e dimensão do empreendimento, mas todos com grande nível de envolvimento no desenvolvimento e tomada de decisões.

Para que essa nova organização funcionasse, os recursos e estrutura computacional também precisavam ser revistos, coincidindo com a adoção do BIM pela KV. Ao longo de 2018 e 2019, o escritório passou por um processo de efetivação da adoção desse sistema, com treinamentos da equipe, a primeira documentação projetual, o primeiro estudo de massas e o primeiro projeto totalmente desenvolvido nessa plataforma, o edifício Vermont em Sorocaba. A experiência desse primeiro empreendimento permitiu o aprimoramento dos templates e fluxos de trabalho, bem como a introdução de ferramentas paramétricas, análises energéticas e consequente melhoria dos produtos. A partir de 2020, com a adoção de novas ferramentas BIM, aprimoraram-se a compatibilização e a quantificação para projetos, interoperabilidade por diferentes agentes, diálogo com outros softwares. A substituição do modelo CAD tradicional e efetivação do BIM em todos os projetos se deu em cerca de um ano, um tempo muito curto, pois foi facilitado por sua relação intrínseca com a nova estrutura organizacional, mais horizontal e colaborativa do escritório, proposta pelo KV2020.

Daniel Toledo, Gianfranco Vannucchi e Jorge Königsberger, 2023

Sócios, diretores e gerentes da Königsberger Vannucchi no Brascan Century Plaza, 2023. Da esquerda para a direita: Liliana Vergamini Luna de Sá, Maria Elisa Fernandes, Fabrizio Rastelli, Gianfranco Vannucchi, Alexandre Rocha Daud, Carla Estrella, Luciano Lima, Karina Kohutek, Ismael Lopes, Adriele Toledo Maia, Jorge Königsberger, Ana Maria Peral, Daniel Toledo, João Payar, Claudio Inserra

Alberto Botti, Gian Carlo Gasperini e Jorge Königsberger em evento do prêmio Asbea, 2004

Edison Musa na passagem da presidência da Asbea para Gianfranco Vannucchi, 2000

Jorge Königsberger em evento do prêmio Asbea, 2004. Ao fundo, Roberto Aflalo Filho e Luiz Augusto Contier

Gianfranco Vannucchi em viagem ao Chile, com Edison Musa, Israel Rewin, Rodolpho Dini, Roberto Aflalo Filho, Elisabeth Goldfarb Costa, Henrique Cambiaghi Filho, Sergio Teperman e José Eduardo Tibiriça, 1996

15. Um data center Tier 3 possui sistema autossustentado, com equipamentos de refrigeração e alimentação de energia redundantes, o que permite manutenções planejadas, sem o desligamento do sistema.

Gianfranco Vannucchi e Jorge Königsberger projetando a futura sede da Königsberger Vannucchi no Brascan Century Plaza, 2024

Projetar em rede

Com o afastamento social imposto pela pandemia de COVID-19, todos os colaboradores da KV passaram a trabalhar remotamente em suas casas. O modelo de núcleos de trabalho, com sua relativa autonomia na tomada de decisões, facilitou a continuidade dos trabalhos em andamento, uma vez que a estrutura em teias de colaboradores facilitou a interação remota com os recursos então disponíveis.

No entanto, para que pudessem dar continuidade aos trabalhos, cada colaborador levou consigo sua respectiva *workstation*, pois nela estavam os softwares necessários para o desenvolvimento dos projetos. Já os arquivos continuaram abrigados em um servidor dentro do escritório na avenida Berrini, embora grande parte dos documentos que não eram referentes aos projetos de arquitetura – de gestão de pessoas, controle de custos, controle de e-mails – estivessem armazenados em uma base de dados remota, uma nuvem.

O isolamento dos hardwares e softwares, então deslocados para as casas dos colaboradores, impedia o compartilhamento desses recursos, subutilizando-os. Optou-se, então, pela virtualização das *workstations*, que foram abrigadas em um data center, garantindo encriptação, backups e geo-segurança.[15] As *workstations*, acessadas remotamente via computador pessoal, garantem que um mesmo hardware possa ser utilizado por diversos colaboradores simultaneamente ou em horários variados, bem como os softwares com licenças desvinculadas das *workstations*, viabilizando, inclusive, a automação de processos. Por exemplo, uma das robustas placas de vídeo disponíveis atende até dezesseis usuários ao longo do dia laboral, mas à noite e nos finais de semana são dedicadas à renderização de vídeos de apresentação.

Escritório Königsberger Vannucchi, Brooklin Novo, São Paulo SP, 2024

Equipe do escritório em apresentação de projeto para clientes com utilização de realidade virtual

16. "We shape our tools and thereafter they shape us". CULKIN, John M. A schoolman's guide to Marshall McLuhan, p. 70. Embora essa frase seja frequentemente atribuída a Marshall McLuhan, ela foi efetivamente escrita pelo padre John Culkin quando descreveu a obra de McLuhan. No entanto, ela expressa fielmente o discurso do filósofo canadense.

Já os arquivos dos trabalhos passaram a ser abrigados em uma nuvem, com muito mais segurança e estabilidade tanto para sócios e colaboradores quanto para os clientes. Assim, informações contidas nesses arquivos, os bens mais valiosos da empresa, são preservadas com uma confiabilidade impossível para uma estrutura física de um escritório. Essa transferência se deu ainda no começo da pandemia, no início de 2020, garantindo que os arquivos de trabalho pudessem ser acessados remotamente com rapidez e segurança pelos colaboradores.

A nova estrutura computacional, aliada à organização em grupos semiautônomos, permitiu que os colaboradores pudessem trabalhar em diferentes regiões do Brasil e do mundo, viabilizando o trabalho de profissionais com diferentes origens e formações, enriquecendo a qualidade dos produtos da KV. A dispersão dos arquitetos também facilitou a presença do escritório em clientes e obras espalhados pelo país.

Essa nova estrutura em nuvem potencializa a nova organização da KV, facilitando as relações horizontais, colaborativas e multiautorais em tempo real. Segundo Daniel Toledo, "Os arquitetos podem criar e produzir o projeto pelo todo, em equipe, tendo sempre o conhecimento do todo, passando a ser um processo 'do todo para a parte', em detrimento do que acontecia na era do PC".

As mudanças iniciadas com o KV2020, associadas aos impactos da pandemia, evidenciaram como os recursos computacionais são inseparáveis das atuais dinâmicas organizacionais, mostrando que o grande mérito das novas tecnologias talvez seja sua capacidade de potencializar sinergias para responder de maneira mais eficiente às demandas complexas do mundo contemporâneo, em que o trabalho colaborativo, horizontal, descentralizado se apresenta como o caminho mais seguro para seu enfrentamento.

Nas palavras de Daniel Toledo,

> A nuvem marca uma profunda transformação entre o trabalho e os meios de produção. Assim como na era da prancheta, finalmente nossos arquitetos e arquitetas podem voltar a poder criar de qualquer lugar, sem limites de ferramentas e recursos computacionais.

A recente experiência organizacional oriunda do KV2020 mostra um caminho possível para a adaptação dos escritórios de arquitetura à realidade atual, na qual os recursos tecnológicos são intrínsecos às dinâmicas cotidianas de desenvolvimento de projetos. Admitindo que as ferramentas que moldamos também nos moldam, ideia defendida pelo teórico da comunicação Marshall McLuhan,[16] o produto resultante dessa dialética também deve ser transformado, resultado direto desses diálogos, incorporando novos enfrentamentos e respondendo às demandas contemporâneas, em um mundo cada vez mais colaborativo e igualmente em transformação pelos recursos digitais.

Ao longo dessas décadas, a KV tem mostrado uma excepcional resiliência, sempre se adaptando às características do momento. Mudanças do mercado imobiliário, novas ferramentas de trabalho e outras condicionantes têm sido superadas com muita dedicação, mas com muita naturalidade, pois essa adaptabilidade é uma característica indissociável do escritório. A imprevisibilidade do futuro não assusta, pois é encarada como oportunidade, um campo fértil para a criatividade arquitetônica e organizacional. A KV enfrentará o que vier como sempre fez, encarando os desafios com a segurança de 50 anos de experiência, 50 anos de constante renovação.

Colaboradores da KV
reunidos na praça do
Brascan Century Plaza
em 2023

English version

Routes
Maria Alice Junqueira Bastos

1. Rationalism and Liberty on the Road to Terra Brasilis
on page 12

The weight of the 1970s and the ways to survive

Both Jorge Königsberger, graduate from the School of Architecture and Urbanism at Mackenzie Presbyterian University (FAU Mackenzie, 1971), and Gianfranco Vannucchi, graduate from the School of Architecture and Urbanism at the University of São Paulo (FAU USP, 1975), in their respective undergraduate courses were given a modern education, at a critical time for Brazilian architecture. They began to work in the 1970s and found themselves caught up in an unfortunate dichotomy between erudite architecture and more current tendencies of giving shape to the urban fabric. This dichotomy became a sort of impasse, the architectural thought of the period clung to the idea that modern architecture would only achieve its full potential if embedded into the modern planned city, with free disposition of buildings dictated by topography and solar orientation rather than by land division and ownership. The design of Brasília, still very recently implanted, hovered over minds as an example to be emulated and not to be discussed. In the words of Nestor Goulart Reis Filho:

> The construction of Brasília constitutes one of the most important experiences in architecture and urban planning in this century. The selected plan proposed a broad renovation in the schemes of urban architecture. [...] With this new form of spatial organization, it was possible to overcome the old notion of the urban plot, as something separate from the construction.[1]

Those were also years of relative isolation from the outside world. The national architecture was looking inward, perhaps not at our contentious reality and unbridled urbanization, but rather at a simpler Brazil that no longer existed. And so, with eyes focused on an idealized past time, the redefinition of the national landscape in modern features seemed possible. Ideally, even if put forth within the anachronistic urban plot, the modern architectural work should postulate, in its formal solutions, the thesis of the modern city, researching spatialities to replace the traditional city. Streets and squares were symbolically translated into the inner spaces of buildings, so that large horizontal blocks began to punctuate the landscape, housing various classifications of use: schools, hospitals, bus stations. In these large blocks with great free spans, the palette of materials was restricted: exposed concrete, metallic frames, and glass. Despite being present in important public buildings, this erudite architecture, recognized and awarded by the architectural community, ceased to resonate within society and no longer dictated the architectural norm. With rare exceptions,[2] there was a divorce between the real estate entrepreneurs and the national architectural vanguard. Brazilian cities continued to grow disorderly, suffering the brutal urbanization of the 1970s, while the residential fabric was being populated with buildings in Mediterranean and neoclassical styles. The young architects of the 1970s stared in perplexity at buildings from a prior era whose designs were signed by Rino Levi, Oscar Niemeyer, the Roberto brothers, João Batista Vilanova Artigas, Lúcio Costa, Adolf Franz Heep, and Jacques Pilon.

In the early 1970s we experienced the so-called *economic miracle* – a period of strong economic growth under the military dictatorship, between 1967 and 1974. We built a lot, but, in many cases, we also built badly. In those years Brazilian architects had many public commissions: bus stations, university campuses, supply centers, and especially large administrative complexes, which were built far away from the urban centers and could supply space for the growing state bureaucracy as well as parking lots for private vehicles. Examples of such centers are the Political-Administrative Center of Bahia (João Filgueiras Lima, 1973); and the Political-Administrative Center of Mato Grosso (Satyro Pohl Moreira de Castilho and team, 1971).

In the later years of the decade, perhaps the main issue facing young architects in Brazil was the vague sensation that modern Brazilian architecture had stagnated in the early 1960s, in a period prior to the military coup of 1964 or the oil crisis of 1973. The critical assessment of Brasília had been suspended; how could one evaluate a city conceived to be a democratic arena for the country while it was ruled by an authoritarian regime? And still, through the use of some sweeping rhetoric, formal traits of the architecture produced in the 1960s were associated with democratic, libertarian, and egalitarian values: the internal spatial continuity, the valorization of communal spaces in detriment of those for private use, the continuity between external and internal space, especially in semi-open ground floors without doors, conceived as public squares. For instance, when Flávio Motta attempted to put into words the concepts behind the Brazilian Pavilion for the Japan World Exposition, in Osaka, designed by Paulo Mendes da Rocha and team, Júlio Katinsky, Ruy Ohtake, and Jorge Caron, he said: "the floor will be of the same asphalt that will extend from the paths of the Expo'70, like a single brand of coating: an uninterrupted path without barriers, which is still in the hope of many."[3]

The period was later described in a short text, which included interviews with Königsberger and Vannucchi, published in the magazine *AU – Arquitetura e Urbanismo* in the early 1990s:

> The affirmation of our generation of architects has not been easy. Our college years were years of dogma. Brasília was seven years old and modern architecture dictated how things should be. [...] Designing for us, at that time, was nearly painful. There was a demand for an "order" that was contradicted by the reality we found. We lacked criteria and experience. It was not yet clear to us that our difficulty in designing was also a result of the ideological repression we suffered, stuck between

the rationalist patrol and institutional architecture, which was megalomaniac and hermetic.[4]

In the early 1990s, Hugo Segawa also pointed out the rigidity of the national production during the years of the economic miracle:

> Filtered by an ideology that neutralized the differences, hid the contradictions, denied the possibility of questioning (consistent with the authoritarian spirit of the time), an ideal of architecture was still propounded with premises from the golden age of Brazilian architecture – but now formulated as unique, authorized and hegemonic. Simultaneously, a particular architectural style was canonized and bureaucratized. The classifications of use did not matter [...] it was the dictatorship of exposed concrete, great concrete façades, sculptural pillars, prestressed structures, large glass panes, structural exhibitionism; a competition for the larger free spans. These were technical and formal traits that symbolized a vision of modernity, a certain composure that legitimized a form of architecture without critics or criticism, in a time of generalized distrust and police persecution, in which criticism was an attitude repressed, or interpreted as political snitching.[5]

In this dogmatic period, in which the rhetoric attached to some architectural solutions amalgamated these features with leftist thought and, therefore, with a movement of resistance to the military dictatorship, there was a pitfall which was difficult to avoid. In retrospect, it is easy to spot the economic depression of the 1980s which ensued, a prospect that makes our contemporary review of the context of the 1970s seem even more challenging. It was in this moment of brutal transformation of the national landscape that Jorge Königsberger decided to open his architectural firm and, shortly afterwards, hired Gianfranco Vannucchi as an intern. Interestingly, for Königsberger and Vannucchi, the antidote to the creative castration imposed by the circumstances they found came from the simple difficulty of maintaining an office and making a living from architecture.

As a response, Königsberger and Vannucchi widened the range of possibilities for their work. They began to develop scenographies for advertising companies, book covers, and to work on product design. Curiously, these were activities where their creativity and experimentalism could run free from the restraints imposed by the architectural *intelligentsia* in Brazil at the time. The commissions demanded fast and pragmatic answers, sometimes playful and humorous. The conception of scenographic spaces demanded a focus on the immediate problem to be solved, on possible materials, on the way to execute, on the details; a certain pragmatism to meet deadlines and budgets etc. On the other hand, there was a salutary freedom of conception, of trace and of materials unimaginable in the universe of architecture.

In the mid-1970s, Jorge Königsberger was an employee at the Italian company Olivetti, but, even so, he did not give up the office, insisting on the commitment of his working hours and, eventually, even his financial security. At Olivetti, he was in charge of the company's entire corporate image, from employee badges to publications, and even had forays into product design, such as the prototype of a personal computer case (1976). Olivetti was a company whose brand was associated with good design, a carefulness that extended from the architecture of the industrial park to their stores and showrooms. In Brazil, in the 1950s, the architect Giancarlo Palanti designed several stores for Olivetti, mainly in partnership with Italian artist Bramante Buffoni.

This professional experience, diversified both in terms of demand and execution, allowed not only the survival of the firm, but also creative growth. Commissions for more traditionally architectural work were also met, of course. The beach house projects developed in the 1970s and 1980s, for instance, aesthetically explore the use of traditional architectural elements, maintaining the internal spatial continuity and the overt integration with the external areas. In these early years, the office also had the opportunity to face the challenge of public venues. Commissioned by the Municipal Urbanization Company – Emurb, Königsberger & Vannucchi designed a plaza at the Casa Verde Reservoir, which was never implemented.

Beach Houses: 1970s and 1980s

The use of traditional materials and techniques in the beach houses developed by Jorge Königsberger and Gianfranco Vannucchi responds to a specific cultural moment. Their motivation is distinguished from the aesthetic research of architects such as Lúcio Costa or Francisco de Paula Lemos Bolonha, who sought to translate modern principles to the Brazilian cultural reality through a sensible look towards the traditional. At the same time, it derives, with significant differences, from a project by Carlos Barjas Millan for a beach house in Lagoinha, Ubatuba (1964). Millan's project used whitewashed masonry, pillars and roof frames made with round logs of tree, clay roof tiles, clay brick floors, and a brick wood-burning stove. According to the presentation of the work in *Acrópole* magazine, "Millan proposes a solution to the problem of a vacation home built in a place lacking in manpower and construction resources."[6]

Thus, the use of traditional materials was duly justified, at a time when the dominant thinking in national architecture advocated for the engagement of its professionals in the technological development effort. However, the project ended up materializing a link between the modern aesthetics of the time (with its rigorously zoned design) and a colloquial essentiality, which was also part of the brutalist narrative. In the Lagoinha House, Millan proposed three distinct areas, each housing a functionality, but under the same continuous roof, a solution in which the structuring of space order was dominant over other elements.

It is possible to see numerous references to the Lagoinha House in the beach houses designed by Königsberger and Vannucchi in the 1970s and 1980s – from the woodwork in round logs, the brick floors, the curved walls in the bathrooms of the Praia Vermelha House for Antonio Carlos Fernandes de Lima (1978), to the design of the windows in the Praia da Feiticeira House for Vera Helena Schmuziger (1988). However, these houses are the result of different moments in time. The relinquishing they propose, which would be unthinkable nowadays, seems to lend a physical form to an idea of simpler living.

They gave form to a desire to escape the city, to escape convention. In 1972, the singer Elis Regina recorded "Casa no campo" (country house, in free translation, written by Zé Rodrigues and Tavito), giving voice to the same feeling. Despite the lack of construction resources that was still prevalent on the Northern coast of São Paulo in those days, the use of traditional materials and techniques stands as the protagonist of the design. In its discretion, it animates the modern trace.

Bank Branches: Research Laboratories (1979-1984)

The inclusion of the São Paulo Bank of Commerce and Industry – Comind[7] in the client portfolio of the young architectural firm was a crucial moment, not only for the economic viability of the firm, but also for the professional development of Jorge Königsberger and Gianfranco Vannucchi, especially considering the lasting relationship with this client over a period of time with great demand for services. The partnership was also instrumental for the development of the architects' own styles as well.

The banking industry went through a period of great expansion in the 1970s. Business was booming, and there was a consequent expansion in the number of branches. In a 1979 newspaper article, architect Carlos Alberto Cerqueira Lemos expressed his concern about the formal excesses noticeable in the construction of bank branches at the time. Lemos feared that these branches would have a disruptive effect on the urban fabric, especially in small towns: "The already mythical expansion of the apartment building is now being joined, even in small towns, by the myth of the luxury bank branch, built in exposed reinforced concrete and garnished with large panes of smoked glass."[8]

This search for formal prominence in the construction of the bank branches combined, on the side of the banking institutions, a desire for remarkable architecture that would strengthen their brand and, on the side of the architects, a desire to show their expertise in concrete structures with great free spans and generous concrete cantilever structures. Despite the supposed search for boldness and formal distinction, the vast majority of branches in the 1970s were defined, as suggested by Professor Carlos Lemos, by the same use of exposed concrete, aluminum frames, and large glass panes.

But Königsberger & Vannucchi did not design solely according to the prevailing norm, as they felt driven by a client who, in addition to paying according to the rates established by the Brazilian Architects Institute – IAB, demanded a good volume of work within a relatively simple program. With commissions that warranted reasonably standardized internal solutions, the architects dedicated themselves to fruitful formal research, seeking to take advantage of the different circumstances they encountered in Brazilian cities. The varied sequence of bank branches built with greater regard for the horizontal axes shows their full domain of the modern recipe of the time: exposed concrete structures, continuous spaces, and brise soleils. A search for the correct identity regarding the brief and the urban context is evident, all the while, showing respect for the local scale. The presence of exposed concrete is usually discrete, alternating brick or ceramic as finishing materials for the surfaces.

The Londrina Branch of the Comind Bank (1979) has a more transparent façade, taking advantage of its location next to the city's tree-lined main square. In some branches, the formal solution is quite marked by the extensive use of horizontal sun breakers to soften the climate circumstances, but the design of those features is explored aesthetically, sometimes giving prominence to the volumetric patterns.

Given the positive outcomes achieved with their Comind Bank projects, Königsberger & Vannucchi ended up designing several branches across Brazil for the Noroeste Bank as well. At the Capela do Socorro Branch (1984), it is interesting to note the trussed metal beams supporting the roof.

Although most of the bank branches developed by Königsberger & Vannucchi have a design that can be inscribed within the modern architecture canon of the period, it is also possible to perceive, concurrently, a certain restlessness that generates small subversions of form here and there. Once we are reminded that this canon was still somewhat restrictive at the beginning of the 1980s, we perceive how some solutions clearly begin to diverge from the standard.

Such is the case of the Cuiabá Branch of the Comind Bank (1979), which takes advantage of its corner lot to create a small triangular access plaza. Hence, one of the volumes was placed with a 45° inclination in relation to the confluent streets. The building makes extensive use of brick, including in the cladding of the structural elements. And a zigzag on the West façade generates shade and a more appropriate orientation for the openings in the wall. In his doctoral thesis on modern architecture in Mato Grosso, Ricardo Castor highlighted the dialogue that the building establishes with its surroundings:

> Despite its bold plasticity, the set is granted a familiar appearance thanks to the intensive use of the traditional solid brick. It differs from the impersonal language of the other bank branches that are concentrated in and around Barão de Melgaço Avenue.[9]

The façade of the Piracicaba Branch of the Comind Bank (1980) is defined by two enclosed units, one of which, elevated, advances toward the street, serving as a protective element and highlighting the entrance. In this branch, as in the Cuiabá branch, the building materials are not accentuated, as the building was entirely clad and painted.

However, the demand was not always for branches to be built from scratch. In the Comind branches in Fortaleza (1979) and in Poços de Caldas (1981), the bank was already installed in older buildings, so the project was to restore and adapt these buildings to the new usage requirements. In the case of the Comind Cáceres Branch (1982), the building to be adapted was an old residence, which had its internal walls demolished to make up space for the branch. Still, in this continuous space, the old cement tiles of the residence were kept, as a memory of the previous use. In this sort of patchwork quilt, the lanes previously occupied by the walls were filled out with wooden flooring. This aesthetic exploration of different floor patterns juxtaposed in the same spatial continuity differed from the modern canon of the time, which gave preference to the use of the same floor type for all rooms as a reinforcement of its continuity.

Their choice to bring back the use of small tiles (heresy of heresies) can also be included on the list of small subversions. The rediscovery of such tiles came in two small office buildings in the capital of São Paulo. In different neighborhoods, the Itaim (1982) and Higienópolis (1982) branches of the Comind Bank respond to the same functionalities: customer service on the ground floor and an office tower above. The volumetric features are also similar: a base that expands to the limits of the lot and, above it, with a setback from the boundaries, a rectangular-based prism with six floors. These two units are interconnected by a vertical circulation tower, which also contains other equipment and has considerable formal prominence. Thus far, no big deal. However, these two small buildings, covered with brilliant mosaics, became part of the São Paulo landscape in 1984 and 1985 respectively, contributing to the reevaluation of the clear exposure of structural elements as an index of quality of form. Shortly afterwards, the – also fully clad – Citibank Building on Paulista Avenue (1983-1986), designed by Croce, Aflalo and Gasperini, received the following comments by Ruth Verde Zein:

> Evidently, it is still within the *paulista*[10] tradition of expression through structure; instead of the traditional scheme of slab/pillar/beam, we see vertical grids, the transitional truss [...]. At the same time, there is a clear rupture with the intransigent "purismo" of this Paulista language. [...] Despite being birthed and growing out of the structure, this renewed form of architectural expression does not feel the need to make the structure its exclusive attraction.[11]

Naturally, a great concern with maintenance also plays a part in this break, by the architectural market, with the purism of the São Paulo language. Exposed concrete is expensive to maintain and its low thermal inertia raises the cost of building maintenance.

The treatment and coating of tiles at the Itaim and Higienópolis bank branches alternately highlight and omit elements of the structure. In the Itaim Branch, the modulation of the pillars was subdivided on the sides of the vertical block (orientation East and West), generating openings which are almost square in figure, with the frames aligned on the inner side. The depth of the vertical elements and a horizontal plate in the middle of the span mitigate solar radiation.[12] The architects thus created a grid for solar protection, a solution that made the pillars formally indistinct from the other vertical elements.

In the Higienópolis Branch, once again, the cladding gives no distinction between elements of structure and insulation. This choice gives out a strange impression of the ensemble, but the most unusual aspect of the work is the use of long circular pillars, coated in violet ceramic tiles, on the sides of the office block.[13] In the 1980s, the city block where the Higienópolis Branch is located was occupied by eclectic mansions, a neighborhood which contributed to the visibility and prominence of the building and seemed to reinforce a link between its design and a different architectural characteristic of the

Higienópolis neighborhood. This link was related to features of the modern buildings of the 1940s-1950s: the laminar block with extremities in blind façade, the continuous round pillars on the lateral, the ceramic tile coating. However, in the case of this work, the approximations serve to make its subversions more evident: in the modern buildings of Higienópolis, the placement of the slabs has great formal protagonism and the recessed pillars are only visible on the ground floor, which is generally hollowed out. Instead, in the Higienópolis Branch the ground floor is widened, occupying the sides of the lot in a horizontal and sealed volume that reminds us of other later modern architectures. In the same manner, the prominence of the circulation tower is reminiscent of solutions by architect Louis Kahn, such as the Richards Medical Research Laboratory Building (1957-1961).[14]

The old building of the Higienópolis Branch no longer has the neighborhood of eclectic mansions around it. It is now flanked, on one side, by a metal structure building belonging to the Panamericana School of Arts, designed by Siegbert Zanettini, and, on the other side, by an Itaú Bank Branch, duly covered in tessellation, considerably reducing the view of the first building. In the 1980s, the Higienópolis Branch was loud for its rebellion against the reigning orthodoxy of the architectural scene, but not for the quality of its insertion in the urban surrounding, since it displayed balanced volumetry and an adequate presence in the city.

1980s: Concurrent Diversity

Throughout the 1980s, the architecture developed by Jorge Königsberger and Gianfranco Vannucchi seems driven by a will to clash with the orthodoxy that dominated the national environment. Such a clash is expressed by an attitude towards the formal principles of the modern movement – reason (modulation, clear exposure of the structure) and abstraction. However, their style oscillates from an almost full adherence to these principles to the criticism and challenge of them, in a search for freedom – absence of regulatory order and figurative references of form.

At the beginning of the decade, Königsberger & Vannucchi were commissioned to design a country house in Itapecerica da Serra, a municipality with considerable Atlantic Forest coverage in the Southwestern region of metropolitan São Paulo: the Ella Durst Residence (1983).[15] In a moment of general crisis (economic, in a national scale, but also representational, regarding modern Brazilian architecture), when the productions valued by the architectural *intelligentsia* had little repercussion in comparison with the great mass of residential constructions, Königsberger & Vannucchi went back to the modern masters. Without mediation, they re-explored the works of Mies van der Rohe and Le Corbusier. They used Le Corbusier's dom-ino structure – the house is suspended on eight pillars, with overhanging slabs of 11-by 22-meters – and a floor plan organization reminiscent of Mies's Farnsworth House (1945-1951), with the space divided by closets and sparse wet areas. The house also has a semi-buried service annex, which takes advantage of the slope found on the terrain, and whose external outline partly follows the contour on the land.

The Ella Durst Residence owners, a film director and a photographer, wanted a house integrated with nature, preserving the forest and at the same time allowing a view of the wide horizon. Placed on a hill top and surrounded by trees, the house, according to the architects, responded to this request with its three levels above the ground: the pillars on the ground floor emulate the tree trunks, the enclosing glass on the first floor reflects the treetops, and the solarium on the roof allows the unveiling of the view. On the ground floor, besides the *pilotis*, the access staircase allows entry through an opening in the first floor slab, as in Lina Bo Bardi's Glass House (1947-1951). The house, thus, became classic within the modern tradition and allowed for – due to the clients' inclination and its rural location – a resumption of modern principles, including integration with nature. At that moment in Königsberger and Vannucchi's career, it seemed like a return to their beginnings, for better subversion of the parameters instilled then.

In this sense, it is interesting to analyze the proposal for the Ella Durst Studio (1984),[16] conceived in the same period and for the same client, as a contrastive example to the transparent house among the trees. Located in a place of busy street traffic, a corner lot in Alvarenga Street, in the City Butantã neighborhood, the studio space results from the design of placing one *box* inside another. The walls of the external box are in parallel to the streets and have predominance of seals, openings are placed in folds and recesses. The inner box has a double height ceiling and is tilted 45° in relation to the adjacent streets, thus defining the main space of the studio. Circulation occurs peripherally to the inner box, in order to give access to work rooms and support areas. The materiality of this construction suggests a very different research from that of the Ella Durst Residence: masonry walls, a roof with a wooden structure and clay tiles, iron window frames with small squared glasses. The double-sloping roof is in line with the tilting pattern of the internal volume, but at the corner it is protruded forward, reaching the outer wall and allowing the formation of a chamfer on the roof, made visible from the outside by the two supportive wooden trusses that mark the corner access.

The motif of a central area with great ceiling height surrounded by other spaces with regular ceiling height is a traditional theme in architecture. Still, in this case, a strangeness springs from the formal research, which sought a greater complexity in the spatial perception of the work by obliquely positioning the central area and obtaining surrounding spaces that are trapezoidal or triangular in their perimeters.

In the 1980s, Königsberger & Vannucchi were hired by a real estate developer, RD Engineering and Construction, to design a commercial office building. It was to be their first: the Vila D'Este Building (1984), an eleven-story edifice in the Moema neighborhood. In this building, the design takes advantage of the structural outline: the four corners display exposed structures, with a recessed L-shaped pillar highlighted by indented frames from beam to beam. These are protected by a thin concrete slab. The upper finishing of the block is marked by a concrete belt. Once again, the architects demonstrate full mastery of the modern recipe, used here in favor of design quality.

Their departure from the modern canon reached new heights in 1985 with the unbuilt project of a building in Alphaville for the 5.6 Cinema Producer.[17] In this project, the studios and administrative areas of the production company were housed in two side wings, designed as factory-like warehouses, with the typical sawtooth roof for zenithal illumination. There are, however, some particularities: the warehouses are implanted obliquely in relation to the front of the lot and converge towards the back. Furthermore, they have irregular perimeters, as if sectioned in transversal strips of different widths. Finally, the warehouses have a coating that alternates two tones of horizontal stripes, in a clear reference to the Swiss architect Mario Botta. A dramatic feel is accomplished by a sinuous and transparent block, reminiscent of an Oscar Niemeyer marquee, that interconnects the two side wings. This block, conceived as the heart of the ensemble – with beams and pillars clad in purple, highlighting the grid design – was to house the creative center of the production company.

Also noteworthy in this project is the design of a trapezoidal open space delimited by the units, boasting a large water mirror. Meanwhile the pedestrian access follows a sinuous path which suggests a natural flow between the public sidewalk and the entrance of the building. This is quite noticeable in a historical context when the concern with the conformation of public space and the attention given to the pedestrian scale were issues neglected by most works.

The partnership with RD Engineering and Construction continued and ended up having great repercussions in the history of the firm. In their next commission, the construction company asked the architects for a different building, one that would stand out from its surroundings in the region of Engenheiro Luís Carlos Berrini Avenue: it was the birth of the Terra Brasilis Building (1987).[18] It is very difficult today to evaluate the impact that the Terra Brasilis had on our métier. To give the reader an idea, in December 1990 the building (then recently inaugurated) was the subject of an article in *Veja* magazine, one of the most popular weekly reviews of the time: "A surprise in purple and lilac: hybrid like Frankenstein, but imaginative and imposing, the Terra Brasilis Building emerges in São Paulo."[19] The article was about the unconventional new presence in the São Paulo landscape of a "construction that stands out from all the others." The article explicitly mentions the concept of postmodernism, described as a style "that retrieves and brings together ideas and styles from the past."

The project was also published in the architectural magazines *AU* and *Projeto*. The article in *AU* briefly rejects the postmodern epithet and points out that "Terra Brasilis represents the synthesis of many years of work and, above all, an attempt to free oneself from a dogmatic, rationalist past, 'when every trace had to be justified.'"[20] Meanwhile, *Projeto* magazine published a review of the building by Ruth Verde Zein that does not mention the term postmodern and even highlights the modernist heritage of the architects – the "rational adequacy to their functional needs" and the emphasis on modulation –, but leaves no doubt about the peculiarity of the "humorous and explicit catharsis:"

> Terra Brasilis is disturbing. It is not an anodyne architecture that goes unnoticed, like most of the buildings in this city, whose lack of prominence is not the result of average quality, but of sad mediocrity. [...] Each thought-provoking work of architecture always contributes to the improvement of architectural practice.[21]

So, is Terra Brasilis postmodern? This discussion was pressing in the late 1980s. The previously mentioned Citibank Headquarters Building on Paulista Avenue often was brought into the discussion as well, due to its structure being clad in pink granite slabs. Designed by Croce, Aflalo, and Gasperini, the Citibank Building, however, is much more restrained. Still, both give credence to the sense that, at the time, after more than half a century, a tradition of modern thought was finally being challenged by recent production, and people wanted answers and classifications to sort out the uncertainty.

Terra Brasilis boldly confronted some of the dogmas held by many in the final period of the great Modern Brazilian Architecture, which was characterized by exaggeration and expressiveness of the apparent structures of reinforced concrete, as well as by an attachment to modern urbanism, with simple blocks loose in the landscape. Jorge Königsberger and Gianfranco Vannucchi created a complex form which is difficult to synthesize. On the one hand, it is fully clad, without any structural exposure. On the other, the form, although unusual, proved to be somewhat familiar. If we return to Ruth Verde Zein's review, we can see that:

> One of the most striking aspects of Terra Brasilis is its sense of urbanity, of course in the São Paulo way. It looks like a corner building, with the upper floors curving away to attend to some ancient angular height restriction. But it is not a corner building. From the opposite side, it looks like a building stuck to the boundary of the lot, *entre medianeras*, with its blind lateral façade anticipating the neighboring building. But it is not so, because of the setbacks required by zoning regulations for this type of "isolated tower." [...]. It is as if the building were in the center of São Paulo, which is known for its discreetly deco buildings, with porticoes suggesting pedestrian galleries.[22]

In the articles in both *AU* and *Projeto* magazines, there are references to the curved lines in Niemeyer's marquees, to the cladding tiles, to the cylindrical pillars. Notwithstanding, something that has not been pointed out is the relationship with the colorful buildings designed by João Artacho Jurado. Terra Brasilis was placed in such a way that it faces the street. It displayed great care in the design of the pedestrian entrance from the sidewalk, similarly to what was done in the 5.6 Cinema Producer project. It's been more than thirty years since, but the building is still well preserved, its access maintains a direct relationship with the sidewalk, and it is absolutely not a scandalous building in the urban environment. On the contrary, its presence is soft, and the purple tiles offer a pleasant variation which stands out in the surroundings, not only by tone, but also by the quality of the design.

With Regards to the So-Called Postmodern

In 1980, an issue of the prestigious *Process Architecture*[23] magazine was dedicated to Brazilian works. On the cover, the large block of what would become the Santa Casa de Misericórdia Hospital School was featured, in a project developed by architect Fábio Penteado, a building which was later repurposed and today houses the Criminal Courthouse of São Paulo.

The choice for a work that, at the time, was still incomplete for the cover of the magazine shows just how much the national consultants who collaborated with the edition still valued the national modern tradition. At that point, the heritage of this tradition lay in the formal expression given by the structural definition in reinforced concrete; in the notion of architecture as the cult of the isolated building, in detriment of the configuration of urban space (which, then, acquired an aspect of absolute residue).[24] The features of the use class (whether it was a school, hospital, bus station, or barracks) were placed, whenever possible, in a single horizontal block, which eventually assumed large dimensions, generating an urban space on the scale of the automobile. Throughout the 1980s, the perception of this tradition as the core of modern Brazilian architecture was diminishing, both due to the critical-propositional performances of architects and to a new Brazilian criticism that began to value the diversity of solutions along the national territory.

A special edition of *Projeto* magazine, in 1982, gathered seven architects for a debate: Roberto Loeb, Tito Lívio Frascino, Eduardo Longo, Pitanga do Amparo, Carlos Bratke, Vasco de Mello, and Arthur Navarrette. To put it plainly, these were architects whose work did not fit perfectly into the tradition of modern Brazilian architecture. Held at a time of economic crisis, the panel criticized a certain formal intransigence that had become associated with the public image of architects and which resulted in a loss of potential clients. As early as 1982, postmodernism was already in the air:

> There are many names that get thrown around: post-this, post-that... It seems more likely that we are moving towards a pre-mouvement, a foreshadowing of something that is perhaps more important and about to happen. Things are unfolding worldwide. Charles Moore in the United States, with his workshop designs; Ricardo Bofill in Catalonia, overturning the dogmas of International Style; Philip Johnson, breaking with the Miesian credo; Paolo Portoghesi, Aldo Rossi, Deféo, and others in Italy.[25]

Furthermore, there was an almost clean break in paradigm, we went from an uncritical adherence to modern urbanism to the recognition and defense of the existing city as the place, par excellence, for the architect's work:

> Cities, continues Tito Livio, will have to be accepted in their diversity, in the scale of particularized, local interventions, block by block, building by building, renouncing the ideal of a projected city of grandiose and efficient layout, whose spatial and behavioral regulation minimizes the real complexity of human, economic and social relations.[26]

The postmodern has been thoroughly dismissed in the national conversation as a fad, a passing trend. However, it was through the postmodern advent that a break occurred between modern architecture and the urbanism advocated by the International Congress of Modern Architecture – Ciam, a marriage that, until that point, seemed indissoluble. The critical production to modern architecture, both practical and theoretical, began to condemn many characteristics that could be attributed to modern urbanism: difficulty in creating public space, the view of the existing city as a blank slate, monotony on the pedestrian scale.

In Brazil, the most consistent current of thought that criticized modern architecture[27] brought together a series of Brazilian architectural styles under the idea of regional diversity, even including the Minas Gerais postmodernists – Éolo Maia, Jô Vasconcellos, Sylvio de Podestá, among others – whose decorative excess was understood as a tribute to the "hybrid, exuberant, naive, eclectic"[28] colloquial taste of the Brazilian population.

This national criticism, then, valued a form of architecture that was attentive to the reality of the daily life in which it was inserted, careful to notice the natural and cultural context. This line of thought displaced the idea of the building as an object that could be implanted in any lot or city. It advocated that a building had to respond to its local surroundings and also to the constitution of the public landscape. With this new paradigm, there came a reassessment of the traditional, historically constituted city, with its inherent diversity of architectures from different historical periods. This also entailed a cultural change that ended up generating a movement of return to the urban centers and central neighborhoods of the cities, and also the revaluation of the street as a space to be occupied in the city.

Notes

1. Nestor Goulart Reis Filho, *Quadro da Arquitetura no Brasil*, 97; 101. Free translation.
2. For example, at the turn of the 1960s to the 1970s, the construction company Formaespaço asked some architects aligned with the São Paulo (or *paulista*) design to develop proposals for buildings for serial construction. See: Maria Isabel Imbronito, "Três Edifícios de Habitação para a Formaespaço: Modulares, Gemini e Protótipo."
3. Flávio Motta, "Arquitetura Brasileira para a Expo'70," 26.
4. Jorge Königsberger; Gianfranco Vannucchi, "Espelho e Metáfora," quoted in Haifa Yazigi Sabbag, and Alessandro Castroviejo Ribeiro, "Terra Brasilis: Sons de uma Memória," 27. Free translation.
5. Hugo Segawa, "A Pesada Herança. Dilema da Arquitetura Brasileira," 86. Free translation.
6. "Casa de Praia," 40. Free translation.
7. Haifa Yazigi Sabbag, "Arquitetura Bancária," 40-63.
8. In other words, Lemos' concern was with the breakdown in coherence regarding the built ensemble of small towns. See: Carlos Alberto Cerqueira Lemos,"Arquitetura Bancária e outras Artes," 27-28. Free translation.
9. Ricardo Silveira Castor, "Arquitetura Moderna em Mato Grosso: Diálogos, Contrastes e Conflitos," 361. The author also cited the building in an online article, see: Ricardo Silveira Castor, "Modernidade e Primitivismo na Arquitetura de Mato Grosso. Confrontos da Segunda Metade do Século 20."
10. T.N.: *Paulista* refers to what or who is natural of São Paulo.
11. Ruth Verde Zein, "Da Verdade Estrutural à Expressão Formal," 63. Free translation.
12. Today, the building is occupied by the Itaú Bank and, in addition to the bank's brand covering the side of the slab over the ground floor, it received a coating in blue mirrored glass on the side, sealing the grid that provided its distinct identity.
13. The building was recently renovated. The long pillars are still visible, but the metal grids that concealed the windows have been removed. In addition, a large free span was opened over the ground floor volume, giving shape to the current glass-enclosed entry.
14. At the local level, the architect Carlos Bratke had also been exploring stylistically the solution of service towers in detached volumes.
15. Ruth Verde Zein, "Residência em Quatro Níveis," 58-59.
16. "Prancheta: Estúdio Fotográfico," 65.
17. Ruth Verde Zein, "Produtora de Cinema, a Indústria da Criatividade e Talento," 68-70; José Wolf, "Produtora 5.6: Linguagem em Continuidade," 48-53.
18. "Espaço Urbano Recriado em Detalhes de Arquitetura," 108-110; Ruth Verde Zein, "Complexidade e Contradição à Paulistana," 62-65; Haifa Yazigi Sabbag, Alessandro Castroviejo Ribeiro. "Terra Brasilis: Sons de uma Memória," 20-27; Helder Lima, "A Sabedoria da Prática," 14-16; "Curvas Rebuscadas e Linhas Retas em Harmonia," 28-31; Ruth Verde Zein, "Edifício Terra Brasilis," 11-15; "Ação e Reação: O Baixo Estoque e o Equilíbrio entre Oferta e Procura Traduzem o Momento do Mercado de Imóveis Comerciais em São Paulo," 4-9; "Sem Ausências, Procura Supera Expectativa," 112; "Arquitetura Anos 90: Terra Brasilis. A Procura de uma Linguagem Local Frente à Globalização," 84-91.
19. "Surpresa em roxo e lilás," 99. Free translation.
20. Sabbag, and Ribeiro. "Terra Brasilis: Sons de uma Memória," 20. Free translation.
21. Zein, "Complexidade e Contradição à Paulistana," 64. Free translation.
22. Ibid., 63. Free translation.
23. *Process Architecture*, no. 17.
24. See: Jeff Speck, *Cidade Caminhável*. The author opposes the concept of the building as a figurative object in modern urbanism to the figurative space of traditional urbanism and the resulting value placed on the public spaces.
25. "É Preciso Sacudir a Poeira, Criticar, Discutir, se Encontrar," 80. Free translation.
26. Ibid. Free translation.
27. See: Maria Alice Junqueira Bastos, *Pós-Brasília: Rumos da Arquitetura Brasileira*, 255-264.
28. Carlos Eduardo Comas, "Arquitetura Brasileira, Anos 80. Um Fio de Esperança," 96. Free translation.

2. Beyond the Clash of Modern and Postmodern

on page 102

Turn of the Decade: Perplexities in National Architecture

The regional analysis that was done regarding Brazilian architecture in the 1980s aimed at explaining the use of certain architectural solutions according to specificities in climate, cultural habits or available material. There was no intention, then, of creating architecture out of an act of cultural resistance, a concept theorized as critical regionalism by thinkers like Kenneth Frampton, Alex Tzonis, and Liane Lefaivre. Rather, the mood in the national milieu was one of renewal, one of eventually bringing forth a less hermetic form of architecture, more connected to the people and the environment. According to Alan Colquhoun, in a talk given in October 1992, at the Federal University of Rio de Janeiro – UFRJ, which was later reproduced in *Projeto* magazine:

> It is true that many contemporary and interesting projects use local materials, typologies and morphologies. In doing so, however, they are not trying to express the essence of some particular region, but rather they are using local features as motifs in their compositional process, to produce original architectural ideas that are unique and relevant in relation to the context.[1]

An exception to this general trend was the winning project of the competition for the Brazilian pavilion at Expo'92 in Seville, developed by a group of young São Paulo architects – Ângelo Bucci, Álvaro Puntoni, José Osvaldo A. Vilela –, a project which ended up not being built.[2] Curiously, what these young architects proposed was, exactly, an act of cultural resistance. They advocated for a Brazilian/São Paulo version of international brutalism[3] as the indisputable directive for the national production, perhaps assuming, at the time, that Brazilians were more unique in their use of those solutions than they actually were:[4] "The plasticity of forms, the technical solutions, the constructive alternatives should express what is original in the national architecture."[5]

Critical regionalism is generally understood as an attitude suitable to peripheral regions, while the dominant, universalizing order comes from the center, from the richest regions. In an increasingly interconnected world, this binary reading seems to have lost the ability to explain reality. The notion that many of the challenges found in architecture are wide-spread has come to prevail: how can we recover obsolete ports and industrial areas? How can we integrate areas of unplanned occupation to the city? How should our cities grow in a more sustainable way with regards to the environment and the use of energy? These are the types of questions that have gradually come to dominate the architectural world.

Far back in the 1990s, however, architects were being afforded an excess of freedom. There was no longer a dominant national order to be opposed, but neither was there an international paradigm that could be consumed and recreated.

The architect Rafael Moneo, in the early 1990s, gave a course on contemporary architecture to students at the Harvard Graduate School of Design – these lectures were later compiled into a book.[6] Moneo covered the work of eight very dissimilar yet, to him, very influential contemporary architectural firms of the time: James Stirling; Robert Venturi & Denise Scott Brown; Aldo Rossi; Peter Eisenman; Álvaro Siza; Frank O. Gehry; Rem Koolhaas; and Herzog & De Meuron. To justify the title his book eventually received, Moneo stated that "the study of architecture has in recent times been tackled in a way that is closer to reflection and critical discourse than to any desire to elaborate a systematic theory."[7]

Renovations and Transformations: A Little bit of Brazil

Around the same period of time, Jorge Königsberger and Gianfranco Vannucchi were each involved in the design of their own private residences. Although the situations were quite different, both were working with pre-existing buildings and, in both cases, they decided, on the one hand, to pursue modern spatial integration, especially in common areas, and, on the other hand, to take advantage of elements of colloquial or traditional architecture. In the late 1980s, the renewal of the architectural language included the use of whitewashing cladding in masonry walls, the exploration of textures, the restraint in conducting earthworks on the grounds, and even the simple act of reforming an existing building, which would, thus, avoid the modern directive of the blank slate.

Jorge Königsberger, in turn, remodeled a house in Conde D'Eu Street, located in a single-family residential enclave in Santo Amaro neighborhood, in São Paulo. To the original ground floor, he added another, thus creating a two-story house for his family, the JK and RCB House (1989).[8] The design took advantage of the great depth of the lot to create a garden in the backyard. Königsberger decided to demolish the walls that formed the rooms in the back of the house, enlarging the living room, and, through a large glass door, allowed it to transition into the garden. Parts of the rooms in the front of the house were used to create the architect's office, a pantry, and to give more room to the kitchen. The bedrooms were moved upstairs. A side building, which was reserved for service, was separated from the garden by an oblique wall. Despite some specific solutions in terms of use and circulation, which were, of course, custom-designed, the exceptionality of the house lies in its almost obsessive detailing.

With plastered and whitewashed masonry and structure, the house space is occupied by functional units, which give form to staircases, niches, and fireplaces. Varied openings for light and the different grooves between floor and wall, wall and ceiling, individualize the volumes. The L-shaped staircase is structured by metal plates, in such a way that the flights of stairs are constructed within a box, opaque or hollow, depending on the viewing angle. Next to the staircase, the wall on the side was thickened into a prism, from which protrudes the fireplace, whose hearth is defined by the configuration of the voided rectangular cuboid, playfully suggesting both full and hollowed forms.

The House is contemporary architecture; its modern heritage revealed in the continuity of its internal space, in the containment of the perimeter (excessively truncated in the original house), in the integration between internal space and garden. The hollow staircase and the play of light allowed by the pergolas, as well as the grooves that separate the horizontal and vertical planes, are also very modern. However, this modern heritage was used as an established and adaptable repertoire. For example, Königsberger opted for a three-pitched lengthwise roof, in order to create a low headroom cover embedded in the masonry, using the roof as an effective and economical protection for thermal insulation and rainwater containment. The rusticity of the masonry cladding – a slap of mastic with fine crushed stone subsequently smoothed over – and the use of whitewashing to achieve textures and chromatic variations, reinforced the prominence of the surfaces, in a reference to ancestral solutions with thick load-bearing walls.

In the beautiful natural landscape of São Paulo's Northern coast, more precisely, at Brava Beach in Ubatuba, Gianfranco Vannucchi acquired a *caiçara* house (a fisherman's house built in traditional fashion) balanced on a hillside. His plan was to create a summer residence for his family there, the Praia Brava House in Ubatuba (1994).[9] The original house had a rectangular layout, built in masonry, with an entrance through the kitchen. On one side, there was a veranda whose floor and roof were supported by four pillars. The renovation changed little, but transformed everything.

Vannucchi decided to close-off the veranda with a balustrade and the placement of sliding windows from pillar to pillar, topped by a bamboo lath. Thus, the space was transformed into a dining room. The two rooms that faced the old veranda – the kitchen and the living room – were integrated, considerably enlarging the common area. In the *caiçara* house, the wall that divided the kitchen and the living room corresponded to the exact center of the house and formed the ridge line. Vannucchi extended this ridge line until it met the retaining wall at the back of the house, creating an extension area, but keeping the connection to the outside through an open passage that traverses the house crosswise. Besides the alteration of the internal space, the creation of leveled patios near the access to the house, by the addition of supporting structures, offers comfort, a real respite in a topographic layout with such steep variations. The patios emerge with the prospect of taking a breath and enjoying the landscape, disrupting the steady climb of the path to the entrance door. An additional veranda, built just next to the dining room, offers an open view of the hillside, the sea and the mountains beyond; as a belvedere, inseparable from the landscape it frames.

The desire to take on elements of traditional or colloquial architecture in order to create more welcoming spaces or more instigating spatial organizations is also displayed by the choice to renovate and adapt two semi-detached industrial warehouses in the project that created the Tom Brasil Concert Hall (1994). This first rendering of Tom Brasil was located where today the Capital Center Building stands, at 66 Olimpíadas Street, in the heart of Vila Olímpia.[10]

The buildings had structures of reinforced concrete with gabled roofs and high ceilings, but, in the design created by Königsberger and Vannucchi, the rather simple masonry warehouses were set-up with mezzanines that provided support services, independent circulation for public attendance and services, kitchen facilities, and staging areas.

The entrance was through one of the warehouses and led to a portico that organized the circulation, separating the ticket office and the store on one side, and a piano bar on the other. The portico also led to the concert hall, which was built to receive up to one thousand people and occupied the whole second warehouse. The audience was seated on two levels, with the large low hall contoured on three of its sides by a mezzanine at an intermediate level; the fourth side was occupied by the stage, the dressing rooms and a proscenium with exclusive access for artists.

In its beginnings, the Tom Brasil was a concert hall dedicated to Brazilian Popular Music – MPB. It was inaugurated by a João Gilberto concert. This vocation, linked to Brazilian culture, which is, in essence, a miscegenated culture, inspired the architects to allude, in the interior design, to the colorful houses of small towns in Brazil and to use rustic finishing touches, a convenient solution to solve the irregularities of the prior industrial building. In adapting the warehouses, they created a modern space populated by colors and textures, a figure of Brazilian warmth, but also precise in its technical aspects, such as the acoustics and the visibility of the environment.

The Real Estate Market and Ways to Respond

In May 1994, *Projeto* magazine published an article[11] confronting an important and always underestimated problem: the conflicting relationship that prevails in Brazil between the architectural *intelligentsia* and the real estate entrepreneurs.The matter was approached through two examples of prolific relationships between construction companies and architectural offices. In a certain way, the article went against common sense by suggesting a possible equation between offering architectural quality and obtaining profits for the entrepreneur. Ponta Engineering in Minas Gerais had been working with the postmodern architects Éolo Maia, Jô Vasconcellos, João Diniz, Veveco, and Mariza Machado Coelho. In São Paulo, RD Engineering and Construction had a fruitful collaboration with architects Königsberger and Vannucchi that already included the office buildings Vila D'Este, Terra Brasilis, Ibirapuera Towers and Metrópolis Office Building.

In the article, Ricardo Soubhia, one of the owners of RD, mentioned the "permanent conflict between doing what is best and doing what is most profitable," but countered that "the best product is not the most profitable, but it is the one that sells best."[12] He also added that, for him, "good architecture has a market."[13]

Following Terra Brasilis, RD commissioned a larger order, the Ibirapuera Towers (1988),[14] a set that makes up a built area of 14,327 square meters, while Terra Brasilis made up, by comparison, only 9,026.38 square meters. Located on a city block limited by Ibirapuera Avenue, but situated on a transversal avenue, the towers occupy a narrow and deep lot, the result of the merger of two plots of land. In this space, the architects placed two identical towers, profiled in the same alignment, but mirrored, so that both have the vertical circulation closer to their shared internal patio. This option for a mirror effect is not dissociated from the choice of joining the towers by a walkway on the roof. This walkway, quite formally prominent, serves as a crowning touch in the form of a pediment. The mirroring and the pediment contribute to the perception of a single and symmetrical tower, creating an interesting ambiguity between figure and background.

In the Ibirapuera Towers, the volume composition created from smaller units (which was already being tested since the vertical buildings of the Comind Bank branches) is maintained as a formal strategy. These smaller forms are generated by the floor plan, which highlights the circulation systems. As for the cladding options, the architects stuck with the use of tiles and the variation of tones to achieve the desired compositional effects, in this case, the symmetry of the set and the formal highlight of the metallic pediment. In the 1980s, the AT&T building (1978-1984) by Philip Johnson and John Burgee was completed in New York. Its crowning pediment gave the work the nickname Chippendale (because it resembled the pediments of furniture created by Thomas Chippendale in the 18th century) and had great repercussions since it signaled the departure of the former Miesian, Phillip Johnson, from the legions of the modern. The metal pediment of the Ibirapuera Towers, designed in a more baroque curve, crowns a fortuitous framing of the city.

The small front of the lot of the Ibirapuera Towers did not allow the same quality of integration to the public space created at the Terra Brasilis. However, the entrance patio and the bordering sidewalk received a similar treatment, with Portuguese mosaic flooring. Almost devoid of vegetation, the patio was decorated with an iron sculpture by artist Esther Grispun, while the suggested continuity with the sidewalk created an open space akin to a square, next to the public sidewalk. Unfortunately, these features no longer exist. Today the courtyard is delimited by a sequence of concrete flower beds, which effectively separate it from the public space. As for the artwork, unfortunately it is no longer in the front yard for public enjoyment. In Brazilian cities, urban kindness is rare and fragile.

In Moema neighborhood, on the same Iraí Avenue where the Ibirapuera Towers are, and approximately three blocks from Ibirapuera Avenue, the Metrópolis Office Building (1989) is located. This building has the particularity of having been conceived with the double purpose of, first, being an office building and, secondly, housing the RD Engineering and Construction headquarters on the top three floors. The two upper-most floors have a private vertical connection, and the fifteenth floor (the penthouse) has a smaller internal area and a terrace.

Another particularity of this building is the floor plan solution for the standard floors: a quarter of the floor plan is folded longitudinally and transversely, thus, making up three-quarters of the floor. The remaining quarter is occupied by the vertical circulation system, which has great formal prominence on the building's façade. In this project, the architects made use of a covering that is unusual for office buildings and corporate towers: the clay brick, here explored aesthetically, with the enclosing of the vertical circulation blindstories.

As it was also to be the company headquarters, the architects managed to give the Metrópolis Office Building some constructive refinements, such as the formal quality perceived on the external staircase. A change in the laws that established dimensions for stair areas in such constructions was passed during the building's approval process, and, as a concession to projects that had already been submitted before the change, the legislation allowed for the addition of external stairs in setback areas in order for the buildings to comply with the new standards. The architects took advantage of this unexpected difficulty to create an exposed concrete staircase, with doubled markings of the steps – upper and lower –, structured by a rectangular pillar that runs between the two flights of stairs. This staircase, guarded by an iron railing, was coupled with the vertical circulation box; its upward diagonal lines created a strong contrast with the static solid brick of the blind box. Another constructive refinement, this one much more subtle, is given by small square stones that punctuate the brick masonry, marking the floor slabs in each storey.

Besides hiring Königsberger & Vannucchi's services for his real estate projects, Ricardo Soubhia also commissioned them to design his new residence. Although the design of the residence makes use of more figurative forms linked to traditional architecture, it is interesting to observe how the formal research resonates between one and the other, the small scale and the large scale project. Ricardo Soubhia did not want a monumental house, nor did he want large continuous rooms. On the contrary, he wanted domestic scale design and cozy environments. Still, there was somewhat of a contradiction between the client's expressed desire and the commission for a 600 square meter house.

On the sloping grounds of a roughly rectangular lot, located in Jardim Guedala, São Paulo, the solution found to design the layout for the Ricardo Soubhia residence (1991)[15] was to divide the functionalities between two units that would simulate two neighboring houses. The two units are divergent, one of them is parallel to the boundary line and the other assumes an oblique placement. This solution created an empty space between the units, which is irregularly shaped and which expands as we move to the back of the lot. This space was covered and occupied with a set of walkways and terraces connecting the two elevated levels of the units. The simulation of two neighboring houses is reinforced by the contrasting choices in the treatment of the blocks, with the brickwork and the gable roofs, and the lightness of the connecting walkways and terraces, designed with metal structures painted white.

In the design, the architects opted for some elements which are unmistakably traditional, such as the gable roof with considerable formal highlighting of the triangular gables and the chimneys. In addition, the design displays meticulous detailing, from the bricklaying, which accentuates the horizontal lines; to the coating solution of the cylindrical pillars with sandstone from the State of Paraná; to the slight horizontal slabs in overhang that protect the glass openings. In all its features, the work seems to oppose the idea of an architecture which could be synthesized by the structural solution. It also opposes the notion of a layout restricted by the definition of the modern city proposed in the Athens Charter. The spatiality evoked in the Ricardo Soubhia House is that of the traditional city with a small piazza clearly defined between the two *houses*.

Königsberger & Vannucchi had to face another manner of challenge with the order for the Ibirapuera Condominium Club (1993), a large residential complex in Moema neighborhood. The Ibirapuera Condominium Club is located on a city block that used to be occupied by industrial lots, specifically, where the Brazilian Metallurgical Company[16] used to operate. Despite its large size (72 meters in the front and 116 meters in depth), the lot is set up as any common plot in the middle of a block, with neighbors on three of its four sides. This means that the concept of a condominium club, that is, an apartment complex of towers built on a large plot of land with shared leisure areas, does not have the characteristics of other similar projects that sometimes lack urbanity due to the high and extensive walls that usually separate them from the public sidewalks.

Furthermore, the fact that the architects elected to build the towers aligned, with two of them in the back and two in the front, also reinforced the urban traits of the complex. However, the designed placement had the inconvenience of leaving the openings of the neighboring towers too close to one another, resulting in loss of privacy for the residents. The architects' solution came in the plan layout: starting from the central shaft of vertical circulation, the units were designed in a 45° orientation in relation to the axis of the towers, thus, the side openings are given diagonal views.

This large residential complex was built with the Método Construction System, a set of technologies designed to allow greater construction rationality, less material and labor waste, and greater technical accuracy. The use of this constructive method demanded a detailing effort on the part of the architectural firm. For example, the use of precast concrete plates (Stamp panels) that already guarantee the finishing process is part of this system. All the panels were specified by the architects in different shapes and shades, obtained by varying the composition of aggregates.

Many of the features accomplished with the Método Construction System had to rely on special designs from suppliers and also great commitment on the part of the architects, both in the acceptance of eventual limitations imposed by the system and in the willingness to take ownership of the process in order to guarantee good detailing. This included a great number of creative contributions as well. The executive project took up a year of work: there were more than fifty technical meetings with the people involved in the project; the compatibility of all the technical projects was concluded in 45 days, and the execution went smoothly afterwards.

The formal solution of the Condominium Club stems from choices related to the placement of the building, the floor plan layout (worked from the inside out) and the use of the Método Construction System. The aesthetic playfulness, which distinguished the first towers by Königsberger & Vannucchi, is no longer present, for the sake of producing residential architecture with a necessarily more neutral and domestic tone.

Each commission comes with its own challenges. Notwithstanding, a continuous search for urbanity and an absence of prejudice in the use of materials and technical designs seem to constitute common traits of the firm's work, persisting even in the face of the various difficulties encountered and rendered in the solutions found to guarantee good functional designs, careful detailing, unburdened maintenance, and a sound balance in cost/benefit. Still, a significant formal shift can be noticed in the responses given to some of the challenges faced during the 1990s. There is, for example, a revision in the use of windows, now given to their more classical significance of openings placed on the external walls, without the artifice of grids set in parallel to panes of glass. The form of the towers becomes more intact. The designs seem to be procuring an architecture to *render* the urban, one that would compose urban space. In this context, the building equation also weighed heavily towards energy savings, favoring the predominance of the seals over the openings.

Multi-Purpose Complexes and the Creation of Spaces for Public Use

In the mid 1990s, Königsberger & Vannucchi designed the Metrópolis Flat and Office Alphaville (1996), a multi-purpose building in the planned district of Alphaville, in Barueri. A district of the metropolitan area of São Paulo, Alphaville was created in the 1970s,[17] guided by the principles of modern urbanism, which aimed at accommodating the use of cars, the presence of nature, and the tract of urban life, while also separating use classes into different zoning areas. The Alphaville business center is today an enclave of multiple functionalities.

To reconcile the distinct use classes in the Metrópolis Flat and Office Alphaville, the solution found was an L-shaped layout, with each side housing a totally independent function, access and circulation. Externally, the sections have a distinguished connection on the eleventh floor, where there is leisure and sporting equipment for common use. White window frames in the residential tower and graffiti in the office tower give the subtle differentiation between the two functionalities.

Also in Alphaville, the firm designed the Stadium Alphaville Building (1999), a multi-purpose complex with a built area of 62,550 square meters, congregating a hotel, residences, and offices. Their design was the winner of a closed competition held by the developer Fal 2. The Stadium is located on Alphaville's main avenue, in front of the commercial court. The central axis of its access plaza practically coincides with Calçada das Margaridas, a walkway that enters the shopping center.

Instead of distributing the use classes in isolated blocks, which would eventually fragment the open space, and having to deal with the wide setbacks between buildings, which are required by local legislation, the architects opted for a single building of considerable complexity. On the rectangular plot of land (with a larger lenght on the front than on the sides, with measurements of 100 meters by 70 meters), they placed the singular unit in the middle, ensuring minimum side and rear setbacks and allowing car parking to be placed on the ground floor.

The sides and the back of the building are in parallel to the lot boundaries, while, in the front, this parallelism with the sidewalk is interrupted by a semicircle, which creates a generous hollowed area in the front façade. This concavity is the counterpart of a semi-public plaza, an ingenious solution that gave quality to the ground floor of the complex and ensured a greater extension of the façade, allowing the accommodation of stores and the access halls of the towers to be placed next to the plaza. The initial unity of the compound is, then, divided into three towers, contemplating the three different use classes. But, even in this division, the unity is not completely shattered, since the towers are joined together on the upper floors. The architects also attempted to emphasize the contrast between the curved front block and the rest of the complex. The contrast is made evident by a slender, curved element, which slices the buildings and rises above the other units. This figure, externally highlighted by a coating of calendered corrugated sheets, also corresponds to the placement of the internal distribution corridor.

"The idea, [...] according to the architects, was inspired by Baroque architecture, in which plazas are *embraced* by buildings."[18] The quality of an architecture that is protagonist of the public space may be found in the configuration of the front plaza, but also in the very presence of this building in the center of Alphaville, with its juxtaposition of volumes emulating an urban skyline and creating a formal reference in the otherwise undifferentiated landscape of the suburbs.

Stadium Alphaville received an honorable mention in the Brazilian Institute of Architects, São Paulo branch – IAB-SP 2002 Awards.[19] In the category of Executed Building for Offices and Various Purposes in which they were competing, the winner was the Faria Lima Premium Office Tower, a prism of rectangular base, 96 meters high, defined by a reflective glass curtain wall with the smaller sides covered in aluminum plates – designed by architect Miguel Juliano in Pinheiros neighborhood. In the same category, the Gul Headquarters Building also received an honorable mention: a small four-story building in Mooca neighborhood, with closure in metal tiles and aluminum frames, designed by architects Alexandre Cafcalas and Guilherme Margara. In the selection of works highlighted by the IAB Awards, there was a reasonable variety of formal expression,[20] perhaps in the wake of the rising pluralism of the last two decades of the 20th century. Cast between the conventional and yet elegant solution of the Faria Lima Premium and the formal abstraction of the Gul Headquarters, Stadium Alphaville was highlighted in the jury's opinion by the semicircular design that creates the semi-public plaza and by the characteristics that underline the building in the landscape: the overlapping structures, the variety of finishing materials, and the voids in the volume.

The Brascan Century Plaza complex (1997) was built in Itaim Bibi, in São Paulo, a neighborhood of mixed use and vertical occupation surrounded by residential neighborhoods (Jardim Europa, Ibirapuera, Vila Nova Conceição). In this project, the firm of Königsberger and Vannucchi managed to draw an association from the multi purpose brief (apartments, hotel, offices, corporate spaces, commercial and leisure areas) to the permeable nature of the city block, creating an exceptional addition to the local urban fabric and providing a qualified space for public use, with vegetation, urban equipments, and works of art. The felicitous conception of an open city block – three towers placed next to a square with commerce and services – was the architects' great merit. Even now, the success of the development leads to bemusement: why is this solution so rare in São Paulo? The large plot of land with three fronts on which the complex stands was previously occupied by the first Kopenhagen factory, which opened in 1943 and operated there until the 1990s. On this lot, the client commissioned a traditional mall with additional overlapping towers.

The proposal for the open court, which eventually came to fruition, was motivated by a mix of diagnostics and desire. On the one hand, the architects perceived the absence of centrality, of striking references in the neighborhood, but they also perceived its vitality. On the other hand, they felt a recurring, yet not always feasible, desire to create greater fluidity between public and private outdoor areas. According to Jorge Königsberger:

> The inborn cultural incapacity of the Brazilian State to plan and manage the urban space has been, for decades, generating progressive reductions in green areas and pedestrian spaces due to the brutal dominance of road systems and due to the disorderly appropriation of sidewalks and footways (already much deteriorated) by public utility concessions. [...] It is up to us, architects, to propose urbanistic-architectural solutions that concomitantly contemplate the private economy equation and serve the need for additional public spaces. This is something that the typology developed for the Brascan Century Plaza provides and stimulates.[21]

In this private space constructed for public use, a sidewalk begins at the corner of the busiest street, the confluence of Bandeira Paulista and Joaquim Floriano streets, and makes its way across the complex, all the way to the back street Tamandaré Toledo. The conception and implementation of the three towers, along with the horizontal building that houses the movie theaters were done in irrevocable consonance with the creation of the square's open area. The two L-shaped towers occupy opposite vertices of the widest part of the plot, creating two rectangular and slightly displaced open areas. A third rectangular open space occupies the area in front of the movie theater building, delimited by commercial areas. Placed on one vertex of this area is the access to Tamandaré Toledo Street. These open spaces generate a path that runs along the margin of a water mirror; like a stream, it crosses the open area. The afforestation was accomplished with one hundred trees of three native species: Pau-Ferro, Sibipiruna, and Pau-Brasil. The garden is decorated with sculptures by Elisa Bracher, which are composed of large tree trunks. These are concepts that emulate Brazilian nature and that came from Königsberger & Vannucchi in an effort to give quality to this urban space.

The current identity of the Itaim Bibi neighborhood stems from relatively recent events: the underground canalization of Sapateiro Stream and the construction of Juscelino Kubitschek Avenue, in 1976; the expansion of Faria Lima Avenue in the 1990s, which cuts the neighborhood in two, between Cidade Jardim and Juscelino; lastly, there was the creation of a city park named Parque do Povo (2008). Still, it is possible to say that among the events that determine the current identity of the neighborhood is one private work: the open court of the Brascan Century Plaza.

The Revaluation of the Modern Formal Repertoire

In the early 2000s, Catalan critic Josep Maria Montaner formulated the idea that the work of modern Brazilian architect Paulo Mendes da Rocha "always tries to approach archetypal forms" and, yet, seeks to "regenerate metropolitan chaos."[22] The underlying thought here is that this type of architecture seeks to update the abstraction of modern design as a renewed recipe for intervening in the urban environment.

In 2004, Roberto Segre released a book named *Jovens Arquitetos* (Young Architects, in free translation). Among the various lines of research advanced in the broad samples analyzed, Segre, in a theoretical dialogue with Edson Mahfuz[23] and Maria Alice Junqueira Bastos,[24] called attention to what he termed neomodernism:

neomodernism has a significant presence in some works from São Paulo, Minas Gerais and Rio de Janeiro [...]. These young architects rescue concepts from the modern movement, in the relationship between simple forms and ethical principles [...], and assume, as a system for design, the abstraction of forms and spaces, as well as the geometric order of them.[25]

In a special issue of *AU*, celebrating the magazine's 20th anniversary (1985-2005), the architect Edson Mahfuz praised a series of works he described as *silent architectures*. He stated the following: "these forms of architecture are characterized by the adoption of elementary forms, little ornamentation and neutral figures, constituting deceptively simple objects."[26] Mahfuz goes further: "The type of architecture I mention did not come out of nowhere. The best Brazilian production of the last thirty years can and should be seen as a continuation and an evolution of that type of modernism, which emerged here in the 1930s and gained admiration all over the world."[27]

Of the thirteen buildings that illustrate Mahfuz's text, drawn from a period of seventeen years, there is a predominance of horizontal constructions, which is very different from the verticalization driven by modernism between the 1930s and the 1960s.[28] In the book *Ainda moderno? Arquitetura brasileira contemporânea* (Still Modern? Brazilian Contemporary Architecture, in free translation), released in 2005,[29] authors Lauro Cavalcanti and André Corrêa do Lago also analyze contemporary architecture in Brazil. In the production of this time, they see the direct influence of modern Brazilian architecture, recognizing contemporary works as a continuation of that legacy. For some national critics, the assumption of a natural continuity between contemporary production and our great modern tradition has become the primary way of understanding recent production, despite the enormous distance that separates our current reality from that of the first half of the 20th century.

In 2006, Paulo Mendes da Rocha was awarded the Pritzker Prize for his body of work. This international recognition may have boosted a national trend towards geometry and abstraction that had been gaining strength in the field. The award also boosted the critical narrative that a certain type of contemporary architecture would be in continuity with Brazilian modern tradition, especially with the version of brutalist architecture that was developed in our country. However, in contemporary culture, the modern automobile-driven strand of urbanism that inspired much of that production has been overtly rejected. Above all, the appeal of modernization that was in vogue at the time has ceased to exist; it has been transformed, especially with regard to the idea of the city. Architecture today responds to other demands.

It is interesting to contemplate newer critical works such as the doctoral dissertation by architect Alexandre Ribeiro Gonçalves [30] because of their proposal of moving our focus away from the national production and aiming at broader horizons. Gonçalves, in the time frame of his analysis, focused on the Latin American generation that began working in the 1990s. The author uses the term "global generations" because of the countless connections and permanent networking interactions that are prominent in contemporary creation. For Gonçalves, the relationship with modern tradition overcomes simplistic views:

These forms of architecture overcome the simplistic take on continuity – in relation to previous generations and the heritage of modern architecture – or disruption, to forge a possibility of treading new paths linked to other influences. As a natural consequence of not being reductionist, by transcending this duality of continuity versus rupture, they suggest the dialectical interaction of the two propositions.[31]

Another issue raised by Gonçalves is one of decentralization and absence of hierarchy. According to the researcher, there are no longer great authorities and masters, no pre-established conceptions, nor any definitive set of principles as there were in modern architecture.

The understanding of contemporary architecture that emerges in the work of Gonçalves seems more consistent and grounded than the attempt of limiting contemporary production within the national framework, within a hierarchy based on the works of some modern masters, thus establishing a rank of value that, finally, would compromise the diversity of possible answers to be found in the enormous national challenge that has become qualitative improvement of urban space.

Notes

1. Alan Colquhoun, "O Conceito de Regionalismo," 77. Free translation. The text reproduces a lecture given at the Colegio Oficial de Arquitectos de Madrid – Coam, in Lima, Peru, in January 1992.
2. The Brazilian Ministry of Foreign Affairs chose not to build the pavilion, possibly for reasons intrinsic to the formal solution itself, since the Expo'92 organization suggested that the pavilions should either be dismountable and removed after the fair or easily adaptable as to integrate an international technological research center. The winning project was neither one nor the other. See: Hugo Segawa, "Pavilhão do Brasil em Sevilha: Deu em Vão," 34-38.
3. See: Ruth Verde Zein, *Brutalist Connections: A Refreshed Approach to Debates & Buildings*.
4. See, for example: URBANICA GROUP. Socialist Modernist .
5. Ângelo Bucci, Álvaro Puntoni, and José Oswaldo Vilela, "Pavilhão do Brasil na Expo 92 Sevilha," 40. Memorial of the winning project.
6. Rafael Moneo, *Theoretical Anxiety and Design Strategies in the Work of Eight Contemporary Architects*.
7. Ibid., 2. Free translation.
8. "Residência Königsberger, São Paulo, São Paulo," 76-79; Maria Conceição Wenzel, and Vera Barrero, "Meu Cliente mais Difícil: Esta É a Conclusão do Arquiteto Jorge Königsberger, Após Construir a Própria Casa," 12-21.
9. Cristiane Teixeira, and Deborah Monteiro de Carvalho, "Reforma Preserva o Jeito Caiçara," 38-45.
10. Jotabê Medeiros, "MPB Terá Templo de US$ 4 milhões," d13; Jotabê Medeiros, "Ouvido Clínico de João Testa a Nova Tom Brasil," d5.
11. "Parcerias: Convergência Fundamental," 60-69.
12. Ibid., 65. Free translation.
13. Ibid., 62. Free translation.
14. "Casos de Sucesso: Torres do Ibirapuera," 9; Marisa Folgato. "Arquitetura da Cor Transforma Metrópole," c1; Cecília Rodrigues dos Santos, "Torres do Ibirapuera: De Volta a um Discurso Tonal," 28-36.
15. Alessandro Castroviejo Ribeiro, and Vasco Caldeira, "Casas do Brasil: Residência Ricardo Soubhia," 25-29.
16. Company linked to the urbanization of the neighborhood, later acquired by Saint Gobain and transformed into Metalúrgica Barbará. See: Indústrias que funcionaram no bairro. *Moema de tantas histórias*.

17. Idealized and executed by the Albuquerque-Takaoka building company, it began with the sale of lots to non-polluting companies in 1973 and then, in 1975, the first residential condominium.
18. Valentina Figuerola, "O Barroco no Pós-Modernismo," 32. Free translation.
19. The jury of architecture, urbanism, visual communication, interiors, and landscaping was formed by Renato Dal Pian, Sérgio Pileggi, Roberto Loeb, Ubyrajara Gilioli, and João Carlos Cauduro. The work also received the Asbea Award 2002 and the Master Imobiliário 2003.
20. See: "Premiação IAB/SP 2002," 28-42.
21. Abilio Guerra, and Aline Alcântara Silva, "Conversa com Jorge Königsberger: Brascan Century Plaza." Free translation.
22. Josep Maria Montaner, *Depois do Movimento Moderno: Arquitetura da Segunda Metade do Século XX*, 261. Free translation.
23. Edson Mahfuz, *O Clássico, o Poético e o Erótico e Outros Ensaios*.
24. Maria Alice Junqueira Bastos, *Pós-Brasília. Rumos da Arquitetura Brasileira*.
25. Roberto Segre. *Jovens Arquitetos*, 24. Free translation.
26. Edson da Cunha Mahfuz, "Arquiteturas Silenciosas. Práticas de Resistência nas Fissuras da Sociedade Mercantilista," 42. Free translation.
27. Ibid., 42. Free translation.
28. See: Raul Juste Lores, *São Paulo nas Alturas: A Revolução Modernista da Arquitetura e do Mercado Imobiliário nos Anos 1950 e 1960*.
29. Lauro Cavalcanti, and André Corrêa Lago, *Ainda Moderno? Arquitetura Brasileira Contemporânea*.
30. Alexandre Ribeiro Gonçalves, "Emergências Latino-Americanas: Arquitetura Contemporânea 1991-2011."
31. Ibid., 63. Free translation.

3. Contemporary Architecture

on page 182

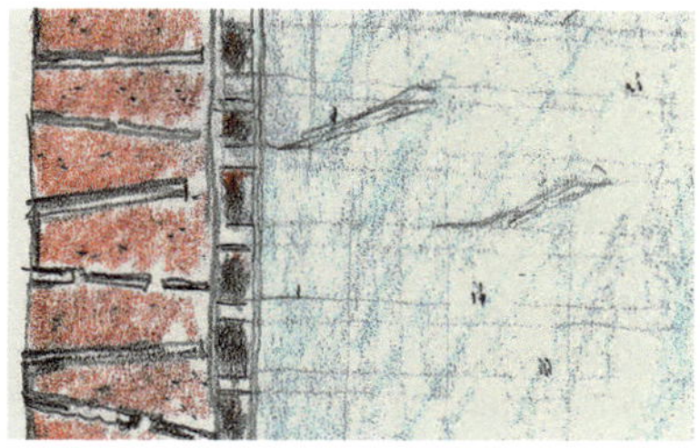

Productive Dialogues: Discussions with the Modern

Full mastery, subversion, rupture, continuity? Königsberger and Vannucchi entered the 21st century maintaining the discussion with their modern heritage alive. Some of the features still employed were horizontal slab markings, partial exposure of structural elements, functional solutions, but also forms that seem to be out of order, irregularities, random variations.

At a first glance, the two buildings designed for the Paraíso neighborhood in São Paulo, in the first half of the 2000s, have completely contrasting formal designs. The Paese and Salzano Building (2002) is characterized by formal simplicity: the vertical circulation tower forms a closed prism, which is juxtaposed with the wider prism of the working environments. This latter prism is defined by the continuity of the ribbon window in its three orientations, in a reference to the five points recommended by Le Corbusier. Meanwhile, the Top Towers Building (2005) has a complex form due to the option of mirroring the two units, the variation in the extension of the floors, and the interruptions and continuities of the balconies. However, beyond the more noticeable aspect of urbanity, which is common to both projects, there are more procedural similarities between the designs than the initial summary of the formal solutions seems to indicate.

Paese and Salzano Building is placed on a shallow lot with a large front that extends across the entire block frontage. The solution was a *laminar tower*, whose first floor is occupied by stores, restaurants, and cafes, which open onto the front setback, treated in the design as an extended public sidewalk. Paese and Salzano's design seems to take advantage of the tension between an ideal vision of volumetric rigor and the adaptations to which the unit was subjected by the singularities of its urban plot. Thus, it adapts to a setting whose back boundary is not straight. This irregularity results in a reduction in the volume of the building. In addition to this, near Abrão Dib Street (a secondary street that traces an "L" inside the larger city block), the building extends in the direction of the corner in a volume of low height, which is treated almost as an independent unit, but conserves a subtle relation of continuity with the higher one. These adaptations of the building to the singularities of its urban site, coupled with the needs of the client, provide a result that is reminiscent of the modern architecture implemented in downtown São Paulo under the old legislation for building construction, when it was strictly governed by rules of alignment in relation to the plot and the city. According to Alessandro Castroviejo:

> The modern is born difficult, an adapted and pragmatic form; it is born in a game of law and interests; it is born topical. If, on the one hand, the language is contaminated and moves away from the ideal; on the other hand, it is made rich in dealing with the topological, typological, and formal circumstances found in the traditional city.[1]

Located a few hundred meters away from the Paese Salzano, the Top Towers Building is composed of two office towers occupying a shallow lot that extends along the entire front of the city block, facing Vergueiro Street, where the old Brahma brewery, demolished in the 1990s, used to be. Despite the excellent location, right at the beginning of Paulista Avenue and next to the Paraíso subway station, the place also offered its challenges. Vergueiro Street, with its more than nine kilometers of length between downtown São Paulo and the beginning of Anchieta Highway, is characterized by heavy traffic. Moreover, on the other side of the street, there is a residual green area, isolated between these corridors of traffic and full of tall flowerbeds, placed to disguise the subway vents. Before the Top Towers Building was constructed, the urban space in that stretch of the city was an erratic and inhospitable place for the passer-by on foot (especially given the decade and a half of the block being underused), located between the walls of the old brewery and the green area that led to the slope of 23 de Maio Avenue.

If previously the Paese and Salzano had sought to reconcile clarity of form to the irregularity of the lot and the urbanity of the commercial first floor, the design of the Top Towers Building, in turn, had to balance out a complex equation. On one hand, it had to adequately compose the immediate public space by occupying the front portion of the block, thus, the laminar towers in parallel to the public sidewalk. On the other hand, in such a unique urban location, it had to seek out a solution that would put a landmark on the Paulista Avenue axis for those who drive along 23 de Maio Avenue.

The possible solution to reconcile urbanity at the pedestrian level and at a long-view gaze, without extrapolating the maximum constructed area allowed on the site, was the height variation: the floors are longer and more continuous in relation to one another on the lower levels of the two towers, while they decrease and suffer discontinuities as the floors rise.

The two towers have a very functional layout: central longitudinal circulation and offices on both sides, internal divisions governed by modulation, and a slightly off-centered vertical circulation axis at the back of the units. The irregular shape of the towers results from a very simple procedure: subtracting areas on some floors and stacking them on the upper floors. The variation in square-feet from floor to floor, which resulted from this operation, generated a surplus of areas which are not legally computable: terraces that could be incorporated to some units, constituting areas that become usable for the user. The employment of balconies, in turn, also contributed to the singularization of several commercial spaces that divide the condominium, in addition to serving in the composition of the set and performing its designed practical function – to accommodate air conditioners and allow an increase of the saleable area without damaging the building potential.

The urban quality of that stretch of Vergueiro Street was increased by a series of choices in design, and, in general, these choices involved the interaction between the towers and the sidewalk. Both towers have a central access marked by a marquee that emphasizes the entrance and serves as an invitation for the visitor. The connection between the sidewalk and the entrance is accomplished by a large walkway that begins at the street level, creating a continuity with the public sidewalk. Also, the front garden was designed in continuity with the sidewalk, without walls or railings to set a division. In addition to this direct relationship between sidewalk and entrance, the balconies, which were, up to that point, still unusual in commercial buildings, contribute to a more interactive play of the façade with the public space. The towers were positioned in slightly offsetting alignments, to better occupy the terrain, but a recessed wall creates a continuity on the ground floor between the two and hides the parking lot in the rear yard from view.

From a distance, one can see that the design was done in such a way as to allow the towers to become integrated as a compositional unit. This is achieved by a mirroring effect: the two towers are lower in height near their respective street corners and mount higher near the middle of the block; and, on each of them, the white outline of the balcony railings is continuous on the higher parts and discontinuous as the sections break. Thus, with simple constructive resources, the architects managed to give an emphasis to the building when viewed from afar, without compromising the urbanity of its immediate surroundings, revealing a significant level of intelligence in conciliating disparate objectives.

Königsberger & Vannucchi, however, are not solely concerned with buildings. The Sesc Belenzinho *Oca* (2004) was designed in response to the commission of an ephemeral construction intended to house a special program within the artistic exhibition of the World Cultural Forum. This special programme was a meeting of Indigenous peoples to debate the themes of tradition and resistance. For this purpose, it was necessary to create a space that could hold three hundred people and host conferences, rituals and workshops.

With scarce time to conceptualize and execute, the architects designed two geometric structures on a flat terrain of pounded earth. One of them suggested an open space of circular layout to be accomplished by positioning ten eucalyptus poles at the vertices of a virtual ten-sided polygon. Lights were installed on the poles, to create a clearing for nighttime activities. The other structure, with a semicircular profile, was defined in layout by a hexagon with an internal diameter of 24 meters. From each of its sides, six curved wooden frames were propped up to be joined together at the top, forming a hexagonal opening at the center of the structure. These six wooden frames were covered by rectangular metal sheets. The six resulting entrances between the metal sheets were structured with pine clapboards, on the top and on the sides. In this stylized version of an indigenous *oca*, the performance of traditional rituals was made viable, possibly with the lighting of a fire or the lining of the floor with mats.

Without falling into a mimicry of indigenous constructions, the architects composed a counterpoint between elements of strong natural evocation – the earthen floor, the wooden poles, the luminosity leaking through the pine boards – and a precise geometric design, without setting aside the concept of creating circular clearings for fraternization. The work received commendations by the IAB-SP 2004 and the Brazilian Association of Architectural Offices – Asbea 2006 awards.

The ongoing dialogue with the modern is kept up in the project to adapt a Miesian-inspired building from the 1970s for the installation of Sesc Paulista Avenue (2006). This building, designed by architects Sérgio Pileggi and Euclides Oliveira, was occupied by the Central Administration Offices of Sesc-SP and by the Federation of Commerce of the State of São Paulo. Königsberger & Vannucchi began a relationship with the building in the 1990s, when the office designed the exhibition Homenagem à Avenida Paulista (Homage to Paulista Avenue), in the Sesc Paulista Gallery. In 2006, Königsberger & Vannucchi's intervention sought to adapt the building for it to house the multiplicity of services provided by the Sesc units – exhibitions, cultural workshops, libraries, gymnastics rooms, playrooms, showrooms, dental offices – and, especially, to change its cultural significance in the city.

The original building was cladded in smoked glass, with exposed metallic frames marking the modulation of the façade. From the large slab with a peripheral beam on the first floor, the reinforced concrete structure, composed of two rows of four columns each and corresponding cantilevered slabs, was enveloped by the glass cladding. Laterally, the elliptical section of the vertical circulation system, done in exposed concrete, established a contrast with the glass tower.

Königsberger & Vannucchi's main concern, when transforming an office building into a cultural venue which should expect a great influx of public, was to break with the visual tightness, both between the floors and in relation to the outside. Between the floors, openings were made in the slabs of the fourth and twelfth floors, visually connecting spaces with related activities and overcoming the limitations imposed by the low ceiling height, for example, in the exhibition areas. To make the building more permeable to the outside and, thus, more inviting and integrated to its urban setting, the entire cladding of the tower was replaced. To make the vertical movement of people visible from the street level, a stairway that runs along the entire elevation to Leôncio de Carvalho Street was created. Intended to allow for the public flow between floors, this circulation was designed with variable positioning of the stairs. It is delimited, on the outside, by a non-reflective glass blade and, on the inside, by variable enclosures, depending on the activities available on each floor. On several of the floors, this circulation chamber allows access to terraces, facing either the back or the front streets.

The other façades alternate between masonry cladding with zinc plates and horizontal grooves in glass, creating abstract patterns in an instigating design. Despite the predominance of closed areas, the visual permeability between the building and the avenue was guaranteed; at the same time, the internal spaces were more protected from solar incidence and external noise.

The concern to give the building the feel of a public venue, a sort of continuation of Paulista Avenue, is reflected in two spaces that were envisioned for public access. An escalator at the corner of the ground floor leads directly to the terrace garden, the main social area of the new unit (the pilotis level). This open terrace overlooking Paulista Avenue, with plants and benches, serves as a public square. Also starting from the ground floor, by elevator, one can reach the café on the fifteenth floor and from there go up to the belvedere, a space invariably full of people who can stop there to enjoy the view.

Paulista Avenue is today the main cultural center of the metropolis and, because of this, Königsberger & Vannucchi made sketches in which they proposed the creation of a small plaza occupying a stretch of Leôncio de Carvalho Street between the Paulista Avenue Sesc and the Itaú Cultural Building. The space could be used as a public extension of these cultural venues. In the sketches designed, the architects took advantage of the natural unevenness of the street, establishing the plaza at the same contour level as Paulista Avenue, so as to create a flight of steps separating the square from the dead-end stretch of Leôncio de Carvalho Street. The execution took place in May 2024, when São Paulo City Hall, through SP Urbanismo, implemented the idea, replacing the pavement and flower beds to create a promenade exclusively for pedestrians, while maintaining the original sloping feel of the street.

On the same block where the Paulista Avenue Sesc is located, by a coincidence, Königsberger & Vannucchi designed two office towers, both of them pedestrian friendly. This block, besides the concentration of works by Königsberger & Vannucchi, has the peculiarity of having, in its central area, a garden for public use facing Paulista Avenue. It is the old garden of the residence that became known as Casa das Rosas. Designed by Ramos de Azevedo and built in the 1930s, the house and garden were deemed worthy of preservation by Council for the Defense of Historical, Archaeological, Artistic and Tourist Heritage – Condephaat in the 1980s; the house was expropriated and restored by the Government of the State of São Paulo to become a cultural venue.[2] The declaration of the Casa das Rosas as a state monument, foresaw the construction of a commercial tower to be built at the back of the site, next to Alameda Santos. Pedestrian traffic between Paulista Avenue and Santos Boulevard was allowed to flow unimpeded through the site.

The rectangular plot of land for the Paulista Tower (2010) is located on Paulista Avenue between the Casa das Rosas garden and the Sesc building. With a small frontage and much depth of terrain, it has an entire side facing the garden. The result was a laminar tower, whose layout is structured by a central longitudinal corridor, with the vertical circulation concentrated in the center of the block, on one side of the corridor. Based on this asymmetry, Königsberger & Vannucchi established a distinctive external treatment for the two longitudinal parts: the side next to Sesc, that houses the vertical circulation, is more enclosed; while the side that overlooks the garden is covered with reflective glass. The office terraces opening to the garden are unified by a continuous bar in its lower part, a feature that characterizes the building and whose treatment establishes an association with one of Paulista's modern icons, the Pauliceia Building,[3] a 1950's project by Gian Carlo Gasperini and Jaques Pilon. The Pauliceia has its main façade dominated by continuous ribbon windows. The masonry bar under the sliding windows alternates stretches of monochromatic cladding with stretches of horizontal stripes. This method, plus the natural movement of shutters, generates considerable variation in the design of the façade. In the case of the Paulista Tower, this variation is due to the drawing of stripes on the continuous bar and to the eventual alteration in its height, which is higher next to the terraces.

On the same block, the Alameda Santos Corporate (2011) occupies the corner of Santos Boulevard and Leôncio de Carvalho Street. It is a rectangular piece of land with the largest side facing Leôncio de Carvalho Street. In this building, Königsberger & Vannucchi also made use of a distinct aesthetical treatment between two longitudinal parts. The part containing the vertical circulation and horizontal distribution is more closed off and rises from the floor with openings of varying sizes deriving from a common module. In contrast, the part that overlooks Leôncio de Carvalho Street has pilotis on the ground floor and its enclosure is in continuous bands of glass with horizontal brise soleils marking the slabs. Earlier drawings of this building show a design, discarded due to cost problems, in which the entire part facing Leôncio de Carvalho Street (North side) is protected by movable venetian blinds; those, when open, form vertical sun breakers. In any case, both the earlier version and the design that was eventually adopted seem to pay homage to the graphic design of modern façades.[4]

Residential Programs, the Real Estate Market, and Architecture

In the first decade of the 21st century, the firm returned to the housing program. The commissions were placed in a moment of revaluation of the investment in design for the residential program, with the aim of achieving a contemporary design. For decades, the Brazilian residential real estate market was dominated by the neoclassical style. Apparently, it was the civil engineer Adolpho Lindenberg who, in the year of 1960, bet that the neoclassical would overcome the general resistance to verticalization among the high-income clientele.[5]

Decades later, in a 2006 newspaper article, architect Jorge Wilheim still lamented the insistence on pastiche:

> Our best architecture has nothing to do with the neoclassical aesthetics seen on several real estate advertisements. What is the reason, then, for the appearance of so many designs of such an anachronistic style in the newspaper ads?[6]

The proliferation of styles in the residential real estate market, especially between the 1960s and the 1980s, seems to have filled the vacuum left by an erudite architecture that was no longer feasible as a model to be emulated. The great number of real estate enterprises that were created far from the drawing boards of architecture offices and developed by the design departments of the construction companies themselves made this return of the appreciation for the architectural design project by some construction companies to be seen as an encouragement to our precarious urban quality.

The residential building Duo Alto de Pinheiros (2004), executed by Tishman Speyer and Even Construction Company, was developed for a corner lot (7,607.01 square meters) in Pinheiros neighborhood, in São Paulo. Characterized by the acute angle of its corner, it faces Professor Frederico Hermann Júnior Avenue – one of the streets that limits Alto de Pinheiros, a garden-neighborhood created by the City Company and designed by English urbanist Barry Parker, with horizontal occupation, many wooded areas and squares – and a small side street.

In order to take better advantage of the lot and the view of the Alto de Pinheiros neighborhood, the architects chose to place the two towers facing the avenue, but at a 90° angle to each other; and 45° to the street. Thus, the alignment of the towers is defined by that of the side street, Nicolau Gagliardi, to which one of the towers is parallel and the other perpendicular. With this placement, the towers resemble a folding screen that marks the separation between neighborhoods with very distinct characteristics. This would-be screen is more open towards Alto de Pinheiros, where the social areas of the apartments are located, and more closed on the side facing Pinheiros, which concentrates, in both towers, the private and services areas, and the vertical circulation. Also, given the circumstances of visibility between lot, side street, and neighboring buildings, this layout reworks the idea of the façade, that is, the primary side that is most visible to the city. The terraces and the large glass panes on the most open side (which even has double-height spaces interspersed on successive floors) contribute to breaking the unit into orthogonal lines and planes.

If the placement of the towers points to the option of opening the living environments to the green areas of the garden-neighborhood, it also had another significant consequence: the creation of a considerable triangular garden in front of the towers, visually open to the public sidewalk. This garden was conceived as a grove of trees, which echoes the garden district in front of it and is an inherent part of the public perception of the towers. The abstract composition of lines and planes that animates the main façade is simple, clean, almost stripped down, a direct result of the wide openings and the alternation of finishing touches. On the balconies, the division between the two apartments on the floor is accomplished by an exposed concrete curtain wall, specially molded with rustic planks, so that the concrete surface keeps the organic and irregular design of the wood. It may be a tribute (or a humorous reference) to an architectural style that boasts many examples in Alto de Pinheiros. This rustic concrete, set right next to the most valued environments of the dwelling, has its own objectives, no matter how many references it might make. Its purpose is to participate in the set of resources that fragment the design into lines and planes. Not only that, but the rustic concrete and the ceramic tiles also make the design warmer and more domestic, connecting it more clearly to the other residences in the neighborhood.

Within the context of a more contemporary architecture for the real estate market, Duo Alto de Pinheiros gave origin to an offspring of residential buildings in consolidated neighborhoods of São Paulo, such as Double Campo Belo (2007), Duo Alto da Lapa (2008) or Altto Pinheiros (2008), buildings that also explore the variation generated by large openings and terraces in the social areas, alternating finishes with ceramic tiles and eventually employing the use of double-height ceilings.

Real Estate Boom (2008 to 2013)
Brazil went through a civil construction boom period late in the first decade of the 21st century, stimulated by an excess of optimism with the discovery of oil in the pre-salt layer, by positive economic growth rates, and by the expansion of real estate credit. The increase in demand generated by economic growth was combined with new habits among the country's population, such as the increase in the number of people living alone.

As it had happened in the late 1970s, when Königsberger & Vannucchi created bank branches all over Brazil, again the commissions were spread across the country: Goiânia, Curitiba, Federal District, Fortaleza, Rio de Janeiro, Porto Alegre, Vitória. These developments, in general, were characterized by their large dimensions and complexity, often combining a set of towers and/or several use classes in the same tower, including commercial spaces at the base. Naturally, the design of these buildings made use of the office's accumulated expertise and, in many of them, the project used some usual strategies: the apparent breaking of the unit into smaller prisms, at different heights, an effect enhanced by the use of recesses; vertical grooves with glass cladding; and alternating finishes along the height, sometimes corresponding to changes of functionalities in the building.

The works in Goiânia were commissioned by a familiar client now called Brookfield Developer, the new brand of the former Brascan. In the second half of the first decade of the century, three large developments were launched in Goiânia with Königsberger & Vannucchi's signature, all of them on plots of land with large fronts, in consolidated neighborhoods near the original area of the city, planned by Attílio Corrêa Lima in the 1930s. The residential building K Apartments (2009) and the office tower The Prime Tamandaré Office (2008), which also has stores below it, are located in the Western Sector, a central and very verticalized region of the city. A multi-purpose complex of two towers, Brookfield Towers (2008), with convenience stores placed at the base, commercial offices, corporate floors, and residential units, is located close to Flamboyant Park and Serra Dourada Stadium,[7] also in a verticalized region.

Some of these developments were called upon to create a sense of centrality in areas of recent occupation, such as the building that won the Master Real Estate Award in 2011, the DF Century Plaza (2009). The project lies in Águas Claras, in the Federal District, a neighborhood created in 1992 to enable the future operations of the local subway, occupying a void between Brasília and the urban area of Taguatinga. In São Paulo and around its metropolitan area, large developments have been built in areas of urban revitalization, such as the Praça São Paulo multipurpose complex (2012), in the city's South Zone, as a part of the Água Espraiada Urban Consortium Operation.[8] The great differential aspect of this complex is a 3,600 square meter public access plaza. In Santo André, in the Greater São Paulo area, a former Pirelli industrial site was acquired by Brookfield Incorporations in 2010. There, the firm designed Brookfield Century Plaza, a complex that includes a shopping center, residential towers, a commercial tower, and a hotel. These are also projects designed to create urban centrality and density, which, rather than simply requalifying a given urban situation, aim to foster the development and modification of the neighborhoods themselves.

Perhaps the most complex urban situation dealt with by Königsberger & Vannucchi in this line of work was the Universe Life Square Building (2007), a 150-meter-high multipurpose complex built in the central region of Curitiba on a plot of land at the end of a block, with three fronts and only 25 meters deep. The lot is next to a historic venue, listed by the state heritage agency as the old building of the Federal University of Paraná – UFPR.

Above a continuous commercial base, the building rises in height only in the middle of its frontage and reaches its full height near the alignment of the sidewalk. The building reaches the two side streets with low height volumes. One of these, a glass section of the mall extends to the sidewalk attached to the historic building, with which it maintains the same alignment and height, suggesting a continuity with the old university premises until it reaches the access plaza, where the great building's height is unveiled. In spite of its scale, the choices in design relay a concern with the creation of a building that would be well suited to its surroundings and would help compose the urban landscape. In the Universe Life Square Building, the reference to the worldview created in the first decade of the 20th century around the imagery of skyscrapers was restricted to a form of presentation in perspective: in a humorous drawing, the building leaps from the dark background of the city as a beacon towards the sky, towards the future, ushering a new era. Notwithstanding, it is plain to see that the Universe Life Square Building was designed for the city around it. Meanwhile, also in Curitiba, the firm designed the La Place residential condominium, made up of two aligned towers on a deep plot of land. Developed within the concept of a condominium club, between the towers there is an elevated square of around 900 square meters, with plants, benches, and a water mirror.

In Rio de Janeiro, the Soho Residence (2012) is located in the heart of Jacarepaguá, where the Metropolitan Center of Guanabara would be, according to Lúcio Costa's 1969 urban plan for Barra da Tijuca and Baixada de Jacarepaguá neighborhoods. Lúcio Costa's plan, drawn up around the same time as the Brasília plan, sought to reconcile urbanization and environmental preservation, with high-rising residential nuclei spaced out far apart from one another; the reasoning was that the great distances would be conquered by automobiles. The plan was much altered afterwards, especially with regard to environmental preservation, but it maintained the automobile reasoning and the fondness for great distances, as is common in modern urbanism. Barra's urban layout, together with the large plots of land available, attracted an occupation dominated by gated communities, shopping centers, and large social equipment.

The area destined for the metropolitan center remained empty for years, until it was transformed into a large construction site during the real estate boom, with the erection of shopping malls, hotels, commercial and residential buildings. The Soho Residence occupies an entire block, boasting over five hundred apartments. Still, aware of the change in mentality towards the concept of the city, its project proposed a peripheral occupation of the block in a design that simulates small semi-detached buildings, an impression reinforced by the variations in height and cladding. With this idea, the designers were looking to create a diversity in the scope of the pedestrian scale, something closer to the reality of Rio's Zona Sul, subverting the modern layout of Barra da Tijuca. Although the Soho Residence fits the idea of a gated community (for example, it contains a large private leisure area), it also displays a design that challenges this concept, with its commercial foundation and its towers facing the city.

Ideas for Living in the City

Some projects designed by the firm in the second decade of the 21st century subtly point to the development of a new sensibility towards urban life. This happens through the conjugation of certain characteristics that, although they are not in themselves exclusive or new, appear combined in a different way, manifesting a renewed relationship with the public space and giving it a certain materiality.

At this point, the real estate market's investments in architecture began to extend to housing developments with smaller units as well. Changes in household composition caused shifts in the old simplistic association between size and construction standards. Changes in mentality about life in the city led people to hold consolidated neighborhoods in high regard. The proximity to public means of transportation, especially on rails, began to be perceived as advantageous by a group of people who saw it as an improvement in quality of life to be able to relinquish the car as the primary means of transportation.

The Diseño Campo Belo Building (2010), inaugurated in 2012, for instance, is implemented next to Campo Belo Station, allowing connections with present subway lines and with the future Line 17 of the monorail system. The building offers small units of 36 square meters and, on the penthouse, a common leisure and rest area with a view of the city. This establishes a new template that is suitable for permanent housing but also for short term accommodation. Taking advantage of its proximity to the subway, the building's garden establishes a continuity with the public sidewalk. Built in an area that is being reconfigured, Diseño discreetly composes the public space, contributing to its improvement.

Win Work Ibirapuera Building (2011), inaugurated in 2015, is an office building that is a little different from the standard. In fact, it is a small-scale multi-purpose venue: it consists of offices and a mall that is open to the public sidewalk. There are some aspects worth highlighting in its design: the forthright continuity between the public space and the mall; the absence of ostentation in the office block, with the ground floor appropriately occupied by office units, thus limiting the hall area; the warmhearted finishing and the lateral setbacks occupied by gardens, which disrupt the usual impersonality that permeates commercial spaces. Taking advantage of the fact that it is located in a central neighborhood with mixed occupation and especially privileged by its proximity to the cultural and leisure area of Ibirapuera Park, the development offers a measure of luxury for those who already live in the region, that is, the convenience of also being able to have their leisure there, to be able to inhabit, work, and consume in the same neighborhood. Thus, the development takes advantage of the neighborhood and, by providing a physical form to a particular idea of urbanity, helps to improve the quality of the neighborhood.

The Meet SP Building (2012), inaugurated in 2018, with its congregation of housing and office spaces, is also a departure from conventions. Its two blocks are relatively low and are organized around a central square. At the same time as they compose a unity, the cladding and the design features differentiate the blocks, clearly defining the domestic character of one and the commercial aspect of the other. The project seems to be predicated on a particular understanding of quality of life, one that goes beyond the square footage of individual units. Conversely, it expands to the qualified external area – a place for living and socializing amidst the gardens – and, beyond that, to the neighborhood of mixed occupation, allowing quick access to Sumaré Subway Station.

During these years, Königsberger & Vannucchi also underwent a restructuring of its operations, with the arrival of a new partner, engineer Daniel Toledo. Along with a new working structure, less centralized around the founding partners, came the adoption of the BIM (Building Information Modeling) system.

Whether due to the new working dynamics or not, over the last decade, the firm has developed very different housing solutions, not only in relation to the intrinsic characteristics of the commissioned projects, but also due to a renewed commitment to the immediate urban surroundings of the buildings. Whether to be remedied or to be enjoyed aesthetically, the urban context becomes inseparable from the proposed project.

The Autoral Building (2016), a residential complex developed for Tegra Developer, received the 2019 Master Real Estate Award for its category. The complex has over 26,000 square meters, distributed in three juxtaposed blocks of eight floors arranged in a L-shape, forming a large internal garden. On a steep sloping terrain, Autoral has an entrance from Cotoxó Street and the back towards Pompeia Avenue. To avoid the unfavorable situation of having three levels of parking on the would-be façade of Pompeia Avenue, the solution was to occupy the perimeter of the parking levels with apartments. With this solution, part of the private areas was placed below the first level, resulting in logistical gains for the occupation of the lot and offering a greater diversity of solutions for the apartment-house concept, but, mainly, it resulted in great gain for the relationship with its urban surroundings.

The MN15 Building (2016), near Ibirapuera Park, occupies an elongated plot, parallel to Manoel da Nóbrega Street, and it is constituted by a single tower. With one apartment per floor and balconies all around the social areas and bedrooms, the design sought to offer a homey feeling and an ample view. The developer sought a striking form of architecture; and, towards this effect, the mismatched angulation of the slabs, conceived to allow medium-sized trees on the terraces, plays a major role in distinguishing the tower in the São Paulo landscape.

Both the Vistta Alto da Lapa Building (2017) and the Las Villas Ipiranga Complex (2012), coincidentally, occupy irregular plots of land facing three streetways. Vistta is located in the middle of a city block, at an elevated point of the neighborhood. Given this urban setting, its design as a single, tall tower re-created its urban context to allow an enjoyment of the vistas afforded there while also displaying the tower to the eye of beholders. Thus, the angularity of its balconies offers an abstract design on its two smaller sides, like a crease that courses through the entire elevation. The Las Villas Complex, on the other hand, is on a flatland along the Ipiranga stream. It is made up of four low units positioned around a leisure area, in a more introspective solution, reminiscent of old São Paulo communities.

The Normandie Building (2018), in Moema, is placed right in front of the axis of Normandia Street, a secondary street that cuts the block in two. With its cobblestone sidewalks and sequence of houses with pitched roofs dating from the 1950s, Normandia Street, now a commercial site, still evokes a more ancient urban setting. The Normandie Building encapsulates the perspective of this small street with a façade in which the markings of the slabs are conjugated to few solid closures, with recessed balconies and glass corners. This design opted for the formal abstraction of horizontal and vertical strokes, offering, with this formal counterpoint, a contemporary complementarity to the urban scenario of Normandia Street.

In another urban situation, in Jardins, on a corner plot, the Arte Concreta Building responds to the location by rotating the floor plan: the bedroom wing is parallel to Padre João Manuel Street, while the social areas are tilted at a 45° angle in relation to the confluent streets, to face the corner. Flowerbeds were added to mark this articulation of the building.

The 2014 City Plan and the axes of urban densification

In May 2020, *Veja* magazine published a piece about the residents of the Praça dos Franceses condominium in Bela Vista. The piece was called "Not in my backyard" and it gave voice to a complaint against a residential project that was being developed by Königsberger & Vannucchi. The firm had been commissioned by the Canopus construction company to work on a plot of land that lay just behind the condominium. In June 2020, in the same magazine, Königsberger & Vannucchi defended the project. The ensuing debate speaks of the way the relationship to the city had changed over the years and how these different perspectives affected the two developments involved in the issue.

Praça dos Franceses Condominium was inaugurated in the 1970s. Composed of seven towers – with a total of five hundred apartments ranging from 70 square meters to 240 square meters –, it was designed by architects Ermanno Siffredi and Maria Bardelli.[9] The design seems to have sought isolation from the city, which was achieved, on the one hand, thanks to a large front plaza next to Dos Franceses Street, and, on the other hand, to the 30-meter gap between the construction and the back street, Almirante Marques de Leão. The solution led to a rather bad relationship between the condominium and the back street. The front plaza option pushed the buildings into the sloped terrain, generating an enormous wall that begins with the foundations of the complex, followed by the three-story parking garage, and finally the 28-story continuous row of five buildings. At the time of the construction, in the 1970s, a sectional lot was set aside in the back of the complex. This piece of land, on Almirante Marques de Leão Street, with 150 meters of frontage by approximately one tenth of depth, has since been unoccupied and it offers to the sidewalk only continuous walls, above which rises the impressively built mass of the Praça dos Franceses Condominium.

The design Königsberger & Vannucchi proposed placed two laminar blocks in this strip of land, with two independent accesses, but with a façade that would suggest a total of six twinned blocks and seeking a scale that would be more welcoming to pedestrians. In its defense, Königsberger & Vannucchi pointed out the obvious improvement to the surroundings that would be accomplished by the new interface with the street and sidewalk, in line with the 2014 City Plan, a concept seemingly opposed to the isolation sought by the developers of Praça dos Franceses Condominium.

> Designed for all, the project intends to contribute to the solution of structural problems regarding the immediate surroundings, the neighborhood, and the city. [...] After fifty years, the new Urban Plan of the municipality allowed us to give life to this vacant lot. The project at hand intends to bring important benefits to the surrounding area: a wide sidewalk for pedestrians, an active frontage with commercial spaces, and eyes on the street due to the absence of front setbacks. [...] it represents the materialization of the urbanistic goals of a compact, dynamic and sustainable city.[10]

Unfortunately, the developer gave up on the project. Until further notice, the vacant lot will remain surrounded by its 150-meter perimeter wall.

The 2014 Urban Plan for the city of São Paulo established axes for structuring urban transformation, seeking to attract real estate production to areas along public transportation lines and around subway stations. These axes are a result of specific legislation, aiming not only at densification (through a maximum land quota per housing unit, combined with an increase in the coefficient of use), but also at urban qualification: active façades, prohibition of continuous walls, wide sidewalks, public fruition, mixed use classes, disincentive for parking spaces.

At the beginning of this third decade of the 21st century, the change in these structuring axes of urban transformation is remarkable. In Tatuapé neighborhood, specifically, the urban transformation near the subway is being led by the company Porte Engineering and Urbanism, which has been investing in the creation of a business hub, the Platina Axis, also adding commerce, housing, and leisure to the area. Porte has taken on the discourse of urban qualification. For example, in 2015, the company donated railing fences to the city of São Paulo to replace the wall that surrounded the Sports, Recreation, and Education Center for Workers – Ceret Park. Thus, the area of 28.6 acres became permeable to the surroundings.

The number of developments by this same construction company along the so-called Platina Axis earned the area the epithet of *new Berrini*, in a reference to Engenheiro Luís Carlos Berrini Avenue, which, since the mid-1970s, has emerged as a business hub in São Paulo, with several developments resulting from the partnership between the architect Carlos Bratke and the construction company Bratke Collet. Once again, however, the change in perspective with regards to the city comes into play, between the construction of Berrini Avenue (over a drainage canal near the Pinheiros River Expressway) and the conception of the Platina Axis. At Berrini Avenue, due to the legislation of the time, the towers built were exclusively commercial (comprising liberal professionals and companies); the towers were systematically placed in the center of the lot, separated from the sidewalk and, consequently, did not allow for stores on the ground floors. The very design of some of the buildings with a multifaceted perimeter was inseparable from the idea of the isolated tower.

Along Platina Street, the first parallel street to the South of Radial Leste, and around the Belém, Tatuapé and Carrão subway stations, the Porte company plans to build eleven developments to attract companies and jobs to that region and also to avoid the exodus of companies and workers from the region to other neighborhoods, thus proposing a reduction in the large daily commutes of this part of the population. The first phase of Porte's plan includes six developments, to be inaugurated by 2025, three of which were designed by Königsberger & Vannucchi.

The Platina 220 (2014), inaugurated in 2022, occupies an entire block next to Tatuapé Shopping. It is a building that entails a hotel (190 rooms from the first to the tenth floor), commercial rooms (from the twelfth to the 24th floor), fifty corporate rooms (from the 25th to the 46th floor), and eighty housing units (from the first to the eleventh floor), with independent access provided for the different functionalities. The entire ground floor is occupied by nineteen stores facing the sidewalk. Beyond the interaction with its immediate urban surroundings, the Platina 220, with its 172 meters of height, serves as a landmark in the landscape. With an approximately squared perimeter, the volumetry of the construction formally explores the grouping of well-defined prisms with a rectangular base. The central prism, sandwiched by the lower prisms, extends throughout the entire height of the ensemble and stands out for the carefully designed irregularity in size and arrangement of the openings, contrasting with the regularity and dark tone of the lower prisms. From a distance, the decrease in occupied volume towards the top works well as a landmark in the scenery. To the surroundings, the apparently random pattern of the openings of the central body seems to diminish the monumental appeal that large buildings necessarily carry, incorporating the tower well in the varied landscape of São Paulo. For those who stroll down the sidewalk, the interface is accomplished by the stores that populate the pavement.

The other two mixed-use buildings designed by Königsberger & Vannucchi in the Platina Axis are being constructed on the other end of Platina Street, closer to the Carrão Subway Station. Designed between 2014 and 2020, the Almagah Building consists of two towers which occupy an irregular plot of land that extends over a large part of an urban block next to Barão de Itaqui Square. A sequence of stores along the sidewalk occupies the ground floor of the complex facing three streets. In the middle of the block, on Airi Street, a single pedestrian access leads to the two towers through a central distribution hall. Besides the connection on ground floor, the two towers are again connected in by a box bridge at half-height. This glass-enclosed, suspended box gives the impression of having been inlaid into the towers due to its slight protuberance, the only extravagant feature in the otherwise sober modulation of the two towers of Almagah 227.

Also next to Barão de Itaqui Square, the Porte Metria 624 Building (2017) also occupies an irregular plot, but on the corner of Platina and Vilela streets, with a strip of land that reaches the square. Metria 624's design integrates corporate floors, studios, and stores on the ground floor, as well as an educational institution. As in the design of the Platina 220, the volumetry of Metria 624 explores the idea of a juxtaposition of prisms with rectangular bases: a low-height extension of the building occupies the strip of land that reaches Barão de Itaqui Square; the extension leads into two prisms with their heights increasing towards the corner. As in the other towers, the ground floor is occupied by a sequence of stores facing the sidewalk.

The alteration in the structuring axes proposed by the new City Plan for the city of São Paulo has been generating great changes, even in more centralized and consolidated neighborhoods, as is the case of Pinheiros. There, the city blocks between Rebouças Avenue and the Yellow Line subway stations are undergoing an impressive process of reconstruction. The old townhouses, long renovated for commercial use or to provide services, are now being replaced by newer buildings, with designs that recurrently look for height as a means of attaining their formal solutions. At one of the many construction sites along Rebouças Avenue, a set of huge V-shaped concrete pillars demand the attention of the passerby. These pillars form the base of the HY Pinheiros Building (2019), another project by Königsberger & Vannucchi, whose design of the ground floor evokes, no doubt intentionally, the V-shaped support structures of Brazilian modernism. This was a feature greatly explored by Oscar Niemeyer in designs that are now legendary, such as the Ibirapuera Park Marquee or the ground floor of the current building of the Museum of Contemporary Art of the University of São Paulo – MAC USP. HY Pinheiros occupies a plot of land that takes up the entire front of the block between Capitão Antônio Rosa and Teçaindá streets but with some variation in depth. As in many other projects by the firm, the HY Pinheiros stablishes a dialogue with its urban context.The tower is located in the deepest part of the plot, next to the corner with Teçaindá Street, and the two rows of V-shaped pillars are perpendicular to Rebouças Avenue. Parallel to Teçaindá, the pillars delimit a covered walkway. To make up the front towards Rebouças Avenue, the firm designed two low, glass-enclosed cuboids of the same height: an elongated, independent one occupies the small strip of land next to the corner of Capitão Antônio Rosa Street, while another block is tucked under the tower. By occupying the elongated cuboid, the PBKids store has greatly altered the formal solution, but without entirely distorting the concept.

In different districts of São Paulo, including Perdizes, Bela Vista, Higienópolis, and Vila Mariana, the urban transformation is evident. In Perdizes, near the future subway station to be named PUC - Cardoso de Almeida, the Sou Perdizes Residential Building (2019) was designed to occupy an L-shaped plot almost to the limit of its occupation rate availability. It was divided into two units of different heights, offering stores on the first floor and a leisure area on top. Meanwhile, the Facto Paulista Condominium (2017), in Bela Vista, consists of two interconnected towers forming a U-shape, with small housing units, stores on the first floor and a variety of services and leisure spaces. In another example, the Sergipe Boutique Apartments Building (2021), near Higienópolis/Mackenzie Station, proposes its own version of urban densification with a total of 192 dwellings, including studio apartments and short-term rental units, as well as a store on the first floor. The building's configuration creates the impression of two overlapping prisms. In Vila Mariana, the Alameda 45 Building (2021) occupies a corner plot and presents a mixed-use-class program, with commercial spaces on the lower floors and a residential tower on the upper floors, while adding a leisure area located on the roof of the commercial block.

The Carandá School (2018), built in Vila Mariana in São Paulo, adopted a solution in height with perimeter occupation of the plot to accommodate its extensive functionalities. This resulted in the creation of a central courtyard, a living area that visually integrates the various school levels. Despite the density of occupation, the building maintains some permeability with the street, offering a glimpse of the internal courtyard. Built with precast concrete elements, the project won the 10th Precast Concrete Work of the Year Award from the Brazilian Association of Industrialized Concrete Construction - Abcic in 2021. The building was constructed for targeted rental utilization, in the built-to-suit model, developed especially to meet the needs of those who would occupy the property.

The house designed by Gianfranco Vannucchi for his family in São Francisco Xavier, in Serra da Mantiqueira, was custom designed. It evoques the unassuming appearance of simpler times with its rough, white-washed walls, the masonry staircase that leads to the roof, the natural materials, and its placement along the terrain, which reveres the stunning landscape. Despite its simplicity, there is great sophistication in the details, from the woodwork of the roof and frames to the cyclopean concrete wall of the fireplace, the design pattern generated by the hollow brick, as well as the small pool and pool house.

In other buildings designed for affluent cities in the state of São Paulo, such as Montelena (2018) in São José do Rio Preto, the challenge was to create a landmark that would contribute to the less amorphous urban landscape of these cities. This residential condominium, made up of two towers, stands out for the zigzagging pattern of the balconies, which differentiates the ensemble, and for the layout that allows for a garden to be opened to the sidewalk, as well as a leisure area on a raised slab, providing privacy without the need for walls.

Ícone Planeta (2020), a residential building in Sorocaba, stands out as a landmark in its urban landscape, not only for the imposing height of 141 meters, but also for its innovative design. Smaller cities in Brazil tend to grow with expansions provided by horizontal gated communities, but Ícone Planeta responds to this trend with a vertical circulation tower designed to pull in three rectangular units that sort of collide there. Each housing unit has openings facing its four sides, providing airy apartments with ample views. Meanwhile, the placement at the end of the block allows the building to be appreciated from all sides.

Feeling Their Way Forward

Along these decades on the road, Jorge Königsberger and Gianfranco Vannucchi have played their part in the transformation of the Brazilian architectural milieu, from the relatively restrained and self-referential environment of the 1970s to the contemporary scene, fragmented and internationally connected. The cultural ethos is no longer one of seeking the national or regional identity; instead we find thematic sketches, referring to the urban site, to the architectural field itself, to the typology of each use class. Besides, an immense cultural change has taken place in the perception of the city, at least in the larger urban centers.

One of the most recent phenomena to evidence this change in a city such as São Paulo is the large number of people who enjoy their leisure time on streets of the city which are closed to automobile traffic on the weekends. This change involves overcoming something that for years represented an ideal: mass transportation based primarily on the private automobile. In the name of this ideal, the urban fabric was ruthlessly torn up by viaducts, tunnels, and ample roads. Because of this ideal, the historic centers of Brazilian cities were either shredded or considered old-fashioned, with their narrow streets and buildings without garages.

If the landscape of Brazilian cities was shaped by the ideal of the private car, the overcoming of this ideal, the realization that the only way to reconcile a healthy city with the fluidity of urban transit is an efficient network of public transportation, will eventually lead to a new change in the urban landscape. In São Paulo, the 2014 Urban Plan, reviewed and amended in 2023, constitutes a crucial factor in the design of the city, as it encourages greater density along the axes of public transportation and, consequently, elicits more walking and less driving from its citizens.

The many years of focusing on roads and highways led to a precariousness of pedestrian paths in the city. These became residual and poorly designed. Notwithstanding, the concern with the quality of public space has accompanied Königsberger & Vannucchi's production since the beginning. It is evident in the direct and forthright relationship that many of the buildings maintain with the public sidewalk; in the open court design of the Brascan Century Plaza complex; in the proposal of a public square between Sesc Paulista Avenue and Itaú Cultural. Today, the main challenge in the field of architecture and urbanism in Brazil seems to be increasing the quality of life in our cities, a complex equation of multiple factors, in which the design of good public spaces is far from being the simplest.

On Lineu de Paula Machado Avenue (now a central spot in the urban fabric), the racing tracks of the São Paulo Jockey Club, with its area of 586,000 square meters, could be a space primed for public use, more permeable to the city. An agreement between the São Paulo City Hall and the board of the Jockey Club (which has pending obligations to the municipality) allowed for this possibility to be envisioned. In 2017, a consortium between the firms Königsberger & Vannucchi and Levisky Arquitetos drew up a proposal aimed at the urban requalification and the preservation of the club's heritage. The project would be funded by private investments, including 91,760 square meters of restoration, 150,000 square meters of a private park for public use, and a series of measures to improve integration with the surrounding neighborhood and the city. The increase in urban quality involves making the surrounding streets of the area more pedestrian-friendly, with features such as wider sidewalks, pedestrian crosswalks at the level of the sidewalk, among other structures for pedestrian support. In addition, the project proposes the elimination of about 2 linear kilometers of walls that today close-off the area next to Lineu de Paula Machado Avenue and Doutor José Augusto de Queiroz Street. This will allow the visual enjoyment of those who walk on the surrounding sidewalks.

The project maintains the turf, with the aim of bringing the activity closer to city life. It also proposes the renovation of the Equestrian Villa, with its protected buildings, allowing for internal modifications to house restaurants, galleries, offices, among other functionalities. In addition, it is suggested that the entire area inside the racetrack might be utilized; most of it would be reconfigured as a public park. In order not to compete with the turf, the park was designed below the level of the track, preserving the visibility of the races. On Lineu de Paula Machado Avenue, the plan indicates that some buildings that are not listed for preservation should be replaced by new buildings designed for institutional or cultural use, with the first floor on pilotis at the same height as the preserved grandstands. Finally, the plan proposes some vertical constructions of mixed-use - these are iconic buildings - in two areas: the area of the old stables, near Eusébio Matoso Avenue (13,928 square meters) and an open area near Marginal Pinheiros and Doutor José Augusto de Queiroz Avenue (19,430 square meters). The Jockey clubhouse has items that are listed for preservation at municipal and state levels. It is also included in a Special Occupation Zone - ZOE. However, the revision of São Paulo's City Plan in 2023 earmarked the racetrack area for a municipal park, which makes it impossible to create new buildings on the land, creating challenges for the implementation of the project.

Königsberger & Vannucchi has been involved in other discussions about urban improvements in São Paulo. Their defense of urban rivers was presented in a provocative ensemble that recreates the Anhangabaú stream. The "paths of light" proposal, published in *Veja* magazine,[11] consists of luminous pathways that would serve as inducers for walking routes. Inspired by the structural quality of rivers in the urban development of various European cities, the firm's idea aims to choose paths that would function as rivers in inducing urban qualification. For example, on the route from Praça da República to Jardim da Luz, Ipiranga and Cásper Líbero streets would receive improvements in paving structures, street furniture, lighting, and zoning assessments, with the aim of not only improving the route itself, but also positively impacting the surroundings, creating a virtuous cycle of increased urban quality.

In December 2018, Königsberger & Vannucchi, in partnership with Mauricio Alito of EKF Exterior Architecture (now Tagü), won a closed competition of ideas for increasing the urban quality of the public space along Paulista Avenue: the Festival de Ideias Paulista Para Todos (Ideas Festival Paulista for All, in free translation), an initiative by Esquina.net.br. The winning proposal consists of the placement of highly resistant pigmented concrete pieces fixed on the walls of the existing flower beds, composing different models of benches. There would be more than a thousand seats along the avenue, with USB sockets, Wi-Fi signal emission, LED lighting, sound systems, and an interactive application for that particular urban space.

Along the way, Königsberger and Vannucchi have tried, in practice, to prove the thesis that it is possible to reconcile a professional relationship with the real estate market while maintaining a sound level of research and reflection. In the Brazilian architectural milieu, the issue is controversial. A profile of the firm published in 2018 by *Projeto* magazine affirms the importance of Königsberger & Vannucchi's production, "despite the fact that it is concentrated in the real estate market."[12] The justification for this caveat, according to the magazine, lies in the past, in a time when "the criteria employed by real estate companies for commissioning (good) architecture was deemed questionable."[13] Today the situation is different. Many real estate projects are signed by leading firms in Brazil and, naturally, Königsberger and Vannucchi played their parts in changing this scenario. To maintain an architectural firm for such a long time in Brazil, like Jorge Königsberger and Gianfranco Vannucchi have, facing at least four decades of negligible economic growth, requires a lot of professionalism and expertise. And a lot of patience too.

Notes

1. Alessandro Castroviejo Ribeiro, "Edifícios Modernos no Centro Histórico de São Paulo: Dificuldades de Textura e Forma." Free translation.
2. Haroldo de Campos Centre for Poetry and Literature: <http://www.casadasrosas.org.br/>.
3. The Pauliceia Building and the São Carlos do Pinhal Building, built on the same two fronts (Paulista Avenue and São Carlos do Pinhal Street), were listed by Condephaat in 2010.
4. Henry-Russel Hitchcock, *Latin American Architecture since 1945*. Deviating from the dominant modern thinking of the time, Hitchcock highlighted the aesthetic quality of the façades' juxtaposition in modern buildings set within traditional city lots.
5. See: Renato Faria, "Adolpho Lindenberg." Later, in the 1970s, the style started to be offered also for middle-class properties, together with the Mediterranean style, created by the same Adolpho Lindenberg Building Company.
6. Jorge Wilheim, "Arquitetura: Mero Produto de Consumo?" Free translation.
7. One of several stadiums resulting from the military dictatorship's national integration policy, inaugurated in 1975, a project by Paulo Mendes da Rocha.
8. The creation of *urban operations* has been a recurrent development model in São Paulo for areas within the metropolitan area that are underused for whatever reason. The operation model seeks to reconcile the execution of certain improvements and the financing systems.
9. See: Raul Juste Lores, "Praça dos Franceses: Sete Prédios Desenvolvidos entre 1973 e 1985."
10. See: "Königsberger Vannucchi Arquitetura. Prédios Não Cobrem Paredão da Praça dos Franceses, Dizem Arquitetos."
11. Raul Juste Lores, "#SPSonha: Um Centro mais Iluminado."
12. Adilson Melendez, "Königsberger Vannucchi Arquitetos Associados," 94. Free translation.
13. Ibid., 94. Free translation.

From the 70's to the 90's

Jorge Königsberger

1990

on page 310

It hasn't been easy for our generation of architects to be acknowledged. Our years at the university were involved in dogmas. Brasília was seven years old, and modern architecture was calling the shots.

While the world was enraptured by the libertarian values of 1968, in the beginning of 1970's, Brazil was living the totalitarianism of right-wing politics. Those were years of polarities that halted the development of a generation that could barely express their ideas.

Back then, for us, designing was nearly painful. There was a search for a sense of order contradicted by reality. We lacked criteria and experience. It was still not clear to us that our difficulty to design a project was due to the ideologic pressure we were suffering, between the rationalist vigilance and the official, megalomaniac and hermetic architecture.

But the seeds of dissatisfaction, which gave rise to Venturi's ideas of "contradiction" in those years, were somehow among us. For us, the fifteen following years were of "slow and progressive" search and practice, just as the decompression of the regime itself. But they were also years to acquire the knowledge and tools we needed for the job.

The ideas of mass production and solutions, modular construction and order, which have prevailed for many years through the International Movement, couldn't answer most of our questions. We trained its concepts. We learned how to put its language into practice, how to manipulate its tools, how to use its resources, and we developed functional, controlled, clean, unerring projects.

Throughout this process, shared with so many colleagues, we often watched a parade of second-hand costumes, "already seen" and not updated projects, the translation of ideas and values unfamiliar to Brazilian social and cultural reality; ideas that were faceless, humorless, colorless, imprisoned and too safe.

We have also been witnessing the vulgarization of architecture with an explicit appeal to inconsistent symbols of "standard", "style" and "ascension", which are justified by seemingly "artistic" operations that disguise the lack of creative force.

Our culture is historically permeable, and the diversity that comes from it is its greatest treasure.

The acknowledgement of our cultural identity over this last decade of the century depends on our ability to uphold this treasure and transform it into effective creative strength, overlapping images, crossing technologies, searching for symbols, dissembling, assembling, coming up with solutions. There is no room left for monolithic "orders." In every aspect of Sciences and Arts, considering probabilities is safer than stating convictions.

The most intense and chaotic process of urban growth – taking São Paulo as a reference – suggests that the ideas of "order" require some updating; the search for order is an attempt to control, in different scales, processes and events. But considering the first law of chaos – random happenings are regular – and that this city is the expression of randomness, diversity is its common ground. Since this diversity represents freedom and individuation, creativity and tolerance, in our process of designing, we extend this idea to reach the person making use of the object being created, as a mirror and a metaphor of the cultural environment, as we see it.

On that ground, during the process of drawing and building, we have been progressively taking the risk (although in a controlled manner) of uncertainty, exploring probabilities, asking questions, forwarding images, and clarifying quotations that assemble our universe and our repertoire.

The project "Terra Brasilis", conceived in 1986 and so precisely and diligently executed out by RD Engineering, represents an instant of this process.

The project is portrayed here thanks to the hearty participation of a group of photographers who are also our friends and whose interpretations symbolize a broader viewpoint towards the community to which this work belongs and somehow reflects.

Text published in the book *Terra Brasilis*, organized by RD Engineering and K&V, with text by Ruth Verde Zein and an essay by 12 invited photographers [E.N.].

The immigrant
Gianfranco Vannucchi
1984
on page 311

When a building is more than just a shelter against bad conditions or more than just a trade object, when a building symbolizes a place and its people, when it becomes the concrete cultural expression of the pleasure of overcoming challenges and producing the "new/beautiful", when one achieves this hard work, the architectonic product will no longer have a "patron/owner" and will belong to all of those who can own it and establish an exclusive relationship with it.

Mother, lover, wife, grandmother. A city (the result of so many buildings) will only have loving, caring and proud citizens if they can intensively own her.

Jealous lovers of her beauty, her people will defend her against strangers and predators. Like children who are aware of their duties, they will respect the maternal blood that runs in the stony heart of her old walls.

The Italian, mainly, sees the city as a natural extension of his bedroom, the street is his backyard, the squares are his living room. Palaces are great sculptures in his vast garden. On board of the Boat of Life, the Italian crosses the Atlantic in the imperative attempt of survival, taking along his dreams of a "home/city." Little by little, he tries to put it back together, each vase broken into hundreds of pieces. He doesn't patiently, just like taught by his father, who was taught by his grandfather. Just like someone taught someone else, but no one knows when. Wisely, time passes by, refining his eyes and hands, like a genetic mutation, so he can leave his unequivocal mark. And it is the mark on the man's hand, the "knowing how to do it" memory of the anonymous workman's, the smallest detail, almost a signature, that weld the bonds of this chain. From the plaster garland hanging from the working-class house in Brás to Terra Brasilis' millions of vitrified tiles, we find the pleasure of doing it right, of observing closely, of stepping on and touching the material, now changed by the wise hands of the craftsman, who brings to life buildings that were once just lifeless drawings on the design of the architect.

Published in the preface of the book *Arquitetura Italiana em São Paulo*, Bruno Giovannetti, 1984 [E.N.].

Post-Paulista: Architectures from 'Terras Brasilis'
Ruth Verde Zein
on page 312

The history of 20th century architecture is yet to be written. This is not due to a lack of publications on the matter; in fact, there are plenty. Still, for the most part, these are either too narrow in scope (the work of a few authors, or a certain architectural theme) or they are panoramic – but merely repeat a biased, limited, and hierarchical narrative that was put forth a hundred years ago and still dominates theoretical, critical, and historiographical researches today. These great history textbooks and their triumphal narratives legitimize what should or should not be considered good architecture, shedding light on some indisputably high quality productions and leaving the enormous majority of current works in obscurity.[1]

Many of these works, which, in general, make up a significant portion of our cities, are still invisible to the history books. They were sidelined, ignored, and even vilified in such characterizations of architecture, along with entire decades of production. This kind of biased view affected how the 1960s were viewed by the so-called critical history textbooks, which were developed and published internationally in the 1980s.[2] Time passed, minds and fashions changed, and the 1960s were rehabilitated, even to the point of gaining a generative position in the regard of new generations of architects and critics from the 2000s onwards. In this turn of events, the villains of the plot were switched by decades: the period between 1980 and 1995, typically known for its many crises and discontinuities, are now increasingly devalued and thrown under the rug. This form of obliquity has affected many recent accounts of the history of modern and contemporary Brazilian architecture.[3]

Perhaps, for this reason, we lack the adequate framework to understand the production of several Brazilian architectural firms whose consolidation and expansion occurred mainly after the 1980s. Such a historical framework cannot be well put together without reviewing the very basis of what is accepted and understood as belonging to Brazilian architecture. For the discourses that delimit this imaginary identity, of a long-lived and perhaps already lapsed personality, were set forth almost one hundred years ago, retooled again almost fifty years ago, and repeated once more almost thirty years ago. And, as interesting and useful as they may have been in their time, these framed discourses are no longer able to deliver the message, and are only kept alive for lack of alternatives.

In order to change this state of inertia, a great vectorial force has to be applied. It may even be necessary to take what was thought to be known about all of this and turn it upside down. If constructed, this new framework should perhaps not be structured in the manner of the grand narratives. In order to visualize the 20th century from the perspective of the 21st, perhaps one would need to take a more fragmentary and episodic approach. This will be the case in the following parts of the present text, which will not be presented as a triumphal parade, but rather as a mosaic, with its parts coming together in the process without a predetermined design of what is to become of the whole.

Who Is Afraid of the Postmodern?

The philosopher Agnes Heller begins her book *A Theory of Modernity*[4] by stating that, today, the term postmodern is both a familiar expression and a slogan; and that the so-called postmoderns are as celebrated as they are vilified. She acknowledges that it is a contradictory expression. Yet she uses the term, not in a stylistic sense (postmodernism), but in a reflexive way. According to Heller, the non-reflexive use of the term postmodernism is naïve, because it continues to carry an stance, typical of the grand narratives, of demanding a necessary correspondence between truth and attitudes, while at the same time undermining them in an assertive and arrogant manner. The reflexive use of the postmodern term will accept its employment, but will also constantly question it. It can be said to be an ironic device, which treats irony ironically – that is, in a humorous way.[5]

Heller uses the term postmodern to qualify what she had already defined, in an earlier book – *A Theory of History*[6] – as "postmodern historical consciousness." She understands historical consciousness as a fundamental human attribute, that which actually makes us human. In the book, she describes and qualifies six possible stages of this consciousness, which are not intended to be successive and/or evolutionary in the Hegelian sense or, worse, in the positivist way, but only to discern six (historical) means of understanding history. One of them, which is of contemporary emergence, she adopts for herself: "the postmodern consciousness of history." Or, to put it in other of her philosophical terms, "the consciousness of reflected generality."[7]

For Heller, in this mode of historic consciousness, we, citizens of the present, become aware that we are only and solely responsible for the people and things of the present.[8] And we accept that "postmodernity is not a stage that comes after modernity, nor is it a recovery of modernity – it is modernity."[9] In other words: it is still modernity, but progressively gaining a certain degree of self-awareness. This is an awareness of errors and qualities; of mistakes and advantages; of the inheritance (in general problematic) that we have received and of the legacy (possibly also still flawed and contradictory) that we will hand down. We know what we know and, therefore, we know that we know very little, in the Socratic manner.

This initial digression is not superfluous. It springs from the need to face the question of the postmodern in a non-emotional, clear-headed, and non-manipulative way – because we are not in a theatrical play,[10] but in the life of architecture in the city. And in their stories of these pieces of work.

Is the architecture produced by Königsberger & Vannucchi (K&V) postmodern? Yes, in a certain sense – because, unlike in the field of philosophical thought, in the pragmatic life of building cities, things are always more dubious, they rarely allow clear-cut thinking and final proclamations that are also fair. Yes, it is postmodern because it is modern, because it is self-conscious, because it flirts with irony, because it accepts the world as it presents itself, stripped of the utopias of the early modernities. Or, it is not postmodern, because stylistically it does not provide enough tropes lightly identified with the title of "postmodernism", a term that, as I follow Heller, I don't care to use.

The Decade that Was Not Lost

As mentioned, the 1980s continue to have a very bad reputation. Perhaps because of the large shoulder pads and even bigger hairdos that were in fashion at the time. However, there are qualities present there which are still misunderstood or undervalued, even among professional architects and researchers. More recently, some of these characteristics have been taken up as objects of study; often, still, these are reviewed under limiting and preconceived notions about the decade, especially common among professionals who started their careers in the decades that preceded or succeeded the 1980s.

Superficially and schematically, one could say that architects working in the 1970s had become accustomed to a rapidly expanding professional practice, with incredible new job opportunities that gave way to projects on large scales, orchestrated by the flourishing technocracy from the developmentalism policies of the 1950s and, later, by the nationalist vainglory of the civil-military dictatorship of the 1960s and 1970s. In the 1980s, they were taken by surprise and had to experience the progressive depletion of this grandiloquent, state-run market. The neoliberal economic systems that were in expansion all over the world activated other market patterns, aimed especially at private agents. For reasons good or worse, there was a preference for doing business with large companies, which were able to amass several specialties. In the field of construction, the engineering sector prevailed, and architecture became subordinate, in a secondary role. This was a real disappointment for the ideologues of modern architecture, believers in their aptitude to design, intelligently and by decree, from the teacups to the largest cities, planning everything in a centralized and governmental way.

On the other hand, the generation of architects who began their careers in the mid to late 1990s, perhaps because they were disciples of architectural masters from previous generations, did not always welcome with gusto and confidence this remodeled field of employment, characterized by fierce competition, in the neoliberal fashion. However, whether they liked it or not, this generation experienced their arrival to this neoliberal market as an inescapable fact, in the face of which they adopted a pragmatic attitude of a postmodern frame. They encountered a transformed world, and, with sorrow, adjusted to it as best as they could, gouging with some difficulty their own work niches. And for this very reason, they have remained nostalgic for the prestige their grandparents' generation enjoyed in the 1950s and 1960s, maintaining a rather bellicose relationship with their predecessors of the 1970s and 1980s, whom they disown and do not recognize as close relatives.

Regarded thusly, in this superficial manner, the 1980s find themselves sandwiched between crises. Despite this trend in perception, the decade was not lost, as its ill-fated fame recounts. From any point of view, its importance needs to be recognized, at least, as the moment when the working conditions for architects changed completely, becoming what they are and remain today, for better or for worse – and, in the postmodern condition, the awareness of both instances holds sway as they are imbricated in disenchantment.

In Brazil or, more specifically, in the state of São Paulo (or perhaps in its capital – which, after all, was and still is where the pungency of the contradictions of neoliberal capitalism in South America can be found), some firms led this change in directions that were outlined during the 1980s, maybe by design, maybe by circumstances. And, because of that, these firms had an ample production that, quantitatively, deserves to be recognized, and, qualitatively, deserves to be studied. Nevertheless, the academic studies in the field of architecture, which increased exponentially from the 1990s onward, preferred to continue ignoring and, in part, underestimating the architectural productions of that time. By extension, much of the work of the architects of these offices was also ignored.

This production of the 1980s and early 1990s needs to be (re)cognized and (re)visited, now under a new directive. Such an attitude will be fundamental to renew stagnant historiographical discourses on modern and contemporary Brazilian architecture, as well as to understand or, at least, to give some clarity to some of the fundamental clues regarding the performance of the role of architect (as a working class) from that point forward. It is about time this prejudice was eliminated, now that we are well into the third decade of the 21st century. For this same reason, it's important that this book about the work of K&V exists.

When It Was Still Königsberger and Vannucchi

As an architecture journalist working for *Projeto* magazine from 1982 to 1996, I always made a point of visiting the works we were profiling, especially if I was going to write about them myself. I also did my best to talk to the authors, visit their offices, and visit the other projects of the companies. On these occasions, I was attentive to what they said and showed, but also to their workspaces, organization, archives, and who their collaborators were. I would listen to conversations in passing, apparently distracted, but registering them mentally – because everything matters.

A certain conversation that I remember happened once during a visit to Jorge Königsberger in his office. We were interrupted by a phone call from a client/builder. Jorge, in formal, polite language, questioned the delay in their payment obligations to his office, informing that he would send the invoice for the delay. This conversation, apparently banal, which took place almost thirty years ago, is not unimportant. It revealed to me a degree of professionalism in the conduct of business that I recognized, as the daughter of an accountant that I am, but that I had never witnessed in the Brazilian firms where I had worked as a trainee and architect, and later would visit as a journalist and critic. It also revealed to me a degree of mutual respect between architects and the other professionals and offices involved in the formal line of civil construction – the one that is approved by the competent agencies; financed by banks that only lend if they are sure of their return; publicized by magazines not only of architecture, but also of construction materials and business; and esteemed by corporate clients.

As an architect, whether as a student or as a professional, I have never been one to pull all-nighters to finish work. I prefer to organize myself and do everything on schedule. Maybe this is why I found that situation very instructive and interesting. There is not, nor does there need to be, in the general business of conducting the destinies of an architecture firm, a direct relationship between creative ability and informality of procedures and processes of design. And this has everything to do with the way this partnership, composed by two colleague architects, functioned at the time. It also tells of how the projects that originated there were born and established.

Despite being a business, the professional practice of Königsberger & Vannucchi was fundamentally linked to the study and research of national and international references as a basis and stimulus for its creative endeavors. In this, it was in line with the general rule: good firms had good libraries. I had the opportunity to confirm that fact in visits to other practices, on other occasions, in São Paulo, Rio de Janeiro, and other cities in Brazil. It is good to put this into context. It was the 1980s, imports were financially prohibitive, the Internet was a newborn idea, information percolated through collections of good Brazilian and international magazines and good books, almost all originating in Europe and in the United States. Very little or nothing of these publications came from Brazil and Latin America – but this was beginning to change, especially thanks to the Buenos Aires Biennials from 1987 onwards and the expansion of the architectural publishing market in Brazil, a by-product of the growth of academic research. However, this rule regarding knowledge of repertoire was not new. Good libraries were also present in the offices of the important Brazilian architects of the first half of the 20th century.

Perhaps what had actually changed was that, subtly, there was a new attitude by these architect partners in their free and unfettered rereading of the contents of these sources. This can be easily and unabashedly verified by observing their works.

The relative unity of gesture in formal, compositional, and constructive features, present in the canonical works of classic Modern Brazilian Architecture until at least the 1960s, was fading. Experimentation at all levels – from forms to materials, from composition to details – began to be pursued vigorously, perhaps too vigorously. The taste for novelty, by allowing experimentation, had an impact on the results, which frequently tended to go beyond the limits of good taste and composure, formerly consecrated by the modernity of the early and mid-20th century. These were times of liberation, in many fields: in the middle of the last century there was an upsurge of women's movements questioning their subordinate status; racial movements questioning their invisibility, and much more. But none of this had suddenly sprung into action out of nowhere.

Maybe it seems an exaggeration to say that the production of a prim and proper architectural firm, joining two architects that were well educated and, in this sense, traditional, from São Paulo families of European origins (German and Italian), was part of this great movement of breaking paradigms. But, still, all this contributed somehow for the ensuing change to establish itself and be amplified, inevitable. And the work of both, accomplished in those 1980's and following years, also played a role in this.

The Critic Is Independent, But May Like It

Those who are surfing a wave don't have the panoramic view of the drone filming from above or of the viewer from the future who is seeing that footage. But those who surf and are experienced at it know which waves to catch and which to let go. It is perhaps not a conscious decision, as it involves a very broad set of parameters to be considered in an instant. It could be termed *intuitive*, but not random, as it is certainly informed. This was perhaps the way I decided to write a critical text about the Terra Brasilis Building (1987), published in *Projeto* magazine in 1990.

I was already familiar with the works of Königsberger & Vannucchi, having visited several of their buildings, sometimes accompanied by the architects. Moreover, I live in the part of the city where most of them were built and I used to see them daily in the rain, in the sun, in the traffic, casually. I do confess that the Terra Brasilis Building was, among works by them that I knew, the one I liked the least. I felt a certain discomfort when trying to better understand that building. The causes of this dissatisfaction were several and were explored in the text I wrote at the time. One perception stood out: the authors of Terra Brasilis were made present in the building, deliberately, wanting not to go unnoticed. This was contrary to their previous practices of designing works of very good quality in terms of design and execution, but not excessively outstanding in the landscape.

> One of the most striking aspects of Terra Brasilis is its sense of urbanity, of course, in the São Paulo way. It looks like a corner building, with the upper floors curving away to attend to some ancient angular layout. But it is not a corner building. From the opposite side, it looks like a building stuck to the boundary of the lot, *entre medianeras*, with its blind gable anticipating the neighboring building. But it is not so, because of the setbacks required by zoning regulations for this type of "*isolated tower*." It also looks like an isolated tower, because it is meant to be seen from all sides. However, it is set on a relatively small lot. It looks like two or three different buildings leaning against each other, but it does not lose its unity of design. All these stylistic operations are employed to strictly serve the brief, which foresaw differentiated floors to compose the three vertical sections of the building and to install an urban context, despite its complete absence. It is as if the building were in the center of São Paulo, which is known for its discreetly deco buildings, with porticoes suggesting pedestrian galleries, with pillars and marquees from a 1950s Niemeyer, and with the apexes gaining heights with the voluptuousness of a Martinelli or a Flash Gordon. But the building doesn't really look like any of those. It only extracts symbolic sap from these references, recomposing them in such a way as to give it an air of *déjà vu* that is part of its spectacle.[11]

Terra Brasilis is a complex and contradictory building, perhaps less beautiful and less well composed than others more striking and instigating ones. It shows a more relaxed attitude that indicates a certain degree of maturity, the result of experience gained from many previous rehearsals. It is a project that stands out, like the cherry on top of a bowl of ice cream with many layers of color and flavor: an ornament, more decorative than useful, yet, attractive.

From that point forward, the work of these architects and their team would progressively change to adopt, more and more often, an experimental verve that may have culminated in the Top Towers Building (2005). None of this was visible when I wrote that text back in the 1990's – although it might look clear enough when I revisit the subject from the present perspective. Looking back allows us to perceive the consistency in their attitudes towards design, which became increasingly more playful, as it did in projects designed by other large São Paulo architectural firms, more or less from the 1990s onward.[12]

It is always difficult to know whether the changes, once they have happened, originated from contingencies and personal decisions or whether they followed, albeit inadvertently, indirect suggestions from the spirits of the times (which, perhaps, do not even exist). Perhaps it's even the combination of the former which results in the latter. Those who articulate narratives of history can fall into the temptation to create reverse prophecies. That is not the case here: the changes that occurred in the 1980s and at the turn of the following decade are evident today, but their causes, not so much. It is too narrow a view to try and understand them only as simple consequences of changes in social and economic structures. This may be a commonplace explanation, but it is incomplete and insufficient: there will always and inevitably be a certain degree of decision-making in the definition of any architectural form. Conversely, no change occurs only on an individual level, whether explicitly or not, a change occurs and subsists because it is part of a field of common and collective interest, which exceeds the individual place because it is part of the events of a certain time.

Architectural criticism cuts through, pastes and twists, historiography revises and composes. None of this has anything to do with taste, nor with the dazzled appreciation of works, whether by recognized masters, good architects, or novices yet to be recognized. It has to do only with the pleasure of navigating realities, as they present themselves. It also has to do with, even if fragmentarily, trying to better understand these realities, if not fully, at least by suggesting some lines of inquiry that may sustain future studies.

Making New York Something like Paris

In 1978, Caetano Veloso composed "Sampa," the song that is the unofficial anthem of the city of São Paulo; in the same year, he also created the song "Diamante verdadeiro."[13] Perhaps a little less known and celebrated, it is also, like everything by Veloso, a priceless gem. It sounds like a samba from the 1930-40s, perhaps something by Moreira da Silva, and one notices the innovative, fun and ironic footprint, characteristic of the best Brazilian composers of popular music, from Noel Rosa to Paulo Vanzolini. I would dare to say that his lyrics allow us a, let's say, postmodern reinterpretation. They have a certain Paulista flavor, as Veloso subtly mocks the indiscreet inelegance of those who raise and destroy beautiful things, like diamonds, which may contain less truth than their brilliance suggests. Loosely interpreting Veloso, the lyrics seem to suggest that in this universe of glitter and bubbles, where everyone wants to seem original, almost always and exclusively the results are counterfeits. It is not easy to have sovereignty in this world of shadows, blurred on the walls of the cave.

The architecture of the 1980s, especially the works produced by K&V, did not turn São Paulo into something that is like something else, on the contrary: they make this city what it is. Its identity is made of the complex mixture of many facets that daily dissolve in it, in this exuberant, ungrateful, fascinating, and productivist melting pot. That decade, those forms of architecture need to be seen, reviewed, analyzed, criticized, known, debated – no matter whom it hurts. And to accomplish this, there is no point in continuing to display things in a distorted way, through the lens of the prejudices of other times, of other historians, of other professionals. The city of São Paulo is also naked, as are all the other great metropolises on this planet, in these centuries of excessive, self-destructive, smoke-filled growth. But we will not understand it or its architecture by being too embarrassed to look it in the eye. And only the fuller understanding of the present time can, in fact, bring about the awareness of the right actions to be practiced here and now – as Agnes Heller suggests.

Notes

1. The author has been working on this theme for some time, cf.: Ruth Verde Zein, *Leituras críticas*; Ruth Verde Zein, *O vazio significativo do cânon*; Ruth Verde Zein, ed., *Revisões historiográficas: arquitetura moderna no Brasil*.
2. The theme of this bias affecting the 1960s was first considered in: Ruth Verde Zein, "A década ausente." *É preciso reconhecer a arquitetura brasileira dos anos 1960-70*. Since then, the tide has turned, naturally thanks to the efforts of numerous authors.
3. The "unimportance" of the 1980s is present in a more or less implicit way – either in critical texts or by the choice and inclusion (or exclusion) of works from this period – in compilations about modern and contemporary Brazilian architecture by some renowned authors: Lauro Cavalcanti; André Correa do Lago, *Ainda modernos? Arquitetura moderna e contemporânea*; Fernando Serapião; Guilherme Wisnik, *Infinito vão. 90 anos de arquitetura brasileira*. On the subject, see: Ruth Verde Zein, "Que sea infinito mientras dure."
4. Agner Heller, *A Theory of Modernity*.
5. Ibid., 2.
6. Agnes Heller, *A Theory of History*.
7. Ibid., 28-32.
8. "The present world is eminently important for the denizens of this world, not because it is better or worse than other worlds, but because this is the world in which we are in charge of certain people and things. The sense of being in charge is incipient in the reflected postmodern consciousness." Agnes Heller, *A Theory of Modernity*, 4.
9. Ibid., 4.
10. I refer, of course, to the play "Who's afraid of Virginia Wolf", from Edward Albee (1962), a title that, by the way, makes irony with the story of the fable collected by Charles Perrault, "Little Red Riding Hood"; in the "sturm und drang" movie version of 1966 it was embodied, symbolically, by Elizabeth Taylor, and the big bad wolf, by Richard Burton.
11. Ruth Verde Zein, "Complexidade e contradição à paulistana."
12. A notable contribution on this topic is the recent book about the production of the firm Ruy Ohtake Arquitetura e Urbanismo: Abilio Guerra; Fernanda Critelli; Silvana Romano Santos, ed., *Ruy Ohtake, arquiteto*.

13. "Nesse universo todo de brilhos e bolhas / Muitos beijinhos, muitas rolhas / Disparadas dos pescoços das Chandon / Não cabe um terço de meu berço de menino / Você se chama grã-fino / E eu afino / Tanto quanto desafino do seu tom / Pois francamente, meu amor / Meu ambiente é o que se instaura de repente / Onde quer que eu chegue só por eu chegar / Como pessoa soberana nesse mundo / Eu vou fundo na existência / E para a nossa convivência você também tem que saber se inventar / Pois todo toque do que você faz e diz / Só faz fazer de Nova York algo assim como Paris / Enquanto eu invento e desinvento moda / Minha roupa, minha roda / Brinco entre o que deve e o que não deve ser / E pulo sobre as bolhas do champagne que você bebe / Eu bailo pelo alto de sua montanha de neve / Eu sou primeiro, eu sou mais leve, eu sou mais eu / Do mesmo modo como é verdadeiro / O diamante que você me deu." Caetano Veloso, "Diamante verdadeiro," 1978 Song released on Maria Bethania's «Álibi» album, 1978.

Summer Houses

Luciana Tombi Brasil

on page 324

> Anything I do is meaningless if the house burns down. And even then, precisely while the house burns down, one must carry on as usual, doing everything with care and precision, perhaps with even more zeal – even if no one else notices. It may be that life disappears from the face of the earth, that no memory remains, for better or for worse. But you carry on as before, it's too late to change, there's no time.
> Giorgio Agamben, *When the house burns down*[1]

It is possible to tell the history of 20th century architecture through the development of single-family housing. The house, whether simple or monumental, has been the test laboratory for architects' in relation to the constraints that involve nature and landscape, the city, construction technologies, the internal logic of program operations or even their symbolic, cultural, and social expressions. To return to this topic, previously discussed almost to exhaustion, challenges us to look once again at this object as the primitive locus of the experience of inhabiting the world. It is also generally considered that the inaugural productions of an architect are a kind of manifesto of their architectural ideals as they look to build their own formal language, as an extension of themselves, with freedom to experience what will be the foundation of the subsequent development of a prominent body of work. These inaugural buildings are an opportunity to build internally what will be generously offered to a huge number of customers in the future.

The heterogeneous condition of Brazilian architecture between the 1970s and 1980s forms the contextual universe in which the four summer houses designed by Jorge Königsberger and Gianfranco Vannucchi were built, three of them on the north coast of São Paulo – two in Ubatuba, one in Ilhabela – and one of them on the south coast of Rio de Janeiro, in Paraty. In this sense, these summer homes become fertile grounds for trials in design[2] guided by constructive systems and briefs that are, to a certain extent, innovative, revealing ways of doing things in dialogue with the natural condition of the existing landscape, associated with the training received by the architect duo.

Forced to deal more frequently with hostile natural conditions, non-urban architecture will often be faced with challenges posed by the geography of coastal areas – topography, types of soil, native vegetation and climatic variations, tides, winds, rainwater, and the merciless sun.

And if, on the one hand, the design of these houses will be a trial ground for young architects to put their knowledge into practice, on the other, it is through the encounter with local architecture and labor that new references can emerge, which might serve as decisive contributions to the projects, as opposed to ways of building which are strictly based on consecrated repertoire. If regional construction techniques are sometimes ignored because they are seen as lesser facts of production, it can be said that it is precisely in this encounter between local culture and the ideal conception of the project that the architecture of these summer houses is established, since the implementation of these works might function as responses to a careful reading of the conditions of the place, for instance, in the appropriation of construction techniques guided by local knowledge using materials such as stone, clay (brick), and wood, in an alliance with the conception of rational and universal design.

These small pieces of exception, the summer homes, operate as a laboratory for the practices of inhabitation and are also subjected to other rationales of everyday life, given that summer homes usually lie in waiting for long stretches, and time acts slowly on these constructions; their inhabited lives wait for their guests for months on end, in solitude, and time thus builds its own layer of existence.

Beach houses mark the beginning of these young architects' careers in the 1970s and 1980s, the latter of which constituted a decade when Brazil was timidly rehearsing its exit from military dictatorship and Brazilian modern architecture was still sailing firmly along the tide of the developmental agenda. In this context, summer houses represented an inversion in the recognized logic of the large reinforced concrete projects of the time. Still, it was also in the 1980s that interest in the subject of vernacular architecture was reborn, albeit as a form of typological analysis, in an attempt to distinguish the dividing lines between colloquial architecture and monumental architecture.

> Lina Bo Bardi proposes in 1984, shortly after the inauguration of Sesc Pompeia, the exhibition *Caipiras, capiaus: pau-a-pique* which marked a remembrance not only of vernacular architecture, but also of the imagery constructed by Lúcio Costa's synthesis – by means of which Bardi wove the Ariadne's thread of a remarkable investigation of Brazilian vernacular culture with an elegiac tone, for the death of a tradition.[3]

Also in 1980's, more precisely in 1981, *Contemporary architecture in Brazil*, by Yves Bruand, was published. It was a work about Brazilian modern architects, in which regarding Lúcio Costa, Bruand wrote:

> All the attempts he made into finding a new vocabulary, which would be at the same time international and local, modern and linked to the past, were readily studied and served as sources of inspiration for an active movement of research with this main directive, resulting in one of the most striking features of the new Brazilian architecture.[4]

Which indicated that there was not necessarily an orthodoxy of thought regarding the direction of Brazilian architectural production at that time, a line of thought that became ever more complex in the following years, especially for those who vainly tried to simplify it.

So far, we have sought to delineate the context for understanding the beach houses by Jorge Königsberger and Gianfranco Vannucchi, circumscribed to enable insights into the affiliations and origins of their architecture. Further in this exercise, we attempt to discern to what extent the houses were formulated in direct relation to the immediate reference of Casa da Lagoinha, by Carlos Millan.[5] In this sense, it is possible to affirm that their architecture at the time operated as a viable exchange between colonial tradition and a tour de force in the development of modern architecture, such as proposed by Lúcio Costa, or, perhaps, it might even be seen as forms transfixed by "critical regionalisms", as pointed out by Kenneth Frampton.

Thus, in an attempt to explore relevant influences and suggest that the meeting of two distinct academic backgrounds – Jorge Königsberger, graduated from the FAU Mackenzie in 1971, and Gianfranco Vannucchi, graduated from FAU USP in 1975 – can also disclose considerable evidences for historiographical analysis, what we intend to do here is much less ambitious, as "we cannot avoid looking at the work through the biases that shape our gaze, which is never innocent – even when it is not yet consciously reflective."[6]

Later in the text, we move on to the search for traces found on graphic pieces, photographic records, interviews, and visits, as a way of understanding, less through the discrimination of forms or types not usually found in the "architecture of architects", "erudite" or "monumental", and more by revisiting, or in some cases, visiting for the first time a small part of the firm's vast production.

Between 1978, the year of construction of Praia Vermelha House, in Ubatuba (Antônio Lima Residence), and 1994, year of construction of Praia Brava House, in Ubatuba (Gianfranco Vannucchi Residence), the office designed and built around 150 projects of the most varied kinds, including urban residences, commercial buildings, bank branches, interior designs, projects for institutions, commercial complexes, factories and others, working with expressive varieties of languages, strategies, approaches, and construction technologies. In this interval, there were also the constructions of Ilha do Araújo House, in Paraty (Jorge Königsberger Residence), from 1981, and Praia da Feiticeira House, in Ilhabela (Vera Schmuziger Residence), from 1988.

The choices of materials and construction techniques employed in these summer homes point to the matrix of the *paulista* rural house and the expression of a finely-fixed measure that relates the design procedure with the working process, given that the raw materials (earth, stone, and wood) will be transformed into a new object that is synthetic, clear, direct, and, to a certain extent, didactic, since it will announce itself as exactly what it is. When going over some pieces of the original designs, one can observe the reasoning behind the processes, the drawings made by hand, controlling the appearance of a new object that is formed with rigor and corroborates the conception of its constructive aspects.

Moreover, in the projects of these houses there is a desire for poetic research, focused on developing the available space as places of gathering, comfort, and warmth; a long embrace that establishes itself against the straitjacket of smooth, transparent, colorless, and apathetic modernity to which other designs will be subjected.

Thus, our gaze concerning theses productions is constituted by thinking that the work is alive and open to interpretations and that it is still possible to believe that "we need to take advantage of what little remains of constructive traditions and, above all, of moral traditions, since even the most beautiful words have already lost their real and true meaning in this era."[7]

Between Heaven and Earth, the House

In the spatial continuity proposed in the summer homes, the dimension of the landscape expresses the problems faced by the architects in what is perhaps the *raison d'être* of these houses, the dialogue with the place, the dialectic that is established with the choice of the site for implantation, a decisive factor that arises as a landmark in the face of the natural elements, allegedly idyllic.

In this case, the symbolic action of marking, locating, and implanting a house in nature consists of fixing a point of existence – to build, to inhabit, the materialized Heideggerian to think. It is about overcoming the problems of the place, but also revealing and systematizing the resources available for construction. Therefore, the work is not isolated from its context, nor does it emerge as a purely abstract and intellectual operation, but, on the contrary, it is subject to existing material variants. This seems to be a strategy that draws together two apparently separate elements in the design procedure: the world of reality and the world of ideas.

Almost forty years after the construction of these houses, it is possible to look back at the tension between two major elements: in the one hand, the history of these places, the Atlantic Forest, the relentless humidity, the original inhabitants, the caiçara contribution, the colonial constructions, and the sea with its tropical violence; and, on the other hand, the condition of transformation prevalent in these regions and the impact generated by the way they have been occupied over time. Faced with the truth of contemporary environmental changes, what these houses express, as forms of resistance and proposals of alternative paths, relates to "one of the most important problems for an architect, which is to make progress compatible with the humanity that radiates from older buildings."[8]

The original landscape is only minimally altered with the intention of giving these houses opportunities to be tied to the land. They are embedded there and from the land they emerge as a continuation of what is threaded upon, until you reach the beach following paths of stone. In such a manner, the houses are seeded on the ground as if they were sprung from this foundation where architecture was planted, and this action of continuity is configured as a stereotomic podium, in unison with the earth, momentous.

Such is the case of the houses in Praia Vermelha and Praia da Feiticeira. In the other two cases, the houses of Ilha do Araújo and Praia Brava, the implantation takes place as a means of dealing with the difficult topography of the sloping hillsides, and the aim is to establish a platform that organizes the social areas linked to the balconies, which serve as points of observation of the landscape and the sea.

When observing the plans for these houses, there is a rigor in conceiving the rational structure, which can be seen in practical and efficient resolutions for the use of integrated spaces through elements that allow the continuous flow of air and light. The use of brick in all cases responds efficiently to the constructive problems, providing the desired thermal regulation for hot and humid days, but also for colder days on the hillsides. The openings, when internal, also take advantage of the seam and laying of these bricks, in vertical planes that allow the play of light and shadow. In the case of external openings, windows and shutter doors allow open communication with the outside environment, a crucial index of the design projects of these houses. The roof coverings using clay tiles allow rainwater to run smoothly along their inclined planes, in addition to providing effective thermal regulation, unlike the complex constraints imposed by flat concrete slabs.

The dialogues with rural or vernacular São Paulo architecture or even with some of the compositional principles pointed out in these solutions are prolific and could result in long technical analyses of the devices that guarantee excellent solutions for thermal matters, for overcoming the salt spray of sea air, or for avoiding landslides. However, we prefer to look at these achievements from the perspective of expression of an architecture that affirms the inherent quality of what appears as effortless, atavistic resistance from the land of Cunhambebe. The materials are not mixed up, they appear in their pure form and express their essential function: structure, closure, opening, coverage, separation, protection.

The designs denote the process, starting from what was done by hand, in the gesture of abstract resolution on paper until it became that which the body experiences in reality. Thus, time and nature are not artificial representations of the world, but do place the inhabitant of these houses in contact with memory, a process of subjectivation through immanent experience, separated from notion of an ordered and fully coherent universe, therefore linked to reality, apprehended by the senses of the body, tactile.

In these summer houses lies a way of thinking and expressing architecture based on a symbolic act independent of dimension, scale, or architectural problem, since, according to Jorge Königsberger, essentially "the art of architecture is the ability to transform it into an object of expression."

Praia Vermelha House, Antônio Carlos Fernandes Lima Residence, 1978

The house, of 200 square meters, located on Praia Vermelha do Sul, also known as Praia dos Arquitetos,[9] in Ubatuba, is currently immersed in robust vegetation, placed near the main avenue of the neighborhood and not far from the sea, at a low elevation. It is organized as a pavilion covered by a gable roof, a simple and precise strategy derived from paulista rural architecture tradition. The pavilion houses sections that do not reach this roof with their particular geometries, and the ceiling is done in the *paulistinha* style. These sections, sometimes curved, sometimes orthogonal, house bathrooms and bedrooms and generate a free, open, and airy intermediate space between the ceiling and the roof.

This organizational strategy creates a partially free, fluid, and asymmetrical plan that allows interior/exterior spatial integration, clearly separating the social and service areas from the private areas, with structural modulation marked by eucalyptus trunk pillars measuring 20 centimeters in diameter.

The brick floors, continuous throughout the house with the exception of the burnt cement used in the wet areas, unifies the floor from the porch to the internal living area and the kitchen, which is separated by a low partition and an open cabinet, in reinforced mortar, a feature that will also appear in the other houses. The perception of continuity is accentuated when all the shutter doors and windows are open and the general space begins to be perceived as a single horizontal plane of floor that gently unfurls to allow the transition into the natural areas.

Windows and doors are painted blue, with orange outlines, references that reappear on the bathroom walls highlighting the visible plumbing installations, something that is present throughout the house, always in blue. The use of colors accentuates the material and expressive qualities of this type of architecture. Between figure, background, and outline, the theme is recurrent in the chromatic experiments done in their projects for summer homes.

The light that bathes the internal space is controlled by shuttered doors and windows which, when completely open, guarantee full lighting; when closed, they plunge the house into near darkness, permeated by threads of light that descend from the unlined roof accompanied by the electricity wires, which are loose and visible, with on and off plugs, as they were in many traditional houses of old. The internal sections are curved and done in whitewashed brick. They gain great volumetric expressiveness by the grace of these spears of light filtered through the roof's clay tiles. The house is immersed in an aura of something that had been lost in time, in the fog of living, a theatrical and ghostly historical record.

The ceiling linings, restricted to the private sleeping and bathing spaces, are essential in rural homes, since the house is in contact with nature and subject to the appearance of insects, birds, and bats (in this case, inhabitants of the forest that occupies the coast), causing living to be an experience of transmutation.

Lemos once stated: "It is impossible to live in folklore", when referring to his attempt to live in the first *caiçara* house he acquired in the area. Lemos attempted to use in his own house on this beach, designed in 1975,

> techniques and materials used in local houses [...]. Bricks, clay tiles, and eucalyptus logs. [...] combining modernist presuppositions with local traditional knowledge, in the light of personal interpretations, of course. Seemingly, the resulting architecture is more in tune with *bandeirista* traditions than with the colonial architecture from Minas Gerais, which was the matrix of Niemeyer and Lúcio Costa's experimentations.[10]

The arbitrary curvature (especially in the couple's suite, where the bed and the internal space of the sleeping area are elements that do not communicate geometrically) signals that the value of the experiment supersedes the easy search for comfort by pursuing a specific performance that is rigorously fulfilled as a functionalist investigation. In this manner, the spaces distributed throughout this pavilion shape both privacy and social life as parts juxtaposed in austere modular responses.

Thus, describing the house is rather difficult, as it is rustic, caiçara-influenced, rural, simple, uncluttered, and experimental. In addition, description wouldn't be enough because the house is of such raw beauty with its loose volumes hinting at the dance of their geometries in the face of modulated rigor. The soulful play of volumes beneath the light is here a kind of laboratory for testing forms, in the tension between the orthogonal regularity of organizational reason and the poetic action that transforms budgetary limitations into other ways of making architecture, beyond reinforced concrete.

Ilha do Araújo House, Jorge Königsberger Residence, 1981

Ilha do Araújo is a caiçara community in Paraty Bay, two kilometers long and one kilometer wide with approximately 600 inhabitants, who live off of fishing. The island is home to a little church whose patron is Saint Peter. The house built by Jorge Königsberger there is minimal, measuring 74 square meters, and it shows that not everything is a matter of size but, in this case, of scale. Pevsner in his introduction to *An Outline of European Architecture*[11] writes the memorable phrase: "A shelter for bicycles is a building." Thence, a reflection is conducted on domestic architecture and how it admits even the most minute components as its starting point. This implies programmatic simplicity, due to the short time that separates the idea from execution and the austerity that involves scarce financial resources.

In the steep topography of the hill, implantation is resolved with a stone support that adjusts the house. The pillars that hold up the small balcony, which extends over the landscape, and the internal structure of the house are also made of the same material. It is a retreat amidst exuberant nature, providing a direct and close relationship with the sea. Access to the house is strictly via boats and, once off the boat, you reach the house by a trail in the woods. Looking at the ocean from the balcony is like looking at the continent, being able to see it from a displaced point of view and noticing the diminutive presence of a tiny island in relation to the great immensity beyond. In this refuge, architecture is a shelter from wild nature and the numerous restrictions it imposes, as the design corroborates the idea of privacy and rest, away from the crowd, a respite.

This little house-refuge is a return to origins, a form of primitive *oca*, in a process which concerns reevaluating what is involved in recovering domestic models of vernacular architecture, in the traditional relationship of the caiçara house, with elements such as balcony, living room, bedroom, bathroom, kitchen, and gable roof. The materials employed are whitewashed brick, stone, and wood, revealing the more properly iconic meanings of the "vernacular image." The balcony is delimited by wooden benches, placed between stone pillars, a feature that will also appear in the other houses.

The windows delineated by wooden frames with glass on the outside and full upper openings on the platband allow continuous ventilation and make reference to colonial architecture. The doors that open completely onto the balcony reiterate the idea of a continuous platform starting from the living room, which will appear again at Casa da Praia Brava, in Ubatuba, similarly located on a hillside.

The elements, as they are finely tuned, promote the simplicity of a fantasy life, combined with the organic relationship with nature, a reminder of the origin of the idea of housing that reiterates a notion that "a house should be like a soul that is open to the things of life."[12]

Praia da Feiticeira House, Vera Helena Schmuziger Residence, 1988

The landscape of this stretch of Ilhabela coast reveals the power of tropical nature with waterfalls and exuberant rock formations, where a sugar cane mill, Fazenda São Matias, operated in the 18th century – a building that still exists on the site, an uncomfortable remembrance of slavery. This enclave leads us to the figure of Maria Perpétua, the "witch" of São Sebastião, who lends her name to Praia da Feiticeira ("beach of the witch"), according to legend.

> The devices for monitoring work in private areas of the building are notable, as well as the choice of porch spaces to ensure good orientation, a clear view and an adequate position. At Engenho São Matias, work inspection was carried out through an internal platform, facing the covered work spaces and the outside. The porches [...] facing the sea, simultaneously constitute elements of access to the residence and commanding positions, in the landscape and in the space that surrounds the building.[13]

The house of 230 square meters sits on plateaus, following the contour of the lot's natural profile, which speaks to a knowledge derived from the first buildings of the coast, remnants of the 17th century. The house is organized into two parts, connected by the hydraulic plumbimb of the bathrooms, reminiscent of Marcel Breuer's binuclear houses, by marking the vertical volume where the water tank is stored. These features give rise to an expressive roof, generating a beautiful inclined plane, also the product of the work of a local builder, Mr. Anselmo Turazzi.

The internal and external areas merge, revealing rooms, balconies, and kitchen integrated with the sets of small stairs that dissolve while resolving the unevenness of the grounds. The house becomes a stroll through these plateaus, created to accommodate the exuberant four bedrooms, two bathrooms, living rooms, balconies, and kitchen. Thus, the plan for this house states that this is not about minimum space, nor about the game of containment – the living areas are generous, spacious, and luminous, in open dialogue with nature.

Still on the organization of the floor plan, regarding the division of social areas (living/dining) and service areas, linked by the bathrooms to the privacy of the bedrooms, the design reinforces the centralized use of bathrooms and proposes bedrooms without suites, making these connective spaces, not just a circulation areas, but an unusual meeting grounds. A way of organizing the house plan based on the reworking of consolidated structures is at play here, so are ideas about public and private use, as well as the daily dynamics of the house. And although this is the largest house among the four presented, the spatial amplitude reinforces the idea of connecting social and private areas, as well as nature, in coexistence. Consonantly, one avoids the use of ultra-specialized areas such as suites and other countless rooms dedicated to individual enclosure, a typical feature of the contemporary condition. Perhaps, at the time of its construction, people still believed in the richness of exchanges provided by meeting other people.

Thus, some previously used solutions reappear here – the stone foundation that grounds the house to the land, the use of whitewashed clay bricks, the integrated kitchen divided by a low partition, and the fixed bunk beds in the bedrooms, next to the blue doors and guillotine windows of wooden frames, in an explicit reference to Casa Lagoinha, designed by Carlos Millan. Elements such as fixed cabinets and reinforced mortar shelves also affirm the logic of the other houses, stating once more the coherence of a stripped-down approach to solving the problem of the house's functionalities. In this particular case, the vertical planes of patterned bricks, painted white with interspersed laying, create small voids between the pieces, hollow elements that allow air and light to pass through the areas. This feature creates a visual experience with the light that passes through the small openings, illuminating the house in a soft and graceful manner, including its highest sections, close to the ridge of the paulista-style clay tile roof.

One can also appreciate the surrounding landscape from the wooden benches and low walls of stone that outline the balconies. This allows for an area, under the generous shade of the roof, to enhance the perception of being in contact with the surrounding nature, even if it is in a protected manner. If in colonial houses these terraced spaces were safe-guards for vigilance, against the arrival of possible invaders, or aimed at the strict control of farm workers, in the 20th century house there is pleasure in listening to the birds, admiring the vegetation, and daydreaming to the sound of the waves.

Praia Brava House, Stucchi Vannucchi Family Residence, 1994

The sea at Praia Brava in Ubatuba can be seen from amidst the Atlantic Forest. Birds rush by, hurriedly, among the flowers. Ferns and palm trees have multiplied in an environment which is conducive to their exuberant existence. The house has been landed on a hill, taking advantage of the topography to lean on pillars and stone walls, so that it rests on the ground, but also floats towards the view, boasting its wooden deck that makes you want to save the moment for a lifetime, a unique sunrise or sunset.

The house, of 180 square meters, does not lend itself to the simplicity of a barefeet approach, its existence is ambiguous: it is both a beach and a forest, sea and mountain, fish and bird. It keeps a distance from the sea, and this mirage becomes a transient work of art that flirts with the light, which, over time, modifies the landscape.

The original house that once gave way to this one belonged to Mr. José Maria de Paula, a caiçara inhabitant who also served as foreman for the construction of the new house. The project, designed in 1989, which reemploys the house's old balcony as a new dining room, also adding a decked patio – the concept of *spontaneous architecture* that Lina Bo Bardi brought from the Italian circles of the 1930s, even though it was more socially engaged than the image created by Lúcio Costa, was explicitly an urban perspective, in which the rural porch was seen as the living room of the house and its surroundings –, and dates back to the period of the Tom Brasil project (1994), in Vila Olímpia, signaling the culmination of the duo's search for different architectural languages. And there are references to Wesley Duke Lee, Carlos Fajardo, and Luis Barragan. Wood, stone, painted bricks, burnt cement floors are in dialogue with colors that present themselves as the experimental life of the house on its surfaces. These are both material properties and a form of chromatic research: blue on the walls, green on the doors and windows, yellow for the beds and closets. This painting is done directly on the materials and it assimilates their tactile characteristics.

The concrete and mortar walls and shelves store small collections of objects from daily life, memories with "slender and careful designs, [...] volumes incorporated in a gradual and proportional manner onto the walls of the house."[14]

Constant ventilation allows air to pass through the bamboo slats on the high contour over the balcony windows, a feature added to the original project that is transformed into a dining or living room. One perceives the delicate proportion, the welcoming ceiling height, the generous openings, and a sofa under the window for those who want to read a good book – the sofa next to the window is also reminiscent of Casa da Lagoinha, by Millan, which was often visited by the architect's family. The interiors are extroverted, making the house airy and bright.

In the silence of the night one can hear the sea at a distance, or perhaps this sound is a dream, but, with it, comes the certainty that the sea has licked the house with its salty oxidations, and the architecture withstood its test. Mature and well-preserved, the house does not oppose the action of time and has reached an agreement with it, achieved by one who has been there for over thirty years. There lies the synchrony of the landscaping created by the hand of man, symbiotic with the native landscape, the immanence of material reality realized by the senses of the body: coexistence between human and nature.

The view from the houses furthest from the sea is geared towards the immensity of the ocean. From the hills, next to the Atlantic Forest, one can perceive with amazement the force of nature, which once had a great impact on a certain Italian immigrant who arrived in Brazilian lands at the age of eleven. It was Gianfranco Vannucchi.

Notes

1. Giorgio Agamben, *Quando a casa queima*.
2. See Beatriz Colomina, *La Casa de Mies: exhibicionismo y coleccionismo.*
3. Francisco de Carvalho Dias de Andrade, *Uma poética da técnica: a produção da arquitetura vernacular do Brasil*.
4. Yves Bruand, *Arquitetura contemporânea no Brasil*, 67.
5. Paulo Mendes da Rocha, "Recordações de uma singela casa," 89.
6. Ruth Verde Zein, *Leituras Críticas*, 24.
7. José Antonio Coderch, "No son los genios lo que necessitamos ahora," 81.
8. Kenneth Frampton, "Homenaje a Coderch," 4.
9. In 1969, Leon Sisla began to subdivide the land for sale, at the time, he sought out architect Carlos Lemos to approve a proposal. Lemos adopted an approach that would preserve, as much as possible, the natural vegetation on the seashore; the *jundu*, on the hillside; and in the strips bordering the streams. The first architects who ventured to build in the area, known for the difficulty of access, were responsible for giving the are its informal epithet.
10. Cf. Entry from Enciclopédia Itaú Cultural de Arte e Cultura Brasileira about Carlos Lemos.
11. Nikolaus Pevsner, *An Outline of European Architecture*.
12. Lina Bo Bardi; Marcelo Ferraz, *Lina Bo Bardi*, 126.
13. Luís Saia, *Morada Paulista*, 153, 159.
14. Matheus Pereira, "Clássicos da Arquitetura: Casa Ubatuba / Königsberger Vannucchi Arquitetos Associados."

Technology and Industrialization. The Case of Condominium Club Ibirapuera

André Marques

on page 340

A matter in which there is no doubt is that doing architecture means constantly having to conduct negotiations, make arrangements, and establish conflicts. And those who want to stay outside of conflicts don't build. Or they build badly, that is, they reduce the problems, they set aside whatever or whoever could cause problems.
Brigitte Fleck, *Álvaro Siza*[1]

Many are the challenges faced by architects during the execution of a project, such as technical issues, matters of construction, local conditions (climate and topography), urban design, social demands, different legislations, etc. However, two aspects especially stand out: on one hand, the demands imposed by the construction market, like the reduction of project costs and the development of a final product that is commercially viable; and, on the other hand, the problems inherent to human habitat, such as privacy issues, flexibility in the arrangement of internal spaces, and adaptation to the habits of each resident. In this sense, Condominium Club Ibirapuera is an exemplary solution when it comes to an architectural ensemble of vertical towers destined for habitation.

Designed by architects Jorge Königsberger and Gianfranco Vannucchi between 1993 and 1996, the Condominium Club Ibirapuera is a pioneering proposal in the real estate market, as it created residential buildings supported by a foundational structure full of different activities that provide conviviality and leisure, just like a social club would. Besides the traditional notion of a room for events and a swimming pool, the proposal from Brascan – the developer responsible for this complex – was that the first floor could contain facilities such as a sports court, playground, gym, game room, toy room, sauna, children and adult swimming pools, a movie theater and a restaurant. Still, it is not only the will of the market and the specifications of a brief that define or guarantee the quality of a project. It takes the expertise and skill of an architect – in this case, of the architects – to engineer and build successful solutions. The proposal, innovative at the time, to live above a clubhouse, later, became commonplace; several developers tried to repeat the formula. However, even today, thirty years after its construction, the solution applied by Jorge and Gianfranco remains unique and results in a much better concept than the most recent examples of the genre. The change in legislation was the main factor, as it affected both the maximum building height and the increase in the functionalities of spaces for collective and private use at the base, the active façade. In the case of the Condominium Club Ibirapuera, instead of compartmentalizing the various uses on the ground floor, the architects were savvy in providing a landscape design to utilize the empty, unbuilt spaces on the lot.

Elaborated in collaboration with Benedito Abbud's firm, a frequent partner of Königsberger & Vannucchi (K&V), the proposal for the landscaping of the condominium sought to delimit and protect the spaces for each use, with different floor designs and vegetation. After years of consolidation, it is still possible to notice the quality of this proposal. The diversity of the functionalities enhances the desired conviviality at the same time that their disposition in the lot and the care given to the landscaping avoid possible conflicts of this social atmosphere. Examples of this are the measures for sound containment and the concern to solve, with vegetation, the interstices between buildings, in the sections where they are closest.

Condominium Club Ibirapuera was built on a rectangular plot of 72 meters (front) by 116 meters (depth), i.e., an area of 8,352 square meters. And it needed to meet a programmatic demand set by the legislation in force at the time: a floor area ratio of four times the plot area with a 30% occupancy rate. The premise set by the developer was to use the entire floor area coefficient, but maintaining the lowest possible occupancy rate[2] – in order to free up space on the ground floor as much as possible for areas of collective leisure – and establishing the distribution of the apartments into four towers.[3]

At this point, our reader would need to understand that, given the premises set by the developer, the architects' role was of relatively minor importance. However, after these premises are set, a process of negotiation, compromise, and conflict resolution begins, through a methodological process in which a precise survey of the problems is fundamental for the construction of the architectural solution. It takes a lot of knowledge of the discipline and a lot of skill to meet the demands of a client and, at the same time, design architecture and spaces of quality. The implementation of four towers and the economical use of three elevators per tower – a social elevator for each pair of apartments and a service elevator shared by the four apartments on the floor – could easily lead to a standard "H" building solution: two slender volumes, with two units each, connected by the service core, with electric, hydraulic installations, and circulations (stairs and elevators) on this vertical axis. Notwithstanding this expectation, the project unfolded a sophisticated building design of a different quality.[4]

The plan, of a circular base, is intercepted by two diagonals that, in addition to holding the private environments, define the main circulation of the residence. The decision to use this geometric composition allowed for an undermining of the feeling of strangulation between the buildings and guaranteed the privacy of the apartments, since the circular shape increases the diagonal distance in comparison to square solutions. In the sections with shorter spacing between the towers, two water mirrors were planned: the first, more regular and geometric, originally boasting a sculpture, but now with a water fountain in the center; and the second, more organic and natural, functions as a carp pond; both are surrounded by vegetation. These water gardens ensure that there is no permanence in those spaces and, therefore, protect the windows of the bedrooms, providing them with silence and privacy. It is worth mentioning that the geometric composition of the plan is very subtle. For those who experience the project, the circular formal structure is only perceptible in the balconies and in the base of the towers.

> Despite the orthogonal and symmetrical plan for the four towers, their formal solution, transversal and rounded, widens visuals and draws them away from one another. It is both cause and consequence of the plan that, in the type units, the rooms are implanted always at 45°, avoiding the front, back and transversal axis of the clubhouse. This organization also avoids creating rooms that would face other rooms, turning service areas to the sides and social areas to the front (with a wide setback), back (also a wide setback), and transversal axis (30.27 meters away).[5]

The residential units in the Condominium Club Ibirapuera are extremely compact: four bedrooms, three of which are en-suite, with a total area of 120.5 square meters, of which 4.2 square meters are for circulation. For each tower, there are four penthouse apartments, designed as a townhouse: social areas and kitchen on the access floor and bedrooms on the upper floor, totaling 202.49 square meters. All this results in sixteen penthouse units plus 256 standard units. To serve the residents, 770 parking spaces were created underground, and a private storage was provided in each unit.

The Condominium Club Ibirapuera project represents some milestones in K&V's history. It is the first set of residential buildings designed by the office, which, until that point in time, was largely dedicated to developing commercial towers, bank headquarters, residential houses and other smaller projects. It is important to highlight that a remarkable characteristic of the real estate market is to establish firms specialized in certain types of functionalities (residential, commercial, etc.), a scenario that Jorge and Gianfranco's firm managed to avoid in their portfolio after the proposal for this residential complex. The project by the duo was very well received in the real estate market: 150 of the 272 units were sold in the first week of its launching, in 1993.[6] Two years later, in 1995, the firm and the construction company received the Master Imobiliário Award for the project, in the category of architecture and construction technology.

Another aspect of this project that should be mentioned – and which is an important milestone in the firm's history – is the decision to use prefabrication technology. Jorge Königsberger and Gianfranco Vannucchi developed, together with Método Engineering, a construction partner in the project, all the prefabricated panels used in the construction of the four buildings of the Condominium Club. These panels were produced in the Stamp plant and transported to the construction site; it was, therefore, a closed system of prefabrication in which the parts were designed exclusively for the project in question.[7] The solutions were diverse: use of fiberglass *pisobox* – thus avoiding the waffle slabs; provisions to have the frames fit the prefabricated parts – reducing the use of the sub-frames and, therefore, saving construction steps –, use of drywall for the internal divisions etc.

The option for prefabrication also impacted the aesthetic result of the set, since the Stamp panels serve as external walls and do not require extra coating. Thus, the external coloring of the buildings was previously defined by the architects, during the development process, which defined even the choice of the stones that would be used in the composition of each one of the tiles. Another striking feature of these buildings is the use of aluminum frames with external shutters painted green, which emphasize the perception of depth of the hollow spaces. Finally, the crowning on top of the buildings, covered with metal plates, houses the water tanks and technical areas, a solution that also efficiently solves the building's waterproofing.

Technological development and industrialization were the birthplace of modern architecture, which had as its premise the creation of an aesthetic derived from newer manufacturing processes. Leaving behind the artisanal way of building, the architect's way of working – and designing – was based on the new scientific knowledge that the modern world allowed. In the words of Ramón Araujo: "An initial idea that had a great prevalence in the formation of modern architecture was to produce buildings in series to give architecture the same benefits as other mass-produced objects."[8]

In Brazil, the industrialization process took place slowly and late. The first experiences of industrialized constructions were brought, although only partially, by the English and Belgians with the use of iron, at the end of the 19th century. Later, in the pioneer building experiences in the construction of Brasília, it was the use of reinforced concrete that led the way. From the 1960s onward, industrial plants for the production of prefabricated components slowly emerged, until the time, in the 1990s, when Método Engineering signed a partnership with Stamp, a Canadian company that innovated with the creation of lighter prefabricated cover panels (weighing about 2 tons).[9]

It is worth noting that, during that period, the country was going through a process of re-democratization and opening of the markets. Also, later, in 1994, Plano Real was implemented. Such changes had an obvious impact on the national industry, as evidenced in the article written by Ricardo Bielschowsky for the Economic Commission for Latin America and the Caribbean – Cepal, in November 1999:

> In the Brazilian case, the impacts arising from the evolution of macroeconomics in the 1990s – that is, turbulences prior to Plano Real being implemented and difficulties after it – are mixed with those arising from the political-economic opening, and surely undermine some of its potentially beneficial effects on the competitiveness of industry, conspiring against these effects also with regard to eventual positive impulses to the decisions of investing.[10]

Still, the eventual economic and political stability of the period led to an increase in investment by the construction industries for the development of construction sites. Within this scenario, Método's partnership with Stamp played an important role in the industrialization of the construction business (particularly in sealing methods and structural systems). In the piece about Condominium Club Ibirapuera published by *Projeto* magazine in February 1997, Ruth Verde Zein points out how the architectural ensemble overcomes the limitations and traditional practices of civil construction in Brazil, thanks to its pioneering use of prefabricated panels and slabs with plasterboard partitions:

> It is well known in our country the lagging behind of the civil construction segment in relation to the technological, managerial, and human resources evolution of other sectors. This leads to high levels of waste and to low productivity, which are incompatible with the current internationalized economic reality. In Condominium Club Ibirapuera, these cultural habits were broken in favor of a broad integration between project and execution, through the industrialization of construction processes, in a joint effort that brought together developer, construction company, and architects.[11]

Developing a similar line of thought, Hugo Segawa, in an article published in *AU – Arquitetura e Urbanismo,* deals with the unprecedented nature of the project's proposal and the technological development involved in the architectural ensemble: "a closer look at the work will reveal an unprecedented combination of techniques that are unconventional or even unknown in the country, which compose and support the plasticity of the complex."[12] This was a period in which specialized construction magazines published several articles presenting the new products offered by the industry. More specifically, about the Stamp panels, the architect Roberto Candusso could not contain his amazement: "Thank God we got there. We were acquainted with the process, but only through a longing desire when we visited such works in industrialized countries. Meanwhile, in Brazil, we were left wandering."[13]

Although the development of industry served as inspiration for modern architecture, architects are still very distant from the production processes, even in Europe. As Luis Fernándes-Galiano argued in an editorial for *Arquitectura Viva*, "Architecture needs industry, but industry does not ask for architects too often."[14] The case of the Condominium Club Ibirapuera project is, in fact, an exception, for the presence of the architects at the Stamp factory, during the development of the panels, was constant and decisive for the excellent finishings of the work.[15]

According to Jorge Königsberger, it was necessary to become familiar with several technical matters of the industrial process in order to begin the project. It took 4,200 panels to close the four residential towers – that is, 28,200 square meters total[16] – and all of them were thought out, from the details of how the frames would fit together[17] to the composition of the pieces and, consequently, the overall finishings – which were partly made with white cement and white stone, and another part, with gray cement and pink stone.[18]

The involvement of the architects – from the initial sketches of the project to the development of the prefabricated parts and the execution – was fundamental. In addition, their designs were so precise that there was no need for changes between the project approved by the São Paulo City Hall and the one that was executed. A fact that seems obvious and commonplace, but in reality it is not. Only minor corrections were made. That is, thanks to the enormous rigor imposed by the prefabricated system and to Jorge and Gianfranco's oversight of the entire process, the functional, technical and plastic results of the work were of enormous quality. Architecture is an art of reconciling various commitments that need to be met, and the most important thing for the architect, during the process of creation, is to establish a precise diagnosis of the problems to be answered, as explained by Brigitte Fleck – in the epigraph chosen for this text – when talking about the Schlesisches Tor (Bonjour Tristesse), by Álvaro Siza Vieira and Peter Brinkert.

In the design and construction of the Condominium Club Ibirapuera, Jorge Königsberger and Gianfranco Vannucchi played a role similar to that of a conductor in an orchestra. Both were responsible for coordinating, with efficiency, the answers to the typical problems of civil construction. Detailed down to the smallest detail, with countless drawings and sketches, the final result of this work is exquisite from a formal and from a constructive point of view. Thirty years later, the successes and qualities of this project are still visible, now accentuated by the impeccable aging of the materials and the beautiful landscaping proposed.

Caesar's wife and architectural pre-existences: unlikely dialogues

Cecília Rodrigues dos Santos

on page 350

To design in relation to architectural pre-existences: a new style or a new fad? Is it synonymous with restoration or a new definition for simple building renovations? Or is it a new *feeling* in relation to the development of architectural projects to serve the market, without the need for reflection, method or basis?

The effects of time, weather, and human action are the main factors in the deterioration of buildings. And there are several design procedures aimed at halting deterioration processes – which can range from simple conservation, to renovation, restoration, and transformation – but any of them necessarily implies prior knowledge of the pre-existing building and its attainable transformation and recreation through architectural design.[1] When we consider the different ways of preserving buildings, our interest is peaked by those interventions which, rather than just executing formal and functional requalification, are concerned with the cultural reworking of function, space, and construction techniques, through contemporary design interventions that go beyond the operations, today referred to as retrofit.

The term *retrofit* is mainly used in engineering to designate the process of modernizing a piece of equipment that is considered outdated. It originates from the Latin expression *retro* (to move backwards) plus the English "fit" (adaptation, adjustment). A retrofit operation, a name widely used in the press and in real estate business arguments, differs substantially from a restoration project, or from a project in interaction with cultural pre-existence. It refers to building renovations in which improvements are made without any commitment to the property's original historical, artistic, or constructive characteristics, and/or without any commitment to a design methodology or further reflection on the subject of preservation.[2]

The sort of process that transforms buildings to house new functionalities, whether they are buildings of greater or lesser cultural value, delineates the meeting of different times and stories rewritten on the same supportive medium. According to Ignasi de Solà-Morales Rubió, the common feature in the projects that propose this type of intervention is the language of representation and the sensitivity in defining the tone of the relationship between the new and the pre-existing.[3] According to Rubió, the design of a new piece of architecture not only physically approaches the pre-existing building, establishing a visual and spatial relationship with it, but also gives way to an interpretation of the historical material with which it must confront itself.[4] Agreeing with Solà-Morales, architect Marcelo Ferraz recognizes that the historical material will become the main linking factor between the elements of the new building, creating between these elements a strong bond whose aim is to make the pre-existing building useful, current, and necessary in contemporary times, beyond its function as a *document*.[5]

Today there is a great deal of cultural and economic interest in the conservation of buildings that bear witness to the past, including the near past, ranging from ordinary to monumental buildings, and valuing the material coexistence of different eras. This interest, especially in the Brazilian case, is recent, and the literature that discusses methods and theories related to it is just beginning to be organized. However, transformations to give buildings new uses according to the needs of a different time, or design interventions on built heritage, or even the act of building on the previously built, tend to pose a challenge in design that is prevalent today for architects and builders. This design challenge pulses forward and backward in time and history, first in a pragmatic way, as it was until the mid-19th century when it became theoretically and methodologically organized by Eugène Emannuel Viollet-le-Duc.

In the 34 etchings by Giovanni Battista Piranesi, Vedute di Roma (1747),[6] the appropriations and interactions that translate antiquity into a vernacular language for *Grand Tour* tourists predominate. The etchings depict monuments from Rome antiquity in a dramatic way, presenting us, at the same time, with a contextual portrait of the state of conservation of Rome's monuments at the end of the 18th century and with the typical desire of an antiquarian of his time, who seeks to record things as a way of preserving them. In addition to the countless vernacular constructions attached to monuments, walls, and ruined buildings, these prints highlight various buildings and churches that incorporated columns and other constructive elements from pagan temples and Roman buildings, such as the Basilica of Santa Sabina, the Church of San Lorenzo in Miranda, and the Church of Santo Urbano alla Caffarella, all in Rome.

On the other hand, the interventions (named "restorations" by Viollet-le-Duc[7]) will be systematized based on the architect's works and projects, as well as on the body of theory that he begins to define through experience in the construction sites and through the research done to support the interventions, the ten volumes of his *Dictionnaire raisonné de l'architecture française du XIe au XVIe siècle*.[8] In addition to that, there are also debates with his contemporaries that came to define the field of preservation and restoration, casting a new gaze on the past and systematizing types of appropriation of fragments and remains.[9]

Based on the writing of Eneida de Almeida,[10] it is possible to recognize a theoretical and methodological approximation between projects in interaction with architectural pre-existences and restoration projects, which are distinct, but which are also within the specific field of preservation and restoration, according to a particular set of methods, as well as theoretical and conceptual references. Generally speaking, architectural design has been called upon to consider these pre-existences from a historical and constructive point of view, critically evaluating each design decision, just

Notes

1. Brigitte Fleck, *Álvaro Siza*, 81.
2. Jorge Königsberger, "Natureza do problema: relatório de diagnóstico Condominium Club Ibirapuera."
3. Ruth Verde Zein, "Entrevista com Jorge Königsberger e Gianfranco Vannucchi."
4. During the research process for this text, several books on housing typologies were found at the library of the firm Königsberger & Vannucchi: Gerhard Schwab, *Unidades residenciales: conjuntos diferenciados de viviendas;* Harald Deilmann; Gerhard Bickenbach; Herbert Pfeifer, *Conjuntos residenciales en zonas centrales, suburbanas y periféricas*; Paulhans Pfeifer, *Casas em grupo: viviendas plurifamiliares.*
5. Jorge Königsberger, "Natureza do problema."
6. Hugo Segawa, "Condominium Club Ibirapuera: arte, técnica e marketing," 36.
7. It is worth noting that the use of Stamp panels was not limited to the Condominium Club Ibirapuera, but was also used in the later Brascan Century Plaza project. On the differences between open and closed systems in the industrialization of construction, see: Moshe Safdie, "Além do habitat," 51-52; Paulo Júlio Valentino Bruna, *Arquitetura, industrialização e desenvolvimento*, 60-69.
8. Ramón Araujo, "Cadenas de montaje: los retos de la industrialización/ Assembly Lines: Challenges os Industrialization," 7. Author's translation.
9. Silvia Herrera, "Fábrica de prédios," 11.
10. Ricardo Bielschowsky, *Investimentos na indústria brasileira depois da abertura e do real: o mini ciclo de modernizações*, 5-6.
11. Ruth Verde Zein, "Disciplina de projeto e qualificação construtiva criando arquitetura nos parâmetros do mercado," 62.
12. Segawa, "Condominium Club Ibirapuera: arte, técnica e marketing," 36.
13. Roberto Candusso quoted in Herrera, "Fábrica de prédios," 10.
14. Luis Fernández-Galiano, "Industrialización/Industry Builds," 3. Author's translation.
15. Éride Moura; Marcos de Souza, "Ação pioneira e parcerias," 46.
16. Herrera, "Fábrica de prédios," 13.
17. Moura; Souza, "Ação pioneira e parcerias," 46.
18. Herrera, "Fábrica de prédios," 13.

as restoration projects continue to be called upon to stop the deterioration of monuments and buildings of special interest, by following its own methods and theories, but without refraining from modifying or interacting with such pre-existences, as a way of responding to the buildings' vital needs for transformation and new uses.[11]

Based on a debate that has been going on for more than two centuries, we can affirm, echoing the words of Beatriz Mugayar Kühl, that

> preserving does not mean to prevent the passage of time, but to transform with control and with the responsibility of not erasing the culturally significant vestiges of the past. [...] To restore is not to return things to their original state or to any previous state, for that matter, because historical time is not reversible and one cannot attempt to mislead the observer into confusing an act from a given historical time with that of other periods.[12]

Agreeing with Kühl, each contemporary action committed to the culture of restoration is seen as a new layer that claims the whole dimension of a project, not to conflict with the premise of conservation and to be necessarily preceded by a rigorous study of material, figurative, and documentary aspects of the work subjected to intervention.[13] Therefore, there must be a critical approach, based on in-depth knowledge of the object targeted for intervention, a research stage that must necessarily precede the design of the restoration project. Such a methodology can be extended to architectural projects in interaction with pre-existing buildings, as a working paradigm for the field.[14]

According to Ascensión Hernández Martínez, the variety of terminology to designate projects in interactions with pre-existences – (re)vitalization, (re)utilization, (re) conversion, (re)habilitation, (re)novation, (re)cycling, (re)generation, (re) qualification, (re)composition, (re) structuring, (re)configuration, (re)formulation, (re)modelling, (re)signification, (re)adaptation, (re)architecture, etc. – has the aim of avoiding the word "restoration" and all the theoretical and conceptual commitments it implies, in order to justify ever greater freedom of design in interventions dealing with pre-existences, circumventing the material, historical, and social values that would normally guide restoration projects. Such a process of appropriation of the past might, if conducted without criteria and without the proper references of the field, result in a project of pure media aesthetics, to recover the image of buildings.[15]

There is a clear need to establish the relationship between architectural design and heritage preservation. And if the boundaries between specific fields tend to be blurry, it becomes a risky approach to renounce methodological rigor in favor of adopting nomadic concepts, specific to the field of preservation and restoration, in order to develop an architectural project of interaction with pre-existing buildings with *more freedom*. In this case, according to Betânia Brendle, we will continue to see a proliferation of empirical and arbitrary positions, expressions of personal taste, as well as misinterpretations of the principles that govern restoration projects, a special kind of architectural project that requires a broad mastery of the theory and history of architecture as well as the history and theory of restoration – these above all else.[16]

In their works, Juliana Nery and Rodrigo Baeta[17] promote the debate on intervention projects that affect the previously built and urban heritage of cultural interest, in addition to the interactions between new architectural designs and consolidated pre-existences. They establish a basis for the evaluation of the quality of intervention projects, advocating for the erudite, sensitive, coherent, critical, and committed design as the best possibility for establishing a healthy and fruitful confrontation between the old and the new. Based on their readings of Giovanni Carbonara,[18] Nery and Baeta state that "every architectural design is a new insertion into pre-existences and every act of architectural conservation and restoration inevitably alters it." For this reason, according to Carbonara, "each project must be conditioned and based on in-depth knowledge of the object, especially its materiality – an action that is strongly critical and meta-critical, in addition to being attentive to guardianship and other historical aspects."[19]

For Rafael Moneo, a Spanish architect who has written a significant body of work about the subject, the process of interacting with pre-existing buildings should be based on two main ideas: adequacy – especially in terms of assigning new functions – and continuity – using rationality while embracing the legacy received from the past.[20] In other words, not everything should be destroyed, not everything should be conserved, but rather one should make room for contemporary creation through conscious choices and careful transformations, contrasting continuity and rupture on a case-by-case basis. Thus, historical research into the pre-existences and a critical reading of the specific qualities of the buildings should guide the intervention project, both in initiatives of conservation design and in the design of additional features or demolitions.

In Europe, especially in Italy,[21] works and references for architecture in relation to pre-existing buildings, discussing their inclusion in the field of preservation and restoration, began to be organized in the post-war period, as a result of the huge demand for reconstruction and restoration. We highlight the pioneering reflections of Sir John Newenham Summerson who, as early as 1947, foresaw the dilemma of preservation in the modern world,[22] and the projects of architects such as Carlo Scarpa, Aldo Rossi, Rafael Moneo, and Fernando Távora, among others.

In Brazil, this discussion is still in its infancy, having been disregarded for a long time. Still, it is important to mention the pioneering reflections of Lúcio Costa, the work of Lina Bo Bardi, as well as the body of work by architects Marcelo Ferraz and Francisco Fanucci from Brasil Arquitetura [23]. Academically, there are also pioneers in the field, such as architects Beatriz Khül, Eneida de Almeida,[24] Nivaldo de Andrade,[25] Juliana Nery, and Rodrigo Baeta.[26]

It is understandable, therefore, that, in the 1970s, when architects Jorge Königsberger and Gianfranco Vannucchi graduated from the two most important architecture schools in São Paulo at the time, FAU USP and FAU Mackenzie, there was no consideration, discussion, or even mention of theoretical and methodological issues relating to architectural projects that had anything to do with pre-existing buildings, not even in regards to restoration projects. According to Vannucchi, comments on historical architecture were made in the classes of professors Júlio Katinsky, Benedito Lima de Toledo, Nestor Goulart Reis, Ruy Gama, and especially in the classes of Carlos Lemos, who, in parallel to his design work, was the technical director of the Council for the Defense of Historical, Archaeological, Artistic and Touristic Heritage of the State of São Paulo – Condephaat (1968-1989) and took part in the Municipal Council for the Preservation of the Historical, Cultural and Environmental Heritage of the City of São Paulo – Conpresp and the National Historical and Artistic Heritage Institute – Iphan. It was only natural that Lemos brought the theme of preservation to his classes and shared his research with the students. At FAU Mackenzie, where Königsberger graduated, there was no organized History department, and preservation issues were not mentioned in classes or debates. At the time, and until recently, the history of architecture in Brazil was mostly studied at Iphan, or by Iphan architects who were also at the universities.

Thus, considering the situation of architecture undergraduate courses in São Paulo, in Brazil as a whole, and even considering the international debates, it is not possible to talk about architecture in relation to architectural pre-existences when approaching the work of Königsberger & Vannucchi, neither in the early works nor in more recent ones. However, this relationship does exist when the theme is implicitly posed as a design challenge, as in the two examples we will analyze next.

The Cáceres Interaction, Mato Grosso

According to Maria Alice Bastos,[27] the banking sector went through a period of great expansion in the 1970s, with a consequent increase in the number of branches. The inclusion of the São Paulo Bank of Commerce and Industry – Comind in the client portfolio of Königsberger & Vannucchi's newly-formed architecture firm was fundamental to its consolidation. According to the contract with the bank, the architects were to design and install branches in various cities in Brazil. The demand was for branches with the type of *modern architecture* that was prominent at the time, the 1970s and 1980s, which was to represent the strength and modernity of the banking sector. They were given no restrictions on demolition, since many of the buildings had to be adapted in lots previously occupied by other buildings. Bastos points out that, at the time, banks tried to make a name for themselves by becoming landmarks of the urban environment in smaller towns, with luxurious buildings of exposed concrete structures, large spans, generous overhangs, aluminum frames, and great panes of glass, all of which made the buildings stand out, in contrast to the simple houses of these towns.

In 1979, architect Carlos Lemos,[28] highlighted the fact that the architecture of these branches, which no longer attracted attention in the capital cities, began to make their presence felt in the country towns, where they were like "strange objects from other galaxies perched among the modest houses [...] totally disconnected from the urban contexts",[29] breaking the harmony of towns that, for the most part, still managed to maintain a certain formal unity.

These branches were welcomed by the local populations and Town Halls as formal paradigms imported from the big cities to denote progress and wealth. Lemos goes on to outline principles such as harmony and continuity to be taken into account in such projects:

> there are no 'historic' or 'non-historic' cities, beautiful or ugly, poor or rich, nice or unfriendly. They are all worthy of our attention simply because they exist [...]. Each building seen in isolation may not have special value, but together with the others they form a scenery that is representative of a certain cultural phase. And one must plan while respecting what already exists.[30]

According to Vannucchi, when they were tasked with transforming a corner house in Cáceres into a Comind Bank branch, the architects decided to keep the original construction, aligned with the fronts of all the neighboring buildings, all facing the street, and, like most of the houses in the city, without a front setback, defining a single continuous area inside for the branch. On the ground floor, they took care to preserve the hydraulic tiles organized according to the design of the original rooms.

At the time, they were not familiar with Carlos Lemos' critical text. There was no law protecting the city's cultural heritage; Cáceres became state protected heritage in 2002, and was listed for preservation by Iphan in 2010, thirty years after the branch was built.[31] Also according to Vannucchi, the decision to keep "the house small in the context a small house town came from recognizing the charm and sophistication of simple things." So the building was kept in scale and continuity with the rest of the city, "in a whole made up of the collage of different times."

In the Iphan decree that defines the preservation guidelines and intervention criteria for the listed areas of the Architectural, Urbanistic, and Landscape Ensemble of the City of Cáceres, a federal heritage site, the group of buildings is identified as representative of the diversity of architectural languages from different historical periods, in particular colonial, eclectic, neoclassical, and art deco. The predominant features of single-storey units and alignments facing the streets are also noted.[32] The former Comind branch is now the seat of the Town Hall and part of this complex, which once also benefited from the contribution and construction expertise of the Portuguese stonemason Antônio de Souza Bexiga, who built many of those houses.[33]

The Sesc Paulista Avenue Interaction, São Paulo

Gianfranco says:

> We are a generation that denies it, but we have learned to allow coexistence. Both the Cáceres and the Paulista projects, separated by forty years, were very different experiences, but guided by the same spirit. Similarly, they both began with surveying the place.[34]

The National Confederation of Trade in Goods, Services and Tourism – CNC, which gave rise to the Sesc and Senac institutions, built its headquarters on Paulista Avenue, a building inaugurated in 1978 and designed by architects Sérgio Pileggi and Euclides Oliveira, originally comprising two basements, ground floor, and fifteen floors of offices.

Until 2010, the building housed the administrative headquarters of the Social Services of Commerce and the Federation of Commerce of the State of São Paulo. In the last eight years, it has undergone interventions that have altered the functionalities and interior spaces, which have been completely remodeled to house the institution's new unit, Sesc Paulista Avenue. Between 2005 and 2010, the building also housed – in addition to other administrative activities – a unit with temporary activities for the public, but limited by the building's infrastructure and general conditions at the time.

In 2011, work began on the new cultural center: an office building, plus a concrete and glass tower on the avenue, which was to include all the functionalities of an usual Sesc facility.

Vannucchi says:

> The building was supposed to include a large auditorium with two hundred seats; a mini-auditorium with ninety seats; two stages for theatrical performances; rooms for physical activities; a dental-care center; an audiovisual center for research; a technology and Internet room; an area for exhibitions; workshops; a living area; an observatory; a children's area; a bistro; a cafeteria, and a Sesc store: a difficult project.

The first action the architects took, on being given the task of installing the new Sesc unit in Paulista Avenue, was to reach out to architect Sérgio Pillegi, one of the authors of the original office tower project, to discuss the project and the proposed changes to the building; "make yourselves at home," was the Pillegi's response to his colleagues. This attitude, of getting to know the building better and respectfully consulting the architect who had designed the original project, marks a very different approach and, consequently, a very different orientation in design, as it relates to the original project. It was, indeed, a very different approach, for example, from that of the architects who designed the Sesc 24 de Maio (MMBB Arquitetos and Paulo Mendes da Rocha), who, if they couldn't have consulted the French architect who designed the project, Auguste Rendu (1897-1941), decided to disregard his sophisticated design for the old Mesbla headquarters in São Paulo.

According to Vannucchi, their decision regarding Sesc Paulista Avenue was to approach it delicately, taking over the original building with care: tearing off some sections to increase ceiling height and creating a new circulation system with escalators overlooking the avenue, where it curves to unveil vistas. As for the activities to be made available within, according to the architect, it should not be a building that screams out on Paulista Avenue but rather converses calmly, without imposing itself. Still, as Vannucchi comments, it was necessary to proceed with caution in the interventions: "the structure couldn't take much abuse."

The new building, nevertheless, stands out as an extension of the avenue, establishing itself as an open territory to be appropriated by the general public. Among its structural features, the concepts employed are noticeable in the great access systems, the various shared spaces – with internal plazas and a roof terrace – and even in the choice of materials, such as the use of non-reflective glass. This choice of material, which appears in synchrony with zinc plates on the façade, reveals the variety of activities carried out inside the building. Architecture, of course, is only complete when it is activated by the circulation of people, and the entire structure was designed considering the activities to be developed within Sesc and the trinomial relationship "Body-Art-Technology."[35]

What About the Caesar's Wife?
The Roman emperor Julius Caesar, as is well known, married a second wife, Pompeia Sula, to whom the well-known proverb refers. It is not enough for Caesar's wife to be honest, she must always appear to be honest, above any suspicion, in other words or, better, aiming the proverb at out current subject: it is not enough to be what you are, you must appear to be, beyond reproach, what you are or what you intend to be.

Consulting the drawings and sketches for the project of Sesc Paulista Avenue, I found a penciled in annotation, next to a sketch of the building which also contained notes about the materials and designs that would define its façades: "... like Cesar's wife... beyond not being an office building, it must not [underlined by the author] look like an office building."

This mischievous note, perhaps forgotten there for no particular reason, elucidates the project's purpose, its relationship with the surroundings on Paulista Avenue, and even its relationship with the original building, the pre-existence to be considered. "It has to show itself, right up front, not to be an office building... as an affirmation of the freedom to interact with what is already there, just as it has to respect the original building and accommodate the new Sesc functionalities," reinforces Vannucchi, commenting on the annotation he did not recollect, but which was probably of his own making.

Notes

1. Cecília Rodrigues dos Santos, "Re-Arquitetura."
2. Similarly, other anglicisms such as "adaptive reuse" refer to commercial operations, with the aim of introducing improvements to the unit without any cultural commitment to the previous characteristics of these buildings.
3. Ignasi de Solà-Morales Rubió, "Do contraste à Analogia: novos desdobramentos do conceito de intervenção arquitetônica."
4. Ibid.
5. Marcelo Ferraz, *Arquitetura Conversável*.
6. "Le Vedute di Roma."
7. See: Eugène Emannuel Viollet-Le-Duc, *Restauração*.
8. WIKISOURCE. *Dictionnaire raisonné de l'architecture française du XIe au XVIe siècle*.
9. See: Beatriz Mugayar Kühl, "Algumas questões relativas ao patrimônio industrial e à sua preservação."
10. Eneida de Almeida, "Os processos de projeto de Rafale Moneo."
11. Ibid. See also: Eneida de Almeida, "Do monumento ao fragmento urbano: um enredo entre memória e criação."
12. Beatriz Mugayar Kühl, "O problema da reprodução de obras arquitetônicas."
13. Ibid.
14. Cecília Rodrigues dos Santos, "Notas de aula – Patrimônio Cultural Técnicas Retrospectivas."
15. Ascensión Hernández Martínez, "Restauracion, transformacion, reciclagem. La deriva de la disciplina mas ala de los critérios consolidados."
16. Betânia Brendle, "Restauros sem teoria e a falácia da intervenção oficial na preexistência projetual no Brasil."
17. Rodrigo Espinha Baeta; Juliana Cardoso Nery, "Interação, sobreposição e ruptura – Os Edifícios Niemeyer e Rainha da Sucata e a Praça da Liberdade, em Belo Horizonte."
18. Giovanni Carbonara, *Architettura d'oggi e Restauro: un confronto antico-nuovo*.
19. Baeta; Nery, "Interação, sobreposição e ruptura."
20. Rafael Moneo, "Construir lo construído. Adecuación y continuidad con el pasado," 6.
21. See: Jean-Louis Cohen, *La coupure entre architectes et intellectuels, ou les enseignements de l'Italophilie*.
22. John Summerson, "The Past in the Future."
23. Giovana Viotti, and Cecília Rodrigues dos Santos, "Projeto em relação com pré-existências arquitetônicas: a obra do escritório Brasil Arquitetura."
24. Eneida de Almeida, *O "construir no construído" na produção contemporânea: relações entre teoria e prática*.
25. Nivaldo Vieira de Andrade Júnior, *Metamorfose Arquitetônica: intervenções projetuais contemporâneas sobre o patrimônio edificado*.
26. Rodrigo Espinha Baeta; Juliana Cardoso Nery, *Entre o restauro e a recriação reflexões sobre intervenções em preexistências arquitetônicas e urbanas*.
27. See the first part of the text of this book.
28. Carlos Alberto Cerqueira Lemos, "Arquitetura bancária e outras artes."
29. Ibid., 55.
30. Ibid.
31. The urban and landscape ensemble of the city of Cáceres, in the state of Mato Grosso, was listed for preservation by Iphan in 2010. In addition to the historic center, there are farms and mills, as well as other pre-colonization elements made up of items by dozens of indigenous nations. In February 1754, the Jauru Landmark was set up (at the mouth of the Jauru River, affluent of the Paraguay River) to define the limits of the Spanish and Portuguese colonial empires in South America, as a result of the Treaty of Madrid. Cáceres was born from the small Vila Maria do Paraguay, founded in 1778 in the Pantanal of Mato Grosso, and is considered a milestone in the strategy of protection and cognizance during the negotiations to define Brazilian borders <http://portal.iphan.gov.br/pagina/detalhes/367/>.
32. Iphan Decree no. 6, 20 January 2022. The decree provides preservation guidelines and intervention criteria for the buildings listed for preservation and protection, as well as surrounding areas of the Architectural, Urbanistic, and Landscape Complex of the City of Cáceres, located in the state of Mato Grosso (MT), which is federally listed for protection by the National Historical and Artistic Heritage Institute – Iphan.
33. Antônio Costa, "Bexiga: o construtor português que marcou o Centro Histórico de Cáceres."
34. Gianfranco Vannucchi, interview by Cecília Rodrigues dos Santos.
35. Text provided by the office for ArchDaily Brazil. See: Pedro Vada, "Sesc Avenida Paulista / Königsberger Vannucchi Arquitetos Associados."

Architecture and Mystery
Agnaldo Farias
on page 364

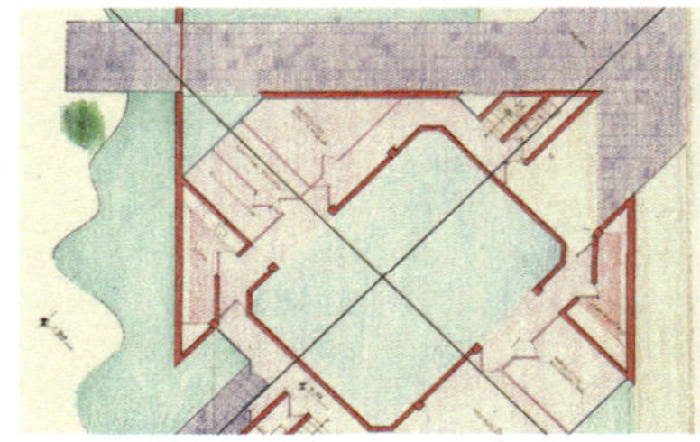

Forty years after its design in 1984, the façades of photographer Ella Durst's studio are covered in green. Ivy, over time, has spread, almost completely veiling the cladding, with the exception of a vertical plane to the left of the entrance that preserves intact the rational design of brown brickwork, allowing a clear view of the regular profiles of the openings with hollowed-out elements, the access doors, the plane made up of iron and glass frames, which were common in factory buildings at the time. These are all visible to passers-by through a partially glazed section, a waiting room from which, conversely, the passing cars can be seen.

Time has also transformed the old side road, Alvarenga street, on the corner where the studio is located, into a very busy avenue. Even though it obeys the lower height standards of the residential area, the building overpowers the intense flow of cars and draws the interest of drivers, who are, naturally, more attentive to their routes. Firstly, because its main entrance is not on one of the sides that face the two streets, but at the 45-degree vertex formed by the meeting of them, in one of two inviting openings in the large flat cube. Secondly, because the gable roof protrudes to the edge of the building, where the two side walls would meet if the entrance itself didn't break up the singularity of the unit. Supported by two wooden trusses, the roof resembles the prow of a ship, while emphasizing the edge located at the virtual meeting of the two walls. A solution that begs the question: why is it so oblique, why doesn't it extend all the way to the walls that enclose the house? How does this house – or whatever it is – resolve itself inside this unit formed by the external walls? Apparently there are no setbacks, although the roof suggests otherwise. Adepts of trickery, the duo Königsberger & Vannucchi rejected the fondness of the São Paulo architectural orthodoxy for structural clarity, very current at the time, in favor of a sense of movement, one of the signs of contemporaneity. Curiously, they had used structural clarity and spatial transparency a year earlier for the same client, but, then, they seemed to move from modern clarity to contemporary enigma.

The commissioning of a photographer's studio, let's face it, is an invitation to be daring. A house is converted into a darkroom, a source of imagery, a venue in the center of which there is an infinite background, how about that? The architects took the archetypal cube of modern architecture and transformed it into a tumbling dice; they subjected it to the forces of shear stress; they split it diagonally, pulled the edges, slid the two blocks apart, leaving the marks of this process of expansion and retraction in plain sight. And, always maintaining symmetry, they fitted a second box into the center of the building, designing a second unit with high ceilings, the heart and nervous center of the building: the photographic studio. Everything orbits around it, all circulation runs along its edges and always under the sign of unpredictability: the corridors and walkways are interspersed, they converge in wide and irregular environments, varying the perspective with shots that profile the nuclear space from side to side and from one floor to the other, while the position of the sun deforms the shadows of the frames and railings, like Piranesi's walkways. Strictly speaking, the studio is the only space that adopts orthogonality. It is there, however, that the infinite background is placed, that the light is extinguished, that sceneries are built, and that products tuned to the scores of dreams are obtained.

Architecture and Rite

Grounded, on the one hand, in the docile obedience of functionalism and, on the other, in the constancy of the ethical, political, and aesthetic speculations of modern architecture, few Brazilian architects have researched building traditions other than those derived from Portuguese colonialism, which the conspicuous figure of Lúcio Costa claimed were legitimately Brazilian. Hardly any architect looked elsewhere, like Lina Bo Bardi in 1987, in association with Pierre Verger, and her Casa do Benin Cultural Center, in Salvador, Bahia, which honors the African legacy in Brazil. There are other cases, of course, but one can almost count them on one's fingers.

And then Sesc Belenzinho, for the purposes of the World Cultural Forum exhibition, which took place over a period of four days in July 2004, proposed a theme entitled *Tradition and Resistance: Cultural Encounter of Indigenous Peoples*. They invited Königsberger & Vannucchi to design the area for the exhibition, explaining that it should house around three hundred people involved in conferences, workshops, and, above all, rituals. The relationship with indigenous symbolism was a given, but the references for the work were up to them.

The use of the *oca* was natural, almost inevitable. Knowledge about the multi-familial nature of these dwellings, collective houses of circular perimeter and conical roofs which, like the villages themselves, are autonomous socio-political entities, includes the fact that they are spread out in concentric circles through the forest. With these concepts in mind and seeking to produce spaces suitable for the performance of rites – sacred spaces, as it turns out, since it is through the intertwining of the two that the mythical is renewed, spilling out into the world – they came up with two spaces, two circular forms. Both are located on a sprawling trapezoidal plot, partially protected from the other areas of the institution by two soft catenaries produced by sisal curtains. The first circle is open and subtly enunciated as a yard of red pounded earth floor, circumscribed by ten tall eucalyptus logs, also used for lighting, and by a set of lower logs, underlining the mobility of the perimeter and serving as benches for the audience of the ceremonies performed by the members of the various ethnic groups represented in the forum.

The second circle reinterprets the *oca*, carefully preserving its formal qualities by weaving in some vernacular elements with those of contemporary architecture. It has a diameter of twenty-four meters, the same size as the neighboring circle. With the same red earth floor and four-meter ceiling height, it is organized from six wide galvanized ribbed steel plates, which come together at the top to form an exact zenithal hexagon, a key feature to allow the passage of heat from the flames of the bonfires by which some rituals celebrate the connection with the heavens and the higher powers. The use of steel differs radically from the straw or palm leaves usually employed in these traditional constructions, promising durability instead of the transience expected from materials collected from nature. The use of wooden slats for the side walls alludes to the work of master Jorge Moreira, responsible for the famous reinterpretation of the Moorish heritage of the muxarabis and, at the same time, it is an allusion to indigenous fences, with their wide weaves, favorable to ventilation and thermal balance.

In general, *ocas* are enclosed, but the proposed reinterpretation, with its silver bands that shine in the sun and its openings that reveal and allow entry into a spherical, shaded and cool environment, is reminiscent of the Greek agora, a space intended for various forms of meetings, from simple conversation to great decisions and celebrations.

Architecture as a Game for Playing

From the perusal of the façade itself, the articulation between pillars and thick concrete gables informs the trained eye of the adoption of a prefabricated construction system, an index of the need to rationalize and optimize the cost and timeframe of the work, inaugurated in 2021. There is no need to detail the complexity of its functionalities: aimed at educating students from nursery to high school, the Carandá School, located in an upper-middle class neighborhood of São Paulo, required the architects to solve an intricate puzzle involving the layout of various environments spread out over four floors, plus two basement levels. It is organized according to the specificities of the various stages of education, separating incompatible areas from each other, promoting contrasts, taking advantage of the possibility of intertwined activities, some of them linked and reacting to one another as resonances. The school was designed as a constructive game, literally and metaphorically.

Once all is said and done, the idea of a game, and a busy one at that, is explicit right from the façade, in the stacked blocks, in the juxtapositions between fullness and emptiness, in the shifting rhythms of heights and spacing between pillars, in the back and forth of the rectangular white membranes that are slightly set back from the walls and protrude against the rigidity of the hidden lines of light gray concrete. And what about the colors? The variations of blue and pink would lead one to wonder why Brazilian architects in general, and São Paulo architects in particular, are so resistant to the use of color, if the answer hadn't been given a few paragraphs above. Königsberger and Vannucchi not only use it, demonstrating how gray in no longer so monotonous when in direct contrast with other colors, but they also wink at us in one of the small blocks on the façade, quoting, in pink and two shades of blue, Casa dos Triângulos

Architecture, Urbanity and Visual Landmarks in the City of São Paulo
Luís Antônio Jorge
on page 382

or the Rubens Mendonça House, by Vilanova Artigas.

The best of it waits for us inside. However, before we move inward, the view is still captured by the designs outside but also by the color of the two staircases and other features responsible for activating the walls, denying the immobile nature of the architecture and proposing it as a living body. Structured in a U-shape, the school flows out into the street, opening itself onto it and allowing it to pour back into the school. In the center of the ground floor, there is a large void, again recalling the outlines of a Greek agora, occupied by careful landscaping and with the intermittent waves of students meeting, pheromones across the air, the eagerness of those beginning to experience life in theory and practice. After all, to talk about school is to talk about transformation, the environment is a catalyst for affections of all kinds.

You don't have to go as far as Carandá School to imagine the gibberish of kids of all ages rising from the heart of the building, its core. The vital noise rises, repeating itself on each new level, changing features, attacking the edges of the slabs, making them vibrate on the second and third floors, drawing irregular corridors, creating new meeting points and unforeseen angles of vision. The fourth and final floor is home to the sports courts, the place reserved for pure play, where intelligence, combined with determination and discipline, reaches its paroxysm.

Architecture and Commerce

Inaugurated in 1922, in the marshy shallows of Dom Pedro Park, the so-called Caipira Market on Cantareira Street was an outlet for fruits and vegetables produced by the Japanese immigrants. It was an open market in the parking lot of the old Light railway streetcars. In 1933, São Paulo's majestic Municipal Market, the "Mercadão", was built next to it by Ramos de Azevedo. The contrast was, then, abysmal. In order to reduce the gap between the two markets, if not aesthetically then at least in terms of the comfort level provided to its customers, in 1936, the Caipira Market received the donation of a metal roof made in Scotland, which was originally intended for a train station located in the Anhangabaú Valley. Despite the gracefulness of the metal structure placed over the buzzing fruit and vegetable trade, it remained the very humble cousin of its imposing neighbor, it kept its feet firmly on the ground, even maintaining the cobblestone pavement it originally boasted.

On the occasion of the 80th anniversary of the start of Japanese immigration to Brazil, the Caipira Market changed its name to Kinjo Yamato in 1988, in honor of the first Japanese immigrant to graduate from a university in Brazil. Later, in the mid-1990s, it was decided to renovate it. To do so, they hired the duo Königsberger & Vannucchi, who made it clear that the scope of the intervention would be large and would not be limited to the more urgent alterations, for instance, in the façades, to ensure a new presence in the urban fabric; nor would it be limited to achieving a programme compatible with the new and demanding requirements of modernity, but that it would include the creation of an area for popular music concerts. The duo produced two design projects, both highlighting the façade of the building in Cantareira Street. This was enough for the concepts they were attempting to construe to be gauged by one who would peruse the designs.

The first measure common to both projects was to open up the façade, establishing a frank relationship between the sidewalk on Cantareira Street and the street-like walkway that unfurls inside the market, then bifurcating this entry to give way to sequences of market stall boxes, for the vendors. These would converge onto a large area located further on, a kind of plaza with counters, stalls, and tents distributed along the entire edge. In addition to the new circulation flow allowed between the external and internal streets, there would also be circulation through the mezzanine, which would link the left and right sides of the building. To either side of the entrance, one would be able to view the monoliths that were designed in exposed concrete, two of them, with the same height as the building as a whole, both bearing the marks of the formwork used to make them. In one of the studies, the gap between the two monoliths, typical of modern architecture, is partially filled by a gable roof of tiles the same height as them, supported by three slender iron pillars, in the Arts and Crafts style of the Scottish structure remaining above the building. This interest in highlighting the relationship between the present and the past, which seems to stem from the postmodernist debate of the 1980s, is translated in another way in the second project proposed for this same building. In this second one, the desire to confront the monumentality of the neighboring "Mercadão" stands out. The project seems to aim at displaying the dignity of commercial activity, the beauty of commerce, and to glorify the relationships between people established through the purchase of groceries and everyday items. In fact, the second option has a more solid and hieratic appearance; between the two monoliths, a great arch stands out, marking the entrance to the market and inviting people to pass under it.

Despite the quality of these ideas and the commitment to rethinking the public buildings, an essential concern in a metropolis that normally excels at privatizing spaces, the projects were never executed. The market remains barefoot.

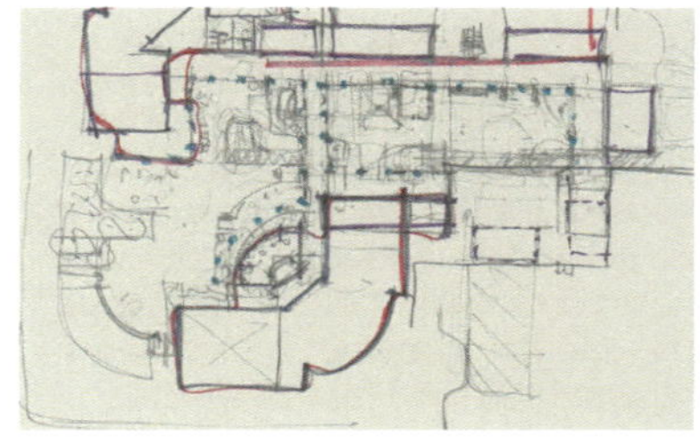

The smell of chocolate flooded the three streets that surrounded the block and defined the plot of the Kopenhagen factory. The factory, installed since the early 1940s, in an old industrial building, with high windows, built next to the sidewalk, did not favor a friendly communication with the city, but it did offer the area that sweet aroma that marked stretches of Bandeira Paulista, Joaquim Floriano and Professor Tamandaré Toledo streets. In the accelerated and radical transformation of the Itaim Bibi neighborhood, from the 1970s until the end of the century,[1] the mixed-use neighborhood grew larger and more diversified, without any major gesture to propose free spaces or qualify the urban space. No compensatory balance was sought between the built-up areas and the consequent population growth and influx of people. There were no areas of generous circulation and fruition, or even an attempt to recognize some pre-existence that could mark the place or establish links for identification with the old popular district, which succeeded the small rural properties once prevalent, with their floodplain areas destined to small and medium industries, sand quarries, potteries, and modest houses. Almost everything had been extinguished, in a process of high real estate valuation, markedly verticalized and with little attention to the demands for qualification of the public spaces.

This model of real estate development and urban transformation defined the outlook of large Brazilian cities in the last three decades of the 20th century, resulting in a fracturing of the public-private balance and increasingly socially segregated spaces.

In the first decades of the 21st century, criticism of this model of development has intensified, especially in the technical-professional field of urban planning, architecture, and urbanism. The criticism is mainly concerned with the division between public and private spaces, to the detriment of the latter, in Brazil's unequal, unjust, and violent society. Building qualification in our country generally does not find a correspondence in the design of public spaces.

The high-standard real-estate development built on the 12,600-square-meter site of the old chocolate factory went against the clear tendency of self-isolation which was typical of developments aimed at an upscale public, usually oriented towards access control as a security mechanism provided for its users. The Brascan Century Plaza (1997) totals 93,805 square meters, divided into three large towers: one for hotel use (Brascan Century Staybridge Suites), with thirty floors; one for commercial employment (Brascan Century Offices), with 24 floors; and one for corporate offices (Brascan Century Corporate), with fifteen floors. The ensemble is completed by commerce, services, and entertainment activities: six movie theaters, a food court and events plaza, stores, convention and business centers, a fitness facility, and a parking lot divided into three basements.

The team from Königsberger & Vannucchi sought to promote a microcentrality in the neighborhood by offering open spaces to the public sidewalk, enriching the urban experience with elements that would attract permanence and circulation, integrated with commercial and service activities common to everyday life in cities. In Jorge Königsberger's words, "people are the blood in the veins"[2] of living spaces. The design of spaces for meeting and socializing is a fundamental function of architecture and urbanism – perhaps its most tangible social role. It should be stressed that many of the encounters in the urban setting, since the emergence of the metropoles in the late 19th century, are also visual phenomena – or exchanges of glances – in the fleeting times that survive between daily tasks. Spaces for fruition, whether physical or visual, host the variety and complexity of urban experience, of life in big cities, always caught or perceived in moments of bodily contact with the city's architecture and with whatever that is capable of offering. It would be pretentious to speak of urbanism on the scale of a single urban development, however large it may be. It is more accurate to mention urbanity, the attributes of spaces that confer dignity and quality to our strolls through the city.

The expression "open block"[3] signals a debate about the integration between urban spaces and its surrounding architecture or, more promisingly, about the implantation of buildings as a way to address the typical elements of urban syntax (sidewalks, squares, and corners) and to establish a gradience of permeability for the boundaries between the public and the private. Therefore, the relationship between the full (the built) and the empty (the free spaces), as well as all the devices conceived by the project, are reevaluated: the very attributes of the architectural form; the flows (from the public sidewalk to the internal paths of the lot and the built space); the urban furniture; the signage; the landscaping; the lighting. These aspects are all part of a symphonic environment that should qualify the traffic between the public and the private or, in the case at hand, to articulate the functionalities of the development with the free areas for living, socializing, and enjoying the necessary breaks in the working days.

In tune with this "open block" concept, the Brascan Century Plaza project formulates its narrative plot in the context of the celebrations of the 500th anniversary of the arrival of the Portuguese in Brazil and of the 100th year of the contracting company, a brand which alludes to the image of the Amazon river and forest – a symbolism emulated by the architects in the elaboration of the court's design and landscaping. One hundred trees of high stature and small leaves, among which are redwoods, *sibipirunas*, and ironwood species, were planted to celebrate Brascan's centennial and to shade a water course that diagonally crosses the area, with a polygonal geometry of great formal variety, subordinated to the modulation of the floor and the garden beds. An ingenious and complex technical solution was designed to solve the drainage problem on a flat terrain with vast dimensions: the first floor was raised to allow rainwater to be captured and contained, before being discharged into the public waterways. The raised floor also collaborates with the necessary minimum height of the flower beds, projected with lowered slabs in the basement, destined to the planting of trees. To crown the qualification of the open block, the project welcomed a landscaping project by Benedito Abbud and sculptures by artist Elisa Bracher which boast large scale arrangements of wooden polyhedrons. In the crowded Itaim Bibi neighborhood, the project offers an oasis of urbanity that, in light of current demands and discussions about land occupation as an urban matter, can also serve as a model for the proposition of parameters to discipline real estate development with accountability for the quality of public spaces and the urban environments.

The banality of buildings, the predominance of low-quality real estate production, and the almost non-existent preservation of historical landmarks in most of the territory of the city of São Paulo have resulted in an urban landscape that could be called generic if it were not so extensive. The urban landscape of São Paulo is of difficult pregnancy, legibility, and recognition, especially for occasional visitors, and it is salvaged by the presence of some visual landmarks, more or less noteworthy or modestly memorable. The old Brahma beer factory, in Paraíso, was one of these notable landmarks of modest but friendly features, especially given its typology and its address, at the convergence of some strong visual features: the most elevated section of Paulista Avenue and the entrenched 23 de Maio Avenue Expressway.

The project for the Top Towers (2005), on a 3,800-square-meter plot of land, part of the remnants from the block where the Brahma beer factory once stood, on Vergueiro Street, near Paraíso subway station, was commissioned by the same contractor, Brascan. The project used this memorable address of strong visual presence to formulate the language of two office buildings, which were very simple, but rigorously modulated in floor plans and allowing for reduced costs. It was, in the words of architect Königsberger, a development "with no luxuries." The design proposed its towers to be staggered in order to reach a greater height. Meanwhile, the solution of small terraces (areas not computable for the calculation of the floor area ratios, according to the urban planning legislation of São Paulo) in alternate positions for each room was created as a response to the demand of having individualized air-conditioning systems. Thus, a solution was found that accounted not only for the technical demands of commercial viability, but also added to the design in volume composition, façade rhythm, and presence in the urban landscape.

The two towers are very close in terms of building volume (Tower A, with 7,422 square meters, and Tower B, with 6,993 square meters), but establish a dynamic balance between them, like two distinct bodies having fun on a seesaw. The terrain is narrow and, therefore, directs the implantation of the towers to the alignment with Vergueiro Street, the largest side, with a slight displacement of one in relation to the other due to the geometric irregularity of the lot, which enriches the tension between the sides of the towers that face each other. On these almost mirrored sides, the balustrade of the successive terraces are joined together, like a continuous brow, which is repeated on all floors, so as to raise the topological attraction between the two units. As the adjoining faces move farther away from these more regular sides, there is a gradual and meticulous process of fragmentation or fracturing of the hitherto continuous bands of terrace balustrades – always one for each room. This is a playful aspect that results in the formulation of a rule for the dynamics of these small terraces in the restricted range of the room's width. This rule is best defined as a *poiesis*,[4] a sort of intentionality or poetic framework for the architectural language that responds to problems formulated in the context of the project, a design that seeks a form or a formula to meet the artistic needs of the creative process. The project resulted in a vibrant ensemble, where the chromatic contrast between the walls that define the ochre volume and the white terraces accentuates the dynamics between continuities and discontinuities, volumetric rarefaction and dissolution, and between illuminated surfaces and projected shadows, evoking "O sol faz a festa" (1966), Athos Bulcão's masterpiece on the façade of the Teatro Nacional Claudio Santoro, in Brasília. By contrast and distinction, an urban landmark was installed, through a sense of recognition of the visuality of the place, a kind mashup *Broadway Boogie-Woogie* Mondrianism in the horizons unveiled by the São Paulo landscape, renewed and continuously frantic pauliceia.

In the historical context of Portuguese colonization, the image of a landmark, rather than being properly urban, is associated with the verticality of a monolithic monument. Also called "Roman milestone column", these monoliths found on the colonized lands were made of stone, with the Portuguese coat of arms and with carved or engraved inscriptions, to signal the possession of the conquered territory and the sovereignty of El Rei's Empire.[5] Many of these landmarks in stonework have resisted the test of time and can be found on the Brazilian coastal regions, as well as on the African and Asian continents. In the third lecture given on his South American tour (more precisely in Buenos Aires in 1929), Le Corbusier describes and then draws a landscape of Brittany with horizontal lines of the vast ocean under the sky and with some rocks to the right side. Then he outlines a vertical rock, a menhir on the beach, forming a right angle with the maritime horizon to define the place where man stops, in tune with the totality of the environment: "the vertical fixes the sense of the horizontal. One lives because of the other. Here are the powers of synthesis."[6] This precise meaning of fixing the sense of the territory, in order to define the place of the building in the city, as a Portuguese landmark, as a vertical element of counterpoint to the dominant horizontality, this was an explicit intention of the project for the Platina Building, a mixed-use complex in the Tatuapé neighborhood, 172 meters high – the tallest building in São Paulo – with 49 floors and three basements.

The Platina 220 (2014) integrates, as its crowning jewel, an urban project for the qualification of Platina Street, a route parallel to Radial Leste Avenue, which connects Shopping Tatuapé (a venue integrated to the subway station of the same name) to Tatuapé City Park, a region of São Paulo with low elevation and close to the Tietê River floodplain that runs parallel to the railway and subway tracks through the East Zone of the city. The urban project borrowed the name of the street – it was called Platina Axis – and foresaw the reduction of vehicle traffic, the widening of sidewalks, and the qualification of public spaces in order to promote a new centrality in the neighborhood and accommodate the expected densification and enrichment of urban functions and services in the most populous region of the city.

The Platina is a skyscraper much taller than the tallest buildings around it. This already makes it an urban landmark of long visual range, especially for the great mass of passersby who travel daily along the East-West axis of the metropolis, whether by road, via the Marginal Tietê and Radial East, or by railway. Beyond height, the language of architecture is the most distinguishing quality in urban landscapes. Königsberger has stated that the expressiveness of the Portuguese landmark reference required, for its symbolism, the purity of a single mass from top to bottom. The central prism of the ensemble, which can be seen from a distance, reaches the ground without a volumetric foundation, that is, it is legible in its vertical continuity, which accentuates the slenderness, the geometric rigor, and the desired unitary volumetry of a Portuguese landmark metaphorically defining the place.

The development brings together multiple use classes: on the ground floor, commercial stores facing the street as a strategy to activate the façades; on the main pedestrian circulation level, there are four receptions for four distinct uses, the residential lobby, the corporate lobby, the hotel lobby, and the office lobby. This required the design of a complex vertical flow system, especially because each of these functionalities demands a different ceiling height to meet their specific needs and to house the respective facilities that serve them. There were also more stores added on the mezzanine floor and a restaurant on the first floor. From the second to the tenth floor there are residential units (of 35 to 70 square meters) and hotel lodgings (suites of 19 to 49 square meters). The eleventh and twenty-fourth floors are strategically destined for technical apparatus and facilities. From the twelfth to the twenty-third floors are the commercial rooms (of 26 to 49 square meters) and from the twenty-fifth to the forty-sixth, the corporate floors (of 250 to 500 square meters). There is still a residential floor on the 40th floor. And, finally, on the last two floors, the machinery and, beyond, a helipad. All this meant that the volumetry exceeding the central prism – that is, the Portuguese landmark – was treated as "buttresses" to meet the mixed-use needs. These buttresses form distinguishable volumes whose heights approach half the total height of the complex. They are visually recognizable by the treatment of cladding materials and flank the main area, without undermining the purity and volumetric simplicity of the symbolic landmark.

And, so, how would one deal with the variety of ceiling heights in the composition of the façade, given this metropolitan context? Again, we observe the search for a rule as a poetic game, as an inquiry into the language of architecture, in order to preserve the rigor of the object; the technical specificities in the industrial manufacturing of window frames; the modulation of wall coverings; the constructive organization; and the desire to carry out an artistic intention that establishes relationships between the regularity of repetitive patterns and the cacophony of patterns of high variability. In contrast to the high relief treatment of the Top Towers project, in the Platina design, the architects opted for low relief on the surfaces. To emphasize the contrast between the light and dark tones of the landmark section and the intermediate tone of the buttresses, two orders were added to the arrangement of the windows that would emphasize this contrast: two rhythms, two movements in a single piece of music. In the lower volumes – the "buttresses" – and in the stores on the city floor, modular rigor predominates: the standardization of window frames, the pergola of the store gallery, and the glazed guardrail of the terrace. The entire treatment of the façades lends sobriety to the whole of the ensemble. In the highest volume – the "Portuguese landmark" – the standardization of the window frames takes place in other terms, they are inscribed in a different musical score: an essay on the variability in groupings of the same modular unit. Freedom in a rigorous grammatical context.

The design attitude is the most important thing for Königsberger & Vannucchi. The longevity of the office, founded in 1971, and the large, diverse, and successful production achieved in these five decades result from the solid education of its authors and from an understanding that architecture and urbanism, as applied knowledge, mobilize at once, not only one's accumulated experience, but also their complete dedication to the problem that is inaugurated with each new project. And it is in this observation that their attitude towards projects is evident: there are no preconceived formulas or adherence to a style or language that identifies or defines the firm's brand or marketing – something that is vigorously rejected by the architects. A culture in project design in which the dialogue with theory, the search for the meaning of architecture, the attention to the client's needs, the commitment to the technical update of civil construction, and the awareness of the role of architecture and urbanism to improve the quality of life in a city are the pillars of the kind of professionalism that Jorge Königsberger and Gianfranco Vannucchi were able to achieve.

Notes

1. The demographic evolution of the district of Itaim Bibi can be seen at: SECRETARIA MUNICIPAL DE SUBPREFEITURAS. *Mapa da cidade*.
2. Jorge Königsberger, interview by Luís Antônio Jorge.
3. See: Abilio Guerra, "Quadra aberta: uma tipologia urbana rara em São Paulo."
4. See: Eduardo de Oliveira Elias, *Autopoiesis, semiótica, estrutura*.
5. Cf. Manuel Ruela Pombo (Padre Ruela), "Os portugueses em Angola."
6. LE CORBUSIER. *Precisões sobre um estado presente da arquitetura e do urbanismo*.

Urban Planning and City Architecture. Historic Center of São Sebastião and Urban Renovation in Tatuapé

Renato Anelli

on page 392

The identification of the concept of city that animates certain projects at the scale of a building (or a set of them) is unusual in current architecture criticism, especially in Brazil. Two urban projects by Königsberger & Vannucchi (K&V), separated by almost two decades, allow us to put forth such a consideration: the Marina of São Sebastião, from 1998, and the Platina/Tatuapé Axis, from 2014. Both were constituted at different times, under different guidelines for urban interventions, and dealt with quite different urban situations. However, both works exemplify the difficulties of transforming urban planning guidelines into the architectural forms for buildings and open spaces.

A relationship that is traditionally structured in abstract formulas of floor area ratios, air rights, setbacks, building heights and a multitude of rules that rarely do define the *architecture of the city*, that is, the built urban facts that constitute the city, as defined by Aldo Rossi.[1]

While in Europe *urban design*[2] was established as a regulated and regulatory instance of the process of city renovations, in Brazil it was never institutionalized, although its methods are certainly a part of the training of the urban architect. With rare exceptions, we still do not have the instruments for transforming the guidelines of city plans into an actual built city.

This difficulty can be attributed to the collapse of public urban planning institutions following the rise of policies associated with the minimal state. Good examples remain in the past: housing developments of the 1940s and 1950s, some university campuses, the superblocks of Brasilia, some urban renovations by Emurb associated with the first subway stations in São Paulo.

The two projects analyzed here represent a transition in which the private sector assumes a proactive role in shaping the planned city. While the 1998 Marina was part of a public effort to recover the historic center of São Sebastião, the Platina Axis was a private effort to develop a public planning guideline, that is, the demographic densification of the structuring axes of urban transformation, in accordance with the 2014 Strategic Master Plan (PDE) of the city.[3]

São Sebastião: the Marina and the Historic Center

The project competition for the São Sebastião Marina was promoted in 1998 by the São Sebastião City Hall and organized by the São Paulo chapter of the Brazilian Architects Institute (IAB-SP). It was sponsored by Petrobras and Volkswagen and supported by the local Association for Commerce and Industry. Its objective was the implementation of a marina that would help revitalize the historic center of the municipality through tourism.

Since the implementation of the Almirante Barroso Maritime Terminal – Tebar, in 1968, the city center was surrounded to the west and north by tanks and other facilities for oil storage and pumping; to the north and east, by the pier for oil tankers. The historic center, thus, lost the favorable contour of the natural landscape that occurs in other historic centers, such as Paraty.

In addition to affecting the city's cultural landscape, oil spills from ships and accidents on the pier or on the terminal periodically affect tourism. Petrobras' sponsorship of the contest confirms the state-owned company's efforts to reverse this impact. Statistical studies of spill accidents that polluted the beaches of the North coast show a progressive increase between 1974 and 1994, as well as a decline in 1996, the period that preceded the contest.[4]

Such a coexistence with the oil terminal fostered some political inconvenience until 1985, given that the city was classified as a National Security Area and could not elect its own mayors. In that year, the first direct election took place, and the candidate of the Brazilian Democratic Movement Party – PMDB was elected, Luís Rogério Martins, who appointed the architect and city planner José Magalhães Junior to be Secretary of Urbanism and Environment for the municipality until 1989. A new phase of urban and environmental planning began in São Sebastião, which included plans for the renovation of the historic center, seeking to insert it into the circuit of colonial cities on the coast.

Despite the smaller size of the colonial ensemble when compared to cities like Paraty, historical studies of São Sebastião's heritage have aroused national interest since the 1940s, when the first visits by technicians from the National Historical and Artistic Heritage Service (now the National Historical and Artistic Heritage Institute – Iphan), took place. Shortly afterwards, in 1951, the "Casa da Esperança" building was listed as a historic asset to be preserved. In 1969, the urban complex encompassing seven blocks in the district was listed by the Council for the Defense of the Historical, Archaeological, Artistic and Touristic Heritage of the State of São Paulo – Condephaat, and its restoration as an urban ensemble began in the late 1980s.[5]

Although culturally valued for its set of buildings from the colonial period, the city center was only a crossing point for the flow of tourists heading to the beaches located to the south and to Ilhabela.

To make matters worse with the landscape situation, embankments resulting from dredging in the canal removed the area from direct contact with the sea. According to the rules of the project competition, the proposal for a public marina on the embankment was first presented in the 1991 Municipal Tourism Plan, with the aim of requalifying the "city's postcard site, Rua da Praia, where several restaurants and tourist shops are located."[6]

The document indicated that the design of the project should avoid the construction of equipment that would accentuate the separation of the city from the sea. It argued that the marina's equipment should be minimal, in order to provide "a demand for commercial facilities – inns, restaurants, workshops, stores, etc – that will turn to the existing city center for a landing spot, generating a market for the use of the historic townhouses that are now left abandoned."[7]

The decision to promote the contest with these functionalities established was prompted by the 1997-1998 Whitbread Regatta, which had the city as a stopover point in its course between Auckland, New Zealand, and Fort Lauderdale, United States. Despite the precariousness of the temporary facilities built to receive the competitors then, the economic impact on the city stimulated the promotion of the contest.

The K&V team responded to the brief by articulating two dimensions, one which was functional/urban in its system, the other which was formal/constructive. Even though it was not among the chosen ones to be awarded by the judging committee,[8] the project deserves our attention.

Familiar with the seaside resort towns of the north coast of São Paulo and the south coast of Rio de Janeiro, the architects understood the problems caused by the seasonal flow of tourists. In order to reduce the contrast between high and low seasons, they stated in the proposal that it was necessary to "generate a continuous flow of visitors throughout the year." The target audience would, then, go beyond the users of the marina, who, by themselves, would not be sufficient for the purpose of reoccupying the historic city center. They chose as their public "monitored groups (from schools, senior centers, entire families, ecotourism operators, etc.), who would choose São Sebastião as a permanent object of tourist and historical interests."[9]

The brief originally relayed on the public competition for proposals was thus extended to become an integrated complex of subsystems, linked to the nautical theme and its various environmental components, consisting of the Public Marina, the Maritime School, and the Beach.

To accommodate them, the team designed a road grid structure, which started from the historic center towards the sea. The extension of the axes of General Osório and Manoel Ladislau de Matos/Almirante Nogueira streets, both bordering the central square of the Matrice Church, lays the structure, perpendicular to the city center, for the occupation of the land area therein. A transition strip between the proposed intervention and the existing city would provide equipment and parks that would allow the continuation of a leisure walk.

Although outside the intervention area proposed by the competition, the team also designed a new urban setting for a sector of the city center bordering Doutor Altino Arantes Avenue, standardizing the colonial pattern of the buildings, creating free spaces that would transform the blocks into open courts, with areas for outdoor restaurants and other activities.

In the three parts resulting from the divisions of this transition area by the axes perpendicular to the historic city center, the project establishes, in the southern part, the Maritime School, having as its main attraction the Miniature Park of the Sea, a large water mirror where miniature boats would circulate between the banks, in which colonial buildings of São Sebastião would be reproduced. The other two sectors would receive wooded parks, one with a water mirror, the Green School, and another, closer to the new beach, with sports courts.

The new beach, one of the three pillars of the proposed system, would be built along the coast, north of the marina, between the edge of the historic city center and the beginning of the Tebar pier. The proposal is based on the analysis of the land material and the recognition of its potential to structure the soil of a beach, with some noble sands being imported from neighboring areas. This confers a new environmental quality to the city's relationship with the sea, a long and relatively narrow beach, as is characteristic of this part of the coast of the São Sebastião Canal.

The northern and southern limits of the intervention are elongated, configuring the Marina as a rectangular "water plaza" for the boats. On the west side of this rectangle, the Port Plaza receives the flows of the two axes originating in the historic city center, in a venue that would allow outdoor events, with a small grandstand on the south side. On the north side, a slightly winding path leads to the lighthouse tower, which constitutes both a belvedere overlooking the canal and a vertical landmark delimiting the complex with a strong symbolic element which would appeal to tourists. The south side of the water plaza would be structured with a sequence of buildings for the transition between vehicle access and the pedestrian sector – parks, Port Plaza, and marina. Commercial, cultural, and leisure areas would be distributed linearly, proposing a complex of buildings that formally dialogues with the colonial features of the historic center: red ceramic roofs, white walls with rhythmic fenestration, only interrupted by the opaque surfaces of the large boat garages.

In my mind, the ensemble evokes memories of the Vieux Port of Marseille, a Mediterranean water plaza in the tropical seas; in place of the French mansions, a new Paraty with a grand seaport.

Platina Axis: the City Compacted by Verticalization

The East Zone of São Paulo constitutes one of the greatest urban and social challenges of contemporary times due to its social complexity and various forms of settlement. It is in this area, in one of its neighborhoods, Tatuapé, that the Platina Axis is located.

The eastern expansion of São Paulo followed the paths of the Tietê River floodplain that were originally trodden by the native peoples of the region. These paths led the expansion towards the Paraíba River Valley, due to the geomorphological characteristics of the region. In the 19th century these routes were used by the Central do Brasil railroad to connect São Paulo to Rio de Janeiro. Tatuapé emerged along those lines, between one of the colonial settlements, Penha, and other more recent neighborhoods such as Mooca and Belém. Growth was intense in the 20th century. Industries and villages of workers were installed on the embanked floodplain between the Tietê River and the railroad, and the residences of the industrialists were located on the higher grounds.[10]

The neighborhood was already urbanistically structured as a peripheral aggregation in 1958 when the study of Urban Structure of the Paulistana Agglomeration was carried out for the São Paulo City Hall by the Society for Graphic and Mechanographic Analysis Applied to Social Complexes – Sagmacs. As early as 1968, the Urban Plan of the city included Tatuapé in the eastern limits of a large central area. Tatuapé was, then, classified as an Urban Area of Intense Development and no longer a peripheral agglomeration.[11]

In the 1970s, the vicinities of the Central do Brasil tracks were transformed into a high-capacity trimodal passenger transportation axis, as the area encompassed the Line 3-Red of the Metro, trains of the São Paulo Metropolitan Railway Company – CPTM, and the Radial East Expressway.[12] To overcome the urban disruption that this overlap of transportation axes might cause in the neighborhood, the Metro stations were positioned elevated, with long walkways over the tracks and avenue, connecting the two sides of the neighborhood. In addition to CPTM and Metro trains, Tatuapé station also receives trains from the Northeast variant, which goes to Aracaré (Line 12-Sapphire) and Guarulhos Airport (Line 13-Jade). The hub has enhanced the access of these regions and cities to services and commerce in the neighborhood.

The verticalization of Tatuapé occurred with the deactivation of the region's industrial park, starting in the mid-1980s, making the region a target for strong real estate investment. The social composition of Tatuapé changed from being predominantly working class to attracting three shopping malls, two of them connected to the station – Metrô Tatuapé, in 1997, and Metrô Boulevard Tatuapé, in 2007 – and, further south, Anália Franco, from 1999.[13] The process of residential and service verticalization intensified, and, in this context, important local construction companies emerged. One of them, Porte Engineering and Urbanism, founded in 1986 and specialized in high-end investments, was the developer of the Platina Axis.[14]

The new trend in the area, with investments of medium and high standards, was already clear by 2004,[15] ten years before the 2014 PDE defined the structural axes of urban transformation to intensify density near Metro stations. Thus, as early as 2015, even before the approval of the 2016 Law of Land Parcelling, Use and Occupation – LPUOS, Porte Engineering and Urbanism hired K&V to plan a development axis parallel to the Metro Line 3-Red, to be implemented on Platina Street between Carrão and Tatuapé stations, extending all the way to Belém station over Salim Farah Maluf Avenue.

The main urban intervention is Platina Boulevard, which connects a group of high-rise buildings designed on land owned by the developer. The repertoire of instruments for the valorization of public space that were in vogue at the time was applied, with landscaping qualification and equipment for cultural activities; widening of sidewalks; increase of vegetation; safe crossings and cycle lanes, to stimulate micro accessibility and active mobility; spaces for food trucks and parklets, to allow for some type of street commerce. Such spaces for public enjoyment and active façades do demonstrate the private sector's acceptance of the shifts in paradigms proposed in the PDE 2014 with regards to the relationship between building and street.

The Platina 220 Building emerges within the axis in two major ways: as a landmark at the entrance to the neighborhood and as an example of verticalization with mixed use.

Jorge Königsberger often refers to the Portuguese landmarks, the rectangular stone columns used by the colonizers to mark the regions they took possession of in their navigations, as a formal principle he pursued for the tower. One is able to surmise the reference from the proportions of the built tower, especially due to its clarity of definition and volumetric unity. The differences in internal use (corporate, offices, hotel, and residential) are discreetly manifested in the built ensemble. The implementation at the end of the flat area of the neighborhood, near the beginning of the slope to the valley of the Tatuapé Creek, gives it the desired monumentality.

One can also perceive the careful design in the volumetric control and in the openings on the façade, as it avoids both an excessively homogeneous layout and the possibility of random variations. The layout of the openings was facilitated by the ventilated façade system: ceramic tiles supported by their separate metal structures, detached from the masonry of the internal sealing.

Tall, mixed-use buildings are nothing new in São Paulo. Rino Levi's contribution since the 1930s is notable, defining overlapping functional volumes that manifest themselves individually in the final layout of the ensemble with greater or lesser emphasis. For example, the overlapping of cinema and hotel in the Cine Ipiranga and Hotel Excelsior (1941) is discreetly perceived in the difference of façade, while in the building for the Companhia Seguradora Brasileira (1948), the supermarket section below clearly stands out from the upper apartments.[16]

At Platina 220, the tower rises from the ground, with only two slender volumes leaning against the sides of its lower third, like buttresses, where the apartments and hotel are. The tower's vertical, continuous volume houses the offices at the bottom and the corporate floors at the top. This arrangement requires four separate sets of vertical circulation and utility systems, which are accessed by separate entrances located side by side on the same façade. A low, two-storey section is detached from the tower on three of its sides, housing commerce and services in accordance with the precepts of the active façade. The greatness of dimension is achieved here, as outlined by Rem Koolhaas: "Bigness is ultimate architecture."[17]

By inserting new large buildings in an urban area full of townhouses and former worker's villages, the Platina Axis proposes a reflection on the relationship between such interventions and the preservation of historical and environmental characteristics of these older neighborhoods. As we have argued, in the Tatuapé region, deactivated industrial areas have already been verticalized since the 1980s. Thus, the densification guidelines of the PDE 2014 along the high-capacity transportation axes could only be implemented with the replacement of existing small properties, such as former workers' villages. Without predefined safeguards, the selection of which buildings will be replaced is based on market reasons and value, leaving it to civil society to act politically in order to recognize the historical value of what needs to be preserved.

With the acceleration of verticalization in São Paulo after the 2014 PDE and the approval of the 2016 LPUOS, this dispute has been recurrent in various parts of the city, including in this region.[18] Several social movements question verticalization in its entirety.

Still, the verticalization proposed by the 2014 PDE is a strategy to house, in established low density areas, activities and population that would usually be allocated in areas of horizontal urban expansion. It is the application of the concept of the compact city as opposed to the urban sprawl, which would have these activities and population be settled in low density areas, spread over rural or natural areas farther away from the city center. The conflict identified here calls into question the validity of this highly important urban and environmental concept. The management of this conflict should be done by the public authorities, which is not the case of what has been happening. This demonstrates that the selective preservation of items in the renovation processes is a matter still far from being resolved in São Paulo's urban policy.

From this perspective, the two projects analyzed in this chapter present relevant contributions to the development of the contemporary urban debate.

Notes

1. Aldo Rossi, *Architettura della Cità*.
2. The translation of the concept of Urban Design into Portuguese was popularized as *Desenho Urbano* in Brazil from the publication of Vicente Del Rio's *Introdução ao desenho urbano no processo de planejamento*. Considering that the English word for *desenho* is drawing, the correct translation would have been "projeto urbano." The use of the word drawing (*desenho*) displays an intention to emphasize the concreteness of urban form as opposed to the abstractions of urban planning.
3. SÃO PAULO (City Hall). Law n. 16.050, 31 July, 2014 (bill n. 688/13, from the executive, approved in the form of a legislative substitute).
4. Cf. Íris Regina Fernandes Poffo; José Carlos de Moura Xavier; Ricardo Rodrigues Serpa, "A História dos 27 anos de vazamento de óleo no litoral Norte do Estado de São Paulo (1974-2000)."
5. SECRETARIA DE CULTURA, ESPORTES E TURISMO DE SÃO PAULO (State). Listing Process n. 14150/69.
6. IAB-SP; SÃO SEBASTIÃO (City Hall). *Concurso público nacional de ideias para a implantação de uma marina e revitalização urbana do centro histórico de São Sebastião/SP*.
7. Ibid., 3.
8. The judging committee was formed by Maria Helena Lobo, Antonio Cesar Medeiros de Oliveira, Edson Vieira Engel, Klaus Peters, Marc Rubin, Pedro Paulo de Melo Saraiva and Renato Nunes. Project number 88 – which, in addition to the members of Königsberger and Vannucchi, included the participation of engineer Claudio Corniberti and architects Giovanni Vannucchi and Eduardo Della Manna – passed the first screening process, which reduced the 132 projects submitted to 58 selected, but was later discarded in the second round. The team led by José Magalhães Júnior took first place; second place went to the team of Aldo Pereira de Carvalho, Paulo Roberto Sgarbi and Walter Luiz Fragoni; and Davison Becato's team was awarded third place. See: IAB-SP; SÃO SEBASTIÃO (City Hall). *Ata das reuniões da comissão julgadora do concurso público nacional de ideias para a implantação de uma marina e revitalização urbana do centro histórico de São Sebastião/SP*; IAB-SP; SÃO SEBASTIÃO (City Hall). *Lista de participantes do concurso da Marina de São Sebastião*.
9. Eduardo Della Manna; et al., *Memorial de projeto para o concurso público nacional de ideias para a implantação de uma marina e revitalização urbana do centro histórico de São Sebastião/SP*, 2.
10. Cf. Jurgen Richard Langenbuch, *A estruturação da Grande São Paulo: estudo de geografia urbana*; Heitor Frúgoli, "Reestruturação urbana da metrópole paulistana: a Zona Leste como território de rupturas e permanências."
11. Cf. SÃO PAULO (City), *Plano urbanístico básico de São Paulo*.
12. Cf. Fernando de Mello Franco, *A construção do caminho: a estruturação da metrópole pela conformação técnica das várzeas e planícies fluviais da Bacia de São Paulo*.
13. Taísa da Costa Endrige, *Tatuapé: a valorização imobiliária e a verticalização residencial no processo de diferenciação socioespacial*.
14. Ibid., 152.
15. See: Mapa de predominância de uso por quadra fiscal, 2004. PMSP – Sempla/Dipro; TPCL/RI Secretaria Municipal de Finanças. In Endrige, *Tatuapé*, 166.
16. Renato Anelli; Abílio Guerra; Nelson Kon, *Rino Levi: arquitetura e cidade*.
17. Rem Koolhaas, "Bigness (or the Problem od Large)."
18. We highlight the cases of the workers' village on João Migliari Street, whose application for listing as a historical heritage site is without a definition by Conpresp since 2019. Another important case is that of the headquarters building of the São Paulo subway workers' union (in Portuguese, Sindicato dos Metroviários de São Paulo), whose application for listing was not accepted by the same council. Cf. Lucas Chiconi; Pedro Mendonça, "Sai vila histórica, entra prédio: transformação excludente no Eixo Platina, em São Paulo"; Lucas Chiconi, "Vila Operária João Migliari: demolição como parte do higienismo social e da falta de memória sobre o patrimônio."

Technology in the Design Process
Luiz Alberto Backheuser
on page 404

The impact of computational tools in the production of architecture and urbanism has promoted a radical transformation not only of its graphic representations, but also of different aspects of the process of project designing, modifying dynamics and priorly established methodologies of the craft. These changes have not yet been complete, if they ever will, it remains to be seen, but the processes are under constant revision, enhanced both by technological development itself and by the way we deal with it.

Decades before the effective incorporation of computers in the architectural offices, different scholars already envisioned the impacts of these technologies in the production of buildings and cities. On the one hand, a visionary article such as "Man-Computer Symbiosis",[1] by Joseph Carl Robnett Licklider, imagined possible man-machine exchanges, on the other, authors such as Gordon Pask and Nicholas Negroponte are among the first to reflect on the impact new technologies might have on architecture.[2]

Pask, in an article published in 1969,[3] saw a new relationship develop through the use of cybernetics, stating that computer-aided design would be an alternative method whose application to architecture could take place in different ways. Architecture invariably has cybernetic characteristics, since it deals with the problems it has to face by defining systems of control and interaction.[4] Therefore, its overt application in the design process forces the process itself to become clearer and more objective, with well-defined rules, facilitating synergy among the agents involved and enabling processes of automation.

In more creative and less centralized environments, where decision-making is shared and discussed horizontally, cybernetic systems are even more natural.

In 1963, Ivan Sutherland, then a doctoral student at the Massachusetts Institute of Technology – MIT, created the first program to use a graphical interface, allowing the user to draw on the computer screen. Named *Sketchpad*, its importance is tremendous, for it was the precursor of Computer Aided Design – CAD. In 1964, the first conference on the use of computers in architecture took place. It featured prominent participants such as Christopher Alexander, Marvin Minsky, and Walter Gropius himself.[5] A few years later, in 1969, again at MIT, the Architecture Machine Group – AMG, founded by Nicholas Negroponte and Leon Groisser, presented *Urban 5*, a very rudimentary tool for computational urban design.[6] Although complex and innovative, *Sketchpad* was a drawing tool, literally a pen on a screen; the proposal presented by AMG, in turn, offered a more sophisticated appropriation of the machine's processing capacity, enabling a true dialogue with the computer, which created scenarios based on the user's choices.

Negroponte would deepen his ideas in two books: *Architecture Machines* (1970)[7] and *Soft Architecture Machines* (1976).[8] In the first book, he argued that an effective man-machine interaction depended on the intelligence of the equipment, not just on a prolific tool. The parts should become as interlocutors that understand and learn from each other, self-improving in the pursuit of goals. In the second book, Negroponte embraces a discourse that was in vogue at the time, participatory design, envisioning the machine as a resource that would allow future house-owners or proprietors to participate in the definitions of the architectural project by interacting with a computer. The author himself develops this discussion in a later article (1976), in partnership with Guy Weinzapfel.[9]

Other authors, such as Yona Friedman and his *Flatwriter*[10]; or Cedric Price and the *Generator Project* (1976), also recognized that computers could facilitate interactions with future occupants of buildings and cities, allowing for participatory designing processes. Although the focus of these works was the involvement of people who had no technical training, they suggested that computers could unite different agents, becoming not only an interlocutor, but an aggregator of people.

In 1974, Chuck Eastman also embraced the idea of the computer as a coalescent tool with what he called the *Building Description System* – BDS. It was a very detailed virtual model of a building, like a physical architectural model, but appropriating the processing capabilities of a computer and thus storing large amounts of information, facilitating its description. This idea would be taken up again decades later, renamed *Building Information Modeling* or BIM by van Nederveen and Tolman.[11] Beyond providing a geometric model, the great merit of BIM was the ability to integrate designers and other agents involved in the design, construction, and maintenance of buildings, a powerful technological tool for synergizing the various dimensions of real estate projects.

In the same decade, William Mitchell argues – in his *City of Bits*[12] – that the traditional city, based on physical spaces and face-to-face interactions, is being replaced by a virtual city, where electronic communications and computer networks enable new forms of interaction and social organization. Mitchell argues that these changes create new opportunities for collaboration and innovation, including for architects that would contribute to the development of projects in the physical world.

In the 1990s, computers became effective as substitutes for clipboards and the manual drawing of architectural offices. However, at this time, this represented a mere change of tools, not a new organizational model, and this has been proven to be insufficient to meet the growing complexities of civil construction, in Brazil and globally. Since then, countless technological resources have emerged: the gradual increase of hardware processing power; the increasingly abundant supply of softwares that meet more and more specific needs; and, finally, the growing ability to exchange information thanks to faster internet connections. All of these have enabled new appropriations of the computer by architecture offices. The technology is available, accessible, and increasingly intuitive, showing that the problem to be faced does not concern its operation, but how to better appropriate it.

For years, discussions and essays on the appropriation of computers and their impact on the production of architecture were essentially restricted to academic environments, since they were expensive equipment and difficult to operate and maintain. However, in the late 1970s the first personal computers (PC) appeared, such as the Apples 1 and 2, the Commodore PET or the TRS-80 Model I, and, in 1981, IBM's first generation of PCs. These machines made hardware accessible, making its incorporation into small and medium-sized companies feasible, and they appeared for the first time on the drawing boards of architecture offices. During the 1980s, these machines were still timid in their presence, coexisting with the parallel rulers, but, in the following decade, they became the ultimate tool in project development. This shift in tools occurred not only in developed countries or in the countries that produced these computers, but throughout the world, including Brazil. At Königsberger Vannucchi Arquitetos Associados (K&V) it was no different – the firm incorporated the use of computers in the early 1990s –, but it would still take a few years for the computational resources to change the firm itself.

The Computer and the Traditional Offices[13]

Jorge Königsberger recounts that K&V started in 1972 "with two easels and a door, and our drafting table was ready for us to create." The resources needed to develop a project were then relatively simple and inexpensive, offering some mobility and fluidity to the process. Twenty years later, these tools were definitively replaced by the computer, which anchored the architect to the office, as it required a robust machine equipped with the necessary software. In the words of Daniel Toledo, "In the era of the drafting table, any table, anywhere, could be a drafting table for designing. In the PC era, only that PC, in that place, on that network, could be a PC for designing."

The Condominium Club Ibirapuera (1992) was the first project designed with CAD by Königsberger & Vannucchi. Afterwards, the following projects already adopted this tool as the definitive one, retiring the drawing boards. However, the introduction of the computer in the daily dynamics of K&V did not represent a methodological change in the development of the work. The organizational model of the office followed a classic structure, very centralized, in which the creative definitions and decision-making were shouldered by the founding partners, who discussed them directly and individually with the leaders of the work teams. There was little or no project discussion among the team members.

Following the definitions of the Quality Management System – QMS adopted by the firm, the projects were developed in a production line, a solution that is quite common among architectural firms that work with the real estate market. The work structure was highly specialized, both in the use of computational resources—such as 2D, 3D, and rendering teams—and in the project production workflow.

The new projects moved through three departments at different times. The first team, the feasibility team, studied the possibilities and potentialities of the project. The product team developed the architectural proposal from the preliminary study to the executive project. Finally, the presentation team created the graphic material needed for publicity and sales. According to Daniel Toledo, this structure required a high degree of coordination, with significant specialization and division of tasks among professionals. The "whole" was composed of the sum of its parts, and often remained inaccessible to those who were involved in only part of the process.

The implementation of computers corroborated and enhanced this centralized and sequential organizational model, reaffirming the division of labor within the firm. The workstations were equipped with specific software, thus limiting the scope of action of the professionals who operated them. This scenario resulted in situations that could be contradictory, such as, for example, the definition of the façades by the presentation team, which had 3D design and rendering programs at their disposal. This organizational model was very efficient, lasting until 2016 and contributing to the consolidation of K&V in the real estate market. However, it had already been criticized for some years before its end, as it seemed evident that it was losing efficiency in the face of contemporary demands.

Time for Change

In the early 2010s, Jorge Königsberger and Gianfranco Vannucchi, then partners for forty years, began to envision other ways of structuring the office. K&V had grown in number of projects and professionals hired, making the centralized organizational model too strenuous. They sought a way to make the company less dependent on the founding partners. Thus, in 2013, they opened a vacancy for a change in management. They posted on LinkedIn, in search of a professional who could help them create the conditions for the firm face the complexities of the market at the time.

Mechanical engineer Daniel Toledo answered the ad and was hired that same year, bringing with him an organizational vision which was unusual for architecture firms. In his previous experiences in the automotive industry and at the Foundation for Engineering Technology Development, Toledo experienced less centralized and more collaborative working structures, with the premise that creative authorship could be shared. Thus, he proposed the revision of this vertical organizational model, considering the increasing complexity of real estate production, its new demands, stricter legislations, and growing number of complementary projects. He also argued that the idea of an unquestionable authority no longer made sense in a world where so many virtual forums for public debate put in check vertical decisions defined by subjective and unclear processes. These were the premises that guided K&V 2020, a restructuring plan for the firm that sought a less centralized, more collaborative and multiauthority organization.

In 2015, a pilot experiment was created that replaced the traditional departments with semi-autonomous groups,[14] called "conception nuclei." Each group included professionals from the traditional teams – feasibility, production, and presentation. So, instead of going through the teams, the project would stay in one of the cores, where the team worked on all stages of development. This change valued the collaboration among professionals, breaking with the sequential and centralized processes previously employed, making it easier to face the growing complexity of projects. This new structure has been perpetuated, with a varied number of collaborators per core, depending on the sophistication and size of the project, but all contributing with a high level of involvement in the development and decision making.

For this new organization to work, the resources and computational structure also needed to be revised, while, simultaneously, the adoption of BIM by K&V took place. Throughout 2018 and 2019, the firm went through a process of effective incorporation of this system, with team training, the first project documentation, the first mass study, and the first project fully developed on this platform, the Vermont, in Sorocaba. The experience on this first project allowed the improvement of templates and workflows, as well as the introduction of parametric tools, energy analysis, and consequent product improvement. As of 2020, with the adoption of new BIM tools, the compatibility and the quantification within projects were improved; and other features, such as interoperability by different agents and dialogue with other softwares, were instrumental in making K&V one of the largest BIM users in the world. The transition from the traditional CAD model to the full implementation of BIM in all projects took about a year, a very short time, as it was facilitated by its intrinsic connection to the new organizational structure - more horizontal and collaborative - proposed by K&V 2020.

Project Networking

With the social withdrawal imposed by the Covid-19 pandemic, all K&V employees began working remotely from their homes. The nuclei working model, with its relative autonomy in decision-making, facilitated the continuity of ongoing projects, as the networked structure of collaborators made remote interaction easier with the resources available at the time.

However, in order for them to be able to continue the work, each collaborator took with them their respective workstation, because in the equipment were the necessary software for the development of projects. The files, on the other hand, continued to be stored in a server inside the firm on Berrini Avenue, although most of the documents that were not related to the architectural projects – human resources and management files, cost control, email control – were stored in a remote database, in the cloud.

The isolation of hardware and software, then moved to the homes of employees, prevented the sharing of these resources, underutilizing them. The decision was then made to virtualize the workstations, which were housed in a data center, ensuring encryption, backups, and geo-security.[15] The workstations, accessed remotely via personal computer, ensure that the same hardware can be used by several employees simultaneously or at different times; the same happens with the softwares, whose licenses are not attached to the workstations, making it possible to automate processes. For example, one of the robust video cards available supports up to sixteen users during the working day, but at night and on weekends it is dedicated to rendering presentation videos.

The work files are now housed in a cloud, with much greater security and stability for partners, employees, and customers alike. Thus, information contained in these files, which are the company's most valuable assets, is preserved with reliability that would not be possible for a traditional firm in its physical structure. This file transfer took place at the very beginning of the pandemic, in early 2020, ensuring that work files could be accessed remotely by employees, with quickness and safety.

The new computational structure, combined with the organization into semi-autonomous groups, allowed collaborators to work from different regions of Brazil and around the world. This enabled the involvement of professionals with diverse backgrounds and expertise, enriching the quality of K&V's outputs. The dispersal of the architects has also made it easier for the firm to be present at clients and construction sites throughout the country.

This new cloud-based structure enhances K&V's new organization, facilitating horizontal, collaborative, and multi-authored relationships in real time. According to Daniel Toledo, "Architects can create and produce the project as a whole, as a team, always having knowledge of the whole, shifting to a 'whole to part' process, unlike what happened in the PC era."

The changes initiated with K&V 2020, associated with the impacts of the pandemic, have shown how computer resources are inseparable from the current organizational dynamics of an architectural firm, demonstrating that the great merit of new technologies is perhaps their ability to enhance synergy and to respond more efficiently to the complex demands of the contemporary world, where collaborative, horizontal, decentralized work is the most secure way to meet challenges.

In Daniel Toledo's words,

> The cloud signifies a profound transformation in the way work and production means are handled. Just as in the drafting table era, our architects can finally create from anywhere, without limitations of tools and computational resources.

K&V's organizational experience shows a possible way to adapt architectural firms to the contemporary reality of offices, in which technological resources are intrinsic to the daily dynamics of project development. Admitting that the tools that we shape thereafter shape us, an idea advocated by communication theorist Marshall McLuhan,[16] the product resulting from this dialectic must also be transformed, a direct result of these proposed dialogues, incorporating new forms of confrontation and responding to contemporary demands, in an increasingly collaborative world, also transformed by digital resources.

Over the decades, K&V has demonstrated exceptional resilience, always adapting to the characteristics of the moment. Changes in the real estate market, new work tools, and other conditions have been overcome with great dedication and ease, as this adaptability is an inseparable characteristic of the firm. The unpredictability of the future is not intimidating; instead, it is seen as an opportunity, a fertile ground for architectural and organizational creativity. K&V will face whatever comes as it always has, tackling challenges with the confidence of 50 years of experience and constant renewal.

Notes

1. Joseph Carl Robnett Licklider, "Man-Computer Symbiosis."
2. Cf. Jon Arteta Grisaleña, "Breve história de la arquitectura digital," 32.
3. Gordon Pask, "The architectural relevance of cybernetics."
4. See: Cristiana Cota Salomão; Anja Pratschke, "Arquitetura e cibernética: buscando nuances da cibernética em projetos arquitetônicos dos anos 1960."
5. Boston Architectural Center, "Architecture and the Computer."
6. Molly Wright Steenson, *Architectural Intelligence: How Designers and Architects Created the Digital Landscape*, 10.
7. Nicholas Negroponte, *Architecture Machines: Toward a More Human Environment*.
8. Nicholas Negroponte, *Soft Architecture Machines*.
9. Guy Weinzapfel; Nicholas Negroponte, "Architecture-by-Yourself: An Experiment with Computer Graphics for House Design."
10. Computer tool designed by Yona Friedman to facilitate the architect-client relationship, allowing the layman to participate in the design process of his own home. See: Yona Friedman, *Toward a scientific architecture*, 59.
11. André Borrmann; Markus König; Christian Koch; Jakob Beetz, *Building Information Modeling: Why? What? How?*
12. William Mitchell, *City of Bits: Space, Place, and the Infoban*.
13. Part of the information described in the text was obtained in an interview given by members of K&V – Daniel Toledo (associate), Carla Estrella and Claudio Inserra (architects) – on April 11, 2023. Other information was obtained from interviews given by Daniel Toledo which are available on different YouTube channels.
14. Between the 1970s and 1990s Volvo proposed an organizational model that contradicted the Fordist production line, giving a higher degree of participation to the workers during the production process. The assembly line is no longer constant, and each phase of car assembly takes place with the car stopped and relying on groups of more qualified employees, who perform different functions. These groups became known as Semi Autonomous Groups. See: Roberto Marx, "Processo de trabalho e grupos semiautônomos: a evolução da experiência sueca de Kalmar aos anos 1990."
15. A Tier 3 Data Center has a self-sustainable system, with redundant power supply and cooling equipment, which allows planned maintenance, without shutting down the system
16. "We shape our tools and thereafter they shape us." John M. Culkin, "A schoolman's guide to Marshall McLuhan," 70. Although this phrase is often attributed to Marshall McLuhan, it was actually written by Father John Culkin when he described McLuhan's work. However, it faithfully expresses the speech of the Canadian philosopher.

CINE

Bibliografia

Textos

KÖNIGSBERGER, Jorge. Natureza do problema: relatório de diagnóstico Condominium Club Ibirapuera. São Paulo, Acervo Königsberger Vannucchi, mimeo, s/d.

KÖNIGSBERGER, Jorge; ALMEIDA, Lízia Manhães de. *O arquiteto e as leis: manual jurídico para arquitetos*. São Paulo, Pini, 2003.

KÖNIGSBERGER VANNUCCHI ARQUITETURA. Prédios não cobrem paredão da Praça dos Franceses, dizem arquitetos. *Veja São Paulo*, n. 2689, São Paulo, 3 jun. 2020 <https://bit.ly/3Ovends>.

TOLEDO, Daniel. *Na computação para arquitetura, o futuro também é híbrido*. <https://c3clube.com.br/na-computacao-para-arquitetura-o-futuro-tambem-e-hibrido/>.

TOLEDO, Daniel. *Transformação BIM: uma jornada além da tecnologia*. <https://c3clube.com.br/transformacao-bim-uma-jornada-alem-da-tecnologia-parte-i/>.

TOLEDO, Daniel. *Três princípios que você deveria levar a sério antes de começar a investir em Tecnologia*. <https://c3clube.com.br/3-principios-que-voce-deveria-levar-a-serio-antes-de-comecar-a-investir-em-tecnologia/>.

VANNUCCHI, Gianfranco. 28 anos depois: de Blade Runner ao caos urbano. *Lindenberg e Life*, ano 8, n. 34, São Paulo, 2010, p. 68.

VANNUCCHI, Gianfranco. *Encontro de Povos Indígenas no SESC Belenzinho. Abrigo de Königsberger e Vannucchi. Drops*, São Paulo, ano 04, n. 008.08, Vitruvius, jun. 2004 <https://bit.ly/3X-QCyHu>.

VANNUCCHI, Gianfranco. Opção pela leveza nos materiais. *New Way of Life*, ano 1, n. 1, Barueri, mar. 2000, p. 34.

VANNUCCHI, Gianfranco. Que projeto? *Construção*, ano 48, n. 2467, São Paulo, 22 mai. 1995, p. 14-15.

Depoimentos

ARQ!BACANA com Königsberger Vannucchi. *YouTube Canal Fitara Filmes*, 19 jul. 2016 <https://youtu.be/GQTpd-vBRuuo?si=brBqXSlyh3qKWZu5>.

KÖNIGSBERGER, Jorge. Depoimento a Luís Antônio Jorge via videoconferência, 20 mar. 2023.

KÖNIGSBERGER, Jorge. Depoimento a Renato Anelli via videoconferência, 21 abr. 2023.

REPORTAGEM. Edifício Terra Brasilis. *Jornal de São Paulo*, Rede Bandeirantes, 1991. Acervo Pedro Vannucchi.

REPORTAGEM. Edifício Terra Brasilis. *Programa Market Show*, Rede Record, 1991. Acervo Pedro Vannucchi.

TOLEDO, Daniel; ESTRELLA, Carla; INSERRA, Claudio. Depoimento a Luiz Alberto Backheuser via videoconferência, 11 abr. 2023.

VANNUCCHI, Gianfranco. Depoimento a Cecília Rodrigues dos Santos via videoconferência, 20 mar. 2023.

VANNUCCHI, Gianfranco. Depoimento a Renato Anelli via videoconferência, 28 abr. 2023.

Bibliografia geral

30 obras que são referência para a arquitetura brasileira: Brascan Century Plaza (1998/2003). *Projeto Design*, n. 300, São Paulo, fev. 2005, p. 61-91.

33ª Assembleia Asbea: projeto de crescimento. *AU – Arquitetura e Urbanismo*, ano 20, n. 135, São Paulo, jun. 2005, p. 12.

6ª Bienal Internacional de Arquitetura: Evento define-se pela diversidade de exposições. *Projeto Design*, n. 310, São Paulo, dez. 2005, p. 40-53.

A Casa das Rosas. <www.casadasrosas.org.br/acasa/>.

A cidade contemporânea fugiu do controle dos urbanistas. Como é possível reverter esse quadro? *AU – Arquitetura e Urbanismo*, ano 13, n. 77, São Paulo, abr./mai. 1998, p. 36-37.

A contribuição mundial da Luxaflex e a persiana no Brasil. Hunter Douglas. *IA – Ideias de Arquitetura*, n. 5, São Paulo, mai. 1993, p. 8.

A festa é nossa: Viver Bem homenageia os 100 decoradores mais influentes de São Paulo com uma festa para lá de concorrida. *Viver Bem*, ano 10, n. 79, São Paulo, abr. 2000, p. 44-45.

A participação do arquiteto na escolha dos nomes dos edifícios. *Informativo Asbea*, n. 27, São Paulo, fev. 1998, p. 3.

A reserva técnica deve ser regulamentada ou banida? *AU – Arquitetura e Urbanismo*, ano 21, n. 144, São Paulo, mar. 2006, p. 16-17.

A valorização profissional é assunto na Assembleia que reuniu mais de 60 arquitetos em Alagoas. *Informativo Asbea*, n. 73, São Paulo, jun. 2002, p. 1.

A volta ao mundo em 80 jogos: exposição temática propõe uma viagem pelos cinco continentes. *E-Sesc*, ano 9, n. 8, São Paulo, fev. 2003, p. 22-25 <https://bit.ly/3VMaovL>.

ABOLAFIO JUNIOR, Roberto. Gentileza urbana. *D&D Shopping*, ano 1, n. 2, São Paulo, out. 2013, p. 20.

Acessórios, mas fundamentais: conhecida por seu mobiliário para escritórios, a Giroflex lança sua primeira linha de acessórios coordenados. *Arc Design*, n. 41, São Paulo, mar./abr. 2005, p. 70-71.

Ação e reação: o baixo estoque e o equilíbrio entre oferta e procura traduzem o momento do mercado de imóveis comerciais em São Paulo. *Construção*, ano 49, n. 2270, São Paulo, 12 ago. 1991, p. 4-9.

AGAMBEN, Giorgio. *Quando a casa queima*. Trad. Vinícius Nicastro Honesko. Belo Horizonte/Veneza, Editora Âyné, 2021.

ALBUQUERQUE, Fernando de. Fal 2 Quick File: Alpha Mall, para quem quer investir ou ter seu próprio negócio. *New Way of Life*, ano 1, n. 2, Barueri, jun. 2000.

ALBUQUERQUE, Fernando de. Fal 2 Quick File: Metrópolis, vitória de um novo conceito. *New Way of Life*, ano 1, n. 2, Barueri, jun. 2000.

ALBUQUERQUE, Fernando de. Fal 2 Quick File: Stadium, um mixed use com estilo. *New Way of Life*, ano 3, n. 11, Barueri, set./out. 2002.

Além da confiança. *Catálogo Company S.A. 21 anos*, dez. 2003, p. 24-25.

ALMEIDA, Eneida de. Do monumento ao fragmento urbano: um enredo entre memória e criação. *Revista Restauro*, v.3, n.5, São Paulo, jan./jun. 2019 <https://revistarestauro.com.br/do-monumento-ao-fragmento-urbano-um-enredo-entre-memoria-e-criacao/>.

ALMEIDA, Eneida de. *O "construir no construído" na produção contemporânea: relações entre teoria e prática*. Orientador Luiz Americo de Souza Munari. Tese de doutorado. São Paulo, FAU USP, 2010 <https://teses.usp.br/teses/disponiveis/16/16133/tde-26042010-150955/pt-br.php>.

ALMEIDA, Eneida de. Os processos de projeto de Rafael Moneo. Relações entre teoria e prática e suas possíveis aplicações no ensino de arquitetura. In V Projetar, 2011, Belo Horizonte, *Processos de projeto: teorias e práticas*. Belo Horizonte, UFMG, 2011 <http://projedata.grupoprojetar.ct.ufrn.br/dspace/bitstream/handle/123456789/764/168.pdf?sequence=1&isAllowed=y>.

ALMEIDA, Rubens de. Em defesa das cidades, Asbea demonstra sua preocupação com o fazer a cidade. *Casa e Mercado*, n. 54, São Paulo, dez. 2005, p. 70.

Alphaville Burle Marx. *Viver a Vida Alphaville*, n. 15, edição especial, Barueri, mar. 2005, p. 4-5.

Ambiente projetado pelos 38 arquitetos da Asbea: exemplo de talento e muita solidariedade. *Informativo Asbea*, n. 79, São Paulo, dez. 2002, p. 3.

ANDRADE, Claudia. Do hierárquico ao nômade: a revolução do escritório. *Arquitetura e Construção* (edição especial Escritórios do Futuro), nov. 2003.

ANDRADE, Francisco de Carvalho Dias de. *Uma poética da técnica: a produção da arquitetura vernacular do Brasil*. Orientador Marcos Tognon. Tese de doutorado. Campinas, IFCH Unicamp, 2016.

ANDRADE JUNIOR, Nivaldo Vieira de. Metamorfose Arquitetônica: intervenções projetuais contemporâneas sobre o patrimônio edificado. Orientadora Esterzilda Berenstein de Azevedo. Dissertação de mestrado. Salvador, FAU UFBA, 2006 <https://cecre.ufba.br/sites/cecre.ufba.br/files/metamorfose_arquitetonica.pdf>.

ANELLI, Renato; GUERRA, Abilio; KON, Nelson. *Rino Levi: arquitetura e cidade*. São Paulo, Romano Guerra, 2001.

ANTUNES, Bianca. Reconhecimento da qualidade: fabricantes de 44 produtos são avaliados no Prêmio Pini. *AU – Arquitetura e Urbanismo*, ano 20, n. 130, São Paulo, jan. 2005, p. 66-67.

Aos 50 anos, núcleo da escola paulista de arquitetura é notável centro de ensino, pesquisa teórica e debates. *Projeto Design*, n. 228, São Paulo, fev. 1999, p. 42-93.

Aprovado estudo de impacto ambiental para continuação do Parque Prado. *Correio Popular*, Campinas, 30 out. 2003, p. 2.

APSAN, Deborah. Criativa e inesperada, até parece duas casas independentes. *Reformar e Construir*, ano 2, n. 13, São Paulo, mai. 1999, p. 42-49.

ARAKAKI, Denise. Brascan e Método lançam condomínio com quatro prédios de apartamentos. *Gazeta Mercantil*, São Paulo, 12 out. 1993, p. 7.

ARAKAKI, Denise. Ginásio de esportes e rampa de skate. *Gazeta Mercantil*, São Paulo, 17 jun. 1994, p. 5.

ARAKAKI, Denise. Vendas só com edifícios prontos. *Gazeta Mercantil*, São Paulo, 11 mar. 1994, p. 5.

ARAUJO, Ramón. Cadenas de Montaje: Los Retos de la Industrialización/Assembly Lines: Challenges of Industrialization. *Arquitectura Viva*, n. 156, Madri, out. 2013, p. 7-17 <https://bit.ly/3p10z1A>.

Arquiteto apresentará influência de novos hábitos na arquitetura. *Cruzeiro do Sul*, Sorocaba, 3 set. 2006, p. 2.

Arquitetos discutem autoria do projeto do Guggenheim no Rio de Janeiro. *Informativo Asbea*, n. 82, São Paulo, abr. 2003, p. 1-2.

Arquitetura anos 90: Terra Brasilis. A procura de uma linguagem local frente à globalização. *Projeto Design*, n. 251, São Paulo, jan. 2001, p. 84-91.

Arquitetura comentada: Königsberger Vannucchi – Quadras multifuncionais. Brascan Century Plaza. *Arquitetura e Construção*, ano 19, n. 11, São Paulo, nov. 2003, p. 6.

Arquitetura comentada: Königsberger Vannucchi – Quadras multifuncionais. Brascan Century Plaza. *Mais Arquitetura*, ano 5, n. 54, São Paulo, nov. 2003.

Arquitetura comentada: Königsberger Vannucchi – Quadras multifuncionais. Brascan Century Plaza. *Projeto Design*, n. 286, São Paulo, dez. 2003, p. 24.

Arquitetura e concreto: a relação entre a arte de projetar e o material de construção mais popular na visão de dois renomados profissionais. *Tecnologia do Concreto Armado*, ano 3, n. 9, São Paulo, out. 2000, p. 4-5.

Arquitetura e marketing. *Boletim Indústria Imobiliária – produção e mercado*, ano 7, n. 77, mai. 1998, p. 19-21.

Articuladora do conjunto, praça promove relação com a cidade. *Projeto Design*, n. 322, São Paulo, dez. 2006, p. a64.

As duas faces do Itaim. *Minha Casa, Meu Imóvel*, ano 2, n. 19, São Paulo, dez. 2007, p. 30-35.

Asbea Cidadania. *Casa da Criança – Recanto Primavera – ASA*. São Paulo, Siciliano/Arx, 2003.

Asbea debate novo zoneamento de SP. *Projeto Design*, n. 298, São Paulo, dez. 2004, p. 22.

Asbea elege novo presidente. *Office Facility*, ano 14, n. 79, São Paulo, jun. 2004, p. 25-27.

Asbea lança livro inédito com informações jurídicas dirigidas a arquitetos. *Informativo Asbea*, n. 93, São Paulo, abr. 2004, p. 1-2.

Asbea realiza primeira edição de premiação que elegerá, anualmente, os melhores na arquitetura. *Informativo Asbea*, n. 80, São Paulo, jan. 2003, p. 1-4.

Asbea: valorizando a arquitetura nacional. *Boletim Ambiente Marelli*, ano 1, n. 1, dez. 2001, p. 6.

ASSOCIAÇÃO BRASILEIRA DE ARQUITETOS DE INTERIORES E DECORADORES. Companhia de Tapetes Ocidentais. *Designer's Saturday*, v. 2, São Paulo, 13 ago. 1988.

ASSOCIAÇÃO BRASILEIRA DE ARQUITETOS DE INTERIORES E DECORADORES. Integração garante eficácia do projeto arquitetônico: parceria entre arquitetos de interiores e decoradores gera melhores resultados. *ABD Newsletter*, ano 6, n. 6, jun. 1999, encarte especial Região Nordeste, p. 1.

ASSOCIAÇÃO BRASILEIRA DE CONSTRUÇÃO METÁLICA. Colégio de arquitetura recebe apoio da Asbea. *Construção Metálica*, ano 11, n. 47, São Paulo, mar./abr. 2001, p. 8.

Back to Roots! *Fiabci Press*, n. 110, São Paulo, jul. 2005, p. 9.

BAETA, Rodrigo Espinha; NERY, Juliana Cardoso. *Entre o restauro e a recriação: reflexões sobre intervenções em preexistências arquitetônicas e urbanas*. Salvador, EDUFBA – PPG-AU UFBA, 2022.

BAETA, Rodrigo Espinha, NERY, Juliana Cardoso. Interação, sobreposição e ruptura – Os Edifícios Niemeyer e Rainha da Sucata e a Praça da Liberdade, em Belo Horizonte. *Arquitextos*, São Paulo, ano 17, n. 195.01, Vitruvius, ago. 2016 <https://vitruvius.com.br/revistas/read/arquitextos/17.195/6172>.

BALARIN, Raquel. A nova onda dos apartamentos flexíveis. *Gazeta Mercantil*, São Paulo, 6 abr. 1995, p. d1.

BARATTO, Romullo. Sesc na Avenida Paulista será inaugurado em abril deste ano. *ArchDaily Brasil*, 01 mar. 2018 <www.archdaily.com.br/br/889798/sesc-na-avenida-paulista-sera-inaugurado-em-abril-deste-ano>.

BARATTO, Romullo. Conheça os vencedores do 6º Prêmio Saint-Gobain de Arquitetura. *ArchDaily Brasil*, 20 mar. 2019 <www.archdaily.com.br/br/913570/conheca-os-vencedores-do-6o-premio-saint-gobain-de-arquitetura>.

BARDI, Lina Bo; FERRAZ, Marcelo. *Lina Bo Bardi*. São Paulo, Instituto Lina B. P.M. Bardi; Imprensa Oficial do Estado de São Paulo, 2008, p. 126 apud GUIZZO, Iazana. O construir como afeto. A casa como corpo e não manifesto. *Arquitextos*, São Paulo, n. 218.04, Vitruvius, jul. 2018 <https://vitruvius.com.br/revistas/read/arquitextos/19.218/7030>.

BARROS, Mariana. Canteiro de obras na Paulista. *Veja São Paulo*, ano 46, n. 14, São Paulo, 3 abr. 2013, p. 28-30.

BASTOS, Maria Alice Junqueira. *Edifícios residenciais: Duo Alto de Pinheiros – Königsberger Vannucchi*. Coleção Arquitetura Comentada, v. 14. São Paulo, C4, 2009.

BASTOS, Maria Alice Junqueira. O desenho do lugar. *AU – Arquitetura e Urbanismo*, ano 23, n. 176, São Paulo, nov. 2008, p. 44-45.

BASTOS, Maria Alice Junqueira. *Pós-Brasília: rumos da arquitetura brasileira*. São Paulo, Perspectiva, 2003.

BELICKAS, Tânia. Dois novos edifícios para escritórios serão construídos em Moema. *Gazeta Mercantil*, São Paulo, 25 ago. 1988, p. 12.

BENVENGO, Luciana. Core local: a indústria de materiais trabalha para expandir o menu de alternativas e não para de oferecer novos produtos. *AU – Arquitetura e Urbanismo*, ano 16, n. 92, São Paulo, out./nov. 2000, p. 96.

BERTACCHINI, Patricia. Gianfranco Vannucchi: plano para a Asbea. *Boletim Idea*, ano 1, n. 6, jun. 2001.

BERTACCHINI, Patricia; OLIVEIRA, Thaís Ferreira de Souza. Jorge Königsberger: um olhar sobre o momento da arquitetura brasileira. *Boletim Idea*, ano 1, n. 5, mai. 2001.

BÉRTOLO, Tania. Gestão contínua. *Construção*, ano 53, n. 2733, São Paulo, 26 jun. 2000, p. 8-12.

BÉRTOLO, Tania. Mix diferenciado. *Construção*, ano 53, n. 2744, São Paulo, 11 set. 2000, p. 20-22.

BÉRTOLO, Tania. Projetos casados. *Construção*, ano 53, n. 2730, São Paulo, 5 jun. 2000, p. 22-24.

BETING, Graziella. Segredo do sucesso: arquitetos e decoradores dão sua receita para um bom projeto arquitetônico de hotéis. *Host*, n. 05, São Paulo, abr. 2005, p. 26-32.

BIANCHI, Juliana. Ignore o château ou a maison. Nome do prédio é só marketing. Caderno Cidades/Metrópole. *O Estado de S. Paulo*, São Paulo, 06 nov. 2005, p. c12.

BIELSCHOWSKY, Ricardo. *Investimentos na indústria brasileira depois da abertura e do real: o mini-ciclo de modernizações, 1995-1997*. Série Reformas Econômicas, n. 44. Santiago de Chile, Cepal, nov. 1999 <https://bit.ly/3LK4Q2D>.

BISELLI, Mario. São Paulo, a cidade contemporânea. In GUERRA, Abilio (Org.). *O arquiteto e a cidade contemporânea*. São Paulo, Romano Guerra, 2009, p. 34-41.

BLAY, Beatriz. Centro Empresarial Terra Brasilis. *Boletim Arquitetour – arquitetura contemporânea em São Paulo*, ano 1, n. 1, São Paulo, out. 1991.

Bom negócio com unidades em fim de obra. 1º Caderno de Imóveis. *O Estado de S. Paulo*, São Paulo, 15 dez. 2002, p. ci1.

BONETTI, Cora de Castro. Revestimentos: combine plantas e pedras. *Casa de Claudia*, ano 15, n. 179-a, São Paulo, mar. 1976, p. 46.

BORGES, Adélia. Década da abertura econômica foi também a melhor para o design de produtos. *Projeto Design*, n. 252, São Paulo, fev. 2001, p. 98-103.

BORGES, Danielle. Tom Brasil investe R$ 12 milhões em filial maior do que a matriz. *Gazeta Mercantil*, São Paulo, 15 abr. 2003, p. 1.

BORGES, Jô. Nove torres. *Construção*, ano 53, n. 2731, São Paulo, 12 jun. 2000, p. 6-7.

BORGES, Jô. Três em um. *Construção*, ano 53, n. 2733, São Paulo, 26 jun. 2000, p. 6-7.

BORGES, Robinson. São Paulo ganha nova casa de espetáculos. *Valor Econômico*, São Paulo, 26 nov. 2002, p. d6.

BORRMANN, André; KÖNIG, Markus; KOCH, Christian; BEETZ, Jakob. *Building Information Modeling: Why? What? How?* Nova York, Springer, 2018.

Brascan Century Plaza ganha láurea internacional. *Projeto Design*, n. 305, São Paulo, jul. 2005, p. 18.

Brascan Century Plaza: complexo multiuso traz prédios corporativo, hoteleiro e de lazer. *Infra*, ano 4, n. 39, São Paulo, abr. 2003, p. 10-17.

Brascan Century Plaza: escritórios e hotel com área de cultura e lazer. *Lume Arquitetura*, n. 9, São Paulo, ago. 2004, p. 20-31.

Brascan Century Plaza. *Boletim Forense Imobiliária*, n. 4, ago. 2000, p. 15.

Brascan Century Plaza. *Infra*, ano 6, n. 47, São Paulo, jan. 2004, p. 44.

Brascan Century Plaza. *Mais Arquitetura*, ano 5, n. 52, São Paulo, set. 2003.

BRASIL. Portaria Iphan n. 6, de 20 de janeiro de 2022. Brasília, 2022 <https://www.gov.br/iphan/pt-br/centrais-de-conteudo/legislacao/atos-normativos/2022/portaria-iphan-no-6-de-20-de-janeiro-de-2022>.

BRAUN, Lara; PENTEADO, Silvia. Projetos comerciais. In *Arquitetura e construção de grandes obras*. São Paulo, R9, 2004, p. 76-77.

BRENDLE, Betânia. Restauros sem teoria e a falácia da intervenção oficial na preexistência projetual no Brasil. *Anais do Arquimemória V*, Salvador, nov. 2017.

BRUAND, Yves. *Arquitetura contemporânea no Brasil*, São Paulo, Perspectiva, 2020.

BRUNA, Paulo Júlio Valentino. *Arquitetura, industrialização e desenvolvimento*. 2ª edição. São Paulo, Perspectiva, 2013.

BUCCI, Ângelo; PUNTONI, Álvaro; VILELA, José Oswaldo. Pavilhão do Brasil na Expo 92 Sevilha. *Projeto*, n. 138, São Paulo, fev. 1991, p. 40 (memorial do projeto vencedor).

CAETANO, Renata. Bela, verde e planejada. *Revista Rossi*, ano 3, n. 15, São Paulo, mar./abr. 2009, p. 52-57.

CALADO, Carlos. Abertura com João Gilberto é prova de fogo. *Guia da Folha de S. Paulo*, São Paulo 25 abr./01 mai. 2003, p. 50-51.

CANEVACCI, Massimo. As assimetrias polifônicas do Imago Brasilis. In CANEVACCI, Massimo.*A cidade polifônica: ensaio sobre a antropologia da comunicação urbana.* São Paulo, Studio Nobel, 1993, p. 147-152.

CAPELL, Kerry. Architects Hurting Around the Globe. *Architectural Record*, v. 197, n. 3, Nova York, mar. 2009, p. 58-60.

CAPELLO, Giuliana. Encontro de peso. *Arquitetura e Construção*, ano 21, n. 12, São Paulo, dez. 2005, p. 107-111.

CAPOZZI, Simone. Um olhar original sobre uma profissão. *AU – Arquitetura e Urbanismo*, ano 17, n. 100, São Paulo, fev./mar. 2002, p. 55-72.

CARBONARA, Giovanni. *Architettura d'oggi e restauro: un confronto antico-nuovo*. Turim, UTET Scienze Tecniche, 2011.

CARLOS LEMOS [verbete]. In Enciclopédia Itaú Cultural de Arte e Cultura Brasileira. São Paulo, 2019 <https://enciclopedia.itaucultural.org.br/pessoa52/carlos-lemos>.

CARVALHO, Deborah Monteiro de. Deixe o sol entrar: corredores e paredes também podem trazer luz para os ambientes. *Arquitetura e Construção*, ano 11, n. 1, São Paulo, jan. 1995, p. 50-59.

Casa Cor: lição de casa. *Radar Magazine*, ano 2, n. 8, São Paulo, mai./jun. 2012, p. 26-37.

Casa de praia. *Acrópole*, n. 332, São Paulo, set. 1966, p. 40 <https://bit.ly/3AHE8l3>.

Casa para viver. *Vero Alphaville*, n. 07, Barueri, out./nov. 2006, p. 78-82.

Casos de sucesso: Torres do Ibirapuera. *Construção*, ano 41, n. 2125, São Paulo, 31 out. 1988, p. 9.

CASTOR, Ricardo Silveira. *Arquitetura moderna em Mato Grosso: diálogos, contrastes e conflitos*. Orientador Hugo Massaki Segawa. Tese de doutorado. São Paulo, FAU USP, 2013 <https://bit.ly/3GDMo9I>.

CASTOR, Ricardo Silveira. Modernidade e primitivismo na arquitetura de Mato Grosso. Confrontos da segunda metade do século 20. *Arquitextos*, São Paulo, ano 11, n. 126.05, Vitruvius, nov. 2010 <https://bit.ly/3ER7rnV>.

CASTRO, Flávio Ribeiro de. Brascan vendeu 70 das 100 unidades da Vila Madalena. *Gazeta Mercantil*, São Paulo, 6 mai. 1993.

CAVALCANTI, Lauro; LAGO, André Correa do. *Ainda moderno? Arquitetura moderna e contemporânea*. Rio de Janeiro, Nova Fronteira, 2005.

CENTER, Boston Architectural. *Architecture and the Computer: Proceedings from the First Boston Architectural Center Conference*. 1964.
Centro Judiciário em Curitiba. *Projeto Design*, n. 315, São Paulo, mai. 2006, p. 14.
Centro Judiciário paranaense terá projeto de escritórios paulistas. *Projeto Design*, n. 318, São Paulo, ago. 2006, p. 36-37.
Certificação ISO na arquitetura, I Encontro Feicon de Arquitetura. *Mais Arquitetura*, ano 5, n. 48, São Paulo, mai. 2003, p. 17-19.
CHERÉ, Anselmo; MEDEIROS, Edson G.; BARACUHY, Joana L. Eles deram uma guinada: incrementados com cores e texturas, os vidros impõem sua presença nos mais diversos ambientes. *Arquitetura e Construção*, ano 18, n. 12, São Paulo, dez. 2002, p. 60-69.
CHICONI, Lucas. Vila Operária João Migliari: demolição como parte do higienismo social e da falta de memória sobre o patrimônio. *Minha Cidade*, São Paulo, ano 19, n. 225.01, Vitruvius, abr. 2019 <https://bit.ly/3VVn84d>.
CHICONI, Lucas; MENDONÇA, Pedro. Sai vila histórica, entra prédio: transformação excludente no Eixo Platina, em São Paulo. São Paulo, *LabCidade FAU USP*, 13 mar. 2019 <https://bit.ly/2HOsomZ>.
CHOPPIN, Elizabeth. Latin America: Brazil – Königsberger Vannucchi. *Onoffice – Workplace design*, n. 30, Epping, mai. 2009, p. 67-69.
Clarion: totalmente vendido. *Espaço FAL 2*, n. 18, Barueri, out. 1999, p. 1.
CODERCH, José Antonio. No son genios lo que necesitamos ahora. *Domus*, n. 384, nov. 1961, p. 81.
COHEN, Jean-Louis. *La coupure entre architectes et intellectuels, ou les enseignements de l'Italophilie*. Bruxelles, Mardaga, 2015.
COLOMINA, Beatriz. La Casa de Mies: exhibicionismo y coleccionismo. *2G*, n. 48-49, 2009. Edição dedicada a Mies van der Rohe.
COLQUHOUN, Alan. O conceito de regionalismo. *Projeto*, n. 159, São Paulo, dez. 1992, p. 77.
Com formato em "L", projeto ganha pátio interno e implantação racional. *Projeto Design*, n. 224, São Paulo, set. 1998, p. 73.
COMAS, Carlos Eduardo. II Bienal Internacional de Arquitetura: década e meia de arquitetura brasileira. *AU – Arquitetura e Urbanismo*, ano 9, n. 49, São Paulo, ago./set. 1993, p. 73-76.
COMAS, Carlos Eduardo. Arquitetura brasileira, anos 80. Um fio de esperança. *AU – Arquitetura e Urbanismo*, n. 28, São Paulo, fev./mar. 1990, p. 96.
Companhia de Tapetes Ocidentais. *Design e Interiores*, ano 3, n. 19, São Paulo, jun./jul. 1990, p. 51.
Company lança Times Square, empreendimento de uso misto no bairro de Moema, em São Paulo. *Boletim Na Obra*, 09 nov. 2000.
Complexo de usos múltiplos Stadium. *Mais Arquitetura*, ano 4, n. 41, São Paulo, out. 2002.
Condomínio com tecnologia de ponta: Königsberger/Vannucchi Arquitetos ganha prêmio com projeto que utiliza tecnologia de ponta e conceitos de industrialização e montagem inéditos no Brasil. *Revista Marketing*, ano 28, n. 268, ago. 1995, p. 41.
Congratulations Fiabci Prix d'Excellence Awards 2005 Winners. *The Wall Street Journal*, Nova York, 3-5 jun. 2005, p. 6.
CORBIOLI, Nanci. Blocos em semicírculo têm centralidade reforçada por arborizada praça. *Projeto Design*, n. 276, São Paulo, fev. 2003, p. 48-55.
CORBIOLI, Nanci. Cores e balanços dão unidade a volumetrias distintas. *Projeto Design*, n. 345, São Paulo, nov. 2008, p. 52-61.
CORBIOLI, Nanci. Espaços da diretoria surpreendem com uso de recursos lúdicos. *Projeto Design*, n. 318, São Paulo, ago. 2006, p. 72-77.
CORBIOLI, Nanci. Grande praça de uso público promove gentileza urbana e dá unidade ao desenho. *Projeto Design*, n. 285, São Paulo, nov. 2003, p. 60-67.
CORBIOLI, Nanci. Königsberger Vannucchi Arquitetos Associados: rústico e high-tech. *Arco Web*, ago. 2001.
CORBIOLI, Nanci. Torre suavizada por elementos horizontais torna-se marco urbano. *Projeto Design*, n. 258, São Paulo, ago. 2001, p. 61-63.
CORBIOLI, Nanci. Torres com áreas comuns dispõem de acessos e circulações independentes. *Projeto Design*, n. 247, São Paulo, set. 2000, p. 75-79.
COSTA, Antônio. Bexiga: o construtor português que marcou o Centro Histórico de Cáceres. *ZakiNews*. <https://bit.ly/3ZWYoNj>.
COSTA, Danilo; MEDINA, Eliana. 20 arquitetos: o Brasil de Oscar Niemeyer é um berço de talentos profissionais com linguagens e soluções que vêm transformando o jeito de morar. *Arquitetura e Construção*, ano 23, n. 9 (edição de aniversário), São Paulo, set. 2007, p. 88-97.
COZZA, Eric. Quando tudo se encaixa. *Téchne*, n. 37, São Paulo, nov./dez. 1998, p. 28-32.
CROCETTI, Melissa. Congresso KAZA, Paraná 2006. *Núcleo Paranaense de Decoração*, ano 1, n. 6, Curitiba, nov. 2006, p. 26-27.
CRUZ, Ana Cláudia. Investidor pode optar entre flat e escritórios. 2º Caderno de Imóveis. *O Estado de S. Paulo*, São Paulo, 24 ago. 1997, p. i9.
CRUZ, Ana Cláudia. Luxo e dimensão deixam de ser prioridade. Caderno de Imóveis. *O Estado de S. Paulo*, São Paulo, 5 jun. 1994, p. i2.
CULKIN, John M. A Schoolman's Guide to Marshall McLuhan. *Saturday Review*, 18 mar. 1967, p. 51-53; 70-72.
Curto circuito: a volta ao mundo em 80 jogos. *Folha de S. Paulo*, São Paulo, 17 jan. 2003, p. e2.
Curvas rebuscadas e linhas retas em harmonia. *Dirigente Construtor*, vol. 27, n. 7, São Paulo, jul. 1991, p. 28-31.
De volta às praças: tendência resgata os espaços públicos para o passeio e a conversa informal, cumprindo um papel que a cidade não desempenha mais. *AU – Arquitetura e Urbanismo*, ano 16, n. 92, São Paulo, out./nov. 2000, p. 73-75.
DEILMANN, Harald; BICKENBACH, Gerhard; PFEIFFER, Herbert. *Conjuntos residenciales en zonas centrales, suburbanas y periféricas*. Barcelona, Gustavo Gili, 1977.
DEL RIO, Vicente. *Introdução ao desenho urbano no processo de planejamento*. São Paulo, Pini, 1990.
DELLA MANNA, Eduardo; et al. *Memorial de projeto para o concurso público nacional de ideias para a implantação de uma marina e revitalização urbana do centro histórico de São Sebastião/SP*. São Paulo, Königsberger Vannucchi Arquitetos Associados, 1998 (mimeo). Acervo KV.
DELMANTO, Renato. Viva a Itália: país é tema de eventos na cidade. *Jornal da Tarde*, São Paulo, 15 nov. 1996, p. 10d.
DEUS, Sérgio Luis de. Paulistas vão assinar Centro Judiciário. *Gazeta do Povo*, Curitiba, 8 abr. 2006, p. 12.
DIAFÉRIA, Lourenço. Os cílios da cidade. *Cidade*, ano 2, n. 3, São Paulo, dez. 1995, p. 51-56.
Diálogo com o lúdico. *Finestra*, n. 01, mai. 1995, p. 72-74.
DIAS, Iara. Chão seguro. *Construção*, ano 47, n. 2424, São Paulo, 25 jul. 1994, p. 12.
DIAS, Iara. Medalha no parapeito. *Construção*, ano 48, n. 2477, São Paulo, 31 jul. 1995, p. 16-17.
Digno metal: vulnerabilidades. *AU – Arquitetura e Urbanismo*, ano 16, n. 89, São Paulo, abr./mai. 2000, p. 64-67.
Disciplina de projeto e qualificação construtiva criando arquitetura nos parâmetros do mercado. *Projeto Design*, n. 205, São Paulo, fev. 1997, p. 62-69.
Divulgação dos vencedores do Prêmio Master 2003. *Boletim A Fiabci Hoje*, ano 9, n. 86, ago. 2003, s.p.
Dois flats e uma nova torre de escritórios delimitam o lote e envolvem uma grande praça de acesso. *Projeto Design*, n. 217, São Paulo, fev. 1998, p. 58-63.
DURAN, Sérgio. Entidades criticam urgência para votação. *Folha de S. Paulo*, São Paulo, 13 jun. 2002, p. c8.
DURAN, Sérgio. Mercado une prédios para lucrar mais. *Folha de S. Paulo*, São Paulo, 19 mar. 2000, p. 1.
É preciso sacudir a poeira, criticar, discutir, se encontrar. *Projeto*, n. 42 (Edição Especial de 10 Anos 1972-1982), São Paulo, jul./ago. 1982, p. 8
Edifício Stadium. *Ícones da Edificação Brasileira Moderna* (edição especial de *Tem Construção* e O Empreiteiro), São Paulo, jul. 2003, p. 20-21.
Edifícios de oficinas: Brascan Century Plaza. *Enlace – Arquitectura & Diseño*, ano 14, n. 10, Cidade do México, out. 2004, p. 80-85.
Eixo Platina promete transformar a Zona Leste de São Paulo. *AU – Arquitetura e Urbanismo*, ano 33, n. 280, São Paulo, jul. 2017, p. 14.
ELIAS, Eduardo de Oliveira. *Autopoiesis, semiótica, estrutura*. São Paulo, Perspectiva, 2008.
Empreendedor imobiliário da cidade de São Paulo poderá ter sérios problemas em 2006, prevê Königsberger. *A Fiabci Hoje*, ano 12, n. 114, jan./fev. 2006, p. 6.
Empreendimentos da Brascan e AlphaVille levantam o Prix d' Excellence 2005. *A Fiabci Hoje*, ano 11, n. 107, jun. 2005, p. 2.
Empreendimentos de uso misto: uma nova tendência urbana. *Informativo Asbea*, n. 67, São Paulo, out. 2001, p. 3.
Empresas adquirem 22% das cotas de patrocínio do Projeto Plantas On-Line. *Informativo Asbea*, n. 68, São Paulo, nov./dez. 2001, p. 3.
Emurb suspende contrato e arquiteto fica sem pagamento. *AU – Arquitetura e Urbanismo*, ano 21, n. 144, São Paulo, mar. 2006, p. 10.
ENDRIGE, Taísa da Costa. *Tatuapé: a valorização imobiliária e a verticalização residencial no processo de diferenciação socioespacial*. Orientador Reginaldo Ronconi. Dissertação de mestrado. São Paulo, FAU USP, 2008 <https://bit.ly/3pvTYwF>.
Entrevista: Gianfranco Vannucchi. *Boletim Goldnews*, n. 23, Porto Alegre, jan./fev. 2002, p. 24.
Entrevista: Jorge Königsberger. *Boletim Obra Prima*, n. 4, Franca, ago. 2004.
EQUIPE C3. *Confira a Entrevista com Daniel Toledo, Sócio Diretor da KV Arquitetura*. <https://c3clube.com.br/confira-a-entrevista-com-daniel-toledo-socio-diretor-da-kv-arquitetura/>.
EQUIPE C3. *Gafisa lança projeto ícone em Moema*. <https://c3clube.com.br/gafisa-lanca-projeto-icone-em-moema/>.
EQUIPE C3. *Königsberger Vannucchi Arquitetura, Ibratin e o diário de uma crise*. <https://c3clube.com.br/kv-arquitetura-ibratin-e-o-diario-de-uma-crise/>.
Escritórios premiados. *Informativo Asbea*, n. 87, São Paulo, set. 2003, p. 4.
Espacios públicos: OCA tradición y resistencia. In *X Reseña de Arquitectura*. México, Enlace Arquitectura y Diseño, 2006, p. 170-173.
Espaço comunitário. *O Empreiteiro*, ano 38, n. 378, São Paulo, jun. 2000, p. 130.
Espaço urbano recriado em detalhes de arquitetura. *Projeto*, n. 106, São Paulo, dez. 1987/jan. 1988, p. 108-110.
Especial os rumos da profissão: independência ou...! *Mais Arquitetura*, ano 3, n. 25, São Paulo, mai. 2001, p. 14-15.
Experiência inédita em conveniências e serviços. *Roll-on*, ano 2, n. 7, São Paulo, out. 1996, p. 5.

Experimentalismo sem acomodação: com ousadia e pragmatismo, Königsberger/ Vannucchi qualificam a arquitetura de mercado com seu trabalho diferenciado. *Projeto*, n. 182, São Paulo, jan./fev. 1995, p. 1-8.

Fal 2: New Directions. *New Way of Life*, ano 1, n. 1, Barueri, mar. 2000.

Fal 2: New Directions. *New Way of Life*, ano 1, n. 2, Barueri, jun. 2000.

Fal 2: New Directions. *New Way of Life*, ano 2, n. 5, Barueri, mar. 2001.

Fal 2: New Directions. *New Way of Life*, ano 2, n. 7, Barueri, set. 2001.

Fal 2: New Directions. *New Way of Life*, ano 2, n. 8, Barueri, dez. 2001.

Fal 2: New Directions. *New Way of Life*, ano 3, n. 10, Barueri, jun. 2002.

Fal 2: New Directions. *New Way of Life*, ano 3, n. 11, Barueri, set./out. 2002.

FARIA, Renato. Adolpho Lindenberg. *Téchne*, n. 119, São Paulo, fev. 2007.

FELICIANO, Iulo. Complexos multiusos, realidade em São Paulo. *ArqArt*, n. 52, Ribeirão Preto, fev./mar. 2007, p. 24-29.

FERNANDES, Mayra. Projeto de uso misto: complexo empresarial, comercial e hoteleiro assinado pelo escritório Königsberger Vannucchi atende requisitos para inclusão. *Casa – projeto e estilo*, ano 1, n. 3, São Paulo, fev. 2010, p. 102-105.

FERNÁNDEZ-GALIANO, Luis. Industrialización/Industry Builds. *Arquitectura Viva*, n. 156, Madri, out. 2013, p. 3.

FERRAZ, Marcelo. *Arquitetura Conversável*. São Paulo, Azougue, 2000.

FERREIRA, Adriana. Tom Brasil inaugura filial bem maior. *Guia da Folha de S. Paulo*, São Paulo 25 abr./1 mai. 2003, p. 50 e p. 51.

Fiabci Brasil Informa. Caderno Economia. *O Estado de S. Paulo*, São Paulo, 17 jan. 2006, p. b6.

Fiabci Brasil Informa. Caderno Economia. *O Estado de S. Paulo*, São Paulo, 18 jul. 2006, p. b11.

Fiabci Brasil Informa. Empreendimentos da Brascan e AlphaVille levantam o Prix d'Excellence 2005. Caderno Cidades/ Metrópole. *O Estado de S. Paulo*, São Paulo, 17 jun. 2005, p. c3.

Fiabci Brasil Informa. Prêmio Master Imobiliário 2005. Caderno Economia. *O Estado de S. Paulo*, São Paulo, 17 jun. 2005, p. b7.

FIGUEIREDO, Telma. Prédio em SP ganha prêmio internacional: edifício tem fachada roxa e forma irregular. *Folha de S. Paulo*, São Paulo, 3 nov. 1991, p. 9-6.

FIGUEROLA, Valentina. O barroco no pós-modernismo. *AU – Arquitetura e Urbanismo*, ano 18, n. 107, São Paulo, fev. 2003, p. 30-33.

FISCHER, Nádia. Cores na construção. *Construção*, ano LIV, n. 2784, São Paulo, 18 jun. 2001, p. 20-26.

FISCHER, Nádia. Manual jurídico para arquitetos. *Mais Arquitetura*, n. 58 (edição comemorativa), São Paulo, abr. 2004, p. 33.

Flat premiará com diária gratuita. Caderno de Imóveis. *O Estado de S. Paulo*, São Paulo, 15 jan. 1998, p. ci1.

Flats puxam as vendas nos Jardins. *Folha de S. Paulo*, São Paulo, 24 nov. 1996, p. 15.

FLECK, Brigitte. *Álvaro Siza*. Lisboa, Relógio D'Água, 1999.

FOLGATO, Marisa. Arquitetura da cor transforma metrópole. Caderno Cidades. *O Estado de S. Paulo*, São Paulo, 28 set. 1992, p. c1.

FOLGATO, Marisa. Os bairros que subiram na vida. Caderno Cidades/Metrópole. *O Estado de S. Paulo*, São Paulo, 23 out. 2005, p. c1-4.

FONTOURA, Cláudia. Novas vilas podem surgir na paisagem paulista. Caderno Cidades. *O Estado de S. Paulo*, São Paulo, 10 jul. 1994, p. c3.

FONTOURA, Cláudia. São Paulo ganha edifícios com cores e formas ousadas. Caderno Cidades. *O Estado de S. Paulo*, São Paulo, 25 jul. 1994, p. c4.

FRACALOSSI, Igor. OCA Sesc Belenzinho - Fórum Cultural Mundial / Königsberger Vannucchi Arquitetos Associados. *ArchDaily Brasil*, 29 jan. 2012 <www.archdaily.com.br/br/01-25434/oca-sesc-belenzinho-forum-cultural-mundial--konigsberger-vannucchi-arquitetos-associados>.

FRACALOSSI, Igor. Top Towers / Königsberger Vannucchi Arquitetos Associados. *ArchDaily Brasil*, 24 dez. 2011 <www.archdaily.com.br/br/01-16004/top--towers-konigsberger-vannucchi-arquitetos-associados>.

FRAMPTON, Kenneth. Homenaje a Coderch. *2G*, n. 33, 2005, p. 4.

FRANCO, Fernando de Mello. *A construção do caminho: a estruturação da metrópole pela conformação técnica das várzeas e planícies fluviais da Bacia de São Paulo*. Orientador Eduardo de Almeida. Tese de doutorado. São Paulo, FAU USP, 2005 <https://bit.ly/41qDrHr>.

FRIEDMAN, Yona. *Toward a scientific architecture*. Cambridge, MIT Press, 1975.

GABRIEL, Camila. De mãos dadas: o presidente da Asbea, Jorge Königsberger, abre a sua agenda e afirma que o arquiteto e a indústria precisam ter uma relação cada vez mais próxima. *Casa Vogue*, n. 238, São Paulo, jun. 2005.

GAGLIARDI, Vicente Belleza. Bancos. *Arquitetura do Brasil*, n. 16, Rio de Janeiro, 30 set. 1984, p. 20-45; p. 80-84.

GALLO, Renata. Papel de arquiteto: Jorge Königsberger fala de processo construtivo, das novas tecnologias e critica a arquitetura-cenário. *Dome*, n. 01, nov. 2006, p. 112-116.

GARRIDO, Juan. Gesso, sem preconceito: começam a cair as barreiras contra o uso das placas de gesso na construção. *Qualidade na Construção*, ano 1, n. 2, ago. 1997, p. 18-22.

Gesso acartonado ganha espaço: o know--how da Método. *Boletim Indústria Imobiliária*, ano 6, n. 64, mar. 1997, p. 22-23.

GHETTI, Bruno. Para arquitetos, Masp traduz São Paulo. *Folha de S. Paulo*, São Paulo, 17 set. 2003, p. e7.

Gianfranco Vannucchi e Roberto Negrete apresentam tendências. *Bosch Haus*, ano 1, n. 1, São Paulo, out. 1996, p. 4.

Gianfranco Vannucchi realiza balanço do seu primeiro ano como presidente da Asbea. *Informativo Asbea*, n. 62, São Paulo, mai. 2001, p. 4.

Gianfranco Vannucchi, o novo presidente da Asbea, fala das áreas onde a atuação da entidade pode melhorar. *Informativo Asbea*, n. 52, São Paulo, jun. 2000, p. 4.

Gianfranco Vannucchi. *X – Knowledge Home*, v. 22, Tóquio, dez. 2003, p. 69.

GIOBBI, Cesar. Persona: a Giroflex lança a linha de acessórios para escritório desenvolvida pelo arquiteto Jorge Königsberger. Caderno 2. *O Estado de S. Paulo*, São Paulo, 14 out. 2004, p. d4.

GIOBBI, Cesar. Persona: a volta ao mundo em 80 jogos. Caderno 2. *O Estado de S. Paulo*, São Paulo, 18 jan. 2003, p. d4.

GIOBBI, Cesar. Persona: Gianfranco Vannucchi e Jorge Königsberger comemoram os 30 anos do escritório de arquitetura no Tom Brasil. Caderno 2. *O Estado de S. Paulo*, São Paulo, 8 ago. 2003, p. d8.

GIOBBI, Cesar. Persona: Gianfranco Vannucchi e Jorge Königsberger serão os responsáveis pela identidade corporativa da BMW em todo Brasil. Caderno 2. *O Estado de S. Paulo*, São Paulo, 14 dez. 2002, p. d6.

GIOBBI, Cesar. Persona: Jorge Königsberger e Lízia Manhães de Almeida lançam o livro *O arquiteto e as leis*, no Centro Brasileiro Britânico. Caderno 2. *O Estado de S. Paulo*, São Paulo, 22 mar. 2004, p. d4.

GIOBBI, Cesar. Persona: o arquiteto paulista Jorge Königsberger é o novo presidente da Asbea. Caderno 2. *O Estado de S. Paulo*, São Paulo, 26 mai. 2004, p. d4.

GIOBBI, Cesar. Semana persona: croquis. Caderno 2. *O Estado de S. Paulo*, São Paulo, 23 fev. 2003, p. d8.

GIOBBI, Cesar. Semana persona: de bom humor. Caderno 2. *O Estado de S. Paulo*, São Paulo, 26 abr. 2003, p. d4.

GIOVANETTI, Bruno. Arquitetura italiana em São Paulo. São Paulo, Raízes, 1994

GÓES, Marta. A vez do chique ocidental. *Ícaro – a revista de bordo da Varig*, ano 5, n. 38, São Paulo, 1987, p. 42-44.

GOMES, Marcos Emílio. Só 30 km separam riqueza e miséria: essa é a distância que separa a nobreza dos Jardins da pobreza de Parelheiros. Caderno Cidades. *O Estado de S. Paulo*, São Paulo, 25 jan. 1992, p. c4.

GONÇALVES, Alexandre Ribeiro. *Emergências latino-americanas: arquitetura contemporânea 1991-2011*. Orientador Luiz Sérgio Duarte da Silva. Tese de doutorado. Goiânia, UFG, 2013 <https://bit.ly/3XtImXp>.

GONÇALVES, Juliana. Há alguma legislação sobre a relação arquiteto-cliente que especifique as obrigações do arquiteto quando termina a obra? *AU – Arquitetura e Urbanismo*, ano 21, n. 152, São Paulo, nov. 2006, p. 20.

GRANATO, Alice. Construtoras criam as vilas do século 21. Caderno Cidades. *O Estado de S. Paulo*, São Paulo, 22 nov. 1995, p. c4.

GRISALEÑA, Jon Arteta. Breve historia de la arquitectura digital. *DU & P: revista de diseño urbano y paisaje*, n. 42, Santiago de Chile, dez. 2022, p. 31-39 <https://bit.ly/3VdJI7Z>.

GUASPARI, Rafael. A inauguração do maior empreendimento de AlphaVille. *New Way of Life*, ano 3, n. 11, Barueri, set./ out. 2002.

GUERRA, Abilio. *Cultura Pau-Brasil. O encontro de Lúcio Costa, Mário de Andrade, Oswald de Andrade e Tarsila do Amaral*. São Paulo, Romano Guerra, 2022.

GUERRA, Abilio. Quadra aberta: uma tipologia urbana rara em São Paulo. *Projetos*, São Paulo, ano 11, n. 124.01, Vitruvius, abr. 2011 <https://bit.ly/3OQFVKq>.

GUERRA, Abilio; CRITELLI, Fernanda; SANTOS, Silvana Romano (Org.). *Ruy Ohtake, arquiteto*. São Paulo, Romano Guerra, 2021.

GUERRA, Abílio; SANTOS, Silvana Romano (Org.). *Ruy Ohtake, arquiteto*. São Paulo, Romano Guerra, Instituto Tomie Ohtake, 2021.

GUERRA, Abilio; SILVA, Aline Alcântara. Conversa com Jorge Königsberger: Brascan Century Plaza. *Projetos*, São Paulo, ano 11, n. 124.02, Vitruvius, abr. 2011 <https://bit.ly/3OUK9B6>.

GUIMARÃES, Regina Célia. Marta Suplicy prestigia a cerimônia de entrega do Prêmio Master Imobiliário. *Boletim A Fiabi Hoje*, ano 9, n. 87, set. 2003, p. 6.

HALEGUA, Ana Cristina. Torres do Ibirapuera: a maravilhosa obra de vidro. *O Vidroplano*, n. 243, Rio de Janeiro, fev. 1993, p. 15.

Helbor Concept inaugura um novo conceito em Mogi. *Helbor News*, ano 19, n. 101, Mogi das Cruzes, fev. 2015, p. 6-7.

HELLER, Agnes. *A Theory of History*. Nova York, Routledge, 2016.

HELLER, Agnes. *A Theory of Modernity*. Oxford, Blackwell, 1999.

HENRIQUE, Brás. Novo bairro aquece mercado de Ribeirão Preto. Caderno Classificados. *O Estado de S. Paulo*, São Paulo, 24 out. 1999, p. ci2.

HERRERA, Silvia. Fábrica de prédios. *Revista Oesp – Construção*, ano 6, n. 39, São Paulo, abr. 2001, p. 10-15.

HIPÓLITO, Elaine. Made in Brazil: com novos materiais e o apoio de renomados artistas, floresce no país a tapeçaria com grife. *Audi Magazine*, ano 5, n. 28, São Paulo, jun. 2000, p. 120-124.

HITCHCOCK, Henry-Russel. *Latin American Architecture since 1945*. Nova York, MoMA, 1955.

Hoteles: Stadium Alphaville. In *VIII Reseña de Arquitectura*. México, Enlace Arquitectura y Diseño, 2004, p. 152-155.

IAB realiza o 18º Congresso Brasileiro de Arquitetos. *AU – Arquitetura e Urbanismo*, ano 21, n. 152, São Paulo, nov. 2006, p. 10.

IAB-SP; SÃO SEBASTIÃO (Prefeitura). *Ata das reuniões da comissão julgadora do concurso público nacional de ideias para a implantação de uma marina e revitalização urbana do centro histórico de São Sebastião/SP*. São Paulo, Convênio Prefeitura Municipal de São Sebastião/Instituto de Arquitetos do Brasil – Departamento de São Paulo, jun. 1998.

IAB-SP; SÃO SEBASTIÃO (Prefeitura). *Concurso público nacional de ideias para a implantação de uma marina e revitalização urbana do centro histórico de São Sebastião/SP*. São Paulo, Convênio Prefeitura Municipal de São Sebastião/ Instituto de Arquitetos do Brasil – Departamento de São Paulo, 1998.

IAB-SP; SÃO SEBASTIÃO (Prefeitura). *Lista de participantes do concurso da Marina de São Sebastião*. São Paulo, Convênio Prefeitura Municipal de São Sebastião/ Instituto de Arquitetos do Brasil – Departamento de São Paulo, 1998.

IDOGAWA, Simone. O construtor de tendências. *Evenmag*, ano 1, n. 04, São Paulo, nov. 2006, p. 46-49.

III Grande Prêmio de Arquitetura Corporativa: obras selecionadas. *Arqui Show*, ano 19, n. 47, São Paulo, set./out. 2006, p. 134.

IMBRONITO, Maria Isabel. *Três edifícios de habitação para a Formaespaço: Modulares, Gemini e Protótipo*. Orientador Eduardo de Almeida. Dissertação de mestrado. São Paulo, FAU USP, 2003.

Informe Deca. Funcionalidade dos metais Deca para edifício mixed use. *Projeto Design*, n. 247, São Paulo, set. 2000, p. 19.

Inspiração no caos urbano. *Boletim Via Incepa*, n. 9, Campo Largo, jan./mar. 1996, p. 6-7.

IOLATO, Juliana; TEIXEIRA, Rafael. Pluralidade de usos e gostos. *Casa e Mercado*, ano 6, n. 42, São Paulo, ago. 2004, p. 26-32.

IOLATO, Juliana. Serviços agregados: o complexo comercial Stadium reúne hotel de luxo, flat econômico e prédio de escritórios. *Casa e Mercado – Especial Hotéis*, ano 5, n. 35, São Paulo, out. 2003, p. 38-44.

K – Königsberger Design. Linha de acessórios Floor. *Catálogo Giroflex / Forma*, mai. 2005.

Königsberger Vannucchi Arquitetos. Série Arquitetura Paulista Asbea-SP. *YouTube Canal LABdesign*.TV, 26 mar. 2024 <https://youtu.be/rTyJwI0v7lE?si=EYN2OvFSE0I-9ODa>.

Königsberger e Vannucchi. Stadium Alphaville. *Anual Design* <www.anualdesign.com.br/saopaulo/projetos/1156/stadium-alphaville/>.

Königsberger e Vannucchi: parceiros há 25 anos. *Lojas*, ano 4, n. 19, nov./dez. 1997, p. 76-77.

Königsberger e Vannucchi. *Controspazio*, ano 26, n. 4, Roma, ago. 1995, p. 13-15.

Königsberger Vannucchi. São Paulo, C4, 2012.

Königsberger Vannucchi Architects. In MIYAKE, Riichi; MURAMATSU, Shin; FUCHIGAMI, Masayuki. *581 Architects in the World*. Tokyo, Toto Schuppan, 1995, p. 413.

Königsberger Vannucchi Architects. *Architizer* <https://architizer.com/firms/koenigsberger-vannucchi-architects/>.

Königsberger Vannucchi Arquitetos Associados. In BEAVER, Robyn (Org.). *1000 Architects*. Mulgrave, Images Publishing Group, 2004, p. 329.

Königsberger Vannucchi Arquitetos Associados Ltda. In *Arquitetura Brasileira*. São Paulo, Portobello/Décor Books, s.d., p. 140-151.

Königsberger Vannucchi Arquitetura. São Paulo, KVARCH, 2009.

Königsberger Vannucchi Arquitetura, Oca, São Paulo, Brasil. In BAHAMÓN, Alejandro; CAÑIZARES, Ana (Orgs.). *Iglu: da arquitectura vernácula à contemporânea*. Lisboa, Argumentum, 2008, p. 50-59.

Königsberger Vannucchi vence Prêmio Saint-Gobain de arquitetura. <https://revistaprojeto.com.br/noticias/konigsberger-vannucchi-vence-premio-saint-gobain-de-arquitetura/>.

Königsberger Vannucchi: vozes da resistência. *Arc Design*, n. 67, São Paulo, mai./jun. 2009, p. 84-89.

Königsberger, Vannucchi, Biselli e Katchborian vencem concurso em Curitiba. *AU – Arquitetura e Urbanismo*, ano 21, n. 146, São Paulo, mai. 2006, p. 11.

KOOLHAAS, Rem. Bigness (or the Problem of Large). In KOOLHAAS, Rem; MAU, Bruce. Edição de Jennifer Sigler. *S,M,L,XL*. Nova York, The Monacelli Press, 1997, p. 494-516.

KÜHL, Beatriz Mugayar. Algumas questões relativas ao patrimônio industrial e à sua preservação. Portal Iphan, s/d. <http://portal.iphan.gov.br/uploads/publicacao/algumas_questoes_relativas_ao_patrimonio.pdf>.

KÜHL, Beatriz Mugayar. "O problema da reprodução de obras arquitetônicas". *Revista CPC*, São Paulo, n. 7, 2009, p.127-136 <https://doi.org/10.11606/issn.1980-4466.v0i7p127-136>.

Lançamentos da Rossi. *Revista Rossi*, ano 4, n. 22, São Paulo, out./dez. 2010, p. 66-68.

LANGENBUCH, Jurgen Richard. *A estruturação da Grande São Paulo: estudo de geografia urbana*. Rio de Janeiro, IBGE, 1971.

LE CORBUSIER. *Precisões sobre um estado presente da arquitetura e do urbanismo*. São Paulo, Cosac Naify, 2004.

Le Vedute di Roma. <http://omeka.wellesley.edu/piranesi-rome/exhibits/show/giovanni-battista-piranesi/vedute-di-roma>.

Lei de zoneamento dificulta novas construções. *Sobloco Informa*, ano 29, n. 149, São Paulo, mar. 2006, p. 3.

LEISE, Sandra. Evento da Asbea no Instituto Tomie Ohtake. *Casa e Mercado*, ano 7, n. 51, São Paulo, jun. 2005, p. 86-87.

LEISE, Sandra. Instituto Tomie Ohtake e Asbea firmam parceria cultural. *Casa e Mercado*, ano 7, n. 50, São Paulo, mar. 2005, p. 94-95.

LEMOS, Carlos Alberto Cerqueira. Arquitetura bancária e outras artes. *Folha de S. Paulo*, São Paulo, 3 jun. 1979, p. 3. O artigo foi transcrito na revista Projeto n. 26, jan. 1981, p. 27-28.

LEMOS, Carlos Alberto Cerqueira. Arquitetura bancária e outras artes. In LIRA, José Tavares Correia de (Org.). *Da taipa ao concreto – crônicas e ensaios sobre a memória da arquitetura e do urbanismo*. São Paulo, Três Estrelas, 2013.

LICKLIDER, Joseph Carl Robnett. Man-Computer Symbiosis. *IRE Transactions on Human Factors in Electronics*, vol. HFE-1, n. 1, Nova York, mar. 1960, p. 4-11 <https://bit.ly/3Lz8MD1>.

LIMA, Flávia; DINIZ Isis Nóbile. Em boa companhia: arquitetos e lighting designers descobrem que juntos podem construir belas obras. *Revista L+D*, ano 1, n. 01, São Paulo, jan. 2005, p. 46-51.

LIMA, Helder. A base do iceberg. *Construção*, ano 48, n. 2493, São Paulo, 20 nov. 1995, p. 7-10.

LIMA, Helder. A sabedoria da prática. *Construção*, ano 44, n. 2259, São Paulo, 27 mai. 1991, p. 14-16.

LIMA, Helder; LOURES, Wilma. Face racional. *Construção*, ano 43, n. 2236, São Paulo, 17 dez. 1990, p. 18-24.

Linguagem reduz hierarquia com layout lúdico e flexível. *Projeto Design*, n. 322, São Paulo, dez. 2006, p. 66.

Linha direta com a arquitetura: interlocução com a indústria. *Espaço Acesita*, ano 4, n. 26, jun./jul. 2005, p. 7.

LISSONI, Amanda. Ilhas urbanas: Brascan Century Plaza, São Paulo. *Kaza Espaços Corporativos*, ano 1, n. 2, São Paulo, 2008, p. 27-29.

LORES, Raul Juste. #SPSonha: um centro mais iluminado. *Veja São Paulo*, São Paulo, 28 set. 2018 <https://bit.ly/3gtCXii>.

LORES, Raul Juste. Praça dos Franceses: sete prédios desenvolvidos entre 1973 e 1985. *Veja São Paulo*, n. 2687, São Paulo, 20 mai. 2020 <https://bit.ly/3UUhgqJ>.

LORES, Raul Juste. *São Paulo nas alturas: a revolução modernista da arquitetura e do mercado imobiliário nos anos 1950 e 1960*. São Paulo, Três Estrelas, 2017.

LOTURCO, Bruno. Atrás de prestígio: engenheiros e arquitetos querem ser valorizados. *Téchne*, n. 104, São Paulo, nov. 2005, p. 40-46.

LUXNER, Larry. A Mixed-use Future. *LatinCeo*, v. 1, n. 4, Miami, abr. 2000, p. 38-40.

MAGALHÃES, Luciana. Obras já estão em andamento. *Gazeta Mercantil*, São Paulo, 17 jun. 1994, p. 5.

MAGALHÃES, Luciana. Projetos adequam-se à realidade do mercado. *Gazeta Mercantil*, São Paulo, 7 out. 1994, p. 5.

MAHFUZ, Edson da Cunha. Arquiteturas silenciosas. Práticas de resistência nas fissuras da sociedade mercantilista. *AU – Arquitetura e Urbanismo*, ano 20, n. 137, São Paulo, ago. 2005, p. 42.

MAHFUZ, Edson da Cunha. *O clássico, o poético e o erótico e outros ensaios*. Porto Alegre, Ritter dos Reis, 2002.

Maior mercado de realidade aumentada do mundo, segundo o Guiness, está no Brasil. *Infra – Facility Property*, ano 11, n. 124, São Paulo, set. 2010, p. 64.

Mais um Transamérica Flat em São Paulo. *O Empreiteiro*, ano 39, n. 387, São Paulo, abr. 2001, p. 10.

MANSKI, Sonia. Arquitetura de presente: obra de Königsberger & Vannucchi em São Paulo. *Minha Cidade*, São Paulo, ano 04, n. 046.03, Vitruvius, mai. 2004 <https://vitruvius.com.br/revistas/read/minhacidade/04.046/2011>.

MANSO, Bruno Paes. Ilhas de primeiro mundo. *Shopping News*, São Paulo, 9 abr. 1995, p. 1.

Manual jurídico. *Informativo Asbea*, n. 92, São Paulo, mar. 2004, p. 4.

Marco de arquitetura: ao entrar em operação, empreendimento de uso misto cria um novo espaço urbano que renova tradicional bairro da capital paulista. *O Empreiteiro*, ano 60, n. 398, São Paulo, abr. 2002, p. 53-55.

MARIZ, Juliana. Reciclagem geral no concreto em vias de abrigar engravatados. *Valor Econômico*, São Paulo, 9 abr. 2003, p. d5.

MARQUES, Maria Teresa. Mercado oferece vários tipos de dúplex. Caderno de Imóveis. *O Estado de S. Paulo*, São Paulo, 17 out. 1993, p. i2.

MARQUES, Rosana Ferrantini. Gesso acartonado: solução eficiente para uso comercial e residencial. *Qualidade na Construção*, ano 4, n. 26, São Paulo, abr./mai. 2002, p. 18-28.

MARTÍNEZ, Ascensión Hernández. Restauración, transformación, reciclagem. La deriva de la disciplina mas ala de los critérios consolidados. In MARTÍNEZ, Ascensión Hernández (Coord.). *Conservando el pasado, proyectando el futuro. Tendencias en la restauración monumental en el siglo XXI*. Zaragoza: Institución Fernando el Católico / Diputación de Zaragoza, 2016.

MARX, Roberto. Processo de trabalho e grupos semi autônomos: a evolução da experiência sueca de Kalmar aos anos 90. *Revista de Administração de Empresas*, v. 32, jun. 1992, p. 36-43 <https://bit.ly/3VidM2d>.

Master imobiliário tem vencedores. Caderno de Imóveis. *O Estado de S. Paulo*, São Paulo, 23 jul. 1995, p. i4.

Master Residence: um novo conceito de residencial com serviços. *Informativo Placo*, ano 5, n. 24, Mogi das Cruzes, mai. 2001, p. 7.

Master: muito mais serviços, menores custos. *Espaço FAL 2*, n. 14, Barueri, mai. 1998, p. 3.

MAURY, Cecile. Top of the Pops. In São Paulo, Königsberger Vannucchi Arquitetos Associados Reinvent the Aesthetics of the Office Tower. *Perspective – interiors, style, architecture, design*, Hong Kong, jan. 2009, p. 102-106.

MAWAKDIYE, Alberto. Com engenho e arte: a dupla de arquitetos defende o uso das novas tecnologias e critica a visão "romântica e antiquada" da profissão. *Construção*, ano 49, n. 2559, São Paulo, 24 fev. 1997, p. 4-7.

MAWAKDIYE, Alberto. Contra a corrente: entrevista com Luis Espallargas Gimenez. *AU – Arquitetura e Urbanismo*, ano 20, n. 136, São Paulo, jul. 2005, p. 64-67.

MEDEIROS, Jotabê. MPB terá templo de US$ 4 milhões. Caderno 2. *O Estado de S. Paulo*, São Paulo, 28 jul. 1995, p. d13.

MEDEIROS, Jotabê. Ouvido clínico de João testa a nova Tom Brasil. Caderno 2. *O Estado de S. Paulo*, São Paulo, 23 abr. 2003, p. d5.

MELENDEZ, Adilson. *Arquitetura comentada: Königsberger Vannucchi – Quadras Multifuncionais. Brascan Century Plaza*. Cotia, Ateliê Editorial, 2003.

MELENDEZ, Adilson. Com chapas de cobre e películas coloridas, projeto comete pequenas irreverências. *Projeto Design*, n. 290, São Paulo, abr. 2004, p. 90-93.

MELENDEZ, Adilson. Condomínios substituem fábrica onde Projeto Brahma fracassou. *Projeto Design*, n. 299, São Paulo, jan. 2005, p. 98.

MELENDEZ, Adilson. Entrevista: Danilo Miranda. *Projeto Design*, n. 298, São Paulo, dez. 2004, p. 8-10.

MELENDEZ, Adilson. Königsberger Vannucchi Arquitetos Associados. *Projeto*, n. 444, São Paulo, jul./ago. 2018, p. 92-107 <https://revistaprojeto.com.br/acervo/perfil-konigsberger-vannucchi-arquitetos-associados-1/>.

MELENDEZ, Adilson. Torre na Paulista se debruça sobre jardim da Casa das Rosas. *Projeto Design*, n. 393, São Paulo, nov. 2012, p. 102.

MELENDEZ, Adilson. Trabalhos enfrentam percalços no trajeto da prancheta à construção. *Projeto Design*, n. 312, São Paulo, fev. 2006, p. 118.

MELENDEZ, Adilson. Transmutação da empena em fachada. *Projeto*, n. 432, São Paulo, jul./ago. 2016, p. 80-83.

MENDES, Gustavo. Um Conselho para os arquitetos. *Revista Oesp – Construção*, n. 76, São Paulo, jul./ago. 2004, p. 6-9.

MENDONÇA, Vanda. Como um vulcão. *Casa e Mercado*, ano 6, n. 42, São Paulo, ago. 2004, p. 116-117.

Mercado se prepara para vender mais. *Jornal da Tarde*, São Paulo, 23 out. 2002, p. 1.

Método e Brascan lançam em Moema prédios com tecnologia canadense. Caderno Imóveis. *Folha de S. Paulo*, São Paulo, 10 out. 1993, p. i2.

Método Engenharia otimiza espaço interno de sua sede. Caderno Imóveis. *Folha de S. Paulo*, São Paulo, 30 abr. 1989, p. i2.

Metrópolis Empresarial. *Design e Interiores*, ano 8, n. 44, São Paulo, dez. 1994, p. 74-78.

Metrópolis: plugado no mundo. *Espaço FAL 2*, n. 17, Barueri, abr. 1999, p. 1.

MITCHELL, William. *City of Bits: Space, Place, and the Infobahn*. Cambridge, The MIT Press, 1996.

Mix em Alphaville. *Construção*, ano LIV, n. 2788, São Paulo, 30 jul. 2001, p. 6.

MN15 - Königsberger Vannucchi. *YouTube Canal Galeria da Arquitetura*, 7 fev. 2022 <https://youtu.be/mDVk_rc3U-U?si=xi5-fslWkbQTMFgi>.

MONEO, Rafael. Construir lo construído. Adecuación y continuidad con el pasado. *Arquitectura Viva*, n.110, Espanha, 2009, p. 6.

MONEO, Rafael. *Inquietação teórica e estratégia projetual*. São Paulo, Cosac Naify, 2008.

MONTANER, Josep Maria (2001). *Depois do movimento moderno: arquitetura da segunda metade do século XX*. Barcelona, Gustavo Gili, 2011.

MOREIRA, Susanna. Edifício Platina 220 / Königsberger Vannucchi Arquitetos Associados. *ArchDaily Brasil*, 3 fev. 2023 <www.archdaily.com.br/br/995961/edificio-platina-220-konigsberger-vannucchi-arquitetos-associados>.

MOREIRA, Susanna. Edifício Residencial MN15 / Königsberger Vannucchi Arquitetos Associados. *ArchDaily Brasil*, 2 mai. 2022 <www.archdaily.com.br/br/960894/edificio-residencial-mn-15-konigsberger-vannucchi-arquitetos-associados>.

MOREIRA, Susanna. Escola Carandá Vivavida / Königsberger Vannucchi Arquitetos Associados. *ArchDaily Brasil*, 4 ago. 2023 <www.archdaily.com.br/br/986203/escola-caranda-vivavida-konigsberger-vannucchi-arquitetos-associados>.

Morumbi terá primeiro resort urbano. *Folha de S. Paulo*, São Paulo, 11 jun. 2000, p. 4.

MOTTA, Flávio. Arquitetura brasileira para a Expo'70. *Acrópole*, n. 372, São Paulo, abr. 1970, p. 26 <https://bit.ly/3tX-Dl6o>.

MOURA, Éride. A prática faz a perfeição: com quase quatro milhões de metros quadrados construídos, Jorge Königsberger e Gianfranco Vannucchi falam da sociedade de 35 anos e afirmam: nunca há trabalho demais. *AU – Arquitetura e Urbanismo*, ano 22, n. 155, São Paulo, fev. 2007, p. 50-54.

MOURA, Éride. Implantação em "U" amplia espaço público aberto em complexo de múltiplo uso. *Projeto Design*, n. 252, São Paulo, fev. 2001, p. 66-70.

MOURA, Éride. Traçado simples mas criativo dá destaque a edifício de porte médio. *Projeto Design*, n. 243, São Paulo, mai. 2000, p. 54-56.

MOURA, Éride; SOUZA, Marcos de. Ação pioneira e parceiras. *AU – Arquitetura e Urbanismo*, n. 69, São Paulo, dez. 1996/jan. 1997, p. 46.

MUNGIOLI, Arlindo. Acredito na profissão; um projeto de qualidade sempre dá resultados. *Projeto Design*, n. 244, São Paulo, jun. 2000, p. 4-6.

MUNGIOLI, Arlindo. Modificações na face externa revelam alteração de programa. *Projeto Design*, n. 312, São Paulo, fev. 2006, p. 100-103.

Na automação predial, o projeto deve ser específico e integrado ao arquitetônico. *Informativo Asbea*, n. 57, São Paulo, nov. 2000, p. 5.

Na presidência da Asbea, Henrique Cambiaghi diz como a instituição deverá evoluir no próximo biênio. *Informativo Asbea*, n. 72, São Paulo, mai. 2002, p. 4.

NAKAMURA, Juliana. Reverência à cidade. *AU – Arquitetura e Urbanismo*, ano 23, n. 176, São Paulo, nov. 2008, p. 38-43.

NEGROPONTE, Nicholas. *Architecture Machines: Toward a More Human Environment*. Cambridge, The MIT Press, 1970 <https://bit.ly/3VeQCKk>.

NEGROPONTE, Nicholas. *Soft Architecture Machines*. Cambridge, The MIT Press, 1976 <https://bit.ly/40ZehzH>.

No biênio 2000/2002, Asbea amplia frentes de atuação e ganha reconhecimento nacional. *Informativo Asbea*, n. 71, São Paulo, mar./abr. 2001, p. 1.

NOBRE, Ana Luiza. Proposta urbana: novas vilas paulistanas. *AU – Arquitetura e Urbanismo*, ano 8, n. 43, São Paulo, ago./set. 1992, p. 30-31.

O "new urbanism" na cidade contemporânea. *New Way of Life*, ano 2, n. 5, Barueri, mar. 2001, p. 12-15.

O arquiteto e as leis: manual jurídico para arquitetos. *Mais Arquitetura*, ano 4, n. 37, São Paulo, mai. 2002, p. 8.

O nascedouro de uma revista. *Projeto Design*, n. 324, São Paulo, fev. 2007, p. 36-121.

O projeto do Sesc Avenida Paulista, além de vencer como Melhor Projeto desta edição, conquistou o 1º lugar na categoria "Edificação Institucional". <www.imovelmagazine.com.br/arquitetura/konigsberger-vannucchi-vence-o-premio-de-melhor-projeto-do-6o-premio-saint-gobain-de-arquitetura-habitat-sustentavel/>.

OCA – Königsberger Vannucchi Arquitetos Associados. In FLÓRIA, Cristina; FERNANDES, Ricardo Muniz (Org.). *Tradição e resistência: encontro de povos indígenas*. São Paulo, Edições Sesc, 2008, p. 22-31.

OCA Sesc Belenzinho – tradição e resistência, encontro de povos indígenas. *Projeto Design*, n. 299, São Paulo, jan. 2005, p. 28.

Oferta de flats cresce 330% em SP. *Gazeta Mercantil*, São Paulo, 16 mar. 2000.

Oriente-se: livro *O arquiteto e as leis: manual jurídico para arquitetos* enfoca questões relacionadas à legislação que envolve o exercício profissional da arquitetura. *Boletim IAB-SP*, n. 43, São Paulo, mar. 2004, p. 14.

Os arquitetos podem se proteger contra a interferência excessiva dos contratantes? *AU – Arquitetura e Urbanismo*, ano 21, n. 151, São Paulo, out. 2006, p. 16-17.

Os desafios da arquitetura no Brasil. *O Empreiteiro*, ano 39, n. 389, São Paulo, jun. 2001, p. 168.

Os vencedores do 7º Prêmio Talento Engenharia Estrutural. *O Empreiteiro*, ano 46, n. 481, São Paulo, nov. 2009, p. 9.

Oscar Niemeyer 100 anos: depoimentos – Jorge Königsberger. *AU – Arquitetura e Urbanismo*, ano 22, n. 165, São Paulo, dez. 2007, p. 91.

OVANDO, Marcia. *Indústrias que funcionaram no bairro* <https://bit.ly/3EWm1L0>.

PACCINI, Célia. A cidade da garoa desenha o futuro. *Bremen Magazine*, ano 2, n. 10, São Paulo, jan.-fev. 2004, p. 40-45.

PADOVANO, Bruno Roberto. Os anos 80 – a crise econômica e a redemocratização – pluralismo na arquitetura brasileira. *Revista de Cultura Brasileña*, n. 2, Madri, set. 1998, p. 61-63.

Painel de mercado: Prêmio Master 2003. *Construção Mercado*, ano 56, n. 26, São Paulo, set. 2003, p. 8-9.

Paisagem renovada: prêmio coloca dez obras arquitetônicas paulistanas entre as mais inovadoras do país. *Veja São Paulo*, ano 41, n. 46, São Paulo, 19 nov. 2008, p. 39-40.

PAIVA, Paula. São Paulo ganha um novo arranha-céu. *YouTube Canal G1*, 21 jul. 2021 <https://youtu.be/n7M9_la_S9M?si=pwUheJpkbdP-hCoj>.

Para as férias na praia uma casa despojada. *Casa e Jardim*, v. 272, Rio de Janeiro, set. 1977, p. 22-26.

Para onde foi a lavanderia? A tendência dos espaços compartilhados. *New Way of Life*, ano 1, n. 4, Barueri, dez. 2000, p. 8-10.

Parcerias: convergência fundamental. *Projeto*, n. 174, São Paulo, mai. 1994, p. 60-69.

PASK, Gordon. The architectural relevance of cybernetics. *Architectural Design*, v. 39, n. 9, Londres, set. 1969, p. 494-496.

PATRÍCIO, Patrícia. O trabalho mora ao lado: morar, trabalhar e divertir-se em um só lugar, seja em uma região, seja dentro de um condomínio. *Arquitetura e Construção*, ano 21, n. 7, São Paulo, jul. 2005, p. 116-120.

Paulista Tower / Königsberger Vannucchi Arquitetos Associados. *ArchDaily Brasil*, 30 mai. 2017 <www.archdaily.com.br/br/872308/paulista-tower-konigsberger-vannucchi-arquitetos-associados>.

Paulista Tower. *Projeto*, n. 434 (edição especial Prêmio Asbea 2016), São Paulo, nov./dez. 2016, p. 34.

PEDREIRA, Livia; ORLANDI, Ana Paula. Gianfranco Vannucchi: contraste e harmonia de materiais. *Arquitetura e Construção*, edição especial Casas de Autor, São Paulo, jul. 2003, p. 34-41.

PENHALVER, Alexandra. Câmara pode resolver questão das garagens. 1º Caderno de Imóveis. *O Estado de S. Paulo*, São Paulo, 14 ago. 2005, p. ci1.

PEREIRA, Matheus. Clássicos da Arquitetura: Casa Ilhabela / Königsberger Vannucchi Arquitetos Associados. *ArchDaily Brasil*, 27 mai. 2020 <www.archdaily.com.br/br/934909/classicos-da-arquitetura-casa-ilhabela-konigsberger-vannucchi-arquitetos-associados>.

PEREIRA, Matheus. Clássicos da Arquitetura: Casa Praia Vermelha / Königsberger Vannucchi Arquitetos Associados. *ArchDaily Brasil*, 25 mai. 2020 <www.archdaily.com.br/br/934904/classicos-da-arquitetura-casa-vermelha-konigsberger-vannucchi-arquitetos-associados>.

PEREIRA, Matheus. Clássicos da Arquitetura: Casa Ubatuba / Königsberger Vannucchi Arquitetos Associados. *ArchDaily Brasil*, 4 mar. 2020 <www.archdaily.com.br/br/934907/classicos-da-arquitetura-casa-ubatuba-konigsberger-vannucchi-arquitetos-associados>.

PEREIRA, Matheus. Clássicos da Arquitetura: Residência Ella Durst / Königsberger Vannucchi. *ArchDaily Brasil*, 21 nov. 2019 <www.archdaily.com.br/br/928773/classicos-da-arquitetura-residencia-ella-durst-konigsberger-vannucchi>.

PEREIRA, Matheus. Clássicos da Arquitetura: Studio Ella Durst / Königsberger Vannucchi Arquitetos Associados. *ArchDaily Brasil*, 20 nov. 2019 <www.archdaily.com.br/br/928762/classicos-da-arquitetura-studio-ella-durst-konigsberger-vannucchi-arquitetos-associados>.

PEREIRA, Matheus. Edifício Autoral / Königsberger Vannucchi Arquitetos Associados. *ArchDaily Brasil*, 26 ago. 2019 <www.archdaily.com.br/br/923643/edificio-autoral-konigsberger-vannucchi-arquitetos-associados>.

PEREIRA, Matheus. Empreendimento MEET / Königsberger Vannucchi Arquitetos Associados. *ArchDaily Brasil*, 31 jan. 2019 <www.archdaily.com.br/br/909849/empreendimento-meet-incorporadora-fibra-experts-konigsberger-vannucchi-arquitetos-associados>.

Perfil: Asbea busca qualidade e quer Afeal como parceira. *Projeto*, n. 163, São Paulo, mai. 1993, p. 100-101.

PETERS, Paulhans. *Casas em grupo: viviendas plurifamiliares*. Barcelona, Gustavo Gili, 1972.

PEVSNER, Nikolaus. *An Outline of European Architecture*. Londres, Penguin Editions, 1943.

PITTA, Iuri. Lei das garagens é aprovada em definitivo. Caderno Cidades/Metrópole. *O Estado de S. Paulo*, São Paulo, 1 set. 2005, p. c3.

PITTA, Iuri; BASTOS, Rosa. Predinho, a velha-nova tendência. Caderno Metrópole. *O Estado de S. Paulo*, São Paulo, 21 ago. 2005, p. c1.

Planejamento estratégico. *Infra – Facility Property*, ano 11, n. 121, São Paulo, jun. 2010, p. 64.

Platina 220 - Königsberger Vannucchi. *YouTube Canal Galeria da Arquitetura*, 9 mar. 2023 <https://youtu.be/ctGd3ALtf74?si=xeCvYuK34XPSJ5ic>.

Pódio da arquitetura: Asbea premia os melhores projetos da arquitetura brasileira. *Informativo Asbea*, n. 118, São Paulo, dez. 2008, p. 1-3.

POFFO, Íris Regina Fernandes; XAVIER, José Carlos de Moura; SERPA, Ricardo Rodrigues. A História dos 27 anos de vazamento de óleo no litoral Norte do Estado de São Paulo (1974-2000). *Revista Meio Ambiente Industrial*, n. 30, jul. 2001, p. 98-104 <https://bit.ly/42v3FtJ>.

POMBO, Manuel Ruela (Padre Ruela). Os portugueses em Angola. *Diogo-Cão – revista ilustrada de assuntos históricos*, I série, n. 1, Luanda, 1931, p. 6 <https://bit.ly/3KuovBM>.

PORTAL IPHAN. *Cáceres (MT)*. Brasília, s/d. <http://portal.iphan.gov.br/pagina/detalhes/367/>.

PORTAL VITRUVIUS. Brascan Century Plaza, projeto de Jorge Königsberger e Gianfranco Vannucchi. *Projetos*, São Paulo, ano 04, n. 044.01, Vitruvius, ago. 2004 <https://bit.ly/3H0aoUu>.

PORTO, Fernando. Alphaville na mira das redes de hotelaria. *Jornal da Tarde*, São Paulo, 01 ago. 1999, p. 3.

Prancheta: estúdio fotográfico. *Projeto*, n. 93, São Paulo, nov. 1986, p. 65.

Premiação IAB/SP 2002. *Projeto Design*, n. 276, São Paulo, fev. 2003, p. 28-42

Premiados da Abrap. *Projeto Design*, n. 323, São Paulo, jan. 2007, p. 18.

Prêmio Master 95. O Oscar do mercado imobiliário brasileiro revela as suas estrelas. Caderno Economia. *O Estado de S. Paulo*, São Paulo, 20 jul. 1995, p. b13.

Prêmio Master Imobiliário 2003. Caderno Geral. *O Estado de S. Paulo*, São Paulo, 25 ago. 2003, p. a8.

Prêmio Master Imobiliário 2003. Stadium Alphaville da FAL 2. Caderno Economia. *O Estado de S. Paulo*, São Paulo, 26 ago. 2003, p. b7.

Prêmio Master Imobiliário 95 premiou 29 empresas. *Boletim Crea São Paulo*, ano 7, n. 43, São Paulo, nov. 1995, p. 13.

Prêmio Master Imobiliário. *Arqui Show – negócios em arquitetura e construção*, ano 6, n. 32, São Paulo, out./nov. 2003, p. 26.

Prêmio. *A Tribuna Social*, Ribeirão Preto, 17 dez. 2002.

Privatização de espaços públicos: solução ou segregação? *AU – Arquitetura e Urbanismo*, ano 20, n. 135, São Paulo, jun. 2005, p. 16-17.

Process Architecture, n. 17 (Modern Brazilian Architecture), Tóquio, ago. 1980.

Produção é influenciada por arquiteturas do século 20. *Projeto Design*, n. 274 (especial Prêmio Asbea 2002), São Paulo, dez. 2002, p. 16-19.

Profissionalização: a chave para aumentar o "market share" do setor. *Rochas de Qualidade*, ano 37, n. 179, São Paulo, nov./dez. 2004, p. 8-10.

Programação Sesc Belenzinho: especial. *E-Sesc*, ano 9, n. 9, São Paulo, mar. 2003, p. 48 <https://bit.ly/3Upwtii>.

Projeto avançado de desenho urbano e arquitetura. *Câmara Informa*, n. 1, São Paulo, out. 2001, p. 24-25.

Público de 800 pessoas foi até a Mooca para festejar. *Informativo Asbea*, n. 68, São Paulo, nov./dez. 2001, encarte especial, p. 3.

Quais as suas expectativas para 2006? *AU – Arquitetura e Urbanismo*, ano 21, n. 143, São Paulo, fev. 2006, p. 14-15.

QUINTANILHA, Leandro. Versão definitiva: você vai ficar dois anos sem o Sesc Av. Paulista. Um projeto futurista vai modernizar os serviços da unidade – e a paisagem da avenida. *Guia O Estado de S. Paulo*, n. 407, São Paulo, 24-30 jul. 2009, p. 8-9.

RACY, Sonia. Direto da fonte: na frente. Caderno 2. *O Estado de S. Paulo*, São Paulo, 27 jun. 2009, p. d2.

Recanto primavera. Doação ao Projeto Casa da Criança. *Informativo Asbea*, n. 74, São Paulo, jul. 2002, p. 4.

Recanto Primavera. *Mais Arquitetura*, ano 4, n. 43, São Paulo, nov. 2002, encarte especial Projeto Casa da Criança, p. 5.

Registro. "O arquiteto e as leis: manual jurídico para arquitetos". *Gazeta Mercantil*, São Paulo, 12 mar. 2004, p. 1.

Registro. Prêmio Asbea. *Gazeta Mercantil*, São Paulo, 28 nov. 2002, p. 2.

REIS FILHO, Nestor Goulart. *Quadro da arquitetura no Brasil*. 3ª edição. São Paulo, Perspectiva, 1976.

Residência Königsberger, São Paulo, São Paulo. *Architécti*, ano 5, n. 19/20, Lisboa, ago./out. 1993, p. 76-79.

Residência na Chácara Flora. *Projeto*, n. 73, São Paulo, mar. 1985, p. 57.

Reunião na Bahia constata que Asbea expandiu sua atuação em caráter nacional. *Informativo Asbea*, n. 63, São Paulo, jun. 2001, p. 1-2.

Revendedoras: sabor de mercado. *Projeto*, n. 192, São Paulo, dez. 1995, p. 64-70.

Revestir: a maior feira de revestimentos cerâmicos. *Casa e Mercado*, suplemento Feiras, ano 7, n. 50, São Paulo, mar. 2005, p. 9-10.

RIBEIRO, Alessandro Castroviejo. Edifícios modernos no centro histórico de São Paulo: dificuldades de textura e forma. *Arquitextos*, São Paulo, ano 08, n. 089.02, Vitruvius, out. 2007 <https://bit.ly/3tV7x7S>.

RIBEIRO, Alessandro Castroviejo; CALDEIRA, Vasco. Casas do Brasil: residência Ricardo Soubhia. *AU – Arquitetura e Urbanismo*, ano 9, n. 51, São Paulo, dez. 1993/jan. 1994, p. 25-29.

RICCIARDI, Giuliano. Arquitetura: simetria (fotografias). In *AlphaVille: o sonho, o tempo, o sucesso*. Santana de Parnaíba, Vero, 2003, p. 87.

Rigorose Simplizität: Bürotürme in São Paulo fertig gestellt. *Meldungen Newsletter*, BauNetz, 19 nov. 2008 <https://bit.ly/3udtWxh>.

Rio de Janeiro retrofitado. *Office Style – o estilo de quem decide*, ano 13, n. 109, São Paulo, ago. 2009, p. 30-36.

ROCHA, Paulo Mendes da. Recordações de uma singela casa. *Projeto*, n. 125, set. 1989, p. 89.

RODRIGUES, Giselly Barros. Espaços de usufruto público nos empreendimentos privados. Integração ou segregação? *Minha Cidade*, São Paulo, ano 16, n. 187.04, Vitruvius, fev. 2016 <https://bit.ly/3iv3eO4>.

ROLNIK, Raquel; FRÚGOLI, Heitor. Reestruturação urbana da metrópole paulistana: a Zona Leste como território de rupturas e permanências. In *Cadernos Metrópole*, n. 6, jul./dez. 2001, p. 43-63 <https://bit.ly/3MjR5b1>.

ROSSI, Aldo. *Architettura della Citá*. Milão, Marsilio, 1966.

RUBIÓ, Ignasi de Solà-Morales. Do contraste à Analogia: novos desdobramentos do conceito de intervenção arquitetônica. In NESBITT, Kate (Org.). *Uma nova agenda para a arquitetura*. São Paulo, Cosac Naify, 2006.
SABBAG, Haifa Yazigi. Arquitetura bancária. *Módulo*, n. 79, Rio de Janeiro, mar. 1984, p. 40-63.
SABBAG, Haifa Yazigi. Digilab: contraponto à solidez. *AU – Arquitetura e Urbanismo*, ano 6, n. 27, São Paulo, dez. 1989/jan. 1990, p. 40-45.
SABBAG, Haifa Yazigi. Sombras sobre o lote: o jeito brasileiro do morar, mitos, verdades e respostas dos mestres modernos. *AU – Arquitetura e Urbanismo*, ano 21, n. 148, São Paulo, jul. 2006, p. 64-67.
SABBAG, Haifa Yazigi; RIBEIRO, Alessandro Castroviejo. Terra Brasilis: sons de uma memória. *AU – Arquitetura e Urbanismo*, ano 7, n. 33, São Paulo, dez. 1990/jan. 1991, p. 20-27.
SAFDIE, Moshe. Além do habitat. *Óculum*, n. 7/8, Campinas, jan./dez. 1995, p. 46-55.
SAIA, Luís. *Morada Paulista*. São Paulo, Perspectiva, 2012.
Saiba quem são os vencedores do prêmio. *Shopping News*, São Paulo, 12-18 ago. 1995, p. 14.
SALOMÃO, Cristiana Cota; PRATSCHKE, Anja. Arquitetura e cibernética: buscando nuances da cibernética em projetos arquitetônicos dos anos 1960 (resumo). *Anais do 15º Simpósio Internacional de Iniciação Científica e Tecnológica da USP*. São Carlos, USP, 2007 <https://bit.ly/3oZUEdl>.
SANG-LEEM, Lee. Fast of Terraces for a New Landmark. *Space*, n. 494, Seul, jan. 2009, p. 48-49.
SANTOS, Cecília Rodrigues dos. O Tom Brasil, em São Paulo, é mais do que uma casa de espetáculos. É um centro de convivência e cultura musical, interpretado pelos arquitetos Gianfranco Vannucchi e Jorge Königsberger. *Design e Interiores*, ano 9, n. 49, São Paulo, nov. 1995, p. 76-82.
SANTOS, Cecília Rodrigues dos. Notas de aula – *Patrimônio Cultural Técnicas Retrospectivas*, São Paulo, FAU UPM, 2019.
SANTOS, Cecília Rodrigues dos. Re-Arquitetura. Notas de Aula – *História e Teoria das Técnicas Retrospectivas*. São Paulo, FAU UPM, 2008.
SANTOS, Cecília Rodrigues dos. Torres do Ibirapuera: de volta a um discurso tonal. *AU – Arquitetura e Urbanismo*, ano 8, n. 45, São Paulo, dez. 1992/jan. 1993, p. 28-36.
SÃO PAULO (Cidade). *Plano urbanístico básico de São Paulo*. São Paulo, Grupo Executivo do Planejamento/Prefeitura de São Paulo, 1969.
SÃO PAULO (Prefeitura). Lei n. 16.050, de 31 de julho de 2014 (projeto de lei n. 688/13, do executivo, aprovado na forma de substitutivo do legislativo). Aprova a Política de Desenvolvimento Urbano e o Plano Diretor Estratégico do Município de São Paulo e revoga a Lei n. 13.430/2002. São Paulo, *Diário Oficial Cidade de São Paulo*, Suplemento, ano 59, n. 140, 1 ago. 2014, p. 1-352 <https://bit.ly/2PVX6eg>.
SAYEGH, Simone. Serviço completo. *Construção*, ano 53, n. 2751, São Paulo, 30 out. 2000, p. 18-21.
SCHWAB, Gerhard. *Unidades residenciales: conjuntos diferenciados de viviendas*. Barcelona, Gustavo Gili, 1976.
SECRETARIA DE CULTURA, ESPORTES E TURISMO DE SÃO PAULO (Estado). Processo de Tombamento n. 14150/69. Resolução de Tombamento SC de 12/12/1969. Livro do Tombo Histórico inscrição n. 2, p. 2, 27/04/1971. Fica tombada, como sítio histórico de São Paulo, a área urbana da cidade de São Sebastião, assim discriminada. São Paulo, *Diário Oficial do Estado de São Paulo*, ano 79, n. 240, p. 48 <https://bit.ly/44Mex8h>.
SECRETARIA MUNICIPAL DE SUBPREFEITURAS. *Mapa da cidade*. São Paulo, Prefeitura da Cidade de São Paulo, 6 mai. 2022 <https://capital.sp.gov.br/web/subprefeituras/subprefeituras/mapa>.
SEGAWA, Hugo. A pesada herança. Dilema da arquitetura brasileira. *Projeto*, n. 168, São Paulo, out. 1993, p. 86
SEGAWA, Hugo. Condemned to Modernity: Recent Brazilian Architecture. *Archis*, n. 11, Roterdã, nov. 1997, p. 73-79.
SEGAWA, Hugo. Condominium Club Ibirapuera: arte, técnica e marketing. *AU – Arquitetura e Urbanismo*, n. 69, São Paulo, dez. 1996/jan. 1997, p. 36-46.
SEGAWA, Hugo. O céu é o limite: Aurélia Office Tower – Königsberger & Vannucchi. *Projeto*, n. 177, São Paulo, ago. 1994, p. 49-63.
SEGAWA, Hugo. Pavilhão do Brasil em Sevilha: deu em vão. *Projeto*, n. 138, São Paulo, fev. 1991, p. 34-38.
SEGAWA, Hugo. Voyeurismo: olhando a arquitetura. *Projeto*, n. 176, São Paulo, jul. 1994, p. 64-71.
SEGAWA, Hugo (Org.). *Arquiteturas no Brasil/Anos 80*. São Paulo, Projeto, 1988.
SEGRE, Roberto. A Babel do século 21. *AU – Arquitetura e Urbanismo*, ano 21, n. 153, São Paulo, dez. 2006, p. 54-59.
SEGRE, Roberto. *Arquitetura brasileira contemporânea*. Rio de Janeiro, Viana & Mosley, 2004.
SEGRE, Roberto. *Jovens arquitetos*. Rio de Janeiro, Viana & Mosley, 2004.
SEGRE, Roberto. O eterno vazio: mito e realidade na arquitetura brasileira. *AU – Arquitetura e Urbanismo*, ano 20, n. 137, São Paulo, ago. 2005, p. 48-61.
Sem ausências, procura supera expectativa. *Projeto*, n. 147, São Paulo, nov. 1991, p. 112.
SERAPIÃO, Fernando. Brascan Century Plaza. In *São Paulo: guia de arquitetura contemporânea*. Rio de Janeiro, Viana & Mosley, 2005, p. 64-65.
SERAPIÃO, Fernando. FAU nova, na Cidade Universitária. *Monolito*, n. 27 (Vilanova Artigas e a FAU/USP), São Paulo, 2015, p. 128.
SERAPIÃO, Fernando. Jorge Königsberger: chamado na última hora para assumir o cargo, o novo presidente é titular, com Gianfranco Vannucchi, de um dos mais atuantes escritórios de São Paulo. *Projeto Design*, n. 293, São Paulo, jul. 2004, p. 6-8.
SERAPIÃO, Fernando. Sesc Avenida Paulista (2004/2017), São Paulo – Königsberger Vannucchi. *Monolito*, n. 33 (Sesc-SP, arquitetura), São Paulo, 2016, p. 128.
SERAPIÃO, Fernando. Terra Brasilis. In *São Paulo: guia de arquitetura contemporânea*. Rio de Janeiro, Viana & Mosley, 2005, p. 84-85.
SERAPIÃO, Fernando; WISNIK, Guilherme. *Infinito vão. 90 anos de arquitetura brasileira*. São Paulo, Monolito, 2019.
Setor premia melhores com Master. *O Empreiteiro*, ano 33, n. 326, São Paulo, set. 1995, p. 40-42.
SILVA, Vânia. Ferramenta de trabalho. *AU – Arquitetura e Urbanismo*, ano 19, n. 120, São Paulo, mar. 2004, p. 48-50.
SIMÕES, Alessandra. Uma briga para impor fronteiras: nova sede do MAC reacende discussão sobre atuação de estrangeiros. *Gazeta Mercantil*, São Paulo, 21 set. 2001, p. 6.
SOS Asbea. Doação ao Projeto Casa da Criança. *Informativo Asbea*, n. 73, São Paulo, jun. 2002, p. 3.
SOUZA, Bárbara. Entidade sugere parcerias à prefeitura. Caderno Cidade. *O Estado de S. Paulo*, São Paulo, 24 jan. 2005, p. c1.
SOUZA, Bárbara. Trabalho, casa e lazer num lugar só. Caderno Cidade. *O Estado de S. Paulo*, São Paulo, 23 out. 2004, p. c3.
SOUZA, Bárbara. Uma agência contra o caos em SP. Caderno Cidade. *O Estado de S. Paulo*, São Paulo, 24 jan. 2005, p. c1.
SOUZA, Bárbara. Uma cara de Houston ali no Itaim. Caderno Cidade. *O Estado de S. Paulo*, São Paulo, 23 out. 2004, p. c1.
SPADA, Vanessa. Itaim ganha megaempreendimento imobiliário. *Estadão Sul*, ano 9, n. 449, São Paulo, O Estado de S. Paulo, 8 nov. 2002, p. zs1-zs2.
SPECK, Jeff. *Cidade caminhável*. São Paulo, Perspectiva, 2016.
Staybridge finca o pé no Itaim com complexo hoteleiro de 30 andares que reúne escritórios, livraria, restaurantes e 6 cinemas. *Folha de S. Paulo*, São Paulo, 28 jul 2003, p. f10.
STEENSON, Molly Wright. *Architectural Intelligence: How Designers and Architects Created the Digital landscape*. Cambridge, MIT Press, 2022.
SUMMERSON, John. The Past in the Future. In SUMMERSON, John (Org.). *Heavenly Mansions and other Essays on Architecture*. Nova York, Norton, 1963.
Surpresa em roxo e lilás. *Veja*, n. 1161, São Paulo, 19 dez. 1990, p. 99.
TADDEI, Roberto Romano. Arquitetura, muito além da inteligência. *Dome*, n. 2, jan. 2007, p. 84-89.
Talento premiado. Bem-sucedido e com uma sólida carreira, o arquiteto italiano fala sobre sua vocação e trajetória profissional. *Casa e Mercado*, ano 4, n. 42, São Paulo, 2003, p. 52-53.
Tecnologia que chegou para ficar. *Informativo Placo*, ano 3, n. 17, Mogi das Cruzes, set. 1999, p. 2.
Tecnologias para sustentabilidade. *Téchne – a revista do engenheiro civil*, n. 162, São Paulo, set. 2010, p. 41.
TEIXEIRA, Cristiane; CARVALHO, Deborah Monteiro de. Reforma preserva o jeito caiçara. *Arquitetura e Construção*, ano 12, n. 6, São Paulo, jun. 1996, p. 38-45.
TEIXEIRA, Cristiane; MEDEIROS, Edson G. Elegância discreta: esta casa tem aquele charme de quem chama a atenção mesmo sem querer... *Arquitetura e Construção*, ano 17, n. 03, São Paulo, mar. 2001, p. 42-51.
TELES, Carlos. Rede Choice dobra oferta de quartos em Alphaville. *Gazeta Mercantil*, São Paulo, 29 set./01 out., 2000, p. 1-2.
TEPERMAN, Sergio. Asbea, Asbia, Asboa: uma longa história do tempo. *AU – Arquitetura e Urbanismo*, ano 21, n. 149, São Paulo, ago. 2006, p. 76-77.
Terra Brasilis. São Paulo, Oz Design, 1990.
Tom Brasil Nações Unidas: mega teatro às margens da Marginal Pinheiros. *Placo News*, ano 7, n. 28, Mogi das Cruzes, mai. 2003, p. 8.
Tome nota: luzes no Itaim Bibi. *Construção*, ano 52, n. 2696, São Paulo, 11 out. 1999, p. 2-6.
Tome nota: novo presidente da Asbea. *Construção*, ano 53, n. 2731, São Paulo, 12 jun. 2000, p. 7.
Tome nota: Place des Vosges, Ribeirão Preto. *Construção*, ano 51, n. 2646, São Paulo, 26 out. 1998, p. 6-8.
Tratamento cromático e volumétrico em dois edifícios para escritórios. *Projeto*, n. 97, São Paulo, mar. 1987, p. 87-90.
Um endereço em pleno bosque. *Elle Decoração*, ano 3, n. 02, São Paulo, dez. 1990, p. 50-53.
Uma nova lei de zoneamento. *Boletim Indústria Imobiliária*, ano 7, n. 77, mai. 1998, p. 28-29.
URBANICA GROUP. Socialist Modernist <https://bit.ly/3H2UDfR>.

VADA, Pedro. Sesc Avenida Paulista / Königsberger Vannucchi Arquitetos Associados. *ArchDaily Brasil*, 12 nov. 2018 <www.archdaily.com.br/br/905384/sesc-avenida-paulista-konigsberger-vannucchi-arquitetos-associados>.
Vannucchi na Asbea. *AU – Arquitetura e Urbanismo*, ano 16, n. 91, São Paulo, ago./set. 2000, p. 12.
VASCONCELOS, Frederico. Juízes têm mais bens que o revelado em 99. *Folha de S. Paulo*, São Paulo, 12 mar. 2001, p. A6.
VIEIRA, Marcelo Gimenes. Virtualizando workstations, escritório de arquitetura dobra capacidade computacional. *It Forum*, 19 set. 2022 <https://itforum.com.br/noticias/virtualizando-workstations-escritorio-de-arquitetura-dobra-capacidade-computacional/>.
VILLALOBOS, Roxana. Usos mixtos: la monofuncionalidad em desuso. *Enlace – Arquitectura & Diseño*, ano 13, n. 10, Cidade do México, out. 2003, p. 56-65.
VIOLA, Assunta. A formação da paisagem na periferia da cidade de São Paulo. *Minha Cidade*, ano 08, n. 088.04, São Paulo, Vitruvius, set. 2007 <https://bit.ly/3gQKkk9>.
VIOLLET-LE-DUC, Eugène Emannuel. *Restauração*. São Paulo, Ateliê Editorial, 2009.
VIOTTI, Giovana, SANTOS, Cecília Rodrigues dos. Projeto em relação com pré-existências arquitetônicas: a obra do escritório Brasil Arquitetura. In *XIV Jornada de Iniciação Científica e VIII Mostra de Iniciação Científica*. São Paulo, FAU UPM, 2018.
VOCCIO, Giaccomo. Novo prédio mais alto de São Paulo será inaugurado em 2022 no Tatuapé; veja vídeo. *G1 SP*, 18 jun. 2021 <https://g1.globo.com/sp/sao-paulo/noticia/2021/06/18/novo-predio-mais-alto-de-sao-paulo-sera-inaugurado-em-2022-no-tatuape-veja-video.ghtml>.
WEINZAPFEL, Guy; NEGROPONTE, Nicholas. Architecture-by-Yourself: An Experiment with Computer Graphics for House Design. *ACM SIGGRAPH Computer Graphics*, v. 10, n. 214, Nova York, jul. 1976, p. 74-78 <https://bit.ly/3VilSbb>.
WENZEL, Maria Conceição; CARVALHO, Deborah M. de. Luz no ponto certo. *Casa Claudia*, ano 18, n. 03, São Paulo, mar. 1994, p. 36-57.
WENZEL, Maria Conceição. Para viver a modernidade. *Arquitetura e Construção*, ano 04, n. 06, São Paulo, ago. 1988, p. 92-99.
WENZEL, Mariana; BARACUHY, Joana. Confira os vencedores do prêmio. *Arquitetura e Construção*, ano 24, n. 11, São Paulo, nov. 2008, p. 107-120.
WENZEL, Maria Conceição; BARRERO, Vera. Meu cliente mais difícil: esta é a conclusão do arquiteto Jorge Königsberger, após construir a própria casa. *Arquitetura e Construção*, ano 11, n. 2, São Paulo, fev. 1995, p. 12-21.
WIKISOURCE. *Dictionnaire raisonné de l'architecture française du XIe au XVIe siècle* <https://fr.wikisource.org/wiki/Dictionnaire_raisonn%C3%A9_de_l%E2%80%99architecture_fran%C3%A7aise_du_XIe_au_XVIe_si%C3%A8cle>.
WILHEIM, Jorge. Arquitetura: mero produto de consumo? *Folha de São Paulo*, São Paulo, 27 jun. 2006 <https://bit.ly/3tWVR4u>.
WISSENBACH, Vicente; PEDROSO, Hosana (Orgs.). *A esquadria de alumínio da arquitetura – design e tecnologia*. São Paulo, Afeal/PW, 2008.
WOLF, José. A nova (e plural) arquitetura paulista. *Boletim IAB-SP*, n. 32, São Paulo, jan. 2003, p. 3-7.
WOLF, José. Missão comum: entrevista com Jorge Königsberger, o novo presidente da Asbea. *Boletim IAB-SP*, n. 45, São Paulo, jun./jul. 2004, p. 3.
WOLF, José. Produtora 5.6: linguagem em continuidade. *AU – Arquitetura e Urbanismo*, ano 8, n. 42, São Paulo, jun./jul. 1992, p. 48-53.
WORTMANN, Arthur. Königsberger & Vannucchi Use Terraces to Turn an Office Building into a Landmark. *Mark*, n. 17, Amsterdã, dez. 2008/jan. 2009, p. 37.
WRONISKI, Elizangela. Definido projeto do Centro Judiciário de Curitiba. *O Estado do Paraná*, Curitiba, 8 abr. 2006, p. 9.
YOUNG, Joseph (Org.). Casa de espetáculos Tom Brasil – Königsberger Vannucchi Arquitetos Associados. *1º Anuário Brasileiro de Arquitetura*. São Paulo, Emep Editorial, 1996, p. 38-39.
ZAPPIA, Jorge. Crescem as vendas de imóveis. *O Estado de S. Paulo*, São Paulo, 15 jul. 1988, p. 40.
ZEIN, Ruth Verde. A década ausente. É preciso reconhecer a arquitetura brasileira dos anos 1960-70. *Arquitextos*, São Paulo, ano 07, n. 076.02, Vitruvius, set. 2006 <https://bit.ly/41xliHx>.
ZEIN, Ruth Verde. Arquitetura bancária: muita construção, muita arquitetura. *Projeto*, n. 63, São Paulo, mai. 1984, p. 47-80.
ZEIN, Ruth Verde. *Brutalist Connections: A Refreshed Approach to Debates & Buildings*. São Paulo, Altamira, 2014.
ZEIN, Ruth Verde. Complexidade e contradição à paulistana. *Projeto*, n. 137, São Paulo, dez. 1990/jan. 1991, p. 62-65.
ZEIN, Ruth Verde. Da verdade estrutural à expressão formal. *Projeto*, n. 97, São Paulo, mar. 1987, p. 63
ZEIN, Ruth Verde. Disciplina de projeto e qualificação construtiva criando arquitetura nos parâmetros do mercado. *Projeto*, n. 205, São Paulo, fev. 1997, p. 62-69.
ZEIN, Ruth Verde. Edifício Terra Brasilis. *Archítécti*, ano 3, n. 10, Lisboa, ago./out. 1991, p. 11-15.
ZEIN, Ruth Verde. Entrevista com Jorge Königsberger e Gianfranco Vannucchi. Condominium Club Ibirapuera, tecnologia e industrialização. Introdução de André Marques e Fernanda Critelli. *Entrevista*, São Paulo, ano 24, n. 093.02, Vitruvius, mar. 2023 <https://bit.ly/3N-v1OAm>.
ZEIN, Ruth Verde. *Leituras críticas*. São Paulo, Romano Guerra, 2018.
ZEIN, Ruth Verde. O vazio significativo do cânon. *V!rus*, n. 20, São Carlos, 2020 <https://bit.ly/41cajnE>.
ZEIN, Ruth Verde. Produtora de cinema, a indústria da criatividade e talento. *Projeto*, n. 100, São Paulo, jun. 1987, p. 68-70.
ZEIN, Ruth Verde. Que sea infinito mientras dure. *Summa+*, n. 170, Buenos Aires, mar. 2019, p.122-123 <https://bit.ly/403Bwbm>.
ZEIN, Ruth Verde. Residência em quatro níveis. *Projeto*, n. 73, São Paulo, mar. 1985, p. 58-59.
ZEIN, Ruth Verde (Org.). *Revisões historiográficas: arquitetura moderna no Brasil*. Rio de Janeiro, RioBooks, 2022.

Publicidades

Agência Bancária Bradesco, Alphaville, Barueri. Algumas razões para você entrar na nova Agência Bradesco Alphaville. E outras para você não entrar. *O Estado de S. Paulo*, São Paulo, abr. 1993.
Alphaville Burle Marx, Alphaville, Barueri. Alphaville Burle Marx, o Alphaville dos Alphavilles. *Minha Casa, Meu Imóvel*, ano 3, n. 23, São Paulo, jun. 2008, p. 84-85.
Alphaville Burle Marx, Alphaville, Barueri. Confira em todos os cadernos desta edição um empreendimento com DNAlpha, o DNA de AlphaVille. *O Estado de S. Paulo*, São Paulo, 31 mar. 2005, p. a8-9; p. a16-17; p. a20-21; p. b6-7; p. b10-11; p. c6-7; p. c10-11; p. d6-7; p. e4-5.
Alphaville Burle Marx, Alphaville, Barueri. Venha conhecer um paraíso ecológico com a assinatura Burle Marx. *Jornal da Tarde*, São Paulo, 31 mar. 2005, p. 11-14a.
Alphaville Burle Marx, Alphaville, Barueri. Venha conhecer um paraíso ecológico com a assinatura Burle Marx. *O Estado de S. Paulo*, São Paulo, 2 ABR. 2005, p. a13-16.
Bueno Brandão 257 – Arquitetura por KV Arquitetos Associados. *YouTube Canal Tegra Incorporadora*, 09 mar. 2023 <https://youtu.be/hbD4tV3ICJ0?si=ou-q19z0s2BJqyoQF>.
Caesar Towers, Jd. Paulista, São Paulo. Olha só quanta gente está esperando seu investimento para começar a dar retorno. *O Estado de S. Paulo*, São Paulo, 19 jun. 1997, p. a10-11.
Caesar Towers, Jd. Paulista, São Paulo. Para quem se hospedar, uma tranquilidade. Para quem investir, simplesmente o máximo. *O Estado de S. Paulo*, São Paulo, 12 mar. 1997, p. c6-7.
Caesar Towers, Jd. Paulista, São Paulo. Uma oportunidade assim só vai aparecer de novo quando a Inpar, a Lopes e o Caesar Towers se reunirem para outro lançamento. *O Estado de S. Paulo*, São Paulo, 19 jun. 1997, p. a10-11.
Comind Agência Bancária, Higienópolis, São Paulo. Fachadas em Vetricolor, o mosaico vidrotil para grandes superfícies verticais. *AU – Arquitetura e Urbanismo*, ano 2, n. 03, São Paulo, nov. 1985, p. 59-60.
Complexo de Usos Múltiplos Brascan Century Open Mall, Itaim Bibi, São Paulo. Brascan Century Open Mall, um centro de entretenimento a céu aberto, para você respirar todo o charme do Itaim. *O Estado de S. Paulo*, São Paulo, 29 set. 2003, p. a14.
Complexo de Usos Múltiplos Brascan Century Plaza, Itaim Bibi, São Paulo. A Lopes parabeniza a Brascan vencedora do prêmio mais importante do mercado imobiliário mundial. *O Estado de S. Paulo*, São Paulo, 05 jul. 2005, p. a18.
Complexo de Usos Múltiplos Brascan Century Plaza, Itaim Bibi, São Paulo. Brascan Imobiliária vencedora do Prix d'Excellence 2005, o prêmio mais importante do mercado imobiliário mundial. *Gazeta Mercantil*, São Paulo, 27 jun. 2005, p. a12-13.
Complexo de Usos Múltiplos Brascan Century Plaza, Itaim Bibi, São Paulo. Brascan Imobiliária vencedora do Prix d'Excellence 2005, o prêmio mais importante do mercado imobiliário mundial. *O Estado de S. Paulo*, São Paulo, 25 jun. 2005, p. b8-9.
Complexo de Usos Múltiplos Brascan Century Plaza, Itaim Bibi, São Paulo. *Catálogo Promocional*, 1999.
Complexo de Usos Múltiplos Brascan Century Plaza, Itaim Bibi, São Paulo. Dê mais visibilidade ao seu negócio. *O Estado de S. Paulo*, São Paulo, 22 nov. 2002, p. a13; 27 nov. 2002, p. a16.
Complexo de Usos Múltiplos Brascan Century Plaza, Itaim Bibi, São Paulo. Em um bairro como o Itaim, só mesmo um conceito inédito para chamar sua atenção. *O Estado de S. Paulo*, São Paulo, 23 nov. 2002, p. a16; 30 nov. 2002, p. b1; 01 dez. 2002, p. b16.
Complexo de Usos Múltiplos Brascan Century Plaza, Itaim Bibi, São Paulo. Enfim, o maior acontecimento de São Paulo. *O Estado de S. Paulo*, São Paulo, 17 nov. 1999, p. a5-8; 18 nov. 1999, p. b5-8.

Complexo de Usos Múltiplos Brascan Century Plaza, Itaim Bibi, São Paulo. Monte o seu consultório em uma unidade para rentabilidade intensiva. *O Estado de S. Paulo*, São Paulo, 31 mar. 2003, p. b1.
Complexo de Usos Múltiplos Stadium, Alphaville, Barueri. Book de lançamento e vendas. FAL 2. *Catálogo Promocional*, 1999.
Complexo Residencial Villa Amalfi, Morumbi, São Paulo. Entre todas as atrações, a mais incrível é a qualidade de vida dos moradores. *O Estado de S. Paulo*, São Paulo, 07 dez. 2002, p. b24.
Complexo Residencial Villa Amalfi, Morumbi, São Paulo. Mais de 20 atividades dentro do condomínio. Perfeito para famílias em que cada um tem uma vontade. *O Estado de S. Paulo*, São Paulo, 30 nov. 2002, p. b16a.
Complexo Residencial Villa Amalfi, Morumbi, São Paulo. Seus filhos vão sair todos os dias para se divertir. E o melhor, você não vai ter que buscar depois. *O Estado de S. Paulo*, São Paulo, 23 nov. 2002, p. a26-27.
Condomínio Canamari, Interlagos, São Paulo. Book de lançamento e vendas. RD Engenharia. *Catálogo Promocional*, 1999.
Condomínio High Place Panamby, Morumbi, São Paulo. Prepare-se para conhecer um projeto singular na região do Panamby. *Folha de S. Paulo*, São Paulo, 15 mar. 1997, p. 8-9.
Cristais Prado, Campinas, São Paulo. Parque Prado: uma utopia concreta. Oz Design. *Catálogo Promocional*, 2003.
Duo Alto de Pinheiros, Alto de Pinheiros, São Paulo. Duo Alto de Pinheiros esse lugar existe. *O Estado de S. Paulo*, São Paulo, 8 dez. 2005, p. a11-13.
Edifício Comercial Montreal, Moema, São Paulo. Em Moema, o primeiro edifício comercial com estrutura total. *O Estado de S. Paulo*, São Paulo, 25 nov. 1995, p. c6; 03 dez. 1995, p. i20
Edifício Residencial Columbia Park, Jd. Bonfiglioli, São Paulo. 3 dormitórios (1 suíte) com um parque infantil que você ainda não viu. *O Estado de S. Paulo*, São Paulo, 30 jan. 1994, p. a28.
Edifício Residencial Jardin's Evolution Home, Jd. Paulista, São Paulo. Jardin's Evolution Home: o novo do novo está aqui. *O Estado de S. Paulo*, São Paulo, 5 nov. 1994, p. c8.
Edifício Residencial Vondelpark, Alto da Boa Vista, São Paulo. Um ponto único em um bairro acima de qualquer expectativa. *O Estado de S. Paulo*, São Paulo, 22 set. 1996, p. i10.
Edifício Residencial West Hills Loft, Vila Madalena, São Paulo. Venha para o melhor 2 dormitórios da Vila Madalena onde o seu estilo de vida faz a planta. *O Estado de S. Paulo*, São Paulo, 16 abr. 1993, p. 6; 17 abr. 1993, p. 18.
Edifícios Residenciais Condominium Club Alto de Pinheiros, Pinheiros, São Paulo. Agora dá para morar gostoso num bairro completo. *O Estado de S. Paulo*, São Paulo, 26 mai. 1994, p. a10-11.
Edifícios Residenciais Condominium Club Alto de Pinheiros, Pinheiros, São Paulo. Conheça o super 3 dormitórios, ele tem muito mais para você, até um clube e um 4° dormitório. *O Estado de S. Paulo*, São Paulo, 01 mai. 1996, p. c6-7; 05 mai. 1996, p. a24-25; 25 mai. 1996, p. a20.
Edifícios Residenciais Condominium Club Alto de Pinheiros, Pinheiros, São Paulo. More no clube onde sua família se encontra todos os dias. *O Estado de S. Paulo*, São Paulo, 18 set. 1994, p. a10-11.
Edifícios Residenciais Condominium Club Alto de Pinheiros, Pinheiros, São Paulo. O super 3 dormitórios com um clube no térreo entrega em dezembro no Alto de Pinheiros, o que você quer? *O Estado de S. Paulo*, São Paulo, 1 dez. 1996, p. a19.
Edifícios Residenciais Condominium Club Ibirapuera, Moema, São Paulo. A Brascan e a Método convidam você para conhecer nesta edição o empreendimento mais premiado de São Paulo. *O Estado de S. Paulo*, São Paulo, 28 out. 1996, p. a1 e a7-14.
Edifícios Residenciais Condominium Club Ibirapuera, Moema, São Paulo. Isso que é valorização. O Condominium Club Ibirapuera nem está pronto e já ganhou dois prêmios. *O Estado de S. Paulo*, São Paulo, 13 ago. 1995, p. a30.
Edifícios Residenciais Condominium Club Ibirapuera, Moema, São Paulo. Mude já para o empreendimento mais premiado de São Paulo. *O Estado de S. Paulo*, São Paulo, 27 out. 1996, p. a26-27.
Edifícios Residenciais Condominium Club Ibirapuera, Moema, São Paulo. Para quem acha que já está na hora de mudar. *O Estado de S. Paulo*, São Paulo, 14 out. 1993, p. a24-25.
Edifícios Residenciais Condominium Club Ibirapuera, Moema, São Paulo. Para quem não vê a hora de mudar. *O Estado de S. Paulo*, São Paulo, 08 out. 1995, p. a24-25.
Edifícios Residenciais Condominium Club Moema, Moema, São Paulo. Prepare-se, em março de 2003 você vai mudar para um clube em Moema. *O Estado de S. Paulo*, São Paulo, 23 nov. 2002, p. b1a.
Evolution Tower Ibirapuera, Moema, São Paulo. Finalmente na região com maior escassez de consultórios e escritórios um edifício que chegou ao máximo da evolução. *O Estado de S. Paulo*, São Paulo, 03 jun. 1997, p. b8-9.
Evolution Tower Ibirapuera, Moema, São Paulo. Vem aí: Evolution Tower Ibirapuera, consultórios e escritórios de 32 a 320 m². *O Estado de S. Paulo*, São Paulo, 16 abr. 1997, p. c6.
Executive Flat One, Vila Olímpia, São Paulo. Aqui cada detalhe respira sofisticação, sucesso e rentabilidade. *O Estado de S. Paulo*, São Paulo, 31 mai. 1997, p. a8-9.
Executive Flat One, Vila Olímpia, São Paulo. Junte todo este charme com o potencial da região e está feito um grande negócio. *O Estado de S. Paulo*, São Paulo, 07 jun. 1997, p. b10-11.
Executive Flat One, Vila Olímpia, São Paulo. O futuro mora aqui. Ou pelo menos é aqui que ele vai se hospedar. *O Estado de S. Paulo*, São Paulo, 17 mai. 1997, p. a10-11.
International Plaza Flat, Jd. Paulista, São Paulo. Chegamos ao topo: não perca a oportunidade de investir num Plaza. *O Estado de S. Paulo*, São Paulo, 30 out. 1996, p. a12-13.
Edifício Master Residence – Stay, Alphaville, Barueri. Stay: Pronto para você. *New Way of Life*, ano 2, n. 7, Barueri, set. 2001, p. 35.
Fibrasa Connection, Vitória, Espírito Santo. Divulgação do empreendimento. Rossi. *Catálogo Promocional*, 2010.
Le Locle Jardins, Jd. Paulista, São Paulo. A sofisticação da fachada é para combinar com o endereço: Alameda Campinas. *O Estado de S. Paulo*, São Paulo, 25 set. 2004, p. a26-27.
Le Locle Jardins, Jd. Paulista, São Paulo. Material preliminar de treinamento. Lopes. *Catálogo Promocional*, 2004.
Le Locle Jardins, Jd. Paulista, São Paulo. Para poucos e muito exigentes. *O Estado de S. Paulo*, São Paulo, 5 mar. 2005, p. e6.
Metrópolis Empresarial, Moema, São Paulo. Metrópolis Empresarial, o ponto comercial em um bairro com ótima qualidade de vida. *Folheto Promocional*, 1989.
Nostradamus Condominium, Jd. Paulista, São Paulo. Nostradamus Condominium: para quem ousa ver o futuro. *Folheto Promocional*, 1990.
Times Square Cosmopolitan Mix, Moema, São Paulo. A quadra de ouro de Moema está ganhando mais uma obra de arte de vários autores. *O Estado de S. Paulo*, São Paulo, 25 set. 2000, p. a12.
Times Square Cosmopolitan Mix, Moema, São Paulo. Estamos deixando nossa marca em São Paulo: só neste ano, já fizemos isso 10 vezes. *O Estado de S. Paulo*, São Paulo, 28 set. 2000, p. a11-14.
Times Square Cosmopolitan Mix, Moema, São Paulo. O 1° cosmopolitan mix de São Paulo está pronto para render. *O Estado de S. Paulo*, São Paulo, 25 set. 2000.
Times Square Cosmopolitan Mix, Moema, São Paulo. Vem aí em Moema o 1° Cosmopolitan Mix de São Paulo. Um conceito inspirado em empreendimentos imobiliários consagrados no mundo inteiro. *O Estado de S. Paulo*, São Paulo, 19 jun. 1997, p. a20.
Times Square Cosmopolitan Mix, Moema, São Paulo. Venha para o 1° Cosmopolitan Mix de São Paulo. O investimento certo no lugar certo. *Folha de S. Paulo*, São Paulo, 15 ago. 1997, p. 10-11.
Times Square Cosmopolitan Mix, Moema, São Paulo. Venha para o 1° Cosmopolitan Mix de São Paulo. O investimento certo no lugar certo. *O Estado de S. Paulo*, São Paulo, 03 ago. 1997, p. a24-A25; 09 ago. 1997, p. b8-9; 15 ago. 1997, p. a10-11; 16 ago. 1997, p. b8-9.
Tom Brasil Nações Unidas, Vila Cruzeiro, São Paulo. Vai começar o maior espetáculo de São Paulo. *O Estado de S. Paulo*, São Paulo, 9 abr. 2003, p. d1.
Top Towers Offices, Paraíso, São Paulo. Lançamento nacional, ao lado da avenida Paulista e a 15 metros do metrô Paraíso. *O Estado de S. Paulo*, São Paulo, 8 dez. 2005, p. b20.
Top Towers Offices, Paraíso, São Paulo. Uma excelente oportunidade para quem procura um excelente negócio. *Folheto Promocional*, 2005.
Torres do Ibirapuera, Moema, São Paulo. Torres do Ibirapuera: um prazer muito especial para um profissional bem-sucedido é saber que seu local de trabalho tem, antes de tudo, qualidade. *Folheto Promocional*, 1988.
Vila Condomínio Conde D'Eu, Alto da Boa Vista, São Paulo. Imperdível: condomínio fechado com casas de alto padrão numa das ruas mais nobres do bairro. *O Estado de S. Paulo*, São Paulo, 23 nov. 1995.
Vila Condomínio Conde D'Eu, Alto da Boa Vista, São Paulo. Negócios imobiliários: condomínio fechado com apenas 6 casas de alto padrão. *O Estado de S. Paulo*, São Paulo, ago. 1995.
Work Towers Centro Empresarial, Móoca, São Paulo. Aumente seu sucesso, reduzindo seu trabalho: conjuntos comerciais que trabalham para você. *Folheto Promocional*, 1989.

Lista de projetos

Em preto
projetos construídos
Em azul
projetos não construídos

1972
Condomínio Residencial, Ofal Ofasa Administradora de Bens, Interlagos, São Paulo SP

Condomínio Residencial, Ofal Ofasa Administradora de Bens, Serra Negra SP

Residência Matikoma, Serra Negra SP

Residência T. Massayuki, planejamento ambiental, São Paulo SP

1973
Alojamento para fazenda, Publicano Leite, Itu SP

Edifício Comercial, JBS Murad Propaganda, tratamento de fachada e planejamento ambiental, São Paulo SP

Edifício Ester, planejamento ambiental, São Paulo SP

Edifício Hoteleiro, Quirino Ferreira, São Paulo SP

Hotel Alvear, Contetur, reforma de áreas comuns, São Paulo SP

Residência Albert Dichy, São Paulo SP

Residência Alcides Bernardi, São Paulo SP

Residência Américo Mantegari, São Paulo SP

Residência Heinz Cohen, São Paulo SP

Residência Leonida e Giuliana Vannucchi, Cotia SP

Residência Werner Freund, Morumbi, São Paulo SP

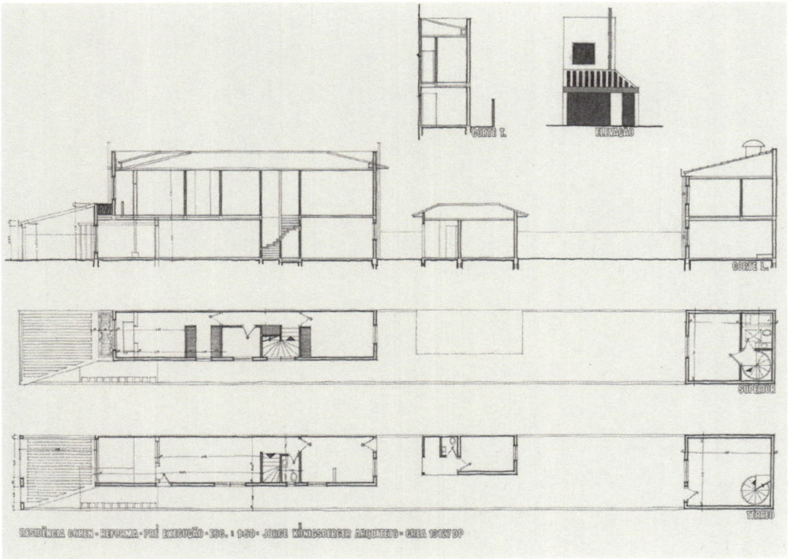

Residência Heinz Cohen, São Paulo SP, 1973

1974
Fábrica Pirelli, vestiários e sanitários, Santo André SP

Residência Isidoro Abramovay, reforma, São Paulo SP

1975
Olivetti do Brasil, design de interiores, Florianópolis SC

Olivetti do Brasil, planejamento ambiental, showroom e auditório, São Paulo SP

Residência Arthur Gorenstein, reforma, São Paulo SP

Residência Raul Eckerman, Cotia SP

Residência Walter Schneider, reforma e planejamento ambiental, São Paulo SP

Stamp Utensili Ferramentas, vestiários, cabines e portarias, Jundiaí SP

1976
Condomínio Residencial Base I, Benedicto Ferri de Barros Empreendimentos e Participações, projeto urbano, Paraty RJ

Condomínio Residencial Pastorale, alojamento para hóspedes, São Paulo SP

Confeitaria São Gabriel, planejamento ambiental, Brooklin, São Paulo SP

Consultório Médico José Tornelli, reforma, São Paulo SP

Fábrica Pirelli, refeitório, Cerquilho SP

Montedison do Brasil, design de interiores, São Paulo SP

Olivetti do Brasil, design de interiores, Curitiba PR

Olivetti do Brasil, design de interiores, Porto Alegre RS

Olivetti do Brasil, design de interiores, Recife PE

Olivetti do Brasil, design de interiores, Rio de Janeiro RJ

Residência Alexandre Annemberg Neto, reforma, São Paulo SP

Residência Enrico Rastelli, Guarujá SP

Residência Isidoro Abramoway, reforma, São Paulo SP

Residência Thomas Landmann, Cotia SP

1977
Áreas de lazer em reservatórios urbanos na Casa Verde, Empresa Municipal de Urbanização – Emurb, Companhia de Saneamento Básico do Estado de São Paulo – Sabesp, Casa Verde, São Paulo SP

Áreas de lazer em reservatórios urbanos na Freguesia do Ó, Empresa Municipal de Urbanização – Emurb, Companhia de Saneamento Básico do Estado de São Paulo – Sabesp, Freguesia do Ó, São Paulo SP

Áreas de lazer em reservatórios urbanos na Vila Jaguara, Empresa Municipal de Urbanização – Emurb, Companhia de Saneamento Básico do Estado de São Paulo – Sabesp, Vila Jaguara, São Paulo SP

Clínica Médica Arnaldo Cortêz, design de interiores, Pinheiros, São Paulo SP

Condomínio Residencial Spring, Benedicto Ferri de Barros Empreendimentos e Participações, projeto urbano, Cotia SP

Confeitaria São Gabriel, planejamento ambiental, Pinheiros, São Paulo SP

Edifício Cecontur, edifício de escritórios, Florianópolis SC

Olivetti do Brasil, design de interiores, Brasília DF

Olivetti do Brasil, design de interiores, Fortaleza CE

Olivetti do Brasil, design de interiores, Manaus AM

Olivetti do Brasil, design de interiores, Salvador BA

Qeel Indústrias Químicas, edifício industrial, Barueri SP

Residência Antonio Carlos Fernandes Lima, Interlagos, São Paulo SP

Residência Darcy Silveira, reforma, São Paulo SP

Residência Enrico Rastelli, Cotia SP

Residência Hans Herzberg, reforma, São Paulo SP

Residência Jayme Brasil Garfinkel, reforma, São Paulo SP

Residência Luiz Antonio Junqueira de Almeida, Cotia SP

Condomínio Colinas de São Fernando, Cotia SP, 1978

1978

Casa Praia Vermelha, Antonio Carlos Fernandes Lima, co-autoria com o engenheiro Marco Rastelli, 155 m², Praia Vermelha, Ubatuba SP

Condomínio Colinas de São Fernando I, Benedicto Ferri de Barros Empreendimentos e Participações, edifícios residenciais e projeto urbano, Cotia SP

Edifício Salcost, reforma e design de interiores, São Paulo SP

Indústrias Químicas Quimbrasil, edifício industrial, Cotia SP

Indústrias Farmacêuticas Fontoura Wyeth, edifício industrial, São Bernardo do Campo SP

Maryland National Bank, reforma, São Paulo SP

Olivetti do Brasil, almoxarifado central, Guarulhos SP

Projeto Cura, Reurbanização do Sítio da Ressaca, Empresa Municipal de Urbanização – Emurb, Companhia de Saneamento Básico do Estado de São Paulo – Sabesp, Jabaquara, São Paulo SP

Residência Alexander Strum, Cantareira, São Paulo SP

Residência Del Rey, Del Rey Comércio e Administração de Hotéis, São Paulo SP

Residência Hélio Rondon Santo Agostinho, Barueri SP

Residência Jorge Paulino, Interlagos, São Paulo SP

1979

Agência Augusta, Banco do Comércio e Indústria de São Paulo – Comind, rua Augusta, São Paulo SP

Agência Conjunto Nacional, Banco do Comércio e Indústria de São Paulo – Comind, reforma e design de interiores, avenida Paulista, São Paulo SP

Agência Cuiabá, Banco do Comércio e Indústria de São Paulo – Comind, Cuiabá MT

Agência Floriano Peixoto, Banco do Comércio e Indústria de São Paulo – Comind, reforma de fachada e design de interiores, rua Floriano Peixoto, Fortaleza CE

Agência Guarulhos, Banco do Comércio e Indústria de São Paulo – Comind, reforma e design de interiores, Guarulhos SP

Agência José Mortari, Banco do Comércio e Indústria de São Paulo – Comind, reforma, rua José Mortari, Porto Alegre RS

Agência Libero Badaró, Banco do Comércio e Indústria de São Paulo – Comind, reforma, rua Líbero Badaró, São Paulo SP

Agência Londrina, Banco do Comércio e Indústria de São Paulo – Comind, Londrina PR

Agência Mococa, Banco do Comércio e Indústria de São Paulo – Comind, Mococa SP

Agência Paraíso, Banco do Comércio e Indústria de São Paulo – Comind, reforma, Paraíso, São Paulo SP

Agência Ramos Meyer, Banco do Comércio e Indústria de São Paulo – Comind, reforma e design de interiores, Rio de Janeiro RJ

Agência Santa Rosa do Viterbo, Banco do Comércio e Indústria de São Paulo – Comind, Santa Rosa do Viterbo SP

Agência São Caetano, Banco do Comércio e Indústria de São Paulo – Comind, reforma, São Caetano SP

Agência Sé, Banco do Comércio e Indústria de São Paulo – Comind, design de interiores, rua Álvares Penteado, Sé, São Paulo SP

Agência Tatuapé, Banco do Comércio e Indústria de São Paulo – Comind, reforma e design de interiores, Tatuapé, São Paulo SP

Agência Vila Mariana, Banco do Comércio e Indústria de São Paulo – Comind, reforma, Vila Mariana, São Paulo SP

Baltec Confecções, edifício comercial e loja, São Paulo SP

Centro Administrativo I, Banco do Comércio e Indústria de São Paulo – Comind, Alphaville, Barueri SP

Companhia de Seguros, Banco do Comércio e Indústria de São Paulo – Comind, design de interiores, rua Líbero Badaró, São Paulo SP

Condomínio Colinas de São Fernando II, edifícios residenciais, projeto urbano e plano diretor, Benedicto Ferri de Barros Empreendimentos e Participações, Cotia SP

Condomínio Morumbi II, Benedicto Ferri de Barros Empreendimentos e Participações, edifícios residenciais, São Paulo SP

Condomínio Residencial, Grupo Incorp, projeto urbano, São José do Rio Preto SP

Fábrica Pirelli, edifício de escritórios, Santo André SP

Olivetti do Brasil, design de interiores, rua Amaral Gurgel, São Paulo SP

Olivetti do Brasil, design de interiores, rua Líbero Badaró, São Paulo SP

Residência Alfredo Frederico Aufranc, Indaiatuba SP

Residência Andrea Nocetto Degli Oddi, Cotia SP

Residência Dario Protta, São Paulo SP

Residência João Eduardo Alves da Motta, São Paulo SP

Residência Roberto Ferraz, São José do Rio Preto SP

Residência Roberto Ferraz Filho, São José do Rio Preto SP

1980

Agência Adamantina, Banco do Comércio e Indústria de São Paulo – Comind, reforma e design de interiores, Adamantina SP

Agência Borges de Medeiros, Banco do Comércio e Indústria de São Paulo – Comind, reforma, avenida Borges de Medeiros, Porto Alegre RS

Agência Corumbá, Banco do Comércio e Indústria de São Paulo – Comind, design de interiores, Corumbá MS

Agência Marília, Banco do Comércio e Indústria de São Paulo – Comind, reforma, Marília SP

Agência Maringá, Banco do Comércio e Indústria de São Paulo – Comind, Maringá PR

Agência Paula Souza, Banco do Comércio e Indústria de São Paulo – Comind, reforma e design de interiores, rua Paula Souza, São Paulo SP

Agência Piracicaba, Banco do Comércio e Indústria de São Paulo – Comind, Piracicaba SP

Agência Porto Velho, Banco do Comércio e Indústria de São Paulo – Comind, reforma e design de interiores, rua Prudente de Moraes, Porto Velho RO

Agência Salvador, Banco do Comércio e Indústria de São Paulo – Comind, reforma, Salvador BA

Agência Santa Efigênia, Banco do Comércio e Indústria de São Paulo – Comind, reforma e design de interiores, Santa Efigênia, São Paulo SP

Agência São Bento, Banco do Comércio e Indústria de São Paulo – Comind, design de interiores, rua São Bento, São Paulo SP

Agência São José dos Campos, Banco do Comércio e Indústria de São Paulo – Comind, reforma, São José dos Campos SP

Casa Ilhabela, Mario França, Ilhabela SP

Casa Itanhaém, José Carlos Piedade, Itanhaém SP

Condomínio Colinas de São Fernando III, Benedicto Ferri de Barros Empreendimentos e Participações, projeto urbano e portarias, Cotia SP

Conjunto Habitacional, Technique Construções, residências e projeto urbano, Fortaleza CE

Edifício Conde Prates, Olivetti do Brasil, design de interiores, São Paulo SP

Edifício Residencial, França Ferraz Engenharia e Construções, rua Itacema, São Paulo SP

Agência Piracicaba, Banco
Comind, Piracicaba SP, 1980

Escritório Landmann e Filhos Exportações, design de interiores, São Paulo SP

Olivetti do Brasil, design de interiores, avenida Paulista, Bela Vista, São Paulo SP

Residência Hans Herzberg, reforma, Interlagos, São Paulo SP

Residência José Carlos Soares Bicudo, Alphaville, Barueri SP

Residência Wellington Amaral Junior, Alphaville, Barueri SP

1981

Agência Alto da Cidade, Banco do Comércio e Indústria de São Paulo – Comind, reforma e ampliação, Ribeirão Preto SP

Agência Araguaína, Banco do Comércio e Indústria de São Paulo – Comind, Araguaína TO

Agência Bonsucesso, Banco do Comércio e Indústria de São Paulo – Comind, Bonsucesso, Rio de Janeiro RJ

Agência Campinas, Banco do Comércio e Indústria de São Paulo – Comind, reforma, Campinas SP

Agência Imperatriz, Banco do Comércio e Indústria de São Paulo – Comind, Imperatriz MA

Agência João Pessoa, Banco Noroeste, reforma, João Pessoa PB

Agência Maceió, Banco Noroeste, Maceió AL

Agência Manaus, Banco Noroeste, Manaus AM

Agência Olímpia, Banco do Comércio e Indústria de São Paulo – Comind, reforma e ampliação, Olímpia SP

Agência Osasco, Banco do Comércio e Indústria de São Paulo – Comind, reforma, ampliação e design de interiores, Osasco SP

Agência Poços de Caldas, Banco do Comércio e Indústria de São Paulo – Comind, reforma, ampliação e design de interiores, rua Assis de Figueiredo, Poços de Caldas MG

Agência Pio X, Banco do Comércio e Indústria de São Paulo – Comind, reforma, praça Pio X, Rio de Janeiro RJ

Agência Rio do Sul, Banco do Comércio e Indústria de São Paulo – Comind, design de interiores, Rio do Sul SC

Agência Shopping Center Morumbi, Banco do Comércio e Indústria de São Paulo – Comind, São Paulo SP

Agência Vitória, Banco do Comércio e Indústria de São Paulo – Comind, reforma, Vitória ES

Bairro Transurb, Benedicto Ferri de Barros Empreendimentos e Participações, portarias, terminal rodoviário, módulos comerciais, Itapevi SP

Casa Ilha do Araújo, Jorge Königsberger, Ilha do Araújo, Paraty RJ

Cenografias de publicidade, 5.6 Produtora de Cinema, São Paulo SP

Centro Administrativo II, Banco do Comércio e Indústria de São Paulo – Comind, Alphaville, Barueri SP

Centro de Transmissão de Dados, Banco do Comércio e Indústria de São Paulo – Comind, Ribeirão Preto SP

Fazenda São José, Carlos Eduardo Quartim Barbosa, reforma, Itirapina SP

Residência Darcy Silveira, pavilhão de jogos, São Carlos SP

Residência Humberto Rodrigues de Souza, São Paulo SP

Serra Tico-tico, Singer, desenho industrial, São Paulo SP

1982

Agência Araxá, Banco do Comércio e Indústria de São Paulo – Comind, reforma, rua Olegário Maciel, Araxá MG

Agência Barretos, Banco do Comércio e Indústria de São Paulo – Comind, reforma, Barretos SP

Agência Borges de Medeiros, Banco do Comércio e Indústria de São Paulo – Comind, reforma, avenida Borges de Medeiros, Porto Alegre RS

Agência Cáceres, Banco do Comércio e Indústria de São Paulo – Comind, residência do gerente, Cáceres MT

Agência Conjunto Nacional, Banco do Comércio e Indústria de São Paulo – Comind, reforma II, ampliação e design de interiores, avenida Paulista, São Paulo SP

Agência Higienópolis, Banco do Comércio e Indústria de São Paulo – Comind, avenida Angélica, São Paulo SP

Agência Itaim Bibi, Banco do Comércio e Indústria de São Paulo – Comind, rua Joaquim Floriano, Itaim Bibi, São Paulo SP

Agência Maceió, Banco Noroeste, Maceió AL

Agência Marabá, Banco do Comércio e Indústria de São Paulo – Comind, Marabá PA

Agência Naviraí, Banco do Comércio e Indústria de São Paulo – Comind, Naviraí MS

Agência Paraná, Banco do Comércio e Indústria de São Paulo – Comind, Paraná RN

Agência Parnaíba, Banco do Comércio e Indústria de São Paulo – Comind, Paranaíba MS

Agência Praia Grande, Banco Noroeste, Vila Caiçara, Praia Grande SP

Agência Rio Branco, Banco do Comércio e Indústria de São Paulo – Comind, avenida Rio Branco, Rio de Janeiro RJ

Agência Shopping Center Iguatemi, Banco do Comércio e Indústria de São Paulo – Comind, reforma e ampliação, São Paulo SP

Agência Socorro, Banco Noroeste, São Paulo SP

Centro Administrativo, Banco do Comércio e Indústria de São Paulo – Comind, design de interiores, rua Joaquim Floriano, Itaim Bibi, São Paulo SP

Centro de Transmissão de Dados, Banco do Comércio e Indústria de São Paulo – Comind, ampliação e design de interiores, Ribeirão Preto SP

Edifício Comercial, Caetano Costanzo, Alphaville, Barueri SP

Nova Prova Produções Cinematográficas, edifício comercial, sede e estúdio, São Paulo SP

Produções de Cinema e Televisão, edifício comercial, sede e estúdio, reforma, São Paulo SP

Residência João Batista Filho, São Luís do Paraitinga SP

Cenografia de publicidade,
São Paulo SP, 1981

Residência RS, São Paulo
SP, 1984

1983
Agência 7 de Setembro, Banco do Comércio e Indústria de São Paulo – Comind, design de interiores, rua 7 de Setembro, Rio de Janeiro RJ

Agência Açailândia, Banco do Comércio e Indústria de São Paulo – Comind, design de interiores, Açailândia MA

Agência Campo Grande, Banco do Comércio e Indústria de São Paulo – Comind, Rio de Janeiro RJ

Agência Campo Mourão, Banco do Comércio e Indústria de São Paulo – Comind, reforma I, Campo Mourão PR

Agência Campo Mourão, Banco do Comércio e Indústria de São Paulo – Comind, reforma II, Campo Mourão PR

Agência Cassilândia, Banco do Comércio e Indústria de São Paulo – Comind, Cassilândia MS

Agência do Ouvidor, Banco do Comércio e Indústria de São Paulo – Comind, design de interiores, rua do Ouvidor, Rio de Janeiro RJ

Agência Espírito Santo, Banco do Comércio e Indústria de São Paulo – Comind, reforma, rua Espírito Santo, Belo Horizonte MG

Agência Goiânia, Banco Noroeste, Goiânia GO

Agência Itaquaquecetuba, Banco Noroeste, Itaquaquecetuba SP

Agência Madureira, Banco do Comércio e Indústria de São Paulo – Comind, reforma I, Madureira, Rio de Janeiro RJ

Agência Mundo Novo, Banco do Comércio e Indústria de São Paulo – Comind, Mundo Novo MS

Agência Natal, Banco Noroeste, Natal RN

Agência Paulista, Banco do Comércio e Indústria de São Paulo – Comind, design de interiores, avenida Paulista, São Paulo SP

Agência Piracicaba, Banco Noroeste, Piracicaba SP

Agência Porto Velho, Banco do Comércio e Indústria de São Paulo – Comind, rua 7 de Setembro, Porto Velho RO

Agência Rondonópolis, Banco do Comércio e Indústria de São Paulo – Comind, Rondonópolis MT

Agência São Cristóvão, Banco do Comércio e Indústria de São Paulo – Comind, reforma, São Cristóvão, Rio de Janeiro RJ

Agência Senador Feijó, Banco do Comércio e Indústria de São Paulo – Comind, design de interiores, rua Senador Feijó, Rio de Janeiro RJ

Agência Senador Pompeo, Banco do Comércio e Indústria de São Paulo – Comind, reforma, rua Senador Pompeu, Centro, Fortaleza CE

Agência Vilhena, Banco do Comércio e Indústria de São Paulo – Comind, Vilhena RO

Bar e Restaurante, reforma, São José do Rio Preto SP

Centro Administrativo, Banco do Comércio e Indústria de São Paulo – Comind, ampliação almoxarifado, Alphaville, Barueri SP

Companhia de Seguros, Banco do Comércio e Indústria de São Paulo – Comind, reforma e design de interiores, Rio de Janeiro RJ

Exército da Salvação, ampliação de anexo administrativo, São Paulo SP

Living Arquitetura e Comércio, reforma de fachada, Rio de Janeiro RJ

Loja de Crédito Imobiliário, design de interiores, Botafogo, Rio de Janeiro RJ

Loja de Crédito Imobiliário, design de interiores, Copacabana, Rio de Janeiro RJ

Loja de Crédito Imobiliário, design de interiores e reforma, Leblon, Rio de Janeiro RJ

Loja de Crédito Imobiliário, design de interiores, rua da Assembleia, Rio de Janeiro RJ

Loja de Crédito Imobiliário, design de interiores, rua da Carioca, Rio de Janeiro RJ

Oficina de Cinema Produções Cinematográficas, reforma, São Paulo SP

Residência Carlos Eduardo Quartim Barbosa, reforma, avenida Nova Independência, São Paulo SP

Residência Ella Durst, 350 m², Itapecerica da Serra SP

Residência Jorge Rodrigues, reforma, Cuiabá MT

Village Taguaíba, condomínio residencial, residências e projeto urbano, Guarujá SP (1º lugar em concurso)

1984
Agência Americana, Banco do Comércio e Indústria de São Paulo – Comind, Americana SP

Agência Belém, Banco do Comércio e Indústria de São Paulo – Comind, reforma, Belém PA

Agência Belo Horizonte, Banco do Comércio e Indústria de São Paulo – Comind, reforma, Belo Horizonte MG

Agência Capela do Socorro, Banco Noroeste, Capela do Socorro, São Paulo SP

Agência Foz do Iguaçu, Banco do Comércio e Indústria de São Paulo – Comind, reforma, Foz do Iguaçu PR

Agência Ilha do Governador, Banco do Comércio e Indústria de São Paulo – Comind, reforma, Ilha do Governador, Rio de Janeiro RJ

Agência Madureira, Banco do Comércio e Indústria de São Paulo – Comind, reforma II, Madureira, Rio de Janeiro RJ

Agência Pio X, Banco do Comércio e Indústria de São Paulo – Comind, reforma e design de interiores, rua Pio X, Rio de Janeiro RJ

Agência São Bento, Banco do Comércio e Indústria de São Paulo – Comind, reforma, rua São Bento, Rio de Janeiro RJ

Agência São Luís, Banco do Comércio e Indústria de São Paulo – Comind, reforma, São Luís MA

Centro Administrativo, Banco do Comércio e Indústria de São Paulo – Comind, portaria, Alphaville, Barueri SP

Centro Administrativo, Banco do Comércio e Indústria de São Paulo – Comind, reforma e design de interiores, Alphaville, Barueri SP

Centro Administrativo, Banco do Comércio e Indústria de São Paulo – Comind, reforma de fachada e design de interiores, rua Tabapuã, São Paulo SP

Condomínio Edifício Villa D'Este, RD Engenharia e Construções, edifício de escritórios, rua Juquis, Moema, São Paulo SP

Edifício Comercial, Scopus Tecnologia, design de interiores, São Paulo SP

Estúdio Fotográfico Ella Durst, rua Alvarenga, Butantã, São Paulo SP

McDonald's, Restco Comércio de Alimentos, reforma, planejamento ambiental e design de interiores, avenida Ipiranga, São Paulo SP

McDonald's, Restco Comércio de Alimentos, avenida Henrique Schaumann, São Paulo SP

Residência Luís Carlos Junqueira, planejamento ambiental, Morumbi, São Paulo SP

Residência RS, Chácara Flora, São Paulo SP

1985

5.6 Produtora de Cinema, edifício comercial, Alphaville, Barueri SP

Agência Americana, Banco do Comércio e Indústria de São Paulo – Comind, rua Capitão Corrêa Pacheco, Americana SP

Agência São Vicente de Paulo, Banco do Comércio e Indústria de São Paulo – Comind, rua São Vicente de Paulo, São Paulo SP

Agência Uberlândia, Banco do Comércio e Indústria de São Paulo – Comind, reforma e design de interiores, Uberlândia MG

Loja no Shopping Ibirapuera, ampliação, avenida Ibirapuera, Moema, São Paulo SP

Residência Alexandre R. Smith de Vasconcelos, Morumbi, São Paulo SP

Residência Carlos Eduardo Quartim Barbosa, reforma, alameda Gabriel Monteiro da Silva, São Paulo SP

Residência Maria Amélia Antunes Pessoa, Chácara Primavera, São Paulo SP

Serviço Social do Comércio – Sesc Nova Iguaçu (concurso público), edifício institucional, Nova Iguaçu RJ

1986

Agência Salto, Caixa Econômica do Estado de São Paulo, Salto SP

Apartamento Dárcio de Lima Ribeiro, reforma, Moema, São Paulo SP

Apartamento Maria Lucia Segall, reforma, São Paulo SP

Heating Cooling Tecnologia Térmica, São Paulo SP, 1987

Companhia dos Tapetes Ocidentais, Vavi Königsberger, Jorge Königsberger e Gianfranco Vannucchi, São Paulo SP

Edifício de Escritórios, Pierângelo Construções e Empreendimentos Imobiliários, Praia Grande SP

Edifício de Escritórios, Sharp Equipamentos Eletrônicos e Sharp Transportes, Campo Limpo, São Paulo SP

Loja José Mayor, reforma e planejamento ambiental, Cerqueira César, São Paulo SP

Residência Dárcio de Lima Ribeiro, Alphaville, Barueri SP

Residência Luiz Antonio Junqueira de Almeida, ampliação, Cotia SP

Residência Ricardo Laterza, Pinheiros, São Paulo SP

1987

Agência de Turismo, Rail Guirar, reforma e design de interiores, Centro, São Paulo SP

Apartamento Carlos e Vera Giacomini, reforma, Vila Nova Conceição, São Paulo SP

Centro Empresarial Terra Brasilis, RD Engenharia e Construções, edifício de escritórios, 9.626 m² (Prêmio na Bienal Internacional de Buenos Aires, 1991), rua André Ampere, Brooklin, São Paulo SP

Edifício Comercial, Bamberg Planejamento e Empreendimentos Imobiliários, São Paulo SP

Edifício Comercial, Heating Cooling Tecnologia Térmica, reforma de fachada, Freguesia do Ó, São Paulo SP

Edifício de Escritórios, Bates do Brasil, design de interiores, rua Libero Badaró, São Paulo SP

Edifício de Escritórios, Klabin Papel e Celulose, design de interiores, rua Formosa, Centro, São Paulo SP

Edifício de Escritórios, Laob Laboratório Opoterápico Brasileiro, reforma e ampliação, Barueri SP

Edifício Residencial, Remaza Sociedade de Empreendimentos e Administrações, Bauru SP

Estúdio Fotográfico Ella Durst, reforma, rua Alvarenga, Butantã, São Paulo SP

Residência Celso Eduardo de Medeiros, Iporanga, Guarujá SP

Restaurante e Lanchonete, Remaza Sociedade de Empreendimentos e Administrações, São Paulo SP

Villa Verdi, RD Engenharia e Construções, reforma de fachada, São Paulo SP

Sesc Nova Iguaçu, Nova Iguaçu RJ, 1985

1988

5.6 Produtora de Cinema, com Mario Biselli, reforma, Alphaville, Barueri SP

Casa Paraty, Simone Raskin, Paraty RJ

Casa Praia da Feiticeira, Vera Helena Schmuziger, construtor Anselmo Turazzi, 230 m², avenida Mestre Aleijadinho, Ilhabela SP

Digilab Laboratório Digital, edifício comercial, Butantã, São Paulo SP

Edifício Comercial, Gessy Lever e Elida Gibbs, consultoria para aquisição de obras de arte e design de interiores, São Paulo SP

Edifício Torres do Ibirapuera, RD Engenharia e Construções, edifício de escritórios, 12.883 m², Moema, São Paulo SP

Leo Confeitaria, reforma e planejamento ambiental, Brooklin, São Paulo SP

Nostradamus Condominium, Construtora Yves Mifano, edifício residencial, rua Guarará, Jardim Paulista, São Paulo SP

Residência Jayme Brasil Garfinkel e Cleusa Garfinkel, Araras SP

Residência Luigi Lastrucci, reforma, São Paulo SP

Residência Luiz Carlos Pedott, Parque dos Príncipes, São Paulo SP

1989

Agência Alphaville, Banco Bradesco, alameda Rio Negro, Alphaville, Barueri SP

Agência Guarulhos, Banco Nacional, reforma e design de interiores, Guarulhos SP

Agência Manaus, Banco Bradesco, Manaus AM

Agência Vila Nova Conceição, Banco Nacional, design de interiores, Vila Nova Conceição, São Paulo SP

Casa Ilhabela, Ricardo Antonio Soubhia, Ilhabela SP

Casa Praia Brava, Gianfranco Vannucchi e Ana Maria Stucchi Vannucchi, anexo, Ubatuba SP

Centro Administrativo, Banco Bradesco, Alphaville, Barueri SP

Centro Médico, Construtora Yves Mifano, São Paulo SP

Concessionária Mirafiori, reforma, Santo Amaro, São Paulo SP

Condomínio Edifício Metrópolis Empresarial Moema, RD Engenharia e Construções, edifício de escritórios, 7.260 m², avenida Iraí, Moema, São Paulo SP

Edifício de Escritórios, Birmann Comércio e Empreendimentos, Brooklin, São Paulo SP

Edifício de Escritórios, Engenharia Costa Hirota, Pinheiros, São Paulo SP

Edifício de Escritórios, Método Engenharia, reforma de fachada, planejamento ambiental e design de interiores, avenida Santo Amaro, São Paulo SP

Edifício de Escritórios,
São Paulo SP, 1989

Sede da Método
Engenharia, retrofit,
São Paulo SP, 1989

Sede da Sifco,
São Paulo SP, 1989

Digilab Laboratório Digital,
São Paulo SP, 1988

Agência Morumbi, Banco Bradesco, São Paulo SP, 1990

Edifício de Escritórios, Procenj Engenharia Empreendimentos Imobiliários, Mooca, São Paulo SP

Edifício de Escritórios, Sifco, Alto de Pinheiros, São Paulo SP

Edifício Residencial, Construtora Yves Mifano, Perdizes, São Paulo SP

Edifício Residencial, Cyrela Empreendimentos Imobiliários, Vila Mariana, São Paulo SP

Edifício Residencial, Engenharia Costa Hirota, Riviera de São Lourenço, Bertioga SP

Edifício Residencial, Tecnisa Engenharia e Comércio, rua Flórida, São Paulo SP

Edifício Residencial Paraíso Morumbi, RD Engenharia e Construções, Vitória Régia do Morumbi, São Paulo SP

Residência e Estúdio Fernando Stickel, Vila Olímpia, São Paulo SP

Residência JK e RCB, 480 m², rua Conde D'Eu, Alto da Boa Vista, São Paulo SP

Teatro Municipal de São Paulo, Método Engenharia, design de interiores, Centro, São Paulo SP

1990

Agência Belo Horizonte, Banco Bradesco, Floresta, Belo Horizonte MG

Agência Cubatão, Banco Bradesco, reforma e design de interiores, Cubatão SP

Agência Macaé, Banco Bradesco, Macaé RJ

Agência Morumbi, Banco Bradesco, Construtora Goldfarb Itapuã, avenida Morumbi, São Paulo SP

Agência Ribeirão Preto, Banco Nacional, design de interiores, Ribeirão Preto SP

Agência Rio das Pedras, Banco Bradesco, Rio das Pedras SP

Agência Salto, Banco Bradesco, Salto SP

Agência Santo André, Banco Bradesco, design de interiores, Vila Helena, Santo André SP

Centro Comercial, Construtora Goldfarb Itapuã, complexo de uso misto, Santo André SP

Centro Comercial, Construtora Goldfarb Itapuã, edifício de escritórios, Santo André SP

Condomínio Residencial, Molnar Feller Engenharia e Construção, Praia da Baleia, São Sebastião SP

Departamento de Imóveis, Banco Bradesco, design de interiores, Cidade de Deus, Osasco SP

Edifício Comercial, Peles Polo Norte, design de interiores, Centro, São Paulo SP

Edifício de Escritórios, Marco Baroni Consultores Associados, avenida Barão de Itapura, Campinas SP

Edifício Residencial, Argon Comércio e Construções, Bela Vista, São Paulo SP

Edifício Residencial, Jacques Goldfinger, rua Pero Corrêa, São Vicente SP

Edifício Residencial, MG2 Engenharia Empreendimentos Construções, Santana, São Paulo SP

1991

Agência Cidade Jardim, Banco Interpart, reforma e design de interiores, avenida Cidade Jardim, São Paulo SP

Condomínio Residencial, Argon Comércio e Construções, São José dos Campos SP

Condomínio Residencial, Consórcio Luziânia, Argon Comércio e Construções, Luziânia GO

Edifício Aurélia Office Tower, Red-Hill Incorporações e Empreendimentos, edifício de escritórios, rua do Rocio, Vila Olímpia, São Paulo SP

Edifício Comercial, Civilcorp Engenharia Construção e Incorporação, Paraíso, São Paulo SP

Edifício Comercial, Concyb Engenharia e Empreendimentos Imobiliários, rua Tomé Raposo, São Paulo SP

Edifício de Escritórios, Construtora Wasserman, rua Alagoas, São Paulo SP

Edifício de Escritórios, Construtora Yves Mifano, São Paulo SP

Edifício de Escritórios, DP Engenharia e Empreendimento, Jardim Cedro do Líbano, São Paulo SP

Edifício de Escritórios, DP Engenharia e Empreendimento, rua Domingos de Morais, São Paulo SP

Edifício de Escritórios, Sulimob Empreendimentos Imobiliários, Grupo Itaúsa, avenida Guido Caloi, São Paulo SP

Edifício Residencial, Construtora Ventura Simonovitch, rua Jacques Félix, São Paulo SP

Edifício Residencial, Lincoln Marques, rua Cayowaá, Perdizes, São Paulo SP

Edifício Residencial, RD Engenharia e Construções, rua Sócrates, São Paulo SP

Edifício Residencial, rua Antonio Petrella, São Paulo SP

Edifício Residencial Cooperativa Consórcio, Argon Comércio e Construções, São Paulo SP

Edifício Residencial e de Escritórios, Concyb Engenharia e Empreendimentos Imobiliários, rua Diogo Jácome, São Paulo SP

Edifício de Escritórios, rua Alagoas, São Paulo SP, 1991

Novotel Ibis, São Paulo SP, 1991

Edifício Residencial Graded School, Inpar Incorporações e Participações, Morumbi, São Paulo SP

Homenagem à Avenida Paulista, Serviço Social do Comércio – Sesc Avenida Paulista, instalação, avenida Paulista, São Paulo SP

Novotel Ibis, Brascan Imobiliária, alameda dos Jurupis esq. avenida Jamaris, Moema, São Paulo SP

Residência Andrea Nocetto Degli Oddi, Alto de Pinheiros, São Paulo SP

Residência José Carlos Soares Bicudo, reforma e estudo de piscina, Alphaville, Barueri SP

Residência Ricardo Antonio Soubhia, RD Engenharia e Construções, 520 m², Jardim Guedala, São Paulo SP

Torre Alfa Empresarial, RD Engenharia e Construção, edifício de escritórios, rua Vergueiro, São Paulo SP

São Fernando Golf Club, Cotia SP, 1992

1992

Agência Cidade de Deus, Banco Bradesco, edifício de escritórios, design de interiores, Cidade de Deus, Osasco SP

Centro Comercial Plaza Voturana, Tevere Empreendimentos e Construções, São Roque SP

Concessionária Toyota, A & P Ocean Trading Company, avenida Vereador José Diniz, São Paulo SP

Condomínio Columbia Park, Inpar Incorporações e Participações, edifícios residenciais, Jardim Bonfiglioli, São Paulo SP

Condomínio Forest Park, Inpar Incorporações e Participações, edifícios residenciais, Jardim Bonfiglioli, São Paulo SP

Condominium Club Ibirapuera, Brascan Imobiliária, Método Engenharia, edifícios residenciais, 56.588,92 m² (Prêmio Master Imobiliário, 1995), alameda dos Jurupis, Moema, São Paulo SP

Consultórios Médicos, Concyb Engenharia e Empreendimentos Imobiliários, rua Barata Ribeiro, São Paulo SP

Edifício Comercial, Construtora Boghosian, retrofit de escritório, praça da Bandeira, São Paulo SP

Edifício Comercial, Mencasa, avenida Engenheiro Luís Carlos Berrini, São Paulo SP

Edifício Comercial, Savoy Imobiliária Construtora, Racinvest Investimentos Imobiliários, centro automotivo, avenida Aricanduva, São Paulo SP

Edifício West Hills Loft, Brascan Imobiliária, edifício residencial, rua Jericó, São Paulo SP

Centro Empresarial Sorocaba, Sorocaba SP, 1993

Galeria Premiação "Projeto Ambientação", Serviço Social do Comércio – Sesc Avenida Paulista (antigo), avenida Paulista, São Paulo SP

Prefeitura do Município de São Paulo, Vila Paulistana, São Paulo SP

São Fernando Golf Club, reforma e ampliação da sede, estrada Fernando Nobre, Cotia SP

Secretaria do Meio Ambiente – Horto Florestal, edifício institucional, auditório do Centro Cultural, teatro e biblioteca, Horto Florestal, São Paulo SP

1993

Centro Comercial Estiva Ecoville, Tevere Empreendimentos e Construções, design de interiores, São Roque SP

Centro Empresarial Sorocaba, Casa Grande Imóveis, edifício comercial, Sorocaba SP

Centro Residencial e Comercial, Inpar Incorporações e Participações, rua Augusta esq. alameda Jaú, São Paulo SP

Condominium Club Alto de Pinheiros, Brascan Imobiliária, João Fortes Engenharia, edifícios residenciais, rua Bergamota, Alto de Pinheiros, São Paulo SP

Edifício Comercial, Concyb Engenharia e Empreendimentos Imobiliários, rua Vergueiro esq. rua Doutor Neto de Araújo, São Paulo SP

Edifício Onduladeira, Klabin Papel e Celulose, reforma, rua Voluntários da Pátria, São Paulo SP

Edifício Residencial, Concyb Engenharia e Empreendimentos Imobiliários, rua Bueno Brandão, São Paulo SP

Edifício Residencial, Construtora Boghosian, rua Jesuíno Arruda, São Paulo SP

Edifício Residencial, Construtora Boghosian, rua Tucuna, São Paulo SP

Edifício Residencial, Construtora Dumez, rua Morás, São Paulo SP

Edifício Residencial, Mencasa, rua Barão de Castro Lima, São Paulo SP

Edifício Residencial, Mencasa, rua Pamplona, São Paulo SP

Edifício Residencial, OAS Empreendimentos, rua Pedroso Alvarenga, São Paulo SP

Funcef, Método Engenharia, edifício comercial, rua Tuiuti, São Paulo SP

Centro Empresarial Sorocaba, Sorocaba SP, 1993

Edifício Residencial, rua Morás, São Paulo SP, 1993

1994

Agência Jardim América, Banco Bradesco, Mencasa, Company, Jardim América, São Paulo SP

Casa Praia Brava, Família Stucchi Vannucchi, construtor José Maria de Paula, reforma, 180 m², Ubatuba SP

Centro Educacional, Cohab, Acetel, São Paulo SP

Centro Empresarial Berrini, Concyb Engenharia e Empreendimentos Imobiliários, edifícios de escritórios, avenida das Nações Unidas, São Paulo SP

Concessionária de Veículos GM, Racional Engenharia, edifício comercial, avenida Giovanni Gronchi, São Paulo SP

Condomínio Laranjeiras e *Figueiras*, RD Engenharia e Construções, edifícios residenciais, rua Antônio Serafim, São Bernardo do Campo SP

Conjunto Residencial Vila, Concyb Engenharia e Empreendimentos Imobiliários, Vila Nova Conceição, São Paulo SP

Conjunto Residencial Vila, Concyb Engenharia e Empreendimentos Imobiliários, Jardim Paulista, São Paulo SP

Edifício Comercial Montreal, Incorbase Incorporadora e Construtora, avenida Rouxinol, São Paulo SP

Edifício de Escritórios, Concurso Fit-Nielsen, Fit Incorporadora e Construtora, São Paulo SP

Edifício de Escritórios, Concurso Secovi, sede, São Paulo SP

Edifício Educacional Escola Condominial, Tevere Empreendimentos e Construções, São Roque SP

Edifício Residencial, Incorbase Incorporadora e Construtora, rua Canário esq. rua Inhambú, São Paulo SP

Edifício Residencial, João Batista de Lima, rua Monte Caseros, São Paulo SP

Edifício Residencial, Mencasa, Company, Vila Andrade, São Paulo SP

Edifício Residencial, Mencasa, rua Albuquerque Lins, São Paulo SP

Edifício Residencial, Mencasa, rua Barão de Castro Lima, São Paulo SP

Edifício Residencial, Mencasa, rua Barão do Triunfo, São Paulo SP

Edifício Residencial, Mencasa, rua Taiarana, São Paulo SP

Edifício Residencial, Método Engenharia, rua Gil Eanes, São Paulo SP

Edifício Residencial, RD Engenharia e Construções, São Paulo SP

Edifício Residencial, Sociedade Marília, Marília SP

Edifício Residencial, Ventura Incorporadora e Construtora, rua Francisco Marson, São Paulo SP

Tom Brasil Vila Olímpia, Mencasa, casa de espetáculos, 2.962 m², rua Olimpíadas Vila Olímpia, São Paulo SP

Edifício de Escritórios, Secovi, São Paulo SP, 1994

Concessionária de Veículos GM, Morumbi, São Paulo SP, 1994

1995

Agência Bancária e Edifício Comercial, Mencasa, Desenvolvimento Imobiliário, rua Borges Lagoa, São Paulo SP

Centro Comercial e Residencial, Construtora Romeu Chap Chap, rua Leôncio de Carvalho, São Paulo SP

Centro Comercial São Marcos, Engebanc Avaliações Gerenciamento e Projetos, edifício comercial, avenida São Gualter, Alto de Pinheiros, São Paulo SP

Condomínio Residencial Doutor Lara Vidigal, Mencasa, São Paulo SP

Condominium Club Morumbi, Brascan Imobiliária, Método Engenharia, edifícios residenciais, Morumbi, São Paulo SP

Conjunto Residencial Vila Alto da Boa Vista, Concyb Engenharia e Empreendimentos Imobiliários, rua Conde D'Eu, Alto da Boa Vista, São Paulo SP

Conjunto Residencial Vila, RD Engenharia e Construções, rua Bucarest, São Paulo SP

Edifício Comercial, RD Engenharia e Construções, rua Arthur de Azevedo, São Paulo SP

Edifício Residencial, Comagi, avenida D. Vargas, Manaus AM

Edifício Residencial, Construtora Arão Sahm, São Paulo SP

Edifício Residencial, Construtora Incal, rua Doutor Plínio Barreto, Bela Vista, São Paulo SP

Edifício Residencial, Construtora Incal, rua Lousiania, São Paulo SP

Edifício Residencial, Deplan Desenvolvimento e Planejamento Imobiliário, rua Lussanvira, São Paulo SP

Edifício Residencial, Incorbase Incorporadora e Construtora, São Paulo SP

Edifício Residencial, Incorbase Incorporadora e Construtora, rua Conde de Itu, São Paulo SP

Edifício Residencial, Investmovel, rua Joaquim Nabuco, São Paulo SP

Edifício Residencial, Mater Engenharia, avenida Alphaville, Alphaville, Barueri SP

Edifício Residencial, Mencasa, rua Augusta esq. alameda Itu, São Paulo SP

Edifício Residencial, Mencasa, rua Jesuíno Maciel, São Paulo SP

Edifício Residencial, R. Yazbek, avenida Brigadeiro Luís Antônio, São Paulo SP

Edifício Residencial, RFM, rua Clóvis de Oliveira, São Paulo SP

Edifício Residencial 1, Concyb Engenharia e Empreendimentos Imobiliários, rua Zacarias de Góes, Alto da Boa Vista, São Paulo SP

Edifício Residencial 2, Concyb Engenharia e Empreendimentos Imobiliários, rua Zacarias de Góes, Alto da Boa Vista, São Paulo SP

Edifício Residencial 3, Concyb Engenharia e Empreendimentos Imobiliários, rua Gil Eanes, Alto da Boa Vista, São Paulo SP

Fazenda Papa, Desim Desenvolvimento Imobiliário, projeto urbano, Valinhos SP

Galpões Modulares, Ojeda e Associados, sem localização

Galpões Modulares, Racional Engenharia, São Paulo SP

Hotel Manaus, Brascan Imobiliária, Manaus AM

Marina do Hotel Tropical Rio Negro, Exata Incorporadora e Construtora, Manaus AM

Museu da Imagem e do Som – MIS, revisão de ocupação geral, avenida Europa, Jardim Europa, São Paulo SP

Residência Waldir Bertolini, rua Monte Caseros, São Paulo SP

Conjunto Residencial Vila Alto da Boa Vista, São Paulo SP, 1995

Hotel Manaus,
Manaus AM, 1995

1996

Agência Caio Prado, Banco de Boston, rua Caio Prado, São Paulo SP (concorrência)

Agência Ibirapuera, Banco de Boston, avenida Ibirapuera, São Paulo SP (concorrência)

Blockbuster CCS, BWU Vídeo AS, edifício comercial, avenida Professor Abraão de Morais, Saúde, São Paulo SP

Centro de Conveniência, Kelp Empreendimentos, edifício comercial, avenida Professor Abraão de Morais esq. rua Elisa Silveira, Saúde, São Paulo SP

Centro de Conveniência, Kelp Empreendimentos, edifício comercial, avenida Regente Feijó, São Paulo SP

Centro de Conveniência, Kelp Empreendimentos, edifício comercial, Tamboré, Barueri SP

Condomínio Edifício Metrópolis Multiuso Alphaville, Fal 2 Construtora, edifício de uso misto, alameda Itapecuru, Alphaville, Barueri SP

Edifício Comercial, Centro de Conveniência, Racinvest Investimentos Imobiliários, avenida Nazaré, São Paulo SP

Edifício de Escritórios, Construtora Romeu Chap Chap, Vila Olímpia, São Paulo SP

Edifício de Escritórios, Lello Imóveis, avenida Paes de Barros, São Paulo SP

Edifício de Escritórios, R. Yazbek, rua Afonso Brás, São Paulo SP

Edifício High Place Panamby, RD Engenharia e Construções, rua Doutor Chibata Miyakoshi esq. rua Rafael Carrozzo, Paraíso do Morumbi, São Paulo SP

Edifício Residencial, Barbara Engenharia, rua Nelson da Gama, São Paulo SP

Edifício Residencial, Construtora Queiroz Galvão, Tatuapé, São Paulo SP

Edifício Residencial, Inpar Incorporações e Participações, rua Rodrigues Alves, São Paulo SP

Edifício Residencial, RC Empreendimentos e Construção, rua Afonso Braz, São Paulo SP

Edifício Residencial, RD Engenharia e Construções, estudos para terrenos, Horto Florestal, Cantareira, Pirituba e Itaquera, São Paulo SP

Editora Aplub - Ação Publicidade, edifício de escritórios, rua Alvarenga, São Paulo SP

Flat Caesar Towers, Inpar Incorporações e Participações, 15.400 m², alameda Campinas, São Paulo SP

Flat International Plaza, Inpar Incorporações e Participações, alameda Santos, São Paulo SP

Sala Tribunal, Doutora Angélica, design de interiores, São Paulo SP

Sede do Consulado Geral da Itália, edifício institucional, avenida Angélica, São Paulo SP

1997

Brascan Century Plaza, Brascan Imobiliária, complexo de uso misto, 93.805 m² (Prêmio Master Imobiliário 2003, Fiabci Prix D'Excellence 2003 e Asbea 2006 - menção honrosa), rua Joaquim Floriano, Itaim Bibi, São Paulo SP

Concessionária BMW, BMW do Brasil, Brasília DF

Condomínio Altos do Morumbi 2, Brascan Imobiliária, edifícios residenciais, rua Professor José Horácio Meirelles Teixeira, Vila Suzana, São Paulo SP

Edifício de Escritórios, Lello Imóveis, Vila Bertioga, São Paulo SP

Edifício Residencial, Brascan Imobiliária, avenida Jamaris, São Paulo SP

Edifício Residencial, Brascan Imobiliária, avenida Macuco, São Paulo SP

Edifício Residencial, Deplan Desenvolvimento e Planejamento Imobiliário, rua Bela Cintra, São Paulo SP

Edifício Residencial, Inpar Incorporações e Participações, rua João Moura, São Paulo SP

Edifício Residencial Master Alphaville Senior, Fal 2 Construtora, alameda Grajaú, Alphaville, Barueri SP

Flat Caesar Towers, Inpar Incorporações e Participações, São Paulo SP

Flat Executive One, Inpar Incorporações e Participações, rua Santa Justina esq. rua João Cachoeira, São Paulo SP

Lafortezza Brasil, Mencasa, Itatiba SP

Loja Otto, alameda Lorena, São Paulo SP

Mappin, Mencasa, reforma, praça Ramos de Azevedo, São Paulo SP

Novotel Morumbi, NHT Novotel, retrofit, rua Ministro Nelson Hungria, São Paulo SP

Times Square, Brascan Imobiliária, Company Engenharia e Construções, complexo de uso misto, 34.593,19 m², avenida Jamaris, Indianópolis, São Paulo SP

1998

Apartamento JK, estudos, Jardins, São Paulo SP

City Center, Copema, edifício de uso misto, avenida Guarani, Ribeirão Preto SP

City Center, Setin, edifício de uso misto, rua General Osório, Guarulhos SP

Clínica Molinari, design de interiores, avenida Brigadeiro Luís Antônio, São Paulo SP

Condomínio Altos do Morumbi 3, Brascan Imobiliária, edifícios residenciais, rua Doutor José Gustavo Bush, São Paulo SP

Condomínio Residencial Village, Tevere Empreendimentos e Construções, projeto urbano, São Roque SP

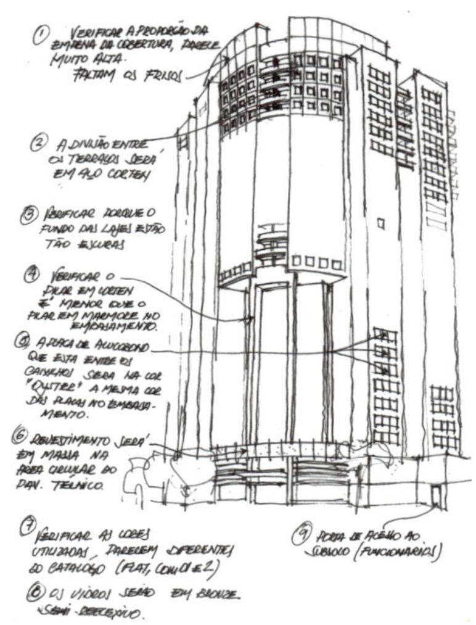

Brascan Century Plaza,
São Paulo SP, 1997

Marina de São Sebastião,
São Sebastião SP, 1998

Conjunto Residencial Vila, Inpar Incorporações e Participações, rua Américo Brasiliense, São Paulo SP

Conjunto Residencial Vila Andrade, RD Engenharia e Construções, São Paulo SP

Conjunto Residencial Vila Canamari, RD Engenharia e Construções, rua Joaquim Telles de Matos, Interlagos, São Paulo SP

Edifício Residencial, Inpar Incorporações e Participações, Redevco, rua Francisco Marcondes Vieira, São Paulo SP

Edifício Residencial, R. Yazbek, rua 487, Riviera de São Lourenço, Bertioga SP

Edifício Residencial Place des Vosges, Copema, Ribeirão Preto SP

Flat Bahamas, Racional Engenharia, retrofit, Guarulhos SP

Marina de São Sebastião, Prefeitura Municipal de São Sebastião, 80.000 m² (urbanização) e 15.312 m² (marina), São Sebastião SP (concurso público)

Residência Fernando de Albuquerque e Renata Amaral, Fal 2 Construtora, 725 m², alameda Noruega, Alphaville, Barueri SP

Residência Matiko, Tevere Empreendimentos e Construções, São Roque SP

1999

Condomínio residencial, Brascan Imobiliária, alameda dos Jurupis esq. avenida Jamaris, São Paulo SP

CAM B (lote Palumbo), Brascan Imobiliária, edifício residencial, rua Doutor José Gustavo Bush, Morumbi, São Paulo SP

Conjunto Residencial Vila Cantareira, Bueno Netto Engenharia, avenida Doutor Vando Henrique Cardim, São Paulo SP

Conjunto Vila IV Centenário, Inpar Incorporações e Participações, São Paulo SP

Edifício Louvre II, Mencasa, edifício residencial, rua Barão de Castro Lima, São Paulo SP

Edifício Stadium, Fal 2 Construtora, edifício de uso misto, 80.000 m² (Prêmio Master Imobiliário 2003, IAB-SP 2002 - menção honrosa e Asbea 2002), alameda Rio Negro, Alphaville, Barueri SP

Fonte do Morumbi, Mencasa, Morumbi, São Paulo SP

Praça das Américas, Barra
Funda, São Paulo SP, 1999

Flat Bahamas,
São Paulo SP, 1998

Conjunto Vila IV Centenário, São Paulo SP, 1999

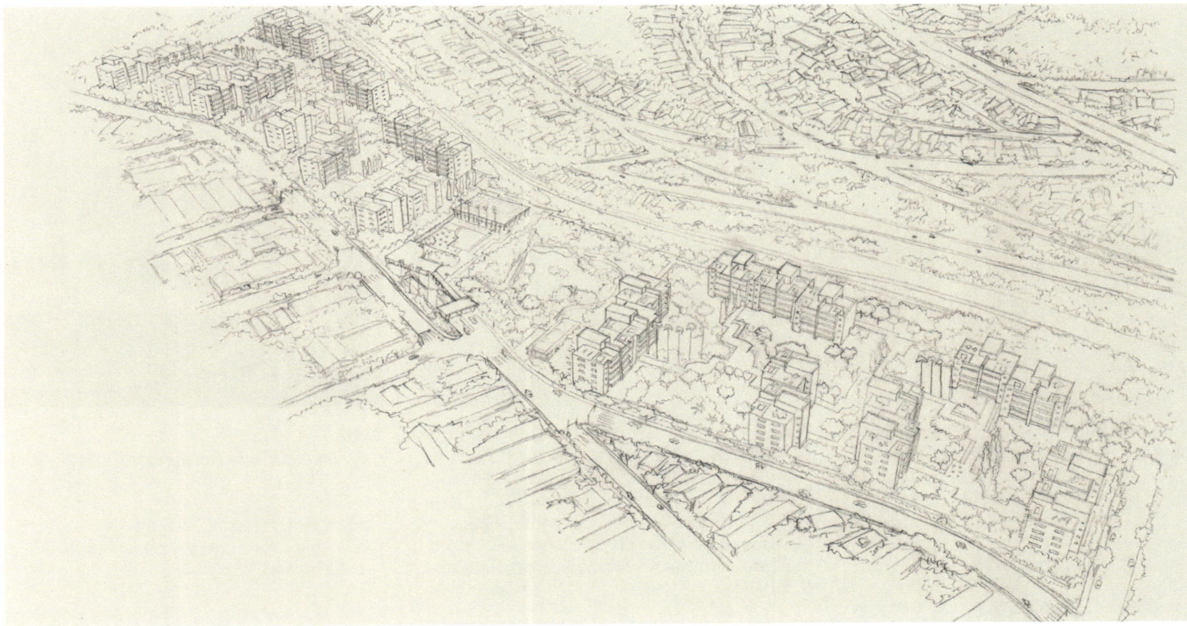

Fundação Bienal, reforma, São Paulo SP

Loja T&FES, Vila Nova Conceição, São Paulo SP

Museu da Casa Brasileira, Fundação Padre Anchieta, reforma, avenida Brigadeiro Faria Lima, São Paulo SP

Praça das Américas, Brascan Imobiliária, avenida Francisco Matarazzo, Água Branca, São Paulo SP

Serviço Social do Comércio – Sesc Belenzinho, reformas, rua Álvaro Ramos, Belenzinho, São Paulo SP

2000

Agência Alfonso Bovero, Banco Bradesco, Brascan Imobiliária, avenida Alfonso Bovero, São Paulo SP

Agência Angélica, Banco Bradesco, Brascan Imobiliária, avenida Angélica, São Paulo SP

Agência Augusta, Banco Bradesco, Brascan Imobiliária, rua Augusta, São Paulo SP

Agência Haddock Lobo, Banco Bradesco, Brascan Imobiliária, rua Haddock Lobo, Cerqueira César, São Paulo SP

Centro Comercial Alphaville, Fal 2 Construtora, avenida Alphaville, Barueri SP

Complexo de uso misto, Brascan Imobiliária S. A., avenida Francisco Matarazzo, Água Branca, São Paulo SP

Condominium Club Moema, Brascan Imobiliária, edifícios residenciais, avenida Jamaris, Moema, São Paulo SP

Conjunto Residencial Vila, Inpar Incorporações e Participações, rua Breves, Chácara Monte Alegre, São Paulo SP

Conjunto Residencial Vila Morumbi, RD Engenharia e Construções, rua Itatupã, Vila Andrade, São Paulo SP

Edifício de uso misto, Brascan Imobiliária, avenida Vereador José Diniz, Campo Belo, São Paulo SP

Edifício Olavo Bilac, Grupo Itaúsa, rua Doutor Ferreira Lopes, Vila Sofia, São Paulo SP

Edifício Pentágono, Fal 2 Construtora, edifício residencial, Barueri SP

Flat Teresina, Engeplan Incorporadora e Construtora, avenida Ininga, Teresina PI

Flats Compema Mix, Copema, avenida Doutor Francisco Junqueira, Ribeirão Preto SP

Hotel Goiânia, Fal 2 Construtora, alameda dos Ipês esq. alameda das Caraíbas, Goiânia GO

Mirante Jardim da Floresta, Pereira, rua Itapiranga, Freguesia do Ó, São Paulo SP

Residência Gianfranco Vannucchi e Ana Maria Stucchi Vannucchi, reforma, Butantã, São Paulo SP

Residência Roberto Muylaert, piscina

Schalom Botafogo, Brascan Imobiliária, rua General Severiano, Botafogo, Rio de Janeiro RJ

2001

BCN, Brascan Imobiliária, masterplan, Alphaville, Barueri SP

Borrachuda, masterplan, Ilhabela SP

Condomínio Ipiranga, Inpar Incorporações e Participações, edifícios residenciais, Ipiranga, São Paulo SP

Condomínio Residencial, Inpar Incorporações e Participações, Alto da Boa Vista, São Paulo SP

Conjunto Residencial Vila, Inpar Incorporações e Participações, Chácara Monte Alegre, São Paulo SP

Conjunto Residencial Vila, Inpar Incorporações e Participações, rua Coronel Lisboa, Vila Mariana, São Paulo SP

Conjunto Residencial Vila, Intecon Engenharia, rua Leonardo da Vinci, Vila Homero Thon, Santo André SP

Conjunto Residencial Vila, RC Empreendimentos, Inpar Incorporações e Participações, rua Visconde de Porto Seguro, Jardim dos Estados, São Paulo SP

Ecoville Village, Inpar Incorporações e Participações, projeto urbano, sem localização

Edifício Institucional, Brascan Imobiliária, avenida Andrômeda, Green Valley Alphaville, Barueri SP

Edifício Residencial, Construtora Bracco, rua Alves Guimarães, Pinheiros, São Paulo SP

Edifício Residencial, Construtora Bracco, rua Maracá, Vila Guarani, São Paulo SP

Edifício Residencial, Construtora Vértice, Santos SP

Edifício Residencial, Hochtief do Brasil, rua Doutor Samuel de Castro Neves, Vila Cruzeiro, São Paulo SP

Eletropaulo, Brascan Imobiliária, avenida Presidente Juscelino Kubitschek, Vila Nova Conceição, São Paulo SP

Conjunto Residencial Vila Porto Seguro, São Paulo SP, 2001

Tom Brasil Nações Unidas, São Paulo SP, 2002

Fazenda Palmeiras, Abetum Empreendimentos, Santana de Parnaíba SP

Galpão Anhanguera, João Fortes Engenharia, São Paulo SP

Marina Ilhabela, Ilhabela SP

Tom Brasil, casa de espetáculos, Campinas SP

2002
Campus Universitário UniABC, edifício institucional, 88.600 m^2, rua Giovanni Battista Pirelli, Vila Homero Thon, Santo André SP

Centro Clínico, Fal 2 Construtora, Goiânia GO

Condomínio Residencial, Brascan Imobiliária, rua Teixeira da Silva, Bela Vista, São Paulo SP

Condomínio Residencial, Triunfo, Company, rua Itapimirum, Vila Andrade, São Paulo SP

Condominium Club Up Side, Brascan Imobiliária, edifícios residenciais, rua Doutor Eduardo Amaro, São Paulo SP

Conjunto Residencial Vila, Hochtief do Brasil, Chácara Monte Alegre, São Paulo SP

Conjunto Residencial Vila, Inpar Incorporações e Participações, Alto da Boa Vista, São Paulo SP

Conjunto Residencial Vila Campo Belo, Company, rua Moraes de Barros esq. rua Princesa Isabel, Campo Belo, São Paulo SP

Conjunto Residencial Vila Sofia, Inpar Incorporações e Participações, rua Molière, Vila Sofia, São Paulo SP

Daslu, Company, complexo de uso misto, São Paulo SP

Edifício de Escritórios, Gattaz Engenharia e Construção, rua Loefgren, Vila Clementino, São Paulo SP

Edifício Le Locle Jardins, Company, edifício residencial, alameda Campinas, Jardim Paulista, São Paulo SP

Edifício Paese Salzano, Evelcor F. Salzano, Company, edifício de escritórios, rua Abílio Soares esq. rua Eliseu Guilherme, Paraíso, São Paulo SP

Edifício Residencial, Company, rua Comendador Eduardo Saccab, Brooklin Paulista, São Paulo SP

Edifício Residencial, Company, rua Diogo Jácome esq. rua Brás Cardoso, Vila Nova Conceição, São Paulo SP

Edifício Residencial, Engebanc Avaliações Gerenciamento e Projetos, rodovia Raposo Tavares, São Paulo SP

Edifício Residencial Brooklin Paulista, Inpar Incorporações e Participações, rua Zacarias de Góes, Campo Belo, São Paulo SP

Nova Sede do Consulado Geral da Itália, reforma, avenida Higienópolis, São Paulo SP

Parque Prado, Cristais Prado, masterplan, Chácara Eglantina, Campinas SP

Serviço Social do Comércio – Sesc Avenida Paulista, edifício institucional, avenida Paulista, São Paulo SP

Tom Brasil, casa de espetáculos, Mangueira, Rio de Janeiro RJ

Tom Brasil Nações Unidas, casa de espetáculos, rua Bragança Paulista esq. avenida Nações Unidas, Vila Cruzeiro, São Paulo SP

Villa Amalfi (1ª fase), Brascan Imobiliária, condomínio residencial, rua Doutor José Gustavo Bush, Panamby, São Paulo SP

2003
Casa Ilhabela, Ana Rosa, reforma, Ilhabela SP

Edifício de uso misto, Anhembi Morumbi, rua Jaceru esq. avenida Roque Petroni Jr., Vila Gertrudes, São Paulo SP

Edifício de uso misto, Via Empreendimentos Imobiliários, alameda dos Maracatins, Moema, São Paulo SP

Edifício Dom João VI, reforma, edifício residencial, rua da Consolação, Cerqueira César, São Paulo SP

Edifício Residencial, avenida Marechal Rondon, Praia do Tombo, Guarujá SP

Edifício Residencial, avenida Vereador José Diniz, Campo Belo, São Paulo SP

Edifício Residencial, rua Bom Pastor, Ipiranga, São Paulo SP

Escritórios do Futuro, instalação, São Paulo SP

Espaço e Vida Vila Mariana, Company, rua Afonso Celso, Vila Mariana, São Paulo SP

Loja Peça Única, Sandra Arruda, rua Mateus Grou, Pinheiros, São Paulo SP

Mercado Municipal Kinjo Yamato, Prefeitura Municipal de São Paulo, reforma, rua Cantareira, Centro, São Paulo SP

Morro do Mar Casado, Cristais Prado, masterplan, Guarujá SP

São Fernando Golf Club, reforma vestiário, piscina e salão jovem, estrada Fernando Nobre, Cotia SP

Sede da Value Partners Brasil, design de interiores, rua Padre João Manuel, Cerqueira César, São Paulo SP

2004
Clube, PL Golf Club, Cotia SP

Clube Alphaville Burle Marx, Alphaville Urbanismo, loteamento e portaria, estrada da Bela Vista, Alphaville, Barueri SP

Conjunto Residencial Vila, Vilares, Tiner, São Paulo SP

Edifício de Escritórios, Cyber Técnica, reforma, avenida Angélica, São Paulo SP

Edifício Duo Alto de Pinheiros, Even Construtora e Incorporadora, condomínio residencial, 55.395,43 m^2 (Prêmio Master Imobiliário 2009, Asbea Anfacer 2008 - menção honrosa), avenida Professor Frederico Hermann Júnior, Alto de Pinheiros, São Paulo SP

Edifício Residencial Catisa, Brascan Imobiliária, Rio de Janeiro RJ

Sede da Diretoria Regional do Serviço Social do Comércio - Sesc, design de interiores, rua Álvaro Ramos, Belenzinho, São Paulo SP

Condomínio Residencial, Barra da Tijuca, Rio de Janeiro RJ, 2006

Centro Judiciário de Curitiba, em parceria com Biselli Katchborian Arquitetos Associados, Curitiba PR, 2006

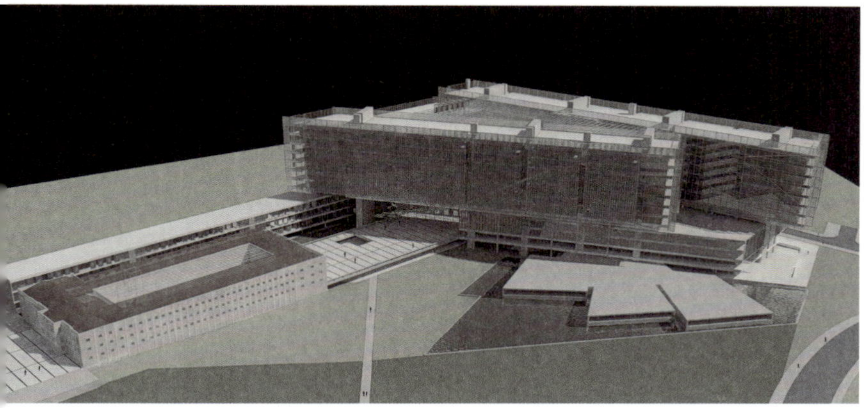

Sede do Consulado Geral da Itália, reforma, avenida Paulista, Bela Vista, São Paulo SP

Sesc Belenzinho, reforma refeitório, central de atendimento, programação e bar, rua Álvaro Ramos, Belenzinho, São Paulo SP

Tradição e Resistência, instalação, Oca Sesc Belenzinho, 470 m², rua Álvaro Ramos, Belenzinho, São Paulo SP

2005

Casa Boraceia, Jorge Paulino, Praia de Boraceia, São Sebastião SP

Casa Ilha do Araújo, Kirsten e Christian Spremberg, Ilha do Araújo, Paraty RJ

Casa Praia da Feiticeira, Vera Helena Schmuziger, reforma, avenida Mestre Aleijadinho, Ilhabela SP

Complexo de uso misto, Brascan Imobiliária, Brasília DF

Edifício Residencial, Brascan Imobiliária, rua Leão Coroado, Vila Madalena, São Paulo SP

Edifício Residencial, Brascan Imobiliária, Tishman Speyer Properties, avenida Nações Unidas esq. rua Flórida, São Paulo SP

Edifício Residencial, Even Construtora e Incorporadora, rua Padre Lebret, Jardim Leonor, São Paulo SP

Edifício Residencial, Fal 2 Construtora, praça Oiapoque, Alphaville, Barueri SP

Edifício Residencial, Magik Empreendimentos Imobiliários, estudo, rua Borges de Figueiredo, Mooca, São Paulo SP

Edifício Residencial, Stan, Moinho Santo Antônio SP

Edifício Residencial Riverside, Odebrecht, Anastassiadis, rua Pedro Avancini, Morumbi, São Paulo SP

Espaço Cerâmica, Sobloco Construtora, masterplan, São Caetano do Sul SP

Serviço Social do Comércio – Sesc Belenzinho, planejamento ambiental do térreo, rua Álvaro Ramos, Belenzinho, São Paulo SP

Tom Jazz, Tom Brasil, casa de espetáculos, reforma, avenida Angélica, Consolação, São Paulo SP

Top Towers, Brascan Imobiliária, edifícios de escritórios, 25.929,97 m² (Prêmio "O Melhor da Arquitetura" 2008, Talento Engenharia Estrutura 2009), rua Vergueiro, São Paulo SP

2006

Centro Judiciário de Curitiba, em parceria com Biselli Katchborian Arquitetos Associados, Governo do Paraná (1° lugar em concurso público), Curitiba PR

Condomínio Residencial, Brascan Imobiliária, avenida das Américas, Barra da Tijuca, Rio de Janeiro RJ

Conjunto Habitacional, Gafisa, estudos, sem localização

Edifício Arts Ibirapuera, Even Construtora e Incorporadora, edifício residencial, rua Joinville, Vila Mariana, São Paulo SP

Edifício de Escritórios, BKO Incorporadora, avenida Doutor Cardoso de Melo, Vila Olímpia, São Paulo SP

Edifício de Escritórios, Even Construtora e Incorporadora, avenida Água Espraiada, avenida Chucri Zaidan e avenida das Nações Unidas, São Paulo SP

Edifício de Escritórios, Jorge Königsberger, rua Gomes de Carvalho, Vila Olímpia, São Paulo SP

Edifício Residencial, Even Construtora e Incorporadora, rua Volta Redonda, São Paulo SP

Edifício Residencial Acquare, Brascan Imobiliária, avenida das Américas esq. rua Xavier Gouveia, São Paulo SP

Edifício Residencial Especiale, Even Construtora e Incorporadora, rua Doutor Franco da Rocha, Perdizes, São Paulo SP

Edifício Residencial Inspiratto Pinheiros, Even Construtora e Incorporadora, rua Mourato Coelho, Pinheiros, São Paulo SP

Edifício Residencial Metropolitano, Brascan Imobiliária, avenida Embaixador Aberlado Bueno, Barra da Tijuca, Rio de Janeiro RJ

Empreendimento Campinas Antártica, Grupo Pão de Açúcar Extra, Campinas SP

Neonet Inovation Center, Neonet Brasil, edifício institucional, Guarulhos SP

Parque OJC, Organização Jaime Câmara, complexo de uso misto, Goiânia GO

Plazza Brasil, Lindencorp, complexo de uso misto, Barra Funda, São Paulo SP

Projeto Nova Petrópolis, Rossi, avenida Senador Tarso Dutra, Petrópolis, Porto Alegre RS

Residência Fernando de Albuquerque e Renata Amaral, reforma*,* alameda Noruega, Alphaville, Barueri SP

Sede Papaiz, edifício institucional, praça Elíptica, São Paulo SP

Serviço Social do Comércio – Sesc Avenida Paulista, retrofit edifício institucional, 11.962,38 m², (Prêmio IAB-SP 2008 - menção honrosa, Grande vencedor da 6ª edição do Prêmio Saint-Gobain de Arquitetura - Habitat Sustentável 2019), avenida Paulista, Bela Vista, São Paulo SP

Spasse Corporate e *Spasse Office,* Copema, complexo de uso misto, Ribeirão Preto SP

Ulbra Central Parque (quadra D), Rossi, edifícios residenciais e projeto urbano, Porto Alegre RS

Ulbra Ibirapuera (quadra E), Rossi, edifícios residenciais e projeto urbano, Porto Alegre RS

Ulbra Central Parque, Porto Alegre RS, 2006

2007
Edifício Carlos Gomes, Rossi, Porto Alegre RS

Edifício de uso misto, Norcon, avenida Deputado Pedro Valadares, Aracaju SE

Edifício Double Campo Belo, Rossi, edifício residencial, rua Gabrielle D'Annunzio esq. rua Conde de Porto Alegre, Campo Belo, São Paulo SP

Edifício Residencial, Brascan Imobiliária, rua Taquari, Mooca, São Paulo SP

Edifício Residencial, Yuny Incorporadora, rua Aurélia esq. rua Faustolo, Vila Romana, São Paulo SP

Edifício Residencial Sophistic, Even Construtora e Incorporadora, rua Edson esq. rua Conde de Porto Alegre, Campo Belo, São Paulo SP

Edifício Universe Life Square, Rossi, edifício de uso misto, rua Comendador Araújo, Matriz, Curitiba PR

São Fernando Golf Club, reurbanização, estrada Fernando Nobre, Caiapia, Cotia SP

Ulbra (quadra A), Rossi, edifícios residenciais, Porto Alegre RS

Ulbra Business Park (quadra B), Rossi, edifícios de escritórios, Porto Alegre RS

Ulbra Central Parque (quadra C), Rossi, edifícios residenciais, Porto Alegre RS

Villa Amalfi (2ª fase), Brascan Imobiliária, condomínio residencial, rua Doutor José Gustavo Bush, Panamby, São Paulo SP

2008
Brookfield Towers, MB Engenharia, complexo de uso misto, Jardim Goiás, Goiânia GO

CAM B (lote Palumbo), Brascan Imobiliária, Company, complexo de uso misto, Morumbi, São Paulo SP

Duo Alto da Lapa, Even Construtora e Incorporadora, condomínio residencial, rua Jorge Americano, São Paulo SP

Edifício Altto Alto de Pinheiros, Even Construtora e Incorporadora, edifício residencial, rua Anna Costa Melão esq. Rua Nicolau Gagliardi, Alto de Pinheiros, São Paulo SP

Edifício de Escritórios, Lindencorp, rua Engenheiro Oscar Americano, Morumbi, São Paulo SP

Edifício de Escritórios, Severo Villares, retrofit, avenida Engenheiro Armando de Arruda Pereira, Jabaquara, São Paulo SP

Edifício Residencial, Even Construtora e Incorporadora, rua Filipinas, São Paulo SP

Edifício Residencial, MB Engenharia, Três Praias, Guarapari ES

Edifício Residencial Landscape Campolim, Even Construtora e Incorporadora, Vossoroca, Sorocaba SP

Edifício The Prime Tamandaré Office, MB Engenharia, Brookfield Incorporadora, edifício de uso misto, 29.900,64 m², praça Tamandaré, Goiânia GO

Edifício Win Work Santos, Lindencorp, edifício de escritórios, avenida Francisco Glicério, Santos SP

Fibrasa Convention, Rossi, edifício de uso misto, rua José Alexandre Buaiz, Vitória ES

Shopping Center, REP, Serra ES

Trio, Lindencorp, complexo de uso misto, avenida Presidente Vargas, Ribeirão Preto SP

Ulbra (quadra E2), Rossi, edifícios residenciais, Porto Alegre RS

Ulbra Central Parque (quadra D2), Rossi, edifícios residenciais, Porto Alegre RS

2009
Arena de Itu, complexo de uso misto, Itu SP

Complexo DF Century Plaza, MB Engenharia, complexo de uso misto, Águas Claras, Brasília DF

Condomínio Good Life Vila Romana, Yuny Incorporadora, edifícios residenciais, rua Aurélia esq. rua Faustolo, Vila Romana, São Paulo SP

Conjunto Residencial Living Solutions, Alphaville Urbanismo, Alphaville, Barueri SP

Edifício Boutique Offices, Yuny Incorporadora, edifício de escritórios, avenida Pedroso de Morais, Pinheiros, São Paulo SP

Edifício de Escritórios, Lindencorp, rua Vergueiro, São Paulo SP

Edifício Ideal, Even Construtora e Incorporadora, edifício residencial, rua Filipinas, Alto de Pinheiros, São Paulo SP

Edifício K Apartments, MB Engenharia, edifício residencial, rua K, Goiânia GO

Edifício Residencial, Lindencorp, rua Engenheiro Oscar Americano, Morumbi, São Paulo SP

Tom Brasil, casa de espetáculos, Brasília DF

2010
Conception Office, Corporate e Life, Helbor, complexo de uso misto, Mogi das Cruzes SP

Condomínio Blend, Brookfield, edifícios residenciais, avenida das Araucárias, Águas Claras, Brasília DF

Edifício Arizona 701, Even Construtora e Incorporadora, edifício residencial, rua Arizona, Cidade Monções, São Paulo SP

Edifício Brookfield Century Plaza, Brookfield, edifício de uso misto, rua Giovanni Battista Pirelli, Vila Homero Thon, Santo André SP

Arena de Itu, Itu SP, 2009

Terra Encantada, em parceria com Aflalo & Gasperini Arquitetos, Barra da Tijuca, Rio de Janeiro RJ, 2012

Edifício Brookfield Home Design Ibirapuera, Brookfield, edifício residencial, rua Said Aiach, Paraíso, São Paulo SP

Edifício Cube Campo Belo, Even Construtora e Incorporadora, edifício residencial, rua Gabriele D'Annunzio, Campo Belo, São Paulo SP

Edifício Diseño Campo Belo, Even Construtora e Incorporadora, edifício residencial, avenida Santo Amaro, Brooklin, São Paulo SP

Edifício Good Life Parque Aclimação, Yuny Incorporadora, edifício residencial, rua Heitor Peixoto, Vila Monumento, São Paulo SP

Edifício La Place, Partilha, edifício residencial, avenida Iguaçu, Curitiba PR

Edifício Panorama Vila Mariana, Even Construtora e Incorporadora, edifício residencial, rua Correia Lemos, Chácara Inglesa, São Paulo SP

Edifício Paulista Tower, Even Construtora e Incorporadora, edifício de escritórios, 12.288,81 m², avenida Paulista, Bela Vista, São Paulo SP

Edifício Residencial, Bracon, rua Arruda Alvim, Jardim Paulista, São Paulo SP

Edifício Residencial, PDG, rua Rubens Meireles, Barra Funda, São Paulo SP

Edifício Soul Madá, PDG, edifício residencial, rua Fidalga, Vila Madalena, São Paulo SP

Shopping Atrium, BCP Business e Hotel, Brookfield, complexo de uso misto, rua Giovanni Battista Pirelli, Vila Homero Thon, Santo André SP

2011

Centro de Treinamento – CT Palmeiras, Carbone, edifício institucional, São Roque SP

Edifício Acervo, Even Construtora e Incorporadora, edifício residencial, rua Mourato Coelho, Pinheiros, São Paulo SP

Edifício ADD Brooklin, Trisul, edifício residencial, rua Henri Dunant, Santo Amaro, São Paulo SP

Edifício Alameda Santos Corporate, Even Construtora e Incorporadora, edifício de escritórios, 9.772,10 m², alameda Santos, Cerqueira César, São Paulo SP

Edifício Altto Campo Belo, Even Construtora e Incorporadora, edifício residencial, rua Zacarias de Gois, Campo Belo, São Paulo SP

Edifício Aristo, Lindencorp, edifício residencial, rua Humberto 1, Vila Mariana, São Paulo SP

Edifício Brookfield Century Plaza Living, Brookfield, edifício residencial, rua Giovanni Battista Pirelli, Vila Homero Thon, Santo André SP

Edifício de uso misto, Cota Empreendimentos, rua Frei Caneca, Florianópolis SC

Edifício Energy, Gafisa, edifício residencial, rua Jaceru esq. rua Vieira da Silva, São Paulo SP

Edifício Intersection, Yuny Incorporadora, edifício residencial, rua Rosa Gaeta, Brooklin Paulista, São Paulo SP

Edifício Red Tatuapé, Even Construtora e Incorporadora, Conx, edifício residencial, rua Serra da Bragança, Vila Gomes Cardim, São Paulo SP

Edifício Urbe, PDG, edifício residencial, rua Álvaro de Carvalho, Centro, São Paulo SP

Edifício Win Work Ibirapuera, Lindencorp, edifício de escritórios, rua Doutor Amâncio de Carvalho, Vila Mariana, São Paulo SP

Shopping D&D, retrofit, avenida das Nações Unidas, Cidade Monções, São Paulo SP

Vitrine Offices Pompeia, Even Construtora e Incorporadora, edifício de uso misto, avenida Pompeia esq. rua Ministro Ferreira Alves, Perdizes, São Paulo SP

2012

Complexo de uso misto, ACS, alameda Rio Negro II, Alphaville, Barueri SP

Complexo de uso misto, Brookfield, Quadra 4.5 NE, Rio de Janeiro RJ

Condomínio Las Villas Ipiranga, Fibra Experts Empreendimentos Imobiliários, edifício residencial, rua General Eugênio de Melo, Ipiranga, São Paulo SP

Condomínio Sadia, Brookfield, edifícios residenciais, rua Fortunato Ferraz, Vila Anastácio, São Paulo SP

Edifício de Escritórios, Lindencorp, rua dos Pinheiros, São Paulo SP

Edifício de uso misto, Brookfield, praça do Sol, Taguatinga, Brasília DF

Edifício Go Maracá, Gafisa, edifício residencial, rua Maracá, Vila Guarani, São Paulo SP

Edifício Linea Perdizes, Even Construtora e Incorporadora, edifício residencial, rua Ciro Costa esq. rua Turiassu, Perdizes, São Paulo SP

Edifício Meet SP, Fibra Experts Empreendimentos Imobiliários, Construcompany, edifício de uso misto, 8.472 m², rua Alves Guimarães, Pinheiros, São Paulo SP

Edifício Praça Pompeia, Stan, edifício residencial, rua Ribeiro de Barros, Vila Anglo Brasileira, São Paulo SP

Edifício Residencial Helen K., Porte Engenharia e Urbanismo, rua Itapeti, Vila Gomes Cardim, São Paulo SP

Edifício Soho Residence, Tegra Incorporadora, edifício de uso misto, Barra da Tijuca, Rio de Janeiro RJ

Edifício Somma Brooklin, Even Construtora e Incorporadora, edifício residencial, rua Arizona, Cidade Monções, São Paulo SP

Praça São Paulo, Odebrecht, complexo de uso misto, rua Henri Dunant, Santo Amaro, São Paulo SP

Terra Encantada, em parceria com Aflalo & Gasperini Arquitetos, REX, EBX, complexo de uso misto, avenida Ayrton Senna, Rio de Janeiro RJ

The Cittyplex Osasco, Upcon, Helbor, complexo de uso misto, avenida Domingos Odália Filho, Centro, Osasco SP

2013

Aeroporto de Guarulhos, BIC GRU, ampliação e novas edificações, Guarulhos SP

Creche Pirelli, Brookfield, edifício institucional, rua Giovanni Battista Pirelli, Vila Homero Thon, Santo André SP

Edifício de uso misto, Odebrecht, avenida Cidade de Lima, Rio de Janeiro RJ

Edifício de uso misto, Odebrecht, Água Branca, São Paulo SP

Edifício Residencial, Brookfield, Moema, São Paulo SP

Edifício Residencial, Camargo Corrêa, Vila Andrade, São Paulo SP

Edifício Residencial, Even Construtora e Incorporadora, Vila Madalena, São Paulo SP

Edifício Residencial, Even Construtora e Incorporadora, Campo Belo, São Paulo SP

Edifício Residencial, Gafisa, rua Manuel da Nóbrega, Paraíso, São Paulo SP

Laboratório de Inovação da Escola Politécnica da Universidade de São Paulo - USP, em parceria com Arkiz e Hiperstudio, São Paulo SP, 2013

Edifício SP Sumaré Perdizes, Even Construtora e Incorporadora, edifício residencial, rua Havaí, Sumaré, São Paulo SP

Edifício Unna, Even Construtora e Incorporadora, edifício residencial, Moema, São Paulo SP

Laboratório de Inovação da Escola Politécnica da Universidade de São Paulo, com Arkiz e Hiperstudio, FDTE, edifício institucional, concurso fechado, 2013

Serviço Social do Comércio – Sesc Avenida Paulista, design de mobiliário, avenida Paulista, Bela Vista, São Paulo SP

2014
Benedito Pinheiros, Even Construtora e Incorporadora, edifício residencial, rua Cristiano Viana, Pinheiros, São Paulo SP

Condomínio Residencial, Rudge Leite, Paraíso do Morumbi, São Paulo SP

Edifício Almagah 227, Porte Engenharia e Urbanismo, complexo de uso misto, 66.150,72 m² (2019 - 2020 American Property Awards - Award Winner - Mixed Use Architecture), rua Itapura e rua Airi, Tatuapé, São Paulo SP

Edifício de Escritórios, Porte Engenharia e Urbanismo, São Paulo SP

Edifício Platina 220, Porte Engenharia e Urbanismo, edifício de uso misto, 57.087,75 m², rua Bom Sucesso, Tatuapé, São Paulo SP

Edifício Residencial, Vila Madalena, São Paulo SP

Eixo Platina / Boulevard Platina, Porte Engenharia e Urbanismo, proposta de intervenção urbanística, rua Platina, Tatuapé, São Paulo SP

2015
Edifício Comercial, Grand Partners, Itaim Bibi, São Paulo SP

Edifício Residencial, Demolein, Vila Olímpia, São Paulo SP

Edifício You Faria Lima, You,inc Incorporadora e Participações, edifício residencial, avenida Rebouças, São Paulo SP

Loja Butantã, Hipermercado Makro, reforma, Butantã, São Paulo SP

São Fernando Golf Club, edifício institucional, novo Driving Range, Short Game Academy, estrada Fernando Nobre, Cotia SP

2016
Condomínio Sadia / Caminhos da Lapa, Brookfield, Tegra Incorporadora, edifícios residenciais, Vila Anastácio, São Paulo SP

Conjunto Habitacional, Merolar, Jardins do Japi, Jundiaí SP

Edifício Autoral, Brookfield, Tegra Incorporadora, edifício residencial, rua Cotoxó, Perdizes, São Paulo SP

Edifício MN15, Gafisa, edifício residencial, 10.431 m² (A'Design Award & Competition 2016), rua Manuel da Nóbrega, Paraíso, São Paulo SP

Edifício Pascal IV, Even Construtora e Incorporadora, edifício residencial, rua Pascal, Campo Belo, São Paulo SP

Edifício Praça Gaivota, Brookfield, Tegra Incorporadora, edifício residencial, rua Gaivota, Moema, São Paulo SP

Edifício Radial 3, Porte Engenharia e Urbanismo, edifício de uso misto, Mooca, São Paulo SP

Edifício Residencial, Brookfield, Tegra Incorporadora, Campinas SP

Esquina dos Pimentas, FR Instalações, complexo de uso misto, estrada Presidente Juscelino Kubitschek de Oliveira, Parque São Miguel, Guarulhos SP

Masterplan, Grupo Baumgart, Vila Isolina Mazzei, São Paulo SP

Panamby, CCDI, complexo de uso misto, Morumbi, São Paulo SP

2017
Casa São Francisco Xavier, Gianfranco Vannucchi e Lilian Ring, 391 m², São Francisco Xavier SP

Condomínio Facto Paulista, Even Construtora e Incorporadora, edifício de uso misto, rua Doutor Penaforte Mendes, Bela Vista, São Paulo SP

Edifício Residencial, Even Construtora e Incorporadora, Vila Madalena, São Paulo SP

Edifício Residencial Canvas, NLS e TEEG, alameda Purus, Alphaville, Barueri SP

Edifício Vermont, Construtora Planeta, rua Antônio Perez Hernandez, Parque Campolim, Sorocaba SP

Edifício Vistta Alto da Lapa, Even Construtora e Incorporadora, edifício residencial, rua Jorge Americano, Alto da Lapa, São Paulo SP

LogicPrep, design de interiores, Rio de Janeiro RJ

LogicPrep, design de interiores, São Paulo SP

Metria 624, Porte Engenharia e Urbanismo, edifício de uso misto, 66.150,52 m², rua Vilela, Tatuapé, São Paulo SP (em construção)

Parque do Jockey, em parceria com Levisky Arquitetos, Jockey Club de São Paulo e Prefeitura de São Paulo, projeto de requalificação urbana e preservação do patrimônio, Cidade Jardim, São Paulo SP

2018
AR Ibirapuera, GrandPartners Empreendimentos e Participações e Jal Empreendimentos, edifício residencial, avenida Professor Ascendino Reis, Vila Clementino, São Paulo SP

Carandá Educação, Patrimônio Incorporadora, edifício institucional, 10.467,52 m² (10° Prêmio ABCIP Pré-Fabricados de Concreto 2021), rua Joaquim de Almeida, Vila Mariana, São Paulo SP

Edifício Il Bosco, Tegra Incorporadora, edifício de uso misto, avenida Comendador Adibo Ares, Morumbi, São Paulo SP

Edifício Il Faro, Tegra Incorporadora, edifício de uso misto, avenida Comendador Adibo Ares, Morumbi, São Paulo SP

Edifício Institucional, Grupo Bandeirantes de Comunicação – Band Rio, rua Álvaro Ramos, Botafogo, Rio de Janeiro RJ

Edifício Klabin Paulista, Setin Incorporadora, edifício residencial, rua Vergueiro, Vila Mariana, São Paulo SP

Edifício Modo Saúde, Even Construtora e Incorporadora, edifícios residenciais, rua dos Democratas e rua Major Freire, Saúde, São Paulo SP

Edifício de uso misto, Helbor Empreendimentos, São Paulo SP

Edifício Normandie Moema, Gafisa, edifício residencial, avenida Cotovia, Moema, São Paulo SP

Metria 624, Tatuapé, São Paulo SP, 2017

Condomínio Quintessa, Tarraf Construtora, edifício residencial, Jardim Paulistano, São José do Rio Preto SP

Edifício Residencial, Casa 8 Construtora, avenida Nossa Senhora de Fátima, Cubatão SP

Edifício Residencial, GrandPartners Empreendimentos e Participações, Piracicaba SP

Edifício Residencial, SAE Engenharia, Vila Nova Conceição, São Paulo SP

Edifício VM 303, Even Construtora e Incorporadora, edifício residencial, rua Doutor Neto de Araújo, Vila Mariana, São Paulo SP

Montelena by Tarraf, Tarraf Construtora, edifícios residenciais, 16.977,29 m², Jardim Paulistano, São José do Rio Preto SP

Residência no Condomínio Fazenda da Grama, Longitude Desenvolvimento Imobiliário, Itupeva SP (em construção)

Serviço Social do Comércio – Sesc Avenida Paulista, projeto de ambientação, avenida Paulista, Bela Vista, São Paulo SP

Vista Caconde, Seisa Mester, edifício residencial, rua Caconde, Jardim Paulista, São Paulo SP

2019

Condomínio Caminhos da Lapa Elo, Tegra Incorporadora, edifícios residenciais, rua Fortunato Ferraz, Vila Anastácio, São Paulo SP

Edifício Aquarela Home Osasco, Casa 8 Construtora, edifício residencial, rua Dionysia Alves Barreto esq. rua Ida Tronoloni Bozzi, Bela Vista, Osasco SP (em construção)

Edifício de uso misto, Tarraf Construtora, São José do Rio Preto SP

Edifício Haus Mitre Campo Belo, Mitre Realty, edifício residencial, rua João de Sousa Dias, Campo Belo, São Paulo SP

Edifício Haus Mitre Ibirapuera, Mitre Realty, rua Loefgren, Vila Clementino, São Paulo SP

Edifício HY Pinheiros, Hire Capital e Porto Ferraz Construtora, edifício de uso misto,18.248,53 m², avenida Rebouças esq. rua Teçaindá, Pinheiros, São Paulo SP

Edifício Op Art Ibirapuera, Trisul, edifício de uso misto, rua Ascendino Reis, Vila Clementino, São Paulo SP

Edifício Residencial, Canopus Construções, rua Almirante Marquês de Leão, Bela Vista, São Paulo SP

Edifício Residencial, Planik, rua José Antônio Coelho, Vila Mariana, São Paulo SP

Edifício Sonare Alto de Pinheiros, Trisul, edifício residencial, rua Dardanelos, Alto de Pinheiros, São Paulo SP

Empreendimento Q2, Odebrecht Realizações Imobiliárias, Butantã, São Paulo SP

Ibirapuera Park, Gafisa, Hines e Upcon Incorporadora, edifício residencial, alameda Jauaperi, Moema, São Paulo SP

Platz by Tarraf, Tarraf Construtora, edifício de uso misto, avenida Juscelino Kubitschek, Jardim Panorama, São José do Rio Preto SP (em construção)

Sou Perdizes, You,inc Incorporadora e Participações, edifício de uso misto, 10.940,90 m², rua Bartira, Perdizes, São Paulo SP

Viva Smart Freguesia, Casa 8 Construtora, condomínio residencial, avenida Santa Marina, Freguesia do Ó, São Paulo SP (em construção)

Viva Smart Itaquera, Casa 8 Construtora, condomínio residencial, rua Ioneji Matsubayashi, Itaquera, São Paulo SP (em construção)

2020

Edifício Arte Concreta Jardins, Nortis Incorporação e Construção, rua Padre João Manuel, Cerqueira César, São Paulo SP

Edifício de uso misto, SDI e Tellus, Jardim Paulista, São Paulo SP

Edifício de uso misto, MSB Sanchez, Campo Belo, São Paulo SP

Edifício Dynamic Pinheiros, Lucio Engenharia e Construções, edifício de escritórios, rua Padre Carvalho, Pinheiros, São Paulo SP (em construção)

Edifício Do It Pinheiros, Lucio Engenharia e Construções, edifício residencial, rua Padre Carvalho, Pinheiros, São Paulo SP (em construção)

Edifícios Easy Do It e Eco Do It Faria Lima, Lucio Engenharia e Construções, edifício residencial, rua Cunha Gago, Pinheiros, São Paulo SP (em construção)

Edifício Gravura Perdizes, Tegra Incorporadora, edifício residencial, rua Aimberê, Perdizes, São Paulo SP

Edifício Ícone Planeta, Construtora Planeta, edifício residencial, avenida Professor Arthur Fonseca, Sorocaba SP

Edifício Mov Perdizes, Paulo Mauro Construtora, edifício residencial, rua Aimberê, Perdizes, São Paulo SP (em construção)

Edifício Nik Paradiso, Planik, edifício residencial, rua Vergueiro, Vila Mariana, São Paulo SP (em construção)

Edifício Nik Paulista, Planik, edifício residencial, rua Augusta, Consolação, São Paulo SP (em construção)

Edifício Bueno Brandão, Vila Nova Conceição, São Paulo SP, 2021

Edifício Raiz, Hire Capital e Paulo Mauro Construtora, edifício residencial, rua Itapicuru, Perdizes, São Paulo SP (em construção)

Edifício Residencial, Fibra Experts Empreendimentos Imobiliários, Alto da Boa Vista, São Paulo SP

Edifício Residencial, Menin Engenharia, Marília SP

Edifício Residencial, Porto Ferraz Construtora, Tecnisa, Vila Mariana, São Paulo SP

Edifício Residencial, Upcon Incorporadora, Vila Mariana, São Paulo SP

Edifício Residencial, Urbic, Higienópolis, São Paulo SP

Edifício Soma Perdizes, Tegra Incorporadora, edifício residencial, avenida Sumaré, São Paulo SP

Edifício Today Butantã, Canopus Construções, edifício residencial, rua Alvarenga, Butantã, São Paulo SP

Edifício Today Faria Lima, Canopus Construções, edifício residencial, rua Quatá, Vila Olímpia, São Paulo SP

Edifício Today Joaquim Távora, Canopus Construções, edifício residencial, rua Joaquim Távora, Vila Mariana, São Paulo SP

Edifício Today Moema, Canopus Construções, edifício residencial, avenida Pavão, Moema, São Paulo SP

Edifício Today Perdizes, Canopus Construções, edifício residencial, rua Airosa Galvão, Perdizes, São Paulo SP

Edifício Today Vila Mariana, Canopus Construções, edifício residencial, rua Doutor Tomás Alves, Vila Mariana, São Paulo SP (em construção)

Edifício Union Planeta, Construtora Planeta, edifício residencial, avenida Engenheiro Carlos Reinaldo Mendes, Alto da Boa Vista, Sorocaba SP (em construção)

Edifício Vida Madalena, Habitram Empreendimentos Imobiliários, edifício residencial, rua Fradique Coutinho, Vila Madalena, São Paulo SP

Loja Maxxi Olinda, Grupo BIG, Olinda PE

Nova Cuiabá, Urban Systems, masterplan, Cuiabá MT

Planeta Square Garden, Contrutora Planeta, complexo de uso misto, Sorocaba SP (em construção)

2021

Beira Rio, Hacasa Administração e Empreendimentos, masterplan, Imobiliários, Joinville, SC

Clube Esportivo, Aclimação, São Paulo SP

Colinas Shopping e Complexo Hospitalar, masterplan de expansão, São José dos Campos SP

Condomínio Caminhos da Lapa Elo Duo, Tegra Incorporadora, edifícios residenciais, rua Fortunato Ferraz, Vila Anastácio, São Paulo SP

Condomínio Pátio Boa Vista, Construtora Planeta, edifícios residenciais, rua Vinte e Oito de Outubro, Jardim do Paço, Sorocaba SP (em construção)

Condomínio Saint Rémy, Construtora Planeta, edifícios residenciais, rua Heloisa Oliveira Evangelista, Parque Campolim, Sorocaba SP (em construção)

Edifício Alameda 45, SDI e Tellus, edifício de uso misto, alameda Santos, Cerqueira César, São Paulo SP (em lançamento)

Edifício Alto Paraíso, You,inc Incorporadora e Participações, edifício residencial, rua Estela, Vila Mariana, São Paulo SP (em construção)

Beira Rio, Joinville SC, 2021

Edifício Artesano Oscar Porto, R. Yazbek, edifício residencial, rua Coronel Oscar Porto esq. Sampaio Viana, Paraíso, São Paulo SP (em construção)

Edifício Baume Itaim, Odebrecht Realizações Imobiliárias, edifício residencial, rua do Consórcio, Vila Nova Conceição, São Paulo SP (em lançamento)

Edifício Bem Moema, Tegra Incorporadora, edifício de uso misto, avenida Bem-te-vi, Moema, São Paulo SP (em construção)

Edifício Bueno Brandão 257, Tegra Incorporadora, edifício residencial, rua Bueno Brandão, Vila Nova Conceição, São Paulo SP (em construção)

Edifício Do It Quatá, Lucio Engenharia e Construções, edifício residencial, rua Quatá, Vila Olímpia, São Paulo SP (em lançamento)

Edifício Dynamic Vila Olímpia, Lucio Engenharia e Construções, projeto ambiental e edifício de escritórios, rua Quatá, Vila Olímpia, São Paulo SP (em lançamento)

Edifício Essential Brooklin, One Desenvolvimento Imobiliário e Toledo Ferrari, edifício residencial, rua Ministro Luiz Gallotti, Brooklin, São Paulo SP (em construção)

Edifício Essential Perdizes, One Desenvolvimento Imobiliário e Toledo Ferrari, edifício residencial, rua Iperoig, Perdizes, São Paulo SP (em construção)

Edifício Joaquim, Even Construtora e Incorporadora e Fibra Experts Empreendimentos Imobiliários, edifício residencial, rua Joaquim Guarani, Brooklin, São Paulo SP (em construção)

Edifício Haus Mitre Reserva Vila Mariana, Mitre Realty, edifício residencial, rua Dona Brígida, Vila Mariana, São Paulo SP (em construção)

Edifício Monjardin, Tarraf Construtora, edifício residencial, rua Albino Negri esq. rua Epitácio Pessoa, Araçatuba SP (em construção)

Edifício Residencial, Fibra Experts Empreendimentos Imobiliários, São Paulo SP

Edifício Residencial, Huma Desenvolvimento Imobiliário, Vila Mariana, São Paulo SP

Edifício Residencial, Mitre Realty, Santo Amaro, São Paulo SP

Edifício Residencial, Tegra Incorporadora, Brooklin, São Paulo SP

Edifício Residencial, Tegra Incorporadora, Mirandópolis, São Paulo SP

Edifício Residencial, Trisul, Vila Mariana, São Paulo SP

Edifício Residencial, Vila11, avenida Pedroso de Morais, Pinheiros, São Paulo SP (em construção)

Edifício Residencial, Dois Continentes Construtora, praça Padre Mário Fontana, Mooca, São Paulo SP (em construção)

Edifício Sergipe Boutique Apartments, You,inc Incorporadora e Participações, edifício de uso misto, rua Sergipe, Higienópolis, São Paulo SP (em construção)

Edifício Today Centro, Canopus Construções, edifício residencial, rua Brigadeiro Tobias, Centro, São Paulo SP (em construção)

Edifício Today Saúde, Canopus Construções, edifício residencial, rua Ibituruna, Vila da Saúde, São Paulo SP (em lançamento)

Edifício Today Vila Olímpia, Canopus Construções, rua Casa do Ator, Vila Olímpia, São Paulo SP (em construção)

Edifício Vision Colinas, Ribeira Empreendimentos Imobiliários, edifício de uso misto, rua Laurent Martins, Jardim Esplanada, São José dos Campos SP (em lançamento)

Évory Park, RDC Construtora, condomínio residencial, avenida Major Miguel Naked, Jardim das Colinas, São José dos Campos SP (em lançamento)

Nattur Nova Klabin, Trisul, condomínio residencial, rua Huet Bacelar, Ipiranga, São Paulo SP

Parque Residencial Flor do Vale, Colinas Shopping, masterplan, São José dos Campos SP

Soma Galeria, Ribeira Empreendimentos Imobiliários, complexo de uso misto, avenida Cívica, Mogi das Cruzes SP (em construção)

Tarraf Square, Tarraf Construtora, complexo de uso misto, São José do Rio Preto SP (em construção)

Terminal Rodoviário de Sorocaba, Sorocaba SP

2022

Colégio Santa Cruz, unidade infantil, concurso fechado, 3.848 m^2, Alto de Pinheiros, São Paulo SP

Edifício Art Vila Mariana, You,inc Incorporadora e Participações, edifício de uso misto, rua Humberto I, Vila Mariana, São Paulo SP (em construção)

Edifício Barô Higienópolis, You,inc Incorporadora e Participações, edifício de uso misto, rua Baronesa de Itu, Santa Cecília, São Paulo SP (em construção)

Edifício Esther, Even Construtora e Incorporadora, edifício de uso misto, rua Manuel da Nóbrega, Paraíso, São Paulo SP (em lançamento)

Edifício Haus Mitre Edition NY, Mitre Realty, edifício residencial, rua Michigan, Brooklin, São Paulo SP (em construção)

Edifício Marquise Vila Mariana, Even Construtora e Incorporadora, edifício residencial, rua França Pinto, Vila Mariana, São Paulo SP (em construção)

Edifício, Gafisa, edifício de uso misto, Jardim Paulista, São Paulo SP

Edifício Perdizes Authentique, You,inc Incorporadora e Participações, edifício residencial, rua Ministro Godói, Perdizes, São Paulo SP (em construção)

Edifício Praça Omaguás, Hire Capital e Trisul, Praça dos Omaguás, edifício de uso misto, Pinheiros, São Paulo SP (em construção)

Edifício Residencial, Habitram Empreendimentos Imobiliários, rua Rodesia, Vila Madalena, São Paulo SP (em lançamento)

Edifício Dynamic Vila Olímpia, São Paulo SP, 2021

Edifício Residencial, Helbor Empreendimentos, Indianópolis, São Paulo SP

Edifício Residencial, BRIO Investimentos e JalGP Desenvolvimento Imobiliário, Moema, São Paulo SP

Edifício Residencial, Tarraf Construtora, Ribeirão Preto SP

Edifício Residencial, Urbic, Jardim Paulista, São Paulo SP

Edifício Residencial, Vila11, Bela Vista, São Paulo SP

Edifício Residencial, Construtora Planeta, Sorocaba SP

Edifícios Easy Do It e Eco Do It Paulista, Lucio Engenharia e Construções, edifício residencial, rua Paim, Bela Vista, São Paulo SP (em lançamento)

Gio Jardins, Mitre Realty, edifício de uso misto, alameda Gabriel Monteiro da Silva, Jardim Paulistano, São Paulo SP (em construção)

Hotel, retrofit, Centro, São Paulo SP

Hotel, retrofit, Ibirapuera, São Paulo SP

2023
Condomínio residencial, Nortis, concurso fechado, Alto da Lapa, São Paulo SP

Edifício de uso misto, Fibra Experts, Alto da Boa Vista, São Paulo SP

Edifício de uso misto, Planeta, Sorocaba SP

Edifício Residencial, Habitram, Bela Vista, São Paulo SP

Edifício Residencial, Nortis, edifício residencial, Campo Belo, São Paulo SP

Edifício Residencial, retrofit com mudança de uso, Vila 11 e BR Company, Brooklin, São Paulo SP (em obras)

Edifício Residencial, Tegra, Brooklin, São Paulo SP

Edifício Residencial, Tegra, Lapa, São Paulo SP

Edifício Residencial, Vitacon, Vila Olimpia, São Paulo SP (em lançamento)

Ibira Tower, AAM, edifício corporativo, São Paulo SP

Península, AZO inc e Carvalho Hosken, edifício residencial, Barra da Tijuca, Rio de Janeiro RJ (em lançamento)

Retrofit Berrini 901, Vila 11, Brooklin Novo, São Paulo SP (em construção)

2024
Edifício Aire Alto de Pinheiros, Trisul, Alto de Pinheiros, São Paulo SP (em lançamento)

Edifício de uso misto, Mitre, Moema, São Paulo SP

Edifício de uso misto, Planeta, Campolim, Sorocaba SP

Edifício de uso misto, Tarraf, Iguatemi, São José do Rio Preto SP

Edifício Residencial, Benx e Tellus, Pinheiros, São Paulo SP

Edifício Residencial, Even, Campo Belo, São Paulo SP

Edifício Residencial, Helbor e EBM, Moema, São Paulo SP

Edifício Residencial, Hype, Penha SC

Edifício Residencial, JalGP, Brio e Portofino, Moema, São Paulo SP

Edifício Residencial, Mitre, Pinheiros, São Paulo SP

Edifício Residencial, Ribeira Empreendimentos, Mogi das Cruzes SP

Edifício Residencial, SDI e Tellus, Jardins, São Paulo SP

Edifício Residencial, Tegra, Lapa, São Paulo SP

Península, Rio de Janeiro RJ, 2023

Edifício Residencial, Tegra, Vila Mariana, São Paulo SP

Edifício Residencial, Trisul, Rua Pereira Leite, Alto de Pinheiros, São Paulo SP (em lançamento)

Edifício Residencial, Vitacon, Jardins, São Paulo SP

Edifício Residencial, Vitacon, Perdizes, São Paulo SP

Gio Jardins, São Paulo SP, 2022

profissionais que contribuíram com a Königsberger Vannucchi entre 1972 e 2024

Jorge André Königsberger
Gianfranco Vannucchi
Daniel Gaspari Cirne de Toledo

Abraham Smith Merlos
Accacio Gomes de Mello Junior
Adilson José dos Santos
Adriana Cristina Boschini
Adriana Lamounier Zambelli Ingarano
Adriana Lopes Coelho
Adriana Pedrosa de Siqueira
Adriele Toledo Maia
Adrien Etienn Christian Lavernhe
Aki Dado
Albert Sugai
Alex Galvão Bennett
Alex Sandro da Silva
Alexandra Bazoli
Alexandre Cafcalas
Alexandre das Neves Gravalos
Alexandre Hepner
Alexandre Kuroda
Alexandre Rocha Daud
Alexandre Serrão de Araujo
Alexis Leonardo T. Aldrovandi
Alice Brustolin Cavalli Bonamigo
Alice Yeh
Aline Cerqueira de Souza
Aline Cristina Cerqueira de Souza
Aline Fagundes Mattar
Aline Gonçalves Costa
Aline Rafaela Marafigo Cruz
Allan Martino
Allan Ramos Negreiros Falcao
Alvaro Arvellos
Amanda Abreu Prizão
Amanda Sampaio Firmino
Ana Beatriz Araujo Miná Calazans
Ana Carolina dos Santos Vieira
Ana Carolina Feres
Ana Carolina Fischer
Ana Carolina Martin Ferreira
Ana Carolina Vieira
Ana Claudia Fernandes Maciel
Ana Claudia Gritti Nepomuceno Carvalho
Ana Luiza Ralston
Ana Maria Alvarez Gonzalez Peral
Ana Paula da Costa Machado
Ana Sylvia Sanches
Ananda Gonçalves Nunes
Anderson Jesus dos Santos
André Furlan Camargo
André Prevedello
Andrea Calvo
Andrea Feldon
Andréia Santos da Silva
Andressa Tovo Castelli
Andreza Ramos da Silva
Anna Laura Teixeira de Souza
Anna Pancini
Anne Motta von Oertzen
Ari Dantas de Oliveira
Artur Rodrigues
Audrey Máximo
Ayla Karla Szal
Barbara Moura e Oliveira Muhle
Barbara Sznayder
Beatriz Garcia Roos
Beatriz Gonçalves Casimiro
Beatriz Martinez Gonzales
Beatriz Perroni
Bernardo Campani Chassot
Bianca Guariglia
Breno Tisi Mendes da Veiga
Bruna Pontes Felice
Bruno Souza Dias
Caio Luis Mattei Faggin
Caio Muniz Nunes
Caio Théo Morenghi
Camila Abras de Souza
Camila Amatuzi Tosi
Camila Bassi Pessoa
Camila Boer
Camila Crósta
Camila Iwabe
Camila Raghi
Camila Slongo Mrozinski
Carla Andrea Braga
Carla Carvazan
Carla Estrella
Carla Prete Vasconcelos
Carlos Felipe Rubina Córdoba
Carolina Falaska
Carolina Ferreira
Carolina Nobre
Carolina Saraiva da Silva
Caroline Lais Martins
Celso da Silva
Cesar Nunes Marques
Cibele Coletti da Silva
Cíntia Akemi Kimati Rodrigues
Cintia Correia Venâncio
Cintia Hidemi Kuraoka Hirata
Cintia Shimura
Clara Bidorini
Claudia Bitencourt
Claudia Teixeira Alves Affonso
Claudio Freitas
Claudio Inserra
Cleonice de Jesus Silva
Cristiane Correa
Cristiane Maeda
Cristiane Rezende
Cristiane Teixeira Soares
Cristiano de Carvalho Pinheiro Lago
Cristina Novaes
Cristine Stuermer
Cyssa Pereira Martins de Carvalho
Daniel Agostinho
Daniel Augusto Prado Boer
Daniel Fleming Collaço
Daniel Javaloy Ferrer
Daniel Port
Daniela Zanotti
Daniele Scarlate
Danieli Cassol
Daniella Fernandes
Danielle Cristina Magalhães Diniz
Dante Cavassa Pimentel
Dario Alberto Henke
Débora De Boni Lima
Denise Capalbo de Oliveira
Denise Cursino de Moura
Diego da Rosa Lopes
Dimitre Gallego
Dirceu Furquim
Douglas Valeiro Lopes
Eduardo Glycerio
Eduardo Merkel
Eduardo Novaes
Eduardo Teiman
Eduardo Tong Ribeiro
Elaine Felipe
Elaine Leão Macedo
Eleonora Fernandes Ciola
Elmira Batista
Engelbert de Paula Sauwen Melo Bertoni
Enrico Albanese Postiglione
Eric Fick Gonzalez
Erika Chioato
Erika de Souza Dernovsek
Eugenio Amodio Conte
Eveline Crajoinas
Evelyn Martina Dueck Nascimento
Everton Petroni Lobo
Everton Teles da Silva
Fabiana Camargo
Fabiano Monte Pires
Fabio Borges
Fabio Carone
Fabio Della Barba Menezes
Fabio Pittas
Fabrizio Rastelli
Fany Laterman
Felipe Bruno Lima da Silva
Felipe Camelo
Felipe Chieus Rossi
Felipe Drumond de Figueredo
Felipe Guimarães
Felipe HSU Guimarães
Felipe Lopes de Paula
Felipe Silva de Oliveira
Felippe Duca Domingues
Fernanda Altemari
Fernanda Britto Namura
Fernanda Carla de Souza Bertelli
Fernanda Leão Vieira
Fernanda Offner Gomes
Fernanda Sanches de Souza
Fernando Aquim
Flavia Cancian
Flavia Cavallari de Castro
Flávia D'Amico
Flavia Lima Pereira
Flavia Tonacci Costa
Flávio de Almeida Borges e Silva
Flavio Henrique Miwa Faggion
Flávio Pereira
Franciele de Almeida
Francine de Souza Santos
Francisca de Assis Gonçalves Ferreira
Francisca Silva
Francisco José De Fuentes Sabate
Francisco Leão de Campos Andrade
Francisco Milani
Francisco Paulo Donadio
Frederico Poinha
Frederico Verret
Gabriel Alves Santanchè
Gabriel Moreira Carvalho
Gabriel Novaes Ceravolo
Gabriela Oliveira Santos
Gabriela Vargas Webber
Gabrielle Roncarate Garcia
Geraldo Aquino da Costa e Silva
Giovana Maia de Castro Chaud
Giovana Pelegrini
Giovanna Yamin Gobbetti
Gisela Ares
Gisela Zilberman
Giselle Garay
Giselle Manoella Oliveira Lopes
Gislene Santana Silva
Giuliano Chimentão
Guilherme Iida
Guilherme Leone Santos
Guilherme Magalhães Pupo Santos
Guilherme Maia
Guilherme Paoliello
Guilherme Uemura Telles
Guilherme Vinícius França dos Santos
Guilherme Vital Lopes
Gustavo Lopes Hohmann
Gustavo Rocha da Silva Santos
Hamilton Frediani de Faria Correa
Hamilton Teixeira
Hanna Carina Mizoguchi
Hanna Steiner Luxo
Helio Gomes de Avila Filho
Henrique Florentino Reis
Henrique Santos Malvone
Henrique Sousa de Araujo
Hilmar Diniz
Huang Kuo Che
Ignez Barretto
Ingridy Lovo de Paschoa
Irineu Anselmo Junior
Isabel Rino de Castro
Izabela Salgado Soares Cunha
Isadora Monteiro Machado
Isadora Weber Kier Citrin
Ismael Lopes
Ivan Portero da Silva
Izabel Coimbra
Izabel Cunha
Izilda Freitas
Jacqueline Naftal
Janaina Camargo
Jaqueline Dias Bueno da Silva
Jean Carlos Zanco
Jennifer Reis
Jéssica Aparecida da Silva Oliveira
Jessica Lianza
Jessica Silva Lima
Jhennyfer Mayara Souza dos Santos
Joana Corbett da Silveira
João Luiz de Andrade Postiga
João Oliveira
João Paulo Ferreira Payar
João Victor Navarrete de Almeida
Joaquim Brice da Silva Henrique dos Santos
Jocelyn Pessoa
José Eduardo Borba Pereira
Julia Bottas
Julia de Morais Marques
Julia Farhat Terron
Julia Königsberger
Julia Paiosin Ramos
Julia Rodrigues Gibertoni
Juliana Borges da Cruz
Juliana de Azevedo Lahóz
Juliana Moraes Kuehlewind
Juliana Sayão Gabriel Thapliyal
Julio Cesar de Campos Junior
Julio Sartori Tavares da Silva
Junior de Freitas Farias
Jussara Stipanich
Karina Kohutek
Karina Lopes Manuel Villaça de Godois
Kathleen Duarte Ponathi
Larissa Pedroso de Moraes Lissowsky
Laura Felix de Sousa Mecchi
Leonardo Colucci
Letícia Cristina Yoshimura
Letícia Fernandes de Oliveira Ferreira
Lilian Parrado
Liliana Vergamini Luna de Sá
Liliane Caparelli
Livia Kannebley de Almeida Nogueira
Livia Scavazzi Prado Affonso
Lucas Gabriel Marinho dos Santos
Lucas Trindade dos Reis
Luccas Rodrigues Zanluca
Lucia Chahin Manzano
Luciana Carla Pezzolante Gerghi
Luciano Goveia Braga de Lima
Luis Flávio Pereira
Luís Gregório Piérola
Luis Tadashi Kameoka
Luisa Soares Rabello
Luiz Boscardin
Luiz Espallargas
Luiz Marino Küller
Luiz Paulo Eigenheer
Luiz Vieira Póvoas
Luiz Vitor Martinez Cardoso
Luiza Almeida Pini
Luiza de Aguiar Parreira
Luiza de Barros Dutra
Luiza Vieira Vellaco
Maiara Joyce Varoli de Lima

Maíra Beck
Maira Macedo
Mairon Magrini
Manuela Pedra Vergeiro
Marcella Girondo Basso
Marcella Pires Spinelli
Marcelo Gasparotto Rodrigues
Marcelo Rezende
Marcelo Ribeiro
Marcelo Simões
Marcelo Valentin
Marcia Coutinho Costa
Marcia Terazaki
Marco Rastelli
Marco Soletto
Marcos Kaohashi
Marcos Pi
Margareth Hufnagel
Maria Aparecida Ribeiro
Maria Carolina Wanderley Carvalheira
Maria Elisa Nunes Fernandes
Maria Izabel Cruz de Camargo
Mariana Mariano
Mariana Matsuda
Mariana Pacheco Cenovicz Moro
Mariane Moreira Morais
Marianita Perrone
Marianna Chagas Barros
Marilia Barreto
Marina Capocchi
Marina Girondo Gianfrancesco
Marina Gonçalves Gonzalez
Marina Massi
Marina Quirino Luxi de Paula
Marina Saraiva Oliveira
Marina Yumi Iwamoto
Mario Sérgio Kanashiro
Marisa Yuriko Terashima
Marise Bacci Montanheiro
Martim Königsberger
Matheus de Almeida Machado
Matheus Marques Rodrigo Alves
Maurício Storchi
Mauricio Veloso
Mauro Magliosi
Maximino Modena
Mayra Rolim Bernardino
Melyssa Maila de Lima Santos
Michel Merlino
Michelle Marques de Oliveira Carvalho
Miguel Julião
Milena Fabris Caleffi
Mima Krupuskaya Grossi Feltrin
Mirella Moyses Schvaitzer
Miriam Di Mateo
Moacir Zancopé Junior
Monchil Stoyanov
Monica Baylon Ramirez
Monica Pedreira de Freitas
Monique Genari
Nádia Moraes Conterno
Nara Rosetto
Natalia Brazão Malateaux Daniel
Natália Maria Miele Sbaraglia
Nathália Homem de Mello
Natércio Eduardo Cortês
Nicole Charles Hanna
Nicole Sanches de Gandra Ribeiro
Nina Domingues
Nina Furukawa
Nora de Queiroz Patrinicola
Olivia Salgueiro
Paola Bianchi
Paola Dornelas
Patricia Bacala
Patricia Chaccur
Patricia Gelatti
Patrícia Pagno
Patricia Protta
Paula Balarin
Paula Becker
Paula Dias Torres
Paula Melardi
Paula Oliveira Venosa
Paula Quatrocchi
Paula Suñé Pfeifer Sant'Anna
Paula Vieira Bulcão
Paulo Abílio
Paulo Fevereiro
Paulo Grecco
Paulo José Ferreira
Paulo Massao Moreira Shibuya
Paulo Vitor Soares
Pedro Henrique Fonseca e Silva
Pedro Ivan D Aquino de Paula
Pedro Vannucchi
Pietro Marchiori
Pilar Lorenzo
Poliminia Garro
Rafael Brych
Rafael do Sacramento Costa
Rafael Ferreira Marengoni
Rafael Fujii
Rafael Henrique Neves
Rafael Rodrigues Aguiar
Rafael Vinhaes Cavalheiro
Raphael Reinold Edo
Raquel Ghiotto Abdian
Rebecca Pires de Faria Barros Campos
Regina Canashiro
Regina Diniz Junqueira
Renan dos Santos de Oliveira
Renan Paixão Rinaldi
Renata Camargo Gomes
Renata Costa Teixeira
Renata Couto
Renata Iarussi
Renata Machado Pinheiro
Renata Poliana Cezar Monezze
Renata Scaff
Ricardo Avila
Ricardo Felipe Gonçalves
Ricardo Molina
Ricardo Poinha
Richard Konno
Roberta Alecrim Trindade
Roberto Zocchio
Rodrigo Fabian Escobar Castro
Roger Peicho
Rogério Batagliesi
Rogerio Nakakubo
Rosana Ribeiro
Ruben Alberto Saldias Millon
Sabrina Pelcerman Aron
Samanta Morimoto Mazzolani
Sandra Cristina Dellarole
Sandra Pierzchalski
Sandra Yazbek
Sarah Cristina Cardoso Nunes
Selma Cruz Rabelo
Sérgio Guerra
Silvana Jacob Sato
Silvia Arruda
Sílvia Bochnia
Sinara Gomes Ferreira
Sofia Stiubiener Himmelstein
Stefanni Matos de Oliveira
Sthephanie Pereira Da Fonseca
Su Jean Hong
Suely Agostinho
Taís Galvão Rosa
Talitha Voss Andrade
Tamara Perdiz dos Santos
Taryn Ortiz
Tatiana Almeida Prado
Tatiana Carneiro Alves
Tatiana Correa Docampo
Tatiana Cortez
Thais Fernanda Rosario da Silva
Thaís Thoni Bombonati
Thaise Suzuki
Thalita Teixeira Ambrogi
Thawan Giovanni Trigo
Thiago Macedo Gonçalves
Thomás Brunoro
Tiery Shinohara
Valeria Isabel Caruso
Valéria Lins Lolli
Valeria Ruchti
Vanessa Yumi Morita
Vania Pereira do Nascimento
Vera Lucia Tusco
Veronica Beatriz Luigi Seoane
Victor Smolka
Vinicius Motta Siqueira Campos
Vinicius Ortega de Carvalho
Vinicius Saraiva Andrade
Virginia Sardinha Gonçalves
Vitor Daher Ferreira
Vitor Lucas
Viviane Cirelo
Wanessa Nogueira Simoe
Weber Nogueira Leite
Welder Alexandre Garcia Junior
Willian Campos
Wilson Jiacomini
Yara Romero
Yasmin Sarquis Herden
Yone Galvão Giannini Carbone
Zoé Gardini

créditos de imagens

acervos
acervo Asbea
p. 410 (meio), 412
acervo Família Stucchi Vannucchi - p. 99, 406, 407 (abaixo, dir.), 407 (acima)
acervo Gianfranco Vannucchi
p. 14 (abaixo), 17 (ambas, esq.), 18 (acima, dir.)
acervo Jorge Königsberger
p. 14 (acima), 18 (acima, esq.), 36 (abaixo, ambas), 78, 334 (esq.), 334-335

fotografias
André Marques
p. 16 (abaixo, dir.)
Arnaldo Pappalardo
p. 95, 153, 157, 158, 159 (acima)
Ary Diesendruck
p. 345 (abaixo), 346
Carlos Blau
p. 58 (abaixo, esq.)
Cássio Vasconcellos
p. 198-199
Citizen59
p. 122 (abaixo, sob licença Creative Commons 3.0)
Claudia Hackmann
p. 161 (acima), 161 (abaixo, dir.)
Deco Cury
p. 410-411, 411, 416-417
Folha de São Paulo
p. 76 (esq.)
Gal Oppido
p. 93, 186 (abaixo), 187, 373, 375
Gianfranco Vannucchi
p. 21, 52, 53, 55, 58 (abaixo, dir.), 59 (acima), 60 (acima), 61 (abaixo), 62 (acima), 63 (abaixo), 358 (abaixo, ambas)
Historic American Buildings Survey (HABS)
p. 68 (meio)
Hugo Segawa
p. 16 (esq.), 122 (acima)
Isabel D'Elia
p. 192 (abaixo), 193 (abaixo)
Leonardo Finotti
p. 194-195, 388-389
Lilian Ring
p. 413
Ludmila Ferolla
p. 358 (acima)
Luis Gomes
p. 146 (abaixo), 147 (abaixo, ambas)
Marcelo Soubhia
p. 137 (dir., ambas), 138 (abaixo), 139
Nelson Kon
p. 15 (esq., ambas), 28, 68 (abaixo), 72 (dir.), 104, 123 (dir.), 125, 128, (abaixo), 129, 130 (acima, esq.), 133, 134, 140, 142, 142-143, 143, 163, 167 (abaixo, dir.), 168, 169, 342, 343, 347, 348, 354, 384-385, 385 (acima)
O Estado de São Paulo
p. 107, 408 (abaixo, esq.), 408 (acima)
Paulo Brenta
p. 236 (esq.)
Pedro Mascaro
p. 228-229
Pedro Vannucchi
p. 15 (dir.), 29, 30 (acima), 31 (acima), 32 (abaixo), 33, 44-45, 46, 47, 49 (abaixo, ambas), 66 (acima, esq.), 67 (acima, dir.), 67 (meio), 70 (abaixo), 80-81, 82-83, 84, 85, 112, 113 (abaixo), 114, 115, 184, 188, 191, 200-201, 203 (dir.), 204, 205, 206, 207, 208, 209, 210 (abaixo), 210-211, 211, 212 (abaixo), 213, 214, 215, 216, 217, 219 (acima), 220, 220-221, 222 (acima), 224, 226, 227, 230-231, 231 (acima), 233 (esq.), 234, 235, 236 (dir.), 237, 238 (abaixo), 239, 240, 241, 242 (abaixo), 243, 244-245, 246, 247 (abaixo), 253, 254-255, 256 (abaixo), 257 (dir.), 258, 259 (esq.), 261 (esq.), 262, 263 (acima), 264-265, 266, 267, 268 (abaixo), 269, 270 (acima, esq.), 270-271, 271, 272 (acima), 273, 274 (acima), 274-275, 275 (acima), 276 (meio e abaixo), 277 (abaixo), 278-279, 279 (acima), 280-281, 328, 331, 332, 332-333, 333, 336, 336-337, 337, 338, 339, 349, 359, 360, 361, 368, 368-369, 370-371, 371, 376, 377, 378-379, 379, 390, 390-391, 414 (esq.), 414-415 (acima)
Revista Acrópole
p. 16-17
Renata Castelo Branco
p. 97, 98, 109 (acima e meio), 110 (acima e abaixo), 111 (acima e abaixo, dir.), 314, 320, 321, 408 (abaixo, dir.), 410 (esq.)
Smallbones
p. 57 (Wikimedia Commons, domínio público)
Saleh Masoumi
p. 68 (acima, sob licença Creative Commons 3.0, https://creativecommons.org/licenses/by-sa/3.0/deed.pt-br, imagem sofreu edição de enquadramento)
Tuca Reinés
p. 118, 119
Wilfredor
p. 190 (sob licença Creative Commons 3.0, https://creativecommons.org/licenses/bysa/3.0/deed.pt-br)
WLKBot
p. 352, 353 (Wikimedia Commons, domínio público)
Wojciech Kaczura
p. 72 (esquerda, sob licença Creative Commons 3.0, https://creativecommons.org/licenses/bysa/3.0/deed.pt-br)

desenhos
Albert Sugai
p. 186 (acima), 372, 374
Claudio Inserra
p. 264 (acima), 292 (abaixo), 294, 297 (abaixo), 300 (acima), 303 (acima), 304 (acima), 306 (acima, esq.)
Gianfranco Vannucchi
p. 189, 200 (acima, esq.), 276-277, 278, 279 (abaixo, dir.), 308-309, 315, 362
Gianfranco Vannucchi e Jorge Königsberger
p. 150, 151
Jorge Königsberger
p. 10-11, 36 (acima), 37, 70 (acima), 110-111, 111 (abaixo, esq.), 162, 194, 218, 219 (abaixo, ambas), 225 (abaixo), 228 (acima), 260 (acima, esq), 289 (acima, ambos), 290-291, 316, 335, 366, 367, 487 (meio)
Neco Stickel / Acervo KV
p. 74-75, 86-87, 88, 89 (acima), 94, 105 (acima), 123 (esq.), 126, 146 (acima), 147 (acima), 160, 170, 174 (acima), 174-175, 176-177, 178, 179 (abaixo), 222 (abaixo), 318-319, 323, 394-395, 398-399, 483, 485, 486, 486-487, 487 (acima), 488, 488-489, 489 (acima), 490, 490-491, 492, 492-493, 493 (abaixo)
Vallandro Keating / Acervo KV
p. 24 (acima), 25 (acima), 26 (abaixo), 27, 50, 116, 117, 482 (abaixo)

diagramas e renders
diagramas gerados através do software Grasshoper®, com plugin Ladbug® e Honeybee®
p. 292 (acima), 299 (acima), 300 (abaixo), 306 (acima, dir.)
renders gerados através do software Lumion®- p. 232 (abaixo), 248-249, 282, 284 (abaixo), 285, 286, 288-289, 290, 292-293, 295, 296-297, 297 (acima), 298-299, 299 (abaixo), 300-301, 302-303, 303 (abaixo), 304 (abaixo), 305, 306 (abaixo), 307, 493 (acima), 494, 494-495, 495, 496, 497, 498, 499

as imagens não listadas pertencem ao acervo da KV.

nota sobre os direitos autorais das imagens

agradecimentos
Ana Maria Stucchi Vannucchi
Anderson Santos
Alexsandro Silva
Carla Estrella
Claudio Inserra
Cristiane Correa
Cristiane Soares
Liliana Vergamini Luna de Sá
Neco Stickel
Maria Aparecida Ribeiro
Maria Elisa Nunes Fernandes
Martim Königsberger
Monica Vidiz
Sergio Pileggi
Sheila Cristina Xavier de Borba (Asbea SP)
Vallandro Keating (*in memorian*)
Victor Nosek

Romano Guerra Editora

editores
Silvana Romano Santos
Irene Nagashima

conselho editorial

sobre os organizadores

Pedro Stucchi Vannucchi é arquiteto (FAU USP, 2010) e fotógrafo. Suas fotografias foram publicadas em livros, revistas e sites especializados em arquitetura, tanto no Brasil quanto no exterior. Estabelecido em Londres entre 2018 e 2020, pesquisou e fotografou arquitetura no Reino Unido, Alemanha e Finlândia. Ao retornar ao Brasil em 2020, especializou-se em arquitetura em madeira pelo Instituto de Pesquisas Tecnológicas - IPT, realizando alguns projetos residenciais. Desde 2007, fotografa a produção arquitetônica da Königsberger Vannucchi e conduziu uma pesquisa documental sobre projetos do escritório realizados nas décadas de 1970, 1980 e 1990.

Silvana Romano Santos é arquiteta (FAU PUC-Campinas, 1983) e fundadora, junto com Abilio Guerra, da Romano Guerra Editora e do Portal Vitruvius. Editou obras importantes como *Rino Levi, arquitetura e cidade* (2001), *Arquitetura: uma experiência na área de saúde* (2012), e *Ministério da Educação e Saúde: ícone urbano da modernidade brasileira* (2013), todas reconhecidas com prêmios significativos, incluindo Jabuti e Instituto de Arquitetos do Brasil - IAB. Editou publicações sobre renomados arquitetos, como David Libeskind, João Kon, Lina Bo Bardi, Lucjan Korngold, Marcello Fragelli e Ruy Ohtake, destacando sua contribuição para a preservação e divulgação da arquitetura brasileira contemporânea.

sobre os autores dos textos

Agnaldo Farias é professor (FAU USP) e desenvolve pesquisa em arte e arquitetura contemporâneas. Foi curador geral do Museu de Arte Moderna do Rio de Janeiro – MAM RJ (1998-2000), do Instituto Tomie Ohtake (2000-2012) e do Museu Oscar Niemeyer – MON (2017-2018). Foi curador de exposições temporárias do Museu de Arte Contemporânea da Universidade de São Paulo – MAC USP (1990-1992). Foi curador da representação brasileira da 25ª Bienal de São Paulo (1992), curador adjunto da 23ª Bienal de São Paulo (1996), curador geral da 29ª Bienal de São Paulo (2010) e da 3ª Bienal de Coimbra (2019), curador internacional da 11ª Bienal de Cuenca, Equador (2011) e do Pavilhão Brasileiro da 54ª Bienal de Veneza (2011). Recebeu o prêmio Melhor Retrospectiva, da APCA, 1994, o prêmio Maria Eugênia Franco, da ABCA, pela melhor curadoria de 2011 e o prêmio Melhor Exposição de Fotografia, da APCA, 2022.

André Marques é arquiteto (Universidade São Judas Tadeu, 2003), mestre e doutor (FAU Mackenzie, 2012 e 2018), com especialização em Conforto Ambiental e Eficiência Energética (FAU USP, 2006). Professor de projeto de arquitetura na FAU Mackenzie. Autor de: *Lelé: diálogos com Neutra e Prouvé* (Romano Guerra/Nhamerica, 2020, menção honrosa no 35° prêmio Design do Museu da Casa Brasileira). Fundador do Atelier Paulista, onde desenvolve projetos autorais de arquitetura e arte.

Cecília Rodrigues dos Santos é arquiteta e urbanista (FAU Mackenzie), mestre (Universidade Paris-Nanterre), doutora (FAU USP) e pós-doutoranda (Prourb FAU UFRJ). Consultora técnica, pesquisadora e docente em História da Arte, da Arquitetura, do Urbanismo e da Preservação do Patrimônio Cultural. Autora de artigos em publicações e anais de congressos nacionais e internacionais. Coautora dos livros *Le Corbusier e o Brasil* (ProEditores, 1987) e *De Santos a Jundiaí: nos trilhos do café com a São Paulo Railway* (Magma Cultural, 2005).

Luciana Tombi Brasil é arquiteta e urbanista (FAU Mackenzie, 1995), mestre em Estruturas Ambientais Urbanas e doutora (FAU USP, 2004 e 2019). Professora da graduação e convidada no Curso de Pós-Graduação Lato Sensu da FAU Mackenzie. Autora de *David Libeskind - ensaio sobre as residências unifamiliares* (Edusp/Fapesp, 2007 – prêmio IAB-SP 2008). Pesquisadora na organização e curadoria do acervo do arquiteto David Libeskind na FAU USP. Pesquisadora CNPq de Universal Patrimônio Moderno Iberoamericano: Legado Histórico e Salvaguarda Contemporânea.

Luís Antônio Jorge é arquiteto e urbanista (FAU PUC-Campinas,1985), mestre, doutor e livre-docente (FAU USP, 1993, 1999 e 2016). Professor de pós-graduação na FAU USP. Coordena o Laboratório de Ensaios Pedagógicos (LEP) e o Programa de Duplo Diploma em Arquitetura e Urbanismo entre FAU USP e Politécnico de Milão. Foi professor-convidado da Universidade Autônoma Metropolitana do México, da Universidade Politécnica da Catalunha, da Universidade Técnica de Lisboa, da Universidade Eduardo Mondlane (Maputo, Moçambique), da Escola de Pós-Graduação de Arquitetura de Yokohama, do Politécnico de Milão e da Universidade de Princeton. Autor de *O Desenho da Janela* (Annablume, 1995). Recebeu prêmios por ensaios, livro e projetos de arquitetura e urbanismo na área de patrimônio cultural brasileiro e habitação de interesse social.

Luiz Alberto Backheuser é arquiteto (FAU Mackenzie, 2002), mestre (Faculdade de Arquitectura da Universidade do Porto, 2007), pós-graduado (Escola Técnica Superior de Arquitetura da Universidade Politécnica da Catalunha, 2009) e doutor (FAU USP, 2020). Professor pesquisador na FAU Mackenzie.

Maria Alice Junqueira Bastos é arquiteta (FAU USP, 1982), mestra e doutora (FAU USP, 2005), crítica e historiadora de arquitetura. Autora de *Brasil: arquiteturas após 1950* (com Ruth Verde Zein; Perspectiva, 2010) e *Pós-Brasília: rumos da arquitetura brasileira* (Perspectiva/Fapesp, 2003). Colaboradora em capítulo de livros: *Arquiteturas contemporâneas* (organizado por Marcio Valença e Ricardo Paiva, EDUFRN, 2024); *Revisões historiográficas: arquitetura moderna no Brasil* (organizado por Ruth Verde Zein, Rio Books, 2022); *Arquitectura en Latinoamérica* (organizado por Diego Oleas, Proyecto Editorial CADI-USFQ, 2013). Autora de artigos de crítica de arquitetura nos periódicos *30-60 Cuaderno Latinoamericano de Arquitectura*, *En Blanco*, *mdc. revista de arquitetura e urbanismo*, *1:100 Selección de Obras*, *Arquitextos/Vitruvius*, *AU* e *ArteCapital.Net*.

Renato Anelli é arquiteto (FAU PUC-Campinas, 1982), mestre em História (IFHC Unicamp, 1990), doutor em História da Arquitetura (FAU USP, 1995), professor titular aposentado (IAU USP-São Carlos). É professor de pós-graduação da FAU Mackenzie desde 2021. Atua no Instituto Bardi desde 2006, curando exposições na Casa de Vidro desde 2013. Vice-presidente do Conselho do Instituto Bardi desde 2023. Atua no Docomomo Brasil desde 1992. Foi secretário municipal de Obras, Transportes e Serviços Públicos de São Carlos (2001 a 2004). Dirige a rede de pesquisa Cidade, Infraestrutura e Adaptação à Mudança do Clima com apoio CNPq. Diretor cultural do IAB-SP (2023-2025). Cooperou como professor e pesquisador visitante com a Universidade da Columbia, Universidade do Texas, Universidade de HafenCity (Hamburgo, Alemanha) e Instituto Indiano de Tecnologia de Madras.

Ruth Verde Zein é arquiteta (FAU USP, 1977), mestre e doutora em Teoria, História e Crítica (UFRGS, 2005). Prêmio CAPES de tese em Arquitetura e Urbanismo em 2006. Professora de Projeto e Arquitetura Moderna e Contemporânea nos cursos de graduação e pós-graduação da FAU Mackenzie desde 1997. Membro do Docomomo Internacional, atuou na diretoria executiva do Docomomo Brasil (2004-2005). Membro e diretora do Comitê Internacional de Críticos de Arquitetura – CICA. Palestrante em eventos no Brasil, Alemanha, Argentina, Bolívia, Canadá, Chile, China, Colômbia, Costa Rica, Croácia, Equador, Eslovênia, Espanha, Estados Unidos, Finlândia, França, Holanda, Itália, México, Peru, Porto Rico, Portugal, Singapura, Turquia, Uruguai e Venezuela. Autora de artigos e livros, como *Leituras Críticas* (Nhamerica/Romano Guerra, 2019, Prêmio Bruno Zevi Cica 2020), *Revisões Historiográficas: Arquitetura Moderna no Brasil* (Rio Books, 2022) e *Paulo Mendes da Rocha: casas* (Monolito, 2023).

Königsberger Vannucchi [et al.] arquitetura

organizadores
Pedro Vannucchi
Silvana Romano Santos

textos
Agnaldo Farias
André Marques
Cecília Rodrigues dos Santos
Luciana Tombi Brasil
Luís Antônio Jorge
Luiz Alberto Backheuser
Maria Alice Junqueira Bastos
Renato Anelli
Ruth Verde Zein

coordenação editorial
Fernanda Critelli
Irene Nagashima
Silvana Romano Santos

design gráfico
Dárkon V Roque

capa
Dárkon V Roque
Pedro Vannucchi

ensaios fotográficos
Arnaldo Pappalardo
Gal Oppido
Nelson Kon
Pedro Vannucchi
Renata Castelo Branco

pesquisa
André Marques
Fernanda Critelli
Noemi Zein Telles
Pedro Vannucchi

preparação e revisão de texto
Isabella Vasconcelos
Noemi Zein Telles

tradução para o inglês
Isabel Paz
João Luiz Brito

assistência editorial
Marina Frúgoli
Natalli Tami
Noemi Zein Telles
Veridiana Moulatlet de Andrade

tratamento de imagens
Jorge Bastos

redesenhos
Erick Rodrigo da Silva Vicente
Helena Sambiase
Natalli Tami
Veridiana Moulatlet de Andrade

captação de recursos
Jéssica Schittini

impressão
Ipsis

patrocínio
Deca
Fibra Experts
Neobambu
Portobello

apoio
Porto Ferraz
Tarraf

apoio institucional
Guardian Glass
Hunter Douglas
Saint-Gobain
Sincol Portas
Sto Brasil Revestimentos e Fachadas
Sulmetais Revestimentos Arquitetônicos
Venfaq fachadas ventiladas

edição
Romano Guerra Editora

Romano Guerra Editora
Rua General Jardim 645 conj. 31
01223-011 São Paulo SP Brasil
rg@romanoguerra.com.br
romanoguerra.com.br

Printed in Brazil 2024
Foi feito o depósito legal

Este livro foi composto
em Linotype Univers e
impresso por Ipsis Gráfica
e Editora em papel
Munken Lynx Rough 120g
(miolo) e Masterblank Linho
LD 270g (capa)

**Dados Internacionais de
Catalogação na Publicação**
(CIP) (Câmara Brasileira do Livro,
SP, Brasil)

Königsberger Vannucchi [et al.]
arquitetura

organizadores
Pedro Stucchi Vannucchi
Silvana Romano Santos

1. ed. - São Paulo
Romano Guerra Editora, 2024

ISBN 978-65-87205-32-8

1. Arquitetura
2. Arquitetos - Brasil - Biografia
3. KV - História
4. Königsberger, Jorge
5. Vannuchi, Gianfranco

I. Vannucchi, Pedro Stucchi.
II. Santos, Silvana Romano.

24-234863 **CDD-720**

Índices para catálogo sistemático:
1. Arquitetura 720

Aline Graziele Benitez
Bibliotecária - CRB-1/3129

Papel misto

Apoiando o manejo
florestal sustentável